CB071515

TEMAS DE DIREITO CONSTITUCIONAL

Volume III

Luís Roberto Barroso

Professor Titular de Direito Constitucional da Universidade do Estado do Rio de Janeiro. Doutor livre-docente pela UERJ. Mestre em Direito pela Yale Law School. Advogado no Rio de Janeiro

TEMAS DE DIREITO CONSTITUCIONAL

Volume III

2ª Edição

RENOVAR
Rio de Janeiro • São Paulo • Recife
2008

Todos os direitos reservados à
LIVRARIA E EDITORA RENOVAR LTDA.
MATRIZ: Rua da Assembléia, 10/2.421 - Centro - RJ
CEP: 20011-901 - Tel.: (21) 2531-2205 - Fax: (21) 2531-2135
FILIAL RJ: Tels.: (21) 2589-1863 / 2580-8596 - Fax: (21) 2589-1962
FILIAL SP: Tel.: (11) 3104-9951 - Fax: (11) 3105-0359
FILIAL PE: Tel.: (81) 3223-4988 - Fax: (81) 3223-1176

LIVRARIA CENTRO (RJ): Tels.: (21) 2531-1316 / 2531-1338 - Fax: (21) 2531-1873
LIVRARIA IPANEMA (RJ): Tel: (21) 2287-4080 - Fax: (21) 2287-4888

www.editorarenovar.com.br   **renovar@editorarenovar.com.br**
SAC: 0800-221863
© 2008 by Livraria Editora Renovar Ltda.

Conselho Editorial:

Arnaldo Lopes Süssekind — Presidente
Caio Tácito (*in memoriam*)
Carlos Alberto Menezes Direito
Celso de Albuquerque Mello (*in memoriam*)
Luiz Emygdio F. da Rosa Jr.
Nadia de Araujo
Ricardo Lobo Torres
Ricardo Pereira Lira

Revisão Tipográfica: Júlio Pedroso

Capa: Simone Villas-Boas

Editoração Eletrônica: TopTextos Edições Gráficas Ltda.

ISBN 978857147-68●

00076

CIP-Brasil. Catalogação-na-fonte
Sindicato Nacional dos Editores de Livros, RJ.

B277t	Barroso, Luís Roberto Temas de direito constitucional — tomo III / Luís Roberto Barroso. — 2ª ed. — Rio de Janeiro: Renovar, 2008. 604p. ; 23cm. ISBN 978857147-686-8 1. Direito constitucional — Brasil. I. Título. CDD-342.81

Proibida a reprodução (Lei 9.610/98)
Impresso no Brasil
Printed in Brazil

NOTA À 2ª EDIÇÃO

Sempre me surpreendo com o pedido da Editora Renovar para reimpressões e reedições da minha coleção de *Temas de direito constitucional*. Não é comum que livros com esse perfil atinjam um público mais amplo, e este fato me traz especial gratificação. A verdade, no entanto, é que sou beneficiário de um fenômeno benfazejo ocorrido no Brasil dos últimos anos: a ascensão científica e institucional do direito constitucional, que se incorporou à paisagem jurídica do país com relevância e visibilidade, influenciando decisivamente o modo de pensar e praticar o direito no país.

A esse propósito, faço um registro paradoxal. Em 5 de outubro de 2006, a Constituição brasileira completou dezoito anos. A data foi pouco comemorada e, em muitos ambientes, passou despercebida. Alguém poderia lembrar que a indiferença, em certas situações, é o contrário do amor. Mas este não parece ter sido o caso aqui. Justamente ao contrário, a Constituição e o constitucionalismo se incorporaram de tal modo à rotina da vida que já não despertam maior emoção. Viramos uma democracia constitucional, e já não é preciso ufanar-se disso a cada hora.

De fato, a Constituição vem cumprindo, e muito bem, o principal papel que cabe a um documento dessa natureza:

organizar e limitar o poder e assegurar o respeito aos direitos fundamentais. A circunstância de não termos alcançado, ainda, o patamar desejado em múltiplos domínios não infirma o êxito no caminho percorrido. Além disso, já são quase dezenove anos de estabilidade institucional, em meio a tormentas diversas. E apesar das seguidas mudanças do texto constitucional, decorrentes da excessiva constitucionalização de temas que deveriam ter sido relegados à legislação infraconstitucional, o núcleo essencial da Constituição permaneceu o mesmo, conservando sua identidade histórica.

Faço essas reflexões, na abertura de uma nova edição, em homenagem ao leitor que tem demonstrado crescente interesse pelo direito constitucional aplicado e que tem prestigiado o meu trabalho. Recebo essa demonstração de apreço intelectual com orgulho e humildade, dividindo-a com meu amigo e editor, Osmundo Lima Araújo, que teve a idéia de lançar a presente coleção, reunindo escritos que se perderiam ou que ficariam dispersos pelo caminho.

Rio de Janeiro, junho de 2008.

Luís Roberto Barroso

Registros

A exemplo dos anteriores, este volume reúne trabalhos acadêmicos, profissionais e jornalísticos que possam ter algum interesse para o público em geral. A acolhida dada aos dois primeiros tomos foi uma surpresa feliz e sou grato ao meu editor, Osmundo de Araújo Lima, pela idéia e pela insistência em que eu os publicasse.

Por escolha pessoal, sou um professor que advoga e não um advogado que dá aulas. Não é pequena a diferença. Parodiando Júlio Cortázar, sei onde tenho o coração e por quem ele bate. A eleição clara da minha ordem de fidelidade e de prioridade me dá conforto em compartilhar com os leitores, não apenas artigos e escritos acadêmicos, mas igualmente estudos produzidos por solicitação de pessoas públicas e privadas. Também eles expressam minha convicção doutrinária. Onde este não era o caso, não houve parecer.

Embora todos os trabalhos sejam de minha autoria e responsabilidade, há uma equipe maravilhosa por trás de cada um deles. Sou grato ao grupo de doutores, mestres, advogados e jovens pesquisadores que me ajuda a viver muitas vidas em uma só, dentre os quais Karin Basílio Khalili, Viviane Perez, Luís Eduardo Barbosa Moreira, Rafael Fontelles, Suzana Medeiros, Bruna Tavares Pereira, Danielle Lins e Frederico Montedonio.

Eduardo Mendonça, particularmente, prestou valioso auxílio na pesquisa, organização e padronização dos materiais para este livro.

Faço alguns registros afetivos e cronológicos relevantes, advertindo que o tempo só passou – e implacavelmente – para mim, e não para as pessoas referidas. Há vinte e cinco anos, a professora Carmen Tiburcio tem sido minha amiga querida e consultora para assuntos diversos, notadamente os de direito internacional, no qual se tornou referência nacional, sob inspiração de nosso mestre Jacob Dolinger. Nos últimos vinte anos, o advogado e professor Nelson Nascimento Diz tem sido um parceiro insuperável e um interlocutor crítico e criativo, capaz de encontrar um problema para cada solução. E vice-versa, graças a Deus.

E Ana Paula de Barcellos, que há dez anos ingressou na vida acadêmica pelas minhas mãos, tendo sido minha monitora e minha orientanda de mestrado e de doutorado, até tornar-se professora da UERJ por concurso público. O leitor imaginará que tenha sido proveitosa para a jovem estudiosa a convivência com seu professor. Mas deve saber que a recíproca é mais intensamente verdadeira: de longa data beneficio-me eu de seu talento privilegiado, de sua inteligência emocional e de sua dedicação plena a todos os projetos com os quais se compromete. Ana está presente em cada linha, sobretudo nos pareceres, em cuja elaboração participa na coordenação da pesquisa, na formulação de idéias e nas sugestões ao texto. Uma verdadeira co-autoria.

Tereza, Luna e Bernardo habitam o espaço não-jurídico da minha vida e a tornam mais divertida e apaixonante. São meus companheiros inseparáveis de viagem, tanto as que nos levam pelo mundo afora quanto as que fazemos sem sair do lugar.

Villa Luna (Petrópolis), dezembro de 2004.
Luís Roberto Barroso

Abreviaturas

AC	– Apelação Cível
ACO	– Ação Civil Originária
ADC	– Ação Direta de Constitucionalidade
ADCT	– Ação das Disposições Constitucionais Transitórias
ADIn	– Ação Direta de Inconstitucionalidade
ADPF	– Argüição de Descumprimento de Preceito Fundamental
ADV	– Advocacia Dinâmica (Boletim Semanal de Jurisprudência)
ADVSJ	– Advocacia Dinâmica (Seleções Jurídicas)
AgRg	– Agravo Regimental
AI	– Agravo de Instrumento
Ajuris	– Revista da Associação dos Juízes do Rio Grande do Sul
BDA	– Boletim de Direito Administrativo
BLC	– Boletim de Licitações e Contratos
CA	– Conflito de Atribuições
DJ	– Diário de Justiça da União
DO	– Diário Oficial
EC	– Emenda Constitucional
ED	– Embargos de Declaração
Extr.	– Extradição
FA	– Fórum Administrativo
HC	– *Habeas Corpus*
Inf. STF	– Informativo do Supremo Tribunal Federal
Inq.	– Inquérito

IP	– Revista Interesse Público
LICC	– Lei de Introdução ao Código Civil
MC	– Medida Cautelar
MI	– Mandado de Injunção
Min.	– Ministro
MP	– Ministério Público ou Medida Provisória
MS	– Mandado de Segurança
PEC	– Proposta de Emenda à Constituição
Pet.	– Petição
PJ	– Revista Paraná Judiciário
QO	– Questão de Ordem
RA	– Revista do Advogado
RAMAERJ	– Revista da Associação de Magistrados do Estado do Rio de Janeiro
RAPRJ	– Revista de Direito da Associação dos Procuradores do Novo Estado do Rio de Janeiro
RBDP	– Revista Brasileira de Direito Público
RCGERS	– Revista da Controladoria-Geral do Estado do Rio Grande do Sul
RDA	– Revista de Direito Administrativo
RDAA	– Revista de Direito Administrativo Aplicado
RDAC	– Revista de Direito Administrativo e Constitucional
RDC	– Revista de Direito Civil
RDCIAE	– Revista de Direito Civil, Imobiliário, Agrário e Empresarial
RDCo	– Revista de Direito do Consumidor
RDDT	– Revista Dialética de Direito Tributário
RDP	– Revista de Direito Público
RDPE	– Revista de Direito Público da Economia
RE	– Recurso Extraordinário
RFDUFRS	– Revista da Faculdade de Direito da Universidade Federal do Rio Grande do Sul
Rcl.	– Reclamação
Rel.	– Relator
REMERJ	– Revista da Escola da Magistratura do Estado do Rio de Janeiro
REsp	– Recurso Especial
RF	– Revista Forense

RHC	– Recurso em *Habeas Corpus*
RILSF	– Revista de Informação Legislativa do Senado Federal
RMS	– Recurso em Mandado de Segurança
ROMS	– Recurso Ordinário em Mandado de Segurança
RPGERJ	– Revista de Direito da Procuradoria-Geral do Estado do Rio de Janeiro
RPGR	– Revista da Procuradoria Geral da República
RT	– Revista dos Tribunais
RT-CDCCP	– Revista dos Tribunais - Cadernos de Direito Constitucional e Ciência Política
RT-CDTFP	– Revista dos Tribunais - Cadernos de Direito – Tributário e Finanças Públicas
RTDP	– Revista Trimestral de Direito Público
RTJ	– Revista Trimestral de Jurisprudência do STF
RTJE	– Revista Trimestral de Jurisprudência dos Estados
RSTJ	– Revista do Superior Tribunal de Justiça
STF	– Supremo Tribunal Federal
STJ	– Superior Tribunal de Justiça
TFR	– Tribunal Federal de Recursos
TJRJ	– Tribunal de Justiça do Estado do Rio de Janeiro
TJRS	– Tribunal de Justiça do Estado do Rio Grande do Sul
TJSP	– Tribunal de Justiça do Estado de São Paulo
TRF	– Tribunal Regional Federal
TRT	– Tribunal Regional do Trabalho
TST	– Tribunal Superior do Trabalho

ÍNDICE GERAL

Parte I
ARTIGOS

1. O começo da história. A nova interpretação constitucional e o papel dos princípios no direito brasileiro 3
Sumário: Introdução: A pré-história constitucional brasileira. Parte I: A nova interpretação constitucional. I. Tradição e modernidades: uma nota explicativa; II. Pós-positivismo e a ascensão dos princípios; III. Princípios e regras, ainda uma vez; IV. Ponderação de interesses, valores e normas; V. Teoria da argumentação. Parte II: Princípios instrumentais de interpretação constitucional. I. Generalidades; II. Catálogo dos princípios instrumentais. Parte III: Os princípios na Constituição brasileira de 1988. I. As modalidades de eficácia dos princípios; II. Uma classificação dos princípios; III. Algumas aplicações concretas dos princípios materiais. IV. Conclusões.

2. A doutrina brasileira da efetividade 61
Sumário: Nota prévia. I. O caminho para a efetividade. 1. Antecedentes históricos. 2. Antecedentes teóricos. II. A Constituição como norma. III. A efetividade das normas constitucionais. 1. Conceito de efetividade. 2. As normas constitucionais: supremacia e classificação. 3. Os direitos subjetivos constitucionais e suas garantias jurídicas. 4.

A inconstitucionalidade por omissão. IV. Consagração da doutrina da efetividade e novos desenvolvimentos teóricos.

3. Liberdade de expressão *versus* direitos da personalidade. Colisão de direitos fundamentais e critérios de ponderação ... 79
Sumário: Introdução: Colocação do problema. Parte I: Alguns aspectos da moderna interpretação constitucional. I. A interpretação jurídica tradicional. II. A nova interpretação constitucional: 1. O fenômeno da colisão de direitos fundamentais 2. A técnica da ponderação. Parte II: A liberdade de informação e expressão e os direitos da personalidade: ponderação de bens e valores constitucionais. III. A questão sob a ótica constitucional: 1. Direitos constitucionais da personalidade. 2. Liberdades constitucionais de informação e de expressão e a liberdade de imprensa. 3. Parâmetros constitucionais para a ponderação na hipótese de colisão. IV. A questão sob a ótica infraconstitucional. Parâmetros criados pelo legislador para a ponderação na hipótese de colisão: 1. Interpretação constitucionalmente adequada do art. 21, § 2º da Lei de Imprensa (Lei nº 5.250/67). 2. Interpretação constitucionalmente adequada do art. 20 do novo Código Civil. V. Solução da ponderação na hipótese em estudo. VI. Conclusões.

4. Em algum lugar do passado: segurança jurídica, direito intertemporal e o novo Código Civil 131
Sumário: Introdução: Organização da matéria Colocação do problema. Parte I: Conceitos fundamentais. I. A segurança jurídica. II. O direito intertemporal. III. A proteção do direito adquirido e do ato jurídico perfeito no direito brasileiro. Parte II: O novo Código Civil e os contratos a ele anteriores. IV. Os contratos e a proteção do ato jurídico perfeito. V. Inconstitucionalidade parcial do art. 2.035 do novo Código Civil. VI. Conclusões.

5. Constitucionalidade e legitimidade da Reforma da Previdência (ascensão e queda de um regime de erros e privilégios) 167

Sumário: Introdução. Pré-compreensão e interpretação constitucional. Parte I: Conceitos e informações fundamentais. I. Regime constitucional da Previdência Social no Brasil. II. Alguns dados acerca da realidade material. III. Algumas causas da crise da Previdência Social no Brasil. Parte II: Inovações introduzidas com a reforma. IV. Nota Preliminar. V. As novas regras do modelo permanente. VI. Situação dos aposentados e dos que já haviam adquirido direito à aposentadoria quando da promulgação da EC nº 41, de 2003. VII. Regras de transição para os servidores em atividade, que ainda não haviam adquirido direito à aposentadoria. Parte III: A discussão constitucional. VIII. Segurança jurídica, direito intertemporal e proteção do direito adquirido. 1. Segurança jurídica e direito intertemporal. 2. Direito adquirido: conteúdo e alcance. IX. Algumas questões controvertidas. 1. Contribuição de inativos. 2. Mudanças das regras de aposentadoria e pensão. X. Conclusões. Constitucionalidade e legitimidade da reforma

Parte II
PARECERES

II.1. DIREITO CONSTITUCIONAL

1. Investigação pelo Ministério Público. Argumentos contrários e a favor. A síntese possível e necessária.....................219
Sumário: I. Introdução. II. Os precedentes do Supremo Tribunal Federal na matéria. III. O argumento contrário à investigação pelo Ministério Público. IV. O argumento a favor da investigação pelo Ministério Público. V. Conclusões. 1. Reflexão relevante. 2. A síntese possível e necessária

2. Liberdade de expressão e limitação a direitos fundamentais. Ilegitimidade de restrições à publicidade de refrigerantes e sucos..235
Sumário: Introdução. Parte I. Das restrições aos direitos fundamentais: regime constitucional. I. Algumas notas sobre as restrições aos

direitos fundamentais. II. Legalidade e restrição a direitos com fundamento em fins coletivos. II.1. Legalidade, separação de Poderes, isonomia e segurança jurídica. II.2. Legalidade e razoabilidade. Parte II. A restrição à publicidade de refrigerantes e sucos contendo açúcar adicionado. III. A publicidade comercial como modalidade de direito fundamental. IV. A regulamentação em vigor. Inexistência de norma que autorize as restrições solicitadas. V. Impertinência das normas infraconstitucionais invocadas. VI. Irrazoabilidade das restrições pretendidas: alguns dados sobre a obesidade, refrigerantes e sucos contendo açúcar adicionado. VII. Conclusões.

3. Recurso extraordinário. Violação indireta da Constituição. Ilegitimidade da alteração pontual e casuística da jurisprudência do Supremo Tribunal Federal 279
Sumário: Introdução. Parte I. Premissas teóricas. I. Segurança jurídica e prestação jurisdicional. II. Princípio da igualdade e a atuação do Poder Judiciário. Parte II. Aplicação da teoria ao objeto do estudo. III. Breve resumo da hipótese: as teses suscitadas no recurso extraordinário e a violação reflexa à Constituição IV. Da jurisprudência consolidada do STF sobre as teses: incompatibilidade entre a decisão examinada e a posição pacífica da Corte. Violação aos princípios da segurança jurídica e da igualdade. V. Conclusões.

II.2. DIREITO ADMINISTRATIVO, ECONÔMICO E DA CONCORRÊNCIA

4. Disciplina legal dos direitos do acionista minoritário e do preferencialista. Constituição e espaços de atuação legítima do Legislativo e do Judiciário 303
Sumário: A hipótese. Parte I. Legislativo e Judiciário: possibilidades e limites de sua atuação em um Estado democrático. I. A Constituição e sua centralidade na moderna interpretação constitucional. II. Constitucionalismo, democracia e princípio majoritário. III. A estrutura das normas constitucionais. Princípios, regras e seu papel no sistema jurídico. IV. Poder Legislativo e espaço de deliberação democrática. V. Poder Judiciário, legitimidade democrática e limites à

criação do Direito pelo juiz. Parte II. Direitos do acionista minoritário e do preferencialista. Validade constitucional do tratamento legal diferenciado. VI. Extensão do prêmio de controle aos acionistas minoritários (*o tag along*): o debate democrático e a opção do legislador brasileiro. VII. Validade da opção legislativa: os princípios constitucionais da razoabilidade, da boa-fé e da função social do contrato. VIII. Conclusões.

5. Transferência de controle acionário de empresa de telecomunicações. Restrições legais e administrativas 341
Sumário: Introdução. I. A ordem econômica e o serviço de telecomunicações na Constituição de 1988. II. A ordem infraconstitucional, poder de controle e defesa da concorrência. II.1. Normas societárias. II.2. Normas concorrenciais II.3. Normas próprias do setor de telecomunicações. III. Conclusões.

6. Sistema Financeiro Nacional. Alienação de instituição submetida ao RAET. Discricionariedade técnica do Banco Central. Limites legítimos do controle jurisdicional 363
Sumário: Introdução. Parte I. Aspectos fáticos. I. Alguns dados conjunturais. A situação específica do Grupo Nacional. Parte II. Elementos teóricos. II. Regime constitucional e legal de disciplina do sistema financeiro. III. O controle de atos administrativos discricionários por parte do Judiciário: possibilidades e limites. Parte III. A solução do caso concreto. IV. Legalidade e legitimidade da atuação do Banco Central na transferência de ativos do Grupo Nacional. V. Legalidade e legitimidade do critério utilizado na fixação do preço de transferência dos ativos do Grupo Nacional. VI. Limite do controle judicial da discricionariedade técnica da Administração. Princípios constitucionais aplicáveis. A indiscutível razoabilidade da atuação do Banco Central. VII. Conclusões.

II.3. CONTRATOS ADMINISTRATIVOS E LICITAÇÕES

7. Contrato de concessão para geração de energia. Ilegitimidade de sua alteração unilateral. Legitimidade da previsão

de correção monetária e impossibilidade de sua supressão retroativa...409
Sumário: Introdução. I. Breve histórico dos aspectos jurídicos e fáticos pertinentes. A hipótese. Parte I. Invalidade do item "v" da Resolução nº 288/02 da ANEEL: impossibilidade de se submeter concessionária geradora de energia pré-existente ao MAE ao risco financeiro decorrente do regime de preço diferenciado por submercados. II. Ausência de fundamento legal. III. Violação do devido processo legal e da Lei nº 9.784/99. IV. Vício de motivo. V. Violação do equilíbrio econômico-financeiro do contrato de concessão. VI. Violação dos princípios da segurança jurídica e da boa-fé administrativa. Parte II. Operações de compra e venda liquidadas pelo MAE com atraso. Validade da aplicação de correção monetária. Impossibilidade de retroação de ato administrativo que revoga ato anterior. VII. Breve nota sobre a natureza e a disciplina da correção monetária. VIII. Do enriquecimento sem causa de parte dos agentes e da responsabilidade subsidiária do MAE. IX. Da impossibilidade de retroação de ato administrativo revogador. X. Conclusões.

8. Pluralidade de empresas notoriamente especializadas e capacitadas para a prestação de serviços técnicos dotados de singularidade. Inexigibilidade de licitação 467
Sumário: I. A hipótese. II. Da inexigibilidade de licitação nos contratos inspecionados. III. Da posição dissidente e isolada adotada pelo relatório da inspeção do TCU. IV. Conclusões.

Parte III
ESCRITOS

III.1. ARTIGOS DE JORNAL
1. Racismo e papel da universidade (sobre a política de cotas na UERJ) 487
2. Os limites do poder das agências reguladoras (sobre a relação das agências reguladoras com os Poderes políticos).................... 491

3. **O controle externo é favorável ao Judiciário** (sobre a criação do Conselho Nacional de Justiça) 495
4. **A verdadeira reforma do Judiciário** (sobre a reforma do Judiciário) 499
5. **Passageiros do futuro** (sobre a interpretação das cláusulas pétreas da Constituição) 503

III. 2. CONFERÊNCIAS
1. **O novo direito constitucional e a constitucionalização do direito** 505
Sumário: Introdução. Parte I. Transformações do direito constitucional contemporâneo. I. Marco histórico. II. Marco teórico. III. Marco filosófico. Parte II. O novo constitucionalismo. I. Passagem da Constituição para o centro do sistema jurídico. II. A constitucionalização do direito infraconstitucional. II.1. Direito civil. II.2. Direito administrativo. II.3. Direito penal. III. A nova interpretação constitucional. Conclusão. A ideologia que nos restou.

2. **Direitos fundamentais, colisão e ponderação de valores** ...519
Sumário: I. Introdução. II. Passagem da Constituição para o centro do sistema jurídico. Pós-positivismo. III. Os direitos fundamentais no constitucionalismo contemporâneo. IV. A interpretação jurídica tradicional e a nova interpretação constitucional. V. Colisão de direitos fundamentais. VI. Ponderação de normas, princípios, valores e direitos fundamentais. VII. Aplicação da técnica da ponderação aos dois exemplos dados. VIII. Aplicação da técnica da ponderação a duas situações relevantes para o debate jurídico contemporâneo. 1. Aplicação dos direitos fundamentais às relações privadas; 2. Colisão entre liberdade de expressão e direitos da personalidade. IX. Conclusão

III. 3. PREFÁCIOS DE LIVROS
1. **A concretização judicial das normas constitucionais** 537
2. **Previdência e assistência social – Legitimação e fundamentação constitucional brasileira** 545
3. **Jurisdição constitucional** 551

III. 4. DIREITO APLICADO: O CASO DA INTERRUPÇÃO DA GESTAÇÃO DE FETOS ANENCEFÁLICOS
1. Petição inicial da argüição de descumprimento de preceito fundamental n. 54.. 559
2. Memorial sobre questão de ordem: legitimidade do exercício da jurisdição constitucional na hipótese, propriedade da interpretação conforme a Constituição e cabimento da ADPF 583

Parte I

ARTIGOS

O começo da história.
A nova interpretação constitucional e o papel dos princípios no direito brasileiro[1]

SUMÁRIO: *Introdução: A pré-história constitucional brasileira. Parte I: A nova interpretação constitucional. I. Tradição e modernidades: uma nota explicativa; II. Pós-positivismo e a ascensão dos princípios; III. Princípios e regras, ainda uma vez; IV. Ponderação de interesses, valores e normas; V. Teoria da argumentação. Parte II: Princípios instrumentais de interpretação constitucional. I. Generalidades; II. Catálogo dos princípios instrumentais. Parte III: Os princípios na Constituição brasileira de 1988. I. As modalidades de eficácia dos princípios; II. Uma classificação dos princípios; III. Algumas aplicações concretas dos princípios materiais. IV. Conclusões.*

---

1. Os tópicos IV (Ponderação de interesses, valores e normas) e V (Teoria da argumentação) da Parte I, bem como o tópico I (Modalidades de eficácia dos princípios) da Parte III foram escritos com a colaboração de Ana Paula de Barcellos, Professora Assistente de Direito Constitucional da UERJ e doutora em Direito Público.

Introdução
A PRÉ-HISTÓRIA CONSTITUCIONAL BRASILEIRA

A experiência política e constitucional do Brasil, da independência até 1988, é a melancólica história do desencontro de um país com sua gente e com seu destino. Quase dois séculos de ilegitimidade renitente do poder, de falta de efetividade das múltiplas Constituições e de uma infindável sucessão de violações da legalidade constitucional. Um acúmulo de gerações perdidas.

A *ilegitimidade* ancestral materializou-se na dominação de uma elite de visão estreita, patrimonialista, que jamais teve um projeto de país para toda a gente[2]. Viciada pelos privilégios e pela apropriação privada do espaço público, produziu uma sociedade com *deficit* de educação, de saúde, de saneamento, de habitação, de oportunidades de vida digna. Uma legião imensa de pessoas sem acesso à alimentação adequada, ao consumo e à civilização, em um país rico, uma das maiores economias do mundo.

A *falta de efetividade* das sucessivas Constituições brasileiras decorreu do não reconhecimento de força normativa aos seus textos e da falta de vontade política de lhes dar aplicabilidade direta e imediata[3]. Prevaleceu entre nós a tradição européia da primeira metade do século, que via a Lei Fundamental como mera ordenação de programas de ação, convocações ao legislador ordinário e aos poderes públicos em geral. Daí porque as Cartas brasileiras sempre se deixaram inflacionar por promessas de atuação e pretensos direitos que jamais se consumaram na prática. Uma história marcada pela insinceridade e pela frustração.

O *desrespeito à legalidade constitucional* acompanhou a evolução política brasileira como uma maldição, desde que D. Pedro I dissolveu a primeira Assembléia Constituinte. Das rebeliões ao longo

---

2. Sobre o tema v. Raymundo Faoro, *Os donos do poder*, 2000 (a 1ª edição é de 1957).
3. Sobre o conceito de "força normativa" v. Konrad Hesse, *A força normativa da Constituição*, 1991 (trata-se da aula inaugural proferida por Konrad Hesse na Universidade de Freiburg em 1959). V. também, sobre o tema: José Afonso da Silva, *Aplicabilidade das normas constitucionais*, 1998 (primeira edição de 1969) e Luís Roberto Barroso, *O direito constitucional e a efetividade de suas normas*, 2003 (primeira edição de 1990).

da Regência ao golpe republicano, tudo sempre prenunciou um enredo acidentado, onde a força bruta diversas vezes se impôs sobre o Direito. Foi assim com Floriano Peixoto, com o golpe do Estado Novo, com o golpe militar, com o impedimento de Pedro Aleixo, com os Atos Institucionais. Intolerância, imaturidade e insensibilidade social derrotando a Constituição.

Um país que não dava certo.

A Constituição de 1988 foi o marco zero de um recomeço, da perspectiva de uma nova história. Sem as velhas utopias, sem certezas ambiciosas, com o caminho a ser feito ao andar. Mas com uma carga de esperança e um lastro de legitimidade sem precedentes, desde que tudo começou. E uma novidade. Tardiamente, o povo ingressou na trajetória política brasileira, como protagonista do processo, ao lado da velha aristocracia e da burguesia emergente.

Nessa história ainda em curso, e sem certeza de final feliz, é fato, quanto à ilegitimidade ancestral, que a elite já não conserva a onipotência e a insensibilidade da antiga plutocracia. Seus poderes foram atenuados por fenômenos políticos importantes, como a organização da sociedade, a liberdade de imprensa, a formação de uma opinião pública mais consciente, o movimento social e, já agora, a alternância do poder.

A legalidade constitucional, a despeito da compulsão com que se emenda a Constituição, vive um momento de elevação: quase duas décadas sem ruptura, um verdadeiro recorde em um país de golpes e contra-golpes. Ao longo desse período, destituiu-se um Presidente, afastaram-se Senadores e chegou ao poder um partido de esquerda, sem que uma voz sequer se manifestasse pelo desrespeito às regras constitucionais. Nessa saudável transformação, não deve passar despercebido o desenvolvimento de uma nova atitude e de uma nova mentalidade nas Forças Armadas.

E a efetividade da Constituição, rito de passagem para o início da maturidade institucional brasileira, tornou-se uma idéia vitoriosa e incontestada. As normas constitucionais conquistaram o *status* pleno de normas *jurídicas*, dotadas de imperatividade, aptas a tutelar direta e imediatamente todas as situações que contemplam. Mais do que isso, a Constituição passa a ser a lente através da qual se lêem e se interpretam todas as normas infraconstitucionais. A Lei Fundamental e seus princípios deram novo sentido e alcance ao direito civil, ao direito processual, ao direito penal, enfim, a todos os demais ramos jurídicos⁴. A efetividade da Constituição é a base sobre a qual se desenvolveu, no Brasil, a nova interpretação constitucional⁵.

A seguir, expõem-se algumas idéias a propósito dessa fase de efervescente criatividade na dogmática jurídica e de sua aproximação com a ética e com a realização dos direitos fundamentais. O debate é universal, mas a perspectiva é brasileira. Um esforço de elaboração teórica a serviço dos ideais de avanço social e de construção de um país justo e digno. Que possa derrotar o passado que não soube ser.

Parte I
A NOVA INTERPRETAÇÃO CONSTITUCIONAL

I. Tradição e modernidades: uma nota explicativa

A idéia de uma nova interpretação constitucional liga-se ao desenvolvimento de algumas fórmulas originais de realização da vontade da Constituição. Não importa em desprezo ou abandono do método clássico — o subsuntivo⁶, fundado na aplicação de *regras* — nem dos

---

4. O direito civil, em especial, tem desenvolvido toda uma nova perspectiva de estudo a partir da Constituição. V., dentre outros, Gustavo Tepedino (coord.), *A parte geral do novo Código Civil. Estudos na perspectiva civil-constitucional*, 2002.
5. Sobre o tema, Luís Roberto Barroso, O *direito constitucional e a efetividade de suas normas*, 2003, Nota Prévia: "A verdade, no entanto, é que a preocupação com o cumprimento da Constituição, com a realização prática dos comandos nela contidos, enfim, com a sua *efetividade* incorporou-se, de modo natural, à prática jurídica brasileira pós-1988. Passou a fazer parte da pré-compreensão do tema, como se houvéssemos descoberto o óbvio após longa procura. A capacidade — ou não — de operar com as categorias, conceitos e princípios do direito constitucional passou a ser um traço distintivo dos profissionais das diferentes carreiras jurídicas. A Constituição, liberta da tutela indevida do regime militar, adquiriu força normativa e foi alçada, ainda que tardiamente, ao centro do sistema jurídico, fundamento e filtro de toda a legislação infraconstitucional. Sua supremacia, antes apenas formal, entrou na vida do país e das instituições".
6. Nessa perspectiva, a interpretação jurídica consiste em um processo silogístico de subsunção dos fatos à norma: a lei é a premissa maior, os fatos são a premissa menor e a sentença é a conclusão. O papel do juiz consiste em revelar

elementos tradicionais da hermenêutica: gramatical, histórico, sistemático e teleológico. Ao contrário, continuam eles a desempenhar um papel relevante na busca de sentido das normas e na solução de casos concretos. Relevante, mas nem sempre suficiente.

Mesmo no quadro da dogmática jurídica tradicional, já haviam sido sistematizados diversos princípios específicos de interpretação constitucional, aptos a superar as limitações da interpretação jurídica convencional, concebida sobretudo em função da legislação infraconstitucional, e mais especialmente do direito civil. A grande virada na interpretação constitucional se deu a partir da difusão de uma constatação que, além de singela, sequer era original: não é verdadeira a crença de que as normas jurídicas em geral — e as normas constitucionais em particular — tragam sempre em si um sentido único, objetivo, válido para todas as situações sobre as quais incidem. E que, assim, caberia ao intérprete uma atividade de mera revelação do conteúdo preexistente na norma, sem desempenhar qualquer papel criativo na sua concretização.

A nova interpretação constitucional assenta-se no exato oposto de tal proposição: as cláusulas constitucionais, por seu conteúdo aberto, principiológico e extremamente dependente da realidade subjacente, não se prestam ao sentido unívoco e objetivo que uma certa tradição exegética lhes pretende dar. O relato da norma, muitas vezes, demarca apenas uma moldura dentro da qual se desenham diferentes possibilidades interpretativas. À vista dos elementos do caso concreto, dos princípios a serem preservados e dos fins a serem realizados é que será determinado o sentido da norma, com vistas à produção da solução constitucionalmente adequada para o problema a ser resolvido.

Antes de avançar no tema, cabe ainda uma nota de advertência. Muitas situações ainda subsistem em relação às quais a interpretação constitucional envolverá uma operação intelectual singela, de mera subsunção de determinado fato à norma. Tal constatação é especialmente verdadeira em relação à Constituição brasileira, povoada de regras de baixo teor valorativo, que cuidam do varejo da vida. Alguns exemplos de normas que, de ordinário, não dão margem a maiores

---

a vontade da norma, desempenhando uma atividade de mero conhecimento, sem envolver qualquer parcela de criação do Direito para o caso concreto.

especulações teóricas: (i) implementada a idade para a aposentadoria compulsória, o servidor público deverá passar para a inatividade (CF, art. 40, § 1º, II); (ii) o menor de trinta e cinco anos não é elegível para o cargo de Senador da República (CF, art. 14, § 3º, VI, *a*); (iii) não é possível o divórcio antes de um ano da separação judicial ou de dois anos da separação de fato (CF, art. 226, § 6º).

Portanto, ao se falar em nova interpretação constitucional, normatividade dos princípios, ponderação de valores, teoria da argumentação, não se está renegando o conhecimento convencional, a importância das regras ou a valia das soluções subsuntivas. Embora a história das ciências se faça, por vezes, em movimentos revolucionários de ruptura, não é disso que se trata aqui. A nova interpretação constitucional é fruto de evolução seletiva, que conserva muitos dos conceitos tradicionais, aos quais, todavia, agrega idéias que anunciam novos tempos e acodem a novas demandas.

No fluxo das modernidades aqui assinaladas, existem técnicas, valores e personagens que ganharam destaque. E outros que, sem desaparecerem, passaram a dividir o palco, perdendo a primazia do papel principal. Um bom exemplo: a norma, na sua dicção abstrata, já não desfruta da onipotência de outros tempos. Para muitos, não se pode sequer falar da existência de *norma* antes que se dê a sua interação com os *fatos*, tal como pronunciada por um *intérprete*[7]. É claro

---

7. A não identidade entre norma e texto normativo, entre o "programa normativo" (correspondente ao comando jurídico) e o "domínio normativo" (a realidade social), é postulado básico da denominada metódica "normativo-estruturante" de Friedrich Müller (*Discourse de la méthode juridique*, 1996; a 1ª ed. do original *Juristische Methodik* é de 1993). Sobre o tema, v. J. J. Gomes Canotilho, *Direito constitucional e teoria da Constituição*, 2001, p. 1179: "O facto de o texto constitucional ser o primeiro elemento do processo de interpretação-concretização constitucional (=processo metódico) não significa que o texto ou a letra da lei constitucional contenha já a decisão do problema a resolver mediante a aplicação das normas constitucionais. Diferentemente dos postulados da metodologia dedutivo-positivista, deve considerar-se que: (1) a letra da lei não dispensa a averiguação de seu conteúdo semântico; (2) a *norma constitucional* não se identifica com o *texto*; (3) a delimitação do âmbito normativo, feita através da atribuição de um significado à norma, deve ter em atenção elementos de concretização relacionados com o *problema* carecido de decisão". V. tb. Friedrich Müller, *Modernas concepções de interpretação dos direitos humanos*, XV Conferência Nacional de Advogados, 1994. V. especialmente, Karl Larenz,

que os fatos e o intérprete sempre estiveram presentes na interpretação constitucional. Mas nunca como agora. Faça-se uma anotação sumária sobre cada um:

(i) Os *fatos* subjacentes e as *conseqüências práticas* da interpretação. Em diversas situações, inclusive e notadamente nas hipóteses de colisão de normas e de direitos constitucionais, não será possível colher no sistema, em tese, a solução adequada: ela somente poderá ser formulada à vista dos elementos do caso concreto, que permitam afirmar qual desfecho corresponde à vontade constitucional[8]. Ademais, o resultado do processo interpretativo, seu impacto sobre a realidade não pode ser desconsiderado[9]: é preciso saber se o produto da incidência da norma sobre o fato realiza finalisticamente o mandamento constitucional[10].

(ii) O *intérprete* e os limites de sua discricionariedade. A moderna interpretação constitucional envolve escolhas pelo intérprete, bem como a integração subjetiva de princípios, normas abertas e conceitos indeterminados. Boa parte da produção científica da atualidade tem sido dedicada, precisamente, à contenção da discricionariedade judi-

---

Metodologia da ciência do direito, 1997. O trabalho de Karl Larenz continua a ser um marco fundamental para a compreensão das características dessa nova hermenêutica.
8. Qual o bem jurídico de maior valia: a liberdade de expressão ou a liberdade de ir e vir? Quando será legítima uma manifestação política que paralise o trânsito em uma via pública? Se for o comício de encerramento da campanha presidencial do candidato de um partido político nacional, parece razoável. Mas se vinte estudantes secundaristas deitarem-se ao longo de uma larga avenida, em protesto contra a qualidade da merenda, seria uma manifestação legítima?
9. Eduardo García de Enterría, *La Constitución como norma y el tribunal constitucional*, 1994, p. 183 e ss..
10. Pode acontecer que uma norma, sendo constitucional no seu relato abstrato, produza um resultado inconstitucional em uma determinada incidência. Por exemplo: o STF considerou constitucional a lei que impede a concessão de antecipação de tutela contra a Fazenda Pública (DJ 21.05.99, p. 02, ADCMC 4, Rel. Min. Sydney Sanches), fato que, todavia, não impediu um Tribunal de Justiça de concedê-la, porque a abstenção importaria no sacrifício do direito à vida da requerente (TJRS, AI 598.398.600, Rel. Des. Araken de Assis). Veja-se o comentário dessa decisão em Ana Paula Ávila, Razoabilidade, proteção do direito fundamental à saúde e antecipação da tutela contra a Fazenda Pública, *Ajuris*, 86:361, 2003.

cial, pela demarcação de parâmetros para a ponderação de valores e interesses e pelo dever de demonstração fundamentada da racionalidade e do acerto de suas opções.

Feita a advertência, passa-se à discussão de alguns dos temas que têm mobilizado o universo acadêmico nos últimos tempos e que, mais recentemente, vêm migrando para a dogmática jurídica e para a prática jurisprudencial.

II. Pós-positivismo e a ascensão dos princípios

O jusnaturalismo moderno começa a formar-se a partir do século XVI, procurando superar o dogmatismo medieval e escapar do ambiente teológico em que se desenvolveu. Aproximando a lei da razão, torna-se a partir daí a filosofia natural do direito, associando-se ao Iluminismo na crítica à tradição anterior e dando substrato jurídico-filosófico às duas grandes conquistas do mundo moderno: a tolerância religiosa e a limitação ao poder do Estado. A crença no direito natural — isto é, na existência de valores e de pretensões humanas legítimas que não decorrem de uma norma emanada do Estado — foi um dos trunfos ideológicos da burguesia e o combustível das revoluções liberais.

O advento do Estado liberal, a consolidação dos ideais constitucionais em textos escritos e o êxito do movimento de codificação simbolizaram a vitória do direito natural, o seu apogeu. Paradoxalmente, representaram, também, a sua superação histórica[11]. No início

---

11. Bobbio, Matteucci e Pasquino, *Dicionário de política*, 1986, p. 659: "Com a promulgação dos códigos, principalmente do napoleônico, o Jusnaturalismo exauria a sua função no momento mesmo em que celebrava o seu triunfo. Transposto o direito racional para o código, não se via nem admitia outro direito senão este. O recurso a princípios ou normas extrínsecos ao sistema do direito positivo foi considerado ilegítimo". Na bela imagem de Viviane Nunes Araújo Lima, *A saga do zangão: uma visão sobre o direito natural*, 2000, p. 181: "Tal qual o zangão no reino animal, o macho que desde o seu nascimento esforça-se para atingir a idade adulta e assim fecundar a abelha-Rainha para morrer em seguida, o Direito Natural, desde os tempos mais remotos, esforça-se para fecundar o Direito Positivo, impregnando-o dos valores mais preciosos — Justiça, Liberdade, Bem-Comum. No momento em que realiza essa tarefa (...), morre solapado pelo positivismo imperioso e avassalador do século seguinte,

do século XIX, os direitos naturais, cultivados e desenvolvidos ao longo de mais de dois milênios, haviam se incorporado de forma generalizada aos ordenamentos positivos[12]. Já não traziam a revolução, mas a conservação. Considerado metafísico e anticientífico, o direito natural é empurrado para a margem da história pela onipotência positivista do século XIX.

O positivismo filosófico foi fruto de uma crença exacerbada no poder do conhecimento científico. Sua importação para o Direito resultou no positivismo jurídico, na pretensão de se criar uma *ciência* jurídica, com características análogas às ciências exatas e naturais. A busca de objetividade científica, com ênfase na realidade observável e não na especulação filosófica, apartou o Direito da moral e dos valores transcendentes. Direito é norma, ato emanado do Estado com caráter imperativo e força coativa. A ciência do Direito, como todas as demais, deve fundar-se em juízos *de fato*, que visam ao conhecimento da realidade, e não em juízos *de valor*, que representam uma tomada de posição diante da realidade[13]. Não é no âmbito do Direito que se deve travar a discussão acerca de questões como legitimidade e justiça.

---

pela Era das Codificações, pelas idéias surgidas com as novas correntes de pensamento jurídico, pela Escola da Exegese na França, pela Escola Histórica na Alemanha".

12. Ana Paula de Barcellos, As relações da filosofia do direito com a experiência jurídica. Uma visão dos séculos XVIII, XIX e XX. Algumas questões atuais, *RF*, *351*:10, 2000: "Em fins do século XVIII e início do século XIX, com a instalação do Estado Liberal e todo o seu aparato jurídico (constituição escrita, igualdade formal, princípio da legalidade etc.), o *direito natural* conheceria seu momento áureo na história moderna do direito. As idéias desenvolvidas no âmbito da filosofia ocidental haviam se incorporado de uma forma sem precedentes à realidade jurídica. Talvez por isso mesmo, tendo absorvido os elementos propostos pela reflexão filosófica, o direito haja presumido demais de si mesmo, considerando que podia agora prescindir dela. De fato, curiosamente, a seqüência histórica reservaria para o pensamento jusfilosófico não apenas um novo nome — filosofia do direito — como também mais de um século de ostracismo".

13. Norberto Bobbio, *Positivismo jurídico*, 1995, p. 135, onde se acrescenta: "A ciência exclui do próprio âmbito os juízos de valor, porque ela deseja ser um conhecimento puramente *objetivo* da realidade, enquanto os juízos em questão são sempre *subjetivos* (ou pessoais) e conseqüentemente contrários à exigência da objetividade". Pouco mais à frente, o grande mestre italiano, defensor do que denominou de "positivismo moderado", desenvolve a distinção, de matriz kelseniana, entre *validade* e *valor* do Direito.

O positivismo pretendeu ser uma *teoria* do Direito, na qual o estudioso assumisse uma atitude cognoscitiva (de conhecimento), fundada em juízos de fato. Mas resultou sendo uma *ideologia*, movida por juízos de valor, por ter se tornado não apenas um modo de *entender* o Direito, como também de *querer* o Direito[14]. O fetiche da lei e o legalismo acrítico, subprodutos do positivismo jurídico, serviram de disfarce para autoritarismos de matizes variados. A idéia de que o debate acerca da justiça se encerrava quando da positivação da norma tinha um caráter legitimador da ordem estabelecida. Qualquer ordem.

Sem embargo da resistência filosófica de outros movimentos influentes nas primeiras décadas do século XX[15], a decadência do positivismo é emblematicamente associada à derrota do fascismo na Itália e do nazismo na Alemanha. Esses movimentos políticos e militares ascenderam ao poder dentro do quadro de legalidade vigente e promoveram a barbárie em nome da lei. Os principais acusados de Nuremberg invocaram o cumprimento da lei e a obediência a ordens emanadas da autoridade competente. Ao fim da Segunda Guerra Mundial, a idéia de um ordenamento jurídico indiferente a valores éticos e da lei como um estrutura meramente formal, uma embalagem para qualquer produto, já não tinha mais aceitação no pensamento esclarecido[16].

A superação histórica do jusnaturalismo e o fracasso político do positivismo abriram caminho para um conjunto amplo e ainda inacabado de reflexões acerca do Direito, sua função social e sua interpretação. O *pós-positivismo* é a designação provisória e genérica de um ideário difuso, no qual se incluem a definição das relações entre valores, princípios e regras, aspectos da chamada *nova hermenêutica*

---

14. Norberto Bobbio, O *positivismo jurídico*, 1995, pp. 223-4. V. também Michael Löwy, *Ideologias e ciência social — Elementos para uma análise marxista*, 1996, p. 40: "O positivismo, que se apresenta como ciência livre de juízos de valor, neutra, rigorosamente científica, (...) acaba tendo uma função política e ideológica".
15. Como por exemplo, a *jurisprudência dos interesses*, iniciada por Ihering, e o *movimento pelo direito livre*, no qual se destacou Ehrlich.
16. Carlos Santiago Nino, *Etica y derechos humanos*, 1989, p. 03 e ss.; e Ricardo Lobo Torres, O*s direitos humanos e a tributação — Imunidades e isonomia*, 1995, p. 06 e ss..

constitucional, e a teoria dos direitos fundamentais, edificada sobre o fundamento da dignidade humana[17]. A valorização dos princípios, sua incorporação, explícita ou implícita, pelos textos constitucionais e o reconhecimento pela ordem jurídica de sua normatividade fazem parte desse ambiente de reaproximação entre Direito e Ética.

Gradativamente, diversas formulações antes dispersas ganham unidade e consistência, ao mesmo tempo em que se desenvolve o esforço teórico que procura transformar o avanço filosófico em instrumental técnico-jurídico aplicável aos problemas concretos. O discurso acerca dos princípios, da supremacia dos direitos fundamentais e do reencontro com a Ética — ao qual, no Brasil, se deve agregar o da transformação social e o da emancipação — deve ter repercussão sobre o ofício dos juízes, advogados e promotores, sobre a atuação do Poder Público em geral e sobre a vida das pessoas. Trata-se de transpor a fronteira da reflexão filosófica, ingressar na dogmática jurídica e na prática jurisprudencial e, indo mais além, produzir efeitos positivos sobre a realidade. Os tópicos que se seguem têm a ambição de servir de guia elementar para a construção da normatividade e da efetividade do pós-positivismo.

III. Princípios e regras, ainda uma vez

Na trajetória que os conduziu ao centro do sistema, os princípios tiveram de conquistar o *status* de norma jurídica, superando a crença de que teriam uma dimensão puramente axiológica, ética, sem eficácia jurídica ou aplicabilidade direta e imediata. A dogmática moderna avaliza o entendimento de que as normas em geral, e as normas constitucionais em particular, enquadram-se em duas grandes categorias diversas: os princípios e as regras. Antes de uma elaboração mais

---

17. Sobre o tema, vejam-se: Antônio Augusto Cançado Trindade, *A proteção internacional dos direitos humanos: fundamentos jurídicos e instrumentos básicos*, 1991; Ingo Wolfgang Sarlet, *A eficácia dos direitos fundamentais*, 1998; Flávia Piovesan, *Temas de direitos humanos*, 1998; Ricardo Lobo Torres (org.), *Teoria dos direitos fundamentais*, 1999; Willis Santiago Guerra Filho, *Processo constitucional e direitos fundamentais*, 1999; e Gilmar Ferreira Mendes, Inocêncio Mártires Coelho e Paulo Gustavo Gonet Branco, *Hermenêutica constitucional e direitos fundamentais*, 2000.

sofisticada da teoria dos princípios, a distinção entre eles fundava-se, sobretudo, no critério da generalidade[18]. Normalmente, as regras contêm relato mais objetivo, com incidência restrita às situações específicas às quais se dirigem. Já os princípios têm maior teor de abstração e incidem sobre uma pluralidade de situações. Inexiste hierarquia entre ambas as categorias, à vista do princípio da unidade da Constituição. Isto não impede que princípios e regras desempenhem funções distintas dentro do ordenamento.

Nos últimos anos, todavia, ganhou curso generalizado uma distinção qualitativa ou estrutural entre regra e princípio, que veio a se tornar um dos pilares da moderna dogmática constitucional, indispensável para a superação do positivismo legalista, onde as normas se cingiam a regras jurídicas[19]. A Constituição passa a ser encarada como um sistema aberto de princípios e regras, permeável a valores jurídicos suprapositivos, no qual as idéias de justiça e de realização dos direitos fundamentais desempenham um papel central. A mudança de paradigma nessa matéria deve especial tributo às concepções de Ronald Dworkin[20] e aos desenvolvimentos a ela dados por Robert Alexy[21]. A conjugação das idéias desses dois autores dominou a teoria jurídica e passou a constituir o conhecimento convencional na matéria[22].

---

18. Josef Esser, *Principio y norma en la elaboración jurisprudencial del derecho privado*, 1961, p. 66.
19. Rodolfo L. Vigo, *Los principios jurídicos — Perspectiva jurisprudencial*, 2000, pp. 9-20. O autor apresenta um interessante panorama dos critérios distintivos entre princípios e regras já propostos pela doutrina.
20. Ronald Dworkin, *Taking rights seriously*, 1997 (a 1ª edição é de 1977). O texto seminal nessa matéria, do próprio Dworkin, foi "The model of rules", *University of Chicago Law Review*, 35:14 (1967).
21. Robert Alexy, *Teoria de los derechos fundamentales*, 1997 (a 1ª ed. do original *Theorie der Grundrechte* é de 1986).
22. O consenso vem sendo, todavia, progressivamente rompido pelo surgimento de trabalhos críticos de qualidade. V. na doutrina nacional, Humberto Ávila, *Teoria dos princípios (da definição à aplicação dos princípios jurídicos)*, 2003; na doutrina estrangeira, Klaus Günther, *The sense of appropriateness — Application discourses in morality and law*, 1993. Para uma defesa das posições de Alexy, v. Thomas da Rosa Bustamante, *A distinção estrutural entre princípios e regras e sua importância para a dogmática jurídica*, 2003, mimeografado (original gentilmente cedido pelo autor).

Regras são, normalmente, relatos objetivos, descritivos de determinadas condutas e aplicáveis a um conjunto delimitado de situações. Ocorrendo a hipótese prevista no seu relato, a regra deve incidir, pelo mecanismo tradicional da *subsunção*: enquadram-se os fatos na previsão abstrata e produz-se uma conclusão. A aplicação de uma regra se opera na modalidade *tudo ou nada*: ou ela regula a matéria em sua inteireza ou é descumprida. Na hipótese do conflito entre duas regras, só uma será válida e irá prevalecer[23]. *Princípios*, por sua vez, contêm relatos com maior grau de abstração, não especificam a conduta a ser seguida e se aplicam a um conjunto amplo, por vezes indeterminado, de situações. Em uma ordem democrática, os princípios freqüentemente entram em tensão dialética, apontando direções diversas. Por essa razão, sua aplicação deverá se dar mediante *ponderação*: à vista do caso concreto, o intérprete irá aferir o peso que cada princípio deverá desempenhar na hipótese, mediante concessões recíprocas, e preservando o máximo de cada um, na medida do possível. Sua aplicação, portanto, não será no esquema *tudo ou nada*, mas graduada à vista das circunstâncias representadas por outras normas ou por situações de fato[24].

Pois bem: ultrapassada a fase de um certo deslumbramento com a redescoberta dos princípios como elementos normativos, o pensa-

---

23. V Luís Roberto Barroso, "Fundamentos teóricos e filosóficos do novo direito constitucional brasileiro". In: *Temas de direito constitucional*, t. II, 2003, p. 32: "O Direito, como se sabe, é um sistema de normas harmonicamente articuladas. Uma situação não pode ser regida simultaneamente por duas disposições legais que se contraponham. Para solucionar essas hipóteses de conflito de leis, o ordenamento jurídico se serve de três critérios tradicionais: o da *hierarquia* — pelo qual a lei superior prevalece sobre a inferior —, o *cronológico* — onde a lei posterior prevalece sobre a anterior — e o da *especialização* — em que a lei específica prevalece sobre a lei geral. Estes critérios, todavia, não são adequados ou plenamente satisfatórios quando a colisão se dá entre normas constitucionais, especialmente entre princípios constitucionais, categoria na qual devem ser situados os conflitos entre direitos fundamentais".
24. Robert Alexy, *Teoria de los derechos fundamentales*, 1997, p. 86: "Princípios são normas que ordenam que algo seja realizado na maior medida possível, dentro das possibilidades jurídicas e reais existentes. Por isso, são mandados de otimização, caracterizados pelo fato de que podem ser cumpridos em diferentes graus e que a medida devida de seu cumprimento não só depende das possibilidades reais, mas também das jurídicas. O âmbito do juridicamente possível é determinado pelos princípios e regras opostas". (tradução livre)

mento jurídico tem se dedicado à elaboração teórica das dificuldades que sua interpretação e aplicação oferecem, tanto na determinação de seu conteúdo quanto no de sua eficácia. A ênfase que se tem dado à teoria dos princípios deve-se, sobretudo, ao fato de ser nova e de apresentar problemas ainda irresolvidos. O modelo tradicional, como já mencionado, foi concebido para a interpretação e aplicação de regras. É bem de ver, no entanto, que o sistema jurídico ideal se consubstancia em uma distribuição equilibrada de regras e princípios, nos quais as regras desempenham o papel referente à *segurança jurídica* — previsibilidade e objetividade das condutas — e os princípios, com sua flexibilidade, dão margem à realização da *justiça* do caso concreto[25].

É de proveito aprofundar o tema da distinção entre princípios e regras, especialmente no que diz respeito às potencialidades que oferecem para a atuação do intérprete constitucional. Sem embargo da multiplicidade de concepções na matéria, há pelo menos um consenso sobre o qual trabalha a doutrina em geral: princípios e regras desfrutam igualmente do *status* de norma jurídica e integram, sem hierarquia, o sistema referencial do intérprete. Dos múltiplos critérios distintivos possíveis[26], três deles são aqui destacados: (i) o conteúdo; (ii) a estrutura normativa; (iii) as particularidades da aplicação.

---

25. V. Ana Paula de Barcellos, *Ponderação de normas: alguns parâmetros jurídicos*, projeto de tese de doutoramento aprovado no programa de Pós-graduação em Direito Público da Universidade do Estado do Rio de Janeiro: "É possível identificar uma relação entre a segurança, a estabilidade e a previsibilidade e as regras jurídicas. Isso porque, na medida em que veiculam efeitos jurídicos determinados, pretendidos pelo legislador de forma específica, as regras contribuem para a maior previsibilidade do sistema jurídico. A justiça, por sua vez, depende em geral de normas mais flexíveis, à maneira dos princípios, que permitam uma adaptação mais livre às infinitas possibilidades do caso concreto e que sejam capazes de conferir ao intérprete liberdade de adaptar o sentido geral do efeito pretendido, muitas vezes impreciso e indeterminado, às peculiaridades da hipótese examinada. Nesse contexto, portanto, os princípios são espécies normativas que se ligam de modo mais direto à idéia de justiça. Assim, como esquema geral, é possível dizer que a estrutura das regras facilita a realização do valor *segurança*, ao passo que os princípios oferecem melhores condições para que a *justiça* possa ser alcançada". (texto ligeiramente editado).
26. Sobre o tema, vejam-se Karl Larenz, *Metodologia da ciência do direito*, 1997; Claus-Wilhelm Canaris, *Pensamento sistemático e conceito de sistema na*

Quanto ao *conteúdo*, destacam-se os princípios como normas que identificam valores a serem preservados ou fins a serem alcançados. Trazem em si, normalmente, um conteúdo axiológico ou uma decisão política. Isonomia, moralidade, eficiência são *valores*. Justiça social, desenvolvimento nacional, redução das desigualdades regionais são *fins* públicos. Já as regras limitam-se a traçar uma conduta. A questão relativa a valores ou a fins públicos não vem explicitada na norma porque já foi decidida pelo legislador, e não transferida ao intérprete. Daí ser possível afirmar-se que regras são descritivas de conduta, ao passo que princípios são valorativos ou finalísticos.

Com relação à *estrutura* normativa, tem-se que o relato de uma regra especifica os atos a serem praticados para seu cumprimento adequado. Embora a atividade do intérprete jamais possa ser qualificada como mecânica — pois a ele cabe dar o toque de humanidade que liga o texto à vida real —, a aplicação de uma regra normalmente não envolverá um processo de racionalização mais sofisticado. Se ocorre o fato previsto em abstrato, produz-se o efeito concreto prescrito. Já os princípios indicam fins, *estados ideais* a serem alcançados. Como a norma não detalha a conduta a ser seguida para sua realização, a atividade do intérprete será mais complexa, pois a ele caberá definir a ação a tomar.

---

ciência do direito, 1996. Na doutrina brasileira, v. o importante estudo de Humberto Ávila, *Teoria dos princípios (da definição à aplicação dos princípios jurídicos)*, 2003, no qual, ao traçar o panorama da evolução da distinção entre princípios e regras, destaca quatro critérios, com os seguintes comentários: "Em primeiro lugar, há o critério do *caráter hipotético-condicional* que se fundamenta no fato de as regras possuírem uma hipótese e uma conseqüência que predeterminam a decisão, sendo aplicadas ao modo *se, então*, enquanto os princípios apenas indicam o fundamento a ser utilizado pelo aplicador para futuramente encontrar a regra para o caso concreto. Em segundo lugar, há o critério do *modo final de aplicação*, que se sustenta no fato de as regras serem aplicadas de modo absoluto *tudo ou nada*, ao passo que os princípios são aplicados de modo gradual *mais ou menos*. Em terceiro lugar, o critério do *relacionamento normativo*, que se fundamenta na idéia de a antinomia entre as regras consubstanciarem verdadeiro conflito, solucionável com a declaração de invalidade de uma das regras ou com a criação de uma exceção, ao passo que o relacionamento entre os princípios consiste num imbricamento, solucionável mediante uma ponderação que atribua uma dimensão de peso a cada um deles. Em quarto lugar, há o critério do *fundamento axiológico*, que considera os princípios, ao contrário das regras, como fundamentos axiológicos para a decisão a ser tomada".

Pode ocorrer ainda, em relação aos princípios, uma dificuldade adicional: o fim a ser atingido ou o estado ideal a ser transformado em realidade pode não ser objetivamente determinado, envolvendo uma integração subjetiva por parte do intérprete. Um princípio tem um sentido e alcance mínimos, um núcleo essencial, no qual se equiparam às regras. A partir de determinado ponto, no entanto, ingressa-se em um espaço de indeterminação, no qual a demarcação de seu conteúdo estará sujeita à concepção ideológica ou filosófica do intérprete. Um exemplo é fornecido pelo princípio da dignidade da pessoa humana. Além de não explicitar os comportamentos necessários para realizar a dignidade humana — esta, portanto, é a primeira dificuldade: descobrir os comportamentos — poderá haver controvérsia sobre o que significa a própria dignidade a partir de um determinado conteúdo essencial, conforme o ponto de observação do intérprete[27].

Quanto ao modo ou particularidades de sua *aplicação*, a doutrina que se desenvolveu sobre as premissas teóricas de Dworkin e Alexy traça a distinção entre princípios e regras na forma já registrada acima e que se reproduz sumariamente, para fins de encadeamento do raciocínio. Regras são proposições normativas aplicáveis sob a forma de *tudo ou nada* (*"all or nothing"*). Se os fatos nela previstos ocorrerem, a regra deve incidir, de modo direto e automático, produzindo seus efeitos. Uma regra somente deixará de incidir sobre a hipótese de fato que contempla se for inválida, se houver outra mais específica ou se não estiver em vigor. Sua aplicação se dá, predominantemente, mediante *subsunção*.

Princípios contêm, normalmente, uma maior carga valorativa, um fundamento ético, uma decisão política relevante, e indicam uma determinada direção a seguir. Ocorre que, em uma ordem pluralista, existem outros princípios que abrigam decisões, valores ou fundamentos diversos, por vezes contrapostos. A colisão de princípios, portanto, não só é possível, como faz parte da lógica do sistema, que é dialético. Por isso a sua incidência não pode ser posta em termos de *tudo ou nada*, de validade ou invalidade. Deve-se reconhecer aos princípios uma dimensão de peso ou importância. À vista dos elemen-

---

27. Essa característica dos princípios, aliás, é que permite que a norma se adapte, ao longo do tempo, a diferentes realidades, além de permitir a concretização do princípio da maioria, inerente ao regime democrático. Há um sentido mínimo, oponível a qualquer grupo que venha a exercer o poder, e também um espaço cujo conteúdo será preenchido pela deliberação democrática.

tos do caso concreto, o intérprete deverá fazer escolhas fundamentadas, quando se defronte com antagonismos inevitáveis, como os que existem entre a liberdade de expressão e o direito de privacidade, a livre iniciativa e a intervenção estatal, o direito de propriedade e a sua função social. A aplicação dos princípios se dá, predominantemente, mediante ponderação[28].

É certo que, mais recentemente, já se discute tanto a aplicação do esquema *tudo ou nada* aos princípios como a possibilidade de também as regras serem ponderadas. Isso porque, como visto, determinados princípios — como o princípio da dignidade da pessoa humana e outros — apresentam um núcleo de sentido ao qual se atribui natureza de regra, aplicável biunivocamente[29]. Por outro lado, há situações em que uma regra, perfeitamente válida em abstrato, poderá gerar uma inconstitucionalidade ao incidir em determinado ambiente ou, ainda, há hipóteses em que a adoção do comportamento descrito pela regra violará gravemente o próprio fim que ela busca alcançar[30]. Esses são fenômenos de percepção recente, que começam

---

28. Partindo da idéia original de Dworkin, o autor alemão Robert Alexy (*Teoria de los derechos fundamentales*, 1997, p. 81 e ss.) deu novos desenvolvimentos analíticos ao tema, nos termos a seguir resumidos. As regras veiculam mandados de definição, ao passo que os princípios são mandados de otimização. Por essas expressões se quer significar que as regras (mandados de definição) têm natureza biunívoca, isto é, só admitem duas espécies de situação, dado seu substrato fático típico: ou são válidas e se aplicam ou não se aplicam por inválidas. Uma regra vale ou não vale juridicamente. Não são admitidas gradações. A exceção da regra ou é outra regra, que invalida a primeira, ou é a sua violação.
Os princípios se comportam de maneira diversa. Como mandados de otimização, pretendem eles ser realizados da forma mais ampla possível, admitindo, entretanto, aplicação mais ou menos intensa de acordo com as possibilidades jurídicas existentes, sem que isso comprometa sua validade. Esses limites jurídicos, capazes de restringir a otimização do princípio, são (i) regras que o excepcionam em algum ponto e (ii) outros princípios de mesma estatura e opostos que procuram igualmente maximizar-se, impondo a necessidade eventual de ponderação.
29. Ana Paula de Barcellos, *A eficácia jurídica dos princípios constitucionais — O princípio da dignidade da pessoa humana*, 2002, p. 191 e ss.
30. V. Humberto Ávila, *Teoria dos princípios (da definição à aplicação dos princípios jurídicos)*, 2003, p. 28 e ss. O STF, no julgamento do HC 7.703-PE (DJ 11.09.98, Rel. Min. Marco Aurélio), considerou ser essa a hipótese e afastou, no caso concreto, a aplicação do art. 1º do Decreto-Lei nº 200/67 para

a despertar o interesse da doutrina, inclusive e sobretudo por seu grande alcance prático.

Princípios — e, com crescente adesão na doutrina, também as regras — são ponderados, à vista do caso concreto. E, na determinação de seu sentido e na escolha dos comportamentos que realizarão os fins previstos, deverá o intérprete demonstrar o fundamento racional que legitima sua atuação. Chega-se, assim, aos dois temas que se seguem: a ponderação e a argumentação jurídica.

IV. Ponderação de interesses, bens, valores e normas[31]

Durante muito tempo, a subsunção foi a única fórmula para compreender a aplicação do Direito, a saber: premissa maior — a

---

conceder o ordem e trancar ação penal proposta contra ex-Prefeita. A hipótese era a seguinte. Determinado Município contratou, sem concurso público, um gari por cerca de nove meses; posteriormente, o gari ingressou na justiça trabalhista exigindo um conjunto de direitos. A reclamação foi julgada improcedente pelo Juízo trabalhista que acolheu a alegação do Município de nulidade da relação por falta de concurso público e determinou a remessa de peças ao Ministério Público para responsabilização da autoridade responsável pelo descumprimento da regra constitucional. Com fundamento nesses fatos, o Ministério Público propôs a ação penal em face da ex-Prefeita. O STF, no entanto, considerou que o evento era insignificante, que a Municipalidade não teria sofrido prejuízo e que o fim da norma prevista no art. 1º do Decreto-Lei nº 200/67 não fora afetado e, por essas razões, determinou o trancamento da ação penal.

31. Ronald Dworkin, *Taking rights seriously*, 1997; Robert Alexy, *Teoria de los derechos fundamentales*, 1997 e os seguintes textos mimeografados: *Colisão e ponderação como problema fundamental da dogmática dos direitos fundamentais*, 1998 e *Constitutional rights, balancing, and rationality*, 2002 (textos gentilmente cedidos por Margarida Lacombe Camargo); Karl Larenz, *Metodologia da ciência do direito*, 1997; Daniel Sarmento, *A ponderação de interesses na Constituição Federal*, 2000; Ricardo Lobo Torres, "Da ponderação de interesses ao princípio da ponderação". In: Urbano Zilles (coord.), *Miguel Reale. Estudos em homenagem a seus 90 anos*, 2000, p. 643 e ss.; Aaron Barak, Foreword: a judge on judging: the role of a Supreme Court in a Democracy, *Harvard Law Review*, 116:01, 2002; Marcos Maselli Gouvêa, *O controle judicial das omissões administrativas*, 2003; Humberto Ávila, *Teoria dos princípios (da definição à aplicação dos princípios jurídicos)*, 2003.

norma — incidindo sobre a premissa menor — os fatos — e produzindo como conseqüência a aplicação do conteúdo da norma ao caso concreto. Como já se viu, essa espécie de raciocínio continua a ser fundamental para a dinâmica do Direito. Mais recentemente, porém, a dogmática jurídica deu-se conta de que a subsunção tem limites, não sendo por si só suficiente para lidar com situações que, em decorrência da expansão dos princípios, são cada vez mais freqüentes. Não é difícil demonstrar e ilustrar o argumento.

Imagine-se uma hipótese em que mais de uma norma possa incidir sobre o mesmo conjunto de fatos — várias premissas maiores, portanto, para apenas uma premissa menor —, como no caso clássico da oposição entre liberdade de imprensa e de expressão, de um lado, e os direitos à honra, à intimidade e à vida privada, de outro[32]. Como se constata singelamente, as normas envolvidas tutelam valores distintos e apontam soluções diversas e contraditórias para a questão. Na sua lógica unidirecional (premissa maior — premissa menor), a solução subsuntiva para esse problema somente poderia trabalhar com uma das normas, o que importaria na escolha de uma única premissa maior, descartando-se as demais. Tal fórmula, todavia, não seria constitucionalmente adequada: por força do princípio instrumental da unidade da Constituição (v. *infra*), o intérprete não pode simplesmente optar por uma norma e desprezar outra em tese também aplicável, como se houvesse hierarquia entre elas. Como conseqüência, a interpretação constitucional viu-se na contingência de desenvolver técnicas capazes de lidar com o fato de que a Constituição é um documento dialético — que tutela valores e interesses potencialmente conflitantes — e que princípios nela consagrados freqüentemente entram em rota de colisão.

A dificuldade que se acaba de descrever já foi amplamente percebida pela doutrina; é pacífico que casos como esses não são resolvidos por uma subsunção simples. Será preciso um raciocínio de estrutura diversa, mais complexo, que seja capaz de trabalhar multidirecionalmente, produzindo a regra concreta que vai reger a hipótese a

---

32. Há diversos estudos sobre esse conflito específico. Veja-se, por todos, o trabalho de Edilsom Pereira de Farias, *Colisão de direitos. A honra, a intimidade, a vida privada e a imagem* versus *a liberdade de expressão e informação*, 1996.

partir de uma síntese dos distintos elementos normativos incidentes sobre aquele conjunto de fatos. De alguma forma, cada um desses elementos deverá ser considerado na medida de sua importância e pertinência para o caso concreto, de modo que na solução final, tal qual em um quadro bem pintado, as diferentes cores possam ser percebidas, ainda que uma ou algumas delas venham a se destacar sobre as demais. Esse é, de maneira geral, o objetivo daquilo que se convencionou denominar de *técnica da ponderação*.

A ponderação consiste, portanto, em uma técnica de decisão jurídica[33] aplicável a casos difíceis[34], em relação aos quais a subsunção se mostrou insuficiente, especialmente quando uma situação concreta dá ensejo à aplicação de normas de mesma hierarquia que indicam soluções diferenciadas[35]. A estrutura interna do raciocínio ponderativo ainda não é bem conhecida, embora esteja sempre associada às noções difusas de balanceamento e sopesamento de interesses, bens, valores ou normas. A importância que o tema ganhou no dia a dia da atividade jurisdicional, entretanto, tem levado a doutrina a estudá-lo mais cuidadosamente[36]. De forma simplificada, é possível descrever a ponderação como um processo em três etapas, relatadas a seguir.

Na *primeira* etapa, cabe ao intérprete detectar no sistema as normas relevantes para a solução do caso, identificando eventuais conflitos entre elas. Como se viu, a existência dessa espécie de confli-

---

33. José Maria Rodríguez de Santiago, *La ponderación de bienes e intereses en el derecho administrativo*, 2000.
34. Do inglês *hard cases*, a expressão identifica situações para as quais não há uma formulação simples e objetiva a ser colhida no ordenamento, sendo necessária a atuação subjetiva do intérprete e a realização de escolhas, com eventual emprego de discricionariedade.
35. A ponderação também tem sido empregada em outras circunstâncias, como na definição do conteúdo de conceitos jurídicos indeterminados (a definição dos que sejam os "valores éticos e sociais da pessoa e da família", referidos no art. 221, IV, da Constituição, envolverá por certo um raciocínio do tipo ponderativo) ou na aplicação da eqüidade a casos concretos, embora esta última situação possa ser reconduzida a um confronto de princípios, já que a eqüidade tem como fundamento normativo específico o princípio constitucional da justiça.
36. Ricardo Lobo Torres, "Da ponderação de interesses ao princípio da ponderação". In: Urbano Zilles (coord.), *Miguel Reale. Estudos em homenagem a seus 90 anos*, 2000, p. 643 e ss..

to — insuperável pela subsunção — é o ambiente próprio de trabalho da ponderação[37]. Assinale-se que norma não se confunde com dispositivo: por vezes uma norma será o resultado da conjugação de mais de um dispositivo. Por seu turno, um dispositivo isoladamente considerado pode não conter uma norma ou, ao revés, abrigar mais de uma[38]. Ainda neste estágio, os diversos fundamentos normativos — isto é: as diversas premissas maiores pertinentes — são agrupados em função da solução que estejam sugerindo. Ou seja: aqueles que indicam a mesma solução devem formar um conjunto de argumentos. O propósito desse agrupamento é facilitar o trabalho posterior de comparação entre os elementos normativos em jogo.

Na *segunda* etapa, cabe examinar os fatos, as circunstâncias concretas do caso e sua interação com os elementos normativos. Relembre-se, na linha do que já foi exposto anteriormente, a importância assumida pelos fatos e pelas conseqüências práticas da incidência da norma na moderna interpretação constitucional. Embora os princípios e regras tenham uma existência autônoma em tese, no mundo abstrato dos enunciados normativos, é no momento em que entram em contato com as situações concretas que seu conteúdo se preencherá de real sentido. Assim, o exame dos fatos e os reflexos sobre eles das normas identificadas na primeira fase poderão apontar com maior clareza o papel de cada uma delas e a extensão de sua influência.

Até aqui, na verdade, nada foi solucionado e nem sequer há maior novidade. Identificação das normas aplicáveis e compreensão dos fatos relevantes fazem parte de todo e qualquer processo interpretativo, sejam os casos fáceis ou difíceis. É na *terceira* etapa que a ponderação irá singularizar-se, em oposição à subsunção. Relembre-se, como já assentado, que os princípios, por sua estrutura e natureza, e observados determinados limites, podem ser aplicados com maior ou menor intensidade, à vista de circunstâncias jurídicas ou fáticas,

---

37. É bem de ver que algumas vezes o conflito se estabelece mais claramente entre interesses que se opõem, quando então será preciso verificar se esses interesses podem ser reconduzidos a normas jurídicas (normas que, por sua vez, podem ter como fundamento regras e/ou princípios, explícitos ou implícitos).
38. Sobre o tema, v. Humberto Ávila, *Teoria dos princípios (da definição à aplicação dos princípios jurídicos)*, 2003, p. 13.

sem que isso afete sua validade[39]. Pois bem: nessa fase dedicada à decisão, os diferentes grupos de normas e a repercussão dos fatos do caso concreto estarão sendo examinados de forma conjunta, de modo a apurar os pesos que devem ser atribuídos aos diversos elementos em disputa e, portanto, o grupo de normas que deve preponderar no caso. Em seguida, é preciso ainda decidir quão intensamente esse grupo de normas — e a solução por ele indicada — deve prevalecer em detrimento dos demais, isto é: sendo possível graduar a intensidade da solução escolhida, cabe ainda decidir qual deve ser o grau apropriado em que a solução deve ser aplicada. Todo esse processo intelectual tem como fio condutor o princípio instrumental da *proporcionalidade* ou *razoabilidade* (v. *infra*).

Da exposição apresentada extrai-se que a ponderação ingressou no universo da interpretação constitucional como uma necessidade, antes que como uma opção filosófica ou ideológica[40]. É certo, no entanto, que cada uma das três etapas descritas acima — identificação das normas pertinentes, seleção dos fatos relevantes e atribuição geral de pesos, com a produção de uma conclusão — envolve avaliações de caráter subjetivo, que poderão variar em função das circunstâncias pessoais do intérprete e de outras tantas influências[41]. É inte-

---

39. Essa estrutura em geral não se repete com as regras, de modo que a ponderação de regras será um fenômeno muito mais complexo e excepcional.
40. Há, na verdade, quem critique essa necessidade e a própria conveniência de se aplicar a ponderação a temas constitucionais que, por seu caráter fundamental, não deveriam estar sujeitos a avaliações tão subjetivas como as que ocorrem em um processo de ponderação: v. T. Alexander Aleinikoff, Constitutional law in the age of balancing, *Yale Law Journal*, 96:943, 1987.
41. Para o exame de algumas situações concretas de ponderação na nossa perspectiva, vejam-se em Luís Roberto Barroso, *Temas de direito constitucional*, t. I, 2002: "Liberdade de expressão, direito à informação e banimento da publicidade de cigarro", p. 243 e ss. (sobre liberdade de expressão e informação *versus* políticas públicas de proteção à saúde); "Liberdade de expressão, censura e controle da programação de televisão na Constituição de 1988", p. 341 e ss. (sobre liberdade de expressão *versus* proteção aos valores éticos e sociais da pessoa e da família). E em *Temas de direito constitucional*, t. II, 2003: "A ordem constitucional e os limites à atuação estatal no controle de preços", p. 47 e ss. (sobre livre iniciativa e livre concorrência *versus* proteção do consumidor); e "Banco Central e Receita Federal. Comunicação ao Ministério Público para fins

ressante observar que alguns dos principais temas da atualidade constitucional no Brasil tem seu equacionamento posto em termos de ponderação de valores, podendo-se destacar:

(i) o debate acerca da relativização da coisa julgada, onde se contrapõem o princípio da segurança jurídica e outros valores socialmente relevantes, como a justiça, a proteção dos direitos da personalidade e outros[42];
(ii) o debate acerca da denominada "eficácia horizontal dos direitos fundamentais", envolvendo a aplicação das normas constitucionais às relações privadas, onde se contrapõem a autonomia da vontade e a efetivação dos direitos fundamentais[43];
(iii) o debate acerca do papel da imprensa, liberdade de expressão e direito à informação em contraste com o direito à honra, à imagem e à vida privada.

Algumas observações finais sobre o tema. A metáfora da ponderação, associada ao próprio símbolo da justiça, não é imune a críticas, sujeita-se ao mau uso e não é remédio para todas as situações. Embora tenha merecido ênfase recente, por força da teoria dos princípios, trata-se de uma idéia que vem de longe[44]. Há quem a situe como um componente do princípio mais abrangente da proporcionalidade[45] e

---

penais. Obrigatoriedade da conclusão prévia do processo administrativo", p. 539 e ss. (sobre proteção da honra, imagem e privacidade *versus* repressão de ilícitos).
42. V. Cândido Rangel Dinamarco, "Relativizar a coisa julgada material". In: Carlos Valder do Nascimento (coord.), *Coisa julgada inconstitucional*, 2002, p. 33 e ss..
43. Ingo Wolfgang Sarlet, "Direitos fundamentais e direito privado: algumas considerações em torno da vinculação dos particulares aos direitos fundamentais". In: Ingo Wolfgang Sarlet (org.), *A Constituição concretizada. Construindo pontes entre o público e o privado*, 2000, p. 107 e ss..
44. Roscoe Pound, *Interpretations of legal history*, 1923 é citado como grande impulsionador da moderna técnica de ponderação, no âmbito da "jurisprudência sociológica". V. Murphy, Fleming e Harris, II, *American constitutional interpretation*, 1986, p. 309.
45. Robert Alexy, *Constitutional rights, balancing, and rationality*, 2002, mimeografado, p. 06.

outros que já a vislumbram como um princípio próprio, autônomo, o princípio da ponderação[46]. É bem de ver, no entanto, que a ponderação, embora preveja a atribuição de pesos diversos aos fatores relevantes de uma determinada situação, não fornece referências materiais ou axiológicas para a valoração a ser feita. No seu limite máximo, presta-se ao papel de oferecer um rótulo para voluntarismos e soluções *ad hoc*, tanto as bem-inspiradas como as nem tanto[47].

O risco de tal disfunção, todavia, não a desmerece como técnica de decisão nem priva a doutrina da possibilidade de buscar parâmetros melhor definidos para sua aplicação. No estágio atual, a ponderação ainda não atingiu o padrão desejável de objetividade, dando lugar a ampla discricionariedade judicial. Tal discricionariedade, no entanto, como regra, deverá ficar limitada às hipóteses em que o sistema jurídico não tenha sido capaz de oferecer a solução em tese, elegendo um valor ou interesse que deva prevalecer. A existência de ponderação não é um convite para o exercício indiscriminado de ativismo judicial. O controle de legitimidade das decisões obtidas mediante ponderação tem sido feito através do exame da *argumentação* desenvolvida. Seu objetivo, de forma bastante simples, é verificar a correção dos argumentos apresentados em suporte de uma determinada conclusão ou ao menos a racionalidade do raciocínio desenvolvido em cada caso, especialmente quando se trate do emprego da ponderação. O próximo tópico será dedicado a esse tema.

---

46. Ricardo Lobo Torres, "Da ponderação de interesses ao princípio da ponderação". In: Urbano Zilles (coord.), *Miguel Reale. Estudos em homenagem a seus 90 anos*, 2000, p. 643 e ss..
47. Antônio Henrique Corrêa da Silva, em monografia de final de curso na Pós-graduação em Direito Público da UERJ, significativamente denominada de *Colisão de princípios e ponderação de interesses solução ruim para problema inexistente*, 2002, faz densa crítica à idéia de ponderação em si e, considerando artificiais as distinções entre regra e princípio, conclui: "a) a distinção entre regra e princípio é inócua do ponto de vista funcional, uma vez que o princípio não pode operar por si só, mas apenas através de uma regra que dele se extraia; b) a 'colisão de princípios' é, na verdade, um conflito de regras extraídas de princípios, que pode ou não ser solucionável pelos critérios tradicionais de superação de antinomias".

V. A teoria da argumentação[48]

Após um primeiro momento de perplexidade, os iniciantes no estudo do Direito passam a encarar com naturalidade um fenômeno que causa estranheza a uma pessoa leiga: a existência de decisões em sentidos opostos acerca de uma mesma matéria, posições doutrinárias divergentes e até mesmo votos conflitantes em um mesmo julgado[49]. Isto é: considerados os mesmos fatos e os mesmos elementos normativos, pessoas diferentes poderão chegar a conclusões diversas. A principal questão formulada pela chamada teoria da argumentação[50] pode ser facilmente visualizada nesse ambiente: se há diversas possibilidades interpretativas acerca de uma mesma hipótese, qual delas é a correta? Ou, mais humildemente, ainda que não se possa falar de

---

48. Sobre o tema, v. Chaim Perelman e Lucie Olbrechts-Tyteca, *Tratado da argumentação: a nova retórica*, 1996 (1ª edição do original *Traité de l'argumentation: la nouvelle rhétorique*, 1958); Stephen E. Toulmin, *The uses of argument*, 1958; Neil Maccormick, *Legal reasoning and legal theory*, 1978; Robert Alexy, *Teoria de la argumentación jurídica*, 1989 (1ª edição do original *Theorie der juristischen Argumentation*, 1978); Manuel Atienza, *As razões do direito. Teorias da argumentação jurídica*, 2002; Antônio Carlos Cavalcanti Maia, "Notas sobre direito, argumentação e democracia". In: Margarida Maria Lacombe Camargo (org.), *1988-1998: uma década de Constituição*, 1999.
49. O HC 73.662-MG (STF, DJ 20.09.96, p. 34.535, Rel. Min. Marco Aurélio) é um exemplo interessante e emblemático do que se afirma. A discussão envolvia a interpretação dos arts. 213 e 224, alínea "a", do Código Penal, e em particular da presunção de violência nos casos de relação sexual com menor de 14 anos, para o fim de se tipificar o crime de estupro. O voto do Relator defendeu que a presunção deveria ser compreendida como relativa, tanto pelas circunstâncias do caso concreto (a menor levava vida promíscua, aparentava maior idade e consentiu com a relação sexual), como por força da norma constitucional que prevê deva ser conferida especial proteção à família (art. 226). Isso porque, segundo o Ministro Relator, 5 (cinco) anos já se haviam passado do evento e, nesse ínterim, o paciente no *habeas corpus*, condenado por estupro, havia casado e constituído família. Os votos vencidos, por outro lado, e afora outros argumentos, defendiam a presunção absoluta de violência no caso com fundamento no art. 227, § 4º, da Constituição, pelo qual "a lei punirá severamente o abuso, a violência e a exploração sexual da criança e do adolescente".
50. Na verdade, há várias teorias sobre a argumentação, mas suas preocupações concentram-se em elementos comuns, de modo que se estará fazendo referência a elas de forma unificada.

uma decisão correta[51], qual (ou quais) delas é (são) capaz(es) de apresentar uma fundamentação racional consistente? Como verificar se uma determinada argumentação é melhor do que outra? Existem diversas teorias acerca dos parâmetros que a argumentação deve observar para ser considerada válida e não se pretende aqui discutir suas complexidades, cujo exame forma por si só um ramo novo e autônomo de estudo[52]. Mesmo sem ingressar nelas, no entanto, é possível sistematizar três parâmetros elementares de controle da argumentação que, a despeito de sua simplicidade, serão especialmente úteis quando a técnica da ponderação esteja sendo utilizada.

Em primeiro lugar, a argumentação jurídica deve ser capaz de apresentar fundamentos *normativos* (implícitos que sejam) que a apóiem e lhe dêem sustentação. Ou seja: não basta o bom senso e o sentido de justiça pessoal — é necessário que o intérprete apresente elementos da ordem jurídica que referendem tal ou qual decisão. Embora óbvia, essa exigência tem sido deixada de lado com mais freqüência do que se poderia supor, substituída por concepções pessoais embaladas em uma retórica de qualidade. Não custa lembrar que, em um Estado democrático de direito, o Judiciário apenas pode impor coativamente determinada conduta a alguém com fundamento em lei. A argumentação jurídica deve preservar exatamente seu caráter *jurídico* — não se trata apenas de uma argumentação lógica ou moral. Nessa mesma linha, ao menos como orientação *prima facie*, um conflito normativo deve ser resolvido em favor da solução que apresente em seu suporte o maior número de normas jurídicas[53]. Nesse ponto, é oportuno fazer uma observação de caráter geral.

Apenas será possível controlar a argumentação do intérprete se *houver* uma argumentação explicitamente apresentada. Essa evidên-

---

51. Com efeito, praticamente todas as teorias que se têm desenvolvido acerca dos parâmetros que a argumentação deve observar para ser considerada válida reconhecem que, muitas vezes, não haverá *uma* resposta certa, mas um conjunto de soluções plausíveis e razoáveis. V. Manuel Atienza, *As razões do direito. Teorias da argumentação jurídica*, 2002, p. 40 e ss..
52. Manuel Atienza, em *As razões do direito. Teorias da argumentação jurídica*, 2002, faz uma apresentação do pensamento dos principais autores sobre o assunto.
53. Humberto Ávila, Argumentação jurídica e a imunidade do livro eletrônico, *RDT*, 79:178, 2001.

cia conduz ao problema da motivação das decisões que envolvam a técnica da ponderação, particularmente as decisões judiciais. Como é corrente, toda e qualquer decisão judicial deve ser motivada quanto aos fatos e quanto ao direito; mas quando uma decisão judicial envolve a técnica da ponderação, o dever de motivar torna-se ainda mais grave. Nesses casos, como visto, o julgador percorre um caminho muito mais longo e acidentado para chegar à conclusão É seu dever constitucional guiar as partes por essa viagem, demonstrando, em cada ponto, porque decidiu por uma direção ou sentido e não por outro.

Nada obstante o truísmo do que se acaba de afirmar, provavelmente nunca se motivou tão pouco e tão mal[54]. Há uma série de explicações para esse fenômeno, que vão do excesso de trabalho atribuído aos juízes, passam pela chamada "motivação concisa", autorizada pela jurisprudência das Cortes superiores[55], e pelas recentes reformas do Código de Processo Civil, que admite agora como fundamentação de determinadas decisões a mera referência a súmulas[56]. Não é

---

54. A ausência de motivação chega, às vezes, a ser tautológica, como registrou o Ministro Sepúlveda Pertence no acórdão que segue: "Sentença condenatória: o acórdão que improvê apelação: motivação necessária. A apelação devolve integralmente ao Tribunal a decisão da causa, de cujos motivos o teor do acórdão há de dar conta total: não o faz o que — sem sequer transcrever a sentença — limita-se a afirmar, para refutar apelação arrazoada com minúcia, que 'no mérito, não tem os apelantes qualquer parcela de razão', somando-se ao vazio dessa afirmação a tautologia de que 'a prova é tranqüila em desfavor dos réus': a melhor prova da ausência de motivação válida de uma decisão judicial — que deve ser a demonstração da adequação do dispositivo a um caso concreto e singular — é que ela sirva a qualquer julgado, o que vale por dizer que não serve a nenhum". (STF, DJ 19.03.99, p. 09, HC 78.013-RJ, Rel. Min. Sepúlveda Pertence).
55. STF, DJ 28.06.02, p. 133, AgRg no AI 310.272-RJ, Rel. Min. Maurício Corrêa: "A fundamentação concisa atende à exigência do artigo 93, IX da Constituição Federal, não implicando a invalidação da decisão que a utiliza".
56. CPC, art. 557: "O relator negará seguimento a recurso manifestamente inadmissível, improcedente, prejudicado ou em confronto com súmula ou com jurisprudência dominante do respectivo Tribunal, do Supremo Tribunal Federal, ou de Tribunal Superior.
§ 1º — A Se a decisão recorrida estiver em manifesto confronto com súmula ou com jurisprudência dominante do Supremo Tribunal Federal, ou de Tribunal Superior, o relator poderá dar provimento ao recurso".

o momento aqui de examinar cada uma dessas questões. Ainda que se possam admitir *motivações concisas* em muitos casos, certamente isso não é possível quando se trate de decidir adotando a técnica de ponderação. Nessas hipóteses, é absolutamente indispensável que o julgador exponha analítica e expressamente o raciocínio e a argumentação que o conduziram a uma determinada conclusão, permitindo assim que as partes possam controlá-la.

Feita a digressão, e retornando ao ponto, um segundo parâmetro útil para o controle da argumentação jurídica, em especial quando ela envolva a ponderação, diz respeito à possibilidade de universalização dos critérios adotados pela decisão. Por força do imperativo de isonomia, espera-se que os critérios empregados para a solução de um determinado caso concreto possam ser transformados em regra geral para situações semelhantes. Esse exercício de raciocínio — verificar a possibilidade de generalizar o critério de decisão que se pretende adotar no caso concreto — projeta a argumentação desenvolvida para o caso concreto em um conjunto maior de hipóteses, facilitando a visualização de desvios e inconsistências.

Por fim, um último parâmetro capaz de balizar de alguma forma a argumentação jurídica, especialmente a constitucional, é formado por dois conjuntos de princípios: o primeiro, composto de princípios instrumentais ou específicos de interpretação constitucional; o segundo, por princípios materiais propriamente ditos, que trazem em si a carga ideológica, axiológica e finalística da ordem constitucional. Ambas as categorias de princípios orientam a atividade do intérprete, de tal maneira que, diante de várias soluções igualmente plausíveis, deverá ele percorrer o caminho ditado pelos princípios instrumentais e realizar, tão intensamente quanto possível, à luz dos outros elementos em questão, o estado ideal pretendido pelos princípios materiais.

Aqui vale fazer uma nota. Os três parâmetros de argumentação expostos acima estão relacionados com *um* dos problemas suscitados pela teoria da argumentação, talvez o principal deles: a verificação da correção ou validade de uma argumentação que, consideradas determinadas premissas fáticas e a incidência de determinadas normas, conclui que uma conseqüência jurídica deve ser aplicada ao caso concreto. Isto é: cuida-se aqui do momento final da aplicação do Direito, quando os fatos já foram identificados e as normas pertinentes selecionadas. Isso não significa, porém, que esses dois momentos anteriores — seleção de fatos e de enunciados normativos — sejam auto-evidentes. Ao contrário.

Desse modo, fica apenas o registro de que, além da questão posta acima, outros dois problemas que têm ocupado os estudiosos da argumentação jurídica envolvem exatamente a seleção das normas e dos fatos que serão consideradas em uma determinada situação. Com efeito, não é incomum, diante de um caso, que alguns fatos sejam considerados relevantes e outros ignorados. Que critérios levam o intérprete a dar relevância jurídica a alguns eventos e ignorar outros[57]? Também a seleção da norma ou normas aplicáveis, isto é, o estabelecimento da premissa normativa, nem sempre é um evento simples. A pergunta aqui, que muitas vezes não terá uma resposta unívoca, pode ser formulada nos seguintes termos: que normas são pertinentes ou aplicáveis ao caso[58]?

---

57. Um exemplo dessa espécie de problema pode ser observado na decisão do Supremo Tribunal Federal que considerou legítima a aplicação de aumento da alíquota do imposto de renda, publicado ao longo de determinado ano, ao fato gerador que se consolidou em 31 de dezembro daquele mesmo ano. Na hipótese, era possível considerar ao menos dois fatos aparentemente relevantes: (i) o fato gerador já estava em curso quando do incremento da alíquota; e (ii) o fato gerador se consolida no dia 31 de dezembro. O intérprete que tomasse em consideração apenas o primeiro fato poderia concluir pela inconstitucionalidade do aumento, tendo em conta o princípio constitucional da anterioridade tributária. Por outro lado, aquele que apenas considerasse relevante o segundo, como fez o STF, entenderia constitucional a incidência do aumento desde logo. Confira-se: "Tratava-se, nesse precedente, como nos da súmula, de Lei editada no final do ano-base, que atingiu a renda apurada durante todo o ano, já que o fato gerador somente se completa e se caracteriza, ao final do respectivo período, ou seja, a 31 de dezembro" (STF, DJ 08.05.98, p. 15, RE 194.612-1-SC, Rel. Min. Sydney Sanches).

58. Nos casos, *e.g.*, em que o conteúdo de matérias jornalísticas se pode opor à honra e à privacidade, há autores que procuram solucionar o problema afirmando que a liberdade de expressão assegurada constitucionalmente é aplicável apenas às pessoas naturais, individualmente consideradas, e não às empresas que exploram meios de comunicação. Estas gozariam apenas da liberdade de empresa e de iniciativa, direitos também assegurados pela Constituição, mas que poderiam ser restringidos com muito maior facilidade que a liberdade de expressão, prevista, afinal, como uma cláusula pétrea. Esta é a posição do professor Fábio Konder Comparato, expressa em obra coletiva em homenagem a Paulo Bonavides ("A democratização dos meios de comunicação de massa". In: Eros

Em suma, o controle da racionalidade do discurso jurídico suscita questões diversas e complexas, que se tornam tanto mais graves quanto maior seja a liberdade concedida a quem interpreta. No caso da interpretação constitucional, a argumentação assume, muitas vezes, um papel decisivo: é que o caráter aberto de muitas normas, o espaço de indefinição de conduta deixado pelos princípios e os conceitos indeterminados conferem ao intérprete elevado grau de subjetividade. A demonstração lógica adequada do raciocínio desenvolvido é vital para a legitimidade da decisão proferida.

Em desfecho desta parte do trabalho, faz-se a seguir, para ilustrar as idéias desenvolvidas, um exercício singelo de ponderação e argumentação. Suponha-se o seguinte fato: o ocupante de um importante cargo político na República é visto na saída de um motel, acompanhado de uma senhora que não é sua esposa. Um jornalista que se encontrava na calçada em frente fotografa o casal, ainda sob a placa identificadora do estabelecimento. A foto irá ilustrar a capa de uma importante revista semanal, que circulará no sábado seguinte, trazendo ampla matéria intitulada "A infidelidade no poder". Tomando conhecimento do fato, a autoridade propõe medida judicial de natureza cautelar com o fim de impedir a publicação de sua foto e de referências à sua pessoa, invocando seu direito de privacidade (CF, art. 5º, X) e alegando que: estava em seu carro particular, fora do horário do expediente e que não há qualquer interesse legítimo em divulgar fatos de sua vida pessoal e sexual. Os direitos contrapostos, como intuitivo, são os da liberdade de expressão (CF, art. 5º, IX) e o da informação (CF, arts. 5º, XIV, e 220).

Não é um caso fácil, por envolver um conflito entre direitos fundamentais, sem que o ordenamento jurídico forneça, em tese, a solução constitucionalmente adequada. O juiz, portanto, terá de fazer a ponderação entre os valores em conflito e efetuar escolhas. E, reconheça-se, pessoas esclarecidas e de boa-fé poderão produzir soluções diferentes para o problema. Veja-se a demonstração argumentativa

---

Roberto Grau e Willis Santiago Guerra Filho (coord.), *Direito constitucional. Estudos em homenagem a Paulo Bonavides*, 2001). Ora, o fato de a liberdade de expressão ser ou não um elemento normativo relevante no caso é fundamental para sua solução.

de uma delas. Apreciando a matéria, o juiz de primeiro grau nega a liminar, fundamentando sua decisão em um teste tríplice:

> *a)* O *fato é verdadeiro.* Argumento: somente em situações de rara excepcionalidade deve o Judiciário impedir, mediante interferência prévia, a divulgação de um fato que incontroversamente ocorreu;
> *b)* O *conhecimento do fato foi obtido por meio lícito.* Argumento: O Judiciário pode e deve interferir para impedir a divulgação de uma notícia se ela tiver sido produto, por exemplo, de um crime, como uma interceptação telefônica clandestina ou uma invasão de domicílio. Não sendo este o caso, não deve fazê-lo;
> *c) Há interesse público potencial no conhecimento do fato.* Suponha-se que a autoridade em questão exercesse seu cargo no Ministério dos Transportes, onde uma importante licitação estivesse por ser decidida. E que a senhora que o acompanhava estivesse a serviço de um dos licitantes, utilizando argumentos — como dizer? — não previstos no edital.

Em sua fundamentação, portanto, o juiz levou em conta as normas constitucionais relevantes, os elementos do caso concreto e a existência ou não de interesse público legitimador de uma determinada opção. Esta solução não era a única possível, pois o domínio dos conflitos de direitos fundamentais não é de verdades ou certezas absolutas. Mas a argumentação desenvolvida é suficientemente lógica e racional para pretender conquistar a adesão de um universo de pessoas bem intencionadas e esclarecidas.

Parte II
PRINCÍPIOS INSTRUMENTAIS DE INTERPRETAÇÃO CONSTITUCIONAL

I. Generalidades

As normas constitucionais são espécies de normas jurídicas. Aliás, a conquista desse *status* fez parte do processo histórico de ascensão científica e institucional da Constituição, libertando-a de uma dimensão estritamente política e da subordinação ao legislador infraconstitucional. A Constituição é dotada de força normativa e suas normas contêm o atributo típico das normas jurídicas em geral: a imperatividade. Como conseqüência, aplicam-se direta e imediatamente às situações nelas contempladas e sua inobservância deverá deflagrar os mecanismos próprios de sanção e de cumprimento coercitivo.

Por serem as normas constitucionais normas jurídicas, sua interpretação serve-se dos conceitos e elementos clássicos da interpretação em geral[59]. Todavia, as normas constitucionais apresentam determinadas especificidades que as singularizam, dentre as quais é possível destacar: a) a superioridade jurídica[60]; b) a natureza da linguagem[61]; c) o conteúdo específico[62]; d) o caráter político[63]. Em razão

---

59. Além dos elementos clássicos, como o gramatical, histórico, sistemático e teleológico, vale-se das múltiplas categorias desenvolvidas pela hermenêutica, como a interpretação declarativa, restritiva e extensiva, a analogia, o costume, dentre muitas outras. Sobre o tema, v. Luís Roberto Barroso, *Interpretação e aplicação da Constituição*, 2003.
60. A Constituição é dotada de superlegalidade, de superioridade jurídica em relação às demais normas do ordenamento. Tal característica faz dela o parâmetro de validade, o paradigma pelo qual se afere a compatibilidade de uma norma com o sistema como um todo. Adiante se voltará ao tema.
61. A natureza da linguagem constitucional, própria à veiculação de normas principiológicas ou esquemáticas, faz com que estas apresentem maior abertura, maior grau de abstração e, conseqüentemente, menor densidade jurídica. Cláusulas gerais e conceitos indeterminados conferem à Constituição uma adaptabilidade às mudanças operadas na realidade e ao intérprete um significativo espaço de discricionariedade.
62. As normas materialmente constitucionais podem ser classificadas em três grandes categorias: a) as normas constitucionais de organização, que contêm as decisões políticas fundamentais, instituem os órgãos de poder e definem suas competências; b) as normas constitucionais definidoras de direitos, que identificam os direitos individuais, políticos, sociais e coletivos de base constitucional; e c) as normas programáticas, que estabelecem valores e fins públicos a serem realizados. As normas definidoras de direitos têm, como regra, a estrutura típica das normas de conduta, presentes nos diferentes ramos do Direito: prevêem um fato e a ele atribuem uma conseqüência jurídica. Mas as normas de organização e as normas programáticas têm características singulares na sua estrutura e no seu modo de aplicação.
63. A Constituição é o documento que faz a travessia entre o poder constituinte originário — fato político — e a ordem instituída, que é um fenômeno jurídico.

disso, desenvolveram-se ou sistematizaram-se categorias doutrinárias próprias, identificadas como princípios específicos ou princípios instrumentais de interpretação constitucional.

Impõe-se, nesse passo, uma qualificação prévia. O emprego do termo *princípio*, nesse contexto, prende-se à proeminência e à precedência desses mandamentos dirigidos ao intérprete, e não propriamente ao seu conteúdo, à sua estrutura ou à sua aplicação mediante ponderação. Os *princípios instrumentais* de interpretação constitucional constituem premissas conceituais, metodológicas ou finalísticas que devem anteceder, no processo intelectual do intérprete, a solução concreta da questão posta. Nenhum deles encontra-se expresso no texto da Constituição, mas são reconhecidos pacificamente pela doutrina e pela jurisprudência.

II. Catálogo dos princípios instrumentais

Como intuitivo, toda classificação tem um componente subjetivo e até mesmo arbitrário. Nada obstante, parece-me ter resistido ao teste do tempo a sistematização que identifica os seguintes princípios instrumentais de interpretação constitucional[64]:

Cabe ao direito constitucional o enquadramento jurídico dos fatos políticos. Embora a interpretação constitucional não possa e não deva romper as suas amarras jurídicas, deve ela ser sensível à convivência harmônica entre os Poderes, aos efeitos simbólicos dos pronunciamentos do Supremo Tribunal Federal e aos limites e possibilidades da atuação judicial.

64. Esta foi a ordenação da matéria proposta em nosso *Interpretação e aplicação da Constituição*, cuja 1ª edição é de 1995, e que teve amplo curso. Autores alemães e portugueses de grande expressão adotam sistematizações diferentes, mas o elenco acima parece o de maior utilidade, dentro de uma perspectiva brasileira de concretização da Constituição. Na doutrina brasileira mais recente, embora de forte influência germânica, destaca-se o tratamento dado ao tema por Humberto Ávila, em seu *Teoria dos princípios (da definição à aplicação dos princípios jurídicos)*, 2003. Propõe ele a superação do modelo dual de separação *regras-princípios* pela criação de uma terceira categoria normativa: a dos *postulados normativos aplicativos*. Seriam eles "instrumentos normativos metódicos" que imporiam "condições a serem observadas na aplicação das regras e dos princípios, com eles não se confundindo". Em alguma medida, tal categoria se aproxima daquilo que temos denominado de *princípios instrumentais* de inter-

a) princípio da supremacia da Constituição;
b) princípio da presunção de constitucionalidade das leis e atos do Poder Público;
c) princípio da interpretação conforme a Constituição;
d) princípio da unidade da Constituição;
e) princípio da razoabilidade ou da proporcionalidade;
f) princípio da efetividade.

A seguir, breve comentário objetivo acerca de cada um deles.

II.1. Princípio da supremacia da Constituição

Do ponto de vista jurídico, o principal traço distintivo da Constituição é a sua supremacia, sua posição hierárquica superior à das demais normas do sistema. As leis, atos normativos e atos jurídicos em geral não poderão existir validamente se incompatíveis com alguma norma constitucional. A Constituição regula tanto o modo de produção das demais normas jurídicas como também delimita o conteúdo que podem ter. Como conseqüência, a inconstitucionalidade de uma lei ou ato normativo poderá ter caráter formal ou material. A supremacia da Constituição é assegurada pelos diferentes mecanismos de controle de constitucionalidade[65]. O princípio não tem um conteúdo próprio: ele apenas impõe a prevalência da norma constitucional, qualquer que seja ela. É por força da supremacia da Constituição que o intérprete pode deixar de aplicar uma norma inconstitucional a um caso concreto que lhe caiba apreciar — controle *incidental* de constitucionalidade — ou o Supremo Tribunal Federal pode paralisar a eficácia, com caráter *erga omnes*, de uma norma incompatível com o sistema constitucional (controle *principal* ou por ação direta).

---

pretação constitucional. Todavia, sua classificação é bem distinta, nela se identificando o que denomina de *postulados inespecíficos* (ponderação, concordância prática e proibição de excesso) e *postulados específicos* (igualdade, razoabilidade e proporcionalidade).
65. Clèmerson Merlin Clève, *A fiscalização abstrata de constitucionalidade no direito brasileiro*, 2001.

II.2. Princípio da presunção de constitucionalidade das leis e atos do poder público

A Constituição contém o código de conduta dos três Poderes do Estado, cabendo a cada um deles sua interpretação e aplicação no âmbito de sua competência. De fato, a atividade legislativa destina-se, em última análise, a assegurar os valores e a promover os fins constitucionais. A atividade administrativa, tanto normativa quanto concretizadora, igualmente se subordina à Constituição e destina-se a efetivá-la. O Poder Judiciário, portanto, não é o único intérprete da Lei Maior, embora o sistema lhe reserve a primazia de dar a palavra final. Por isso mesmo, deve ter uma atitude de deferência para com a interpretação levada a efeito pelos outros dois ramos do governo, em nome da independência e harmonia dos Poderes. O princípio da presunção de constitucionalidade, portanto, funciona como fator de autolimitação da atuação judicial: um ato normativo somente deverá ser declarado inconstitucional quando a invalidade for patente e não for possível decidir a lide com base em outro fundamento.

II.3. Princípio da interpretação conforme a Constituição

A interpretação conforme a Constituição pode ser apreciada como um princípio de interpretação e como uma técnica de controle de constitucionalidade. Como princípio de interpretação, decorre ele da confluência dos dois princípios anteriores: o da supremacia da Constituição e o da presunção de constitucionalidade. Com base na interpretação conforme a Constituição, o aplicador da norma infraconstitucional, dentre mais de uma interpretação possível, deverá buscar aquela que a compatibilize com a Constituição, ainda que não seja a que mais obviamente decorra do seu texto. Como técnica de controle de constitucionalidade, a interpretação conforme a Constituição consiste na expressa exclusão de uma determinada interpretação da norma, uma ação "corretiva" que importa em declaração de inconstitucionalidade sem redução de texto. Em qualquer de suas aplicações, o princípio tem por limite as possibilidades semânticas do texto, para que o intérprete não se converta indevidamente em um legislador positivo[66].

---

66. Gilmar Ferreira Mendes, *Jurisdição constitucional*, 1998, p. 268 e ss..

II.4. Princípio da unidade da Constituição

A ordem jurídica é um *sistema*, o que pressupõe unidade, equilíbrio e harmonia. Em um sistema, suas diversas partes devem conviver sem confrontos inarredáveis. Para solucionar eventuais conflitos entre normas jurídicas infraconstitucionais utilizam-se, como já visto, os critérios tradicionais da hierarquia, da norma posterior e o da especialização. Na colisão de normas constitucionais, especialmente de princípios — mas também, eventualmente, entre princípios e regras e entre regras e regras — emprega-se a técnica da ponderação. Por força do princípio da unidade, inexiste hierarquia entre normas da Constituição, cabendo ao intérprete a busca da harmonização possível, *in concreto*, entre comandos que tutelam valores ou interesses que se contraponham. Conceitos como os de ponderação e concordância prática são instrumentos de preservação do princípio da unidade, também conhecido como princípio da unidade hierárquico-normativa da Constituição.

II.5. Princípio da razoabilidade ou da proporcionalidade

O princípio da razoabilidade ou da proporcionalidade, termos aqui empregados de modo fungível[67], não está expresso na Constitui-

---

67. A idéia de razoabilidade remonta ao sistema jurídico anglo-saxão, tendo especial destaque no direito norte-americano, como desdobramento do conceito de devido processo legal substantivo. O princípio foi desenvolvido, como próprio do sistema do *common law*, através de precedentes sucessivos, sem maior preocupação com uma formulação doutrinária sistemática. Já a noção de proporcionalidade vem associada ao sistema jurídico alemão, cujas raízes romano-germânicas conduziram a um desenvolvimento dogmático mais analítico e ordenado. De parte isto, deve-se registrar que o princípio, nos Estados Unidos, foi antes de tudo um instrumento de direito constitucional, funcionando como um critério de aferição da constitucionalidade de determinadas leis. Já na Alemanha, o conceito evoluiu a partir do direito administrativo, como mecanismo de controle dos atos do Executivo. Sem embargo da origem e do desenvolvimento diversos, um e outro abrigam os mesmos valores subjacentes: racionalidade, justiça, medida adequada, senso comum, rejeição aos atos arbitrários ou caprichosos. Por essa razão, razoabilidade e proporcionalidade são conceitos próxi-

ção, mas tem seu fundamento nas idéias de devido processo legal substantivo e na de justiça. Trata-se de um valioso instrumento de proteção dos direitos fundamentais e do interesse público, por permitir o controle da discricionariedade dos atos do Poder Público e por funcionar como a medida com que uma norma deve ser interpretada no caso concreto para a melhor realização do fim constitucional nela embutido ou decorrente do sistema. Em resumo sumário, o princípio da razoabilidade permite ao Judiciário invalidar atos legislativos ou administrativos quando: a) não haja adequação entre o fim perseguido e o instrumento empregado (*adequação*); b) a medida não seja exigível ou necessária, havendo meio alternativo menos gravoso para chegar ao mesmo resultado (*necessidade/vedação do excesso*); c) não haja proporcionalidade em sentido estrito, ou seja, o que se perde com a medida é de maior relevo do que aquilo que se ganha (*proporcionalidade em sentido estrito*). O princípio pode operar, também, no sentido de permitir que o juiz gradue o peso da norma, em uma determinada incidência, de modo a não permitir que ela produza um resultado indesejado pelo sistema, assim fazendo a justiça do caso concreto.

II.6. Princípio da efetividade

Consoante doutrina clássica, os atos jurídicos em geral, inclusive as normas jurídicas, comportam análise em três planos distintos: os da

---

mos o suficiente para serem intercambiáveis. Este é o ponto de vista que tenho sustentado desde a 1ª edição de meu *Interpretação e aplicação da Constituição*, que é de 1995. No sentido do texto, v. por todos Fábio Corrêa Souza de Oliveira, *Por uma teoria dos princípios. O princípio constitucional da razoabilidade*, 2003, p. 81 ss.

É certo, no entanto, que a linguagem é uma convenção. E se nada impede que se atribuam significados diversos à mesma palavra, com muito mais razão será possível fazê-lo em relação a vocábulos distintos. Basta, para tanto, qualificar previamente a acepção com que se está empregando um determinado termo. É o que faz, por exemplo, Humberto Ávila (*Teoria dos princípios*, 2003), que explicita conceitos diversos para proporcionalidade e razoabilidade. Ainda na mesma temática, Luís Virgílio Afonso da Silva (O proporcional e o razoável, *RT*, 798:23, 2002) investe grande energia procurando demonstrar que os termos não são sinônimos e critica severamente a jurisprudência do STF na matéria.

sua existência, validade e eficácia. No período imediatamente anterior e ao longo da vigência da Constituição de 1988, consolidou-se um quarto plano fundamental de apreciação das normas constitucionais: o da sua efetividade. Efetividade significa a realização do Direito, a atuação prática da norma, fazendo prevalecer no mundo dos fatos os valores e interesses por ela tutelados. Simboliza a efetividade, portanto, a aproximação, tão íntima quanto possível, entre o *dever ser* normativo e o *ser* da realidade social[68]. O intérprete constitucional deve ter compromisso com a efetividade da Constituição: entre interpretações alternativas e plausíveis, deverá prestigiar aquela que permita a atuação da vontade constitucional, evitando, no limite do possível, soluções que se refugiem no argumento da não auto-aplicabilidade da norma ou na ocorrência de omissão do legislador.

Parte III
OS PRINCÍPIOS NA CONSTITUIÇÃO BRASILEIRA DE 1988

Examinou-se, até aqui, o instrumental dogmático referido como nova interpretação constitucional, bem como o conjunto de princípios instrumentais específicos de interpretação constitucional. A parte final do presente estudo é dedicada aos princípios constitucionais materiais, aqueles que, como visto, consagram valores e indicam fins a serem realizados. O discurso acerca da importância dos princípios exige, para sua concretização, a compreensão do conteúdo e alcance de cada um, bem como a identificação dos comportamentos exigíveis com fundamento neles. Esse esforço se desenvolve em duas frentes interligadas. A primeira delas exige a elaboração de uma teoria específica e consistente sobre a eficácia jurídica dos princípios; a segunda supõe a aplicação dessa teoria a cada princípio constitucional, de acordo com seu sentido particular. A esses dois pontos são dedicados os tópicos que se seguem.

---

68. Luís Roberto Barroso, *O direito constitucional e a efetividade de suas normas*, 2003.

I. As modalidades de eficácia dos princípios[69]

Eficácia é um atributo associado às normas e consiste na conseqüência jurídica que deve resultar de sua observância, podendo ser exigida judicialmente se necessário. O natural seria que se pudesse exigir diante do Poder Judiciário exatamente aquele resultado que a norma pretende produzir e que, por qualquer razão, não veio a acontecer espontaneamente. Bastaria, assim, identificar o efeito pretendido pela norma e solicitar ao Judiciário que o produzisse no mundo dos fatos, coativamente. Embora essa seja a situação desejável, nem sempre é o que ocorre, seja porque o próprio ordenamento atribui ao caso eficácia jurídica diferenciada[70], seja por impossibilidade material ou por deficiência da dogmática jurídica nesse particular.

A percepção de que também aos princípios constitucionais deve ser reconhecida eficácia jurídica é fenômeno relativamente recente, em comparação com as regras. De toda sorte, a doutrina tem procurado expandir a capacidade normativa dos princípios através de dois movimentos: aplicando, com as adaptações necessárias, a modalidade convencional de eficácia jurídica das regras também aos princípios — é a eficácia positiva ou simétrica referida abaixo — e desenvolvendo modalidades diferenciadas, adaptadas às características próprias dos princípios — de que são exemplo as três outras modalidades de eficácia apresentadas na seqüência[71].

---

69. Ana Paula de Barcellos, *A eficácia jurídica dos princípios — O princípio da dignidade da pessoa humana*, 2002, p. 59 e ss..
70. Por exemplo: a norma civil não quer que menores se casem sem a autorização de seus pais ou responsáveis. Mas se eles o fazem, o tempo passa, nascem filhos, que se há de fazer? Determinar, a qualquer tempo, que tudo seja desfeito? Não parece razoável. Há, entretanto, razões menos nobres responsáveis pela circunstância de algumas modalidades de eficácia jurídica serem associadas a determinadas normas e não a outras, como o preconceito, as opções ideológicas travestidas de técnica e a acomodação dogmática.
71. Paulo Bonavides, *Curso de direito constitucional*, 1999, p. 254; Luís Roberto Barroso, *Interpretação e aplicação da Constituição*, 2004, p. 151; e Ruy Samuel Espíndola, *Conceito de princípios constitucionais*, 1999.

I.1. Eficácia positiva ou simétrica

Eficácia jurídica positiva ou simétrica é o nome pelo qual se convencionou designar a eficácia associada à maioria das regras. Embora sua enunciação seja bastante familiar, a aplicação da eficácia positiva aos princípios ainda é uma construção recente. Seu objetivo, no entanto, seja quando aplicável a regras, seja quando aplicável a princípios, é o mesmo: reconhecer àquele que seria beneficiado pela norma, ou simplesmente àquele que deveria ser atingido pela realização de seus efeitos, direito subjetivo a esses efeitos, de modo que seja possível obter a tutela específica da situação contemplada no texto legal. Ou seja: se os efeitos pretendidos pelo princípio constitucional não ocorreram — tenha a norma sido violada por ação ou por omissão —, a eficácia positiva ou simétrica pretende assegurar ao interessado a possibilidade de exigi-los diretamente, na via judicial se necessário. Como se vê, um pressuposto para o funcionamento adequado dessa modalidade de eficácia é a identificação precisa dos efeitos pretendidos por cada princípio constitucional. A este ponto se retornará adiante.

I.2. Eficácia interpretativa

A *eficácia interpretativa* significa, muito singelamente, que se pode exigir do Judiciário que as normas de hierarquia inferior sejam interpretadas de acordo com as de hierarquia superior a que estão vinculadas. Isso acontece, *e.g.*, entre leis e seus regulamentos e entre as normas constitucionais e a ordem infraconstitucional como um todo. A eficácia interpretativa poderá operar também dentro da própria Constituição, em relação aos princípios; embora eles não disponham de superioridade hierárquica sobre as demais normas constitucionais, é possível reconhecer-lhes uma ascendência axiológica sobre o texto constitucional em geral, até mesmo para dar unidade e harmonia ao sistema[72]. A eficácia dos princípios constitucionais, nessa acep-

---

72. José Afonso da Silva, *Aplicabilidade das normas constitucionais*, 1998, p. 157 e ss.; e Luís Roberto Barroso, *Interpretação e aplicação da Constituição*, 2004, p. 151 e ss..

ção, consiste em orientar a interpretação das regras em geral (constitucionais e infraconstitucionais), para que o intérprete faça a opção, dentre as possíveis exegeses para o caso, por aquela que realiza melhor o efeito pretendido pelo princípio constitucional pertinente.

I.3. Eficácia negativa

A *eficácia negativa*[73], por sua vez, autoriza que sejam declaradas inválidas todas as normas ou atos que contravenham os efeitos pretendidos pela norma[74]. É claro que para identificar se uma norma ou ato viola ou contraria os efeitos pretendidos pelo princípio constitucional é preciso saber que efeitos são esses. Como já referido, os efeitos pretendidos pelos princípios podem ser relativamente indeterminados a partir de um certo núcleo; é a existência desse núcleo, entretanto, que torna plenamente viável a modalidade de eficácia jurídica negativa. Imagine-se um exemplo. Uma determinada empresa rural prevê, no contrato de trabalho de seus empregados, penas corporais no caso de descumprimento de determinadas regras. Ou sanções como privação de alimentos ou proibição de se avistar com seus familiares. Afora outras especulações, inclusive de natureza constitucio-

---

73. A eficácia jurídica negativa é também uma forma de nulidade, mas que se apresenta em circunstâncias e com características diferenciadas. Sobre essa modalidade de eficácia, vejam-se: Jorge Miranda, *Manual de direito constitucional*, v. II, 1990, p. 220 e ss.; German J. Bidart Campos, *La interpretación y el control constitucionales en la jurisdicción constitucional*, 1987, p. 238 e ss.; Celso Antônio Bandeira de Mello, Eficácia das normas constitucionais sobre justiça social, *RDP*, 57:243; José Afonso da Silva, Aplicabilidade das normas constitucionais, 1998, p. 158 e ss.; Luís Roberto Barroso, Interpretação e aplicação da Constituição, 2004, p. 378; e ainda Luís Roberto Barroso, O direito constitucional e a efetividade de suas normas, 2003, pp. 121-2 e 321. Vale registrar que alguns dos autores referidos desenvolvem a eficácia negativa (e também a interpretativa) principalmente em relação às chamadas normas programáticas, e apenas secundariamente no que diz respeito aos princípios. Todavia, as chamadas normas programáticas não são mais do que espécies de princípios, de modo que o raciocínio utilizado para extrair delas tais modalidades de eficácia se aplica perfeitamente aos princípios como gênero.
74. No caso das normas, elas poderão ser consideradas revogadas ou não recepcionadas, caso anteriores à promulgação da Constituição.

nal, não há dúvida de que a eficácia negativa do princípio da dignidade da pessoa humana conduziria tal norma à invalidade. É que nada obstante a relativa indeterminação do conceito de dignidade humana, há consenso de que em seu núcleo central deverão estar a rejeição às penas corporais, à fome compulsória e ao afastamento arbitrário da família.

I.4. Eficácia vedativa do retrocesso

A *vedação do retrocesso*, por fim, é uma derivação da eficácia negativa[75], particularmente ligada aos princípios que envolvem os direitos fundamentais. Ela pressupõe que esses princípios sejam concretizados através de normas infraconstitucionais (isto é: freqüentemente, os efeitos que pretendem produzir são especificados por meio da legislação ordinária) e que, com base no direito constitucional em vigor, um dos efeitos gerais pretendidos por tais princípios é a progressiva ampliação dos direitos fundamentais[76]. Partindo desses pressupostos, o que a vedação do retrocesso propõe se possa exigir do Judiciário é a invalidade da revogação de normas que, regulamentan-

---

75. A vedação do retrocesso enfrenta ainda alguma controvérsia, especialmente quanto à sua extensão. Para uma visão crítica dessa construção, confira-se José Carlos Vieira de Andrade, O*s direitos fundamentais na Constituição portuguesa de 1976*, 1998, pp. 307-11: "O princípio da *proibição do retrocesso*, enquanto determinante heterónoma vinculativa para o legislador implicaria, bem vistas as coisas, a elevação das medidas legais concretizadoras dos direitos sociais a direito constitucional. (...)

De facto, aceitamos um processo de transformação constitucionalizante de normas de direito legal, baseado na 'consciência jurídica geral', pois entendemos a Constituição susceptível de evolução, incluindo aí a possibilidade de, ao nível constitucional, se vir a densificar (determinar) o conteúdo dos preceitos.

Contudo, isso não implica a aceitação de um princípio geral de proibição do retrocesso, nem uma 'eficácia irradiante' dos preceitos relativos aos direitos sociais, encarados como um 'bloco constitucional dirigente'.

A proibição do retrocesso não pode constituir um princípio geral nesta matéria, sob pena de se destruir a autonomia da função legislativa (...)". (grifos no original).

76. Na Carta brasileira, esse propósito fica claro tanto no art. 5º, § 2º, como no *caput* do art. 7º.

do o princípio, concedam ou ampliem direitos fundamentais, sem que a revogação em questão seja acompanhada de uma política substitutiva ou equivalente. Isto é: a invalidade, por inconstitucionalidade, ocorre quando se revoga uma norma infraconstitucional concessiva de um direito, deixando um vazio em seu lugar[77]. Não se trata, é bom observar, da substituição de uma forma de atingir o fim constitucional por outra, que se entenda mais apropriada. A questão que se põe é a da revogação pura e simples da norma infraconstitucional, pela qual o legislador esvazia o comando constitucional, exatamente como se dispusesse contra ele diretamente[78].

A atribuição aos princípios constitucionais das modalidades de eficácia descritas acima tem contribuído decisivamente para a construção de sua normatividade. Entretanto, como indicado em vários momentos no texto, essas modalidades de eficácia somente podem produzir o resultado a que se destinam se forem acompanhadas da identificação cuidadosa dos efeitos pretendidos pelos princípios e das condutas que realizem o fim indicado pelo princípio ou que preservem o bem jurídico por ele protegido.

---

77. Cármen Lucia Antunes Rocha, O princípio da dignidade da pessoa humana e a exclusão social, *IP* 4:41: "De se atentar que prevalece, hoje, no direito constitucional, o princípio do *não-retrocesso*, segundo o qual as conquistas relativas aos direitos fundamentais não podem ser destruídas, anuladas ou combalidas (...)".
78. V. J. J. Gomes Canotilho, *Direito constitucional e teoria da Constituição*, 1999, p. 327: "O princípio da proibição do retrocesso social pode formular-se assim: o núcleo essencial dos direitos sociais já realizado e efectivado através de medidas legislativas ('lei de segurança social', 'lei do subsídio de desemprego', 'lei do serviço de saúde') deve considerar-se constitucionalmente garantido, sendo inconstitucionais quaisquer medidas estaduais que, sem a criação de outros esquemas alternativos ou compensatórios, se traduzam na prática numa 'anulação', 'revogação' ou 'aniquilação' pura e simples desse núcleo essencial. A liberdade de conformação do legislador e inerente auto-reversibilidade têm como limite o núcleo essencial já realizado".; e Balladore Pallieri, *Diritto costituzionale*, 1955, p. 322, *apud* José Afonso da Silva, *Aplicabilidade das normas constitucionais*, 1998, p. 158: "Prescrevem à legislação ordinária uma via a seguir; não conseguem constranger, juridicamente, o legislador a seguir aquela via, mas o compelem, quando nada, a não seguir outra diversa. Seria inconstitucional a lei que dispusesse de modo contrário a quanto a constituição comanda. E, além disso, uma vez dada execução à norma constitucional, o legislador ordinário não pode voltar atrás".

II. Uma classificação dos princípios

A Constituição, conforme assinalado, é um sistema de princípios e regras. A atividade de interpretação constitucional, portanto, envolverá sempre a identificação de uns e de outras. Por vezes, um princípio será diretamente o fundamento jurídico de uma decisão. De outras vezes, sua incidência será indireta, condicionando a interpretação de uma determinada regra ou paralisando a sua eficácia. Entre regras e princípios não há hierarquia jurídica, como decorrência do princípio instrumental da unidade da Constituição, embora alguns autores se refiram a uma hierarquia axiológica[79], devido ao fato de os princípios condicionarem a compreensão das regras e até mesmo, em certas hipóteses, poderem afastar sua incidência.

Uma classificação que tem se mostrado útil e parece ter resistido ao teste do tempo é a que procura singularizar os princípios — princípios materiais, note-se, e não mais instrumentais — de acordo com o seu destaque no âmbito do sistema e a sua abrangência[80]. Os princípios, ao expressar valores ou indicar fins a serem alcançados pelo Estado e pela sociedade, irradiam-se pelo sistema, interagem entre si e pautam a atuação dos órgãos de Poder, inclusive a do Judiciário na determinação do sentido das normas. Nem todos os princípios, todavia, possuem o mesmo raio de ação. Eles variam na amplitude de seus efeitos e mesmo no seu grau de influência. Por essa razão, podem ser agrupados em três categorias diversas, que identificam os princípios como fundamentais, gerais e setoriais.

II.1. Princípios fundamentais

Os princípios fundamentais expressam as principais decisões políticas no âmbito do Estado, aquelas que vão determinar sua estrutura essencial. Veiculam, assim, a forma, o regime e o sistema de governo, bem como a forma de Estado. De tais opções resultará a

---

79. V. Diogo de Figueiredo Moreira Neto, A ordem econômica na Constituição de 1988, *RPGERJ*, *42*:57, 1990.
80. Luís Roberto Barroso, Princípios constitucionais brasileiros (ou de como o papel aceita tudo), *RTDP*, *01*:168, 1993.

configuração básica da organização de um dado Estado. No caso brasileiro, à vista do direito posto, são princípios fundamentais:

— princípio republicano (art. 1º, *caput*);
— princípio federativo (art. 1º, *caput*);
— princípio do Estado democrático de direito (art. 1º, *caput*);
— princípio da separação de Poderes (art. 2º);
— princípio presidencialista (art. 76);
— princípio da livre iniciativa (art. 1º, IV).

Veja-se que tais princípios são protegidos pelas limitações materiais ao poder de emenda à Constituição, inscritas no art. 60, § 4º.[81] O voto direto, secreto, universal e periódico, assim como os direitos e garantias individuais (onde é possível inserir o conceito de livre iniciativa), são elementos inerentes ao princípio democrático. O princípio republicano não figura nesse elenco devido à previsão de realização de um plebiscito para definição da forma de governo, que constou do art. 2º do Ato das Disposições Constitucionais Transitórias (ADCT).

No mundo globalizado e de interação cada vez mais profunda entre os Estados, parece adequado incluir na categoria de princípios fundamentais os princípios proclamados pela Constituição para reger a República Federativa do Brasil em suas relações internacionais, que podem ser agrupados nos seguintes conjuntos:

---

81. CF, art. 60, § 4º: "Não será objeto de deliberação a proposta de emenda tendente a abolir: I — a forma federativa de Estado; II — o voto direto, secreto, universal e periódico; III — a separação dos Poderes; IV — os direitos e garantias individuais". A limitação não alcança o princípio presidencialista, que de fato consiste em uma decisão política fundamental, mas não integra o núcleo duro da Constituição. Afigura-se perfeitamente legítimo o debate acerca do parlamentarismo e eventual emenda destinada a implantá-lo, sem que se deva falar em medida "tendente a abolir" a separação de Poderes. A questão da legitimidade de proposta nesse sentido, devido à rejeição do sistema parlamentar no plebiscito realizado em 1993, parece-me superada pelo distanciamento no tempo daquela decisão. Pode-se, todavia, cogitar de referendo ou mesmo de outro plebiscito caso o tema volte à agenda política.

— soberania, independência, autodeterminação dos povos, não-intervenção e igualdade entre os Estados (art. 4º, I, III, IV, V);
— defesa da paz, de solução pacífica dos conflitos e repúdio ao terrorismo e ao racismo (art. 4º, VI, VII e VIII);
— prevalência do direitos humanos (art. 4º, II).

No âmbito da referência a direito humanos, deve-se agregar, com destaque de princípio fundamental de âmbito interno e externo, a dignidade da pessoa humana (art. 1º, III), que se tornou o centro axiológico da concepção de Estado democrático de direito e de uma ordem mundial idealmente pautada pelos direitos fundamentais.

II.2. Princípios gerais

Os princípios constitucionais gerais, embora não integrem o núcleo das decisões políticas que conformam o Estado, são importantes especificações dos princípios fundamentais. Têm eles menor grau de abstração, sendo mais facilmente determinável o núcleo em que operam como regras. Por tal razão, prestam-se mais facilmente à tutela direta e imediata das situações jurídicas que contemplam. Por serem desdobramentos dos princípios fundamentais, irradiam-se eles por toda a ordem jurídica. Figuram dentre os princípios constitucionais gerais no direito brasileiro os seguintes:

— princípio da legalidade (art. 5º, II);
— princípio da liberdade (art. 5º, II e diversos incisos do art. 5º, como IV, VI, IX, XIII, XIV, XV, XVI, XVII, etc.);

— princípio da isonomia (art. 5º, *caput* e inciso I);
— princípio da autonomia estadual e municipal (art. 18);

— princípio do acesso ao Judiciário (art. 5º, XXXV);
— princípio do juiz natural (art. 5º, XXXVII e LIII);
— princípio do devido processo legal (art. 5º, LIV).

O elenco, naturalmente, não é exaustivo e comportaria significativa ampliação, de acordo com o ponto de observação de cada um. Há características peculiares a esses princípios, em contraste com os que se identificam como fundamentais. Notadamente, não têm caráter organizatório do Estado, mas sim limitativo de seu poder, resguardando situações individuais. A maior parte dos princípios gerais concentra-se no art. 5º da Constituição, dedicado aos direitos e deveres individuais e coletivos, o que apenas ratifica a equiparação doutrinária que se costuma fazer entre direitos fundamentais e princípios[82].

II.3. Princípios setoriais

Princípios setoriais ou especiais são aqueles que presidem um específico conjunto de normas afetas a determinado tema, capítulo ou título da Constituição. Eles se irradiam limitadamente, mas no seu âmbito de atuação são supremos. Por vezes, são mero detalhamento dos princípios gerais, como os princípios da legalidade tributária ou da reserva legal em matéria penal. Outras vezes são autônomos, como o princípio da anterioridade em matéria tributária ou o do concurso público para provimento de cargos na administração pública. Também aqui sem a pretensão de ser exaustivo, é possível destacar os que vão adiante mencionados, dentro das respectivas área de atuação:

a) no domínio da *Administração Pública*: legalidade administrativa (art. 37, *caput*), impessoalidade (art. 37, *caput*), moralidade (art. 37, *caput*), publicidade (art. 37, *caput*), concurso público (art. 37, II) e prestação de contas (arts. 70, parágrafo único, 34, VII, *d*, e 35, II);

b) com referência à *organização dos Poderes*: majoritário (arts. 46 e 77, § 2º), proporcional (arts. 45, e 58, § 1º), publicidade e motivação das decisões judiciais e administrativas (art. 93, IX e X), independência e imparcialidade

---

82. Robert Alexy, *Colisão e ponderação como problema fundamental da dogmática dos direitos fundamentais*, 1998, p. 10: "As colisões dos direitos fundamentais acima mencionadas devem ser consideradas segundo a teoria dos princípios como uma colisão de princípios. O processo para a solução de colisões de princípios é a ponderação".

dos juízes (arts. 95 e 96) e subordinação das Forças Armadas ao poder civil (art. 142);

c) na esfera da *tributação e do orçamento*: capacidade contributiva (art. 145, § 1º), legalidade tributária (art. 150, I), isonomia tributária (art. 150, II), anterioridade da lei tributária (art. 150, III), imunidade recíproca das pessoas jurídicas de direito público (art. 150, VI, *a*), anualidade orçamentária (art. 165, III), universalidade do orçamento (art. 165, § 5º) e exclusividade da matéria orçamentária (art. 165, § 8º);

d) na *ordem econômica*: garantia da propriedade privada (art. 170, II), função social da propriedade (art. 170, III), livre concorrência (art. 170, IV), defesa do consumidor (art. 170, V) e defesa do meio ambiente (art. 170, VI);

e) no âmbito da *ordem social*: gratuidade do ensino público (art. 206, IV), autonomia universitária (art. 207) e autonomia desportiva (art. 217, I).

Após a sistematização das diferentes modalidades de eficácia dos princípios e da elaboração de uma tipologia de acordo com o destaque e o âmbito de incidência no sistema, cabe examinar, ilustrativamente, algumas aplicações concretas da normatividade dos princípios.

III. Algumas aplicações concretas dos princípios materiais

Não é possível, à vista do objetivo do presente estudo e das circunstâncias de tempo e espaço, analisar o sentido, alcance, propriedades e particularidades de cada um dos princípios destacados. E, especialmente, o núcleo no qual cada um operará como regra e o espaço remanescente onde deverão ser ponderados entre si. Mas para ilustração, antes do desfecho das idéias desenvolvidas, faz-se o destaque da aplicação concreta de alguns deles: os princípios republicano[83],

---

83. Geraldo Ataliba, *República e Constituição*, 1998.

da dignidade humana[84] e do devido processo legal[85], concluindo com breve apreciação do papel desempenhado pelo princípio da razoabilidade no âmbito do sistema.

O reconhecimento da força normativa dos princípios e do seu papel na interpretação constitucional vem ganhando terreno na jurisprudência. Em decisão recente, o Supremo Tribunal Federal cancelou sua súmula nº 394, pela qual se entendia, acerca do foro privilegiado conferido aos titulares dos cargos e mandatos indicados no art. 102, I, *b*, que "cometido o crime durante o exercício funcional, prevalece a competência especial por prerrogativa de função, ainda que o inquérito ou a ação penal sejam iniciados após a cessão daquele exercício". Em suas razões de decidir, o Tribunal registrou que, por força do *princípio republicano*, "as prerrogativas de foro, pelo privilégio que de certa forma conferem, não devem ser interpretadas ampliativamente, numa Constituição que pretende tratar igualmente os cidadãos comuns, como são, também, os ex-exercentes de tais cargos ou mandatos". O novo entendimento, assentado sobre tal premissa, passou a ser o de que o órgão competente para julgar a ação penal proposta contra ex-exercentes dos cargos e mandatos em questão é o juízo de 1º grau[86].

---

84. Ana Paula de Barcellos, *A eficácia jurídica dos princípios constitucionais — O princípio da dignidade da pessoa humana*, 2002; Ingo Wolfgang Sarlet, *Dignidade da pessoa humana e direitos fundamentais*, 2002; Fernando Ferreira dos Santos, O *princípio constitucional da dignidade da pessoa humana*, 1999; Cleber Francisco Alves, O *princípio constitucional da dignidade da pessoa humana: o enfoque da doutrina social da Igreja*, 2001; Fábio Konder Comparato, *A afirmação histórica dos direitos humanos*, 2003; Alexandre de Moraes, *Direitos humanos fundamentais*, 2002; Lúcia de Barros Freitas de Alvarenga, *Direitos humanos, dignidade e erradicação da pobreza; uma dimensão hermenêutica para a realização constitucional*, 1998; Joaquim B. Barbosa Gomes, O poder de polícia e o princípio da dignidade da pessoa humana na jurisprudência francesa (*ADVSJ, 12*:17, 1996); Cármen Lúcia Antunes Rocha, O princípio da dignidade da pessoa humana e a exclusão social (*IP, 04*:23, 1999); Antonio Junqueira de Azevedo, Caracterização jurídica da dignidade da pessoa humana (RT, 797:11, 2002); Valter Shuenquener de Araújo, Hierarquização axiológica de princípios — Relativização do princípio da dignidade da pessoa humana e o postulado da preservação do contrato social (*RPGERJ, 55*:82, 2002).
85. Ada Pellegrini Grinover, Antônio Carlos de Araújo Cintra e Cândido Rangel Dinamarco, *Teoria geral do processo*, 1998, p. 56.

O *princípio da dignidade da pessoa humana* identifica um espaço de integridade moral a ser assegurado a todas as pessoas por sua só existência no mundo. É um respeito à criação, independentemente da crença que se professe quanto à sua origem. A dignidade relaciona-se tanto com a liberdade e valores do espírito como com as condições materiais de subsistência. Não tem sido singelo, todavia, o esforço para permitir que o princípio transite de uma dimensão ética e abstrata para as motivações racionais e fundamentadas das decisões judiciais. Partindo da premissa anteriormente estabelecida de que os princípios, a despeito de sua indeterminação a partir de um certo ponto, possuem um núcleo no qual operam como regras, tem-se sustentado que no tocante ao princípio da dignidade da pessoa humana esse núcleo é representado pelo mínimo existencial. Embora haja visões mais ambiciosas do alcance elementar do princípio[87], há razoável consenso de que ele inclui os direitos à renda mínima, saúde básica, educação fundamental e acesso à justiça[88].

A percepção da centralidade do princípio chegou à jurisprudência dos tribunais superiores, onde já se assentou que "a dignidade da pessoa humana, um dos fundamentos do Estado democrático de direito, ilumina a interpretação da lei ordinária"[89]. De fato, tem ela servido de fundamento para decisões de alcance diverso, como o fornecimento compulsório de medicamentos pelo Poder Público[90], a nulidade de cláusula contratual limitadora do tempo de internação hospitalar[91], a rejeição da prisão por dívida motivada pelo não pagamento de juros absurdos[92], dentre muitas outras. Curiosamente, no

---

86. STF, DJ 09.11.01, p. 44, QO no Inq. 687-SP, Rel. Min. Sydney Sanches.
87. Como, por exemplo, a que inclui no mínimo existencial o atendimento às necessidades que deveriam ser supridas pelo salário mínimo, nos termos do art. 7º, IV, da Constituição, a saber: moradia, alimentação, educação, saúde, lazer, vestuário, higiene, transporte e previdência social.
88. Ana Paula de Barcellos, *A eficácia jurídica dos princípios constitucionais — O princípio da dignidade da pessoa humana*, 2002, p. 247 e ss..
89. STJ, DJ 26.03.01, HC 9.892-RJ, Rel. orig. Min. Hamilton Carvalhido, Rel. para o acórdão Min. Fontes de Alencar.
90. STJ, DJ 04.09.00, ROMS 11.183-PR, Rel. Min. José Delgado.
91. TJSP, AC 110.772-4/4-00, ADV 40-01/636, nº 98859, Rel. Des. O. Breviglieri.
92. STJ, DJ 12.02.01, HC 12.547-DF, Rel. Min. Ruy Rosado de Aguiar.

tocante à sujeição do réu em ação de investigação de paternidade ao exame compulsório de DNA, há decisões em um sentido[93] e noutro[94], com invocação do princípio da dignidade humana.

Quanto ao *princípio do devido processo legal*, embora seus corolários mais diretos já estejam analiticamente previstos no texto constitucional e na legislação infraconstitucional, tem sido aplicado de modo a gerar a exigibilidade de outros comportamentos não explicitados. O princípio foi invocado para considerar, com base nele, inválido o oferecimento de denúncia por outro membro do Ministério Público, após anterior arquivamento do inquérito policial[95], entender ilegítima a anulação de processo administrativo que repercutia sobre interesses individuais sem observância do contraditório[96], reconhecer

---

93. STF, DJ 10.11.94, p. 45.686, HC 71.373-RS, Rel. Min. Marco Aurélio: "Discrepa, a mais não poder, de garantias constitucionais implícitas e explícitas — preservação da dignidade humana, da intimidade, da intangibilidade do corpo humano, do império da lei e da inexecução específica e direta de obrigação de fazer — provimento judicial que, em ação civil de investigação de paternidade, implique determinação no sentido de o réu ser conduzido ao laboratório *debaixo de vara* para coleta do material indispensável à feitura do exame do DNA. A recusa resolve-se no plano jurídico-instrumental, consideradas a dogmática, a doutrina e a jurisprudência, no que voltadas ao deslinde das questões ligadas à prova dos fatos".
94. TJSP, AC 191.290-4/7-0, ADV 37-01/587, n. 98580, Rel. Des. A. Germano: "Caracterizar-se uma simples picada de agulha e retirada de uma pequena porção de sangue como ato invasivo, vexatório e humilhante constitui exagero tão manifesto que insinua as verdadeiras razões da recusa: o temor ou a certeza de que essa prova com certeza científica absoluta quase certamente confirmará a paternidade em questão".
95. STJ, *RT*, 755:569, 1998, HC 6.802-RJ, Rel. Min. Vicente Leal. O acórdão considerou atentar contra o princípio do Promotor Natural e a garantia do devido processo legal o oferecimento de denúncia por outro membro do Ministério Público, após anterior pedido de arquivamento do inquérito policial, sem que se tenha adotado o procedimento previsto no art. 28 do CPP, impondo-se, em conseqüência, a anulação da peça de acusação.
96. STF, DJ 14.08.97, AI 199.620-55. Tratando-se da anulação de ato administrativo cuja formalização haja repercutido no campo de interesses individuais, não prescinde ela da observância do contraditório, ou seja, da instauração de processo administrativo que permita a audiência daqueles que terão modificada situação já alcançada. O ato administrativo tem presunção de legitimidade, que não pode ser afastada unilateralmente, porque é comum à Administração e ao particular.

haver constrangimento ilegal no uso de algemas quando as condições do réu não ofereciam perigo[97], para negar extradição à vista da perspectiva de inobservância do devido processo legal no país requerente[98] e para determinar fosse ouvida a parte contrária na hipótese de embargos de declaração opostos com pedido de efeitos modificativos, a despeito de não haver previsão nesse sentido na legislação[99].

Por fim, merece uma nota especial o princípio da razoabilidade[100], que tem sido fundamento de decidir em um conjunto abrangente de situações, por parte de juízes e tribunais, inclusive e especialmente o Supremo Tribunal Federal. Com base nele tem-se feito o controle de

---

97. TJRS, *RT*, 785:692, 2001, HC 70.001.561.562, Rel. Des. Silvestre Jasson Ayres Torres: "Há constrangimento ilegal, no uso de algemas, quando as condições do réu não oferecem situação de efetiva periculosidade, estando escoltado, existindo policiais fazendo o serviço de revista nas demais pessoas que ingressam no local de julgamento, não se constatando qualquer animosidade por parte do público, inclusive havendo possibilidade de ser requisitado reforço policial".

98. STF, DJ 06.04.01, p. 67, Ext. 633-China, Rel. Min. Celso de Mello: "O Supremo Tribunal Federal não deve deferir o pedido de extradição, se o ordenamento jurídico do Estado requerente não se revelar capaz de assegurar, aos réus, em juízo criminal, a garantia plena de um julgamento imparcial, justo, regular e independente. A incapacidade de o Estado requerente assegurar ao extraditando o direito ao *fair trial* atua como causa impeditiva do deferimento do pedido de extradição".

99. STF, DJ 19.12.01, p. 09, AgRg no AI 327.728-SP, Rel. Min. Nelson Jobim: "Constitucional. Processual. Julgamento de embargos declaratórios com efeitos modificativos sem a manifestação da parte embargada. Ofensa ao princípio do contraditório. Precedente (RE 250936)." No mesmo sentido: STJ, DJ 07.05.01, REsp 296.836-RJ, Rel. Min. Sálvio de Figueiredo Teixeira.

100. Sobre o tema, vejam-se alguns trabalhos monográficos ou livros com capítulos específicos produzidos nos últimos anos: Carlos Roberto de Siqueira Castro, *O devido processo legal e o princípio da razoabilidade na nova Constituição brasileira*, 1989; Luís Roberto Barroso, *Interpretação e aplicação da Constituição*, 1995 (1ª ed.); Raquel Denize Stumm, *Princípio da proporcionalidade no direito constitucional brasileiro*, 1995; Suzana Toledo de Barros, *O princípio da proporcionalidade e o controle de constitucionalidade das leis restritivas de direitos fundamentais*, 1996; Paulo Armínio Tavares Buechele, *O princípio da proporcionalidade e a interpretação da Constituição*, 1999; Fábio Corrêa de Souza de Oliveira, *Por uma teoria dos princípios. O princípio constitucional da razoabilidade*, 2003. Também em língua portuguesa, com tradução de Ingo Wolfgang Sarlet, Heinrich Scholler, *O princípio da proporcionalidade no direito constitucional e administrativo da Alemanha*, *IP*, 02:93, 1999.

legitimidade das desequiparações entre pessoas, de vantagens concedidas a servidores públicos[101], de exigências desmesuradas formuladas pelo Poder Público[102] ou de privilégios concedidos à Fazenda Pública[103]. O princípio, referido na jurisprudência como da proporcionalidade ou razoabilidade (*v. supra*), é por vezes utilizado como um parâmetro de justiça — e, nesses casos, assume uma dimensão material —, porém, mais comumente, desempenha papel instrumental na interpretação de outras normas. Confira-se a demonstração do argumento.

O princípio da razoabilidade faz parte do processo intelectual lógico de aplicação de outras normas, ou seja, de outros princípios e regras. Por exemplo: ao aplicar uma regra que sanciona determinada conduta com uma penalidade administrativa, o intérprete deverá agir com proporcionalidade, levando em conta a natureza e a gravidade da falta. O que se estará aplicando é a norma sancionadora, sendo o princípio da razoabilidade um instrumento de medida. O mesmo se passa quando ele é auxiliar do processo de ponderação. Ao admitir o estabelecimento de uma idade máxima ou de uma altura mínima para alguém prestar concurso para determinado cargo público[104], o que o

---

101. STF, DJ 26.05.95, p. 15154, ADIn 1.158-8-AM, Rel. Min. Celso de Mello. A norma legal que concede ao servidor vantagem pecuniária cuja razão de ser se revela absolutamente destituída de causa (gratificação de férias) ofende o princípio da razoabilidade.
102. STF, DJ 01.10.93, p. 20.212, ADIn 855-2-PR, Rel. Min. Sepúlveda Pertence. Viola o princípio da razoabilidade e da proporcionalidade lei estadual que determina a pesagem de botijões de gás à vista do consumidor.
103. STF, DJ 12.06.98, ADInMC 1.753-DF, Rel. Min. Sepúlveda Pertence: "A igualdade das partes é imanente ao procedural due process of law; quando uma das partes é o Estado, a jurisprudência tem transigido com alguns favores legais que, além da vetustez, tem sido reputados não arbitrários por visarem a compensar dificuldades da defesa em juízo das entidades públicas; se, ao contrário, desafiam a medida da razoabilidade ou da proporcionalidade, caracterizam privilégios inconstitucionais: parece ser esse o caso das inovações discutidas, de favorecimento unilateral aparentemente não explicável por diferenças reais entre as partes e que, somadas a outras vantagens processuais da Fazenda Pública, agravam a conseqüência perversa de retardar sem limites a satisfação do direito do particular já reconhecido em juízo".
104. STF, DJ 15.12.00, p. 104, RE 140.889-MS, Rel. Min. Marco Aurélio: "Razoabilidade da exigência de altura mínima para ingresso na carreira de delegado de polícia, dada a natureza do cargo a ser exercido. Violação ao princípio da isonomia. Inexistência. Recurso extraordinário não conhecido". *Mas:* STF, DJ

Judiciário faz é interpretar o princípio da isonomia, de acordo com a razoabilidade: se o meio for adequado, necessário e proporcional para realizar um fim legítimo, deve ser considerado válido. Nesses casos, como se percebe intuitivamente, a razoabilidade é o meio de aferição do cumprimento ou não de outras normas[105].

Uma observação final. Alguns dos exemplos acima envolveram a não aplicação de determinadas regras porque importariam em contrariedade a um princípio ou a um fim constitucional. Essa situação — aquela em que uma regra não é em si inconstitucional, mas em uma determinada incidência produz resultado inconstitucional — começa a despertar interesse da doutrina[106]. O fato de uma norma ser constitucional em tese não exclui a possibilidade de ser inconstitucional *in concreto*, à vista da situação submetida a exame. Portanto, uma das conseqüências legítimas da aplicação de um princípio constitucional poderá ser a não aplicação da regra que o contravenha[107].

07.05.99, p. 12, RE 150.455-MS, Rel. Min. Marco Aurélio: "Caso a caso, há de perquirir-se a sintonia da exigência, no que implica fator de tratamento diferenciado com a função a ser exercida. No âmbito da polícia, ao contrário do que ocorre com o agente em si, não se tem como constitucional a exigência de altura mínima, considerados homens e mulheres, de um metro e sessenta para a habilitação ao cargo de escrivão, cuja natureza é estritamente escriturária, muito embora de nível elevado".

105. No mesmo sentido, v. Humberto Ávila, *Teoria dos princípios (da definição à aplicação dos princípios jurídicos)*, 2003, p. 71: "[N]o caso em que o Supremo Tribunal Federal declarou inconstitucional uma lei estadual que determinava a pesagem de botijões de gás à vista do consumidor, o princípio da livre iniciativa foi considerado violado, por ter sido restringido de modo desnecessário e desproporcional. Rigorosamente, não é a *proporcionalidade* que foi violada, mas o princípio da livre iniciativa, na sua inter-relação horizontal com o princípio da defesa do consumidor, que deixou de ser aplicado adequadamente".

106. Normalmente, na linha da doutrina de Dworkin e Alexy, a ponderação se dá entre princípios. Trata-se aqui, no entanto, de uma hipótese menos típica, mas possível, de ponderação entre princípio e regra. Usualmente, a regra já espelhará uma ponderação feita pelo legislador e deverá ser aplicada em toda a sua extensão, desde que seja válida. Mas a ponderação feita em tese pelo legislador, assim como a pronúncia em tese de constitucionalidade pelo STF, pode não realizar a justiça do caso concreto.

107. Luís Roberto Barroso, *Interpretação e aplicação da Constituição, post scriptum*, 2004. Para uma importante reflexão sobre o tema, v. Ana Paula Oliveira Ávila, Razoabilidade, proteção do direito fundamental à saúde e antecipação de tutela contra a Fazenda Pública, *Ajuris*, 86:361, 2003.

Mas este já é o começo de uma outra história.

IV — Conclusões

Ao final dessa exposição, é possível compendiar algumas das principais idéias desenvolvidas nas proposições que se seguem.

1. A interpretação constitucional tradicional assenta-se em um modelo de regras, aplicáveis mediante subsunção, cabendo ao intérprete o papel de revelar o sentido das normas e fazê-las incidir no caso concreto. Os juízos que formula são de fato, e não de valor. Por tal razão, não lhe toca função criativa do Direito, mas apenas uma atividade de conhecimento técnico. Esta perspectiva convencional ainda continua de grande valia na solução de boa parte dos problemas jurídicos, mas nem sempre é suficiente para lidar com as questões constitucionais, notadamente a colisão de direitos fundamentais.

2. A nova interpretação constitucional assenta-se em um modelo de princípios, aplicáveis mediante ponderação, cabendo ao intérprete proceder à interação entre fato e norma e realizar escolhas fundamentadas, dentro das possibilidades e limites oferecidos pelo sistema jurídico, visando à solução justa para o caso concreto. Nessa perspectiva pós-positivista do Direito, são idéias essenciais a normatividade dos princípios, a ponderação de valores e a teoria da argumentação.

3. Pós-positivismo é a designação provisória e genérica de um ideário difuso, no qual se incluem o resgate dos valores, a distinção qualitativa entre princípios e regras, a centralidade dos direitos fundamentais e a reaproximação entre o Direito e a Ética. A estes elementos devem-se agregar, em um país como o Brasil, uma perspectiva do Direito que permita a superação da ideologia da desigualdade e a incorporação à cidadania da parcela da população deixada à margem da civilização e do consumo. É preciso transpor a fronteira da reflexão filosófica, ingressar na prática jurisprudencial e produzir efeitos positivos sobre a realidade.

4. A ponderação de valores, interesses, bens ou normas consiste em uma técnica de decisão jurídica utilizável nos casos difíceis, que envolvem a aplicação de princípios (ou, excepcionalmente, de regras) que se encontram em linha de colisão, apontando soluções diversas e contraditórias para a questão. O raciocínio ponderativo, que ainda busca parâmetros de maior objetividade, inclui a seleção das normas

e dos fatos relevantes, com a atribuição de pesos aos diversos elementos em disputa, em um mecanismo de concessões recíprocas que procura preservar, na maior intensidade possível, os valores contrapostos.

5. A teoria da argumentação tornou-se elemento decisivo da interpretação constitucional, nos casos em que a solução de um determinado problema não se encontra previamente estabelecida pelo ordenamento, dependendo de valorações subjetivas a serem feitas à vista do caso concreto. Cláusulas de conteúdo aberto, normas de princípio e conceitos indeterminados envolvem o exercício de discricionariedade por parte do intérprete. Nessas hipóteses, o fundamento de legitimidade da atuação judicial transfere-se para o processo argumentativo: a demonstração racional de que a solução proposta é a que mais adequadamente realiza a vontade constitucional.

6. A interpretação constitucional serve-se das categorias da interpretação jurídica em geral, inclusive os elementos gramatical, histórico, sistemático e teleológico. Todavia, as especificidades das normas constitucionais levaram ao desenvolvimento de um conjunto de princípios específicos de interpretação da Constituição, de natureza instrumental, que funcionam como premissas conceituais, metodológicas ou finalísticas da aplicação das normas que vão incidir sobre a relação jurídica de direito material. Estes princípios instrumentais são os da supremacia da Constituição, da presunção de constitucionalidade, da interpretação conforme a Constituição, da unidade, da razoabilidade-proporcionalidade e da efetividade.

7. Os princípios constitucionais materiais classificam-se, em função do seu *status* e do grau de irradiação, em fundamentais, gerais e setoriais. Dentre as modalidades de eficácia dos princípios, merecem destaque a *interpretativa* — que subordina a aplicação de todas as normas do sistema jurídico aos valores e fins neles contidos — e a *negativa*, que paralisa a incidência de qualquer norma que seja com eles incompatível. É possível acontecer de uma norma ser constitucional no seu relato abstrato, mas revelar-se inconstitucional em uma determinada incidência, por contrariar o próprio fim nela abrigado ou algum princípio constitucional.

8. A jurisprudência produzida a partir da Constituição de 1988 tem progressivamente se servido da teoria dos princípios, da ponderação de valores e da argumentação. A dignidade da pessoa humana começa a ganhar densidade jurídica e a servir de fundamento para

decisões judiciais. Ao lado dela, o princípio instrumental da razoabilidade funciona como a justa medida de aplicação de qualquer norma, tanto na ponderação feita entre princípios quanto na dosagem dos efeitos das regras.

9. A Constituição de 1988 tem sido valiosa aliada do processo histórico de superação da ilegitimidade renitente do poder político, da atávica falta de efetividade das normas constitucionais e da crônica instabilidade institucional brasileira. Sua interpretação criativa, mas comprometida com a boa dogmática jurídica, tem se beneficiado de uma teoria constitucional de qualidade e progressista. No Brasil, o discurso jurídico, para desfrutar de legitimidade histórica, precisa ter compromisso com a transformação das estruturas, a emancipação das pessoas, a tolerância política e o avanço social.

A doutrina brasileira da efetividade[1]

SUMÁRIO: Nota prévia. I. O caminho para a efetividade. 1. Antecedentes históricos. 2. Antecedentes teóricos. II. A Constituição como norma. III. A efetividade das normas constitucionais. 1. Conceito de efetividade. 2. As normas constitucionais: supremacia e classificação. 3. Os direitos subjetivos constitucionais e suas garantias jurídicas. 4. A inconstitucionalidade por omissão. IV. Consagração da doutrina da efetividade e novos desenvolvimentos teóricos.

Nota prévia

Maria Clara Machado costumava dizer aos seus alunos do Teatro Tablado, no Rio de Janeiro: "Fechem os livros e abram os olhos". Criada em um ambiente intelectual, autora de clássicos infantis memoráveis[2] e havendo estudado em Paris e Londres, ela certamente não tinha desprezo pelo estudo e pelo conhecimento. Mas advertia para um dos riscos do universo acadêmico: o de bastar-se a si próprio, tornando-se insensível ao mundo real, incapaz de perceber o outro, a

---

1. Este texto é o fragmento de um trabalho maior, em fase de elaboração pelo autor.
2. Com destaque para sua montagem de maior sucesso, ainda hoje em cartaz: *Pluft, o fantasminha* (1955), bem-humorada narrativa sobre o medo de crescer e enfrentar a vida.

vida que pulsa fora dos livros, as pessoas de carne e osso, com suas necessidades e sentimentos.

No Brasil dos últimos anos, tem-se verificado um vertiginoso progresso na produção científica do Direito, em quantidade e qualidade. Mas não há, ainda, suficiente massa crítica. Em razão disso, o debate acadêmico segue pautado por referências teóricas estrangeiras, notadamente americanas e alemãs. É saudável ter janelas para o mundo. Mas aqui surge o segundo risco: por descuido ou fantasia, passa-se a viver a vida dos outros, incorporando seus projetos e seus temores, com perda da capacidade de refletir sobre si e sobre a própria realidade. E esta é a verdadeira função social do conhecimento.

Quando isso ocorre, a produção acadêmica se transforma em uma novela de época, ambientada em algum lugar distante. Como boa ficção, é capaz de entreter o espírito e despertar emoções. Mas ao fim de cada capítulo, a vida volta ao real. E nas misérias do quotidiano nacional, é preciso equacionar problemas de menos *glamour*. Por exemplo: há décadas não há um programa habitacional amplo para famílias de baixa renda no Brasil O Estado brasileiro é um *favelizador* ideológico. Ou ainda: o Poder Público trata com desimportância a principal política pública de saúde existente, que é o saneamento básico (fornecimento de água e escoamento adequado do esgoto sanitário). Ou pior: o sistema penitenciário é totalmente degradado, sub-humano, indigno e alimentador da criminalidade.

Há quem entenda que o Direito, os operadores jurídicos e o Judiciário nada têm a ver com isso. Estes não seriam temas constitucionais ou legais, mas questões políticas, da competência do Legislativo e do Executivo, a serem enfrentadas no âmbito do processo eleitoral e majoritário. É um modo de ver o problema. Ou, talvez, de não vê-lo. Por esta opção filosófica, o Direito e, especialmente, a vida acadêmica a ele dedicada, deixa de ser um instrumento de ação social e passa a ser apenas uma viagem. Em sentido figurado e, por vezes, também em sentido literal.

Abaixo, breve descrição do itinerário da doutrina da efetividade, que anteriormente a desenvolvimentos teóricos importantes, como a teoria dos direitos fundamentais, a teoria dos princípios e à própria percepção do pós-positivismo como uma categoria filosófica própria, procurou dar ao direito constitucional no Brasil uma dimensão normativa e concretizadora das promessas da modernidade: poder limitado, promoção dos direitos fundamentais, justiça material e pluralismo político.

I. O caminho para a efetividade

1. Antecedentes históricos

A acidentada experiência constitucional brasileira produziu, desde a independência em 1822, oito cartas políticas. Além da evidente instabilidade, o projeto institucional brasileiro, até a Constituição de 1988, foi marcado pela frustração de propósitos dos sucessivos textos que procuravam repercutir sobre a realidade política e social do país. Vivemos intensamente todos os ciclos do atraso: a escravidão, o coronelismo, o golpismo, a manipulação eleitoral, a hegemonia astuciosa de alguns Estados, o populismo, o anticomunismo legitimador de barbaridades diversas, uma ditadura civil e outra militar. Até a sorte nos faltou em dois momentos cruciais de retomada democrática: na morte de Tancredo Neves, em 1985, e no *impeachment* de Collor de Mello, em 1992.

Na ante-véspera da convocação da constituinte de 1988, era possível identificar um dos fatores crônicos do fracasso na realização do Estado de direito no país: a falta de seriedade em relação à lei fundamental, a indiferença para com a distância entre o texto e a realidade, entre o ser e o dever-ser. Dois exemplos emblemáticos: a Carta de 1824 estabelecia que a "a lei será igual para todos", dispositivo que conviveu, sem que se assinalassem perplexidade ou constrangimento, com os privilégios da nobreza, o voto censitário e o regime escravocrata. Outro: a Carta de 1969, outorgada pelo Ministro da Marinha de Guerra, do Exército e da Aeronáutica Militar, assegurava um amplo elenco de liberdades públicas inexistentes e prometia aos trabalhadores um pitoresco elenco de direitos sociais não desfrutáveis, que incluíam "colônias de férias e clínicas de repouso".

Além das complexidades e sutilezas inerentes à concretização de qualquer ordem jurídica, havia no país uma patologia persistente, representada pela insinceridade constitucional. A Constituição, nesse contexto, tornava-se uma mistificação, um instrumento de dominação ideológica[3], repleta de promessas que não seriam honradas. Nela se buscava, não o caminho, mas o desvio; não a verdade, mas o disfar-

---

3. Eros Roberto Grau, *A constituinte e a Constituição que teremos*, 1985, p. 44.

ce. A disfunção mais grave do constitucionalismo brasileiro, naquele final de regime militar, encontrava-se na não aquiescência ao sentido mais profundo e conseqüente da Lei Maior por parte dos estamentos perenemente dominantes, que sempre construíram uma realidade própria de poder, refratária a uma real democratização da sociedade e do Estado.

A doutrina da efetividade consolidou-se no Brasil como um mecanismo eficiente de enfrentamento da insinceridade normativa e de superação da supremacia política exercida fora e acima da Constituição.

2. Antecedentes doutrinários

Autores brasileiros, de longa data, dedicam atenção à temática da eficácia das normas constitucionais. Nos primórdios da República, Ruy Barbosa reproduziu e adaptou a doutrina norte-americana na matéria, dividindo as normas constitucionais em auto-aplicáveis (*self executing*) e não auto-aplicáveis (*non self executing*)[4]. O tratamento era claramente insatisfatório[5], mas a problemática, a bem da verdade, jamais chegou a ser crucial nos Estados Unidos, à vista da tradição normativa e judicialista que desde a primeira hora marcou o constitucionalismo daquele país.

Na década de 50, refletindo as lições de Vezio Crisafulli[6], Meirelles Teixeira[7] apresentou sua crítica à doutrina de inspiração norte-

---

4. V. Thomas M. Cooley, *Treatise on the constitutional limitations*, 1890; e Ruy Barbosa, *Comentários à Constituição brasileira*, t. II, p. 481 e ss..
5. Fato que, de certa forma, era reconhecido pelo próprio Ruy Barbosa, ao lavrar: "Não há, numa Constituição, cláusulas a que se deva atribuir meramente o valor de conselhos, avisos ou lições. Todas têm força imperativa de regras, ditadas pela soberania ou popular a seus órgãos".
6. Vezio Crisafulli, *La Costituzione e le sue disposizioni di principio*, 1952.
7. J.H. Meirelles Teixeira, *Curso de direito constitucional*, 1991, texto revisto e atualizado por Maria Garcia. Este livro, como se tornou notório, resultou da compilação das anotações das aulas de Meirelles Teixeira na Pontifícia Universidade Católica, ao longo da década de 50. As idéias do velho professor, que Geraldo Ataliba equiparou, no prefácio da obra, aos grandes nomes da sua geração (Sampaio Dória, Victor Nunes Leal e M. Seabra Fagundes, dentre ou-

americana, cuja elaboração não contemplava aspectos relevantes, dentre os quais: a ingerência do legislador no cumprimento de normas ditas auto-executáveis, o reconhecimento de efeitos às normas ditas não auto-executáveis e a existência de situações intermediárias entre um extremo e outro. Propôs, assim, a classificação das normas constitucionais em duas categorias distintas: a) normas de eficácia *plena* e normas de eficácia *limitada* ou *reduzida*, dividindo estas últimas em normas *programáticas* e normas de *legislação*[8].

No final da década de 60, José Afonso da Silva publicou a primeira edição de seu clássico *Aplicabilidade das normas constitucionais*, no qual aprofunda o tema a partir dos desenvolvimentos que lhe haviam dado os citados Vezio Crisafulli e Meirelles Teixeira. De acordo com o mestre, que foi um dos principais divulgadores do direito constitucional no Brasil, as normas constitucionais, no tocante à sua eficácia e aplicabilidade, comportam uma classificação tricotômica, assim enunciada: a) normas constitucionais de eficácia plena e aplicabilidade imediata; b) normas constitucionais de eficácia contida e aplicabilidade imediata, mas passíveis de restrição; c) normas constitucionais de eficácia limitada ou reduzida, que compreendem as normas definidoras de princípio institutivo e as definidoras de princí-

---

tros), somente chegaram ao conhecimento do grande público no início da década de 90, em razão do meritório esforço da professora Maria Garcia em publicá-las.

8. J.H. Meirelles Teixeira, *Curso de direito constitucional*, 1991, p. 317 e ss. Escreveu ele que as normas de eficácia *plena* são aquelas "que produzem, desde o momento de sua promulgação, todos os seus efeitos essenciais, isto é, todos os objetivos especialmente visados pelo legislador constituinte, porque este criou, desde logo, uma normatividade para isso suficiente, incidindo direta e imediatamente sobre a matéria que lhes constitui objeto". As de eficácia *limitada* ou *reduzida* são as normas "que não produzem, logo ao serem promulgadas, todos os seus efeitos essenciais, porque não se estabeleceu, sobre a matéria, uma normatividade para isso suficiente, deixando total ou parcialmente essa tarefa ao legislador ordinário". E quanto às normas *programáticas* e *de legislação*: "As primeiras, versando sobre matéria eminentemente *ético-social*, constituem, verdadeiramente, programas de ação social (econômica, religiosa, cultural etc.), assinalados ao legislador ordinário. Já quanto às normas de "legislação", seu conteúdo não apresenta essa natureza ético-social, mas inserem-se na parte de *organização da Constituição*, e, excepcionalmente, na relativa aos direitos e garantias (liberdades)".

pio programático), em geral dependentes de integração infraconstitucional para operarem a plenitude de seus efeitos[9].

O tema da eficácia e do próprio papel das normas constitucionais foi objeto de algumas outras reflexões importantes[10], tendo voltado ao centro do debate acadêmico pela pena do autor português J. J. Gomes Canotilho, com sua célebre tese de doutoramento publicada em 1982, sob o título de *Constituição dirigente e vinculação do legislador*. Nesse trabalho, sobre o qual veio a formular, bem adiante, reflexão crítica severa[11], Canotilho difundiu a idéia da Constituição dirigente, "entendida como o bloco de normas constitucionais em que se definem fins e tarefas do Estado, se estabelecem diretivas e estatuem imposições"[12]. O estudo envolve a complexa ambição de cons-

---

9. José Afonso da Silva, *Aplicabilidade das normas constitucionais*, 1998. De acordo com essa formulação, normas de eficácia plena são as que receberam do constituinte normatividade suficiente à sua incidência imediata e independem de providência normativa ulterior para sua aplicação. Normas de eficácia contida (melhor se diria *restringível*, como sugeriu Michel Temer) são as que receberam, igualmente, normatividade suficiente para reger os interesses de que cogitam, mas prevêem meios normativos (leis, conceitos genéricos etc.) que lhes podem reduzir a eficácia e aplicabilidade. Por último, normas de eficácia limitada são as que não receberam do constituinte normatividade suficiente para sua aplicação, o qual deixou ao legislador ordinário a tarefa de completar a regulamentação das matérias nelas traçadas em princípio ou esquema.
10. Celso Antonio Bandeira de Mello, Eficácia das normas constitucionais sobre justiça social, *RDP*, 57:233, 1981; Celso Ribeiro Bastos e Carlos Ayres de Britto, *Interpretação e aplicabilidade das normas constitucionais*, 1982; Maria Helena Diniz, *Norma constitucional e seus efeitos*, 1989.
11. V. J.J. Gomes Canotilho, Rever ou romper com a Constituição dirigente? Defesa de um constitucionalismo moralmente reflexivo, *RT-CDCCP*, 15:7, 1996. Este texto foi incorporado a uma reflexão mais ampla, contida no prefácio da 2ª edição do *Constituição dirigente e vinculação do legislador*, 2001. V. tb. Jacinto de Miranda Coutinho (org.), *Canotilho e a Constituição dirigente*, 2003, especialmente o texto de Eros Roberto Grau, "Resenha do prefácio da 2ª edição". É bem de ver, no entanto, que a Constituição portuguesa de 1976 trazia em si uma ideologia, um projeto específico de poder, de inspiração socialista. Este jamais foi o caso da Constituição brasileira de 1988, que desde a sua origem abrigou um modelo pluralista. Não se pode assim, a rigor, dar à expressão *Constituição dirigente* o mesmo sentido em Portugal e no Brasil.
12. J.J.Gomes Canotilho, *Constituição dirigente e vinculação do legislador*, 2001, p. 224.

titucionalização da política, tendo como núcleo essencial do debate as relações entre o constituinte e o legislador ou, nas palavras do autor: "o que deve (e pode) uma constituição ordenar aos órgãos legiferantes e o que deve (como e quando deve) fazer o legislador para cumprir, de forma regular, adequada e oportuna, as imposições constitucionais"[13].

Os trabalhos notáveis acima identificados, em meio a outros, dedicaram-se, substancialmente, à *eficácia jurídica*, para concluir que todas as normas constitucionais a possuem, em maior ou menor intensidade, e que são aplicáveis nos limites de seu teor objetivo. Por opção metodológica ou por acreditar estar a matéria fora do plano jurídico[14], a doutrina não deu atenção especial a um problema diverso e vital: o de saber se os efeitos potenciais da norma *efetivamente* se produzem. O Direito existe para realizar-se e a verificação do cumprimento ou não de sua função social não pode ser estranha ao seu objeto de interesse e de estudo.

A este tema dediquei um texto escrito em 1985 – *A efetividade das normas constitucionais: por que não uma Constituição para valer?*[15] – e minha tese de livre-docência, escrita em 1987, intitulada *A força normativa da Constituição. Elementos para a efetividade das normas constitucionais*[16]. Esses dois trabalhos procuravam introduzir de forma radical a juridicidade no direito constitucional brasileiro e

---

13. J.J.Gomes Canotilho, *Constituição dirigente e vinculação do legislador*, 2001, p. 11. Sobre o tema, v. tb. Gilberto Bercovici, A problemática da Constituição dirigente: algumas considerações sobre o caso brasileiro, *RILSF, 142*:35, 1999.
14. Na 3ª edição de seu *Aplicabilidade das normas constitucionais*, 1998, p. 13, escreveu o professor José Afonso da Silva: "*Aplicabilidade* significa a qualidade do que é aplicável. No sentido jurídico, diz-se da norma que tem possibilidade de ser aplicada, isto é, da norma que tem capacidade de produzir efeitos jurídicos. Não se cogita de saber se ela produz *efetivamente* esses efeitos. Isso já seria uma perspectiva sociológica, e diz respeito à sua eficácia social", enquanto nosso tema se situa no campo da ciência jurídica, não da sociologia jurídica".
15. In: Anais do Congresso Nacional de Procuradores do Estado, 1996.
16. Publicado em versão comercial sob o título O *direito constitucional e a efetividade de suas normas*, 1990, atualmente em 7ª edição. O trabalho é dividido em três partes: I. Raízes e causas do fracasso institucional brasileiro; II. Conceitos fundamentais para uma nova realidade constitucional; III. Meios para assegurar a efetividade das normas constitucionais.

substituir a linguagem retórica por um discurso substantivo, objetivo, comprometido com a realização dos valores e dos direitos contemplados na Constituição. Estas idéias foram retomadas e aprofundadas em alguns estudos preciosos[17].

Passados quase vinte anos, ambos os objetivos que haviam movido a mim mesmo e à minha geração – dar ao direito constitucional uma nova linguagem e um sentido normativo – realizaram-se amplamente. Decerto, a produção acadêmica terá tido o seu papel, mas não se deve ter a ingenuidade – ou, mais grave, a pretensão – de supor que a realidade se transforme drasticamente porque assim se escreve ou deseja. Os processos históricos amadurecem e eclodem na sua hora. O dia amanhece, simultaneamente aos muitos cantos que o anunciam, mas por desígnio próprio[18].

II. A Constituição como norma jurídica

Uma das grandes mudanças de paradigma ocorridas ao longo do século XX foi a atribuição à norma constitucional do *status* de norma jurídica. Superou-se, assim, o modelo que vigorou na Europa até meados do século passado, no qual a Constituição era vista como um documento essencialmente político, um convite à atuação dos Poderes Públicos. A concretização de suas propostas ficava invariavelmente condicionada à liberdade de conformação do legislador ou à discricionariedade do administrador. Ao Judiciário não se reconhecia qualquer papel relevante na realização do conteúdo da Constituição.

---

17. Com orgulho, destaco alguns deles, escritos por jovens brilhantes, que foram meus alunos na graduação e na pós-graduação na Universidade do Estado do Rio de Janeiro: Ana Paula de Barcellos, *A eficácia jurídica dos princípios — O princípio da dignidade da pessoa humana*, 2002; Marcos Maselli Gouvêa, *O controle judicial das omissões administrativas*, 2003; José Carlos Vasconcellos dos Reis, *As normas constitucionais programáticas e o controle do Estado*, 2003; Anabelle Macedo Silva, *A concretização judicial das normas constitucionais*, 2004. Em linha filosófica diversa, mas com igual densidade teórica, v. Gustavo Amaral, *Direito, escassez e escolha*, 2001.
18. Luís Roberto Barroso, *O direito constitucional e a efetividade de suas normas*, 2003, Nota Prévia à 7ª edição.

Uma vez investida na condição de norma jurídica, a norma constitucional passou a desfrutar dos atributos essenciais do gênero, dentre os quais a *imperatividade*. Não é próprio de uma norma jurídica sugerir, recomendar, aconselhar, alvitrar. Normas jurídicas e, *ipso facto*, normas constitucionais contêm comandos, mandamentos, ordens, dotados de força jurídica e não apenas moral. Logo, sua inobservância há de deflagrar um mecanismo próprio de coação, de cumprimento forçado, apto a garantir-lhes a imperatividade, inclusive pelo estabelecimento das conseqüências da insubmissão. É bem de ver, nesse domínio, que as normas constitucionais são não apenas normas jurídicas, como têm um caráter hierarquicamente superior, não obstante a paradoxal equivocidade que longamente campeou nessa matéria, nelas vislumbrando prescrições desprovidas de sanção, mero ideário sem eficácia jurídica.

Pois bem: nesse novo ambiente doutrinário, surgiram tensões inevitáveis entre as pretensões de normatividade do constituinte, as circunstâncias do universo de fato subjacente e, naturalmente, a inércia e a resistência do *status quo*. A aplicação da dogmática jurídica tradicional às categorias do direito constitucional, com sua complexa ambição de disciplinar os fatos políticos, gerou um conjunto vasto de dificuldades teóricas e práticas. Algumas delas são objeto das reflexões que se seguem.

A Constituição jurídica de um Estado é condicionada historicamente pela realidade de seu tempo. Esta é uma evidência que não se pode ignorar. Mas ela não se reduz à mera expressão das circunstâncias concretas de cada época. A Constituição tem uma existência própria, autônoma, embora relativa, que advém de sua força normativa, pela qual ordena e conforma o contexto social e político. Existe, assim, entre a norma e a realidade uma tensão permanente, de onde derivam as *possibilidades* e os *limites* do direito constitucional, como forma de atuação social[19].

O tema envolve inúmeras sutilezas. É costume afirmar-se, em sistemática repetição, que uma Constituição deve refletir as condições históricas, políticas e sociais de um povo. Conquanto sugira uma

---

19. Konrad Hesse, "La fuerza normativa de la Constitución". In: *Escritos de derecho constitucional*, 1983, p. 75; Eduardo García de Enterría, *La Constitución como norma y el Tribunal Constitucional*, 1991. V. também Flavio Bauer Novelli, A relatividade do conceito de Constituição e a Constituição de 1967, *RDA*, 88:3, 1967, p. 3 e 6.

obviedade, esta crença merece reflexão. Indaga-se, ao primeiro relance: se uma sociedade, por circunstâncias diversas da sua formação, é marcadamente autoritária e tem um código opressivo de relações sociais, devem o constituinte e o legislador ordinário curvar-se a esta conjuntura e cristalizá-la nos textos normativos? Parece intuitivo que não. Logo, a ordem jurídica não é mero retrato instantâneo de uma dada situação de fato, nem o Direito uma ciência subalterna de passiva descrição da realidade[20].

Na outra face do mesmo problema, é de se reconhecer que o Direito tem limites que lhe são próprios e que por isso não deve ter a pretensão de normatizar o inalcançável. Este "otimismo juridicizante"[21] se alimenta da crença desenganada de que é possível salvar o mundo com papel e tinta. Diante de excessos irrealizáveis, a tendência do intérprete é a de negar o caráter vinculativo da norma, distorcendo, por esse raciocínio, a força normativa da Constituição. As ordens constitucionais devem ser cumpridas em toda a extensão possível. Ocorrendo a impossibilidade fática ou jurídica, deve o intérprete declarar tal situação, deixando de aplicar a norma por este fundamento e não por falta de normatividade.

III. A efetividade das normas constitucionais

1. Conceito de efetividade

Tradicionalmente, a doutrina analisa os atos jurídicos em geral, e os atos normativos em particular, em três planos distintos: o da exis-

---

20. Konrad Hesse, ex-Juiz do Tribunal Constitucional Federal alemão, em seu valioso ensaio já referido ("La fuerza normativa de la Constitución". In: *Escritos de derecho constitucional*, 1983, p. 63), assentou com propriedade: "Si las normas de la Constitución no son sino la expresión de relaciones de hecho en continuo cambio, la ciencia de la Constitución jurídica tiene que volverse una disciplina jurídica sin Derecho a la que no le queda en último término otra tarea que la de constatar y comentar ininterrupidamente los hechos producidos por la realidad política. La ciencia del Derecho Político no es, entonces, servicio a un orden estatal justo que debe encontrar cumplimiento sino que recibe la penosa función, indigna de una ciencia, de justificar las relaciones de poder existentes".
21. A expressão está em Pablo Lucas Verdú, *Curso de derecho político*, v. I, 1976, p. 28.

tência (ou vigência), o da validade e o da eficácia[22]. As anotações que se seguem têm por objeto um quarto plano, que por longo tempo fora negligenciado: o da efetividade ou eficácia social da norma. A idéia de efetividade expressa o cumprimento da norma, o fato real de ela ser aplicada e observada, de uma conduta humana se verificar na conformidade de seu conteúdo[23]. Efetividade, em suma, significa a realização do Direito, o desempenho concreto de sua função social. Ela representa a materialização, no mundo dos fatos, dos preceitos legais e simboliza a aproximação, tão íntima quanto possível, entre o *dever-ser* normativo e o *ser* da realidade social.

Foi longa a trajetória do direito constitucional em busca de efetividade, na Europa em geral e na América Latina em particular. No Brasil, notadamente, a influência do modelo francês deslocava a ênfase do estudo para a parte orgânica da Constituição, com o foco voltado para as instituições políticas. Conseqüentemente, negligenciava-se a sua parte dogmática (prescritiva, deontológica), a visualização da Constituição como *carta de direitos* e de instrumentação de sua tutela. Nos últimos anos, todavia, com grande proveito prático, boa parte do debate constitucional afastou-se dos domínios da ciência política e aproximou-se do direito processual.

A efetividade da Constituição há de se assentar sobre alguns pressupostos indispensáveis. É preciso que haja, da parte do constituinte, *senso de realidade*, para que não pretenda normatizar o inalcançável, o que seja materialmente impossível em dado momento e lugar. Ademais, deverá ele atuar com boa *técnica legislativa*, para que seja possível vislumbrar adequadamente as posições em que se investem os indivíduos e os bens jurídicos e condutas exigíveis. Em terceiro lugar, impõe-se ao Poder Público *vontade política*, a concreta determinação de tornar realidade os comandos constitucionais. E, por fim, é indispensável o consciente *exercício de cidadania*, mediante a exigência, por via de articulação política e de medidas judiciais, da realização dos valores objetivos e dos direitos subjetivos constitucionais.

---

22. V. Luís Roberto Barroso, O *direito constitucional e a efetividade de suas normas*, 2003, p. 80 e segs. Especificamente sobre o conceito de *vigência*, v. J.H. Meirelles Teixeira, *Curso de direito constitucional*, cit., p. 285 e ss..
23. V. Miguel Reale, *Lições preliminares de direito*, 1973, p. 135. Hans Kelsen, *Teoria pura do direito*, 1979, pp. 29-30.

2. Normas constitucionais: supremacia e classificação

A Constituição é o primeiro documento na vida jurídica do Estado, assim do ponto de vista cronológico[24] como hierárquico. Dotada de supremacia, suas normas devem ter aplicação preferencial, condicionando, ademais, a validade e o sentido de todos os atos normativos infraconstitucionais. Uma Constituição, ao instituir o Estado, (a) organiza o exercício do poder político, (b) define os direitos fundamentais do povo e (c) estabelece determinados princípios e traça fins públicos a serem alcançados. Por via de conseqüência, as normas materialmente constitucionais podem ser agrupadas nas seguintes categorias:

A. Normas constitucionais de organização;
B. Normas constitucionais definidoras de direitos;
C. Normas constitucionais programáticas.

As *normas constitucionais de organização* têm por objeto estruturar e disciplinar o exercício do poder político e para tal fim: (i) veiculam as decisões políticas fundamentais (arts. 1º, 2º, 76); (ii) definem as competências dos órgãos constitucionais (arts. 49, 84, 96) e das entidades estatais (arts. 21, 25, § 1º, 30); (iii) criam órgãos públicos (arts. 44, 92), autorizam sua criação (art. 125, § 3º), traçam regras à sua composição (art. 101) e ao seu funcionamento (art. 44, par. ún.); e (iv) estabelecem normas *processuais* ou *procedimentais*: de revisão da própria Constituição (art. 60), de defesa da Constituição (arts. 102, I, *a* e 103), de elaboração legislativa (art. 47), de fiscalização (arts. 71, II, 50). As normas de organização se dirigem, na

---

24. Cronologicamente, de fato, a Constituição é o *marco zero* das instituições. Essa afirmativa, todavia, notadamente em um país com a experiência constitucional brasileira, precisa ser confrontada com a circunstância de que, normalmente, já há uma ordem jurídica infraconstitucional preexistente. Por assim ser, criaram-se duas regras pragmáticas para disciplinar as relações entre uma nova Constituição e o Direito que a antecedia: 1ª) todas as normas incompatíveis com a Constituição ficam automaticamente revogadas; 2ª) todas as normas compatíveis com a Constituição são recepcionadas, passando a viger sob um novo fundamento de validade e, eventualmente, com nova interpretação.

generalidade dos casos, aos próprios Poderes do Estado e seus agentes, o que não significa, todavia, que não possam repercutir na esfera jurídica dos indivíduos.

As *normas constitucionais definidoras de direitos* são as que tipicamente geram direitos subjetivos, investindo o jurisdicionado no poder de exigir do Estado — ou de outro eventual destinatário da norma — prestações positivas ou negativas, que proporcionem o desfrute dos bens jurídicos nelas consagrados. Embora existam dissensões doutrinárias relevantes, sutilezas semânticas variadas e, por vezes, certa impropriedade na linguagem constitucional, é possível agrupar os direitos subjetivos constitucionais em quatro grandes categorias, compreendendo: direitos individuais (art. 5º), direitos políticos (arts. 12 a 17), direitos sociais (arts. 6º e 7º) e direitos difusos (arts. 215, 225). A questão da fundamentalidade formal e material desses direitos será tratada adiante.

As *normas constitucionais programáticas* veiculam princípios, desde logo observáveis, ou traçam fins sociais a serem alcançados pela atuação futura dos Poderes Públicos. Por sua natureza, não geram para os jurisdicionados a possibilidade de exigirem comportamentos comissivos, mas investem-nos na faculdade de demandar dos órgãos estatais que se abstenham de quaisquer atos que contravenham as diretrizes traçadas. Vale dizer: não geram direitos subjetivos na sua versão positiva, mas geram-no em sua feição negativa. São desta categoria as regras que preconizam a função social da propriedade (art. 170, III), a redução das desigualdades regionais e sociais (art. 170, VII), o apoio à cultura (art. 215), o fomento às práticas desportivas (art. 217), o incentivo à pesquisa (art. 218), dentre outras.

3. Os direitos subjetivos constitucionais e suas garantias jurídicas

A análise do conteúdo e potencialidades das diferentes categorias de direitos constitucionais será desenvolvida mais adiante. Por ora, cumpre consignar que a doutrina da efetividade importou e difundiu, no âmbito do direito constitucional, um conceito tradicionalmente apropriado pelo direito civil, mas que, na verdade, integra a teoria geral do direito: o de *direito subjetivo*. Por direito subjetivo, abreviando uma longa discussão, entende-se o poder de ação, assente no direito objetivo, e destinado à satisfação de um interesse. Mais relevante para os fins aqui visados é assinalar as características essenciais dos direitos subjetivos, a saber: a) a ele corresponde sempre um *dever jurídico* por parte de outrem; b) ele é *violável*, vale dizer, pode ocorrer que a parte que tem o dever jurídico, que deveria entregar uma determinada prestação, não o faça; c) violado o dever jurídico, nasce para o seu titular uma *pretensão*, podendo ele servir-se dos mecanismos coercitivos e sancionatórios do Estado, notadamente por via de uma ação judicial.

Em desenvolvimento do raciocínio, as normas constitucionais definidoras de direitos – isto é, de direitos subjetivos constitucionais – investem os seus beneficiários em situações jurídicas imediatamente desfrutáveis, a serem efetivadas por prestações positivas ou negativas, exigíveis do Estado ou de outro eventual destinatário da norma. Não cumprido espontaneamente o dever jurídico, o titular do direito lesado tem reconhecido constitucionalmente o direito de exigir do Estado que intervenha para assegurar o cumprimento da norma, com a entrega da prestação. Trata-se do direito de ação, previsto no art. 5º, XXXV da Constituição, em dispositivo assim redigido: "a lei não excluirá da apreciação do Poder Judiciário lesão ou ameaça a direito".

O direito de ação – ele próprio um direito subjetivo, consistente na possibilidade de exigir do Estado que preste jurisdição – tem fundamento constitucional. Mas as ações judiciais, normalmente, são instituídas e disciplinadas pela legislação infraconstitucional. A Constituição brasileira, todavia, institui ela própria algumas ações. Tradicionalmente, desde a Constituição de 1934, três eram as ações constitucionais: o *habeas corpus* (que fora constitucionalizado desde 1891 – CF 88, art. 5º, LXVIII), o mandado de segurança (art. 5º, LXIX) e a ação popular (art. 5º, LXXIII). A Constituição de 1988 ampliou este elenco, acrescentando o mandado de segurança coletivo (art. 5º, LXX), a ação civil pública (art. 129, III), o mandado de injunção (art. 5º, LXXI) e o *habeas data* (art. 5º, LXXII). O direito de ação, as ações constitucionais e infraconstitucionais constituem as garantias jurídicas dos direitos constitucionais e os principais institutos de efetivação das normas constitucionais quando não cumpridas espontaneamente.

Em uma proposição, a doutrina da efetividade pode ser assim resumida: todas as normas constitucionais são normas jurídicas dotadas de eficácia e veiculadoras de comandos imperativos. Nas hipóteses em que tenham criado direitos subjetivos – políticos, individuais, sociais ou difusos – são eles direta e imediatamente exigíveis, do Poder Público ou do particular, por via das ações constitucionais e infraconstitucionais contempladas no ordenamento jurídico. O Poder Judiciário, como conseqüência, passa a ter papel ativo e decisivo na concretização da Constituição.

4. A inconstitucionalidade por omissão

A maior parte dos comandos constitucionais se materializa em normas cogentes, que não podem ter sua incidência afastada pela vontade das partes, como ocorre, no âmbito privado, com as normas dispositivas. As normas cogentes se apresentam nas versões proibitiva e preceptiva, vedando ou impondo determinados comportamentos, respectivamente. É possível, portanto, violar a Constituição praticando um ato que ela interditava ou deixando de praticar um ato que ela exigia. Porque assim é, a Constituição é suscetível de violação por via de *ação*, uma conduta positiva, ou por via de *omissão*, uma inércia ilegítima.

A inconstitucionalidade por omissão, como um fenômeno novo, que tem desafiado a criatividade da doutrina, da jurisprudência e dos legisladores, é a que se refere à inércia na elaboração de *atos normativos* necessários à realização dos comandos constitucionais. Como regra, legislar é uma faculdade do legislador. Insere-se no âmbito de sua discricionariedade ou, mais propriamente, de sua *liberdade de conformação* a decisão de criar ou não lei acerca de determinada matéria. De ordinário, sua inércia ou sua decisão política de não agir não caracterizarão comportamento inconstitucional. Todavia, nos casos em que a Constituição impõe ao órgão legislativo o dever de editar norma reguladora da atuação de determinado preceito constitucional, sua abstenção será ilegítima e configurará caso de inconstitucionalidade por omissão.

O tema da inconstitucionalidade por omissão foi amplamente debatido nos anos que antecederam a convocação e os trabalhos da Assembléia Constituinte, que resultaram na Constituição de 1988. A nova Carta concebeu dois remédios jurídicos diversos para enfrentar o problema: (i) o mandado de injunção (art. 5º, LXXI), para a tutela incidental e *in concreto* de direitos subjetivos constitucionais violados devido à ausência de norma reguladora; e (ii) a ação de inconstitucionalidade por omissão (art. 103, § 2º), para o controle por via principal e em tese das omissões normativas. Nenhuma das duas fórmulas teve grande sucesso prático, à vista das limitações que lhes foram impostas pela jurisprudência do Supremo Tribunal Federal[25]. Tal circunstância, todavia, não impediu que juízes e tribunais, na maioria das situações, dessem máxima efetividade às normas constitucionais, na extensão possível permitida pela densidade normativa de seus textos.

IV. Consagração da doutrina da efetividade e novos desenvolvimentos teóricos

A doutrina da efetividade se desenvolveu e foi sistematizada no período que antecedeu a convocação da Assembléia Constituinte que viria a elaborar a Constituição de 1988. Partindo da constatação ideológica de que o constituinte é, como regra geral, mais progressista do que o legislador ordinário, forneceu substrato teórico para a consolidação e aprofundamento do processo de democratização do Estado e da sociedade no Brasil.

Para realizar este objetivo, o movimento pela efetividade promoveu, com sucesso, três mudanças de paradigma na teoria e na prática do direito constitucional no país. No plano *jurídico*, atribuiu normatividade plena à Constituição, que passou a ter aplicabilidade direta e imediata, tornando-se fonte de direitos e obrigações. Do ponto de vista *científico* ou dogmático, reconheceu ao direito constitucional um objeto próprio e autônomo, estremando-o do discurso puramente político ou sociológico. E, por fim, sob o aspecto *institucional*, contribuiu para a ascensão do Poder Judiciário no Brasil, dando-lhe um papel mais destacado na concretização dos valores e dos direitos constitucionais.

Este discurso normativo, científico e judicialista não constituiu, propriamente, uma preferência acadêmica, filosófica ou estética. Ele resultou de uma necessidade histórica. O *positivismo constitucional*, que deu impulso ao movimento, não importava em *reduzir* o direito à norma, mas sim em *elevá-lo* a esta condição, pois até então ele havia

---

[25]. V. Luís Roberto Barroso, *O controle de constitucionalidade no direito constitucional brasileiro*, 2004, pp. 30-7, 92-112 e 192-214.

sido menos do que norma. A efetividade foi o rito de passagem do velho para o novo direito constitucional, fazendo com que a Constituição deixasse de ser uma miragem, com as honras de uma falsa supremacia, que não se traduzia em proveito para a cidadania.

A preocupação com o cumprimento da Constituição, com a realização prática dos comandos nela contidos, enfim, com a sua *efetividade* incorporou-se, de modo natural, à vivência jurídica brasileira pós-1988. Passou a fazer parte da pré-compreensão do tema, como se houvéssemos descoberto o óbvio após longa procura. As poucas situações em que o Supremo Tribunal Federal deixou de reconhecer aplicabilidade direta e imediata às normas constitucionais foram destacadas e comentadas em tom severo[26]. Em menos de uma geração, o direito constitucional brasileiro passou da desimportância ao apogeu, tornando-se o centro formal, material e axiológico do sistema jurídico.

A doutrina da efetividade serviu-se, como se deduz explicitamente da exposição até aqui desenvolvida, de uma metodologia *positivista*: direito constitucional é norma; e de um critério *formal* para estabelecer a exigibilidade de determinados direitos: se está na Constituição é para ser cumprido. O sucesso aqui celebrado não é infirmado pelo desenvolvimento de novas formulações doutrinárias, de base *pós-positivista* e voltadas para a fundamentalidade *material* da norma. Entre nós – talvez diferentemente de outras partes –, foi a partir do novo patamar criado pelo constitucionalismo brasileiro da efetividade[27] que ganharam impulso os estudos acerca do neoconstitucionalismo e da teoria dos direitos fundamentais[28].

---

26. Dentre elas as referentes aos juros reais de 12% (art. 192, § 3º, já revogada pela EC n. 40, de 2003); ao direito de greve dos servidores públicos (art. 37, VII); e ao próprio objeto e alcance do mandado de injunção (art. 5º, LXXI).
27. A expressão foi empregada por Cláudio Pereira de Souza Neto, "Fundamentação e normatividade dos direitos fundamentais: uma reconstrução teórica à luz do princípio democrático". In: Luís Roberto Barroso (org.), *A nova interpretação constitucional: ponderação, direitos fundamentais e relações privadas*, 2003.
28. Marcos Maselli Gouvêa, *O controle judicial das omissões administrativas*, 2003, discorre acerca do postulado da efetividade como marco teórico relevante para a teoria dos direitos fundamentais no Brasil, notadamente quanto ao reconhecimento dos direitos prestacionais.

Liberdade de expressão *versus* direitos da personalidade. Colisão de direitos fundamentais e critérios de ponderação[1]

> SUMÁRIO: *Introdução: Colocação do problema. Parte I: Alguns aspectos da moderna interpretação constitucional. I. A interpretação jurídica tradicional. II. A nova interpretação constitucional: 1. O fenômeno da colisão de direitos fundamentais 2. A técnica da ponderação. Parte II: A liberdade de informação e expressão e os direitos da personalidade: ponderação de bens e valores constitucionais. III. A questão sob a ótica constitucional: 1. Direitos constitucionais da personalidade. 2. Liberdades constitucionais de informação e de expressão e a liberdade de imprensa. 3. Parâmetros constitucionais para a ponderação na hipótese de colisão. IV. A questão sob a ótica infraconstitucional. Parâmetros criados pelo legislador para a ponderação na hipótese de colisão: 1. Interpretação constitucionalmente adequada do art. 21, § 2º da Lei de Imprensa (Lei nº 5.250/67). 2. Interpretação constitucionalmente adequada do art. 20 do novo Código Civil. V. Solução da ponderação na hipótese em estudo. VI. Conclusões.*

---

1. Trabalho desenvolvido com a colaboração de Ana Paula de Barcellos.

Introdução
COLOCAÇÃO DO PROBLEMA

O estudo que se segue tem por objeto a análise da legitimidade da exibição, independentemente de autorização dos eventuais envolvidos, de programas ou matérias jornalísticas nos quais (i) sejam citados os nomes ou divulgada a imagem de pessoas relacionadas com o evento noticiado ou (ii) sejam relatados e encenados eventos criminais de grande repercussão ocorridos no passado.

Como intuitivamente se constata, está em jogo a disputa, inevitável em um Estado democrático de direito, entre a liberdade de expressão e de informação, de um lado, e os denominados direitos da personalidade, de outro lado, em tal categoria compreendidos os direitos à honra, à imagem e à vida privada. Cuida-se de determinar se as pessoas retratadas, seus parentes ou herdeiros, podem impedir a exibição de tais programas ou pretender receber indenizações por terem sido neles referidos.

O equacionamento do problema e a apresentação da solução constitucionalmente adequada dependem da discussão de algumas das teses centrais relacionadas com a nova interpretação constitucional: colisão de direitos fundamentais, ponderação de valores, discricionariedade judicial e teoria da argumentação. Após a exposição dos conceitos essenciais na matéria e definição dos elementos relevantes de ponderação, a questão se torna surpreendentemente simples.

Veja-se a análise que se segue.

Parte I
ALGUNS ASPECTOS DA MODERNA
INTERPRETAÇÃO CONSTITUCIONAL

I. A interpretação jurídica tradicional

Um típico operador jurídico formado na tradição romano-germânica, como é o caso brasileiro, diante de um problema que lhe caiba resolver, adotará uma linha de raciocínio semelhante à que se descreve a seguir. Após examinar a situação de fato que lhe foi trazida, irá identificar no ordenamento positivo a norma que deverá reger aquela hipótese. Em seguida, procederá a um tipo de raciocínio lógico, de natureza silogística, no qual a norma será a premissa maior, os fatos serão a premissa menor e a conclusão será a conseqüência do enquadramento dos fatos à norma. Esse método tradicional de aplicação do Direito, pelo qual se realiza a subsunção dos fatos à norma e pronuncia-se uma conclusão, denomina-se método *subsuntivo*.

Esse modo de raciocínio jurídico utiliza, como premissa de seu desenvolvimento, um tipo de norma jurídica que se identifica como regra. Regras são normas que especificam a conduta a ser seguida por seus destinatários. O papel do intérprete, ao aplicá-las, envolve uma operação relativamente simples de verificação da ocorrência do fato constante do seu relato e de declaração da conseqüência jurídica correspondente. Por exemplo: a aposentadoria compulsória do servidor público se dá aos setenta anos (regra); José, serventuário da Justiça, completou setenta anos (fato); José passará automaticamente para a inatividade (conclusão). A interpretação jurídica tradicional, portanto, tem como principal instrumento de trabalho a figura normativa da *regra*.

A atividade de interpretação descrita acima utiliza-se de um conjunto tradicional de elementos de interpretação, de longa data identificados como gramatical, histórico, sistemático e teleológico. São eles instrumentos que vão permitir ao intérprete em geral, e ao juiz em particular, a revelação do conteúdo, sentido e alcance da norma. O Direito, a resposta para o problema, já vêm contidos no texto da lei. Interpretar é descobrir essa solução previamente concebida pelo legislador. Mais ainda: o ordenamento traz em si *uma* solução adequada para a questão. O intérprete, como conseqüência, não faz escolhas próprias, mas revela a que já se contém na norma. *O juiz desempenha uma função técnica de conhecimento, e não um papel de criação do Direito.*

A interpretação jurídica tradicional, portanto, desenvolve-se por um método subsuntivo, fundado em um modelo de regras, que reserva ao intérprete um papel estritamente técnico de revelação do sentido de um Direito integralmente contido na norma legislada.

II. A nova interpretação constitucional

A idéia de uma nova interpretação constitucional liga-se ao desenvolvimento de algumas fórmulas originais de realização da vontade da Constituição. Não importa em desprezo ou abandono do método clássico — o *subsuntivo*, fundado na aplicação de *regras* — nem dos elementos tradicionais da hermenêutica: gramatical, histórico, sistemático e teleológico. Ao contrário, continuam eles a desempenhar um papel relevante na busca de sentido das normas e na solução de casos concretos. Relevante, mas nem sempre suficiente.

Mesmo no quadro da dogmática jurídica tradicional, já haviam sido sistematizados diversos princípios específicos de interpretação constitucional, aptos a superar as limitações da interpretação jurídica convencional, concebida sobretudo em função da legislação infraconstitucional, e mais especialmente do direito civil[2]. A grande virada na interpretação constitucional se deu a partir da difusão de uma constatação que, além de singela, sequer era original: não é verdadeira a crença de que as normas jurídicas em geral — e as constitucionais em particular — tragam sempre em si um sentido único, objetivo, válido para todas as situações sobre as quais incidem. E que, assim, caberia ao intérprete uma atividade de mera revelação do conteúdo preexistente na norma, sem desempenhar qualquer papel criativo na sua concretização.

De fato, a técnica legislativa, ao longo do século XX, passou a utilizar-se, crescentemente, de *cláusulas abertas ou conceitos indeterminados*, como dano moral, justa indenização, ordem pública, melhor interesse do menor, boa-fé. Por essa fórmula, o ordenamento jurídico passou a transferir parte da competência decisória do legislador para o intérprete. A lei fornece parâmetros, mas somente à luz do caso concreto, dos elementos subjetivos e objetivos a ele relacionados, tal como apreendidos pelo aplicador do Direito, será possível a determinação da vontade legal. O juiz, portanto, passou a exercer uma função claramente integradora da norma, complementando-a com sua própria valoração.

Na seqüência histórica, sobreveio a ascensão dos *princípios*, cuja carga axiológica e dimensão ética conquistaram, finalmente, eficácia jurídica e aplicabilidade direta e imediata. Princípios e regras passam

---

2. V. Luís Roberto Barroso, *Interpretação e aplicação da Constituição*, 2004. Os princípios específicos e instrumentais à interpretação constitucional são os da supremacia, presunção de constitucionalidade, interpretação conforme a Constituição, unidade, razoabilidade-proporcionalidade e efetividade.

a desfrutar do mesmo *status* de norma jurídica, sem embargo de serem distintos no conteúdo, na estrutura normativa e na aplicação. *Regras* são, normalmente, relatos objetivos, descritivos de determinadas condutas e aplicáveis a um conjunto delimitado de situações. Ocorrendo a hipótese prevista no seu relato, a regra deve incidir, pelo mecanismo tradicional da *subsunção*: enquadram-se os fatos na previsão abstrata e produz-se uma conclusão. A aplicação de uma regra se opera na modalidade *tudo ou nada*: ou ela regula a matéria em sua inteireza ou é descumprida. Na hipótese do conflito entre duas regras, só uma será válida e irá prevalecer[3].

Princípios, por sua vez, expressam valores a serem preservados ou fins públicos a serem realizados. Designam, portanto, "estados ideais"[4], sem especificar a conduta a ser seguida. A atividade do intérprete aqui será mais complexa, pois a ele caberá definir a ação a tomar. E mais: em uma ordem democrática, princípios freqüentemente entram em tensão dialética, apontando direções diversas. Por essa razão, sua aplicação deverá se dar mediante *ponderação*: o intérprete irá aferir o peso de cada um, à vista das circunstâncias, fazendo concessões recíprocas. Sua aplicação, portanto, não será no esquema *tudo ou nada*, mas graduada à vista das circunstâncias representadas por outras normas ou por situações de fato[5].

---

3. V. Luís Roberto Barroso, "Fundamentos teóricos e filosóficos do novo direito constitucional brasileiro". In: *Temas de direito constitucional*, t. II, p. 32: "O Direito, como se sabe, é um sistema de normas harmonicamente articuladas. Uma situação não pode ser regida simultaneamente por duas disposições legais que se contraponham. Para solucionar essas hipóteses de conflito de leis, o ordenamento jurídico se serve de três critérios tradicionais: o da *hierarquia* — pelo qual a lei superior prevalece sobre a inferior —, o *cronológico* — onde a lei posterior prevalece sobre a anterior — e o da *especialização* — em que a lei específica prevalece sobre a lei geral. Estes critérios, todavia, não são adequados ou plenamente satisfatórios quando a colisão se dá entre normas constitucionais, especialmente entre princípios constitucionais, categoria na qual devem ser situados os conflitos entre direitos fundamentais".
4. Humberto Ávila, *Teoria dos princípios (da definição à aplicação dos princípios jurídicos)*, 2003.
5. Robert Alexy, *Teoria de los derechos fundamentales*, 1997, p. 86: "Princípios são normas que ordenam que algo seja realizado na maior medida possível, dentro das possibilidades jurídicas e reais existentes. Por isso, são mandados de otimização, caracterizados pelo fato de que podem ser cumpridos em diferentes

Com as mesmas características normativas dos princípios — na verdade, como uma concretização do princípio da dignidade da pessoa humana — colocam-se boa parte dos *direitos fundamentais*, cuja proteção foi alçada ao centro dos sistemas jurídicos contemporâneos. Princípios e direitos previstos na Constituição entram muitas vezes em linha de colisão, por abrigarem valores contrapostos e igualmente relevantes, como por exemplo: livre iniciativa e proteção do consumidor, direito de propriedade e função social da propriedade, segurança pública e liberdades individuais, direitos da personalidade e liberdade de expressão. O que caracteriza esse tipo de situação jurídica é a ausência de uma solução em tese para o conflito, fornecida abstratamente pelas normas aplicáveis.

Veja-se, então: na aplicação dos princípios, o intérprete irá determinar, *in concreto*, quais são as condutas aptas a realizá-los adequadamente. Nos casos de colisão de princípios ou de direitos fundamentais, caberá a ele fazer as valorações adequadas, de modo a preservar o máximo de cada um dos valores em conflito, realizando escolhas acerca de qual interesse deverá circunstancialmente prevalecer. Um intérprete que verifica a legitimidade de condutas alternativas, que faz valorações e escolhas, não desempenha apenas uma função de conhecimento. Com maior ou menor intensidade, de acordo com o caso, ele exerce sua discricionariedade. Para que não sejam arbitrárias, suas decisões, mais do que nunca, deverão ser racional e argumentativamente fundamentadas.

A moderna interpretação constitucional diferencia-se da tradicional em razão de alguns fatores: a norma, como relato puramente abstrato, já não desfruta de primazia; o problema, a questão tópica a ser resolvida passa a fornecer elementos para sua solução; o papel do intérprete deixa de ser de pura aplicação da norma preexistente e passa a incluir uma parcela de criação do Direito do caso concreto. E, como técnica de raciocínio e de decisão, a ponderação passa a conviver com a subsunção. Para que se legitimem suas escolhas, o intérprete terá de servir-se dos elementos da teoria da argumentação, para convencer os destinatários do seu trabalho de que produziu a solução

---

graus e que a medida devida de seu cumprimento não só depende das possibilidades reais, mas também das jurídicas. O âmbito do juridicamente possível é determinado pelos princípios e regras opostas". (tradução livre).

constitucionalmente adequada para a questão que lhe foi submetida. Por sua relevância para o estudo, os tópicos seguintes ocupam-se de forma específica dos fenômenos da colisão dos direitos fundamentais e da ponderação como técnica de decisão jurídica.

1. O fenômeno da colisão de direitos fundamentais[6]

Os critérios tradicionais de solução de conflitos normativos — hierárquico, temporal e especialização (v. *supra*, nota 3) — não são aptos, como regra geral, para a solução de colisões entre normas constitucionais, especialmente as que veiculam direitos fundamentais. Tais colisões, todavia, surgem inexoravelmente no direito constitucional contemporâneo, por razões numerosas. Duas delas são destacadas a seguir: (i) a complexidade e o pluralismo das sociedades modernas levam ao abrigo da Constituição valores e interesses diversos, que eventualmente entram em choque; e (ii) sendo os direitos fundamentais expressos, freqüentemente, sob a forma de princípios, sujeitam-se, como já exposto (v. *supra*), à concorrência com outros

---

6. Há vasto material sobre o assunto, tanto na doutrina brasileira quanto no direito comparado. A respeito da colisão de direitos fundamentais em geral, v. Wilson Antônio Steinmetz, *Colisão de direitos fundamentais e princípio da proporcionalidade*, 2001; Daniel Sarmento, *A ponderação de interesses na Constituição Federal*, 2000; Ricardo Lobo Torres, "Da ponderação de interesses ao princípio da ponderação". In: Urbano Zilles (coord.), *Miguel Reale. Estudos em homenagem a seus 90 anos*, 2000. Sobre a temática específica da colisão entre a liberdade de expressão em sentido amplo e outros direitos fundamentais, sobretudo os direitos à honra, à intimidade, à vida privada e à imagem, v. Edilsom Pereira de Souza, *Colisão de direitos fundamentais. A honra, a intimidade, a vida privada e a imagem versus a liberdade de expressão e de informação*, 2000; Luís Gustavo Grandinetti Castanho de Carvalho, *Direito de informação e liberdade de expressão*, 1999; Mônica Neves Aguiar da Silva Castro, *Honra, imagem, vida privada e intimidade, em colisão com outros direitos*, 2002; Porfirio Barroso e María del Mar López Tavalera, *La libertad de expresion y sus limitaciones constitucionales*, 1998; Antonio Fayos Gardó, *Derecho a la intimidad y medios de comunicación*, 2000; Miguel Ángel Alegre Martínez, *El derecho a la propia imagen*, 1997; Sidney Cesar Silva Guerra, *A liberdade de imprensa e o direito à imagem*, 1999; Pedro Frederico Caldas, *Vida privada, liberdade de imprensa e dano moral*, 1997.

princípios e à aplicabilidade no limite do possível, à vista de circunstâncias fáticas e jurídicas.

Como é sabido, por força do princípio da unidade da Constituição inexiste hierarquia jurídica entre normas constitucionais. É certo que alguns autores têm admitido a existência de uma hierarquia axiológica, pela qual determinadas normas influenciariam o sentido e alcance de outras, independentemente de uma superioridade formal. Aqui, todavia, esta questão não se põe. É que os direitos fundamentais entre si não apenas têm o mesmo *status* jurídico como também ocupam o mesmo patamar axiológico[7]. No caso brasileiro, desfrutam todos da condição de cláusulas pétreas (CF, art. 60, § 4º, IV).

A circunstância que se acaba de destacar produz algumas conseqüências relevantes no equacionamento das colisões de direitos fundamentais. A primeira delas é intuitiva: se não há entre eles hierarquia de qualquer sorte, não é possível estabelecer uma regra abstrata e permanente de preferência de um sobre o outro. A solução de episódios de conflito deverá ser apurada diante do caso concreto. Em função das particularidades do caso é que se poderão submeter os direitos envolvidos a um processo de ponderação pelo qual, por meio de compressões recíprocas, seja possível chegar a uma solução adequada.

A segunda implicação relevante do reconhecimento de identidade hierárquica entre os direitos fundamentais diz respeito à atuação do Poder Legislativo diante das colisões de direitos dessa natureza. Nem sempre é singela a demarcação do espaço legítimo de atuação da *lei* na matéria, sem confrontar-se com a Constituição. No particular, há algumas situações diversas a considerar. Há casos em que a Constituição autoriza expressamente a restrição de um direito fundamental[8]. Aliás, mesmo nas hipóteses em que não há referência direta, a

---

7. Edilsom Pereira de Farias, *Colisão de direitos. A honra, a intimidade, a vida privada e a imagem versus a liberdade de expressão e de informação*, 2000, p. 120: "Sucede que não há hierarquia entre os direitos fundamentais. Estes, quando se encontram em oposição entre si, não se resolve a colisão suprimindo um em favor do outro. Ambos os direitos protegem a dignidade da pessoa humana e merecem ser preservados o máximo possível na solução da colisão".

8. *E.g.*, CF, art. 5º: "XII — é inviolável o sigilo da correspondência e das comunicações telegráficas, de dados e das comunicações telefônicas, salvo, no último caso, por ordem judicial, nas hipóteses e na forma que a lei estabelecer

doutrina majoritária admite a atuação do legislador, com base na idéia de que existem limites *imanentes* aos direitos fundamentais[9]. Pois bem: em uma ou outra hipótese, ao disciplinar o exercício de determinado direito, a lei poderá estar evitando colisões.

Situação diversa se coloca, porém, quando o legislador procura arbitrar diretamente colisões entre direitos. Como se afirmou acima, uma regra que estabeleça uma preferência abstrata de um direito fundamental sobre outro não será válida por desrespeitar o direito preterido de forma permanente e violar a unidade da Constituição. O legislador, portanto, deverá limitar-se a estabelecer parâmetros gerais, diretrizes a serem consideradas pelo intérprete, sem privá-lo, todavia, do sopesamento dos elementos do caso concreto e do juízo de eqüidade que lhe cabe fazer. Mesmo nas hipóteses em que se admita como legítimo que o legislador formule uma solução específica para o conflito potencial de direitos fundamentais, sua validade em tese não afasta a possibilidade de que se venha a reconhecer sua inadequação em concreto.

Um exemplo, respaldado em diversos precedentes judiciais, ilustrará o argumento. Como é de conhecimento geral, existem inúmeras leis que disciplinam ou restringem a concessão de tutela antecipada ou de medidas cautelares em processos judiciais. A postulação de uma dessas providências, *initio litis*, desencadeia uma colisão de direitos fundamentais, assim identificada: de um lado, o direito ao devido processo legal — do qual decorreria que somente após o pro-

---

para fins de investigação criminal ou instrução processual penal"; e "XIII — é livre o exercício de qualquer trabalho, ofício ou profissão, atendidas as qualificações profissionais que a lei estabelecer".

9. Para parte dos autores que tratam do tema, ao regulamentar o exercício do direito o legislador poderá explicitar limites imanentes, independentemente de expressa previsão constitucional. V. Wilson Antônio Steinmetz, *Colisão de direitos fundamentais e princípio da proporcionalidade*, 2001, pp. 60-1: "Em outros termos, a restrição de direitos fundamentais operada pelo legislador ordinário, antecipando-se a futuros conflitos (conflitos em potencial), pode ser justificada invocando-se a teoria dos limites imanentes; o legislador poderá argumentar que, embora não tenham sido prescritos nem direta nem indiretamente pelo legislador constituinte, os limites que está fixando são legítimos, porque imanentes ao sistema de direitos fundamentais e à Constituição como um todo".

cedimento adequado, com instrução e contraditório, seria possível que uma decisão judicial produzisse efeitos sobre a parte; e, de outro, o direito de acesso ao Judiciário, no qual está implícita a prestação jurisdicional eficaz: deve-se impedir que uma ameaça a direito se converta em uma lesão efetiva. Pois bem: a legislação não apenas estabelece requisitos específicos para esse tipo de tutela (*fumus boni iuris* e *periculum in mora*), como impõe, em muitos casos, restrições à sua concessão, em razão do objeto do pedido ou do sujeito em face de quem se faz o requerimento.

Nada obstante, o entendimento que prevalece é o de que a lei não pode impor solução rígida e abstrata para esta colisão, assim como para quaisquer outras. E ainda quando a solução proposta encontre respaldo constitucional e seja em tese válida, isso não impedirá o julgador, diante do caso concreto, de se afastar da fórmula legal se ela produzir uma situação indesejada pela Constituição. Há um interessante julgado do Supremo Tribunal Federal sobre o tema[10]. Em ação direta de inconstitucionalidade, pleiteava-se a declaração de inconstitucionalidade da Medida Provisória nº 173/90, por afronta ao princípio do acesso à justiça e/ou da inafastabilidade do controle judicial. É que ela vedava a concessão de liminar em mandados de segurança e em ações ordinárias e cautelares decorrentes de um conjunto de dez outras medidas provisórias, bem como proibia a execução das sentenças proferidas em tais ações antes de seu trânsito em julgado.

No julgamento da ação direta de inconstitucionalidade, o Supremo Tribunal Federal julgou improcedente o pedido. Vale dizer: considerou constitucional em tese a vedação. Nada obstante, o acórdão fez a ressalva de que tal pronunciamento não impedia o juiz do caso concreto de conceder a liminar, se em relação à situação que lhe competisse julgar não fosse razoável a aplicação da norma proibitiva[11].

---

10. STF, DJ 29.06.90, ADInMC 223-DF, Rel. Min. Paulo Brossard.
11. STF, DJ 29.06.90, ADInMC 223-DF, Rel. Min. Paulo Brossard: "Generalidade, diversidade e imprecisão de limites do âmbito de vedação de liminar da MP 173, que, se lhe podem vir, a final, a comprometer a validade, dificultam demarcar, em tese, no juízo de delibação sobre o pedido de sua suspensão cautelar, até onde são razoáveis as proibições nela impostas, enquanto contenção ao abuso do poder cautelar, e onde se inicia, inversamente, o abuso das limita-

O raciocínio subjacente é o de que uma norma pode ser constitucional em tese e inconstitucional em concreto, à vista das circunstâncias de fato sobre as quais deverá incidir.

Antes de prosseguir, cabe resumir o que foi exposto neste tópico. A colisão de direitos fundamentais é um fenômeno contemporâneo e, salvo indicação expressa da própria Constituição, não é possível arbitrar esse conflito de forma abstrata, permanente e inteiramente dissociada das características do caso concreto. O legislador não está impedido de tentar proceder a esse arbitramento, mas suas decisões estarão sujeitas a um duplo controle de constitucionalidade: o que se processa em tese, tendo em conta apenas os enunciados normativos envolvidos, e, em seguida, a um outro, desenvolvido diante do caso concreto e do resultado que a incidência da norma produz na hipótese. De toda sorte, a ponderação será a técnica empregada pelo aplicador tanto na ausência de parâmetros legislativos de solução como diante deles, para a verificação de sua adequação ao caso. O tópico seguinte, portanto, dedica algumas notas ao tema da ponderação.

ções e a conseqüente afronta à plenitude da jurisdição e ao Poder Judiciário. Indeferimento da suspensão liminar da MP 173, que não prejudica, segundo o relator do acórdão, o exame judicial em cada caso concreto da constitucionalidade, incluída a razoabilidade, da aplicação da norma proibitiva da liminar. Considerações, em diversos votos, dos riscos da suspensão cautelar da medida impugnada". V. a propósito, o bem fundamentado voto do Min. Sepúlveda Pertence, aderindo ao relator, do qual se transcreve breve passagem: "O que vejo, aqui, embora entendendo não ser de bom aviso, naquela medida de discricionariedade que há na grave decisão a tomar, da suspensão cautelar, em tese, é que a simbiose institucional a que me referi, dos dois sistemas de controle da constitucionalidade da lei, permite não deixar ao desamparo ninguém que precise de medida liminar em caso onde — segundo as premissas que tentei desenvolver e melhor do que eu desenvolveram os Ministros Paulo Brossard e Celso de Mello — a vedação da liminar, por que desarrazoada, por que incompatível com o art. 5º, XXXV, por que ofensiva do âmbito de jurisdição do Poder Judiciário, se mostra inconstitucional.

Assim, creio que a solução estará no manejo do sistema difuso, porque nele, em cada caso concreto, nenhuma medida provisória pode subtrair ao juiz da causa um exame da constitucionalidade, inclusive sob o prisma da razoabilidade, das restrições impostas ao seu poder cautelar, para, se entender abusiva essa restrição, se a entender inconstitucional, conceder a liminar, deixando de dar aplicação, no caso concreto, à medida provisória, na medida em que, em relação àquele caso, a julgue inconstitucional, porque abusiva (fls. 12)".

2. A técnica da ponderação[12]

Como registrado acima, durante muito tempo a subsunção foi a única fórmula para compreender a aplicação do Direito, a saber: premissa maior — a norma — incidindo sobre a premissa menor — os fatos — e produzindo como conseqüência a aplicação do conteúdo da norma ao caso concreto. Como já se viu, essa espécie de raciocínio continua a ser fundamental para a dinâmica do direito. Mais recentemente, porém, a dogmática jurídica deu-se conta de que a subsunção tem limites, não sendo por si só suficiente para lidar com situações que, em decorrência da expansão dos princípios, são cada vez mais freqüentes. Não é difícil demonstrar e ilustrar o argumento.

Imagine-se uma hipótese em que mais de uma norma possa incidir sobre o mesmo conjunto de fatos — várias premissas maiores, portanto, para apenas uma premissa menor —, como no caso aqui em exame da oposição entre liberdade de imprensa e de expressão, de um lado, e os direitos à honra, à imagem, à intimidade e à vida privada, de outro. Como se constata singelamente, as normas envolvidas tutelam valores distintos e apontam soluções diversas e contraditórias para a questão. Na sua lógica unidirecional (premissa maior — premissa menor), a solução subsuntiva para esse problema somente poderia trabalhar com uma das normas, o que importaria na escolha de uma única premissa maior, descartando-se as demais. Tal fórmula, todavia, não seria constitucionalmente adequada: como já se sublinhou, o princípio da unidade da Constituição não admite que o intérprete simplesmente opte por uma norma e despreze outra também

---

12. Ronald Dworkin, *Taking rights seriously*, 1997; Robert Alexy, *Teoria de los derechos fundamentales*, 1997 e os seguintes textos mimeografados: *Colisão e ponderação como problema fundamental da dogmática dos direitos fundamentais* (1998) e *Constitutional rights, balancing, and rationality* (2002) (textos gentilmente cedidos por Margarida Lacombe Camargo); Karl Larenz, *Metodologia da ciência do direito*, 1997; Daniel Sarmento, *A ponderação de interesses na Constituição Federal*, 2000; Ricardo Lobo Torres, "Da ponderação de interesses ao princípio da ponderação". In: Urbano Zilles (coord.), *Miguel Reale. Estudos em homenagem a seus 90 anos*, 2000, p. 643 e ss.; Aaron Barak, Foreword: a judge on judging: the role of a Supreme Court in a Democracy *Harvard Law Review*, 116:1 (2002); Marcos Maselli Gouvêa, *O controle judicial das omissões administrativas*, 2003; Humberto Ávila, *Teoria dos princípios (da definição à aplicação dos princípios jurídicos)*, 2003.

aplicável em tese, como se houvesse hierarquia entre elas. Como conseqüência, a interpretação constitucional viu-se na contingência de desenvolver técnicas capazes de lidar com o fato de que a Constituição é um documento dialético — que tutela valores e interesses potencialmente conflitantes — e que princípios nela consagrados entram, freqüentemente, em rota de colisão.

A dificuldade descrita já foi amplamente percebida pela doutrina; é pacífico que casos como esses não são resolvidos por uma subsunção simples. Será preciso um raciocínio de estrutura diversa, mais complexo, capaz de trabalhar multidirecionalmente, produzindo a regra concreta que vai reger a hipótese a partir de uma síntese dos distintos elementos normativos incidentes sobre aquele conjunto de fatos. De alguma forma, cada um desses elementos deverá ser considerado na medida de sua importância e pertinência para o caso concreto, de modo que, na solução final, tal qual em um quadro bem pintado, as diferentes cores possam ser percebidas, embora alguma(s) dela(s) venha(m) a se destacar sobre as demais. Esse é, de maneira geral, o objetivo daquilo que se convencionou denominar *técnica da ponderação*.

A ponderação consiste, portanto, em uma técnica de decisão jurídica[13] aplicável a casos difíceis[14], em relação aos quais a subsunção se mostrou insuficiente, sobretudo quando uma situação concreta dá ensejo à aplicação de normas de mesma hierarquia que indicam soluções diferenciadas[15]. A estrutura interna do raciocínio ponderativo ainda não é bem conhecida, embora esteja sempre associada às noções difusas de balanceamento e sopesamento de interesses, bens, valores

---

13. José Maria Rodríguez de Santiago, *La ponderación de bienes e intereses en el derecho administrativo*, 2000.
14. Do inglês *hard cases*, a expressão identifica situações para as quais não há uma formulação simples e objetiva a ser colhida no ordenamento, sendo necessária a atuação subjetiva do intérprete e a realização de escolhas, com eventual emprego de discricionariedade.
15. A ponderação também tem sido empregada em outras circunstâncias, como na definição do conteúdo de conceitos jurídicos indeterminados (a definição do que sejam os "valores éticos e sociais da pessoa e da família", referidos no art. 221, IV, da Constituição, envolverá por certo um raciocínio do tipo ponderativo) ou na aplicação da eqüidade a casos concretos, embora este último caso possa ser reconduzido a um confronto de princípios, já que a eqüidade tem como fundamento normativo específico o princípio constitucional da justiça.

ou normas. A importância que o tema ganhou no cotidiano da atividade jurisdicional, entretanto, tem levado a doutrina a estudá-lo mais cuidadosamente[16]. De forma simplificada, é possível descrever a ponderação como um processo em três etapas, relatadas a seguir.

Na *primeira* etapa, cabe ao intérprete detectar no sistema as normas relevantes para a solução do caso, identificando eventuais conflitos entre elas. Como se viu, a existência dessa espécie de conflito — insuperável pela subsunção — é o ambiente próprio de trabalho da ponderação[17]. Assinale-se que norma não se confunde com dispositivo: por vezes uma norma será o resultado da conjugação de mais de um dispositivo. Por seu turno, um dispositivo isoladamente considerado pode não conter uma norma ou, ao revés, abrigar mais de uma[18]. Ainda neste estágio, os diversos fundamentos normativos (isto é: as diversas premissas maiores pertinentes) são agrupados em função da solução que estejam sugerindo: aqueles que indicam a mesma solução devem formar um conjunto de argumentos. O propósito desse agrupamento é facilitar o trabalho posterior de comparação entre os elementos normativos em jogo.

Na *segunda* etapa, cabe examinar os fatos, as circunstâncias concretas do caso e sua interação com os elementos normativos. Como se sabe, os fatos e as conseqüências práticas da incidência da norma têm assumido importância especial na moderna interpretação constitucional. Embora os princípios e regras tenham, em tese, uma existência autônoma, no mundo abstrato dos enunciados normativos, é no momento em que entram em contato com as situações concretas que seu conteúdo se preencherá de real sentido. Assim, o exame dos fatos e os reflexos sobre eles das normas identificadas na primeira fase poderão apontar com maior clareza o papel de cada uma delas e a extensão de sua influência.

---

16. Ricardo Lobo Torres, "Da ponderação de interesses ao princípio da ponderação". In: Urbano Zilles (coord.), *Miguel Reale. Estudos em homenagem a seus 90 anos*, 2000, p. 643 e ss..
17. Por vezes, o conflito se estabelece mais claramente entre interesses opostos, quando então será preciso verificar se esses interesses podem ser reconduzidos a normas jurídicas (as quais, por sua vez, podem ter como fundamento regras e/ou princípios, explícitos ou implícitos).
18. Sobre o tema, v. Humberto Ávila, *Teoria dos princípios (da definição à aplicação dos princípios jurídicos)*, 2003, p. 13.

Até aqui, na verdade, nada foi solucionado e nem sequer há maior novidade. Identificação das normas aplicáveis e compreensão dos fatos relevantes fazem parte de todo e qualquer processo interpretativo, sejam os casos fáceis ou difíceis. É na *terceira* etapa que a ponderação irá singularizar-se, em oposição à subsunção. Relembre-se, como já assentado, que os princípios, por sua estrutura e natureza, e observados determinados limites, podem ser aplicados com maior ou menor intensidade, à vista de circunstâncias jurídicas ou fáticas, sem que isso afete sua validade[19]. Pois bem: nessa fase decisória, os diferentes grupos de normas e a repercussão dos fatos do caso concreto serão examinados de forma conjunta, de modo a apurar os pesos a serem atribuídos aos diversos elementos em disputa e, portanto, o grupo de normas a preponderar no caso. Os parâmetros construídos na primeira etapa deverão ser empregados aqui e adaptados, se necessário, às particularidades do caso concreto.

Em seguida, é preciso ainda decidir quão intensamente esse grupo de normas — e a solução por ele indicada — deve prevalecer em detrimento dos demais, isto é: sendo possível graduar a intensidade da solução escolhida, cabe ainda decidir qual deve ser o grau apropriado em que a solução deve ser aplicada. Todo esse processo intelectual tem como fio condutor o princípio instrumental da *proporcionalidade* ou *razoabilidade*[20].

---

19. Essa estrutura em geral não se repete com as regras, de modo que a ponderação destas será um fenômeno muito mais complexo e excepcional.
20. Neste sentido, v. Fábio Corrêa Souza de Oliveira, *Por uma teoria dos princípios. O princípio constitucional da razoabilidade*, 2003, p. 219: "Os princípios são mandados de otimização. Por isto a metodologia pertinente é a da ponderação de valores normativos. Ela acontece sob a *lógica* dos valores, que outra coisa não é senão a lógica do *razoável*, conforme proposta neste estudo. Nesta esteira, é que Alexy assevera: 'La ley de ponderación no formula otra cosa que el principio de la proporcionalidad'. O critério da razoabilidade fornece a (justa) medida pela qual se otimizam os princípios em jogo. Como sustenta Canotilho, o que se almeja é uma 'ponderação de bens racionalmente controlada'". Na jurisprudência, o STF tem aplicado reiteradamente o princípio da razoabilidade. Confira-se, exemplificativamente, o seguinte trecho de acórdão: "A cláusula do devido processo legal — objeto de expressa proclamação pelo art. 5º, LIV, da Constituição — deve ser entendida, na abrangência de sua noção conceitual, não só sob o aspecto meramente formal, que impõe restrições de caráter ritual à atuação do Poder Público, mas, sobretudo, em sua dimensão

Assentadas as premissas teóricas imprescindíveis, passa-se, a seguir, à segunda parte desse estudo. Nela, o roteiro acima apresentado será aplicado ao conflito específico entre liberdade de informação e expressão e direitos da personalidade. Em primeiro lugar, serão examinadas as normas constitucionais pertinentes e construídos os parâmetros possíveis na matéria. Em seguida, serão investigadas as normas infraconstitucionais que igualmente pretendem repercutir sobre a hipótese, tendo em conta, naturalmente, sua compatibilidade com os termos constitucionais. Em seguida, serão considerados os possíveis fatos relevantes para se apurar, então, a solução dessa modalidade de conflito.

Parte II
A LIBERDADE DE INFORMAÇÃO E EXPRESSÃO E OS DIREITOS DA PERSONALIDADE: PONDERAÇÃO DE BENS E VALORES CONSTITUCIONAIS

III. A questão sob a ótica constitucional

1. Direitos constitucionais da personalidade

O reconhecimento dos direitos da personalidade como direitos autônomos[21], de que todo indivíduo é titular[22], generalizou-se após a

---

material, que atua como decisivo obstáculo à edição de atos legislativos de conteúdo arbitrário. A essência do *substantive due process of law* reside na necessidade de proteger os direitos e as liberdades das pessoas contra qualquer modalidade de legislação que se revele opressiva ou destituída do necessário coeficiente de razoabilidade. Isso significa, dentro da perspectiva da extensão da teoria do desvio de poder ao plano das atividades legislativas do Estado, que este não dispõe da competência para legislar ilimitadamente, de forma imoderada e irresponsável, gerando, com o seu comportamento institucional, situações normativas de absoluta distorção e, até mesmo, de subversão dos fins que regem o desempenho da função estatal". (STF, DJ 27.04.01, ADInMC 1.063-8, Rel. Min. Celso de Mello).
21. Sobre a discussão acerca da existência autônoma dos direitos da personalidade, v. Pietro Perlingieri, *Perfis do direito civil*, 1997, p. 155.
22. Pietro Perlingieri, *La personalità umana nell'ordenamento giuridico, apud*

Segunda Guerra Mundial e a doutrina descreve-os hoje como emanações da própria dignidade humana, funcionando como "atributos inerentes e indispensáveis ao ser humano"[23]. Duas características dos direitos da personalidade merecem registro. A primeira delas é que tais direitos, atribuídos a todo ser humano[24] e reconhecidos pelos textos constitucionais modernos em geral, são oponíveis a toda a coletividade e também ao Estado[25]. A segunda característica peculiar dos direitos da personalidade consiste em que nem sempre sua violação produz um prejuízo que tenha repercussões econômicas ou patrimoniais[26], o que ensejará formas variadas de reparação, como o "direito de resposta", a divulgação de desmentidos de caráter geral e/ou a indenização pelo dano não-patrimonial (ou moral, como se convencionou denominar).

Uma classificação que se tornou corrente na doutrina é a que separa os direitos da personalidade em dois grupos: (i) direitos à integridade física, englobando o direito à vida, o direito ao próprio

---

Gustavo Tepedino, "A tutela da personalidade no ordenamento civil-constitucional brasileiro". In: *Temas de direito civil*, 2001, p. 42: "O direito da personalidade nasce imediatamente e contextualmente com a pessoa (direitos inatos). Está-se diante do princípio da igualdade: todos nascem com a mesma titularidade e com as mesmas situações jurídicas subjetivas (...) A personalidade comporta imediata titularidade de relações personalíssimas".
23. Gustavo Tepedino, "A tutela da personalidade no ordenamento civil-constitucional brasileiro". In: *Temas de direito civil*, 2001, p. 33.
24. Mônica Neves Aguiar da Silva Castro, *Honra, imagem, vida privada e intimidade, em colisão com outros direitos*, 2002, p. 67: "Identificados como inatos, no sentido de que não é necessária a prática de ato de aquisição, posto que inerentes ao homem, bastando o nascimento com vida para que passem a existir, os direito da personalidade vêm sendo reconhecidos igualmente aos nascituros".
25. Miguel Ángel Alegre Martínez, *El derecho a la propia imagen*, 1997, p. 140: "Es de notar, además, que los destinatarios de esse deber genérico son *todas las personas*. El respeto a los derechos fundamentales, traducción del respeto a la dignidad de la persona, corresponde a *todos*, precisamente porque los *derechos* que deben ser respetados son patrimonio de *todos*, y el no respeto a los mismos por parte de cualquiera privará al otro del disfrute de sus derechos, exigido por su dignidad".
26. V. Gustavo Tepedino, "A tutela da personalidade no ordenamento civil-constitucional brasileiro". In: *Temas de direito civil*, 2001, p. 33 e ss..

corpo e o direito ao cadáver; e (ii) direitos à integridade moral, rubrica na qual se inserem os direitos à honra, à liberdade, à vida privada, à intimidade, à imagem, ao nome e o direito moral do autor, dentre outros. Neste estudo, interessam mais diretamente alguns direitos do segundo grupo, em especial os direitos à vida privada, à intimidade, à honra e à imagem. A Constituição de 1988 abrigou essas idéias, proclamando a centralidade da dignidade da pessoa humana e dedicando dispositivos expressos à tutela da personalidade, dentre os quais é possível destacar os seguintes:

> "Art. 5º (...)
> V — é assegurado o direito de resposta, proporcional ao agravo, além da indenização por dano material, moral ou à imagem;
> (...)
> X — são invioláveis a intimidade, a vida privada, a honra e a imagem das pessoas, assegurado o direito a indenização pelo dano material ou moral decorrente de sua violação;"

De forma simples, os direitos à intimidade e à vida privada protegem as pessoas na sua individualidade e resguardam o direito de estar só[27]. A intimidade e a vida privada são esferas diversas[28] compreendidas em um conceito mais amplo: o de ***direito de privacidade***. Dele decorre o reconhecimento da existência, na vida das pessoas, de espaços que devem ser preservados da curiosidade alheia, por envolverem o modo de ser de cada um, as suas particularidades. Aí estão incluídos os fatos ordinários, ocorridos geralmente no âmbito do domicílio ou em locais reservados, como hábitos, atitudes, comen-

---

27. O artigo *The right to privacy*, de Samuel D. Warren e Louis D. Brandeis, publicado na *Harvard Law Review* em 1890, marca o início da construção dogmática desses direitos.

28. A intimidade corresponde a um círculo mais restrito de fatos relacionados exclusivamente ao indivíduo, ao passo que a vida privada identifica um espaço mais amplo de suas relações sociais. A proteção de uma e outra, portanto, varia de intensidade. Sobre o tema, v. Edilsom Pereira de Farias, *Colisão de direitos — A honra, a intimidade e a imagem versus a liberdade de expressão e de informação*, 2000, p. 140 e ss. e Antonio Fayos Gardó, *Derecho a la intimidad y medios de comunicación*, p. 25 e ss..

tários, escolhas pessoais, vida familiar, relações afetivas. Como regra geral, não haverá interesse público em ter acesso a esse tipo de informação.

Ainda no campo do direito de privacidade, a doutrina e a jurisprudência costumam identificar um elemento decisivo na determinação da intensidade de sua proteção: o *grau de exposição pública* da pessoa, em razão de seu cargo ou atividade, ou até mesmo de alguma circunstância eventual. A privacidade de indivíduos de vida pública — políticos, atletas, artistas — sujeita-se a parâmetro de aferição menos rígido do que os de vida estritamente privada. Isso decorre, naturalmente, da necessidade de auto-exposição, de promoção pessoal ou do interesse público na transparência de determinadas condutas. Por vezes, a notoriedade advém de uma fatalidade ou de uma circunstância negativa, como estar envolvido em um acidente ou ter cometido um crime. Remarque-se bem: o direito de privacidade existe em relação a todas as pessoas e deve ser protegido. Mas o âmbito do que se deve interditar à curiosidade do público é menor no caso das pessoas públicas[29].

Também se entende que não há ofensa à privacidade — isto é, quer à intimidade, quer à vida privada — se o fato divulgado, sobretudo por meios de comunicação de massa, já ingressou no domínio público, pode ser conhecido por outra forma regular de obtenção de informação ou se a divulgação limita-se a reproduzir informação antes difundida[30]. Nesse caso, não se cogita de lesão à privacidade nem tampouco ao direito de imagem (v. *supra*). Confira-se, nesse sentido,

---

29. V. Pedro Frederico Caldas, *Vida privada, liberdade de imprensa e dano moral*, 1997, p. 99 e ss.; e Miguel Angel Alegre Martínez, *El derecho a la propia imagen*, 1997, p. 120 e ss..
30. V. Luis Gustavo Grandinetti Castanho de Carvalho, *Direito de informação e liberdade de expressão*, 1999, p. 230: "Antonio Scalise, depois de examinar a jurisprudência italiana, concluiu que a informação jornalística é legítima se preencher três requisitos: o interesse social da notícia, a verdade do fato narrado e a continência da narração. Finalmente, é continente a narrativa quando a exposição do fato e sua valorização não integram os extremos de uma agressão moral, mas é expressão de uma harmônica fusão do dado objetivo de percepção e do pensamento de quem recebe, além de um justo temperamento do momento histórico e do momento crítico da notícia".

a seguinte ementa de acórdão, relatado pelo Desembargador José Carlos Barbosa Moreira, no qual se discutia se peça teatral que retratava a vida de determinados personagens históricos (Olga Benário e Luís Carlos Prestes) violava sua intimidade:

> "Verificada a inexistência de ofensa à honra, tampouco se reconhece violação da privacidade, uma vez que os fatos mostrados são do conhecimento geral, ou pelo menos acessíveis a todos os interessados, por outros meios não excepcionais, como a leitura de livro para cuja redação ministrara informações o próprio titular do direito que se alega lesado"[31].

A *honra* é igualmente um direito da personalidade previsto constitucionalmente. Por ele se procura proteger a dignidade pessoal do indivíduo, sua reputação diante de si próprio e do meio social no qual está inserido[32]. De forma geral, a legislação, a doutrina e a jurisprudência estabelecem que o direito à honra é limitado pela circunstância de ser verdadeiro o fato imputado ao indivíduo[33]; nessa hipótese, não se poderia opor a honra pessoal à verdade. Excepcionalmente, porém, a doutrina admite (e a legislação de alguns países autoriza[34])

---

31. TJRJ, DO 03.04.89, AC 1988.001.03920, Rel. Des. Barbosa Moreira.
32. Nas palavras de Adriano de Cupis (*Os direitos da personalidade*, 1961, apud Edilsom Pereira de Farias, *Colisão de direitos — A honra, a intimidade e a imagem versus a liberdade de expressão e de informação*, 2000, p. 134), citado pela maioria dos autores: "a dignidade pessoal refletida na consideração dos outros e no sentimento da própria pessoa".
33. Faz-se desde logo o registro de que, sobretudo quando se trata dos meios de comunicação, a verdade em questão não corresponde a uma verdade absoluta, muitas vezes impossível de apurar, e sim a uma verdade subjetiva, plausível ou fundamentada. A este ponto se retornará no próximo capítulo.
34. Na Inglaterra, o *Rehabilitation of Offenders Act* proíbe a divulgação de informações obtidas por meios ilícitos sobre o cometimento de crimes, quando os condenados já tenham sido reabilitados, bem como a divulgação das referidas informações por pessoas que as tenham obtido em virtude do cargo ou função pública que ocupem. Não há, contudo, nenhum óbice à divulgação de material obtido através de meios regulares — não ilícitos —, no que se incluem os registros públicos. Sobre o tema, v. Antonio Fayos Gardó, *Derecho a la intimidad y medios de comunicación*, 2000, pp. 329-30.

que se impeça a divulgação de fatos verdadeiros mas detratores da honra individual: é o que se denomina de "segredo da desonra"[35]. Os fatos que comportam essa exceção envolvem, de forma geral, circunstâncias de caráter puramente privado, sem repercussão sobre o meio social, de tal modo que de forma muito evidente não exista qualquer interesse público na sua divulgação[36].

Para os fins relevantes ao presente estudo, é importante registrar que o conflito potencial entre a proteção à honra dos acusados e a divulgação de fatos criminosos ou de procedimentos criminais (no momento de sua apuração ou posteriormente) tem sido examinado com freqüência pela doutrina e jurisprudência. E, a propósito, existe amplo consenso no sentido de que há interesse público na divulgação de tais fatos, sendo inoponível a ela o direito do acusado à honra[37]. Vejam-se alguns dos elementos que conduzem a essa conclusão: (i) a circunstância de os fatos criminosos divulgados serem verdadeiros e a informação acerca deles haver sido obtida licitamente (mesmo porque o processo é um procedimento público) afasta por si só a alegação de ofensa à honra; (ii) não se aplica a exceção do "segredo da desonra" porque fatos criminosos, por sua própria natureza, repercutem sobre

---

35. V. Edilsom Pereira de Farias, *Colisão de direitos — A honra, a intimidade e a imagem versus a liberdade de expressão e de informação*, 2000, p. 136.

36. Só se pode afastar a exceção da verdade no caso de imputação de fato relativo exclusivamente à intimidade. Não é o que ocorre, por óbvio, em relação à prática de um crime, que não se inclui sequer na vida privada, sendo um acontecimento de repercussão social por natureza. Nesse sentido, tratando especificamente da configuração de difamação pelo Tribunal Constitucional espanhol. V. Pablo Salvador Coderch (org.), *El mercado de las ideas*, 1990, pp. 166-7: "La *exceptio veritatis* no se admite en materia de intimidad mas, en el marco de una concepción factual del honor, no hay razón para rechazar su alegación en sede de difamación".

37. Antonio Fayos Gardó, *Derecho a la intimidad y medios de comunicación*, 2000, p. 67: "Asimismo hay interés público en todos los supuestos en que una persona es acusada o juzgada por algún delito: hay sentencias que lo admiten en caso de abuso sexual de menores, violaciones, secuestros, homicidios, etc., aceptándose incluso la existencia del *Public concern* en casos en que la persona ha sido absuelta o ya ha transcurrido mucho tiempo desde la condena". O autor menciona casos da jurisprudência norte-americana. A última hipótese — julgamentos em que houve absolvição ou cuja condenação data de muito tempo — é exemplificada com o caso Wasser v. San Diego Union, Cal. App. 1987, 191 Cal. App. 3d 1455, 236 Cal. Rptr. 772, 775-777.

terceiros (na verdade, sobre toda a sociedade), e tanto não dizem respeito exclusivamente à esfera íntima da pessoa que são considerados criminosos; (iii) ademais, há o interesse público específico na prevenção geral própria do direito penal, isto é, a divulgação de que a lei penal está sendo aplicada tem a função de servir de desestímulo aos potenciais infratores[38].

É oportuno, neste passo, fazer um breve registro sobre o famoso e controvertido caso *Lebach*, julgado em 1973 pelo Tribunal Constitucional Federal alemão. Em linhas gerais, tratava-se de decidir se um canal de televisão poderia exibir documentário sobre um homicídio que havia abalado a opinião pública alemã alguns anos antes, conhecido como "o assassinato de soldados de Lebach". A questão foi suscitada por um dos condenados, então em fase final de cumprimento de pena, sob o fundamento de que a veiculação do programa atingiria a sua honra e, sobretudo, configuraria sério obstáculo ao seu processo de ressocialização. A primeira instância e o tribunal revisor negaram o pedido de liminar formulado pelo autor, que pretendia obstar a exibição. O fundamento adotado foi o de que o envolvimento no fato delituoso o tornara um personagem da história alemã recente, o que conferia à divulgação do episódio interesse público inegável, prevalente inclusive sobre a legítima pretensão de ressocialização.

Diante disso, o autor interpôs recurso constitucional (*Verfassungsbeschwerde*) perante o Tribunal Constitucional, alegando, em síntese, violação ao princípio da dignidade da pessoa humana, que abrigaria em seu conteúdo o direito à reinserção social. Após proceder à oitiva de representantes do canal de televisão interessado, da comunidade editorial alemã, de especialistas nos diversos ramos do conhe-

---

38. Sobre o tema, veja-se a respeitada e atual doutrina de Claus Roxin (*Derecho penal — Parte general*, tomo I, 1997, p. 90): "La teoria preventiva general tiene también hoy en dia mucha influencia como teoria de la pena. Posee una cierta evidencia de psicologia del profano y se justifica asimismo por la consideración de la psicologia profunda de que muchas personas solo contienen sus impulsos antijuridicos cuando ven que aquel que se permite su satisfacción por meios extralegales no consigue éxito con ello, sino que sufre graves inconvenientes". Na doutrina nacional, confira-se o magistério de Heleno Fragoso, *Lições de direito penal*, 1989, p. 276: "Prevenção geral é a intimidação que se supõe alcançar através da ameaça da pena e de sua efetiva imposição, atemorizando os possíveis infratores".

cimento pertinentes, do Governo Federal e do Estado da Federação onde o condenado haveria de se reintegrar, o Tribunal reformou o entendimento dos juízos anteriores, concedendo a liminar para impedir a veiculação do programa, caso houvesse menção expressa ao interessado.

A decisão é controvertida na própria Alemanha e dificilmente seria compatível, em tese, com as opções veiculadas pelo poder constituinte originário de 1988. Também do ponto de vista dos traços do caso concreto, que acabaram por determinar a decisão do Tribunal Constitucional, o caso *Lebach* não serve de paradigma para este tipo de conflito, dadas as grandes especificidades que o cercaram, sobretudo a coincidência temporal entre a iniciativa de exibição do documentário e a soltura de um dos apenados. De parte isto, o temor ao precedente da interdição prévia à veiculação de fatos ou programas não assombra o imaginário político alemão com a intensidade que ocorre no Brasil.

O *direito à imagem* protege a representação física do corpo humano ou de qualquer de suas partes, ou ainda de traços característicos da pessoa pelos quais ela possa ser reconhecida[39]. A reprodução da imagem depende, em regra, de autorização do titular. Nesse sentido, a imagem é objeto de um direito autônomo, embora sua violação venha associada, com freqüência, à de outros direitos da personalidade, sobretudo a honra. Note-se, porém, que a circunstância de já ser público o fato divulgado juntamente com a imagem afasta a alegação de ofensa à honra ou à intimidade, mas não interfere com o direito de imagem, que será violado a cada vez que ocorrerem novas divulgações da mesma reprodução[40]. A doutrina e a jurisprudência, tanto no Brasil como no exterior, registram alguns limites ao direito de imagem[41].

---

39. Mônica Neves Aguiar da Silva Castro, *Honra, imagem, vida privada e intimidade, em colisão com outros direitos*, 2002, p. 17: "Compreende-se nesse conceito, não apenas o semblante do indivíduo, mas partes distintas do seu corpo, sua própria voz, enfim, quaisquer sinais pessoais de natureza física pelos quais possa ser ela reconhecida".
40. Edilsom Pereira de Farias, *Colisão de direitos — A honra, a intimidade e a imagem versus a liberdade de expressão e de informação*, 2000, p. 150.
41. Miguel Ángel Alegre Martínez (*El derecho a la propia imagen*, 1997, p. 125) lista algumas hipóteses interessantes de limitação legítima ao direito de imagem:

Atos judiciais, inclusive julgamentos, são públicos via de regra (art. 93, IX da Constituição Federal[42]), o que afasta a alegação de lesão à imagem captada nessas circunstâncias. Igualmente, a difusão de conhecimento histórico, científico e da informação jornalística constituem limites a esse direito[43].

Com as notas acima procurou-se delinear os traços gerais dos direitos da personalidade mais relevantes para a hipótese de conflito em exame. A seguir, será feito um estudo semelhante acerca das liberdades de expressão e de informação, bem como da chamada liberdade de imprensa.

2. Liberdades constitucionais de informação e de expressão e a liberdade de imprensa.

A doutrina brasileira distingue as liberdades de informação e de

---

fotografias tiradas por radares eletrônicos de trânsito e imagens captadas por câmeras de segurança, inclusive as instaladas nas ruas e espaços públicos.

42. CF, art. 93, IX: "Todos os julgamentos dos órgãos do Poder Judiciário serão públicos, e fundamentadas todas as decisões, sob pena de nulidade, podendo a lei, se o interesse público o exigir, limitar a presença, em determinados atos, às próprias partes e a seus advogados, ou somente a estes;".

43. O'Callaghan, *Libertad de expresión y sus límites: honor, intimidad e imagen*, apud Miguel Ángel Alegre Martínez, *El derecho a la propia imagen*, 1997, p. 124: "En efecto, consecuencia de ello es que las imágenes que se capten, publiquen o transmitan de un proceso no entran en el derecho a la imagen de los interesados, los cuales no podrán ejercer sobre las mismas el aspecto positivo y, especialmente, el negativo, que forma su contenido".; Miguel Ángel Alegre Martínez, *El derecho a la propia imagen*, 1997, p. 127: "Otra 'causa de justificación' introducida con carácter general por el artículo 8.1 de la Ley Orgánica 1/1982, es el predominio de 'un interés histórico, científico o cultural relevante'. Para que pueda considerarse justificada la información, por tanto, ha de revelar imágenes que aporten datos importantes para el conocimiento de un hecho, acontecimiento o época, o suponga una aportación importante en el ámbito de la cultura o de la investigación". Luis Gustavo Grandinetti Castanho de Carvalho (*Liberdade de informação e o direito difuso à informação verdadeira*, 1994, p. 38) menciona ainda os seguintes permissivos gerais encontrados na Lei Orgânica de Proteção Civil, também da Espanha: (i) imagens de pessoas públicas captadas em atos públicos ou lugares abertos ao público; (ii) caricaturas de pessoas públicas; (iii) acontecimentos públicos.

expressão[44], registrando que a primeira diz respeito ao direito individual de comunicar livremente fatos[45] e ao direito difuso de ser deles informado; a liberdade de expressão, por seu turno, destina-se a tutelar o direito de externar idéias, opiniões, juízos de valor, em suma, qualquer manifestação do pensamento humano. Sem embargo, é de reconhecimento geral que a comunicação de fatos nunca é uma atividade completamente neutra: até mesmo na seleção dos fatos a serem divulgados há uma interferência do componente pessoal[46]. Da mesma forma, a expressão artística muitas vezes tem por base acontecimentos reais. Talvez por isso o direito norte-americano[47], o Convênio Europeu de Direitos Humanos (art. 10.1) e a Declaração Universal dos Direitos do Homem (art. 19[48]) tratem as duas liberdades de forma conjunta.

---

44. Luís Gustavo Grandinetti Castanho de Carvalho, *Direito de informação e liberdade de expressão*, 1999, p. 25: "Por isso é importante sistematizar, de um lado, o direito de informação, e, de outro, a liberdade de expressão. No primeiro está apenas a divulgação de fatos, dados, qualidades, objetivamente apuradas. No segundo está a livre expressão do pensamento por qualquer meio, seja a criação artística ou literária, que inclui o cinema, o teatro, a novela, a ficção literária, as artes plásticas, a música, até mesmo a opinião publicada em jornal ou em qualquer outro veículo".
45. Porfirio Barroso e María del Mar López Talavera, *La libertad de expresión y sus limitaciones constitucionales*, 1998, p. 49: "La libertad de información se ejerce a través de la difusión de hechos. Pero no todos los hechos pueden ser objeto de la libertad de información, sino sólo aquellos que tienen trascendencia pública: hechos noticiables".
46. Tribunal Constitucional Espanhol, Sentencia n.º 6.21 ene. Fundamento Jurídico n. 5, *apud* Mônica Neves Aguiar da Silva Castro, *Honra, imagem, vida privada e intimidade, em colisão com outros direitos*, 2002, p. 106: "(...) a comunicação de fatos ou de notícias não se dá nunca em um estado quimicamente puro e compreende, quase sempre, algum elemento valorativo ou, dito de outro modo, uma vocação à formação de uma opinião".
47. Na doutrina americana, v., dentre outros, Laurence Tribe, *Constitutional law*, 1988, p. 785 e s.; e Nowak, Rotunda e Young, *Constitutional law*, 1986, p. 829 e s..
48. "Todo o indivíduo tem direito à liberdade de opinião e de expressão, o que implica o direito de não ser inquietado pelas suas opiniões e o de procurar, receber e difundir, sem consideração de fronteiras, informações e idéias por qualquer meio de expressão". O Convênio Europeu de Direitos Humanos é praticamente idêntico.

É fora de dúvida que a liberdade de informação se insere na liberdade de expressão em sentido amplo[49], mas a distinção parece útil por conta de um inegável interesse prático, relacionado com os diferentes requisitos exigíveis de cada uma das modalidades e suas possíveis limitações. A informação não pode prescindir da verdade — ainda que uma verdade subjetiva e apenas possível (o ponto será desenvolvido adiante) — pela circunstância de que é isso que as pessoas legitimamente supõem estar conhecendo ao buscá-la. Decerto, não se cogita desse requisito quando se cuida de manifestações da liberdade de expressão[50]. De qualquer forma, a distinção deve pautar-se por um critério de prevalência: haverá exercício do direito de informação quando a finalidade da manifestação for a comunicação de fatos noticiáveis, cuja caracterização vai repousar sobretudo no critério da sua veracidade[51].

Além das expressões *liberdade de informação* e de *expressão*, há ainda uma terceira locução que se tornou tradicional no estudo do

---

49. Porfirio Barroso e María del Mar Lópes Talavera, *La libertad de expresión y sus limitaciones constitucionales*, 1998, p. 50: "Esta configuración autónoma de ambos derechos no puede oscurecer el hecho de que la libertad de información es material y lógicamente una faceta de la libertad de expresión. (...) La construcción dogmática de ambos derechos tiene idénticos fundamentos, o dicho en otras palabras, que las líneas doctrinales que se elaboran en beneficio de la garantía de la libertad de expresión son aplicables, con escasas acomodaciones, a la libertad de información".

50. Luis Gustavo Grandinetti Castanho de Carvalho, *Direito de informação e liberdade de expressão*, 1999, p. 24: "Todos os doutrinadores citados, mesmo os que, em maioria, adotam uma disciplina comum entre expressão e informação, deparam-se com, pelo menos, uma distinção importante entre os dois institutos: a veracidade e a imparcialidade da informação. E é, justamente, em razão dessa distinção fundamental que se deve pensar em um direito de informação que seja distinto em sua natureza da liberdade de expressão".

51. Luis de Carrera Serra, *Régimen jurídico de la información*, 1996, apud Porfirio Barroso e María del Mar López Talavera, *La libertad de expresión y sus limitaciones constitucionales*, 1998, p. 49): "(...) mientras los hechos, por su materialidad, son susceptibles de prueba, los pensamientos, ideas, opiniones o juicios de valor, no se prestan, por su naturaleza abstracta, a una demonstración de su exactitud, y ello hace que al que ejercita la libertad de expresión no le sea exigible la prueba de la verdad (...), y por tanto, la libertad de expresión es más amplia que la libertad de información, por no operar, en el ejercicio de aquélla, el límite interno de veracidad que es aplicable a ésta".

tema e que igualmente tem assento constitucional: a liberdade de imprensa. A expressão designa a liberdade reconhecida (na verdade, conquistada ao longo do tempo) aos meios de comunicação em geral (não apenas impressos, como o termo poderia sugerir) de comunicarem fatos e idéias, envolvendo, desse modo, tanto a liberdade de informação como a de expressão.

Se de um lado, portanto, as liberdades de informação e expressão manifestam um caráter individual, e nesse sentido funcionam como meios para o desenvolvimento da personalidade, essas mesmas liberdades atendem ao inegável interesse público da livre circulação de idéias, corolário e base de funcionamento do regime democrático, tendo portanto uma dimensão eminentemente coletiva[52], sobretudo quando se esteja diante de um meio de comunicação social ou de massa. A divulgação de fatos relacionados com a atuação do Poder Público ganha ainda importância especial em um regime republicano, no qual os agentes públicos praticam atos em nome do povo e a ele devem satisfações. A publicidade dos atos dos agentes públicos, que atuam por delegação do povo, é a única forma de controlá-los.

Na verdade, tanto em sua manifestação individual, como especialmente na coletiva, entende-se que as liberdades de informação e de expressão servem de fundamento para o exercício de outras liberdades[53], o que justifica uma posição de preferência — *preferred posi-*

---

52. Edilsom Pereira de Farias, *Colisão de direitos — A honra, a intimidade, a vida privada e a imagem versus a liberdade de expressão e informação*, 2000, pp. 166-7: "Se a liberdade de expressão e informação, nos seus primórdios, estava ligada à dimensão individualista da manifestação livre do pensamento e da opinião, viabilizando a crítica política contra o *ancien régime*, a evolução daquela liberdade operada pelo direito/dever à informação, especialmente com o reconhecimento do direito ao público de estar suficientemente e corretamente informado; àquela dimensão individualista-liberal foi acrescida uma outra dimensão de natureza coletiva: a de que a liberdade de expressão e informação contribui para a formação da opinião pública pluralista — esta cada vez mais essencial para o funcionamento dos regimes democráticos, a despeito dos anátemas eventualmente dirigidos contra a manipulação da opinião pública".
53. Edilsom Pereira de Farias, *Colisão de direitos — A honra, a intimidade, a vida privada e a imagem versus a liberdade de expressão e informação*, 2000, p. 167: "Assim, a liberdade de expressão e informação, acrescida dessa perspectiva de instituição que participa de forma decisiva na orientação da opinião pública na sociedade democrática, passa a ser estimada como elemento condicionador

tion — em relação aos direitos fundamentais individualmente considerados. Tal posição, consagrada originariamente pela Suprema Corte americana, tem sido reconhecida pela jurisprudência do Tribunal Constitucional espanhol[54] e pela do Tribunal Constitucional Federal alemão[55]. Dela deve resultar a absoluta excepcionalidade da proibição prévia de publicações, reservando-se essa medida aos raros casos em que não seja possível a composição posterior do dano que eventualmente seja causado aos direitos da personalidade[56]. A opção pela composição posterior tem a inegável vantagem de não sacrificar totalmente nenhum dos valores envolvidos, realizando a idéia de ponderação[57].

---

da democracia pluralista e como premissa para o exercício de outros direitos fundamentais".
54. Luis de Carrera Serra, *Régimen jurídico de la información*, 1996, apud Porfirio Barroso e María del Mar López Talavera, *La libertad de expresión y sus limitaciones constitucionales*, 1998, p. 48: "La jurisprudencia constitucional otorga a la libertad de expresión o de información un carácter preferente sobre los demás derechos fundamentales, como son el derecho al honor, la intimidad y la propia imagen. De manera que si la libertad de expresión se practica legítimamente — porque no se utilizan expresiones formalmente injuriosas —, el derecho al honor cede ante ella. O si la libertad de información se ejerce con noticias que son de interés público por su contenido o por referirse a una persona de relevancia pública, ha de protegerse frente al derecho al honor".
55. Edilsom Pereira de Farias, *Colisão de direitos — A honra, a intimidade, a vida privada e a imagem versus a liberdade de expressão e informação*, 2000, p. 178: "O *Bundesverfassungsgericht* (Tribunal Constitucional Alemão), especialmente a partir da sentença do caso Lüth, também estabelece uma preferência pela liberdade de expressão e informação ao considerá-la como direito individual indispensável para o regime democrático".
56. Luis Gustavo Grandinetti Castanho de Carvalho, *Direito de informação e liberdade de* expressão, 1999, p. 51: "Qualquer restrição deve ser determinada por ordem judicial, mediante o devido processo legal. E, mesmo o Poder Judiciário, só deve impor qualquer restrição à liberdade de expressão quando for imprescindível para salvaguardar outros direitos que não possam ser protegidos ou compostos de outro modo menos gravoso. Especialmente, a concessão de liminares só deve ocorrer em casos muitíssimos excepcionais. Na maioria das vezes, o direito invocado pode ser perfeitamente composto com a indenização por dano moral, o que é melhor solução do que impedir a livre expressão. O sistema proposto contribui, também, para criar um sentimento de responsabilidade entre os agentes criativos em geral pelos danos causados pelas suas obras".
57. Sem prejuízo de que a eventual ponderação se possa resolver pela incidên-

A Constituição de 1988 traz diversas normas sobre o tema das liberdades de informação, de expressão e de imprensa. Sobre as duas primeiras, de forma geral, podem ser destacados os seguintes dispositivos:

> "Art. 5º. (...)
> IV — é livre a manifestação do pensamento, sendo vedado o anonimato;
> (...)
> V — é assegurado o direito de resposta, proporcional ao agravo, além da indenização por dano material, moral, ou à imagem;
> (...)
> IX — é livre a expressão da atividade intelectual, artística, científica ou de comunicação, independentemente de censura ou licença;
> (...)
> XIV — é assegurado a todos o acesso à informação e resguardado o sigilo da fonte, quando necessário ao exercício profissional;"

Para tratar dos meios de comunicação social e da liberdade de imprensa, a Constituição empregou artigo próprio, que confere àqueles tratamento privilegiado, nos seguintes termos:

> "Art. 220. A manifestação do pensamento, a criação, a expressão e a informação, sob qualquer forma, processo ou veículo não sofrerão qualquer restrição, observado o disposto nesta Constituição.
> § 1º Nenhuma lei conterá dispositivo que possa constituir embaraço à plena liberdade de informação jornalística em qualquer veículo de comunicação social, observado o disposto no art. 5º, IV, V, X, XIII e XIV.

---

cia integral de um dos princípios envolvidos, com correlato afastamento de outros. Essa aferição deve ser feita à luz do caso concreto. Sobre o tema da ponderação v. Wilson Antônio Steinmetz, *Colisão de direitos fundamentais e princípio da proporcionalidade*, 2001.

§ 2º É vedada toda e qualquer censura de natureza política, ideológica e artística"[58].

Como se observa das transcrições, a chamada liberdade de imprensa (na verdade, dos meios de comunicação) recebeu um tratamento específico no art. 220. Há quem sustente, aliás, que o § 1º do artigo, ao afirmar que *"Nenhuma lei conterá dispositivo que possa constituir embaraço..."*, restringe a ponderação ao julgamento dos casos concretos, afastando a possibilidade de o legislador a realizar em abstrato[59]. Segundo seus defensores, a tese não importaria a negação da existência de limites imanentes[60], mas tão-somente afirmaria que a parte inicial do parágrafo proíbe a restrição legislativa, delegando essa tarefa integralmente ao órgão judiciário encarregado da apreciação dos conflitos concretos individualizados. Ao exercer essa função, o órgão jurisdicional estaria — ele sim — adstrito às hipóteses de

---

58. Ainda na linha do direito à informação, veja-se que o art. 5º, XXXIII prevê: "XXXIII — todos têm direito a receber dos órgãos públicos informações de seu interesse particular, ou de interesse coletivo ou geral, que serão prestadas no prazo da lei, sob pena de responsabilidade, ressalvadas aquelas cujo sigilo seja imprescindível à segurança da sociedade e do Estado".
59. Esta parece ser a posição de Mônica Neves de Aguiar da Silva Castro, em *Honra, imagem, vida privada e intimidade, em colisão com outros direitos*, 2002, p. 116: "Tratando-se de colisão entre direitos fundamentais não sujeitos à reserva de lei, como o são aqueles analisados no presente trabalho, a solução deve ficar a cargo dos Juízes e Tribunais".
60. Wilson Antonio Steinmetz, *Colisão de direitos fundamentais e princípio da proporcionalidade*, 2001, p. 61: "Em outros termos, a restrição de direitos fundamentais operada pelo legislador ordinário, antecipando-se a futuros conflitos (conflitos em potencial), pode ser justificada invocando-se a teoria dos limites imanentes; o legislador poderá argumentar que, embora não tenham sido prescritos nem direta nem indiretamente pelo legislador constituinte, os limites que está fixando são legítimos, porque imanentes ao sistema de direitos fundamentais e à Constituição como um todo". Por essa teoria, o legislador infraconstitucional poderia restringir direitos fundamentais ainda quando não houvesse reserva de lei — no silêncio do constituinte, portanto — tendo em vista os limites imanentes que a unidade da Constituição impõe. Todavia, de certo não poderia atuar em determinada matéria se houvesse uma proibição explícita do constituinte. Parece ser essa a interpretação que a mencionada autora extrai do art. 220, § 1º, da Constituição.

limitação enumeradas na parte final do dispositivo (incisos IV, V, X, XIII e XIV do art. 5º da própria Constituição)[61].

Independentemente da tese que se acaba de registrar, é evidente que tanto a liberdade de informação, como a de expressão, e bem assim a liberdade de imprensa, não são direitos absolutos, encontrando limites na própria Constituição. É possível lembrar dos próprios direitos da personalidade já referidos, como a honra, a intimidade, a vida privada e a imagem (arts. 5º, X e 220, § 1º), a segurança da sociedade e do Estado (art. 5º, XIII), a proteção da infância e da adolescência (art. 21, XVI[62]); no caso específico de rádio, televisão e outros meios eletrônicos de comunicação social, o art. 221 traz uma lista de princípios que devem orientar sua programação.

Além desses limites explícitos na Constituição, há outros que podem ser, com facilidade, considerados imanentes. Em relação à liberdade de informação, já se destacou que a divulgação de fatos reais, ainda quando desagradáveis ou mesmo penosos para determinado(s) indivíduo(s)[63], é o que a caracteriza. Da circunstância de desti-

---

61. Gilmar Ferreira Mendes pensa de forma diversa, considerando tratar-se apenas de uma reserva de lei qualificada, que autoriza a edição de lei, mas a vincula aos parâmetros previstos constitucionalmente. Gilmar Ferreira Mendes, "Colisão de direitos fundamentais: liberdade de expressão e de comunicação e direito à honra e à imagem". In: Gilmar Ferreira Mendes, *Direitos fundamentais e controle de constitucionalidade*, 1998, pp. 86-7.
62. CF, art. 21: "Compete à União: (...) XVI — exercer a classificação, para efeito indicativo, de diversões públicas e de programas de rádio e televisão;"
63. Luis Gustavo Grandinetti Castanho de Carvalho, *Direito de informação e liberdade de expressão*, 1999, p. 91: "Em mais de uma oportunidade o Tribunal Europeu de Direitos Humanos (*Casos Lingens, Castells,* e *Open Door e Dublin Well Woman*), consagrou a tese de que a liberdade de informação — e de expressão — não autoriza apenas a divulgação de informação inócua ou indiferente, ou mesmo agradável em relação ao personagem do fato, mas também a informação que ofenda ou moleste". Seguindo a mesma linha, a Suprema Corte americana já autorizou a divulgação de aspectos pessoais e mesmo da identidade de vítima de estupro, a despeito do constrangimento que isso lhe causaria, sob o fundamento de que as referências concretas aumentam o impacto e a verossimilhança da matéria jornalística, conferindo-lhe credibilidade e, por conseqüência, tornando-a mais informativa: "The Court stated that 'plaintiff's photograph and name' were substancially relevant to a newsworthy topic because they strengthen the impact and credibility of the article. They obviate any impression that the problems raised in the article are remote and hypothetical, thus providing

nar-se a dar ciência da realidade, decorre a exigência da verdade — um requisito interno, mais do que um limite[64] —, já que só se estará diante de informação, digna de proteção nesses termos, quando ele estiver presente[65]. Lembre-se, porém, que a verdade aqui não corresponde, nem poderia corresponder, a um conceito absoluto.

De fato, no mundo atual, no qual se exige que a informação circule cada vez mais rapidamente, seria impossível pretender que apenas verdades incontestáveis fossem divulgadas pela mídia[66]. Em muitos casos, isso seria o mesmo que inviabilizar a liberdade de informação, sobretudo de informação jornalística, marcada por juízos de verossimilhança e probabilidade. Assim, o requisito da verdade deve ser compreendido do ponto de vista subjetivo, equiparando-se à diligência do informador[67], a quem incumbe apurar de forma séria os

---

an aura of immediacy and even urgency that might not exist had plaintiff's name and photograph been suppressed" (Paul C. Weiler, *Entertainment, media, and the law*, 1997, p. 129).

64. Em sentido contrário, Pedro Frederico Caldas, *Vida privada, liberdade de imprensa e dano moral*, 1997, p. 108: "A liberdade de imprensa tem *limites internos* e *limites externos*. Os *limites internos* traduzem-se, e.g., nas responsabilidades sociais e no compromisso com a verdade, pois, como acisadamente registra Zannoni, os meios de comunicação devem aceitar e cumprir certas obrigações para com a sociedade, estabelecendo um alto nível profissional e de informação, com base na veracidade, na exatidão, na objetividade e no equilíbrio. Os limites externos encontrariam muros justamente nos limites de outros direitos de igual hierarquia constitucional".

65. Mônica Neves Aguiar da Silva Castro, *Honra, imagem, vida privada e intimidade, em colisão com outros direitos*, 2002, p. 110: "Se inverídica, sequer se estabelece o conflito, eis que não se insere no âmbito do conteúdo material da liberdade de informação e expressão o de mentir, transmitir dados não verdadeiros ou falsear a verdade".

66. Luis Gustavo Grandinetti Castanho de Carvalho, *Direito de informação e liberdade de expressão*, 1999, p. 98: "Caso a exigência fosse tomada de modo absoluto, segundo o Tribunal *[Constitucional da Espanha]*, significaria condenar a imprensa ao silêncio".

67. Luis Gustavo Grandinetti Castanho de Carvalho, *Direito de informação e liberdade de expressão*, 1999, p. 97: "É certo que, nos casos concretos, torna-se difícil estabelecer o que é verdade e o que é falsidade. Qualquer que seja o critério adotado há que levar em conta essa dificuldade e há que ser flexível. O que se deve exigir dos órgãos de informação é a diligência em apurar a verdade; o que se deve evitar é a despreocupação e a irresponsabilidade em publicar ou

fatos que pretende tornar públicos⁶⁸.

Fala-se ainda de um limite genérico às liberdades de informação e de expressão que consistiria no *interesse público*⁶⁹. É preciso, no entanto, certo cuidado com essa espécie de cláusula genérica que, historicamente, tem sido empregada, com grande dissimulação, para a prática de variadas formas de arbítrio no cerceamento das liberdades individuais, na imposição de censura e de discursos oficiais de matizes variados. Mesmo porque, vale lembrar que o pleno exercício das liberdades de informação e de expressão constitui um interesse público em si mesmo, a despeito dos eventuais conteúdos que veiculem. O tema vale uma nota específica.

Quando se faz referência à necessidade de se atender ao requisito do *interesse público* no exercício da liberdade de informação e de expressão, na verdade se está cuidando do *conteúdo* veiculado pelo agente. Isto é: procura-se fazer um juízo de valor sobre o interesse na divulgação de determinada informação ou de determinada opinião. Ocorre, porém, que há um interesse público da maior relevância no próprio instrumento em si, isto é, na própria liberdade, independentemente de qualquer conteúdo. Não custa lembrar que é sobre essa liberdade que repousa o conhecimento dos cidadãos acerca do que ocorre à sua volta⁷⁰; é sobre essa liberdade, ao menos em

---

divulgar algo que não resista a uma simples aferição".
68. Essa flexibilização chega a extremos na jurisprudência da Suprema Corte norte-americana, no que é seguida pelo Tribunal Constitucional espanhol. Essas Cortes, quando a notícia diz respeito a funcionário público no exercício de suas funções, exigem apenas que o veículo de comunicação não tenha procedido com *actual malice*, ou seja, com conhecimento da falsidade ou da provável falsidade do que publicam. O *leading case* na matéria foi New York Times vs. Sullivan, julgado pela Suprema Corte dos Estados Unidos em 1964 (376 U.S. 254). V. Dermit L. Hall (editor), *The Oxford companion to the Supreme Court*, 1992, pp. 586-7.
69. Jávier Terrón Montero, *Libertad de expresión y Constitución*, 1980, apud Porfirio Barroso e María del Mar Lópes Talavera, La libertad de expresion y sua limitaciones constitucionales, 1998, p. 50: "Dos son los órdenes de limitaciones impuestas generalmente a la libertad de expresión-información: el interés público general y el derecho a la intimidad personal".
70. Luis Gustavo Grandinetti Castanho de Carvalho, *Liberdade de informação e direito difuso à informação verdadeira*, 1994, p. 88: "A notícia tem uma

Estados plurais, que se deve construir a confiança nas instituições e na democracia. O Estado que censura o programa televisivo de má qualidade pode, com o mesmo instrumental, censurar matérias jornalísticas "inconvenientes"[71], sem que o público exerça qualquer controle sobre o filtro que lhe é imposto.

A conclusão a que se chega, portanto, é a de que o interesse público na divulgação de informações — reiterando-se a ressalva sobre o conceito já pressupor a satisfação do requisito da verdade subjetiva — é presumido. A superação dessa presunção, por algum outro interesse, público ou privado, somente poderá ocorrer, legitimamente, nas situações-limite, excepcionalíssimas, de quase ruptura do sistema. Como regra geral, não se admitirá a limitação de liberdade de expressão e de informação, tendo-se em conta a já mencionada *preferred position* de que essas garantias gozam.

---

finalidade social, que é colocar a pessoa sintonizada com o mundo que a rodeia, de modo que todas as pessoas tenham acesso igualitário à informação disponível, para que possam desenvolver toda a potencialidade de sua personalidade e, assim, possam tomar as decisões que a comunidade exige de cada integrante".

71. Há um julgado da Corte Européia de Direitos Humanos que reconhece a liberdade de expressão ainda quando o seu exercício possa interferir com a credibilidade e a imparcialidade de uma decisão do Poder Judiciário. A decisão, obtida por maioria apertada, entendeu que a circunstância — reconhecida pela Corte como efetivamente presente — de a divulgação de fatos que constituíam o objeto de um rumoroso processo poder afetar a credibilidade da futura decisão não afastava a liberdade de expressão, já que o interesse público militava pela disseminação das informações, relativas a uma questão de saúde pública (no caso, o modo como haviam sido conduzidos os testes do remédio Talidomida). V. Vincent Berger, *Jurisprudence de la Cour Européene des Droits de L'Homme*, 2002, p. 487: "Larrêt poursuit en soulignant limportance dans une société démocratique, du principe de la liberté dexpression, qui sapplique au domaine de ladministration de la justice comme aux autres. Non seulement il incombe aux mass media de communiquer des informations et des idées sur les questions dont connaissent les tribunaux, mais encore le public a le droit d'en recevoir. (...) A une faible majorité (onze voix contre neuf), la Cour conclut que l'ingérence ne correspondait pas à un besoin social assez impérieux pour primer l'intérêt public s'attachant à la liberté d'expression; ne se fondant donc pas sur des motifs suffisants sous l'angle de l'article 10 § 2, elle n'était ni proportionnée au but légitime poursuivi ni nécessaire, dans une société démocratique, pour garantir l'autorité du pouvoir judiciaire. Dès lors, il y a eu violation de l'article 10".

Um último aspecto do conflito potencial entre as liberdades de informação e de expressão e seus limites envolve não as normas em oposição, mas as modalidades disponíveis de restrição, mais ou menos intensas, de tais liberdades. Como referido inicialmente, a ponderação deverá decidir não apenas qual bem constitucional deve preponderar no caso concreto, mas também em que medida ou intensidade ele deve preponderar. A restrição mais radical, sempre excepcional e não prevista explicitamente pelo constituinte em nenhum ponto do texto de 1988, é a proibição prévia da publicação ou divulgação do fato ou da opinião. Essa é uma modalidade de restrição que elimina a liberdade de informação e/ou de expressão. Em seguida, a própria Constituição admite a existência de crimes de opinião (art. 53, *a contrario sensu*), bem como a responsabilização civil por danos materiais ou morais (art. 5º, V e X), ou seja: o exercício abusivo das liberdades de informação e de expressão poderá ocasionar a responsabilização civil ou mesmo criminal. Por fim, a Constituição previu ainda o direito de resposta (art. 5º, V) como mecanismo de sanção.

3. Parâmetros constitucionais para a ponderação na hipótese de colisão

A partir das notas teóricas estabelecidas no tópico anterior, é possível desenvolver um conjunto de parâmetros que se destinam a mapear o caminho a ser percorrido pelo intérprete, diante do caso concreto. São elementos que devem ser considerados na ponderação entre a liberdade de expressão e informação (especialmente esta última, pois é a que mais diretamente interessa ao estudo), de um lado, e os direitos à honra, à intimidade, à vida privada e à imagem, de outro. Os parâmetros apurados até aqui seguem enunciados abaixo.

A) A veracidade do fato

A informação que goza de proteção constitucional é a informação verdadeira. A divulgação deliberada de uma notícia falsa, em detrimento do direito da personalidade de outrem, não constitui direito fundamental do emissor. Os veículos de comunicação têm o dever de apurar, com boa-fé e dentro de critérios de razoabilidade, a correção do fato ao qual darão publicidade. É bem de ver, no entanto, que não se trata de uma verdade objetiva, mas subjetiva, subordinada a um juízo de plausibilidade e ao ponto de observação de quem a divulga. Para haver responsabilidade, é necessário haver clara negligência na apuração do fato ou dolo na difusão da falsidade.

B) Licitude do meio empregado na obtenção da informação

O conhecimento acerca do fato que se pretende divulgar tem de ter sido obtido por meios admitidos pelo direito. A Constituição, da mesma forma que veda a utilização, em juízo, de provas obtidas por meios ilícitos, também interdita a divulgação de notícias às quais se teve acesso mediante cometimento de um crime. Se a fonte da notícia fez, *e.g.*, uma interceptação telefônica clandestina, invadiu domicílio, violou o segredo de justiça em um processo de família ou obteve uma informação mediante tortura ou grave ameaça, sua divulgação não será legítima. Note-se ainda que a circunstância de a informação estar disponível em arquivos públicos ou poder ser obtida por meios regulares e lícitos torna-a pública e, portanto, presume-se que a divulgação desse tipo de informação não afeta a intimidade, a vida privada, a honra ou a imagem dos envolvidos[72].

---

72. Nesse sentido, a Suprema Corte americana já decidiu que o fato de o material ter sido obtido através da consulta a registros públicos descaracteriza qualquer ilicitude na sua divulgação, ainda quando em franca oposição a uma lei do Estado em questão que proiba a publicação de determinadas informações — no caso em comento, a identidade de vítimas do crime de estupro. Confira-se em Paul C. Weiler, *Entertainment, media, and the law*, 1997, p. 125: "In *Cox Broadcasting v. Cohn*, 420 U.S. 469 (1975), the Supreme Court held that states cannot bar publication of truthful information contained in public records that are open to public inspection. A reporter for WSB-TV, a Cox Broadcasting television station, obtained the name of a deceased rape victim by reviewing criminal indictments of accused rapists that were available for public inspection. Despite a Georgias law prohibiting the broadcast or publication of a rapes victim identity, the reporter broadcast the victims name in a news report concerning the rape. The victims father filed suit alleging violation of the Georgia law and invasion of privacy. The Supreme Court held that state law could not both leave the information accessible to the general public and bar publication by the print or broadcast media".

C) Personalidade pública ou estritamente privada da pessoa objeto da notícia

As pessoas que ocupam cargos públicos têm o seu direito de privacidade tutelado em intensidade mais branda. O controle do poder governamental e a prevenção contra a censura ampliam o grau legítimo de ingerência na esfera pessoal da conduta dos agentes públicos. O mesmo vale para as pessoas notórias, como artistas, atletas, modelos e pessoas do mundo do entretenimento. Evidentemente, menor proteção não significa supressão do direito. Já as pessoas que não têm vida pública ou notoriedade desfrutam de uma tutela mais ampla de sua privacidade[73].

D) Local do fato

Os fatos ocorridos em local reservado têm proteção mais ampla do que os acontecidos em locais públicos. Eventos ocorridos no interior do domicílio de uma pessoa, como regra, não são passíveis de divulgação contra a vontade dos envolvidos. Mas se ocorrerem na rua, em praça pública ou mesmo em lugar de acesso ao público, como um restaurante ou o saguão de um hotel, em princípios serão fatos noticiáveis.

E) Natureza do fato

Há fatos que são notícia, independentemente dos personagens envolvidos. Acontecimentos da natureza (tremor de terra, enchente), acidentes (automobilístico, incêndio, desabamento), assim como crimes em geral[74], são passíveis de divulgação por seu evidente interesse

---

73. V. Luís Roberto Barroso, "O Ministro e D. Nininha". In: Jornal *A tarde*, Bahia, 25.04.2003.
74. Confira-se a afirmação taxativa de Antonio Fayos Gardó, *Derecho a la intimidad y medios de comunicación*, 2000, p. 67: "Asimismo hay interés público en todos los supuestos en que una persona es acusada o juzgada por algún delito: hay sentencias que lo admiten en caso de abuso sexual de menores, violaciones, secuestros, homicidios, etc., aceptándose incluso la existencia del *Public concern* en casos en que la persona ha sido absuelta o ya ha transcurrido mucho tiempo desde la condena".

jornalístico, ainda quando exponham a intimidade, a honra ou a imagem de pessoas neles envolvidos.

F) Existência de interesse público na divulgação em tese

O interesse público na divulgação de qualquer fato verdadeiro se presume, como regra geral. A sociedade moderna gravita em torno da notícia, da informação, do conhecimento e de idéias. Sua livre circulação, portanto, é da essência do sistema democrático e do modelo de sociedade aberta e pluralista que se pretende preservar e ampliar. Caberá ao interessado na não divulgação demonstrar que, em determinada hipótese, existe um interesse privado excepcional que sobrepuja o interesse público residente na própria liberdade de expressão e de informação[75].

G) Existência de interesse público na divulgação de fatos relacionados com a atuação de órgãos públicos

Em um regime republicano, a regra é que toda a atuação do Poder Público, em qualquer de suas esferas, seja pública, o que inclui naturalmente a prestação jurisdicional. A publicidade, como é corrente, é o mecanismo pelo qual será possível ao povo controlar a atuação dos agentes que afinal praticam atos em seu nome. O art. 5º, XXXIII, como referido, assegura como direito de todos o acesso a informações produzidas no âmbito de órgãos públicos, salvo se o sigilo for indispensável à segurança da sociedade e do Estado.

---

75. Luis Gustavo Grandinetti Castanho de Carvalho, *Liberdade de informação e direito difuso à informação verdadeira*, 1994, p. 64: "Pois bem. Se examinarmos a natureza desse direito à informação verdadeira, vamos concluir que se trata de um direito 'transindividual', 'indivisível', cujos titulares são 'pessoas indeterminadas e ligadas por circunstâncias de fato'. Transindividual e indivisível porque a informação jornalística é destinada a todas as pessoas que se disponham a recebê-la, sem que se possa individualizar e dividir qual informação será difundida para este indivíduo e qual para aquele. Todos são igualmente titulares desse direito desse direito de receber informação e é inegável que todos os titulares estão ligados pela circunstância de fato de serem leitores do mesmo jornal, ouvintes do mesmo rádio ou espectadores da mesma emissora de televisão".

H) Preferência por sanções a posteriori, *que não envolvam a proibição prévia da divulgação*

O uso abusivo da liberdade de expressão e de informação pode ser reparado por mecanismos diversos, que incluem a retificação, a retratação, o direito de resposta e a responsabilização, civil ou penal e a interdição da divulgação. Somente em hipóteses extremas se deverá utilizar a última possibilidade. Nas questões envolvendo honra e imagem, por exemplo, como regra geral será possível obter reparação satisfatória após a divulgação, pelo desmentido — por retificação, retratação ou direito de resposta — e por eventual reparação do dano, quando seja o caso. Já nos casos de violação da privacidade (intimidade ou vida privada), a simples divulgação poderá causar o mal de um modo irreparável. Veja-se a diferença. No caso de violação à honra: se a imputação de um crime a uma pessoa se revelar falsa, o desmentido cabal minimizará a sua conseqüência. Mas no caso da intimidade, se se divulgar que o casal se separou por disfunção sexual de um dos cônjuges — hipótese que em princípio envolve fato que não poderia ser tornado público — não há reparação capaz de desfazer efetivamente o mal causado.

IV. A questão sob a ótica infraconstitucional. Parâmetros criados pelo legislador para a ponderação na hipótese de colisão

Encerrado o exame da questão sob a ótica constitucional, cabe agora verificar se há normas infraconstitucionais que postulam aplicação ao caso. A resposta é afirmativa. Como se sabe, e a grande quantidade de obras publicadas sobre o assunto dá conta[76], a colisão ou a aparente colisão entre as liberdades de informação e de expressão e os direitos à honra, à intimidade e à imagem são relativamente freqüentes, a maior parte das vezes envolvendo os meios de comunicação. Não é de surpreender, portanto, que o legislador fosse atraído pela idéia de criar soluções gerais para o tema. Relembre-se, no entanto, como já assinalado, que uma lei que pretenda arbitrar uma colisão de direitos fundamentais de forma rígida e abstrata enfrentará dois óbi-

---

76. V. nota 6.

ces principais e interligados — a unidade da Constituição e a ausência de hierarquia entre os direitos —, que levam à mesma conseqüência: a ausência de fundamento de validade para a preferência atribuída a um direito em detrimento de outro em caráter geral e permanente.

Em particular, no que diz respeito à liberdade de informação reconhecida aos meios de comunicação, o espaço reservado ao legislador sofre ainda a restrição categórica do § 1º do art. 220 de que *"Nenhuma lei conterá dispositivo que possa constituir embaraço à plena liberdade de informação jornalística (...) observado o disposto no art. 5º, IV, V, X, XIII e XIV"*. Como consignado anteriormente, há quem defenda a tese de que a disposição transcrita simplesmente proíbe a atuação do legislador na matéria (v. *supra*). Mesmo que assim não se entenda, é certo, no entanto, que os limites impostos à lei no que diz respeito à disciplina da colisão de direitos fundamentais em geral aplica-se à colisão dos direitos em questão.

Pois bem. Duas normas existentes hoje no ordenamento procuram arbitrar a colisão entre as liberdades de informação e expressão e os direitos à honra, à intimidade e à imagem: o art. 21 da Lei de Imprensa (Lei nº 5.250, de 09.02.67) e o art. 20 do novo Código Civil. Cabe agora examinar seu sentido e alcance, bem como sua compatibilidade com o exposto sobre os parâmetros constitucionais que devem orientar a solução dessa espécie de colisão.

1. Interpretação constitucionalmente adequada do art. 21, § 2º da Lei de Imprensa (Lei nº 5.250/1967)

A Lei nº 5.250/1967, conhecida como Lei de Imprensa, dedica uma seção inteira (arts. 12 a 28) ao tratamento *"Dos Abusos no Exercício da Liberdade de Manifestação do Pensamento e Informação"*. Não é preciso tecer maiores comentários sobre as circunstâncias históricas em que a norma foi editada — em plena ditadura militar —, mesmo porque a própria leitura do texto já revela sua inspiração. Apenas como exemplo, vale registrar que seu art. 16 considera crime, sujeito a detenção por até 6 meses, publicar *"fatos verdadeiros truncados ou deturpados, que provoquem: I — perturbação da ordem pública ou alarma social; II — desconfiança no sistema bancário ou abalo de crédito de instituição financeira ou de qualquer empresa, pessoa física ou jurídica; III — prejuízo ao crédito da União, do Estado, do Distrito Federal ou do Município; IV — sensível perturba-*

ção na cotação das mercadorias e dos títulos imobiliários no mercado financeiro". O art. 17, por sua vez, considera abusiva a manifestação de pensamento e de informação que *ofenda a moral pública e os bons costumes*, sujeitando o infrator a pena de detenção de 3 (três) meses a 1 (um) ano, e multa de 1 (um) a 20 (vinte) salários-mínimos da região.

Pois bem. No rol de condutas abusivas foi incluído o art. 21, que tem a seguinte redação:

> "Art. 21 — Difamar alguém, imputando-lhe fato ofensivo à sua reputação:
> Pena: Detenção de 3 (três) a 18 (dezoito) meses, e multa de 2 (dois) a 10 (dez) salários-mínimos da região.
> § 1º À exceção da verdade somente se admite:
> a) se o crime é cometido contra funcionário público, em razão das funções ou contra órgão ou entidade que exerça funções de autoridade pública;
> b) se o ofendido permite a prova.
> § 2º Constitui crime de difamação a publicação ou transmissão, salvo se motivada por interesse público, de fato delituoso, se o ofendido já tiver cumprido pena a que tenha sido condenado em virtude dele".

O exame da norma transcrita suscita dois problemas de ordem constitucional, um geral, relacionado com o *caput*, e um específico, envolvendo o § 2º. De acordo com o *caput* do artigo transcrito, constituiria crime de difamação (salvo nos casos em que se admite a exceção da verdade) imputar fato **verdadeiro** a alguém, caso tal fato seja ofensivo à reputação do indivíduo. Alguns exemplos ajudam na compreensão da dificuldade que a aplicação do dispositivo acarreta: jornalista que denunciasse fatos verdadeiros, obtidos licitamente, mas ofensivos, *e.g.*, à reputação de candidatos a algum cargo público, cometeria crime de difamação[77]; o mesmo ocorrendo com a divulgação por um repórter de práticas antiéticas de empresários ou desportistas.

A espécie de restrição contida no *caput*, como se vê, é de difícil compatibilização com um Estado plural e democrático — já que só admitiria a divulgação de fatos que promovessem a louvação dos indi-

---

77. Salvo se os ofendidos admitissem a exceção da verdade.

víduos[78] —, por interferirem com as liberdades de imprensa, de crítica em geral e de investigação jornalística, especialmente protegidas pela Constituição de 1988. Ainda quando se pudesse admitir a validade desse dispositivo, ele só poderia ser aplicado quando se detectasse apenas o dolo de difamar, estando totalmente ausente o interesse público. Certo é, todavia, que o interesse público sempre se presume na divulgação de um fato verdadeiro.

Esta é, igualmente, a questão em jogo com relação ao § 2º do mesmo artigo, ao pretender tipificar a publicação ou transmissão de fato delituoso, se o ofendido já tiver cumprido pena a que tenha sido condenado em virtude dele. Aqui, a excludente representada pelo *interesse público* vem expressamente consignada. A esse propósito, impõem-se duas observações. A primeira é a de que, conforme já sublinhado, a Constituição de 1988 consagra as liberdades de informação e de expressão (aqui especificamente de informação) como valiosas em si mesmas, independentemente do conteúdo que veiculem, por serem garantias essenciais para a manutenção do *status* de liberdade, da democracia e do pluralismo.

A segunda é a de que nessa hipótese — a do § 2º do art. 21 da Lei nº 5.250/67 —, a divulgação se refere a fatos verdadeiros, assim reconhecidos pelos órgãos judiciais competentes. E mais: o conheci-

---

78. Pablo Salvador Coderch (org.), *El mercado de las ideas*, 1990, pp. 166-7: "Una regulación de la difamación interpretada según las exigencias normativas de la Constitución supone que se responde únicamente por enunciados indicativos (apofánticos) y factuales que son falsos (o intrusivos en la intimidad), pero no por opiniones, por valoraciones y comentarios de hechos.

La distinción es fundamental en una sociedad de hombres libres que piensan de distintas y enfrentadas maneras: se defiende a los ciudadanos de la falsedad descarada de una noticia porque la mentira no tiene valor constitucional ('información veraz', art. 20.1 d CE), pero no de opiniones publicadas em las páginas editoriales (las llamadas páginas de opinión, tribunas libres). El lector avezado puede, ante hechos conocidos, profetizar cómo serán a grandes rasgos los editoriales de los diferentes diarios nacionales y locales. Compramos los diarios que cuentan lo que queremos leer.

(...)

Si se dejan claros los hechos o estos son notorios, la opinión personal no impide la formación de otra más ecuánime y, al revés, cuanto más disparatada es la expuesta, más facilmente se genera la reacción de la opinión madura y reflexiva, de la que calibra sensatamente la 'gravedad' de los hechos".

mento sobre eles pode ser obtido por via lícita, já que as informações constam de registros públicos. Portanto, à vista de todos esses elementos — papel da liberdade de expressão, verdade dos fatos e licitude dos meios —, o interesse público na divulgação se presume. De modo que a cláusula excludente constante do dispositivo constitui a regra, sendo que a presunção de legitimidade da divulgação somente cederá em hipóteses muito excepcionais, devidamente comprovadas, aptas a afastar o interesse público. Leitura diversa levaria à não recepção do dispositivo pela ordem constitucional de 1988.

Em suma: tanto no caso do *caput* do art. 21 como no do seu § 2º, a presença do interesse público na divulgação de fatos noticiáveis excluirá o crime. Tal interesse é presumido, só podendo ser afastado mediante demonstração expressa de sua ausência e do dolo de difamar.

2. Interpretação constitucionalmente adequada do art. 20 do novo Código Civil.

O novo Código Civil abriu um capítulo especial para tratar dos direitos da personalidade (arts. 11 a 21) e, ao fazê-lo, procurou prescrever uma fórmula capaz de solucionar os possíveis conflitos entre esses direitos e as liberdades de informação e de expressão. Esta a origem do art. 20, que tem a seguinte dicção:

> "Art. 20. Salvo se autorizadas, ou se necessárias à administração da justiça ou à manutenção da ordem pública, a divulgação de escritos, a transmissão da palavra, ou a publicação, a exposição ou a utilização da imagem de uma pessoa poderão ser proibidas, a seu requerimento e sem prejuízo da indenização que couber, se lhe atingirem a honra, a boa fama ou a respeitabilidade, ou se se destinarem a fins comerciais".

A interpretação mais evidente do dispositivo produz a seguinte conclusão: pode ser proibida, a requerimento do interessado, a utilização da imagem de alguém ou a divulgação de fatos sobre a pessoa, em circunstâncias capazes de lhe atingir a honra, a boa fama ou a respeitabilidade, inclusive para fins jornalísticos (já que a norma não distingue). As exceções ao preceito são: (i) a autorização da pessoa envolvida ou a circunstância de a exibição ser necessária para (ii) a *administração da justiça* ou (iii) a *manutenção da ordem pública*. Ou seja: pode ser proibido tudo o que não tenha sido autorizado e não seja necessário à administração da justiça ou à manutenção da ordem pública. Na sua leitura mais óbvia, a norma não resiste a um sopro de bom direito. Impõem-se, assim, algumas observações.

Em primeiro lugar, o dispositivo transcrito emprega dois estranhos conceitos — *administração da justiça* e *manutenção da ordem pública* —, que não constam do texto constitucional e são amplamente imprecisos e difusos. Que espécie de informação ou imagem de uma pessoa poderia ser necessária à administração da justiça? Fatos relacionados a condutas ilícitas, na esfera cível e criminal, talvez. E quanto à *manutenção da ordem pública*? Trata-se de conceito ainda mais indefinido. A divulgação de fotos de criminosos procurados pela polícia poderia enquadrar-se nesse parâmetro, e talvez até mesmo na idéia de administração da justiça. De toda sorte, a fragilidade constitucional desses conceitos pode ser facilmente percebida mediante um exercício simples: o teste de sua incidência sobre diversas hipóteses é capaz de produzir resultados inteiramente incompatíveis com a Constituição.

Suponha-se que uma alta autoridade da República seja atingida por um ovo arremessado por um manifestante e reaja com um insulto preconceituoso. A divulgação do episódio certamente traz uma exposição negativa de sua imagem. O evento, por sua vez, nada tem a ver com a administração da justiça ou com a manutenção da ordem pública. Pergunta-se: é compatível com a Constituição impedir a divulgação desse fato? Parece evidente que não. Imagine-se, agora, que um jornalista apure que determinado governador de Estado era, até pouco antes da posse, sócio em uma empresa de fachada, acusada de lavagem de dinheiro. Tampouco aqui pareceria legítimo proibir a divulgação da notícia, independentemente de prévia autorização ou de qualquer repercussão sobre a administração da justiça ou a ordem pública. Considere-se um exemplo inverso. Um servidor público é suspeito da prática de ato de improbidade. A autoridade que conduz a investigação decide publicar uma foto do investigado na imprensa, solicitando a todos os que tenham alguma informação relevante para incriminá-lo que se dirijam a determinada repartição. A providência poderia até ser útil para a administração da justiça, mas tal conduta certamente não se afigura legítima à luz da Constituição.

Como se vê, os critérios empregados pelo Código Civil não encontram qualquer amparo constitucional e, na prática, acabam por corresponder à velha cláusula do interesse público, que já serviu a tantos regimes arbitrários. É interessante notar, aliás, que embora o novo Código conte pouco mais de um ano de existência, esse dispositivo foi concebido entre o fim da década de 60 e o início da década de 70, pois já constava do Anteprojeto de Código Civil de 1972[79]. O ambiente no qual nasceu provavelmente explica a inadequação da filosofia a ele subjacente bem como dos conceitos utilizados.

Na verdade, ainda há pouquíssimo material doutrinário produzido sobre o referido art. 20, o que não impediu Luis Gustavo Grandinetti Castanho de Carvalho de condenar o dispositivo como inconstitucional, nos seguintes termos:

> "O artigo 20 do novo Código Civil, que representa uma ponderação de interesses por parte do legislador, é desarrazoado, porque valora bens constitucionais de modo contrário aos valores subjacentes à Constituição. A opção do legislador, tomada de modo apriorístico e desconsiderando o bem constitucional da liberdade de informação, pode e deve ser afastada pela interpretação constitucional".[80]

De fato, as leituras mais evidentes do art. 20 do novo Código o levam a um confronto direto com a Constituição: as liberdades de expressão e de informação são por ele esvaziadas; consagra-se uma inválida precedência abstrata de outros direitos fundamentais sobre as liberdades em questão; e as supostas válvulas de escape para essa regra geral de preferência são cláusulas que não repercutem qualquer

---

79. Em redação idêntica à do Código Civil recentemente promulgado: "Art. 20. Salvo se autorizadas, ou se necessárias à administração da justiça ou à manutenção da ordem pública, a difusão de escritos, a transmissão da palavra, ou a publicação, a exposição ou a utilização da imagem de uma pessoa poderão ser proibidas, a seu requerimento e sem prejuízo da indenização que couber, se lhe atingirem a honra, a boa fama ou a respeitabilidade, ou se se destinarem a fins comerciais".
80. Luís Gustavo Grandinetti Castanho de Carvalho, Direito à informação x direito à privacidade. O conflito de direitos fundamentais. Fórum: Debates sobre a Justiça e Cidadania. *RAMAERJ*, 5:15, 2002.

disposição constitucional. Nada obstante essa primeira visão, parece possível adotar uma interpretação conforme a Constituição[81] do dispositivo, capaz de evitar a declaração formal de inconstitucionalidade de seu texto. Confira-se o argumento.

A interpretação que se entende possível extrair do art. 20 referido — já no limite de suas potencialidades semânticas, é bem de ver — pode ser descrita nos seguintes termos: o dispositivo veio tornar possível o mecanismo da proibição prévia de divulgações (até então sem qualquer previsão normativa explícita) que constitui, no entanto, providência inteiramente excepcional. Seu emprego só será admitido quando seja possível afastar, por motivo grave e insuperável, a presunção constitucional de interesse público que sempre acompanha a liberdade de informação e de expressão, especialmente quando atribuída aos meios de comunicação.

Ou seja: ao contrário do que poderia parecer em uma primeira leitura, a divulgação de informações verdadeiras e obtidas licitamente sempre se presume necessária ao bom funcionamento da ordem pública e apenas em casos excepcionais, que caberá ao intérprete definir diante de fatos reais inquestionáveis, é que se poderá proibi-la. Essa parece ser a única forma de fazer o art. 20 do Código Civil conviver

---

81. Sobre o tema, v. Luís Roberto Barroso, *Interpretação e aplicação da Constituição*, 2004, p. 188: "A interpretação conforme a Constituição compreende sutilezas que se escondem por trás da definição truística do princípio. Cuida-se, por certo, da escolha de uma linha de interpretação de uma norma legal, em meio a outras que o Texto comportaria. Mas, se fosse somente isso, ela não se distinguiria da mera presunção de constitucionalidade dos atos legislativos, que também impõe o aproveitamento da norma sempre que possível. O conceito sugere mais: a necessidade de buscar uma interpretação que não seja a que decorre da leitura mais óbvia do dispositivo. É, ainda, da sua natureza excluir a interpretação ou as interpretações que contravenham a Constituição"; e Gilmar Ferreira Mendes, *Jurisdição Constitucional*, 1999, pp. 230 e 235: "Oportunidade para interpretação conforme à Constituição existe sempre que determinada disposição legal oferece diferentes possibilidades de interpretação, sendo algumas delas incompatíveis com a própria Constituição. (...) Não raras vezes, a preservação da norma, cuja expressão literal comporta alternativas constitucionais e alternativas inconstitucionais, ocorre mediante restrição das possibilidades de interpretação, reconhecendo-se a validade da lei com a exclusão da interpretação considerada inconstitucional".

com o sistema constitucional; caso não se entenda o dispositivo dessa forma, não poderá ele subsistir validamente.

V. Solução da ponderação na hipótese em estudo

Antes de aplicar ao tipo de colisão objeto deste estudo o conjunto de argumentos doutrinários e normativos que se vem de expor, não se pode deixar de localizar a teoria jurídica no tempo, no espaço e na história, sem o que ela perderia boa parte de seu sentido. Como se sabe, a história da liberdade de expressão e de informação, no Brasil, é uma história acidentada. Convive com golpes, contra-golpes, sucessivas quebras da legalidade e pelo menos duas ditaduras de longa duração: a do Estado Novo, entre 1937 e 1945, e o Regime Militar, de 1964 a 1985. Desde o Império, a repressão à manifestação do pensamento elegeu alvos diversos, da religião às artes. As razões invocadas eram sempre de Estado: segurança nacional, ordem pública, bons costumes. Os motivos reais, como regra, apenas espelhavam um sentido autoritário e intolerante do poder.

Durante diferentes períodos, houve temas proibidos, ideologias banidas, pessoas malditas. No jornalismo impresso, o vazio das matérias censuradas era preenchido com receitas de bolo e poesias de Camões. Na televisão, programas eram proibidos ou mutilados. Censuravam-se músicas, peças, livros e novelas. O Ballet Bolshoi foi proibido de se apresentar no Brasil, sob a alegação de constituir propaganda comunista. Um surto de meningite teve sua divulgação vedada por contrastar com a imagem que se queria divulgar do país.

Em fases diferentes da experiência brasileira, a vida foi vivida nas entrelinhas, nas sutilezas, na clandestinidade. A interdição compulsória da liberdade de expressão e de informação, por qualquer via, evoca episódios de memória triste e dificilmente pode ser vista com naturalidade ou indiferença. É claro que uma ordem judicial, precedida de devido processo legal, não é uma situação equiparada à da presença de censores da Polícia Federal nas redações e nos estúdios. Mas há riscos análogos. E o passado é muito recente para não assombrar.

Feita a digressão, e retornando ao ponto, cabe examinar as duas situações descritas no início deste estudo, que envolvem a legitimidade ou não da exibição, independentemente de autorização dos eventuais envolvidos, de programas ou matérias jornalísticas nos quais: (i) seja citado o nome ou divulgada a imagem de pessoas relacionadas com o evento noticiado ou (ii) sejam relatados e encenados eventos criminais de grande repercussão ocorridos no passado.

Examine-se em primeiro lugar a segunda circunstância, mais específica quanto aos fatos, que diz respeito à divulgação de eventos e procedimentos criminais de grande repercussão ocorridos no passado. Ora, todos os parâmetros listados no tópico III.3. indicam a legitimidade constitucional da divulgação desses fatos.

Com efeito, trata-se em primeiro lugar de *fatos verdadeiros*, não apenas do ponto de vista subjetivo como também, em alguns dos casos, com a objetividade decorrente de decisões judiciais transitadas em julgado. Ademais, o conhecimento dos fatos foi obtido por *meio lícito*, pois foram noticiados nos veículos de imprensa da época, assim como constam de registros policiais e judiciais. As pessoas envolvidas tornaram-se *personalidades públicas*, em razão da notoriedade que o seu envolvimento com os fatos lhes deu. Crimes são fatos noticiáveis por *natureza*, não podendo ser tratados como questões estritamente privadas. E, por fim, há evidente *interesse público* na sua divulgação, inclusive como fator inibidor de transgressões futuras.

Quanto aos fatos noticiáveis em geral, a mesma presunção milita com intensidade ainda maior. Aqui, não se trata apenas da liberdade de veicular novamente fatos passados, já conhecidos do público ou históricos, mas de informar propriamente, isto é, de levar ao conhecimento da população eventos contemporâneos ou em curso. Pretender que programas ou matérias jornalísticas apenas possam exibir imagens ou fazer referência a pessoas mediante prévia autorização dos interessados corresponde a inviabilizar de forma drástica a liberdade de informação ou de expressão. Afora a impossibilidade física de tal providência, bastaria ao indivíduo que está sendo alvo de críticas ou investigações negar a suposta autorização e assim tornar impossível ao jornalista exercer o seu ofício e ao meio de comunicação desempenhar o seu papel institucional.

A regra, portanto, em sede de divulgação jornalística, é a de que não há necessidade de se obter autorização prévia dos indivíduos envolvidos em algum fato noticiável (verdadeiro subjetivamente e tendo fonte lícita) e que venham a ter seus nomes e/ou imagens divulgados de alguma forma. Eventuais abusos — *e.g.* negligência na apuração ou malícia na divulgação — estarão sujeitos a sanções *a posteriori*, como já assinalado. Mas como regra, não será cabível qualquer tipo de reparação pela divulgação de fatos verdadeiros, cujo conhecimento acerca de sua ocorrência tenha sido obtido por meio lícito, presumindo-se, em nome da liberdade de expressão e de informação, o *interesse público* na livre circulação de notícias e idéias.

VI. Conclusões

Ao final dessa exposição, que se fez inevitavelmente analítica, é possível compendiar as principais idéias desenvolvidas nas proposições seguintes:
1. A colisão de princípios constitucionais ou de direitos fundamentais não se resolve mediante o emprego dos critérios tradicionais de solução de conflitos de normas, como o hierárquico, o temporal e o da especialização. Em tais hipóteses, o intérprete constitucional precisará socorrer-se da técnica da ponderação de normas, valores ou interesses, por via da qual deverá fazer concessões recíprocas entre as pretensões em disputa, preservando o máximo possível do conteúdo de cada uma. Em situações extremas, precisará escolher qual direito irá prevalecer e qual será circunstancialmente sacrificado, devendo fundamentar racionalmente a adequação constitucional de sua decisão.
2. Os *direitos da personalidade*, tidos como emanação da dignidade da pessoa humana, conquistaram autonomia científica e normativa, são oponíveis a todos e comportam reparação independentemente de sua repercussão patrimonial (dano moral). É corrente a classificação que os divide em direitos (i) à integridade física e (ii) à integridade moral. A proteção da integridade moral, que é a que diz respeito à discussão aqui desenvolvida, tem no Brasil *status* constitucional, materializando-se nos direitos à intimidade, à vida privada, à honra e à imagem das pessoas.
3. A *liberdade de informação* diz respeito ao direito individual de comunicar livremente fatos e ao direito difuso de ser deles informado. A *liberdade de expressão* tutela o direito de externar idéias, opiniões, juízos de valor e manifestações do pensamento em geral.

Tanto em sua dimensão individual como, especialmente, na coletiva, entende-se que as liberdades de informação e de expressão servem de fundamento para o exercício de outras liberdades, o que justifica sua posição de preferência em tese (embora não de superioridade) em relação aos direitos individualmente considerados.

4. Na colisão entre a liberdade de informação e de expressão, de um lado, e os direitos da personalidade, de outro, destacam-se como elementos de ponderação: a veracidade do fato, a licitude do meio empregado na obtenção da informação, a personalidade pública ou estritamente privada da pessoa objeto da notícia, o local do fato, a natureza do fato, a existência de interesse público na divulgação, especialmente quando o fato decorra da atuação de órgãos ou entidades públicas, e a preferência por medidas que não envolvam a proibição prévia da divulgação. Tais parâmetros servem de guia para o intérprete no exame das circunstâncias do caso concreto e permitem certa objetividade às suas escolhas.

5. O legislador infraconstitucional pode atuar no sentido de oferecer alternativas de solução e balizamentos para a ponderação nos casos de conflito de direitos fundamentais. Todavia, por força do princípio da unidade da Constituição, não poderá determinar, em abstrato, a prevalência de um direito sobre o outro, retirando do intérprete a competência para verificar, *in concreto*, a solução constitucionalmente adequada para o problema.

6. O § 2º do art. 21 da Lei nº 5.250/67 (Lei de Imprensa) e o art. 20 do novo Código Civil devem ser interpretados conforme a Constituição para que possam subsistir validamente. É que de sua literalidade resultaria uma inadmissível precedência geral dos direitos da personalidade sobre as liberdades de informação e de expressão. Em ambos os casos, a presunção do interesse público na livre circulação de notícias e de idéias impede o cerceamento da liberdade de informação e de expressão, a menos que a presunção possa ser excepcionalmente afastada à vista do caso concreto, mediante comprovação cabal de uma situação contraposta, merecedora de maior proteção.

7. É legítima a exibição, independentemente de autorização dos eventuais envolvidos, de programas ou matérias jornalísticas nas quais: (i) sejam citados os nomes ou divulgada a imagem de pessoas relacionadas com o evento noticiado; ou (ii) sejam relatados e encenados eventos criminais de grande repercussão ocorridos no passado, e que tenham mobilizado a opinião pública. Presentes os elementos de

ponderação aqui estudados, não se admitirá: (a) a proibição da divulgação, (b) a tipificação da veiculação da matéria ou do programa como difamação e (c) a pretensão de indenização por violação dos direitos da personalidade.

Em algum lugar do passado
Segurança jurídica, direito intertemporal e o novo Código Civil

SUMÁRIO: *Introdução: Organização da matéria. Colocação do problema. Parte I: Conceitos fundamentais. I. A segurança jurídica. II. O direito intertemporal. III. A proteção do direito adquirido e do ato jurídico perfeito no direito brasileiro. Parte II: O novo Código Civil e os contratos a ele anteriores. IV. Os contratos e a proteção do ato jurídico perfeito. V. Inconstitucionalidade parcial do art. 2.035 do novo Código Civil. VI. Conclusões.*

Introdução
ORGANIZAÇÃO DA MATÉRIA. COLOCAÇÃO DO PROBLEMA

O estudo que se segue está ordenado em duas partes. Na Parte I procede-se à análise do princípio constitucional da segurança jurídica e, especialmente, dos temas afetos ao direito intertemporal. Neste domínio, a ênfase recai sobre os conceitos de direito adquirido e de ato jurídico perfeito, ainda hoje envoltos em complexidades diversas e dificuldades de sistematização.

A Parte II é dedicada à aplicação das categorias e conceitos desenvolvidos na Parte I a algumas situações criadas pela aprovação do novo Código Civil (Lei nº 10.406, de 10.01.02), vigente desde janeiro de 2003. Dentre as múltiplas questões de direito intertemporal resultantes da profunda e extensa alteração da disciplina das relações privadas no país, avultam as relativas à incidência da lei nova sobre os atos e negócios jurídicos praticados anteriormente ao início de sua vigência, especialmente os de natureza contratual.

No centro da discussão encontra-se o art. 2.035 do Código Civil posto em vigor, cuja dicção é a seguinte:

> "Art. 2.035. A validade dos negócios e demais atos jurídicos, constituídos antes da entrada em vigor deste Código, obedece ao disposto nas leis anteriores, referidas no art. 2.045[1], mas os seus efeitos, produzidos após a vigência deste Código, aos preceitos dele se subordinam, salvo se houver sido prevista pelas partes determinada forma de execução.
> Parágrafo único. Nenhuma convenção prevalecerá se contrariar preceitos de ordem pública, tais como os estabelecidos por este Código para assegurar a função social da propriedade e dos contratos".

A seguir, o desenvolvimento do tema.

Parte I
CONCEITOS FUNDAMENTAIS

I. A segurança jurídica

O conhecimento convencional, de longa data, situa a segurança — e, no seu âmbito, a *segurança jurídica* — como um dos fundamentos do Estado e do Direito, ao lado da justiça e, mais recentemente, do bem-estar social. As teorias democráticas acerca da origem e justificação do Estado, de base contratualista, assentam-se sobre uma cláusula comutativa: recebe-se em segurança aquilo que se concede em liberdade. Consagrada no art. 2º da Declaração dos Direitos do

---

1. O art. 2.045 é o que declara revogados, pelo novo Código Civil, o Código Civil de 1916 e a primeira parte do Código Comercial.

Homem e do Cidadão, de 1789, como um *direito natural e imprescritível*, a segurança encontra-se positivada como um direito individual na Constituição brasileira de 1988, ao lado dos direitos à vida, à liberdade, à igualdade e à propriedade, na dicção expressa do *caput* do art. 5º.

O próprio constitucionalismo francês procurou conceituar o termo, no preâmbulo da Constituição de 24 de junho de 1793: *"A segurança consiste na proteção conferida pela sociedade a cada um de seus membros para conservação de sua pessoa, de seus direitos e de suas propriedades"*. Tal formulação a aproxima da cláusula do *devido processo legal* do direito anglo-saxão, incorporada quase literalmente à Constituição brasileira em vigor, no art. 5º, LIV[2]. No seu desenvolvimento doutrinário e jurisprudencial, a expressão segurança jurídica passou a designar um conjunto abrangente de idéias e conteúdos, que incluem:

1. a existência de instituições estatais dotadas de poder e garantias, assim como sujeitas ao princípio da legalidade;

2. a confiança nos atos do Poder Público, que deverão reger-se pela boa-fé e pela razoabilidade;

3. a estabilidade das relações jurídicas, manifestada na durabilidade das normas, na anterioridade das leis em relação aos fatos sobre os quais incidem e na conservação de direitos em face da lei nova;

4. a previsibilidade dos comportamentos, tanto os que devem ser seguidos como os que devem ser suportados;

5. a igualdade na lei e perante a lei, inclusive com soluções isonômicas para situações idênticas ou próximas.

Um conjunto de conceitos, princípios e regras decorrentes do Estado democrático de direito procura promover a segurança jurídica. A Constituição, assim, demarca o espaço público e o espaço privado, organizando o poder político e definindo direitos fundamentais. Tem vocação de *permanência* e é dotada de *rigidez*. A lei, por sua vez, opera a despersonalização do poder, conferindo-lhe o batismo da representação popular. Visa, sobretudo, a introduzir previsibilidade

---

2. Constituição Federal, art. 5º, LIV: "ninguém será privado da liberdade ou de seus bens sem o devido processo legal". Na Emenda 5 à Constituição dos Estados Unidos da América: *"No person shall be deprived of life, liberty, or property, without due process of law"*.

nos comportamentos e objetividade na interpretação. De parte isto, cada domínio do Direito tem um conjunto de normas voltadas para a segurança jurídica, muitas com matriz constitucional.

Confiram-se alguns exemplos: a) no *direito constitucional*, as garantias dos membros de cada Poder, para que desempenhem com independência suas funções constitucionais, e que incluem: vitaliciedade, inamovibilidade e irredutibilidade de subsídios dos juízes; as imunidades parlamentares; as regras específicas para instauração de processo contra o chefe do Poder Executivo, além da proteção do direito adquirido, do ato jurídico perfeito e da coisa julgada; b) no *direito administrativo*, princípios como os da legalidade, publicidade, razoabilidade e o dever de motivar as decisões; c) no *direito penal*, os princípios da reserva legal, da anterioridade da lei penal, da presunção de inocência e as limitações ao poder de decretar a prisão; d) na *teoria geral do direito*, instituições como a prescrição e a decadência; e) no *direito civil*, o casamento e o estabelecimento de uma ordem de vocação hereditária.

Legislação recente tem enfatizado a questão. A Lei nº 9.784/99, que disciplina o processo administrativo federal, positivou determinados princípios — na verdade de extração constitucional — que devem nortear a atividade administrativa, como o da segurança jurídica (art. 2º, *caput*[3]) *e o da boa-fé (art. 2º, IV*[4]*). Além disso, veda que uma interpretação nova, que venha a ser adotada pela Administração, possa retroagir em prejuízo do administrado (art. 2º, XIII*[5]*), o que também já era proibido pelo* Código Tributário Nacional *(art. 146*[6]*).*

---

3. Lei nº 9.784/99: "Art. 2º. A Administração Pública obedecerá, dentre outros, aos princípios da legalidade, finalidade, motivação, razoabilidade, proporcionalidade, moralidade, ampla defesa, contraditório, segurança jurídica, interesse público e eficiência".
4. Lei nº 9.784/99: "Art. 2º (...): IV — atuação segundo padrões éticos de probidade, decoro e boa-fé".
5. Lei nº 9.784/99: "Art. 2º (...): XIII — interpretação da norma administrativa da forma que melhor garanta o atendimento do fim público a que se dirige, vedada aplicação retroativa de nova interpretação".
6. Lei nº 5.172/66: "Art. 146. A modificação introduzida, de ofício ou em conseqüência de decisão administrativa ou judicial, nos critérios jurídicos adotados pela autoridade administrativa no exercício do lançamento somente pode ser efetivada, em relação a um mesmo sujeito passivo, quanto a fato gerador ocorrido posteriormente à sua introdução".

Por fim, dentre outros exemplos, vale registrar a possibilidade criada pelo art. 27 da Lei nº 9.868/99[7], ainda envolta em polêmica[8], pela qual se admite a flexibilização do efeito retroativo nas declarações de inconstitucionalidade de atos normativos, exatamente com fundamento em razões de segurança jurídica.

É curioso observar, no entanto, que a despeito de todo o arsenal jurídico descrito, a segurança enfrenta hoje uma crise de identidade[9]. A velocidade das mudanças, não só econômicas, tecnológicas e políticas, mas também jurídicas[10], e a obsessão pragmática e funcionalizadora, que também contamina a interpretação do Direito, não raro encaram pessoas, seus sonhos, seus projetos e suas legítimas expectativas como miudezas a serem descartadas, para que seja possível avançar (para onde?) mais rapidamente. Desse modo, o debate acerca da segurança jurídica, especialmente no que diz respeito aos efeitos da lei nova sobre a realidade existente quando de sua entrada em vigor, vem — sem ironia — se perpetuando no tempo.

O próprio Italo Calvino, em suas *Seis propostas para o próximo milênio* — que só foram cinco, pois ele faleceu antes de escrever o texto da sexta — incluiu dentre elas a *leveza* e a *rapidez*. Ninguém nesses dias parece impressionar-se com a advertência do grande juris-

---

7. Lei nº 9.868/99: "Art. 27. Ao declarar a inconstitucionalidade de lei ou ato normativo, e tendo em vista razões de segurança jurídica ou de excepcional interesse social, poderá o Supremo Tribunal Federal, por maioria de dois terços de seus membros, restringir os efeitos daquela declaração ou decidir que ela só tenha eficácia a partir de seu trânsito em julgado ou de outro momento que venha a ser fixado".
8. O dispositivo é objeto de duas ações diretas de inconstitucionalidade, ainda não apreciadas: ADIn 2.154-2 e ADIn 2.258-0, ambas tendo como relator o Min. Sepúlveda Pertence.
9. A propósito, veja-se Luís Roberto Barroso, "A segurança jurídica na era da velocidade e do pragmatismo". In: *Temas de direito constitucional*, t. I, 2002, p. 51.
10. Até a edição da Emenda Constitucional nº 32, de 11.09.01, já haviam sido editadas 619 Medidas Provisórias originárias, tendo havido 5.491 reedições e 22 rejeições. Após a Emenda, foram editadas, até dezembro de 2004, mais 229 Medidas Provisórias originárias, sendo que 84 tiveram seu prazo de vigência prorrogado — por mais 60 dias, nos termos do art. 62, § 7º da Constituição —, e 18 foram rejeitadas.

ta uruguaio Eduardo Couture, inscrita no sétimo mandamento do advogado: "O tempo vinga-se das coisas que se fazem sem a sua colaboração"[11].

II. O direito intertemporal

O conflito de leis no tempo envolve a contraposição entre lei nova e lei velha[12]. Não é incomum em direito a superveniência de lei que mude o tratamento jurídico dado a determinada questão. Cabe ao direito intertemporal solucionar esse conflito, fixando o alcance de normas que se sucedem. Seu objeto é a determinação dos limites do domínio de cada uma dentre duas disposições jurídicas consecutivas sobre o mesmo assunto[13].

O postulado básico na matéria, que comporta exceções mas tem aceitação universal, é o de que a lei nova não atinge os fatos anteriores ao início de sua vigência, nem as conseqüências dos mesmos, ainda que se produzam sob o império do direito atual[14]. Esse princípio, conhecido como princípio da *não-retroatividade* das leis, tem por fundamento filosófico a necessidade da segurança jurídica, da estabilidade do Direito[15]. Nos Estados Unidos, a Constituição de 1787 veda a edição de leis retroativas de uma maneira geral (art. 1º, seção 9, 1: "*ex post facto* law") e proíbe aos Estados que elaborem leis que prejudiquem a obrigatoriedade dos contratos (art. 1º, seção 10, 1: "law impairing the obligation of contracts"). Na América Latina, à exceção do México[16], e na Europa, a regra da não-retroatividade é de

---

11. Eduardo Couture, Os *mandamentos do advogado*, 1979, tradução de Ovídio Batista da Silva.
12. Paul Roubier, *Le droit transitoire (conflits des lois dans le temps)*, 1960, pp. 3-4.
13. Carlos Maximiliano, *Direito intertemporal*, 1946, p. 07.
14. Carlos Maximiliano, *Direito intertemporal*, 1946, p. 10.
15. Paul Roubier, *Le droit transitoire*, 1960, p. 223. Sobre o tema, no direito brasileiro, v. R. Limongi França, *A irretroatividade das leis e o direito adquirido*, 1982.
16. Constituição Política dos Estados Unidos Mexicanos, art. 14: "A ninguna ley se dará efecto retroactivo en perjuicio de persona alguna".

nível infraconstitucional, podendo, mesmo, ser derrogada por legislação superveniente.

No Brasil, o tema constou de todas as Constituições, desde a Imperial, de 1824, excluindo-se a Carta do Estado Novo, de 1937. No texto presentemente em vigor, dispõe o inciso XXXVI do art. 5º:

> "a lei não prejudicará o direito adquirido, o ato jurídico perfeito e a coisa julgada".

Calha observar que, embora a não-retroatividade seja a regra, trata-se de princípio que somente condiciona a atividade jurídica do Estado nas hipóteses expressamente previstas na Constituição, a saber: a) a proteção da segurança jurídica no domínio das relações sociais, veiculada no art. 5º, XXXVI, anteriormente citado; b) a proteção da liberdade do indivíduo contra a aplicação retroativa da lei penal, contida no art. 5º, XL ("a lei penal não retroagirá, salvo para beneficiar o réu"); c) a proteção do contribuinte contra a voracidade retroativa do Fisco, constante do art. 150, III, *a* (é vedada a cobrança de tributos "em relação a fatos geradores ocorridos antes do início da vigência da lei que os houver instituído ou aumentado"). Fora dessas hipóteses, a retroatividade da norma é tolerável[17].

É bem de ver que a regra do art. 5º, XXXVI, dirige-se, primariamente, ao legislador e, reflexamente, aos órgãos judiciários e administrativos. Seu alcance atinge, também, o constituinte *derivado*, haja vista que a não-retroação, nas hipóteses constitucionais, configura direito individual que, como tal, é protegido pelas limitações materiais do art. 60, § 4º, IV, da CF. Disso resulta que as emendas à

---

17. Este é o entendimento acolhido na jurisprudência do Supremo Tribunal Federal, como se vê em *RTJ*, *145*:463, 1993, ADInMC 605-DF, Rel. Min. Celso de Mello: "O princípio da irretroatividade somente condiciona a atividade jurídica do Estado nas hipóteses expressamente previstas pela Constituição, em ordem a inibir a ação do Poder Público eventualmente configuradora de restrição gravosa (a) ao status libertatis da pessoa (CF, art. 5º, XL), (b) ao status subjectionis do contribuinte em matéria tributária (CF, art. 150, III, a) e (c) à segurança jurídica no domínio das relações sociais (CF, art. 5º, XXXVI)". A doutrina, tanto civilista como publicista, chancela este ponto de vista, como se colhe, por todos, em: Silvio Rodrigues, *Direito civil*, v. II, pp. 51 e 53; e Pinto Ferreira, *Comentários à Constituição brasileira*, 1989, v. I, p. 143.

Constituição, tanto quanto as leis infraconstitucionais, não podem malferir o direito adquirido, o ato jurídico perfeito e a coisa julgada. O princípio da não-retroatividade só não condiciona o exercício do poder constituinte *originário*. A Constituição é o ato inaugural do Estado, primeira expressão do direito na ordem cronológica[18], pelo que não deve reverência à ordem jurídica anterior, que não lhe pode impor regras ou limites. Doutrina e jurisprudência convergem no sentido de que "não há direito adquirido contra a Constituição"[19].

Não obstante isso, mesmo na interpretação da vontade constitucional originária, a irretroatividade há de ser a regra, e a retroatividade a exceção. Sempre que for possível, incumbe ao exegeta aplicar o direito positivo, de qualquer nível, sem afetar situações jurídicas já definitivamente constituídas. E mais: não há retroatividade tácita[20]. Um preceito constitucional pode retroagir, mas deverá haver texto expresso nesse sentido[21]. Na Constituição brasileira de 1988 há exemplos de retroatividade expressa, como o art. 17 do Ato das Disposições Constitucionais Transitórias[22]. Com base nele, aliás, che-

---

18. M. Seabra Fagundes, O *controle dos atos administrativos pelo Poder Judiciário*, 1979, p. 3.
19. Na doutrina, vejam-se, por todos, Caio Mário da Silva Pereira, Direito constitucional internacional, *RF, 304*:29, 1998, e Wilson de Souza Campos Batalha, *Direito intertemporal*, 1980, p. 438. Na jurisprudência, v. *RTJ, 67*:327, 1994, Rep. 895, Rel. Min. Djaci Falcão; *RTJ, 71*:461, 1974, RE 75.418, Rel. Min. Thompson Flores, e *RTJ, 140*:1008, 1992, AI 134.271, Rel. Min. Moreira Alves; *RDA, 196*:107, 1994, ADIn 248-1-RJ, Rel. Min. Celso de Mello, onde se lavrou: "A supremacia jurídica das normas inscritas na Carta Federal não permite, ressalvadas as eventuais exceções proclamadas no próprio texto constitucional, que contra elas seja invocado o direito adquirido". Também no Superior Tribunal de Justiça se decidiu: "A nova Carta Política proibiu, no art. 7º, IV, a vinculação de valores ao salário mínimo, "para qualquer efeito". Dada a vedação, insubsiste qualquer direito adquirido à percepção de vencimentos ou proventos expressos em número desses salários" (*RT, 692*:162, 1993, RMS 762-0-GO, Rel. Min. Demócrito Reinaldo).
20. Carlos Maximiliano, *Direito intertemporal*, 1946, p. 53.
21. Igual orientação é seguida por Wilson Batalha, *Direito intertemporal*, 1980, p. 438. V., também, Manoel Gonçalves Ferreira Filho, *Comentários à Constituição brasileira*, 1990, v. I, p. 9: "Só se deve aceitar como retroativa uma norma constitucional se isto resultar inapelavelmente do texto".
22. Art. 17: "Os vencimentos, a remuneração, as vantagens e os adicionais, bem como os proventos de aposentadoria que estejam sendo percebidos em desacor-

gou-se a entender não ser oponível sequer a preexistência de coisa julgada, impondo-se a redução dos vencimentos do servidor aos limites constitucionais[23]. Tal linha de entendimento, todavia, foi desautorizada pelo Supremo Tribunal Federal[24].

III. A proteção do direito adquirido e do ato jurídico perfeito no direito brasileiro

III.1. *Status* constitucional e alcance

O primeiro registro a fazer nessa matéria, conquanto óbvio, merece destaque: a proteção do ato jurídico perfeito, do direito adquirido e da coisa julgada tem, no Brasil, *status* constitucional, na previsão expressa do art. 5º, XXXVI, já transcrito. Mais que isso, por sua condição de direito individual, constitui cláusula pétrea, insuscetível de supressão até mesmo por emenda constitucional (CF, art. 60, § 4º, IV). Como já assinalado, na maioria dos países esta garantia consta de legislação ordinária — o que admite sua derrogação por legislação superveniente — e não da Constituição. Isso significa, portanto, que a importação de doutrina e jurisprudência estrangeiras sobre o assun-

---

do com a Constituição serão imediatamente reduzidos aos limites dela decorrentes, *não se admitindo, neste caso, invocação de direito adquirido* ou percepção de excesso a qualquer título".
23. *RT*, *685*:73, 1992, AC 158.745-1/1, TJSP, Rel. Des. Cezar Peluso.
24. "A cláusula temporária e extravagante do art. 17 do Alto das Disposições Constitucionais Transitórias da Carta de 1988 não alcança situações jurídicas cobertas pela preclusão maior, ou seja, pelo manto da coisa julgada" (STF, *RTJ*, *167*:656, 1999, RE 146.331-SP, Rel. Min. Marco Aurélio). E, nos termos do voto do relator, ficou didaticamente consignado: "A norma diz da impossibilidade de evocar-se o direito adquirido, silenciando quanto à coisa julgada, isto é, aquelas situações jurídicas submetidas ao crivo do Estado-juiz e já cobertas pelo manto da preclusão maior, no que voltada à segurança da vida em sociedade. É certo que, ao término do preceito, há referência a percepção de excesso a qualquer título. Todavia, a menção há de ter alcance perquirido considerada a referência a direito adquirido e ao silêncio, já consignado, quanto à coisa julgada. É induvidoso que o instituto da coisa julgada, agasalhado sistematicamente pelas Cartas brasileiras, revela-se possuidor de contornos inerentes às cláusulas pétreas ...".

to deve ter o cuidado de observar essa diferença essencial entre os sistemas jurídicos[25].

Quanto à extensão da garantia conferida pelo art. 5º, XXXVI, da Constituição, há algumas observações a fazer. Na verdade, trata-se aqui de tentar definir em que consiste, afinal, o efeito retroativo que, em última análise, é vedado pela Constituição. Não há disputa entre os autores acerca do seguinte ponto: se a lei tentar modificar eventos que já ocorreram e se consumaram ou desfazer os efeitos já produzidos de atos praticados no passado, ela será retroativa e, conseqüentemente, inválida nesse particular. A controvérsia que opôs os dois principais doutrinadores que trataram do tema e seus seguidores — o italiano Gabba[26] e o francês Paul Roubier[27] — versava, entretanto, sobre outro tipo de situação, que ensejava a seguinte pergunta: que se passa quando, de um ato praticado no passado, na vigência da lei velha, decorrem efeitos futuros que apenas se concretizam quando a nova lei já se encontra em vigor?[28]

---

25. A este propósito, v. o agudo comentário do ex-Ministro José Carlos Moreira Alves, Direito adquirido, *FA*, 15:579, 2002, p. 581: "O que é certo é que se também não tivesse sede constitucional seria uma tragédia; nos países do sistema legal as leis a que se dá efeito retroativo são relativamente raras, e aqui no Brasil, apesar do princípio constitucional, o que sucede é exatamente o contrário. Daí a razão pela qual uma multidão de questões surge a todo momento com referência a este problema de direito intertemporal no que diz respeito a ato jurídico perfeito, direito adquirido e coisa julgada".
26. Gabba, *Teoria della retroattività delle leggi*, 1868.
27. Paul Roubier, *Le droit transitoire (conflits des lois dans le temps)*, 1960.
28. Caio Mário sintetiza com precisão a disputa: "Na solução do problema [*do conflito intertemporal de leis*], duas escolas se defrontam. Uma, 'subjetivista', representada precipuamente por Gabba, afirma que a lei nova não pode violar direitos precedentemente adquiridos, que ele define como conseqüências de um fato idôneo a produzi-lo em virtude da lei vigente ao tempo em que se efetuou, embora o seu exercício venha se apresentar sob o império da lei nova (Gabba, *Teoria della retroattività delle leggi*, v. I, p. 182 e ss.). O que predomina é a distinção entre o 'direito adquirido' e a 'expectativa de direito'. Outra, 'objetivista', que eu considero representada por Paul Roubier, para o qual a solução dos problemas está na distinção entre 'efeito imediato' e 'efeito retroativo'. Se a lei nova pretende aplicar-se a fatos já ocorridos (*facta praeterita*) é retroativa; se se refere aos fatos futuros (*facta futura*) não o é. A teoria se diz objetiva, porque abandona a idéia de direito adquirido, para ter em vista as situações jurídicas, proclamando que a lei que governa os efeitos de uma situa-

Para Roubier, a lei nova aplicava-se desde logo a esses efeitos, e essa circunstância o autor denominava *efeito imediato* da lei e não retroatividade (note-se desde logo que, no caso de contratos, o próprio Roubier entendia que a lei velha continuava a aplicar-se, como se verá). Gabba, por sua vez, rejeitava essa solução com fundamento no conceito de direito adquirido (que será tratado mais adiante), para concluir que, também nessa hipótese, haveria retroação inválida. Ainda para Gabba, os efeitos futuros deveriam continuar a ser regidos pela lei que disciplinou sua causa, isto é, a lei velha.

Como se sabe, a posição do autor italiano acabou por preponderar e, no Brasil, as Constituições sempre adotaram a fórmula de Gabba de proteção do direito adquirido (ao lado do ato jurídico perfeito e da coisa julgada). Exatamente nesse sentido, o Supremo Tribunal Federal consolidou o entendimento de que a retroatividade — resultado vedado pela Constituição — pode assumir três formas: a retroatividade máxima, média e mínima, todas inválidas. A chamada retroatividade mínima descreve exatamente esse tipo de hipótese: a incidência da lei nova sobre efeitos que, embora pendentes, se ligam a uma causa ocorrida na vigência da lei velha. Confira-se trecho do acórdão no qual o ponto é destacado:

> "Quanto à graduação por intensidade, as espécies de retroatividade são três: a máxima, a média e a mínima. Matos Peixoto, em notável artigo — Limite Temporal da Lei — publicado na Revista Jurídica da antiga Faculdade Nacional de Direito da Universidade do Brasil (vol. IX, págs. 9 a 47), assim as caracteriza: 'Dá-se a retroatividade máxima (também chamada restitutória, porque em geral restitui as partes ao statu quo ante), quando a lei nova ataca a coisa julgada e os fatos consumados (transação, pagamento, prescrição). Tal é a decretal de Alexandre III que, em ódio à usura, mandou os credores restituírem os juros recebidos. À mesma categoria pertence a célebre lei francesa de 2 de novembro de 1793 (12 brumário do ano II), na parte em

---

ção jurídica não pode, sem retroatividade, atingir os efeitos já produzidos sob a lei anterior (Paul Roubier, ob. cit., v. I, n. 41 e ss.)" (Caio Mário da Silva Pereira, Direito constitucional intertemporal, *RF, 304*:29, 1988, p. 31).

que anulou e mandou refazer as partilhas já julgadas, para os filhos naturais serem admitidos à herança dos pais, desde 14 de julho de 1789. A carta de 10 de novembro de 1937, artigo 95, parágrafo único, previa a aplicação da retroatividade máxima, porquanto dava ao Parlamento a atribuição de rever decisões judiciais, sem executar as passadas em julgado, que declarassem inconstitucional uma lei.

A retroatividade é média quando a lei nova atinge os efeitos pendentes de ato jurídico verificados antes dela, exemplo: uma lei que limitasse a taxa de juros e não se aplicasse aos vencidos e não pagos.

Enfim a retroatividade é mínima (também chamada temperada ou mitigada), quando a lei nova atinge apenas os efeitos dos atos anteriores produzidos após a data em que ela entra em vigor. Tal é, no direito romano, a lei de Justiniano (C. 4, 32, de usuris, 26, 2 e 27 pr.), que, corroborando disposições legislativas anteriores, reduziu a taxa de juros vencidos após a data da sua obrigatoriedade. Outro exemplo: o Decreto-Lei nº 22.626, de 7 de abril de 1933, que reduziu a taxa de juros e se aplicou, 'a partir da sua data, aos contratos existentes, inclusive aos ajuizados (art. 3º)' (págs. 22/23)"[29].

Na verdade, se apenas os eventos já definitivamente ocorridos no passado estivessem a salvo da lei nova, os conceitos de direito consumado e adquirido[30] se confundiriam e haveria pouco propósito na existência da cláusula constitucional do art. 5º, XXXVI, uma vez

---

29. STF, *RTJ*, *143*:744, 1993, ADIn 493-DF, Rel. Min. Moreira Alves.
30. Reynaldo Porchat, *Da retroactividade das leis civis*, 1909, p. 32: "Como ultimo elemento característico do direito adquirido, exige a definição que o direito ainda não tenha sido feito valer, isto é, que ainda não tenha sido realisado em todos os seus effeitos. Nesta condição está o criterio pelo qual se distingue o direito adquirido daquelle que já foi consummado. Desde que o titular de um direito já o fez valer contra quem elle existia, e desde que já se realisaram os effeitos delle decorrentes, esse direito entrou para a classe dos factos consummados, deante dos quaes nem é possivel cogitar de acção retroactiva de lei alguma. O direito adqquirido é um direito que pertence a alguem, mas que ainda não produziu todos os seus effeitos (...)" (transcrição *ipsis litteris*).

que são muito raras as situações em que a lei nova pretende modificar o passado de forma direta. O problema de direito intertemporal se coloca exatamente em relação aos eventos que começaram a se verificar antes, mas cujos efeitos ou parte deles apenas ocorreram depois da vigência da nova lei[31]. Ademais, a segurança jurídica seria gravemente vulnerada se apenas se pudesse ter certeza das regras aplicáveis a atos ou negócios instantâneos, que se esgotassem em um único momento; nessa linha de raciocínio, qualquer relação que perdurasse no tempo poderia ser colhida pela lei nova, em detrimento evidente da previsibilidade mínima que se espera do Estado de direito. É bem de ver, como já se registrou e se verá mais detalhadamente adiante, que, por esse conjunto de razões, o próprio Roubier não aplicava sua formulação geral aos contratos.

Em suma: a incidência da lei nova sobre os efeitos de atos praticados na vigência da lei antiga é modalidade de retroatividade vedada pela Constituição de 1988. Cabe agora verificar que espécie de ato normativo está vinculado pelo que dispõe o art. 5º, XXXVI, da Constituição.

III.2. A lei nova e sua natureza: a irrelevância da noção de lei de ordem pública

Já se consignou linhas atrás que a regra do art. 5º, XXXVI, dirige-se ao legislador de todos os níveis, só não se sobrepondo ao constituinte. Quanto ao conteúdo do ato normativo, não há qualquer distinção entre as chamadas "leis de ordem pública" e as demais, como faz supor certo segmento doutrinário[32]. A Constituição não

---

31. Sobre o ponto, v. tb. Celso Antônio Bandeira de Mello, O direito adquirido e o direito administrativo, *RTDP*, 24:54, 1998, p. 58: "Daí que o grande mérito da teoria do direito adquirido não reside na proposta de salvaguardar o que já se venceu, mas justamente em oferecer solução para os problemas suscitados pelos facta pendentia, ao indicar quando a lei nova tem que respeitar o que ainda não está clausurado pela cortina do tempo transacto".
32. A propósito da posição que as leis de ordem pública assumem no conflito intertemporal de leis, Rubens Limongi França registra a presença de três correntes doutrinárias razoavelmente bem definidas no direito brasileiro. Na primeira delas, a dos partidários do efeito retroativo, incluir-se-iam Clóvis Beviláqua, os

prevê exceções. Qualquer lei, seja qual for o adjetivo que se lhe vier a agregar, está obrigada a respeitar essas garantias, mesmo porque nenhum sentido haveria em admitir-se que a lei, conferindo a si própria determinada qualificação, pudesse afastar a garantia constitucional. A tese tem robusto suporte doutrinário[33].

O argumento de que a proteção constitucional não seria oponível às chamadas leis de ordem pública fundava-se na idéia de superioridade do interesse público — supostamente veiculado pela lei de ordem pública nova — sobre o individual, que consistiria na posição do indivíduo titular do direito adquirido ou do ato jurídico perfeito. Esse ponto de vista não deve prevalecer, por um conjunto de razões.

Espínolas e Carvalho Santos. Na outra mão, autores como Eduardo Theiler, Oscar Tenório e Caio Mário propugnam o respeito ao direito adquirido. E, por fim, há o grupo dos consectários do efeito imediato, integrado, entre outros, por Pontes de Miranda e Vicente Ráo. Peculiar é o entendimento do próprio Rubens Limongi França, para quem as normas de importância pública ou social expressiva, que têm efeito imediato como regra, poderiam retroagir desde que: (i) o legislador assim determinasse explicitamente e (ii) tal retroatividade, ao sobrepujar direitos adquiridos, não alcançasse proporções de desequilíbrio social e jurídico. V. Rubens Limongi França, *A irretroatividade das leis e o direito adquirido*, 1982, p. 253 e ss.

33. Vejam-se: Reynaldo Porchat, *Da retroactividade das leis civis*, 1909, p. 67: "O que convém ao applicador de uma nova lei de ordem publica ou de direito publico, é verificar se, nas relações jurídicas já existentes, há ou não direitos adquiridos. No caso affirmativo, a lei não deve retroagir, porque a simples invocação de um motivo de ordem publica não basta para justificar a offensa ao direito adquirido, cuja inviolabilidade, no dizer de Gabba, é também um forte motivo de interesse publico"; e Caio Mário da Silva Pereira, *Instituições de direito civil*, v. I, 1997, p. 107: "Costuma-se dizer que as leis de ordem pública são retroativas. Há uma distorção de princípio nesta afirmativa. Quando a regra da não-retroatividade é de mera política legislativa, sem fundamento constitucional, o legislador, que tem o poder de votar leis retroativas, não encontra limites ultralegais à sua ação, e, portanto, tem a liberdade de estatuir o efeito retrooperante para a norma de ordem pública, sob o fundamento de que esta se sobrepõe ao interesse individual. Mas, quando o princípio da não-retroatividade é dirigido ao próprio legislador, marcando os confins da atividade legislativa, é atentatória da Constituição a lei que venha ferir direitos adquiridos, ainda que sob inspiração da ordem pública. A tese contrária encontra-se defendida por escritores franceses ou italianos, precisamente porque, naqueles sistemas jurídicos, o princípio da irretroatividade é dirigido ao juiz e não ao legislador".

Em primeiro lugar, a oposição descrita acima não é verdadeira. Não se trata de um conflito entre um interesse público e um individual, pois também a proteção dos direitos adquiridos e atos jurídicos perfeitos (além da coisa julgada) corresponde a um interesse público da maior importância, ao qual o constituinte inclusive atribuiu o *status* de cláusula pétrea. Ademais, como definir o que é "ordem pública", especialmente considerando que, já há muito, os limites entre o direito público e o privado deixaram de existir com nitidez[34]? Praticamente qualquer tipo de disposição normativa pode receber, com conforto, essa espécie de rótulo. Por fim, o próprio dogma da supremacia do interesse público encontra-se hoje em crise. Já não é mais possível compreender o interesse público como um conceito abstrato, sem titulares, difusamente associado à idéia de razões de Estado e desvinculado dos indivíduos e de seus direitos[35].

Nesse passo, o Supremo Tribunal Federal já decidiu diversas vezes que a caracterização de lei de ordem pública não tem maior relevância quando se está diante de direito adquirido, ato jurídico perfeito e coisa julgada. Confira-se, por todos[36], trecho do acórdão marco na matéria, relatado pelo Ministro Moreira Alves, *in verbis*:

---

34. Reynaldo Porchat, *Da retroactividade das leis civis*, 1909, p. 67: "Antes de tudo, cumpre ponderar que é difficilimo discriminar nitidamente aquillo que é de ordem publica e aquillo que é de ordem privada. São tão intimas as relações de direito publico e de direito privado, que já Bacon observava no seu aphorismo III — *jus privatum, sub tutela juris publici, latet*. O interesse publico e o interesse privado se entrelaçam de tal fórma, que as mais das vezes não é possível separá-los". (transcrição *ipsis litteris*). Note-se que o registro foi feito há quase um século.

35. Para uma contestação deste que sempre foi considerado um dos principais paradigmas do direito público brasileiro, confira-se o trabalho de Humberto Bergmann Ávila, Repensando o "princípio da supremacia do interesse público sobre o particular", *RTDP*, *24*:159, 1998. Joana Carolina Lins Pereira, que já analisa a posição das leis de ordem pública no conflito intertemporal de leis sob o prisma da ponderação de princípios, conclui igualmente pela prevalência da segurança jurídica (Direito adquirido e leis de ordem pública, *RTJE*, *176*:51, 2000).

36. Nesse mesmo sentido, dentre outros: STF, DJ 06.06.97, p. 24.891, RE 205.193-RS, Rel. Min. Celso de Mello; *RTJ*, *89*:634, 1979, RE 88.790-RS, Rel. Min. Moreira Alves; *RTJ*, *90*:296, 1979, RE 89.430-BA, Rel. Min. Rodrigues Alckmin; *RTJ*, *107*:394, 1984, RE 99.601-SP, Rel. Min. Rafael Mayer; *RTJ*, *112*:759, 1985, AgRg no AI 99.655-SP, Rel. Min. Moreira Alves; e *RTJ*, *164*:1145, 1998, RE 209.519-SC, Rel. Min. Celso de Mello.

> "Se a lei alcançar os efeitos futuros de contratos celebrados anteriormente a ela, será essa lei retroativa (retroatividade mínima) porque vai interferir na causa, que é um ato ou fato ocorrido no passado.
> O disposto no artigo 5°, XXXVI, da Constituição Federal se aplica a toda e qualquer lei infraconstitucional, sem qualquer distinção entre lei de direito público e lei de direito privado, ou entre lei de ordem pública e lei dispositiva.
> Aliás, no Brasil, sendo o princípio do respeito ao direito adquirido, ao ato jurídico perfeito e à coisa julgada, de natureza constitucional, sem qualquer exceção a qualquer espécie de legislação ordinária, não tem sentido a afirmação de muitos — apegados ao direito de países em que o preceito é de origem meramente legal — de que as leis de ordem pública se aplicam de imediato alcançando os efeitos futuros do ato jurídico perfeito ou da coisa julgada, e isso porque, se se alteram os efeitos, é óbvio que se está introduzindo modificação na causa, o que é vedado constitucionalmente"[37].

E isto não se altera caso o argumento de que as "leis de ordem pública não se submetem à vedação constitucional de retroatividade" se transmude em "razões de Estado", ou seja, quando for invocado para se sustentar pretensão jurídica do Poder Público ou que envolva relevante interesse coletivo. A propósito, confiram-se os pronunciamentos dos Ministros Ilmar Galvão e Celso de Mello, respectivamente:

> "Leis de ordem pública — Razões de Estado — Motivos que não justificam o desrespeito estatal à Constituição — Prevalência da norma inscrita no art. 5°, XXXVI, da Constituição.
> A possibilidade de intervenção do Estado no domínio econômico não exonera o Poder Público do dever jurídico de

---

37. STF, *RTJ, 143*:724, 1993, ADIn 493-DF, Rel. Min. Moreira Alves.

respeitar os postulados que emergem do ordenamento constitucional brasileiro.

Razões de Estado — que muitas vezes configuram fundamentos políticos destinados a justificar, pragmaticamente, *ex parte principis*, a inaceitável adoção de medidas de caráter normativo — não podem ser invocadas para viabilizar o descumprimento da própria Constituição. As normas de ordem pública — que também se sujeitam à cláusula inscrita no art. 5º, XXXVI, da Carta Política (RTJ 143/724) — não podem frustrar a plena eficácia da ordem constitucional, comprometendo-a em sua integridade e desrespeitando-a em sua autoridade"[38].

"O Supremo Tribunal Federal, por mais de uma vez, teve o ensejo de repelir esse argumento de ordem política (RTJ 164/1145-1146, Rel. Min. Celso de Mello), por entender que a invocação das razões de Estado — além de deslegitimar-se como fundamento idôneo de impugnação judicial — representaria, por efeito das gravíssimas conseqüências provocadas por seu eventual reconhecimento, uma ameaça inadmissível às liberdades públicas, à supremacia da ordem constitucional e aos valores democráticos que a informam, culminando por introduzir, no sistema de direito positivo, um preocupante fator de ruptura e de desestabilização"[39].

III.3. A noção de direito adquirido

Assentado que as razões de Estado e as leis de ordem pública não exoneram a atividade legislativa da observância da proteção constitucional do art. 5º, XXXVI, cumpre agora aprofundar a questão do direito adquirido. É ainda a antiga opinião de Gabba que baliza o tema, apontando-lhe como características: 1) ter sido conseqüência de um fato idôneo para a sua produção; 2) ter-se incorporado defini-

---

38. STF, *RTJ, 164*:1145, 1998, RE 209.519-SC, Rel. Min. Celso de Mello.
39. STF, *RTJ, 174*:916, 2000, p. 986, RE 226.855-RS, Rel. Min. Moreira Alves.

tivamente ao patrimônio do titular[40]. O conhecimento corrente é o de que havendo o fato necessário à aquisição de um direito ocorrido integralmente sob a vigência de uma determinada lei, mesmo que seus efeitos somente se devam produzir em um momento futuro, terão de ser respeitados na hipótese de sobrevir uma lei nova[41].

O direito adquirido pode ser melhor compreendido se extremado de duas outras categorias que lhe são vizinhas, a saber: a expectativa de direito e o direito consumado. Com base na sucessão de normas no tempo e na posição jurídica a ser desfrutada pelo indivíduo em face da lei nova, é possível ordenar estes conceitos em seqüência cronológica: em primeiro lugar, tem-se a expectativa do direito, depois o direito adquirido e, por fim, o direito consumado.

A *expectativa de direito* identifica a situação em que o fato aquisitivo do direito ainda não se completou quando sobrevém uma nova norma alterando o tratamento jurídico da matéria. Neste caso, não se produz o efeito previsto na norma, pois seu fato gerador não se aperfeiçoou. Entende-se, sem maior discrepância, que a proteção constitucional não alcança esta hipótese, embora outros princípios, no desenvolvimento doutrinário mais recente (como o da boa-fé e o da confiança), venham oferecendo algum tipo de proteção também ao titular da expectativa de direito[42].

Na seqüência dos eventos, *direito adquirido* traduz a situação em que o fato aquisitivo aconteceu por inteiro, mas por qualquer razão ainda não se operaram os efeitos dele resultantes. Nesta hipóte-

---

40. V. Gabba, *Teoria della retroattività delle leggi*, 1868, p. 191: "É adquirido todo direito que: a) é conseqüência de um fato idôneo a produzi-lo, em virtude da lei do tempo no qual o fato se realizou, embora a ocasião de fazê-lo valer não se tenha apresentado antes da atuação de uma lei nova a respeito do mesmo, e que b) nos termos da lei sob o império da qual se verificou o fato de onde se origina, passou imediatamente a fazer parte do patrimônio de quem o adquiriu". V., também, Carlyle Popp, A retroatividade das normas constitucionais e os efeitos da Constituição sobre os direitos adquiridos, *PJ*, 36:13, 1991.
41. Reynaldo Porchat, *Da retroactividade das leis civis*, 1909, p. 32: "Direitos adquiridos são consequencias de factos juridicos passados, mas consequencias ainda não realizadas, que ainda não se tornaram de todo effectivas. Direito adquirido é, pois, todo o direito fundado sobre um facto juridico que já succedeu, mas que ainda não foi feito valer".
42. Almiro do Couto e Silva, Princípios da legalidade da Administração Pública e da segurança jurídica no Estado de direito contemporâneo, *RDP*, 84:46, 1987.

se, a Constituição assegura a regular produção de seus efeitos, tal como previsto na norma que regeu sua formação, nada obstante a existência da lei nova. Por fim, o *direito consumado* descreve a última das situações possíveis — quando não se vislumbra mais qualquer conflito de leis no tempo — que é aquela na qual tanto o fato aquisitivo quanto os efeitos já se produziram normalmente. Nesta hipótese, não é possível cogitar de retroação alguma[43].

De modo esquemático, é possível retratar a exposição desenvolvida na síntese abaixo:

a) *Expectativa de direito*: o fato aquisitivo teve início, mas não se completou;

b) *Direito adquirido*: o fato aquisitivo já se completou, mas o efeito previsto na norma ainda não se produziu;

c) *Direito consumado*: o fato aquisitivo já se completou e o efeito previsto na norma já se produziu integralmente[44].

Cumpre fazer uma nota final sobre o que se convencionou denominar de *regime jurídico* ou regime legal[45]. O chamado *regime jurídico* designa um espaço no qual, segundo a doutrina e, em especial, a jurisprudência, não há direito adquirido. Alguns exemplos citados com freqüência para exemplificar essa figura são as relações que existem entre o servidor e o ente público que o remunera[46] e entre os

---

43. Reynaldo Porchat, *Da retroactividade das leis civis*, 1909, p. 32.
44. Um exemplo ilustrativo. A Emenda Constitucional nº 20, de 15.12.98, instituiu a idade mínima de 60 anos para a aposentadoria dos servidores públicos do sexo masculino. Anteriormente, bastava o tempo de serviço de 35 anos. Ignorando-se as sutilezas do regime de transição, para simplificar o exemplo, confira-se a aplicação dos conceitos. O servidor público de 55 anos, que já tivesse se aposentado pelas regras anteriores, desfrutava de um direito *consumado*, isto é, não poderia ser "desaposentado". O servidor público que tivesse 55 anos de idade e 35 de serviço quando da promulgação da emenda, mas ainda não tivesse se aposentado, tinha direito *adquirido* a aposentar-se, pois já se haviam implementado as condições de acordo com as regras anteriormente vigentes. O servidor que tivesse 45 anos de idade e 25 de serviço, e que contava se aposentar daí a 10 anos, tinha mera *expectativa* de direito, não desfrutando de proteção constitucional plena (embora se deva cogitar de que pudesse pleitear um regime de transição *razoável*, com base nos princípios da boa-fé e da confiança).
45. José Carlos Moreira Alves, Direito adquirido, *FA*, 15:579, 2002, p. 584.
46. STF, DJ 05.04.02, p. 55, RE 177.072-SP, Rel. Min. Sepúlveda Pertence: "Servidores da Universidade de São Paulo: limite remuneratório estabelecido

indivíduos em geral e o padrão monetário existente no país[47]. Daí a afirmação, sempre repetida, de que, e.g., não há direito adquirido do servidor ao regime jurídico existente quando de sua entrada no serviço público, estando a lei nova autorizada a modificar esse regime mesmo em relação àquelas pessoas que já eram, antes de sua entrada em vigor, servidores[48]. Isso não afasta, contudo, a possibilidade de aquisição de direitos mesmo na constância de relações disciplinadas por um regime jurídico, bastando para tanto que os fatos aquisitivos legalmente previstos se realizem na sua integralidade. A prerrogativa

---

pelos Decretos 28.218 e 28.359, de 1988, de conformidade com o disposto no art. 8º da LC est. 535, de 29.2.88: inocorrência de ofensa à garantia constitucional do direito adquirido — que não impede a aplicação imediata de norma modificadora do regime jurídico do servidor público —, nem ao princípio da isonomia, que não serve de fundamento para concessão por decisão judicial de aumento de vencimentos de servidores públicos (Súmula 339)"; STF, DJ 19.04.96, p. 12.229, RE 178.802-RS, Rel. Min. Maurício Correa: "Os proventos da inatividade são regulados pela norma vigente ao tempo de sua aposentadoria, mas o servidor não tem direito adquirido aos critérios legais com base em que "quantum" foi estabelecido, nem à prevalência do regime jurídico então vigente, ainda mais quando, em obediência a preceito constitucional a esse superveniente, lei nova vem disciplinar o regime jurídico e o plano de carreira dos servidores, incorporando aos vencimentos e proventos as gratificações antes recebidas "em cascata" ou "repique", que não são permitidas pela nova ordem constitucional". No mesmo sentido: *RTJ, 143*:293, 1993, RE 134.502-SP, Rel. Min. Carlos Velloso; *RTJ, 99*:1267, 1982, RE 92.511-SC, Rel. Min. Moreira Alves; *RTJ* 88:651, 1979, RE 88.305-CE, Rel. Min. Moreira Alves.
47. STF, DJ 01.03.91, p. 1808, RE 114.982-RS, Rel. Min. Moreira Alves: "Locação. Plano cruzado. Alegação de ofensa ao § 3º do artigo 153 da Emenda Constitucional nº 1/69. Decreto-Lei nº 2.290/86 e Decreto nº 92.592/86. — Falta de prequestionamento da questão constitucional (alegação de ofensa ao § 3º do art. 153 da Emenda Constitucional nº 1/69), quanto a limitação da cláusula de reajuste semestral do aluguel referida no acórdão recorrido. — Já se firmou a jurisprudência desta Corte, como acentua o parecer da Procuradoria-Geral da República, no sentido de que as normas que alteram o padrão monetário e estabelecem os critérios para a conversão dos valores em face dessa alteração se aplicam de imediato, alcançando os contratos em curso de execução, uma vez que elas tratam de *regime legal* de moeda, não se lhes aplicando, por incabíveis, as limitações do direito adquirido e do ato jurídico perfeito a que se refere o § 3º do artigo 153 da Emenda Constitucional nº 1/69. Recurso extraordinário não conhecido".
48. José Carlos Moreira Alves, Direito adquirido, *FA, 15*:579, 2002, p. 584.

de alterar unilateralmente as condições sob as quais se desenvolve o vínculo não poderia ter o condão de afastar a proteção constitucional conferida às situações já aperfeiçoadas segundo as exigências do Direito então vigente. Nesse sentido a seguinte passagem de voto do Min. Sepúlveda Pertence:

> "Vale dizer: nem o caráter institucional da relação com o FGTS, nem a conseqüente improcedência da pretensão de manter-se incólume à alteração do seu estatuto legal implicam não deva a incidência do regime novo respeitar eventuais direitos do trabalhador, adquiridos sob a lei anterior.
> Para sustentar o contrário, seria preciso — como pretendem as razões da Caixa — reviver a desgastada tese da inoponibilidade do direito adquirido ou do ato jurídico perfeito às leis de ordem pública — fruto da importação precipitada de lições doutrinárias fundadas em ordenamentos em que a sua salvaguarda não tem estatura constitucional — a qual, por isso, parece definitivamente sepultada na jurisprudência do Tribunal, pelo menos, desde as solenes exéquias que lhe dedicou o primoroso acórdão da ADIN 493, de 25-6-92, da lavra da Ministro Moreira Alves (RTJ 143/724).
> *A proteção do direito adquirido — tanto mais quanto objeto de garantia constitucional — É técnica, na feliz expressão de Radbruch (El fin del Derecho, trad., BsAs, 1980, p. 112), da 'segurança do direito diante de sua mudança': segue-se que a alteração do regime legal de uma relação jurídica, ainda que de caráter institucional, não afeta os efeitos jurídicos de fatos anteriores à lei nova, se bastantes a aperfeiçoar a aquisição de um direito*"[49]. (grifo acrescentado)

---

49. STF, *RTJ*, *174*:916, 2000, p. 992, RE 226.855-RS, Rel. Min. Moreira Alves. Registre-se, todavia, que o voto do Min. Sepúlveda Pertence acabou restando vencido, tendo o Tribunal decidido que os trabalhadores não tinham direito adquirido à correção do saldo da conta vinculada do FGTS por determinados

A construção da idéia de *regime jurídico* representa, na verdade, uma tentativa de delimitar — fora das hipóteses em que se cuide de ato jurídico perfeito e de coisa julgada — as situações que geram direito adquirido e as que não geram. Nada obstante, a definição do que é e do que não é *regime jurídico* tem sido resolvida casuisticamente pela jurisprudência e até o momento não se produziram parâmetros claros, capazes de definir esses espaços. Na verdade, duas formulações têm sido empregadas comumente para identificar o que seria o *regime jurídico*, uma positiva e outra negativa. Em primeiro lugar, diz-se, há regime jurídico quando a relação decorre da lei e não de um acordo de vontade das partes. A segunda formulação é assim enunciada: há regime jurídico quando não se trate de uma relação contratual[50].

índices, embora reconhecida a validade dos mesmos para os períodos invocados pelos recorrentes, sob o fundamento de que a relação em tela é de caráter institucional, com o que não seria invocável a garantia do art. 5º, XXXVI, da Constituição. A posição do Ministro Pertence é a que corresponde melhor às idéias desenvolvidas no presente trabalho.
50. STF, DJ 13.10.00, p. 20, RE 226.855-RS, Rel. Min. Moreira Alves: "Fundo de Garantia por Tempo de Serviço — FGTS. Natureza jurídica e direito adquirido. Correções monetárias decorrentes dos planos econômicos conhecidos pela denominação Bresser, Verão, Collor I (no concernente aos meses de abril e de maio de 1990) e Collor II. — O Fundo de Garantia por Tempo de Serviço (FGTS), ao contrário do que sucede com as cadernetas de poupança, não tem natureza contratual, mas, sim, estatutária, por decorrer da Lei e por ela ser disciplinado. — Assim, é de aplicar-se a ele a firme jurisprudência desta Corte no sentido de que não há direito adquirido a regime jurídico. — Quanto à atualização dos saldos do FGTS relativos aos Planos Verão e Collor I (este no que diz respeito ao mês de abril de 1990), não há questão de direito adquirido a ser examinada, situando-se a matéria exclusivamente no terreno legal infraconstitucional. — No tocante, porém, aos Planos Bresser, Collor I (quanto ao mês de maio de 1990) e Collor II, em que a decisão recorrida se fundou na existência de direito adquirido aos índices de correção que mandou observar, é de aplicar-se o princípio de que não há direito adquirido a regime jurídico. Recurso extraordinário conhecido em parte, e nela provido, para afastar da condenação as atualizações dos saldos do FGTS no tocante aos Planos Bresser, Collor I (apenas quanto à atualização no mês de maio de 1990) e Collor II".

III. 4. A noção de ato jurídico perfeito

A cláusula constitucional do art. 5º, XXXVI, faz referência a distintas figuras: o ato jurídico perfeito, o direito adquirido e a coisa julgada. Embora os três institutos sejam constitucionais, é na Lei de Introdução ao Código Civil — LICC (Decreto-Lei nº 4.657, de 04.09.42, na redação dada pela Lei nº 3.238, de 01.08.57) que se vai encontrar uma tentativa de conceituação de cada um deles[51], nos seguintes termos:

> "Art. 6º A Lei em vigor terá efeito imediato e geral, respeitados o ato jurídico perfeito, o direito adquirido e a coisa julgada.
> § 1º Reputa-se ato jurídico perfeito o já consumado segundo a lei vigente ao tempo em que se efetuou.
> § 2º Consideram-se adquiridos assim os direitos que o seu titular, ou alguém por ele, possa exercer, como aqueles cujo começo do exercício tenha termo pré-fixo, ou condição pré-estabelecida inalterável, a arbítrio de outrem.

---

51. Quinze anos passados da entrada em vigor da Carta de 1988, não se tem notícia de que a constitucionalidade da LICC tenha sido questionada, de modo que, para todos os efeitos, deve-se considerá-la recepcionada pela nova ordem constitucional. Vale lembrar, no entanto, que os conceitos em questão (ato jurídico perfeito, coisa julgada e direito adquirido) são constitucionais e não legais. Sobre o assunto, v. STF, *RTJ, 174*:932, 2000, RE 226.855-RS, Rel. Min. Moreira Alves: "O próprio Superior Tribunal de Justiça já chegou à conclusão de que, quando há alegação de direito adquirido, a questão é puramente constitucional, pois não se pode interpretar a Constituição com base na lei, sendo certo que o artigo 6º da Lei de Introdução ao Código Civil nada mais faz do que explicitar conceitos que são os da Constituição, dado que o nosso sistema de vedação da retroatividade é de cunho constitucional. E para se aferir se há, ou não, direito adquirido violado pela lei nova é preciso verificar se a aquisição dele se deu sob a vigência da lei antiga, não podendo, pois, ser ele prejudicado por aquela. A não ser que se faça esse confronto, jamais teremos hipótese em que esta Corte possa fazer prevalecer a vedação constitucional da retroatividade. Foi o que sempre se fez com relação aos reajustamentos de vencimentos em face dos planos econômicos. O contrário não é consagrado na jurisprudência deste Tribunal".

§ 3º Chama-se coisa julgada ou caso julgado a decisão judicial de que já não caiba recurso"[52.]

Parte da doutrina visualiza em cada um deles estruturas diversas, cada qual objeto de proteção autônoma da Constituição[53]. A maioria dos autores, contudo, e também o Supremo Tribunal Federal[54], iden-

---

52. É comum ver-se defendida a tese de que a Constituição, pela dicção da norma que estabelece o respeito ao direito adquirido, ao ato jurídico perfeito e à coisa julgada, teria consagrado como princípio a retroatividade, e não o contrário. De fato, a lei pode retroagir legitimamente desde que não fira direito adquirido, ato jurídico perfeito ou coisa julgada e nem viole alguma das outras disposições que impedem sua ação retroativa. Todavia, tendo em vista a gravidade da retroatividade da lei, e o fato de que, na prática, tais figuras abarcam parcela mais expressiva das situações controvertidas, o verdadeiro princípio tem o sinal invertido; por isso, o mais apropriado é falar em não-retroatividade. V. José Carlos Moreira Alves, Direito adquirido, *FA*, 15:579, 2002, p. 581.
Este é o entendimento acolhido na jurisprudência do Supremo Tribunal Federal, como se vê em *RTJ*, 145:463, 1993, ADInMC 605-DF, Rel. Min. Celso de Mello: "O princípio da irretroatividade somente condiciona a atividade jurídica do Estado nas hipóteses expressamente previstas pela Constituição, em ordem a inibir a ação do Poder Público eventualmente configuradora de restrição gravosa (a) ao *status libertatis* da pessoa (CF, art. 5º, XL), (b) ao *status subjectionis* do contribuinte em matéria tributária (CF, art. 150, III, a) e (c) à segurança jurídica no domínio das relações sociais (CF, art. 5º, XXXVI)". A doutrina, tanto civilista como publicista, chancela este ponto de vista, como se colhe, por todos, em: Silvio Rodrigues, *Direito civil*, v. I, pp. 51 e 53; e Pinto Ferreira, *Comentários à Constituição brasileira*, v. I, 1989, p. 143.
53. Nesse sentido, Pontes de Miranda, *Comentários à Constituição de 1967 com a Emenda nº 1 de 1969*, t. V, 1971, p. 102: "O ato jurídico perfeito, a que se refere o art. 153, § 3º [agora, art. 5º, XXXVI], é o negócio jurídico, ou o ato jurídico stricto sensu; portanto, assim as declarações unilaterais de vontade como os negócios jurídicos bilaterais, assim os negócios jurídicos, como as reclamações, interpretações, a fixação de prazo para a aceitação de doação, as comunicações, a constituição de domicílio, as notificações, o reconhecimento para interromper a prescrição ou com sua eficácia (ato jurídico stricto sensu)"; e José Afonso da Silva, *Curso de direito constitucional positivo*, 1997, p. 414: "A diferença entre direito adquirido e ato jurídico perfeito está em que aquele emana diretamente da lei em favor de um titular, enquanto o segundo é negócio fundado na lei".
54. V. STF, DJ 28.09.84, p. 15.960, RE 102.216-SP, Rel. Min. Moreira Alves: "Direito de preferência de locatário de imóvel vendido a terceiro. (...) Em face

tificam o *direito adquirido* como o objeto principal da proteção constitucional, sendo o ato jurídico perfeito e a coisa julgada apenas dois modos típicos — ainda que não únicos — de geração de direitos adquiridos. Ou seja: o ato jurídico perfeito e a coisa julgada dão origem a direitos adquiridos.

Alguns autores chegam a criticar a referência da Carta ao ato jurídico perfeito e à coisa julgada como um excesso inútil; bastaria a menção ao direito adquirido para abranger todo o fenômeno[55]. Parecem ter melhor razão, no entanto, aqueles que vislumbram na tradicional opção do constituinte brasileiro pela referência tríplice um objetivo didático e simplificador: os conceitos de ato jurídico perfeito e de coisa julgada são mais simples e precisos que o de direito adquirido, de modo que a referência a eles, ainda que o objetivo indireto seja a proteção do direito adquirido por eles gerado, simplifica a discussão[56]. O Ministro Moreira Alves analisa a questão da seguinte forma:

---

do parágrafo 3º do artigo 153 da Constituição, que não faz qualquer distinção em matéria de ato jurídico perfeito e de direito adquirido, é indubitável que o contrato válido entre as partes é ato jurídico perfeito, dele decorrendo, para uma ou para ambas, direitos adquiridos. Se a lei posterior cria para terceiro direito sobre o objeto do contrato e oponível a ambas as partes contratantes, não pode ela, sob pena de alcançar o ato jurídico perfeito e o direito adquirido entre as partes, ser aplicada a contratos validamente celebrados antes de sua vigência". V. também *Inf. STF, 32*: "A referência a direito adquirido constante do art. 17 do ADCT ('Os vencimentos, a remuneração, as vantagens e os adicionais, bem como os proventos de aposentadoria que estejam sendo percebidos em desacordo com a Constituição serão imediatamente reduzidos aos limites dela decorrentes, não se admitindo, neste caso, a invocação de direito adquirido ou percepção de excesso a qualquer título.') compreende a coisa julgada e o ato jurídico perfeito. Com esse fundamento a Turma conheceu e deu provimento a RE interposto contra acórdão que deferira mandado de segurança para assegurar aos impetrantes (servidores públicos) reajuste de remuneração idêntico ao concedido a outra categoria funcional, sob o argumento de que esse direito fora reconhecido por decisão transitada em julgado. Precedente citado: DJ 08.09.96, p. 27.102, RE 140.894-SP, Rel. Min. Ilmar Galvão e DJ 23.08.96, p. 29.311, RE 171.235-MA, Rel Ilmar Galvão".

55. Rubens Limongi França, *A irretroatividade das leis e o direito adquirido*, 1982, p. 212.

56. Nas palavras de Clóvis Beviláqua, *Teoria geral do direito civil*, 1976, pp. 26-7: "Em rigor, tudo se reduz ao respeito assegurado aos direitos adquiridos;

"Esse conceito de direito adquirido para efeito de direito intertemporal é um conceito que se nós examinarmos mais de perto em face de outros dois — o ato jurídico perfeito e a coisa julgada, nós vamos chegar à conclusão de que, na realidade, os três poderiam estar compendiados em um só, ou seja, tanto do ato jurídico perfeito quando da coisa julgada decorreriam necessariamente o direito adquirido. Conseqüentemente não haveria em rigor necessidade de valermo-nos desses outros dois conceitos. Mas a pergunta que se faz é por que isso? A resposta talvez seja uma resposta pragmática, mas eu nunca encontrei outra.

É que os conceitos de ato jurídico perfeito e coisa julgada são conceitos singelos, a respeito dos quais não há maior discussão, ao passo que o conceito de direito adquirido é um conceito bastante controvertido ou pelo menos um conceito cujo conteúdo ainda é bastante controvertido, e, conseqüentemente, dá margem a muitos problemas. Por isso mesmo é que os senhores verificam que toda vez que nós podemos lançar mão do ato jurídico perfeito e da coisa julgada, ninguém vai lançar mão do direito adquirido"[57].

Feita essa breve digressão, volta-se o foco para a noção de ato jurídico perfeito. Na definição da LICC, ato jurídico perfeito é *o já consumado segundo a lei vigente ao tempo em que se efetuou*. Em palavras de Pontes de Miranda: "O ato jurídico perfeito é o negócio jurídico, ou o ato jurídico stricto sensu; portanto, assim as declarações unilaterais de vontade como os negócios jurídicos bilaterais"[58]. O contrato, como se sabe, constitui o típico negócio jurídico bilateral e é o exemplo mais citado de ato jurídico perfeito. Para os fins da

---

mas, como no ato jurídico perfeito e na coisa julgada se apresentam momentos distintos, aspectos particulares do direito adquirido, foi de vantagem, para esclarecimento da doutrina, que se destacassem esses casos particulares e deles se desse a justa noção".
57. José Carlos Moreira Alves, Direito adquirido, *FA*, 15:579, 2002, pp. 582-3.
58. Pontes de Miranda, *Comentários à Constituição de 1967 com a Emenda nº 1 de 1969*, t. V, 1971, p. 102.

discussão aqui proposta, é nele que se concentrará a discussão da matéria.

Em desfecho desse tópico e antes de aprofundar a discussão específica, é possível compendiar de modo sumário as principais idéias expostas até aqui, consoante as proposições seguintes:

1. inexiste liberdade de conformação do legislador para aplicar o direito novo a situações jurídicas já consolidadas, que se subsumam nas hipóteses constitucionalmente protegidas de direito adquirido e ato jurídico perfeito;

2. é irrelevante a qualificação da lei nova como lei dispositiva ou de ordem pública, para fins de se solver o conflito intertemporal de leis; e

3. somente o constituinte originário pode afetar direito adquirido e ato jurídico perfeito, mas ainda assim deverá fazê-lo de modo expresso. O legislador infraconstitucional somente poderá prescrever a retroatividade quando ela não afetar as situações constitucionalmente protegidas.

Parte II
O NOVO CÓDIGO CIVIL E OS CONTRATOS A ELE ANTERIORES

IV. Os contratos e a proteção constitucional do ato jurídico perfeito

A teoria do ato jurídico perfeito e do direito adquirido teve especial desenvolvimento no campo dos contratos, tendo em conta a importância da autonomia da vontade nesse particular. Ao manifestarem o desejo de se vincular em um ajuste, as partes avaliam as conseqüências dessa decisão, considerando as normas em vigor naquele momento. É incompatível com a idéia de segurança jurídica admitir que a modificação posterior da norma pudesse surpreender as partes para alterar aquilo que tinham antevisto no momento da celebração do contrato. Por essa razão é que mesmo Paul Roubier, o defensor da incidência imediata da lei nova sobre os fatos pendentes, abria exceção explícita em sua teoria aos contratos. Estes, assinalou Roubier, não se regem pelo princípio da incidência imediata da lei nova, e sim pelo da sobrevivência da lei antiga[59].

Em suma: as relações contratuais regem-se, durante toda a sua existência, pela lei vigente quando de sua constituição. Isto é: a lei nova não pode afetar um contrato já firmado, nem no que diz respeito à sua constituição válida, nem à sua eficácia. Os efeitos provenientes do contrato, independentemente de se produzirem antes ou depois da entrada em vigor do direito novo, são também objeto de salvaguarda, na medida em que não podem ser dissociados de sua causa jurídica, o próprio contrato. A lição de Henri de Page sobre o assunto é clássica e foi reproduzida por Caio Mário da Silva Pereira nos seguintes termos:

> "Os contratos nascidos sob o império da lei antiga permanecem a ela submetidos, mesmo quando os seus efeitos se desenvolvem sob o domínio da lei nova. O que a inspira é a necessidade da segurança em matéria contratual. No conflito dos dois interesses, o do progresso, que comanda a aplicação imediata da lei nova, e o da estabilidade do contrato, que conserva aplicável a lei antiga, tanto no que concerne às condições de formação, de validade e de prova, quanto no que alude aos efeitos dos contratos celebrados na vigência da lei anterior, preleva este sobre aquele"[60].

A questão, na verdade, como já se tinha destacado desde o início, não é controvertida. A doutrina aponta a existência de consenso no sentido de subordinar os efeitos do contrato à lei vigente no momento em que tenha sido firmado, mesmo quando tal aplicação importa em atribuir ultratividade à lei anterior, negando-se efeito à lei nova[61]. A aplicação imediata da lei nova, nesse caso, produziria a denominada retroatividade mínima, que por ser igualmente gravosa à

---

59. V. Paul Roubier, *Le droit transitoire (conflits des lois dans le temps)*, 1960.
60. Caio Mário da Silva Pereira, *Instituições de direito civil*, v. I, 1997, pp. 100-1.
61. Confirmando a assertiva, v. Arnoldo Wald, Da doutrina brasileira do direito adquirido e a projeção dos efeitos dos contratos contra a incidência da lei nova, *RILSF*, 70:143, 1981, p. 145.

segurança jurídica, é também vedada pelo sistema constitucional. Reaviva-se aqui a passagem clássica do Ministro Moreira Alves sobre o assunto, *in verbis*:

> "Se a lei alcançar os efeitos futuros de contratos celebrados anteriormente a ela, será essa lei retroativa porque vai interferir na causa, que é um ato ou fato ocorrido no passado. Nesse caso, a aplicação imediata se faz, mas com efeito retroativo"[62].

Vale ainda observar que as conclusões expostas acima não se alteram quando estejam em questão contratos de trato sucessivo ou de execução continuada, cuja característica é exatamente a produção de efeitos que se protraem no tempo. Parece fora de dúvida que também esses ajustes consubstanciam atos jurídicos perfeitos e devem reger-se, para todos os seus efeitos, pela lei vigente ao tempo de sua constituição. A doutrina, tanto clássica como mais moderna, é incontroversa a este respeito[63].

---

62. José Carlos Moreira Alves, As leis de ordem pública e de direito público em face do princípio constitucional da irretroatividade, *RPGR, 01*:13, 1992, p. 14.
63. V. Vicente Ráo, *Ato jurídico*, 1999, p. 63: "Os atos de execução continuada (todos e não apenas os contratos) caracterizam-se pela unidade orgânica da relação e pelo desdobramento ou pluralidade de suas prestações, a fim de serem cumpridas em momentos ou termos sucessivos e predeterminados por lei, ou por atos dispositivos convencionais. Embora distintas quanto ao tempo de vencimento, essas prestações múltiplas ou desdobradas umas às outras se prendem em conseqüência da unidade estrutural da relação que, gerando-as, as disciplina"; e Celso Antônio Bandeira de Mello, O direito adquirido e o direito administrativo, *RTDP, 24*:54, 1998, p. 61: "É de lembrar que os contratos de trato sucessivo constituem-se por excelência em atos de previsão. Por meio deste instituto a ordem jurídica prestigia a autonomia da vontade ao ponto de propiciar-lhe o poder de fazer ajustes cuja força específica é atrair para o presente eventos a serem desenrolados em um futuro às vezes distante.
Por via dele, então, as partes propõem-se a garantir, desde já, aquilo que deverá ubicar-se no futuro. Donde, ao se comprometerem, o que os contratantes estão visando é à eliminação da precariedade, porque a essência do pacto é (...) estabilizar, de logo, eventos que deverão suceder mais além no tempo. O fulcro do instituto, portanto, repousa na continuidade dos termos que presidem a avença. Se a lei nova pudesse subverter o quadro jurídico dentro do qual as partes avençaram, fazendo aplicar de imediato as regras supervenientes, estaria

A jurisprudência é igualmente tranqüila nesse mesmo sentido. Tal foi o entendimento adotado pelo Superior Tribunal de Justiça em relação aos contratos que se encontravam em curso quando da entrada em vigor do Código de Defesa do Consumidor, sobre os quais o novo diploma não pôde incidir[64], e do Supremo Tribunal Federal, ainda antes de 1988, no que diz respeito aos contratos de locação, em relação à nova lei que passou a reger a matéria[65]. Após a nova Constituição, o Supremo Tribunal Federal já teve oportunidade de se manifestar reiteradas vezes sobre o ponto[66]. Recentemente, reiterou seus precedentes no tocante às cadernetas de poupança e pronunciou-se acerca da incidência da lei dos planos de saúde às relações preexistentes. Confiram-se excertos de cada uma das decisões:

---

negando sentido à própria essência deste tipo de vínculo, por instaurar resultado oposto ao que se busca com o instituto do contrato".
64. STJ, DJ 04.04.94, REsp 31.954-0-RS, Rel. para o acórdão Min. Waldemar Zveiter: "Por primeiro, considero que, formalizado o compromisso de venda e compra anteriormente à vigência da Lei nº 8.078, de 11.9.90 (Código de Proteção e Defesa do Consumidor), não incide na hipótese sub judice o preceituado art. 53 do mencionado diploma legal. Conforme ainda há pouco teve oportunidade de decidir o Sumo Pretório, 'o disposto no art. 5º, XXXVI, da Constituição Federal, se aplica a toda e qualquer norma infraconstitucional, sem qualquer distinção entre lei de direito público e lei de direito privado, ou entre lei de ordem pública e lei dispositiva' (Ação Direta de Inconstitucionalidade nº 493-0/DF, relator Ministro Moreira Alves). Aliás, no sentido da inaplicabilidade do Código de Defesa do Consumidor a contrato celebrado sob a égide do ordenamento jurídico anterior por igual se orientou a C. Terceira Turma deste Tribunal, em precedente da relatoria do Ministro Eduardo Ribeiro (REsp 36.455-8-SP)". No mesmo sentido: DJ 19.09.94, p. 24.694, REsp 50.871-RS, Rel. Min. Paulo Costa Leite; DJ 05.09.94, p. 23.110, REsp 45.666-5-SP, Rel. Min. Barros Monteiro; DJ 12.12.94, p. 34.346, REsp 38.518-0-SP, Rel. Min. Costa Leite; *RSTJ, 65*:393, 1995, REsp 38.492-3-SP, Rel. Min. Antônio Torreão Brás.
65. STF, DJ 28.09.84, p. 15.960, RE 102.216-SP, Rel. Min. Moreira Alves.
66. STF, *RTJ, 143*:724, 1993, ADIn 493-DF, Rel. Min. Moreira Alves: "Disso deriva, a nosso ver, que à sobrevivência da eficácia das cláusulas livremente pactuadas de um contrato, em matéria que, à época da sua celebração, era confiada à autônoma estipulação das partes, não pode opor-se a lei superveniente, ainda que de ordem pública". V. também, dentre outras decisões, STF, DJ 06.06.97, p. 24.891, RE 205.193-RS, Rel. Min. Celso de Mello; STF, DJ 19.12.02, p. 127, ED no AI 292.979-RS, Rel. Min. Celso de Mello; STF, DJ 19.12.02, ED no AI 358.471-RJ, Rel. Min. Celso de Mello; STF, DJ 28.03.03, ED no AI 362.422-PR, Rel. Min. Celso de Mello.

"Caderneta de poupança — Contrato de depósito validamente celebrado — Ato jurídico perfeito — Intangibilidade constitucional — CF/88, art. 5º, XXXVI — Inaplicabilidade de lei superveniente à data da celebração do contrato de depósito, mesmo quanto aos efeitos futuros decorrentes do ajuste negocial (...) Os contratos submetem-se, quanto ao seu estatuto de regência, ao ordenamento normativo vigente à época de sua celebração. Mesmo os efeitos futuros oriundos de contratos anteriormente celebrados não se expõem ao domínio normativo de leis supervenientes. As conseqüências jurídicas que emergem de um ajuste negocial válido são regidas pela legislação em vigor no momento de sua pactuação. Os contratos — que se qualificam como atos jurídicos perfeitos (RT 547/215) — acham-se protegidos, em sua integralidade, inclusive quanto aos efeitos futuros, pela norma de salvaguarda constante do art. 5º, XXXVI, da Constituição da República. Doutrina e Precedentes (...) — A incidência imediata da lei nova sobre os efeitos futuros de um contrato preexistente, precisamente por afetar a própria causa geradora do ajuste negocial, reveste-se de caráter retroativo (retroatividade injusta de grau mínimo), achando-se desautorizada pela cláusula constitucional que tutela a intangibilidade das situações jurídicas definitivamente consolidadas. Precedentes"[67].

---

67. STF, DJ 27.06.03, ED no AI 366.803-2-RJ, Rel. Min. Celso de Mello. No mesmo sentido, v. STF, DJ 29.06.01, p. 48, AgRg no AI 331.432-SP, Rel. Min. Sepúlveda Pertence: "Caderneta de poupança: direito adquirido dos depositantes à manutenção do critério de correção monetária vigente na data do depósito. O STF, por ambas as suas Turmas, firmou entendimento no sentido de que "nos casos de caderneta de poupança cuja contratação ou renovação tenha ocorrido antes da entrada em vigor da Medida Provisória nº 32, de 15.01.89, convertida em Lei nº 7.730, de 31.01.89, a elas não se aplicam, em virtude do disposto no artigo 5º, XXXVI, da Constituição Federal, as normas dessa legislação infraconstitucional, ainda que os rendimentos venham a ser creditados em data posterior".

"O Tribunal, por aparente ofensa ao direito adquirido e ao ato jurídico perfeito (CF, art. 5º, XXXVI), deferiu em parte o pedido de medida cautelar para declarar a inconstitucionalidade da expressão "atuais e" constante do § 2º do art. 10 da Lei 9.656/98, com a redação dada pela Medida Provisória 1.908-18/99, delimitando, no entanto, a incidência da declaração aos contratos aperfeiçoados até o dia 3/6/98, e aos aperfeiçoados entre 4/6/98 e 1º/9/98 e entre 8/12/98 e 2/12/99 ('Art. 10. É instituído o plano-referência de assistência à saúde, com cobertura assistencial médico-ambulatorial e hospitalar, compreendendo partos e tratamentos, realizados exclusivamente no Brasil, com padrão de enfermaria, centro de terapia intensiva, ou similar, quando necessária a internação hospitalar, das doenças listadas na Classificação Estatística Internacional de Doenças e Problemas Relacionados com a Saúde, da Organização Mundial de Saúde, respeitadas as exigências mínimas estabelecidas no art. 12 desta Lei (...) § 2º As pessoas jurídicas que comercializam produtos de que tratam o inciso I e o § 1º do art. 1º desta Lei, oferecerão, obrigatoriamente, a partir de 3 de dezembro de 1999, o plano-referência de que trata este artigo a todos os seus atuais e futuros consumidores')"[68].

Em suma: os contratos, frutos da autônoma estipulação das partes, bem como seus efeitos futuros, encontram-se protegidos pela garantia constitucional prevista no art. 5º, XXXVI, contra os efeitos da lei nova, que não poderá atingi-los[69].

---

68. STF, DJ 28.05.04, p. 03, ADInMC 1.931-DF, Rel. Min. Maurício Corrêa.
69. Nada obstante, impõe-se estabelecer uma distinção decisiva entre o núcleo da manifestação de vontade das partes, que deve ser intangível, e a disciplina legal de um instituto ou de determinada matéria. O que a Constituição impõe que seja preservado é a integridade da expressão de consenso entre os contratantes. Daí não resulta, todavia, o congelamento do tratamento jurídico do tema. Por exemplo: uma lei nova que estabeleça que o regime legal de bens no matrimônio será o da comunhão universal não poderá ser aplicada retroativamente, colhendo os casamentos já celebrados. O regime de bens é objeto de manifestação de vontade das partes e é legítimo especular que não teria havido o acordo

V. Inconstitucionalidade parcial do Art. 2.035 do novo Código Civil no que diz respeito aos contratos celebrados na vigência do Código de 1916.

À vista dos conceitos expostos até aqui, cabe em desfecho examinar diretamente o art. 2.035 do novo Código Civil. Este o teor literal do dispositivo, que se reproduz mais uma vez, por facilidade:

> "Art. 2.035. A validade dos negócios e demais atos jurídicos, constituídos antes da entrada em vigor deste Código, obedece ao disposto nas leis anteriores, referidas no art. 2.045, mas os seus efeitos, produzidos após a vigência deste Código, aos preceitos dele se subordinam, salvo se houver sido prevista pelas partes determinada forma de execução. Parágrafo único. Nenhuma convenção prevalecerá se contrariar preceitos de ordem pública, tais como os estabelecidos por este Código para assegurar a função social da propriedade e dos contratos".

Da leitura do enunciado normativo transcrito é possível visualizar, desde logo, dois vícios de inconstitucionalidade bastante claros, quando se pretenda aplicá-lo aos contratos. O primeiro vício está localizado na oração final do *caput*. A despeito de o artigo iniciar registrando que a validade dos negócios e atos jurídicos constituídos antes da entrada em vigor do novo Código está subordinada ao que dispunham as normas que lhe eram contemporâneas, a sua parte final pretende que os efeitos desses mesmos negócios sejam agora submetidos ao que prevê o novo Código Civil. Ora, como se procurou demonstrar, em matéria de contratos isto é, de atos jurídicos que resultam da disposição autônoma das partes, não apenas as condições

---

se vigesse o regime que se quer compulsoriamente instituir.

Diferente é a situação em que a lei nova institua, por exemplo, a possibilidade de divórcio. O ato jurídico perfeito, representado pelo casamento válido, não autoriza um dos cônjuges a invocar direito adquirido à indissolubilidade do vínculo matrimonial, opondo-se, por esse fundamento, à pretensão de divórcio ajuizada pelo outro cônjuge. Trata-se, aqui, da disciplina legal do instituto, em aspecto situado na periferia da relação jurídica que se estabeleceu, e não no núcleo das vontades manifestadas.

de sua validade, mas também seus efeitos encontram-se protegidos da incidência da lei superveniente, ainda que se trate de efeitos futuros e não realizados quando da entrada em vigor do novo diploma normativo.

A segunda inconstitucionalidade do artigo encontra-se em seu parágrafo único, na medida em que se entenda que a norma pretende fazer aplicar disposições do novo Código Civil aos contratos em curso (dentre outros atos jurídicos), sob o fundamento de terem o caráter de normas de ordem pública, como, *e.g.*, as que envolvam a função social da propriedade e do contrato[70]. Como também já se expôs acima, o fato de uma norma poder ser qualificada como de *ordem pública* não lhe confere o poder de afastar a garantia constitucional prevista pelo art. 5º, XXXVI, da Carta de 1988. Diante de um ato jurídico perfeito, torna-se irrelevante qual a natureza da norma: todas elas deverão respeito ao ato, por expressa determinação constitucional.

Em resumo: o art. 2.035 do novo Código Civil produz duas situações de invalidade, na verdade interligadas, que podem ser descritas da seguinte forma: é inconstitucional, por violar a garantia constitucional conferida ao ato jurídico perfeito (CF, art. 5º, XXXVI), a aplicação do novo Código Civil aos efeitos de contratos firmados antes da vigência desse diploma, como pretende o *caput* do art. 2.035, conclusão que não se altera pelo fato de as normas do novo diploma poderem ser qualificadas como normas de ordem pública[71].

---

70. A cláusula da função social da propriedade, da qual se infere a função social dos contratos, integra o direito positivo brasileiro desde a promulgação da Constituição de 1988 (art. 5º, XXIII), não constituindo, em si, uma novidade do novo Código Civil. Desse modo, a validade de cada contrato, inclusive quanto à adequação às exigências de sua função social, deve ser examinada em função do quadro normativo existente quando de sua celebração.

71. Nesse sentido parecem ser as manifestações dos poucos autores que já escreveram sobre o tema. V. Antônio Jeová Santos, *Direito intertemporal e o novo Código Civil*, 2003, p. 69: "Diante da insofismável tendência da intangibilidade do ato jurídico perfeito é que os efeitos dos negócios jurídicos que venham a se perfazer durante a vigência do Código Civil de 2002 a este Código não se subordinam. O Código de 1916 continuará sendo aplicado como proteção àquele ato jurídico perfeito celebrado em época anterior à vigência do Código Civil de 2002. Somente assim a segurança, a certeza e a justiça contratual gozarão de plenitude e eficácia"; e Maria Helena Diniz, *Código Civil anotado*,

VI. Conclusões

Em desfecho desse estudo, é possível sintetizar as principais idéias nele desenvolvidas em uma conclusão objetiva, enunciada na proposição que se segue.

A garantia contra a retroatividade da lei prevista no art. 5º, XXXVI, da Constituição, impede que os contratos, mesmo aqueles de trato sucessivo, ou quaisquer outros atos jurídicos perfeitos, sejam afetados pela incidência da lei nova, tanto no que diz respeito à sua constituição válida, quanto no que toca à produção de seus efeitos, ainda que estes se produzam já sob o império da nova lei. Neste sentido, não pode ser aplicada integralmente a regra do art. 2.035 do novo Código Civil, sob pena de inconstitucionalidade. Esta conclusão não se altera pelo fato de a norma nova poder ser qualificada como norma de ordem pública. A Constituição não distingue entre espécies de leis e não se pode admitir que a norma infraconstitucional, qualificando a si própria de uma determinada forma, afaste a garantia constitucional. A proteção constitucional recai sobre o núcleo da manifestação de vontade das partes e seus efeitos, e não sobre o tratamento legal do instituto ou da matéria.

2003, p. 1.375: "O novo Código Civil apenas poderá incidir sobre situações jurídicas iniciadas após a data de sua vigência (situações jurídicas futuras); logo não atingirá as consolidadas em épocas passadas (situações jurídicas pretéritas). Vigorará para os atos e negócios jurídicos, ou melhor, para as situações jurídicas *ex nunc*, respeitando as já constituídas, pois não poderá vulnerar o ato jurídico perfeito e acabado. Imprescindível será o resguardo da validade e da eficácia dos atos negociais já praticados para garantia do próprio direito adquirido. Com a consumação de um ato ou negócio jurídico sob o amparo da lei anterior, seus efeitos ficarão intocáveis, insuscetíveis de modificação pela novel norma, sendo por ela insuprimível, pois sobre ele não terá eficácia alguma. A superveniência do novo Código Civil, portanto, não alterará os atos e negócios jurídicos válidos e já consumados, nem lhes modificará o *status quo*". A mesma autora se manifestou também sobre os contratos sucessivos, nos seguintes termos (p. 1.376): "O contrato sucessivo nascido durante a vigência da lei antiga e em curso de execução, ao publicar-se a nova, reger-se-á por aquela, por ser ato jurídico perfeito e por haver direito adquirido, visto inexistir dependência de preenchimento de quaisquer requisitos exteriores de caráter acidental ou contingente".

Constitucionalidade e legitimidade da Reforma da Previdência

(Ascensão e queda de um regime de erros e privilégios)

SUMÁRIO: Introdução. Pré-compreensão e interpretação constitucional. Parte I: Conceitos e informações fundamentais. I. Regime constitucional da Previdência Social no Brasil. II. Alguns dados acerca da realidade material. III. Algumas causas da crise da Previdência Social no Brasil. Parte II: Inovações introduzidas com a reforma. IV. Nota Preliminar. V. As novas regras do modelo permanente. VI. Situação dos aposentados e dos que já haviam adquirido direito à aposentadoria quando da promulgação da EC nº 41, de 2003. VII. Regras de transição para os servidores em atividade, que ainda não haviam adquirido direito à aposentadoria. Parte III: A discussão constitucional. VIII. Segurança jurídica, direito intertemporal e proteção do direito adquirido. 1. Segurança jurídica e direito intertemporal. 2. Direito adquirido: conteúdo e alcance. IX. Algumas questões controvertidas. 1. Contribuição de inativos. 2. Mudanças das regras de aposentadoria e pensão. X. Conclusões. Constitucionalidade e legitimidade da reforma

Introdução
PRÉ-COMPREENSÃO E INTERPRETAÇÃO CONSTITUCIONAL

Na moderna interpretação constitucional, a norma jurídica, como relato puramente abstrato, já não desfruta da supremacia de outros tempos. Há duas evidências reconhecidas pela doutrina e progressivamente admitidas pela jurisprudência: a) os fatos subjacentes e as conseqüências da interpretação sobre o mundo real não podem ser tratados com indiferença; b) o papel do intérprete não consiste apenas em revelar o que supostamente já estaria contido na norma: ele age investido de parcela de discricionariedade e dentro das possibilidades e limites oferecidos pelo ordenamento, deverá fazer valorações *in concreto* e escolhas fundamentadas[1].

Porque assim é, há um dever ético do intérprete de declinar a sua *pré-compreensão* a propósito da matéria que está sendo interpretada, o que significa dizer, explicitar o seu ponto de observação e os fatores que influenciam o seu modo de raciocinar[2]. Eis, portanto, os valores que figuram como parâmetros da minha argumentação:

a) O sistema previdenciário brasileiro tornou-se injusto e desigual, com abissal desequiparação entre o setor privado e o setor público. Nesse último, vigora um regime no qual os recursos do orçamento geral — e não as contribuições dos beneficiários — financiam os benefícios e cobrem o *deficit* crescente, promovendo um modelo concentrador de renda, fundado em uma solidariedade social invertida: os mais pobres financiam os mais ricos;

---

1. A propósito desses novos desenvolvimentos doutrinários, v. Luís Roberto Barroso e Ana Paula de Barcellos, "O começo da história. A nova interpretação constitucional e o papel dos princípios no direito brasileiro". In: Luís Roberto Barroso (org.), *A nova interpretação constitucional: ponderação, direitos fundamentais e relações privadas*, 2003.
2. Sobre pré-compreensão, v. Karl Larenz, *Metodologia da ciência do direito*, 1997, p. 285 e ss.; e Konrad Hesse, *Escritos de derecho constitucional*, 1983, p. 44: "El intérprete no puede captar el contenido de la norma desde un punto cuasi arquimédico situado fuera de la existencia histórica sino únicamente desde la concreta situación histórica en la que se encuentra, cuya plasmación ha conformado sus hábitos mentales, condicionando sus conocimientos y sus pre-juicios".

b) O Estado, por certo, deve respeitar direitos adquiridos onde eles existam. Porém, mais que isso, não deve ser indiferente nem prepotente em relação às expectativas legítimas das pessoas. Como conseqüência, em nome da segurança jurídica e da boa-fé, deve promover um modelo de transição racional e razoável[3].

Em suas linhas gerais, a Emenda Constitucional nº 41, de 19.12.2003, realiza adequadamente os dois objetivos. Confira-se a demonstração do argumento.

Parte I
CONCEITOS E INFORMAÇÕES FUNDAMENTAIS

I. Regime constitucional da Previdência Social no Brasil[4]

A Constituição de 1988 abriu um capítulo específico, dentro do Título dedicado à Ordem Social, para a *Seguridade Social* (art. 194 e ss.), nela incluindo os direitos relativos à Saúde, à Previdência Social e à Assistência Social. O presente estudo concentrar-se-á apenas na Previdência Social que, nos termos constitucionais, será de caráter contributivo e de filiação obrigatória. A Previdência Social é um seguro público que visa a cobrir um conjunto amplo de riscos sociais, dentre os quais se inclui a perda da capacidade de trabalho em razão de doença, invalidez ou idade avançada (art. 201)[5].

---

3. Em debate na Comissão de Constituição e Justiça da Câmara dos Deputados, a convite dos Deputados Luís Eduardo Greenhalg, Sigmaringa Seixas, José Eduardo Cardoso e Maurício Rands, realizado em 21 de maio de 2003, declarei textualmente: "O modelo proposto é ousado e promove justiça social. Mas deve instituir um sistema de transição menos rígido". Ao longo do processo legislativo, a PEC nº 40 foi indiscutivelmente flexibilizada.
4. Sobre o tema, v. Marcelo Leonardo Tavares, *Previdência e assistência social — Legitimação e fundamentação constitucional brasileira*, 2003. Este trabalho foi a dissertação de mestrado do autor, recentemente publicada em edição comercial, com prefácio meu. As idéias nela desenvolvidas servem de fio condutor da primeira parte desse trabalho.
5. Assim dispõe o art. 201 e seus incisos: "A previdência social será organizada sob a forma de regime geral, de caráter contributivo e de filiação obrigatória, observados critérios que preservem o equilíbrio financeiro e atuarial, e atenderá,

O sistema constitucional de previdência no Brasil comporta uma primeira grande divisão em público e privado. A previdência *privada* — não confundir com o regime aplicável aos trabalhadores da iniciativa privada — é de natureza contratual, facultativa e complementar. Nela o Estado não participa, salvo na sua condição eventual de empregador, quando então será entidade patrocinadora, em situação análoga à de uma empresa[6]. A previdência privada ou complementar, como também é conhecida, tem sua matriz constitucional no art. 202 e é regulada por lei complementar[7]. De acordo com a disciplina em vigor, a previdência privada pode ser aberta ou fechada[8].

O sistema *público* de previdência, identificado como Previdência Social, distingue-se do privado por seu caráter institucional (não contratual), de filiação compulsória e financiamento mediante contribuições sociais e recursos orçamentários. Existem dois modelos de Previdência Social no Brasil: (i) o regime geral (RGPS), que congrega todos os *trabalhadores da iniciativa privada* (bem como outras pessoas que podem voluntariamente filiar-se), e é gerido pelo INSS, uma autarquia federal; e (ii) o regime próprio dos *servidores públicos*

---

nos termos da lei, a: I — cobertura dos eventos de doença, invalidez, morte e idade avançada; II — proteção à maternidade, especialmente à gestante; III — proteção ao trabalhador em situação de desemprego involuntário; IV — salário-família e auxílio-reclusão para os dependentes dos segurados de baixa renda; V — pensão por morte do segurado, homem ou mulher, ao cônjuge ou companheiro e dependentes, observado o disposto no § 2º. (...)".

6. E, naturalmente, desempenhando função reguladora e fiscalizadora que, aliás, é intensa na matéria.

7. Assim dispõe o art. 202, *caput*: "O regime de previdência privada, de caráter complementar e organizado de forma autônoma em relação ao regime geral de previdência social, será facultativo, baseado na constituição de reservas que garantam o benefício contratado, e regulado por lei complementar". Regem correntemente a matéria a Lei Complementar nº 109, de 29.5.2001, que dispõe sobre o regime de previdência complementar, e a Lei Complementar nº 108, de 29.5.2001, que dispõe sobre a relação entre a União, os Estados, o DF e os Municípios, suas autarquias, fundações, sociedades de economia mista e outras entidades públicas e suas respectivas entidades fechadas de previdência complementar.

8. A previdência pode ser mantida por entidades privadas, que serão consideradas fechadas ou abertas de acordo com a existência ou não de limitação subjetiva à participação nos respectivos planos de benefícios, nos termos dos arts. 31 e 36 da Lei Complementar nº 109, de 29.5.2001.

(RPSP), organizado por cada uma das entidades estatais — União, Estados, Distrito Federal e Municípios —, que reúne os servidores que ocupam ou ocuparam cargos públicos efetivos.

O Regime Geral da Previdência Social (RGPS) tem seu perfil constitucional traçado no art. 201 e foi regulamentado pela Lei n° 8.213, de 24.7.91. A filiação, como regra geral, é obrigatória, constituindo um dos sistemas previdenciários mais abrangentes do mundo[9]. O RGPS está estruturado na fórmula da repartição simples — custeio em regime de caixa, pelo qual não há capitalização, de modo que a arrecadação de hoje é que paga os benefícios atuais[10] — e, embora tenha caráter contributivo[11], é informado pelo princípio da solidariedade[12]. O benefício é definido, mas limitado a um mínimo e a um máximo[13], e o reajuste é feito por critério estabelecido em lei, sem vinculação entre proventos e salários dos empregados em atividade.

---

9. De fato, nele se incluem todos os trabalhadores da iniciativa privada, urbanos e rurais, assim como os servidores que não possuem vínculo efetivo com a Administração e demais pessoas que não exerçam atividade laboral reconhecida por lei, mas que optem pela vinculação facultativa.

10. Regimes de previdência, tradicionalmente, podem ser custeados por duas formas: pelo regime de repartição e pelo regime de capitalização. No regime de capitalização, dá-se a acumulação de valores pelo trabalhador durante sua fase ativa, como uma poupança individual ou coletiva. O investimento desses recursos irá financiar os benefícios devidos no futuro. O regime de repartição simples é um sistema de custeio em regime de caixa, pelo qual a arrecadação é imediatamente carreada para pagamento de benefícios já devidos, sem que haja, necessariamente, um processo de acumulação prévia. V. Flávio Martins Rodrigues, *Fundos de pensão de servidores públicos*, 2002, p. 09 e ss..

11. O financiamento da Seguridade Social se dá mediante recursos orçamentários e contribuições sociais (portanto, tributos), recolhidas pelo empregador, pelo trabalhador e, em certos casos (como o da CPMF), por toda a sociedade. V. CF, art. 195.

12. Relativamente ao RGPS, a solidariedade é implícita, sem menção expressa no texto constitucional. Mas o regime geral tem assegurado benefícios tanto em situações de contribuição insuficiente — *e.g.*: segurado que fica inválido pouco após haver ingressado no sistema — como, em certos casos, até àqueles que nunca contribuíram. Foi o que se passou, por exemplo, com a incorporação ao regime geral, em 1991, dos trabalhadores rurais, considerando-se gratuitamente o tempo desenvolvido na atividade até então.

13. Marcelo Leonardo Tavares, *Previdência e assistência social — Legitimação e fundamentação constitucional brasileira*, 2003, p. 227: "O Regime Geral é um

O regime próprio de previdência dos servidores públicos pode ser instituído pelos entes da Federação[14]. O sistema é mais tipicamente ainda de repartição simples[15], passou a ser contributivo após a Emenda Constitucional nº 3, de 1993[16], e também se beneficia do princípio da solidariedade[17] — embora, no caso, em um modelo de justiça social às avessas[18]. O benefício é definido, mas em relação a ele

---

sistema previdenciário básico, com benefícios pagos entre um patamar mínimo (quando se destinar a substituir a remuneração percebida pelo trabalhador em atividade — um salário mínimo) e máximo (que se tem mantido em torno de oito a dez salários mínimos, anualmente reajustados — art. 41, da Lei nº 8.213/91). São valores que não se destinam a suprir todas as necessidades humanas, mas sim as condições de uma existência digna".

14. A União possui dois sistemas distintos: um para os servidores públicos civis (Lei nº 8.112/91) e um para os militares (Lei nº 6.880/80), que contribuem, no entanto, apenas para as pensões. Não havendo a instituição de um sistema próprio pelo ente da Federação, seus servidores serão protegidos pelo regime geral e considerados como empregados (Lei nº 8.213/91). A Lei nº 9.717/98 dispõe sobre as regras gerais para a organização e funcionamento dos regimes próprios da previdência social dos servidores públicos dos entes federativos.

15. Sobre o tema, v. Paulo Modesto, A Reforma da previdência e as peculiaridades do regime previdenciário dos agentes públicos, *RBDP*, 02:141, 2003, pp. 141-2: "O sistema (de repartição simples) funciona como uma complexa cadeia de financiamento, que enlaça gerações diferentes, segundo o princípio da *solidariedade intergeracional*. A atual geração em atividade financia os proventos da geração anterior e guarda a expectativa de ter os seus proventos financiados pelas futuras gerações. A todo rigor, no regime de repartição simples, os agentes públicos em atividade não contribuem para a própria aposentadoria ou para a correspondente pensão, mas para a solvabilidade do sistema previdenciário próprio, considerado o fato de que a contribuição individual atual não mantém qualquer correlação imediata com o correspondente benefício futuro e que financia apenas o pagamento dos benefícios previdenciários atuais do sistema".

16. A EC nº 3/93 constitucionalizou, pela primeira vez, o conceito de que os servidores públicos devem participar do custeio de suas aposentadorias e pensões, dando nova redação ao art. 40, § 6º da Constituição, que passou a viger com a seguinte dicção: "§ 6º. As aposentadorias e pensões dos servidores públicos federais serão custeadas com recursos provenientes da União e das contribuições dos servidores, na forma da lei". A Emenda Constitucional nº 20, de 1998, alterou a redação desse dispositivo e modificou amplamente o sistema de Previdência Social.

17. Com a EC nº 41, de 2003, a solidariedade passou a receber referência expressa no art. 40 do texto constitucional.

duas características distanciam o regime próprio do regime geral: (i) a fixação dos proventos em valor correspondente à totalidade da remuneração em atividade (art. 40, § 3º)[19] — independentemente da média do valor-base sobre o qual o servidor contribuiu ao longo de sua vida ativa; e (ii) a paridade entre os proventos e as pensões, de um lado, e a remuneração dos servidores em atividade (art. 40, § 8º)[20], do outro, em perpétua equivalência, sem qualquer contribuição suplementar para esse fim. A Emenda Constitucional nº 20, de 1998, enfrentou parte das graves distorções do sistema, mas muitas subsistiram intactas[21].

---

18. Como assinalado, a sociedade como um todo, através dos recursos orçamentários, financia as maiores aposentadorias e pensões, com verbas que deixam de ser carreadas às necessidades sociais mais prementes. Na conclusão severa e precisa de Marcelo Leonardo Tavares, *Previdência e assistência social — Legitimação e fundamentação constitucional brasileira*, 2003, p. 268: "Os regimes previdenciários dos servidores públicos, intitulados de regimes próprios de previdência social, não se destinam a garantir o mínimo existencial. Em um país com profundas desigualdades como o nosso, não são justos socialmente e seus *deficits* produzem solidariedade invertida, beneficiando os mais ricos em detrimento dos mais pobres e onerando indevidamente a sociedade".
19. Esta a redação do art. 40, § 3º, conforme EC nº 20/98 (anteriormente à EC nº 41/2003): "§ 3º Os proventos de aposentadoria, por ocasião da sua concessão, serão calculados com base na remuneração do servidor no cargo efetivo em que se der a aposentadoria e, na forma da lei, corresponderão à totalidade da remuneração".
20. Esta a redação do art. 40, § 8º, conforme EC nº 20/98 (anteriormente à EC nº 41/2003): "Observado o disposto no art. 37, XI, os proventos de aposentadoria e as pensões serão revistos na mesma proporção e na mesma data, sempre que se modificar a remuneração dos servidores em atividade, sendo, também estendidos aos aposentados e aos pensionistas quaisquer benefícios ou vantagens posteriormente concedidos aos servidores em atividade, inclusive quando decorrentes da transformação ou reclassificação do cargo ou função em que se deu a aposentadoria ou que serviu de referência para a concessão da pensão, na forma da lei".
21. Algumas das principais alterações foram as seguintes: i) ênfase no tempo de contribuição em lugar do tempo de serviço; ii) reiteração do caráter contributivo do sistema e explicitação da necessidade de equilíbrio financeiro e atuarial; iii) instituição de idade mínima para a aposentadoria; iv) fim da aposentadoria especial para professor universitário e da aposentadoria com tempo reduzido para magistrados, membros do Ministério Público e do Tribunal de Contas; v) fim da aposentadoria proporcional voluntária por tempo de serviço para os novos

II. Alguns dados acerca da realidade material

Conforme já assinalado, a previdência no Brasil poderá ser privada ou pública, sendo que esta última subdivide-se em regime geral e regime próprio dos servidores públicos. Confiram-se algumas informações de fato acerca de cada uma delas:

— A previdência privada ou complementar ainda desempenha papel pouco expressivo, congregando o número reduzido de 2,2 milhões de pessoas e tendo um patrimônio de R$ 206 bilhões[22];

— O Regime Geral da Previdência Social, em dados do ano de 2002, conta com 19 milhões de beneficiários, que custam R$ 88 bilhões (6,7% do PIB). O sistema arrecada R$ 71 bilhões, gerando um *deficit* de R$ 17 bilhões[23]. O valor médio das aposentadorias é de R$ 454[24];

— O regime próprio dos servidores públicos, também em dados do ano de 2002, congrega 3,2 milhões de inativos e pensionistas, que custam R$ 61 bilhões (4,7% do PIB). O sistema arrecada R$ 22 bilhões, gerando um *deficit* de R$ 39 bilhões. O valor médio das aposentadorias no serviço público federal é o seguinte — no Executivo: R$ 2.282; no Ministério Público: R$ 12.571; no Legislativo: R$ 7.900; no Judiciário: R$ 8.027; e a dos Militares: R$ 4.275[25].

Como natural e intuitivo, estatísticas precisam ser interpretadas com racionalidade e razoabilidade, dentro dos contextos adequados, sob pena de se produzirem distorções e percepções equivocadas. É

---

servidores; vi) vedação da contagem de tempo ficto para servidores civis (militares conservaram o direito); vii) vedação expressa da acumulação da aposentadoria, salvo se acumuláveis os cargos em que verificadas as aposentadorias; viii) permissão de aplicação dos limites máximos do regime geral aos servidores públicos. V. Paulo Modesto, A reforma da previdência e as peculiaridades do regime previdenciário dos agentes públicos, *RBDP*, 02:141, 2003, pp. 155-6.
22. Guilherme Lacerda, "Reforma previdenciária e fundos de pensão". In: Jornal O *Globo*, 21.08.2003, p. 07.
23. Fonte: Informações constantes do *site* do Ministério da Previdência Social: www.previdenciasocial.gov.br/reforma/verdade.htm, colhidas em 26.12.2003.
24. Fonte: Jornal O *Globo*, 23.11.2002, p. 35.
25. Fonte: Informações constantes do *site* do Ministério da Previdência Social: www.previdenciasocial.gov.br/reforma/verdade.htm, colhidas em 26.12.2003. V. tb. José Genoíno, "Uma reforma justa e necessária". In: *Site* PT Ceará (www.ptceara.org.br), 02.05.2003.

inegável, contudo, que a diferença de regime jurídico entre os servidores públicos e os trabalhadores da iniciativa privada gera um distanciamento abissal entre as duas categorias. Sem embargo das peculiaridades da carreira no serviço público, que mereceram tratamento constitucional próprio, as especificidades existentes não fornecem fundamento razoável para a extensão e intensidade da desequiparação. A disparidade já não se pode mais sustentar, em uma fase da história da humanidade marcada pela primazia da dignidade da pessoa humana, pela centralidade dos direitos fundamentais e pela busca de justiça social.

Algumas outras informações relevantes merecem ser agregadas. De acordo com a Organização para a Cooperação e Desenvolvimento Econômico (OCDE), o Brasil é o país que gasta o maior percentual do PIB com a previdência dos servidores públicos, se comparado com quatorze dos países mais ricos do mundo. E é também, de todos eles, o único que assegura aposentadoria correspondente ao valor recebido na atividade e pensão integral[26]. De um extremo ao outro do espectro político, predomina a crença de que o melhor modelo previdenciário deve combinar um sistema básico, estatal, em regime de repartição, com outro de natureza complementar, facultativo, em regime de capitalização[27].

---

26. Fonte: Jornal *Folha de São Paulo*, 20.07.2003, p. A-8. Com base em estudo desenvolvido por Vinicius Carvalho Pinheiro, especialista da OCDE, a matéria apresenta um quadro comparativo em relação aos seguintes países: Austrália, Áustria, Bélgica, Canadá, Dinamarca, França, Alemanha, Grécia, Irlanda, Japão, Holanda, Portugal, Espanha, Estados Unidos. O Brasil gasta com previdência 11,5% do PIB e, especificamente com a previdência dos servidores, 4,7%.

27. Na Exposição de Motivos que acompanhou a proposta enviada pelo governo (E.M.I. n° 29 — MPS/CCIVIL PR, de 20.4.2003), dirigida, como de praxe, ao Presidente da República, lavrou-se: "Propõe o Programa de Governo de Vossa Excelência a construção, no longo prazo, de um regime previdenciário básico público, universal, compulsório, para todos os brasileiros. O regime deve ter um caráter contributivo (...), com benefícios de aposentadoria definidos, valor do piso e teto claramente estipulados e gestão democrática quadripartite. Em complementação a este regime universal, propõe o documento citado a existência de regime complementar de caráter facultativo, destinado àqueles brasileiros que desejam obter, na aposentadoria, valores de benefício superiores ao teto geral do regime básico universal".

Em sua dissertação de mestrado já citada, Marcelo Leonardo Tavares pro-

Em suma: no sistema previdenciário vigente no Brasil, um número reduzido de servidores públicos absorve a maior porção dos recursos com o custeio de suas aposentadorias. E isso, em grande parte dos casos, sem haverem contribuído ou havendo contribuído de maneira insuficiente. De fato, boa parte dos beneficiários do sistema migraram de empregos públicos, submetidos à legislação trabalhista e ao regime geral, para cargos públicos e para o regime próprio, em razão da instituição do regime jurídico único pela Constituição de 1988 (art. 39, *caput*, na redação original[28]) e por força do art. 243 da Lei nº 8.112, de 11.12.90[29]. De modo que, após haverem contribuído com

---

pôs um regime de repartição básico: 1) público; 2) universal — para trabalhadores, servidores, militares e segurados facultativos; 3) de garantia da dignidade humana e apoiado no valor solidariedade; 4) financiado com respaldo na clássica fórmula tríplice de custeio — Estado, trabalhadores e empresas; 5) protetor dos principais e mais graves riscos sociais — a morte, a incapacidade, a idade avançada, o desemprego involuntário e a maternidade; 6) com limites mínimo e máximo de cobertura; 7) no qual se mantenha o equilíbrio atuarial; e 8) em que o cálculo do valor dos proventos reflita a média de renda percebida pelos segurados durante a vida laboral. Além disso, a manutenção de planos privados facultativos, em regime de capitalização (*Previdência e assistência social — Legitimação e fundamentação constitucional brasileira*, 2003, p. 268).

Em matéria publicada pela *Folha de São Paulo*, 20.7.2003, p. A-8, Vinícius Carvalho Pinheiro, ex-Secretário da Previdência, teve seu pensamento assim resumido: "Para Pinheiro, o sistema mais apropriado é o que combina uma parcela de aposentadoria assegurada pelo Estado mais a aposentadoria complementar, bancada com as contribuições do servidor. Ele observa que além de viabilizar os pagamentos pelo Estado, cria também um volume de recursos que pode ser usado para investimentos que impulsionem o crescimento da economia".

28. Assim previa o dispositivo, que veio a ser revogado pela EC nº 19/98: "Art. 39. A União, os Estados, o Distrito Federal e os Municípios instituirão, no âmbito de sua competência, regime jurídico único e planos de carreira para os servidores da administração pública direta, das autarquias e das fundações públicas".

29. A Lei nº 8.112/90 dispôs sobre o regime jurídico dos servidores públicos civis da União, das autarquias e das fundações públicas federais e previu: "Art. 243. Ficam submetidos ao regime jurídico instituído por esta Lei, na qualidade de servidores públicos, os servidores dos Poderes da União, dos ex-Territórios, das autarquias, inclusive as em regime especial, e das fundações públicas, regidos pela Lei nº 1.711, de 28.10.52 — Estatuto dos Funcionários Públicos Civis da União, ou pela Consolidação das Leis do Trabalho, aprovada pelo Decreto-

base em um salário de referência, para perceberem proventos dentro de um limite máximo, foram aquinhoados com um novo regime, de proventos integrais e equiparação entre ativos e inativos[30].

III. Algumas causas da crise da Previdência Social no Brasil

Na maior parte dos países do mundo, a Previdência Social enfrenta problemas decorrentes, sobretudo, do aumento da expectativa de vida da população. Em diversos deles vêm sendo colocados o debate e a deliberação política acerca da elevação da idade mínima para a aposentadoria voluntária. Este fenômeno também se manifesta no Brasil, onde a média de vida experimentou expressiva ascensão, chegando ao patamar dos setenta anos[31].

Lei n° 5.452, de 1.5.43, exceto os contratados por prazo determinado, cujos contratos não poderão ser prorrogados após o vencimento do prazo de prorrogação".
30. A esse propósito, v. Paulo Modesto, A reforma da previdência e as peculiaridades do regime previdenciário dos agentes públicos, *RBDP, 02*:141, 2003, p. 154: "O regime atual importa também riscos para a geração futura, pois não se sabe em que medida as atuais contribuições conferirão ao longo do tempo sustentabilidade ao sistema ou o agravamento ainda mais intenso do *deficit* atual. Hoje o risco do prejuízo é maior do que o risco de algum proveito para a geração atual e para a próxima geração.

(...) É evidente que o risco foi praticamente nulo para a geração anterior, que já se encontra aposentada, proveniente em sua grande parte de empregos públicos, dispensada de contribuir para financiar o sistema com alíquotas incidentes sobre a remuneração total, pois, como empregados, estavam sujeitos apenas a *alíquotas incidentes sobre uma base de salários de referência e poderiam receber no máximo os limites do sistema geral de previdência social*. Estes foram transferidos em massa, na União, para o regime de cargo pelo inconstitucional art. 243 da Lei n° 8.112, de 1990. Para estes não houve risco, apenas ganho de uma aposentadoria integral, mutável, parametrizada nos vencimentos dos servidores ativos, além do legado às novas gerações de um *deficit* monumental na previdência pública dos servidores efetivos". (grifos no original).
31. "*Tábuas Completas de Mortalidade 2002. Expectativa de vida do brasileiro ultrapassa os 70 anos.* Estimativas do IBGE para o ano de 2002 revelam que a esperança de vida do brasileiro ao nascer é de 71 anos. É a primeira vez que as projeções superam a casa dos 70 anos." Fonte: Informações constantes do *site* do IBGE: http://www.ibge.gov.br/home/presidencia/noticias/01122003tabuahtml. shtm, colhidas em 05.01.2004.

Além dos fatores de alcance mundial, há um conjunto de circunstâncias nacionais, que vão do texto constitucional a problemas gerenciais, que têm agravado a crise da Previdência Social. Alguns traduzem mudanças positivas que, no entanto, oneram o sistema previdenciário. Outros são conjunturais, como o elevado índice de informalidade no mercado de trabalho, que compromete a arrecadação para o sistema geral. A seguir se procede a um levantamento sumário das causas das dificuldades vividas pelo sistema, algumas já sanadas e outras que precisam ser enfrentadas pelo modelo novo[32]:

1. Inexistência de contribuição dos servidores civis para a aposentadoria, como regra, até o advento da Emenda Constitucional nº 3, de 1993 (embora houvesse contribuição para pensões). Ainda hoje, os militares não contribuem para a aposentadoria, mas somente para pensões e assistência médica[33];

2. Transferência para o regime jurídico único e, conseqüentemente, para o regime previdenciário próprio dos servidores públicos, da imensa massa de empregados públicos regidos pela Consolidação das Leis do Trabalho (CLT), operada por força do disposto no art. 39 da Constituição de 1988 e na Lei nº 8.112/90;

---

32. A sistematização que se segue beneficia-se de levantamentos feitos por outros autores, com destaque para Gilberto Guerzoni Filho, O regime de aposentadoria e pensões dos servidores públicos e militares: diagnóstico e propostas de alteração, *RBDP*, *01*:67, 2003 e, especialmente, Paulo Modesto, A reforma da previdência e as peculiaridades do regime previdenciário dos agentes públicos, *RBDP*, *02*:141, 2003.

33. Mesmo após a instituição do modelo contributivo, subsistiu uma distorção: a contribuição não guarda qualquer relação direta com o benefício, uma vez que proventos e pensões não são calculados com base no que o servidor contribuiu, mas em função de sua última remuneração no cargo efetivo que ocupava. Por esta razão afirma-se, com fundamento, que o regime não é propriamente contributivo e previdenciário, mas unilateral e administrativo. V. Gilberto Guerzoni Filho, O regime de aposentadoria e pensões dos servidores públicos e militares: diagnóstico e propostas de alteração, *RBDP*, *01*:67, 2003, p. 68-9: "O caráter administrativo do regime se evidencia quando se verifica que a aposentadoria dos servidores públicos e dos militares não tem qualquer lógica atuarial e nem pode ser analisada e compreendida utilizando-se parâmetros de um regime previdenciário (...). O que ocorre é que o valor dos proventos no setor público é fruto da política de remuneração do Estado e não das contribuições feitas ou não feitas. Um fato não tem, necessariamente, nenhuma relação com o outro".

3. Ausência de idade mínima para a aposentadoria voluntária, dando margem, até a Emenda Constitucional nº 20, de 1998, a uma grande quantidade de aposentadorias precoces, onerando o sistema por muito mais tempo do que seria razoável;

4. Disfunções existentes até a EC nº 20/98, como ausência de prazos mínimos de permanência no sistema próprio, bem como de prazos mínimos de contribuição, além de figuras equívocas como a contagem de "tempo ficto", a exemplo de férias e licenças computadas em dobro, período de estudos em escolas técnicas, tudo sem custeio adequado ou estudos atuariais;

5. Reconhecimento da ilegitimidade constitucional da imposição de idade máxima para a participação em concursos públicos: a orientação, respaldada pelo Supremo Tribunal Federal, que é correta e desejável, propiciou o ingresso, no regime previdenciário próprio, muito mais oneroso para o Poder Público, de pessoas que haviam contribuído tendo por base as regras do regime geral, onde não há nem integralidade de proventos nem paridade entre ativos e inativos;

6. Expressiva redução, desde 1990, do número de servidores públicos, inclusive pelas restrições à realização de novos concursos, com a conseqüente diminuição do número de contribuintes do sistema próprio[34];

7. Fatores políticos e problemas gerenciais, como a concessão de benefícios sem fonte de custeio e previsão orçamentária, deficiência nos mecanismos de controle, desvios de recursos, dentre outras vicissitudes ligadas ao estágio civilizatório do país.

A extensão e a gravidade do problema deslegitimam o discurso de que qualquer mudança afeta conquistas históricas. A história mu-

---

34. Na União esta redução já alcança, desde 1990, 20% do quadro. Desde 2000, o número de beneficiários (compreendendo servidores aposentados e pensionistas) já ultrapassa o de servidores em atividade, o que produz drástico desequilíbrio para o sistema. V. Paulo Modesto, A reforma da previdência e as peculiaridades do regime previdenciário dos agentes públicos, *RBDP*, 02:141, 2003, p. 144. Na já mencionada Exposição de Motivos que acompanhou a proposta enviada pelo governo (E.M.I. nº 29 — MPS/CCIVIL PR, de 20.4.2003), registrou-se: "Em 1998, a relação entre contribuintes e beneficiários já era de praticamente um trabalhador ativo para cada inativo e pensionista. Na União, em 2002, o número de inativos chegou a 942,7 mil servidores, enquanto o número de ativos chegou a 851,4 mil".

dou. O risco de insolvência do sistema impõe a celebração de um novo pacto entre gerações, que é da essência do modelo previdenciário fundado em repartição simples. Aposentados, servidores em atividade e futuros servidores — que sairão do conjunto da sociedade — precisam redefinir a distribuição de benefícios e encargos entre gerações distintas. Do ponto de vista do moderno direito constitucional — que se reaproximou da Ética e dos valores humanitários —, há dois princípios a considerar na concepção de um novo modelo: a *dignidade da pessoa humana*, valor moral prévio à organização social e justificação dos direitos humanos, na qual se contêm as condições materiais básicas para a vida civilizada e para o desfrute da liberdade; e a *solidariedade*, que traduz o dever do Estado e da sociedade de promoverem a adequada repartição de riquezas entre todos, com base nos valores da justiça material e distributiva.

O Brasil descobriu, tardiamente, que o equilíbrio fiscal não é uma opção ideológica, mas um fundamento da economia. O endividamento progressivo paralisa a capacidade de investimento em políticas públicas e sociais relevantes e a inflação é perversa sobretudo com os mais pobres, que não se protegem nas contas remuneradas, no *overnight* e nos diversos indexadores. As culpas pelo *deficit* do sistema previdenciário são, na sua maior porção, invisíveis e diluídas ao longo do tempo. Não é fácil distribuí-las adequadamente, nem haveria grande proveito em fazê-lo. É certo que os servidores públicos, chamados a pagar a maior parcela da conta que não fechou, não são os responsáveis. Em muitos casos, são vítimas. O Estado, portanto, não deve ser indiferente nem arrogante em relação às suas legítimas expectativas. É preciso fazer uma transição civilizada, ainda que dura.

Mas há uma dificuldade adicional, no Brasil, em qualquer debate que afete o *status quo*, vale dizer, as distribuições de poder e de riqueza na sociedade. Uma certa retórica vazia, demagógica, torna-se aliada da inércia, e tudo permanece como sempre foi, mantendo-se a apropriação privada do espaço público. A criação de um país decente, fundado em pressupostos igualitários, tem de enfrentar as seduções do populismo, escudo sob o qual se protege, pelos séculos afora, a classe dominante brasileira e seus aliados no estamento burocrático. Diante de qualquer ameaça aos seus privilégios, organizam-se bravamente e fazem discurso de esquerda. Assim é porque sempre foi.

Parte II
INOVAÇÕES INTRODUZIDAS COM A REFORMA

IV. Nota preliminar

A Reforma da Previdência resultou de Proposta de Emenda Constitucional encaminhada à Câmara dos Deputados pelo Presidente da República, acompanhada de exposição de motivos firmada pelos Ministros Ricardo Berzoini, da Previdência Social, e José Dirceu, da Casa Civil (E.M.I. nº 29 — MPS/CCIVIL-PR). Identificada como PEC nº 40/2003 na Câmara dos Deputados, teve sua tramitação iniciada em 30 de abril de 2003. Após o processo legislativo próprio, na forma constitucional (no Senado Federal tornou-se PEC nº 67/2003), foi promulgada como Emenda Constitucional nº 41, de 19.12.2003, com a seguinte ementa: "Modifica os arts. 37, 40, 42, 48, 96, 149 e 201 da Constituição Federal, revoga o inciso IX do § 3º do art. 142 da Constituição Federal e dispositivos da Emenda Constitucional nº 20, de 15 de dezembro de 1998, e dá outras providências".

A Reforma introduz um conjunto amplo de modificações no regime próprio de previdência dos servidores públicos, aproximando-o do Regime Geral da Previdência Social, aplicável aos trabalhadores da iniciativa privada (CF, art. 201). Quanto ao regime geral, só incidentalmente referido na Reforma, inovação relevante foi a elevação do limite máximo dos benefícios para o valor de R$ 2.400. A Reforma da Previdência institui um modelo novo, válido para todos os servidores, mas ressalva direitos adquiridos e cria regras especiais de transição para quem já integrava o sistema. Confira-se, a seguir, o impacto das medidas sobre os atuais servidores ativos e inativos e sobre os futuros servidores.

V. As novas regras do modelo permanente

As principais inovações ao modelo permanente, a serem aplicadas integralmente aos futuros servidores e seletivamente aos atuais, podem ser compendiadas nos itens abaixo:

(i) **Teto para os benefícios.** Limite máximo de remuneração, subsídio, proventos e pensões dos servidores, que não poderão exceder: na União, o subsídio mensal dos Ministros do Supremo Tribunal Federal; nos Municípios, o do Prefeito; nos Estados, o de Governador, Deputado e Desembargador, para cada Poder, respectivamente[35];

---

35. CF, art. 37, XI, na redação da EC n° 41, de 2003: "A remuneração e o subsídio dos ocupantes de cargos, funções e empregos públicos da administração direta, autárquica e fundacional, dos membros de qualquer dos Poderes da União, dos Estados, do Distrito Federal e dos Municípios, dos detentores de mandato eletivo e dos demais agentes políticos e os proventos, pensões ou outra espécie remuneratória, percebidos cumulativamente ou não, incluídas as vantagens pessoais ou de qualquer outra natureza, não poderão exceder o subsídio mensal, em espécie, dos Ministros do Supremo Tribunal Federal, aplicando-se como limite, nos Municípios, o subsídio do Prefeito, e nos Estados e no Distrito Federal, o subsídio mensal do Governador no âmbito do Poder Executivo, o subsídio dos Deputados Estaduais e Distritais no âmbito do Poder Legislativo e o subsídio dos Desembargadores do Tribunal de Justiça, limitado a noventa inteiros e vinte e cinco centésimos por cento do subsídio mensal, em espécie, dos Ministros do Supremo Tribunal Federal, no âmbito do Poder Judiciário, aplicável este limite aos membros do Ministério Público, aos Procuradores e aos Defensores Públicos". A fixação do subsídio dos Ministros do STF passa a depender de lei resultante de proposta do próprio Tribunal ao Poder Legislativo, deixando de ser de iniciativa conjunta dos Presidentes da República, da Câmara dos Deputados, do Senado Federal e do Supremo Tribunal Federal (v. nova redação dada ao art. 48, XV). Para assegurar efetividade imediata ao limite máximo de remuneração, a EC n° 41, de 2003, assim previu: "Art. 8°. Até que seja fixado o valor do subsídio de que trata o art. 37, XI, da Constituição Federal, será considerado, para os fins do limite fixado naquele inciso, o valor da maior remuneração atribuída por lei na data de publicação desta Emenda a Ministro do Supremo Tribunal Federal, a título de vencimento, de representação mensal e da parcela recebida em razão de tempo de serviço, aplicando-se como limite, nos Municípios, o subsídio do Prefeito, e nos Estados e no Distrito Federal, o subsídio mensal do Governador no âmbito do Poder Executivo, o subsídio dos Deputados Estaduais e Distritais no âmbito do Poder Legislativo e o subsídio dos Desembargadores do Tribunal de Justiça, limitado a noventa inteiros e vinte e cinco centésimos por cento da maior remuneração mensal de Ministro do Supremo Tribunal Federal a que se refere este artigo, no âmbito do Poder Judiciário, aplicável este limite aos membros do Ministério Público, aos Procuradores e aos Defensores Públicos". E o art. 9° procura dar uma improvável sobrevida ao art. 17 do ADCT, ao dispor: "Aplica-se o disposto no art. 17 do Ato das Disposições Constitucionais Transitórias aos vencimentos,

(ii) **Base de cálculo dos proventos.** Proventos de aposentadoria calculados sobre as remunerações utilizadas como base para as contribuições do servidor[36], e não mais pelo valor correspondente à totalidade da remuneração do cargo efetivo em que se der a aposentadoria;

(iii) **Fim da paridade.** Reajuste dos benefícios com base em lei[37], não mais assegurada a paridade e equivalência entre ativos e inativos;

(iv) **Pensão reduzida.** Benefício da pensão por morte integral até o limite máximo dos benefícios do regime geral, acrescida de 70% do valor excedente, não mais assegurada a totalidade do que percebia o servidor[38];

---

remunerações e subsídios dos ocupantes de cargos, funções e empregos públicos da administração direta, autárquica e fundacional, dos membros de qualquer dos Poderes da União, dos Estados, do Distrito Federal e dos Municípios, dos detentores de mandato eletivo e dos demais agentes políticos e os proventos, pensões ou outra espécie remuneratória percebidos cumulativamente ou não, incluídas as vantagens pessoais ou de qualquer outra natureza".

36. CF, art. 40, § 3º, na redação da EC nº 41, de 2003: "§ 3º. Para o cálculo dos proventos de aposentadoria, por ocasião da sua concessão, serão consideradas as remunerações utilizadas como base para as contribuições do servidos aos regimes de previdência de que tratam este artigo e o art. 201, na forma da lei".

37. CF, art. 40, § 8º, na redação da EC nº 41, de 2003: "§ 8º. É assegurado o reajustamento dos benefícios para preservar-lhes, em caráter permanente, o valor real, conforme critérios estabelecidos em lei". Compare-se com o texto anterior, que havia sido introduzido pela EC nº 20, de 1998: "§ 8º. Observado o disposto no art. 37, XI, os proventos de aposentadoria e as pensões serão revistos na mesma proporção e na mesma data, sempre que se modificar a remuneração dos servidores em atividade, sendo também estendidos aos aposentados e aos pensionistas quaisquer benefícios ou vantagens posteriormente concedidos aos servidores em atividade, inclusive quando decorrentes da transformação ou reclassificação do cargo ou função em que se deu a aposentadoria ou que serviu de referência para a concessão da pensão, na forma da lei".

38. CF, art. 40, § 7º, na redação da EC nº 41, de 2003: "§ 7º. Lei disporá sobre a concessão do benefício de pensão por morte, que será igual: I — Ao valor da totalidade dos proventos do servidor falecido, até o limite máximo estabelecido para os benefícios do regime geral de previdência social de que trata o art. 201, acrescido de setenta por cento da parcela excedente a este limite, caso aposentado à data do óbito; ou II — Ao valor da totalidade da remuneração do servidor no cargo efetivo em que se deu o falecimento, até o limite máximo estabelecido para os benefícios do regime geral de previdência social de que trata o art. 201, acrescido de setenta por cento da parcela excedente a este limite, caso em atividade na data do óbito".

(v) **Previdência complementar.** Previsão de instituição de regime de previdência complementar, por intermédio de entidades fechadas, de natureza pública e benefícios na modalidade de contribuição definida[39], que uma vez implementada, facultará ao ente da Federação a fixação do valor de aposentadorias e pensões no limite máximo estabelecido para os benefícios do regime geral (CF, art. 40, §14, na redação que já vinha da EC nº 20, de 1998);

(vi) **Contribuição de inativos.** Incidência de contribuição sobre proventos e pensões que excedam o limite máximo estabelecido para os benefícios do regime geral[40], com previsão de abono para o servidor que preenchendo os requisitos para a aposentadoria voluntária, permaneça em atividade[41];

(vii) **Unicidade de regime e gestão.** Vedação da existência de mais de um regime próprio de previdência e de mais de uma unidade gestora por entidade da Federação[42].

---

39. CF, art. 40, § 15, na redação da EC nº 41, de 2003: "§ 15. O regime de previdência complementar de que trata o § 14 será instituído por lei de iniciativa do respectivo Poder Executivo, observado o disposto no art. 202 e seus parágrafos, no que couber, por intermédio de entidades fechadas de previdência complementar, de natureza pública, que oferecerão aos respectivos participantes planos de benefícios somente na modalidade de contribuição definida".
40. CF, art. 40, § 18, na redação da EC nº 41, de 2003: "§ 18. Incidirá contribuição sobre os proventos de aposentadorias e pensões concedidas pelo regime de que trata este artigo que superem o limite máximo estabelecido para os benefícios do regime geral de previdência social de que trata o art. 201, com percentual igual ao estabelecido para os servidores titulares de cargos efetivos". Em relação aos Estados, DF e Municípios, previu-se contribuição em alíquota não inferior ao da contribuição dos servidores federais, na nova redação do art. 149, § 1º: "Os Estados, o Distrito Federal e os Municípios instituirão contribuição, cobrada de seus servidores, para o custeio, em benefício destes, do regime previdenciário de que trata o art. 40, cuja alíquota não será inferior à da contribuição dos servidores titulares de cargos efetivos da União".
41. CF, art. 40, § 19, na redação da EC nº 41, de 2003: "§ 19. O servidor de que trata este artigo que tenha completado as exigências para aposentadoria voluntária estabelecidas no § 1º, III, *a*, e que opte por permanecer em atividade fará jus a um abono de permanência equivalente ao valor da sua contribuição previdenciária até completar as exigências para aposentadoria compulsória contidas no § 1º, II".
42. CF, art. 40, § 20, na redação da EC nº 41, de 2003: "§ 20. Fica vedada a

O novo modelo, portanto, em suas grandes linhas, combina a previdência social básica, em regime de repartição simples, com a previdência complementar, em regime de capitalização. Além disso, institui o benefício em função da contribuição, elimina a paridade entre ativos e inativos, reduz o valor das pensões superiores ao limite máximo do regime geral e permite que este seja, também, o teto de benefícios para os servidores públicos e seus dependentes. E cria a contribuição de inativos.

VI. Situação dos aposentados e dos que já haviam adquirido direito à aposentadoria quando da promulgação da EC nº 41, de 2003

A Reforma, como não poderia deixar de ser, preserva a situação já desfrutada por servidores aposentados e pensionistas, na data de sua promulgação. Mais que isso, resguarda de maneira expressa seu direito de paridade e equivalência com os servidores em atividade[43]. Impõe a eles, todavia, o dever de recolher contribuição previdenciária para o custeio do regime próprio que integram, em alíquota idêntica à estabelecida para os servidores ativos, prevendo, contudo, base de cálculo diferenciada para aposentados e pensionistas da União ou dos

---

existência de mais de um regime próprio de previdência social para os servidores titulares de cargos efetivos, e de mais de uma unidade gestora do respectivo regime em cada ente estatal, ressalvado o disposto no art. 142, § 3º, X".

43. EC nº 41, de 2003, art. 7º: "Observado o disposto no art. 37, XI, da Constituição Federal, os proventos de aposentadoria dos servidores públicos titulares de cargo efetivo e as pensões dos seus dependentes pagos pela União, Estados, Distrito Federal e Municípios, incluídas suas autarquias e fundações, em fruição na data de publicação desta Emenda, bem como os proventos de aposentadoria dos servidores e as pensões dos dependentes abrangidos pelo art. 3º desta Emenda, serão revistos na mesma proporção e na mesma data, sempre que se modificar a remuneração dos servidores em atividade, sendo também estendidos aos aposentados e pensionistas quaisquer benefícios ou vantagens posteriormente concedidos aos servidores em atividade, inclusive quando decorrentes da transformação ou reclassificação do cargo ou função em que se deu a aposentadoria ou que serviu de referência para a concessão da pensão, na forma da lei".

demais entes estatais[44]. A previsão dessa cobrança gerou amplo e acirrado debate acerca de sua constitucionalidade e legitimidade, e será objeto de exame mais à frente.

Também foram ressalvados os direitos daqueles que, já havendo preenchido as exigências para passagem à inatividade por ocasião da emenda, optaram por não fazê-lo. O mesmo em relação à pensão de seus dependentes. Proventos e pensões, portanto, serão calculados com base na legislação vigente quando da implementação do direito[45], assegurada, igualmente, a paridade e equivalência nos reajustes, nos mesmos moldes já referidos no parágrafo anterior e previstos no art. 7º da Emenda Constitucional nº 41, de 2003.

---

44. EC nº 41, de 2003, art. 4º: "Os servidores inativos e os pensionistas da União, dos Estados, do Distrito Federal e dos Municípios, incluídas suas autarquias e fundações, em gozo de benefícios na data de publicação desta Emenda, bem como os alcançados pelo disposto no seu art. 3º, contribuirão para o custeio do regime de que trata o art. 40 da Constituição Federal com percentual igual ao estabelecido para os servidores titulares de cargos efetivos. *Parágrafo único.* A contribuição previdenciária a que se refere o *caput* incidirá apenas sobre a parcela dos proventos e das pensões que supere: I — cinqüenta por cento do limite máximo estabelecido para os benefícios do regime geral de previdência social de que trata o art. 201 da Constituição Federal, para os servidores inativos e os pensionistas dos Estados, do Distrito Federal e dos Municípios; II — sessenta por cento do limite máximo estabelecido para os benefícios do regime geral de previdência social de que trata o art. 201 da Constituição Federal, para os servidores inativos e os pensionistas da União".

45. EC nº 41, de 2003, art. 3º: "É assegurada a concessão, a qualquer tempo, de aposentadoria aos servidores públicos, bem como pensão aos seus dependentes, que, até a data de publicação desta Emenda, tenham cumprido todos os requisitos para obtenção desses benefícios, com base nos critérios da legislação então vigente. § 1º O servidor de que trata este artigo que opte por permanecer em atividade tendo completado as exigências para aposentadoria voluntária e que conte com, no mínimo, vinte e cinco anos de contribuição, se mulher, ou trinta anos de contribuição, se homem, fará jus a um abono de permanência equivalente ao valor da sua contribuição previdenciária até completar as exigências para aposentadoria compulsória contidas no art. 40, § 1º, II, da Constituição Federal. § 2º Os proventos da aposentadoria a ser concedida aos servidores públicos referidos no *caput*, em termos integrais ou proporcionais ao tempo de contribuição já exercido até a data de publicação desta Emenda, bem como as pensões de seus dependentes, serão calculados de acordo com a legislação em vigor à época em que foram atendidos os requisitos nela estabelecidos para a concessão desses benefícios ou nas condições da legislação vigente".

Portanto, aposentados, pensionistas e servidores que já haviam implementado as condições para passagem à inatividade não tiveram seus direitos afetados. Passaram a estar sujeitos, todavia, à incidência de contribuição previdenciária, salvo, quanto aos que optem por permanecer em atividade e preencham os requisitos previstos, que receberão um abono de permanência equivalente ao valor da contribuição.

VII. Regras de transição para os servidores em atividade, que ainda não haviam adquirido direito à aposentadoria

A Emenda Constitucional n° 41, de 2003, contém algumas regras específicas destinadas a reduzir o impacto das reformas sobre o conjunto de servidores mais intensamente afetado por elas: os que já estavam em atividade e são colhidos no meio do caminho, alguns já ao final de uma longa trajetória no serviço público. Das três gerações envolvidas — a dos que já estão aposentados, a dos que ainda vão ingressar no sistema e a dos que já o integram há mais ou menos tempo — é esta última a que recebe a maior quota de sacrifício, inclusive pela frustração de parte de suas expectativas. Vejam-se, a seguir, as duas principais situações específicas de transição contempladas na Reforma.

A primeira delas diz respeito aos servidores que desejem se aposentar antes de completarem a idade mínima que passou a ser exigida desde a Emenda Constitucional n° 20, de 1998, que é de 60 anos para homens e 55 para mulheres. Por ocasião da reforma previdenciária anterior, previu-se um regime especial de transição para os servidores que houvessem ingressado até a data de sua publicação (16.12.98), admitindo-se que se aposentassem aos 53 ou 48 anos, preenchido o requisito de tempo de contribuição[46]. Este regime de

---

46. O regime de transição da EC n° 20/98, para os servidores admitidos até 16.12.98, previa que poderiam se aposentar ao completar 53 anos de idade e 35 anos de contribuição (mais pedágio de 20% sobre o tempo que faltava naquela data para completar o tempo de contribuição), se homem, e aos 48 anos de idade e 30 anos de contribuição (mais pedágio), se mulher. Em ambos os casos, exigia-se cinco anos no cargo em que se daria a aposentadoria. V. EC n° 20/98, art. 8°.

transição vem de ser alterado pela EC nº 41/2003, que mantém a possibilidade, mas instituiu um redutor de 5% por ano antecipado em relação à idade de referência (60 anos, homens, e 55 anos, mulheres) e determina que o cálculo de benefício seja feito pela média das contribuições, como já ocorre no regime geral de previdência social, administrado pelo INSS. Para os servidores que alcançarem o direito à aposentadoria nos anos de 2004 e 2005, o redutor será diminuído para 3,5% para cada ano de antecipação[47].

A Reforma da Previdência, como já assinalado, extingue a integralidade de proventos e a paridade entre ativos e inativos. Todavia, para aqueles que já eram servidores por ocasião da promulgação da EC nº 41/2003, ficou ressalvada a possibilidade de conservarem aquelas situações: proventos correspondentes à remuneração do cargo em que se der a aposentadoria e reajuste de proventos e pensões na mesma proporção e na mesma data em que se modificar a remunera-

---

47. EC nº 41/2003, art. 2º: "Observado o disposto no art. 4º da Emenda Constitucional nº 20, de 15 de dezembro de 1998, é assegurado o direito de opção pela aposentadoria voluntária com proventos calculados de acordo com o art. 40, §§ 3º e 17, da Constituição Federal, àquele que tenha ingressado regularmente em cargo efetivo na Administração Pública direta, autárquica e fundacional, até a data de publicação daquela Emenda, quando o servidor, cumulativamente:

I — tiver cinqüenta e três anos de idade, se homem, e quarenta e oito anos de idade, se mulher;

II — tiver cinco anos de efetivo exercício no cargo em que se der a aposentadoria;

III — contar tempo de contribuição igual, no mínimo, à soma de:

a) trinta e cinco anos, se homem, e trinta anos, se mulher; e

b) um período adicional de contribuição equivalente a vinte por cento do tempo que, na data de publicação daquela Emenda, faltaria para atingir o limite de tempo constante da alínea *a* deste inciso.

§ 1 º O servidor de que trata este artigo que cumprir as exigências para aposentadoria na forma do *caput* terá os seus proventos de inatividade reduzidos para cada ano antecipado em relação aos limites de idade estabelecidos pelo art. 40, § 1º, III, a, e § 5º da Constituição Federal, na seguinte proporção:

I — três inteiros e cinco décimos por cento, para aquele que completar as exigências para aposentadoria na forma do *caput* até 31 de dezembro de 2005;

II — cinco por cento, para aquele que completar as exigências para aposentadoria na forma do *caput* a partir de 1º de janeiro de 2006".

ção dos servidores em atividade. Para tanto, deverão eles preencher os seguintes requisitos: idade mínima de 60 anos, com 35 de contribuição, se homens, e de 55 anos de idade, com 30 de contribuição, se mulheres. Em ambos os casos, será preciso contar com 20 anos no serviço público, 10 anos na carreira e 5 anos no cargo[48].

Em suma: no tocante à aposentadoria com idade inferior a 60 ou 55 anos, a EC nº 41/2003 altera a regra de transição anterior, pela criação de um redutor para os que se aposentem após completar 53 ou 48 anos, conforme homem ou mulher; e em relação à integralidade dos proventos e à paridade dos reajustes, assegurou-se o direito[49], observadas as exigências de idade e tempo mínimo de permanência no serviço público, na carreira e no cargo.

---

48. EC nº 41/2003, art. 6º: "Ressalvado o direito de opção à aposentadoria pelas normas estabelecidas pelo art. 40 da Constituição Federal ou pelas regras estabelecidas pelo art. 2º desta Emenda, o servidor da União, dos Estados, do Distrito Federal e dos Municípios, incluídas suas autarquias e fundações, que tenha ingressado no serviço público até a data de publicação desta Emenda poderá aposentar-se com proventos integrais, que corresponderão à totalidade da remuneração do servidor no cargo efetivo em que se der a aposentadoria, na forma da lei, quando, observadas as reduções de idade e tempo de contribuição contidas no § 5º do art. 40 da Constituição Federal, vier a preencher, cumulativamente, as seguintes condições:

I — sessenta anos de idade, se homem, e cinqüenta e cinco anos de idade, se mulher;

II — trinta e cinco anos de contribuição, se homem, e trinta anos de contribuição, se mulher;

III — vinte anos de efetivo exercício no serviço público; e

IV — dez anos de carreira e cinco anos de efetivo exercício no cargo em que se der a aposentadoria.

Parágrafo único. Os proventos das aposentadorias concedidas conforme este artigo serão revistos na mesma proporção e na mesma data, sempre que se modificar a remuneração dos servidores em atividade, na forma da lei, observado o disposto no art. 37, XI, da Constituição Federal".

49. No tocante à paridade, assegurou-se o direito à revisão dos proventos e das pensões na mesma proporção e na mesma data, sempre que se modificar a remuneração dos ativos, sem menção, todavia, a benefícios ou vantagens posteriormente concedidos (EC nº 41, de 2003, art. 6º, parágrafo único).

Parte III
A DISCUSSÃO CONSTITUCIONAL

VIII. Segurança jurídica, direito intertemporal e proteção do direito adquirido

1. Segurança jurídica e direito intertemporal

A segurança jurídica é um dos fundamentos do Estado e do Direito[50], ao lado da justiça e, mais recentemente, do bem-estar social. O princípio encontra-se positivado na Constituição brasileira de 1988, juntamente com os direitos à vida, à liberdade, à igualdade e à propriedade, na dicção expressa do *caput* do art. 5º. No seu desenvolvimento doutrinário e jurisprudencial, a expressão segurança jurídica passou a designar um conjunto abrangente de idéias e conteúdos, que incluem a confiança nos atos do Poder Público, a previsibilidade dos comportamentos e a estabilidade das relações jurídicas. É neste último domínio que se insere a conservação de direitos em face das mudanças normativas.

Cabe ao direito intertemporal a solução do conflito de leis no tempo, que envolve a contraposição entre lei nova e lei velha[51]. O postulado básico na matéria, que comporta exceções mas tem aceitação universal, é o de que a lei nova não atinge os fatos anteriores ao início de sua vigência, nem as conseqüências dos mesmos, ainda que se produzam sob o império do direito atual[52]. É o que boa parte da doutrina denomina de princípio da *não-retroatividade* das leis[53]. Nos

---

50. Sobre o tema, v. Almiro do Couto e Silva, Princípios da legalidade da administração pública e da segurança jurídica no Estado de direito contemporâneo, *RDP*, 84:46, 1987. V. tb. Luís Roberto Barroso, "A segurança jurídica na era da velocidade e do pragmatismo". In: *Temas de direito constitucional*, t. II, 2003.
51. Paul Roubier, *Le droit transitoire (conflits des lois dans le temps)*, 1960, pp. 3-4.
52. Carlos Maximiliano, *Direito intertemporal*, 1946, p. 10.
53. Paul Roubier, *Le droit transitoire*, 1960, p. 223. Sobre o tema, no direito brasileiro, v. R. Limongi França, *A irretroatividade das leis e o direito adquirido*, 1982.

Estados Unidos, há na Constituição de 1787 uma vedação às leis retroativas (art. 1º, seção 9, 1: "*ex post facto* law"), cuja interpretação, todavia, é bem restrita[54]. Na América Latina, à exceção do México[55], e na Europa, a regra da não-retroatividade é de nível infraconstitucional, podendo, mesmo, ser derrogada por legislação superveniente. No Brasil, o tema constou de todas as Constituições, desde a Imperial, de 1824, excluindo-se a Carta do Estado Novo, de 1937. No texto presentemente em vigor, dispõe o inciso XXXVI do art. 5º:

> "XXXVI — a lei não prejudicará o direito adquirido, o ato jurídico perfeito e a coisa julgada".

É bem de ver que a regra do art. 5º, XXXVI, dirige-se, primariamente, ao legislador e, reflexamente, aos órgãos judiciários e administrativos. Seu alcance atinge, também, o constituinte *derivado*, haja vista que a não-retroação, nas hipóteses constitucionais, configura direito individual que, como tal, é protegido pelas limitações materiais do art. 60, § 4º, IV, da CF. Disso resulta que as emendas à Constituição, tanto quanto as leis infraconstitucionais, não podem malferir o direito adquirido, o ato jurídico perfeito e a coisa julgada. O princípio da não-retroatividade só não condiciona o exercício do poder constituinte *originário*. A Constituição, como ato de criação ou de reconstrução do Estado[56], faz a travessia entre o poder político soberano e a nova ordem jurídica, não sofrendo limitação por parte do ordenamento constitucional anterior[57]. Como regra, todavia, a su-

---

54. V. Jane C. Ginsburg, *Introduction to law and legal reasoning*, 2003, p. 485 e ss.
55. Constituição Política dos Estados Unidos Mexicanos, art. 14: "A ninguna ley se dará efecto retroactivo en perjuicio de persona alguna".
56. M. Seabra Fagundes, *O controle dos atos administrativos pelo Poder Judiciário*, 1979, p. 3.
57. V. *RTJ*, 67:327, 1974, RE 895, Rel. Min. Djaci Falcão, *RTJ*, 71:461, 1975, RE 75.418, Rel. Min. Thompson Flores, e *RTJ*, 140:1008, 1992, AI 134.271, Rel. Min. Moreira Alves, *RDA*, 196:107, 1994, ADIn 248-1-RJ, Rel. Min. Celso de Mello, onde se lavrou: "A supremacia jurídica das normas inscritas na Carta Federal não permite, ressalvadas as eventuais exceções proclamadas no próprio texto constitucional, que contra elas seja invocado o direito adquirido". A jurisprudência da Corte, todavia, ressalvou a proteção da coisa julgada: "A cláusula

pressão de um direito adquirido somente deverá ocorrer por força de disposição expressa da nova Constituição[58].

Duas constatações podem ser extraídas dessas anotações iniciais sobre o tema: (i) ao contrário de outros países do mundo, o direito adquirido no Brasil tem proteção constitucional; (ii) como conseqüência, somente o constituinte originário pode validamente suprimi-lo. Além disso, como se verá logo a seguir, a teoria que prevalece no Brasil acerca do conteúdo e alcance do direito adquirido é a que outorga maior proteção. Por essas razões, não deve o intérprete levá-la ainda mais longe, sob pena de, em nome da segurança jurídica, criar a instabilidade. É o que ocorreria se a cada pequena alteração do *status quo* fosse necessária a convocação de uma assembléia constituinte, com todas as suas implicações políticas.

2. Direito adquirido: conteúdo e alcance

Como visto, a Constituição estabelece que a lei — e, para esse fim, também a emenda constitucional — não pode retroagir para prejudicar o direito adquirido. Cabe, portanto, qualificar o que seja o efeito retroativo vedado. O tema é envolto em polêmica, mas há um ponto inicial de consenso: se a lei pretender modificar eventos que já ocorreram e se consumaram ou desfazer os efeitos já produzidos de atos praticados no passado, ela estará em confronto com a Constituição e será inválida nesse particular.

---

temporária e extravagante do art. 17 do Ato das Disposições Constitucionais Transitórias da Carta de 1988 não alcança situações jurídicas cobertas pela preclusão maior, ou seja, pelo manto da coisa julgada" (STF, *RTJ, 167*:656, 1999, RE 146.331-SP, Rel. Min. Marco Aurélio).

58. V. Luís Roberto Barroso, *Interpretação e aplicação da Constituição*, 2004, p. 55. Na Constituição brasileira de 1988, há exemplo de retroatividade expressa, como o consignado no art. 17 do Ato das Disposições Constitucionais Transitórias: "Os vencimentos, a remuneração, as vantagens e os adicionais, bem como os proventos de aposentadoria que estejam sendo percebidos em desacordo com a Constituição serão imediatamente reduzidos aos limites dela decorrentes, *não se admitindo, neste caso, invocação de direito adquirido* ou percepção de excesso a qualquer título".

A controvérsia na matéria surge a propósito de uma outra situação: a do tratamento jurídico a ser dado aos efeitos de um ato praticado sob a vigência da lei anterior, que só venham a se produzir após a edição da lei nova. Foi precisamente em torno dessa questão que se dividiu a doutrina, contrapondo dois dos principais autores que se dedicaram ao tema: o italiano Gabba e o francês Paul Roubier[59]. Para Roubier, a lei nova aplicava-se desde logo a esses efeitos, circunstância que denominou de *eficácia imediata* da lei, e não retroatividade. Gabba, por sua vez, defendia tese oposta: a de que os efeitos futuros deveriam continuar a ser regidos pela lei que disciplinou sua causa, isto é, a lei velha. Esta foi a linha de entendimento que prevaleceu no direito brasileiro e que tem chancela da jurisprudência do Supremo Tribunal Federal[60].

---

59. V. Gabba, *Teoria della retroattività delle leggi*, 1868; e Paul Roubier, *Le droit transitoire (conflits des lois dans le temps)*, 1960. Caio Mário sintetiza com precisão a disputa: "Na solução do problema [*do conflito intertemporal de leis*], duas escolas se defrontam. Uma, 'subjetivista', representada precipuamente por Gabba, afirma que a lei nova não pode violar direitos precedentemente adquiridos, que ele define como conseqüências de um fato idôneo a produzi-lo em virtude da lei vigente ao tempo em que se efetuou, embora o seu exercício venha se apresentar sob o império da lei nova (Gabba, 'Teoria della retroattività delle leggi', vol. I, p. 182 e ss.). O que predomina é a distinção entre o 'direito adquirido' e a 'expectativa de direito'. Outra, 'objetivista', que eu considero representada por Paul Roubier, para o qual a solução dos problemas está na distinção entre 'efeito imediato' e 'efeito retroativo'. Se a lei nova pretende aplicar-se a fatos já ocorridos (*facta praeterita*) é retroativa; se se refere aos fatos futuros (*facta futura*) não o é. A teoria se diz objetiva, porque abandona a idéia de direito adquirido, para ter em vista as situações jurídicas, proclamando que a lei que governa os efeitos de uma situação jurídica não pode, sem retroatividade, atingir os efeitos já produzidos sob a lei anterior (Paul Roubier, ob. cit., vol. I, n. 41 e segs.)". (Caio Mário da Silva Pereira, Direito constitucional intertemporal, *RF, 304*:29, 1988, p. 31).
60. A retroatividade pode assumir três formas: máxima, média e mínima, todas inválidas. O STF bem sistematizou a matéria em *RTJ, 143*:744-5, 1993, ADIn 493-DF, Rel. Min. Moreira Alves, onde assentou o relator: "Quanto à graduação por intensidade, as espécies de retroatividade são três: a máxima, a média e a mínima. Matos Peixoto, em notável artigo — Limite Temporal da Lei — publicado na Revista Jurídica da antiga Faculdade Nacional de Direito da Universidade do Brasil (vol. IX, págs. 9 a 47), assim as caracteriza: 'Dá-se a retroatividade máxima (também chamada restitutória, porque em geral restitui as partes ao *statu quo ante*), quando a lei nova ataca a coisa julgada e os fatos consumados

Antes de prosseguir, cumpre fazer um breve desvio para deixar consignado que não foram acolhidas no direito brasileiro, à vista do status constitucional da proteção do direito adquirido, teses que têm curso em outras partes do mundo, pelas quais o direito adquirido não prevaleceria sobre as denominadas *leis de ordem pública*. Entre nós, por pacífica jurisprudência do Supremo Tribunal Federal, não subsiste esta exceção[61], nem tampouco a que a transmutava em "razões de Estado"[62]. Assentado, portanto, que o direito adquirido não cede

---

(transação, pagamento, prescrição). Tal é a decretal de Alexandre III que, em ódio à usura, mandou os credores restituírem os juros recebidos. À mesma categoria pertence a célebre lei francesa de 2 de novembro de 1793 (12 brumário do ano II), na parte em que anulou e mandou refazer as partilhas já julgadas, para os filhos naturais serem admitidos à herança dos pais, desde 14 de julho de 1789. A carta de 10 de novembro de 1937, artigo 95, parágrafo único, previa a aplicação da retroatividade máxima, porquanto dava ao Parlamento a atribuição de rever decisões judiciais, sem executar as passadas em julgado, que declarassem inconstitucional uma lei.

A retroatividade é média quando a lei nova atinge os efeitos pendentes de ato jurídico verificados antes dela, exemplo: uma lei que limitasse a taxa de juros e não se aplicasse aos vencidos e não pagos.

Enfim a retroatividade é mínima (também chamada temperada ou mitigada), quando a lei nova atinge apenas os efeitos dos atos anteriores produzidos após a data em que ela entra em vigor. Tal é, no direito romano, a lei de Justiniano (C. 4, 32, de usuris, 26, 2 e 27 pr.), que, corroborando disposições legislativas anteriores, reduziu a taxa de juros vencidos após a data da sua obrigatoriedade. Outro exemplo: o Decreto-Lei nº 22.626, de 7 de abril de 1933, que reduziu a taxa de juros e se aplicou, 'a partir da sua data, aos contratos existentes, inclusive aos ajuizados (art. 3º)' (págs. 22/23)".

61. STF, *RTJ, 143*:724, 1993, ADIn 493-DF, Rel. Min. Moreira Alves: "O disposto no artigo 5º, XXXVI, da Constituição Federal se aplica a toda e qualquer lei infraconstitucional, sem qualquer distinção entre lei de direito público e lei de direito privado, ou entre lei de ordem pública e lei dispositiva. Aliás, no Brasil, sendo o princípio do respeito ao direito adquirido, ao ato jurídico perfeito e à coisa julgada, de natureza constitucional, sem qualquer exceção a qualquer espécie de legislação ordinária, não tem sentido a afirmação de muitos — apegados ao direito de países em que o preceito é de origem meramente legal — de que as leis de ordem pública se aplicam de imediato alcançando os efeitos futuros do ato jurídico perfeito ou da coisa julgada, e isso porque, se se alteram os efeitos, é óbvio que se está introduzindo modificação na causa, o que é vedado constitucionalmente".

62. STF, *RTJ, 164*:1145, 1998, RE 209.519-SC, Rel. Min. Celso de Mello: "Leis de ordem pública — Razões de Estado — Motivos que não justificam o

diante de tais argumentos, cumpre retomar o raciocínio para precisar-lhe o conteúdo.

Como já se assinalou, é a posição de Gabba que, de longa data, baliza o tema no direito brasileiro, apontando como características do direito adquirido: 1) ter sido conseqüência de um fato idôneo para a sua produção; 2) ter-se incorporado definitivamente ao patrimônio do titular[63]. O conhecimento corrente é o de que havendo o fato necessário à aquisição de um direito ocorrido integralmente sob a vigência de uma determinada lei, mesmo que seus efeitos somente se devam produzir em um momento futuro, terão de ser respeitados na hipótese de sobrevir uma lei nova[64].

O direito adquirido pode ser melhor compreendido se extremado de duas outras categorias que lhe são vizinhas, a saber: a expectativa de direito e o direito consumado. Com base na sucessão de normas no tempo e na posição jurídica a ser desfrutada pelo indivíduo em face da lei nova, é possível ordenar estes conceitos em seqüência cronológica: em primeiro lugar, tem-se a expectativa de direito, depois o direito adquirido e, por fim, o direito consumado.

---

desrespeito estatal à Constituição — Prevalência da norma inscrita no art. 5º, XXXVI, da Constituição. (...) Razões de Estado — que muitas vezes configuram fundamentos políticos destinados a justificar, pragmaticamente, *ex parte principis*, a inaceitável adoção de medidas de caráter normativo — não podem ser invocadas para viabilizar o descumprimento da própria Constituição. As normas de ordem pública — que também se sujeitam à cláusula inscrita no art. 5º, XXXVI, da Carta Política (*RTJ, 143*:724, 1993) — não podem frustrar a plena eficácia da ordem constitucional, comprometendo-a em sua integridade e desrespeitando-a em sua autoridade".

63. V. Gabba, *Teoria della retroattività delle leggi*, 1868, p. 191: "É adquirido todo direito que: a) é conseqüência de um fato idôneo a produzi-lo, em virtude da lei do tempo no qual o fato se realizou, embora a ocasião de fazê-lo valer não se tenha apresentado antes da atuação de uma lei nova a respeito do mesmo, e que b) nos termos da lei sob o império da qual se verificou o fato de onde se origina, passou imediatamente a fazer parte do patrimônio de quem o adquiriu". V., também, Carlyle Popp, A retroatividade das normas constitucionais e os efeitos da Constituição sobre os direitos adquiridos, *PJ, 36*:13, 1991.

64. Reynaldo Porchat, *Da retroactividade das leis civis*, 1909, p. 32: "Direitos adquiridos são consequencias de factos juridicos passados, mas consequencias ainda não realisadas, que ainda não se tornaram de todo effectivas. Direito adquirido é, pois, todo o direito fundado sobre um facto juridico que já succedeu, mas que ainda não foi feito valer". (*ipsis litteris*).

A *expectativa de direito* identifica a situação em que o fato aquisitivo do direito ainda não se completou quando sobrevém uma nova norma alterando o tratamento jurídico da matéria. Neste caso, não se produz o efeito previsto na norma, pois seu fato gerador não se aperfeiçoou. Entende-se, sem maior discrepância, que a proteção constitucional não alcança esta hipótese, embora outros princípios, no desenvolvimento doutrinário mais recente (como o da boa-fé e o da confiança), venham oferecendo algum tipo de proteção também ao titular da expectativa de direito. É possível cogitar, nessa ordem de idéias, de direito a uma transição razoável.

Na seqüência dos eventos, *direito adquirido* traduz a situação em que o fato aquisitivo aconteceu por inteiro, mas por qualquer razão ainda não se operaram os efeitos dele resultantes. Nesta hipótese, a Constituição assegura a regular produção de seus efeitos, tal como previsto na norma que regeu sua formação, nada obstante a existência da lei nova. Por fim, o *direito consumado* descreve a última das situações possíveis — quando não se vislumbra mais qualquer conflito de leis no tempo — que é aquela na qual tanto o fato aquisitivo quanto os efeitos já se produziram normalmente. Nesta hipótese, não é possível cogitar de retroação alguma[65].

De modo esquemático, é possível retratar a exposição desenvolvida na síntese abaixo:

a) *Expectativa de direito*: o fato aquisitivo teve início, mas não se completou;

b) *Direito adquirido*: o fato aquisitivo já se completou, mas o efeito previsto na norma ainda não se produziu;

c) *Direito consumado*: o fato aquisitivo já se completou e o efeito previsto na norma já se produziu integralmente.

Um exemplo singelo ilustrará os conceitos. A Emenda Constitucional nº 20, de 15.12.98, instituiu a idade mínima de 60 anos para a aposentadoria dos servidores públicos do sexo masculino. Anteriormente, bastava o tempo de serviço de 35 anos. Ignorando-se as sutilezas do regime de transição, para simplificar o exemplo, confira-se a aplicação dos conceitos. O servidor público de 55 anos, que já tivesse se aposentado pelas regras anteriores, desfrutava de um direito *consumado*, isto é, não poderia ser "desaposentado". O servidor público que tivesse 55 anos de idade e 35 de serviço quando da promulgação

---

65. Reynaldo Porchat, *Da retroactividade das leis civis*, 1909, p. 32.

da emenda, mas ainda não tivesse se aposentado, tinha direito *adquirido* a aposentar-se, pois já se haviam implementado as condições de acordo com as regras anteriormente vigentes. Porém, o servidor que tivesse 45 anos de idade e 25 de serviço, e que contava se aposentar daí a 10 anos, tinha mera *expectativa* de direito, não desfrutando de proteção constitucional plena.

Cumpre fazer uma nota final sobre o que se convencionou denominar de *regime jurídico*. Nessa locução se traduz a idéia de que não há direito adquirido à permanência indefinida de uma mesma disciplina legal sobre determinada matéria. Por exemplo: ninguém poderá defender-se em uma ação de divórcio alegando que se casou em uma época em que o casamento era indissolúvel, pretendendo ter direito adquirido à permanência daquele regime jurídico. No direito constitucional e administrativo, o exemplo mais típico é o da relação entre o servidor e a entidade estatal à qual se vincula[66]. O fato de haver ingressado no serviço público sob a vigência de determinadas regras não assegura ao servidor o direito à sua imutabilidade[67]. Embora a

---

[66]. STF, DJ, 05.04.02, p. 55, RE 177.072-SP, Rel. Min. Sepúlveda Pertence: "Servidores da Universidade de São Paulo: limite remuneratório estabelecido pelos Decretos 28.218 e 28.359, de 1988, de conformidade com o disposto no art. 8º da LC est. 535, de 29.2.88: inocorrência de ofensa à garantia constitucional do direito adquirido — que não impede a aplicação imediata de norma modificadora do regime jurídico do servidor público —, nem ao princípio da isonomia, que não serve de fundamento para concessão por decisão judicial de aumento de vencimentos de servidores públicos (Súmula 339)".; STF, DJ 19.04.96, p. 12.229, RE 178.802-RS, Rel. Min. Maurício Corrêa: "Os proventos da inatividade são regulados pela norma vigente ao tempo de sua aposentadoria, mas o servidor não tem direito adquirido aos critérios legais com base em que 'quantum' foi estabelecido, nem à prevalência do regime jurídico então vigente, ainda mais quando, em obediência a preceito constitucional a esse superveniente, lei nova vem disciplinar o regime jurídico e o plano de carreira dos servidores, incorporando aos vencimentos e proventos as gratificações antes recebidas 'em cascata' ou 'repique', que não são permitidas pela nova ordem constitucional". No mesmo sentido: *RTJ, 143*:293, 1993, RE 134.502-SP, Rel. Min. Carlos Velloso; *RTJ, 99*:1.267, 1982, RE 92.511-SC, Rel. Min. Moreira Alves; *RTJ, 88*:651, 1979, RE 88.305-CE, Rel. Min. Moreira Alves.

[67]. O reconhecimento dessa tese, todavia, não afasta a possibilidade de aquisição de direitos mesmo na constância de relações disciplinadas por um regime jurídico, bastando para tanto que os fatos aquisitivos legalmente previstos já se tenham realizado na sua integralidade.

jurisprudência seja casuística na matéria, é corrente a afirmação de que há regime jurídico — e, conseqüentemente, não há direito adquirido — quando determinada relação decorre da lei, e não de um ato de vontade das partes, a exemplo de um contrato[68].

Não se abre um tópico específico para o *ato jurídico perfeito*, nessa exposição doutrinária, por brevidade e simplificação. De acordo com a doutrina dominante[69] e a própria jurisprudência do Supremo

---

68. STF, DJ 13.10.00, p. 20, RE 226.855-RS, Rel. Min. Moreira Alves: "Fundo de Garantia por Tempo de Serviço — FGTS. Natureza jurídica e direito adquirido. Correções monetárias decorrentes dos planos econômicos conhecidos pela denominação Bresser, Verão, Collor I (no concernente aos meses de abril e de maio de 1990) e Collor II. — O Fundo de Garantia por Tempo de Serviço (FGTS), ao contrário do que sucede com as cadernetas de poupança, não tem natureza contratual, mas, sim, estatutária, por decorrer da Lei e por ela ser disciplinado. — Assim, é de aplicar-se a ele a firme jurisprudência desta Corte no sentido de que não há direito adquirido a regime jurídico. — Quanto à atualização dos saldos do FGTS relativos aos Planos Verão e Collor I (este no que diz respeito ao mês de abril de 1990), não há questão de direito adquirido a ser examinada, situando-se a matéria exclusivamente no terreno legal infraconstitucional. — No tocante, porém, aos Planos Bresser, Collor I (quanto ao mês de maio de 1990) e Collor II, em que a decisão recorrida se fundou na existência de direito adquirido aos índices de correção que mandou observar, é de aplicar-se o princípio de que não há direito adquirido a regime jurídico. Recurso extraordinário conhecido em parte, e nela provido, para afastar da condenação as atualizações dos saldos do FGTS no tocante aos Planos Bresser, Collor I (apenas quanto à atualização no mês de maio de 1990) e Collor II".
69. Nas palavras de Clóvis Beviláqua, *Teoria geral do direito civil*, 1976, pp. 26-7: "Em rigor, tudo se reduz ao respeito assegurado aos direitos adquiridos; mas, como no ato jurídico perfeito e na coisa julgada se apresentam momentos distintos, aspectos particulares do direito adquirido, foi de vantagem, para esclarecimento da doutrina, que se destacassem esses casos particulares e deles se desse a justa noção". Sobre o tema, v. José Carlos Moreira Alves, Direito adquirido, *FA*, 15:579, 2002, pp. 582-3: "Esse conceito de direito adquirido para efeito de direito intertemporal é um conceito que se nós examinarmos mais de perto em face de outros dois — o ato jurídico perfeito e a coisa julgada, nós vamos chegar à conclusão de que, na realidade, os três poderiam estar compendiados em um só, ou seja, tanto do ato jurídico perfeito quando da coisa julgada decorreriam necessariamente o direito adquirido. Conseqüentemente não haveria em rigor necessidade de valermo-nos desses outros dois conceitos. Mas a pergunta que se faz é por que isso? A resposta talvez seja uma resposta pragmática, mas eu nunca encontrei outra.

Tribunal Federal[70], o ato jurídico perfeito, juntamente com a coisa julgada, constitui um modo típico de geração de direitos adquiridos. O ato jurídico perfeito, definido pela Lei de Introdução ao Código Civil como o *já consumado segundo a lei vigente ao tempo em que se efetuou*, é o negócio jurídico ou ato jurídico *stricto sensu*, compreendendo as declarações unilaterais de vontade e os negócios bilaterais[71]. O contrato é o seu exemplo mais típico. Para os fins do presente estudo, seu conceito encontra-se englobado no de direito adquirido.

IX. Algumas questões controvertidas

1. Contribuição de inativos

1.1. A mudança normativa

A Emenda Constitucional nº 41, de 2003, ao implementar a Reforma da Previdência, enfatizou o caráter contributivo e previdenciário do sistema, prevendo a contribuição do ente público, dos servidores ativos e inativos e dos pensionistas (art. 40, com a nova redação). A exigência incidirá sobre os proventos de aposentadorias e

---

É que os conceitos de ato jurídico perfeito e coisa julgada são conceitos singelos, a respeito dos quais não há maior discussão, ao passo que o conceito de direito adquirido é um conceito bastante controvertido ou pelo menos um conceito cujo conteúdo ainda é bastante controvertido, e, conseqüentemente, dá margem a muitos problemas. Por isso mesmo é que os senhores verificam que toda vez que nós podemos lançar mão do ato jurídico perfeito e da coisa julgada, ninguém vai lançar mão do direito adquirido".
70. V. STF, DJ 28.09.84, p. 15.960, RE 102.216-SP, Rel. Min. Moreira Alves: "Direito de preferência de locatário de imóvel vendido a terceiro. (...) Em face do parágrafo 3º do artigo 153 da Constituição, que não faz qualquer distinção em matéria de ato jurídico perfeito e de direito adquirido, é indubitável que o contrato válido entre as partes é ato jurídico perfeito, dele decorrendo, para uma ou para ambas, direitos adquiridos. Se a lei posterior cria para terceiro direito sobre o objeto do contrato e oponível a ambas as partes contratantes, não pode ela, sob pena de alcançar o ato jurídico perfeito e o direito adquirido entre as partes, ser aplicada a contratos validamente celebrados antes de sua vigência".
71. Pontes de Miranda, *Comentários à Constituição de 1967 com a Emenda nº 1 de 1969*, t. V, 1971, p. 102.

pensões do regime próprio que superem o limite máximo do regime geral, em percentual igual ao dos servidores ativos (art. 40, § 18, com a nova redação). O limite máximo dos benefícios do regime geral, como se viu, foi elevado para R$ 2.400 (EC nº 41/2003, art. 5º). A Reforma previu a incidência de contribuição, igualmente, para os que já estavam no gozo do benefício na data de sua publicação, isto é, os atuais aposentados e pensionistas. Esta a dicção do dispositivo aplicável:

> "Art. 4º. Os servidores inativos e os pensionistas da União, dos Estados, do Distrito Federal e dos Municípios, incluídas suas autarquias e fundações, em gozo de benefícios na data de publicação desta Emenda, bem como os alcançados pelo disposto no seu art. 3º, contribuirão para o custeio do regime de que trata o art. 40 da Constituição Federal com percentual igual ao estabelecido para os servidores titulares de cargos efetivos"[72].

1.2. Alguns argumentos pré-jurídicos

Seria equívoco grave procurar justificar a contribuição dos inativos mediante um esforço de deslegitimação da condição por eles conquistada, à luz das regras — boas ou más, certas ou erradas — que vigoravam em matéria previdenciária. Aposentados e pensionistas não apenas não são responsáveis pelas decisões políticas e administrativas que levaram à inviabilidade do sistema, como foram vítimas, em muitos casos, de sua inconstância e de suas múltiplas disfunções. A con-

---

72. Apenas a base de cálculo para incidência da contribuição será diferente, como previu o parágrafo único do mesmo art. 4º: "A contribuição previdenciária a que se refere o *caput* incidirá apenas sobre a parcela dos proventos e das pensões que supere:
    I — cinqüenta por cento do limite máximo estabelecido para os benefícios do regime geral de previdência social de que trata o art. 201 da Constituição Federal, para os servidores inativos e os pensionistas dos Estados, do Distrito Federal e dos Municípios;
    II — sessenta por cento do limite máximo estabelecido para os benefícios do regime geral de previdência social de que trata o art. 201 da Constituição Federal, para os servidores inativos e os pensionistas da União".

tribuição agora instituída, portanto, não constitui uma penalidade nem um juízo atrasado e retroativo acerca das circunstâncias em que se deu a aquisição do direito aos benefícios.

De outra parte, em uma época na qual se preconiza uma reaproximação entre o Direito e a Ética e o pós-positivismo reintroduziu valores como legitimidade e justiça no discurso jurídico, assume importância a revelação de alguns fundamentos — históricos, sociais e econômicos, dentre outros — que justificam a cobrança de contribuição de inativos, diante da situação grave em que se encontra o sistema previdenciário público no Brasil. Confiram-se argumentos metajurídicos legitimadores da contribuição, alguns deles já referidos na Parte I deste estudo:

1. Em todos os países desenvolvidos pesquisados, os proventos da aposentadoria e as pensões são inferiores aos valores percebidos pelo servidor em atividade (em média, 25%)[73]. No Brasil, tanto os proventos como a pensão correspondem ao valor integral da última remuneração;

2. Do ponto de vista da lógica do sistema, a não cobrança de contribuição previdenciária dos servidores inativos importaria em um aumento real correspondente à alíquota de contribuição (11% por cento, atualmente) por ocasião da passagem para a inatividade, servindo como um incentivo para aposentadorias precoces[74];

3. Até a Emenda Constitucional nº 3, de 1993, o sistema não era contributivo: o servidor nada descontava ou recolhia para sua aposentadoria (embora o fizesse para as pensões). Ou seja: grande número

---

73. Na Alemanha e na França, por exemplo, a aposentadoria chega a um máximo de 75% do valor da última remuneração, após 40 e 37,5 anos de serviço, respectivamente. Fonte: Pesquisa da OCDE publicada pelo jornal *Folha de São Paulo*, 20.7.2003, p. A-8; e Exposição de Motivos do Projeto de Emenda Constitucional nº 40/2003 (E.M.I. nº 29 — MPS/CCIVIL PR). Quanto às pensões, o percentual costuma ser ainda inferior: na França, 50% do valor da remuneração para a viúva e 10% para o órfão que tiver menos de 21 anos. Na Alemanha, 60% para a viúva e de 12 a 20% para o órfão. Fonte: Pesquisa OCDE, loc. cit.

74. Em última análise, do ponto de vista fático, ficaria frustrado o disposto na CF, art. 40, § 2º: "§ 2º. Os proventos de aposentadoria e as pensões, por ocasião de sua concessão, não poderão exceder a remuneração do respectivo servidor, no cargo efetivo em que se deu a aposentadoria ou que serviu de referência para a concessão da pensão".

de aposentados jamais contribuiu e os que contribuíram para o regime próprio fizeram-no por período inferior a 10 anos;

4. Grande número de aposentados sob o regime próprio dos servidores públicos ingressou no sistema por força da conversão dos seus empregos públicos (celetistas) em cargos públicos, após haverem contribuído a maior parte do tempo para o regime geral, sobre base de cálculo muito inferior à dos proventos que passaram a receber;

5. As regras vigentes, notadamente antes da EC nº 20, de 1998, permitiram aposentadorias precoces, até mesmo antes dos 50 anos, pela ausência de exigência de idade mínima, de tempo mínimo de contribuição e pela contagem ficta de tempo de serviço, fazendo com que subsistam por várias décadas às expensas do sistema.

A esses fatores somam-se outros, associados a graus variáveis de imprevisão ou a circunstâncias conjunturais, como o aumento da expectativa de vida e a redução dos quadros do serviço público. O argumento que se quer demonstrar nesse tópico é o da legitimidade e justiça de os inativos contribuírem para a solvabilidade do sistema do qual colhem os seus benefícios.

1.3. Constitucionalidade da cobrança de contribuição de inativos

Autores de grande merecimento têm sustentado a tese da inconstitucionalidade da cobrança de contribuição de inativos. Fundam-se eles, basicamente, na idéia do ato jurídico perfeito, representado pela aposentadoria, e do direito adquirido que dele resultaria para os inativos de não sofrerem os efeitos de qualquer mudança normativa superveniente, aí incluído o desconto nos proventos pela instituição de contribuição previdenciária[75]. Argumenta-se, ainda, que o servidor inativo teria concluído sua relação com o Poder Público, dele não se podendo exigir que contribua para a solvabilidade do sistema, pois não faz jus a qualquer benefício adicional[76].

---

[75]. Michel Temer, "Inativos e direito adquirido". In: Jornal O *Globo*, 16.06.2003, p. 07.

[76]. V. Paulo Modesto, A Reforma da Previdência e as peculiaridades do regime previdenciário dos agentes públicos, *RBDP*, *02*:141, 2003, p. 156, que apenas recolhe o argumento, sem endossá-lo.

Com o respeito devido e merecido — e a homenagem é sincera e não meramente protocolar —, não têm razão. No direito constitucional brasileiro, inexiste direito adquirido a não ser tributado; inexiste direito adquirido à permanência de determinado regime jurídico; e vigora, no particular, o princípio da solidariedade. Confira-se cada um dos argumentos.

(i) Inexistência de direito adquirido a não sofrer tributação

A contribuição previdenciária, como modalidade de contribuição para a seguridade social, tem natureza inequívoca de tributo, consoante entendimento doutrinário[77] e jurisprudencial[78]. Fora das hipóteses constitucionais de imunidade tributária, é pacífico e corrente o entendimento de que nenhum contribuinte tem o direito subjetivo de não vir a ser tributado no futuro ou de não ter sua tributação majorada. Reconhecer-se direito adquirido aos inativos de não sofrerem tributação importaria em instituir uma imunidade tributária sem previsão constitucional[79]. Naturalmente, poderá o contribuinte opor-se, eventualmente, na hipótese de inobservância das limitações constitucionais ao poder de tributar ou de outras regras e princípios constitucionais. Mas esta seria outra discussão.

Essa questão já foi enfrentada pelo Supremo Tribunal Federal no julgamento de ação direta na qual se discutia a constitucionalidade de dispositivo legal que majorava a contribuição de seguridade social dos servidores ativos. A linha de argumentação acima foi explicitamente adotada pelo Tribunal, que afirmou não assistir ao contribuinte o direito de opor ao Poder Público pretensão visando a obstar o aumento de tributo. Embora se aplicasse a mesma lógica, a Corte não

---

77. Resolução nº 6 do XV Simpósio Nacional de Direito Tributário, de 1990: "À luz da Constituição de 1988, todas as contribuições sociais inseridas nos artigos 149 e 195 ostentam natureza tributária". V. também Ricardo Lobo Torres, *Curso de direito financeiro e tributário*, 2002, pp. 368-9.
78. V. *RTJ, 149*:654, 1994, RE 158.577-PE, Rel. Min. Celso de Mello; e *RTJ, 143*:684, 1993, RE 146.733, Rel. Min. Moreira Alves.
79. Uma vez autorizada, por norma expressa, a cobrança de contribuição dos aposentados e pensionistas do regime próprio (EC nº 41/2003, art. 4º), deixa de se aplicar a regra do art. 195, II, que prevê a não incidência de contribuição sobre aposentadoria e pensão concedidas pelo regime geral.

chegou a utilizar o argumento em relação à contribuição dos inativos, também discutida naquela ação, em razão de havê-la considerado inválida por outro fundamento, qual seja, a existência de regra expressa que vedava sua cobrança. Adiante se comentará este acórdão[80].

(ii) Inexistência de direito adquirido a regime jurídico

A afirmação de que o inativo não pode ser chamado a contribuir por não ser mais servidor, havendo cessado sua relação com a Administração Pública, não se afigura tecnicamente correta. Aqui é preciso fazer uma distinção. O ato da aposentadoria, sendo válido, constituirá um ato jurídico perfeito. Uma vez praticado, já não poderá ser desconstituído nem ter os seus efeitos suprimidos por ato normativo novo. Os direitos por ele constituídos ou declarados não poderão ser retirados do patrimônio jurídico do servidor. Vale dizer: ele não poderá ser "desaposentado", com a criação de uma nova exigência de tempo de serviço ou de idade; nem tampouco poderá ser retirada uma incorporação de cargo em comissão legitimamente feita por ocasião de sua passagem para a inatividade.

Mas a relação do servidor (e também do pensionista) com a Administração prossegue para diversos fins, inclusive e especialmente: (i) quanto ao direito de revisão de proventos e pensões na mesma propor-

---

80. STF, DJ 12.04.02, p. 51, ADInMC 2.010-2-DF, Rel. Min. Celso de Mello: "A contribuição de seguridade social, como qualquer outro tributo, é passível de majoração, desde que o aumento dessa exação tributária observe padrões de razoabilidade e seja estabelecido em bases moderadas. Não assiste ao contribuinte o direito de opor, ao Poder Público, pretensão que vise a obstar o aumento dos tributos — a cujo conceito se subsumem as contribuições de seguridade social (*RTJ, 143*:684, 1993 — *RTJ, 149*:654, 1994) —, desde que respeitadas, pelo Estado, as diretrizes constitucionais que regem, formal e materialmente, o exercício de competência impositiva.
(...) A garantia constitucional da irredutibilidade da remuneração devida aos servidores públicos em atividade não se reveste de caráter absoluto. Expõe-se, por isso mesmo, às derrogações instituídas pela própria Constituição da República, que prevê, relativamente ao subsídio e aos vencimentos "dos ocupantes de cargos e empregos públicos" (CF, art. 37, XV), a incidência de tributos, legitimando-se, desse modo, quanto aos servidores públicos ativos, a exigibilidade da contribuição de seguridade social, mesmo porque, em tema de tributação, há que se ter presente o que dispõe o art. 150, II, da Carta Política".

ção e na mesma data, sempre que se modificar a remuneração dos servidores em atividade; (ii) quanto à extensão a eles de quaisquer benefícios e vantagens posteriormente concedidos aos servidores em atividade, inclusive quando decorrentes da transformação ou reclassificação do cargo ou função em que se deu a aposentadoria ou que serviu de referência para a concessão da pensão (CF, art. 40, § 6º).

Consoante já se consignou, o regime jurídico dos aposentados e pensionistas não é, a rigor, previdenciário, mas administrativo. Diferentemente do que se passa com os integrantes do regime geral, o valor dos proventos e das pensões no regime próprio não é definido por quanto ele contribuiu nem por quanto tempo, mas por um ato do Estado que, mediante lei, unilateralmente fixa-o[81]. Daí já se haver afirmado que a aposentadoria do servidor público, no regime que vige hoje, não é uma contraprestação previdenciária, mas a continuidade da situação de ativo[82].

Se os proventos e as pensões não são reajustados, como no regime geral, para preservação do valor real (CF, art. 201, § 4º), mas são revistas em paridade com os ativos, acrescidos de benefícios e vantagens posteriores a este aplicáveis, não é possível dizer que a relação cessou. Se a relação persiste e surge a necessidade de modificar-lhe o regime jurídico de financiamento, não há direito adquirido a mantê-la perpetuamente inalterada, como já se expôs na parte teórica deste estudo[83].

(iii) O princípio da solidariedade

Uma das principais características do direito constitucional contemporâneo é a ascensão normativa dos princípios, tanto como funda-

---

81. Gilberto Guerzoni Filho, O regime de aposentadoria e pensões dos servidores públicos e militares: diagnóstico e propostas de alteração, *RBDP*, *01*:67, 2003, p. 68-9.
82. Idem.
83. Há quem sustente que é precisamente a paridade entre ativos e inativos, que assegura a possibilidade de aumentos reais de proventos e pensões aos beneficiários do sistema próprio, que justifica a contribuição de inativos, distinguindo-a de um adicional de imposto de renda. Nesse sentido, v. Paulo Modesto, A reforma da previdência e as peculiaridades do regime previdenciário dos agentes públicos, *BDP*, *02*:141, 2003, p. 161-2.

mento direto de direitos, como vetor de interpretação das regras do sistema[84]. Dentre os princípios que vêm merecendo distinção na quadra mais recente está o princípio da solidariedade, cuja matriz constitucional se encontra no art. 3º, I[85]. O termo já não está mais associado apenas ao direito civil obrigacional (pelo qual alguém tem direito ou obrigação à integralidade do crédito ou da dívida), mas também, e principalmente, à idéia de justiça distributiva. Traduz-se na divisão de ônus e bônus na busca de dignidade para todos. A solidariedade ultrapassa a dimensão puramente ética da fraternidade, para tornar-se uma norma jurídica: o dever de ajudar o próximo. Conceitos importantes da atualidade, em matéria de responsabilidade civil, de desenvolvimento sustentado e de proteção ambiental fundam-se sobre este princípio, inclusive no reconhecimento de obrigações com as gerações futuras[86].

Pois bem: o sistema de previdência social é fundado, essencialmente, na idéia de solidariedade, especialmente quando se trata do regime próprio dos servidores públicos. Em primeiro lugar, existe solidariedade entre aqueles que integram o sistema em um dado momento, como contribuintes e beneficiários contemporâneos entre si[87]. Além disso, no entanto, existe solidariedade entre as gerações,

---

84. Robert Alexy, *Teoria de los derechos fundamentales*, 1997; J. J. Gomes Canotilho, *Direito constitucional e teoria da Constituição*, 1998; Paulo Bonavides, *Curso de direito constitucional*, 1998; Ronald Dworkin, *Taking rights seriously*, 1997; Luís Roberto Barroso, *Interpretação e aplicação da Constituição*, 2004 e "Fundamentos teóricos e filosóficos do novo direito constitucional brasileiro (pós-modernidade, teoria crítica e pós-positivismo)". In: *Temas de direito constitucional*, t. II, 2003.
85. CF, art. 3º, I: "Art. 3º. Constituem objetivos fundamentais da República Federativa do Brasil: I — construir uma sociedade livre, justa e solidária";
86. Sobre o tema, v. Maria Celina Bodin de Moraes, "O princípio da solidariedade". In: Manoel Messias Peixinho, Isabella Franco Guerra e Firly Nascimento Filho (org.), *Os princípios da Constituição de 1988*, 2001, pp. 167-90; Paulo Bonavides, *Curso de direito constitucional*, 1998, p. 259; e J. F. de Castro Farias, *A origem do direito de solidariedade*, 1998.
87. Veja-se, a propósito, interessante decisão do STF nessa matéria. Em ação direta de inconstitucionalidade, discutia-se a validade do art. 283 da Constituição do Estado do Rio de Janeiro, que facultava ao servidor público que não tinha cônjuge, companheiro ou dependente, legar a pensão por morte a beneficiários de sua indicação. O pedido foi julgado procedente por unanimidade. V. DJ,

um pacto de confiança entre elas. O modelo de repartição simples constitui um regime de financiamento solidário, no qual os servidores em atividade financiam os inativos e comungam da crença de que o mesmo será feito por eles em algum lugar do futuro, pela geração seguinte[88].

À vista de tais premissas, a contribuição previdenciária de ativos e inativos não está correlacionada a benefícios próprios de uns e de outros, mas à solvabilidade do sistema. Como bem captou o Ministro Sepúlveda Pertence:

> "Assim como não aceito considerações puramente atuariais na discussão dos direitos previdenciários, também não as aceito para fundamentar o argumento básico contra a con-

---

13.10.00, p. 08, ADIn 240-6-RJ, Rel. Min. Octávio Gallotti, que lavrou em seu voto: "Ultrapassando a ordem dos beneficiários tradicionalmente consagrados pela previdência social, mencionados no inciso V do art. 201 da Constituição, afigura-se que a Carta fluminense estaria, efetivamente, a divorciar-se do princípio da solidariedade que é inerente ao sistema previdenciário, devendo para ele confluir, tanto o regime próprio dos servidores públicos, como o destinado aos trabalhadores em geral.

Sendo obrigatório o seguro social, a contribuição das pessoas que não possuem dependentes, por diminuir a média de risco do segurador, culmina em suavizar o encargo do custeio, a cargo de todos os contribuintes. É essa solidariedade, ou comunhão participativa, que se torna comprometida, quando todos os associados passam a poder legar benefícios, por ato de vontade própria, mesmo quando não mantenham cônjuge, companheiro ou dependente".

88. V. Flávio Martins Rodrigues, *Fundos de pensão de servidores públicos*, 2002, p. 10: [O modelo de custeio por repartição simples] pressupõe que um grupo de indivíduos mais jovens arcará com os custos da aposentadoria dos mais velhos; e os mais jovens acreditam que o mesmo será feito ao se tornarem idosos, montando-se aí o que se denominou 'pacto entre gerações', de forma que a geração anterior custeia os benefícios previdenciários da seguinte".; e Paulo Modesto, A reforma da previdência e as peculiaridades do regime previdenciário dos agentes públicos, *RBDP, 02*:141, 2003, p. 142: "A todo rigor, no regime de repartição simples, os agentes públicos em atividade não contribuem para a própria aposentadoria ou para a correspondente pensão, mas para a solvabilidade do sistema previdenciário próprio, considerado o fato de que a contribuição individual atual não mantém qualquer correlação imediata com o correspondente benefício futuro e que financia apenas o pagamento dos benefícios previdenciários atuais do sistema. (...) Nesse contexto, reformar a previdência significa alterar um pacto de gerações e redistribuir benefícios e encargos entre gerações distintas".

tribuição dos inativos, ou seja, a de que já cumpriram o quanto lhes competia para obter o benefício da aposentadoria.

Contribuição social é um tributo fundado na solidariedade social de todos para financiar uma atividade estatal complexa e universal, como é a Seguridade"[89].

1.4. A posição do Supremo Tribunal Federal

A posição recente do Supremo Tribunal Federal acerca da constitucionalidade da incidência de contribuição previdenciária sobre os servidores inativos é bastante clara e atravessou duas fases distintas. Na primeira delas, sob a vigência da Emenda Constitucional nº 3, de 17.03.93, o STF entendia legítima a cobrança referida, com base no que dispunha o § 6º do art. 40 (com a redação dada pela EC nº 3/93), que estabelecia:

> "Art. 40. (...)
> § 6º As aposentadorias e pensões dos servidores públicos federais serão custeadas com recursos provenientes da União e das contribuições dos servidores, na forma da lei".

Com efeito, após a EC nº 3/93, várias leis estaduais instituíram a cobrança de contribuições previdenciárias, não só sobre seus servidores ativos como também sobre os inativos. Suscitada a questão, o Supremo Tribunal Federal entendeu que a expressão "servidores" — empregada pelo art. 40, § 6º, da Constituição — inclui tradicionalmente os inativos, de modo que a cobrança era válida[90]. **Note-se,**

---

89. *RTJ, 166*:890, 1998, ADIn 1.441-DF, Rel. Min. Octavio Gallotti, voto do Min. Sepúlveda Pertence, p. 895.
90. STF, *RTJ, 166*:890, 1998, ADIn 1.441-DF, Rel. Min. Octavio Gallotti: "Extensão, aos proventos dos servidores públicos inativos, da incidência de contribuição para o custeio da previdência social. Insuficiente relevância, em juízo provisório e para fins de suspensão liminar, de argüição de sua incompatibilidade com os artigos (...), todos da Constituição Federal".; *RTJ, 164*:98, 1998, ADIn 1.430-BA, Rel. Min. Moreira Alves: "Ação direta de inconstitucionalidade. Pedido de liminar. Argüição de inconstitucionalidade de expressões e de incisos constantes da Lei (...) do Estado da Bahia. Custeio da Previdência

portanto, que o STF não considerou que haveria um direito adquirido dos inativos à não incidência da contribuição, pois, se assim fosse, nem a emenda constitucional poderia tê-la autorizado e nem as leis estaduais poderiam tê-la instituído[91].

A Emenda Constitucional nº 20/98 alterou vários dispositivos constitucionais relevantes para o tema. Em primeiro lugar, o § 6º do art. 40 recebeu nova redação, inteiramente diversa da anterior, sem qualquer referência específica à possibilidade de cobrança de contribuição dos servidores[92]. O *caput* do art. 40 manteve o princípio contributivo do sistema previdenciário, mas fez referência apenas a "servidores titulares de cargos efetivos" (o que abrangeria apenas os servidores em atividade)[93]. Por fim, o § 12, do art. 40, passou a determinar

---

mediante contribuição dos servidores inativos e dos pensionistas. — A fundamentação jurídica do pedido não tem a relevância necessária para a concessão da cautelar requerida. Precedente do STF (ADIn 1.441, em que se indeferiu o pedido de liminar) com relação à contribuição social para os servidores inativos da União". Ambas as decisões proferidas em sede cautelar. Curiosidade histórica: a primeira foi requerida pelo Partido dos Trabalhadores e a segunda pelo Partido Comunista do Brasil.

91. A tese do direito adquirido foi sustentada, em ambas as ações diretas referidas na nota anterior, no voto vencido isolado do Min. Marco Aurélio, que assim argumentou: "Entendo que os direitos insculpidos na Carta Política da República não direcionam a assentar-se que, constituída uma situação jurídica diversa, deixando de haver a prestação de serviços, tem-se a possibilidade de se impor um novo ônus, não previsto enquanto durou o período de contribuição, ou seja, a atividade. O servidor alcança com a jubilação uma certa situação jurídica definida pelas normas em vigor à data da inatividade". O argumento foi expressamente rejeitado pelos Ministros Sepúlveda Pertence (na passagem transcrita no desfecho do tópico anterior) e pelo Ministro Octávio Gallotti, que assim averbou: "Não se mostra relevante o apelo ao princípio da irredutibilidade do provento, que, assim como os vencimentos do servidor, não se acha imune à incidência dos tributos e das contribuições dotadas desse caráter."

92. CF/88 (com a redação da EC nº 20/98): "Art. 40 (...)

§ 6º. Ressalvadas as aposentadorias decorrentes dos cargos acumuláveis na forma desta Constituição, é vedada a percepção de mais de uma aposentadoria à conta do regime de previdência prevista neste artigo".

93. CF/88 (com a redação da EC nº 20/98): "Art. 40. Aos servidores titulares de cargos efetivos da União, dos Estados, do Distrito Federal e dos Municípios, incluídas suas autarquias e fundações, é assegurado regime de previdência de caráter contributivo, observados critérios que preservem o equilíbrio financeiro e atuarial e o disposto neste artigo".

a aplicação subsidiária do regime geral de previdência social aos servidores[94], sendo que o art. 195, II da Constituição veda a incidência de contribuição previdenciária sobre aposentadoria e pensão concedidas pelo Regime Geral de Previdência Social[95].

Diante dessas modificações, o Supremo Tribunal Federal entendeu que o novo texto constitucional deixou de admitir a cobrança sobre os inativos, especialmente considerando que a questão foi discutida e rejeitada nos debates parlamentares que levaram à edição da EC nº 20/98. Essa foi a principal razão pela qual a Lei federal nº 9.783/99, que instituía a contribuição sobre inativos no âmbito do serviço público federal, foi declarada inconstitucional na Ação Direta de Inconstitucionalidade nº 2.010-2-DF, Relator o Ministro Celso de Mello (*DJU*, 12 abr. 2002).

Veja-se, então, que no primeiro conjunto de decisões (ADIns 1.441 e 1.430), o Supremo Tribunal Federal entendeu não haver direito adquirido dos inativos à não incidência da contribuição. Na ADIn 2.010-2, afirmou que a modificação constitucional trazida pela EC nº 20/98 impedia a cobrança[96]. Em linha de coerência com tais

---

94. CF/88 (com a redação da EC nº 20/98): "Art. 40 (...)
§ 12. Além do disposto neste artigo, o regime de previdência dos servidores públicos titulares de cargo efetivo observará, no que couber, os requisitos e critérios fixados para o regime geral de previdência social".
95. CF/88: "Art. 195. A seguridade social será financiada por toda a sociedade, de forma direta e indireta, nos termos da lei, mediante recursos provenientes dos orçamentos da União, dos Estados, do Distrito Federal e dos Municípios, e das seguintes contribuições sociais:
(...)
II — do trabalhador e dos demais segurados da previdência social, não incidindo contribuição sobre aposentadoria e pensão concedidas pelo regime geral de previdência social de que trata o art. 201;"
96. Note-se que na decisão proferida nessa ADIn os Ministros, à exceção do Ministro Marco Aurélio, não se pronunciaram expressamente sobre a existência de direito adquirido dos inativos à não incidência da contribuição. Ao contrário, a maioria fez questão de registrar que a alteração do entendimento da Corte decorreu especificamente da mudança do texto constitucional. Daí se pode extrair que nova modificação, portanto, poderia vir a autorizar a incidência da contribuição. Acrescente-se, a propósito da discussão acerca de confisco, travada na ADIn 2.010-2-DF, que foi considerada inconstitucional a contribuição adicional temporária instituída pela Lei nº 9.738/99, mas não a alíquota de 11%, que continuou incidindo sobre os servidores ativos. Se não é confiscatória a alíquota cobrada dos ativos, tampouco será a sua incidência sobre os inativos.

precedentes, a aprovação de nova emenda constitucional autorizando de forma específica a imposição de contribuição previdenciária sobre inativos torna legítima a incidência do tributo[97].

2. Mudanças das regras de aposentadoria e pensão

De fora parte a questão do teto, a Emenda Constitucional n° 41, de 2003, introduziu um conjunto importante de modificações no regime próprio da previdência social dos servidores públicos, já comentadas na Parte II deste estudo. Dentre elas podem ser destacadas as seguintes:

(i) Fim da integralidade dos proventos e pensões, que deixam de corresponder à totalidade da remuneração do cargo efetivo exercido pelo servidor por ocasião da aposentadoria e passam a ser calculados com base na média da remuneração sobre a qual se deu a contribuição;

(ii) Fim da paridade: o reajuste será feito com base na lei, não mais se aplicando aos proventos e pensões a revisão na mesma proporção e na mesma data da remuneração dos servidores em atividade, nem tampouco se estendendo aos inativos quaisquer benefícios ou vantagens posteriormente concedidos àqueles;

(iii) Redução da pensão: o benefício será integral até o limite máximo adotado para o regime geral (R$ 2.400 a partir da EC n° 41/2003), acrescido de 70% da parcela dos proventos excedente desse limite.

A idade mínima para aposentadoria já havia sido estabelecida pela Emenda Constitucional n° 20, de 1998, que fixou-a em 60 anos para homens e 55 para mulheres. A mesma emenda previu um regime de transição no seu art. 8°, admitindo a aposentadoria aos 53 e 48 anos, respectivamente, desde que preenchidos determinados requisitos.

---

97. Dos Ministros que participaram das decisões anteriores, permaneciam na Corte, por ocasião do julgamento da constitucionalidade da EC 41/03, os seguintes: Sepúlveda Pertence, Carlos Mário Velloso, Celso de Mello, Marco Aurélio e Nelson Jobim.

A pergunta que se coloca é a seguinte: qual a situação dos servidores em atividade que não preenchiam, na data da promulgação da EC n° 41/2003, as condições para se aposentarem?

Como se expôs na nota doutrinária acerca de segurança jurídica e direito intertemporal (v. Parte III, cap. 3, item 2), tais servidores possuíam apenas uma *expectativa de direito*: situação em que o ciclo aquisitivo do direito ainda não se completou no momento em que sobrevém a lei nova. Por não terem implementado as condições necessárias, não adquiriram qualquer direito. Tampouco poderiam exigir a permanência das mesmas condições que vigoravam no momento de seu ingresso no serviço público porque, como igualmente demonstrado, é pacífico o entendimento doutrinário e jurisprudencial acerca da inexistência de direito adquirido a determinado regime jurídico.

Este é o entendimento convencional, de longa data dominante na matéria: a expectativa de direito não tem proteção constitucional e, conseqüentemente, não gera qualquer pretensão legítima por parte de quem queira invocá-la.

Nada obstante, é possível sustentar, nessa matéria, uma posição de vanguarda, harmonizada com a democratização do Estado e da Administração Pública, no sentido de que o Poder Público, em nome da própria segurança jurídica e, também, do princípio da boa-fé, não seja indiferente às expectativas de direito nem as frustre inteiramente[98]. Como natural, expectativa não se confunde com direito adquirido, não podendo postular o mesmo grau de proteção. Com base nela, no entanto, é possível cogitar do direito a uma transição razoável, notadamente no caso de servidores que ingressaram de longa data no sistema. E isso foi feito, após ampla negociação política e diversas concessões em relação à proposta original, como documentam os atos parlamentares referentes à sua tramitação. Confira-se a demonstração dessa razoabilidade, do ponto de vista fático e doutrinário.

Em primeiro lugar, aposentados e servidores em atividade, mas com direito à aposentadoria na data da EC n° 41/2003, não foram afetados. E, em relação aos que não tinham qualquer direito adquirido, assegurou-se a faculdade de conservarem a integralidade dos pro-

---

98. Para um aprofundamento dessa perspectiva, v. Luís Roberto Barroso, "Discricionariedade administrativa, realização adequada dos fins legais e observância dos princípios constitucionais". In: *Temas de direito constitucional*, t. II, 2003.

ventos e a paridade, desde que preenchidos os seguintes requisitos: idade mínima de 60 anos, com 35 de contribuição, se homens (55 e 30 para mulheres), 20 anos no serviço público, 10 anos na carreira e 5 no cargo[99]. Pois bem: as condições de transição são mais favoráveis, tanto em relação à idade quanto ao tempo de contribuição, do que as que vigoram em caráter permanente na maior parte do mundo, conforme os dados apresentados na Parte I.

Veja-se a outra situação. A EC nº 41/2003 manteve a possibilidade de aposentadoria aos 53 ou 48 anos, conforme homem ou mulher, para os servidores que ingressaram até 16.12.98, data de publicação da EC nº 20, de 1998. Agravou, todavia, o regime de transição, prevendo proventos com base na média de contribuições e instituindo um redutor de 3,5% para os que alcançarem o direito à aposentadoria nos anos de 2004 e 2005, e 5% a partir daí. A maior redução, portanto, poderá atingir 35% dos proventos, para quem se aposente 7 anos aquém da idade que vigora para todos desde 1998. Quanto ao fato de se haver alterado a fórmula de transição vigente, em relação aos que não haviam implementado as condições nela previstas, vale o mesmo argumento já exposto acima: **inexiste direito adquirido a regime jurídico, inclusive regime de transição.** No mérito, a simples preservação do direito à aposentadoria precoce, em uma época na qual a elevação da expectativa de vida dificulta o equilíbrio atuarial, já é uma concessão importante. Outros países do mundo sequer contemplam essa possibilidade, pelo ônus que representa para as novas gerações. E o pagamento pela média das contribuições corresponde à fórmula que já vigora no regime geral.

O princípio da razoabilidade ou da proporcionalidade, termos aqui empregados de modo fungível, não está expresso na Constituição, mas incorporou-se à doutrina e jurisprudência nacionais com grande ímpeto. Os valores nele abrigados são os de justiça, racionalidade, medida adequada, senso comum, rejeição aos atos arbitrários ou caprichosos. Na sua dimensão material, traduz-se em eqüidade, em justiça do caso concreto, em calibragem entre a norma e os fatos.

---

99. Irrazoável era o sistema anterior, em que o servidor, após haver passado a vida na iniciativa privada, contribuindo sobre um salário de referência, fazia alguns anos de final de vida no serviço público para receber proventos muitas vezes superior ao que faria jus se tivesse permanecido no regime geral.

E no seu sentido instrumental, funciona como um mecanismo de dosagem na aplicação de outras normas, de equilíbrio, de ponderação de valores e interesses. Nesta acepção, a idéia de razoabilidade pode ser decomposta em três elementos: (i) adequação entre meio e fim; (ii) necessidade-exigibilidade da medida; e (iii) proporcionalidade em sentido estrito[100].

A atividade estatal normalmente se dá à vista de certas circunstâncias (motivos) e destina-se a prover meios para realizar determinados fins. A razoabilidade expressa, em primeiro lugar, a *adequação* lógica, a racionalidade que deve haver entre estes motivos, meios e fins. Em segundo lugar, a *necessidade* ou *exigibilidade* da medida impõe a verificação da inexistência de meio menos gravoso para a realização dos fins visados. Por fim, a razoabilidade deve embutir, ainda, a idéia de *proporcionalidade em sentido estrito*, que é a ponderação entre o ônus imposto e o benefício trazido, para constatar se a medida é legítima[101].

Aplicando-se a teoria à situação concreta. A crise do sistema de previdência pública é inegável (*motivo*); a exigência de tempo maior de permanência e a redução proporcional em caso de aposentadorias precoces são meios eficazes para a redução de despesas (*adequação*), sendo menos gravosos do que a elevação ilimitada das alíquotas, que, ademais, encontraria limite na vedação de confisco (*necessidade*); e os ônus que adviriam para os servidores na hipótese de insolvência do sistema seriam muito maiores do que a permanência mais longa ou a redução proporcional dos benefícios (proporcionalidade em sentido estrito).

---

100. Luís Roberto Barroso, *Interpretação e aplicação na Constituição*, 2004, p. 218 e ss..
101. Sobre o tema da razoabilidade, há ampla produção recente na doutrina brasileira: Raquel Denize Stumm, *Princípio da proporcionalidade no direito constitucional brasileiro*, 1995; Suzana de Toledo Barros, *O princípio de proporcionalidade e o controle de constitucionalidade das leis restritivas de direitos fundamentais*, 1996; Gilmar Ferreira Mendes, *Controle de constitucionalidade*, 1990, p. 38 e ss; Paulo Armínio Tavares Buechele, *O princípio da proporcionalidade e a interpretação da Constituição*, 1999; e Luís Roberto Barroso, "Razoabilidade e isonomia no direito brasileiro". In: *Temas de direito constitucional*, t. I, 2001, p. 153 e ss..

Em suma: pela posição tradicional e dominante, os atuais servidores detinham apenas expectativa de direito, podendo ter seu regime jurídico alterado. Pela doutrina mais arrojada, seria exigível um regime de transição razoável, o que se afigura plenamente caracterizado na hipótese.

X. Conclusões

À vista de tudo o que foi exposto, é possível compendiar as idéias centrais desenvolvidas no presente estudo nas seguinte proposições objetivas:

1. O sistema previdenciário brasileiro tornou-se injusto e desigual, com abissal desequiparação entre o setor privado e o setor público. Nesse último, vigora um regime no qual os recursos do orçamento geral, e não as contribuições dos beneficiários, custeiam os benefícios diferenciados — que incluem a integralidade dos proventos e a paridade entre ativos e inativos — e cobrem o *deficit* crescente. As distorções daí resultantes geraram um modelo concentrador de renda, fundado em uma solidariedade social invertida, em que os mais pobres financiam os mais ricos.

2. A Reforma da Previdência, materializada na EC nº 41, de 2003, abre caminho para a implantação do modelo universalmente reconhecido como o melhor. Nele se combina a previdência social básica, estatal, de filiação obrigatória, em regime de repartição simples, com a previdência complementar, pública e privada, de caráter facultativo, em regime de capitalização.

3. Emenda constitucional não pode retroagir para prejudicar o direito adquirido, o ato jurídico perfeito e a coisa julgada. A expectativa de direito, todavia, ao contrário do direito adquirido e do direito consumado, não desfruta de proteção constitucional, de acordo com a doutrina tradicional e dominante. Em uma posição de vanguarda, é possível sustentar a tese de que geraria direito a uma transição razoável, que não frustre integralmente a expectativa existente.

4. A contribuição de inativos é constitucional e legítima, em razão da subsistência de uma relação entre o inativo ou seus dependentes e a Administração. No ordenamento brasileiro, não existe direito adquirido à continuidade de determinado regime jurídico, nem tampouco à não incidência de tributo aplicável a todos em igual situa-

ção. Prevalece, na matéria, o princípio da solidariedade, que reparte encargos e benefícios na medida das necessidades e possibilidades de cada um, estabelecendo um vínculo não apenas entre os que integram o sistema como beneficiários e contribuintes contemporâneos, como também entre gerações distintas.

5. A mudança das regras de aposentadoria e pensão procedida pela EC nº 41, de 2003, é igualmente constitucional e legítima, por ter resguardado a situação dos que titularizavam direitos consumados e adquiridos. Quanto aos demais, aplica-se a pacífica jurisprudência acerca da inexistência de direito adquirido, por parte dos servidores públicos, à manutenção de determinado regime jurídico, mesmo que de transição. As expectativas de direito, todavia, foram beneficiadas por um regime de transição pautado pela razoabilidade.

Parte II

PARECERES

Investigação pelo Ministério Público. Argumentos contrários e a favor. A síntese possível e necessária

> SUMÁRIO: I. Introdução. II. Os precedentes do Supremo Tribunal Federal na matéria. III. O argumento contrário à investigação pelo Ministério Público. IV. O argumento a favor da investigação pelo Ministério Público. V. Conclusões. 1. Reflexão relevante. 2. A síntese possível e necessária

I. Introdução

Trata-se de estudo apresentado ao Conselho de Defesa dos Direitos da Pessoa Humana (CDDPH) acerca de questão polêmica, que vem dividindo opiniões na comunidade jurídica nacional: a da legitimidade ou não do Ministério Público para conduzir diretamente investigações criminais, mediante procedimento administrativo próprio, em lugar de requisitar a instauração de inquérito pela Polícia Judiciária (civil ou federal).

As duas correntes que disputam primazia na matéria, ambas munidas de um conjunto amplo de argumentos jurídicos e metajurídicos, podem ser assim sintetizadas:

1ª. A investigação criminal foi reservada, pela Constituição Federal, à Polícia Judiciária (Polícia Civil estadual e Polícia Federal), sendo ilegítimo e inconstitucional o desempenho de tal atividade pelos membros do Ministério Público, que assim agindo estariam usurpando atribuição que não lhes foi deferida;

2ª. Decorre, naturalmente, do papel institucional reservado ao Ministério Público pela Constituição Federal, a função de conduzir a investigação criminal quando entender necessário, mediante procedimento administrativo próprio, sem estar obrigado a requisitar à autoridade policial as diligências investigatórias ou a instauração de inquérito.

Como é comum em situações nas quais há argumentos consistentes em prol dos dois lados, o debate tornou-se apaixonado. No mercado geral de idéias sobre a matéria, além da questão constitucional propriamente dita, podem ser encontrados perspectivas filosóficas e sentimentos diversos a propósito do papel do direito penal e da persecução criminal, visões antagônicas acerca das causas da violência, da impunidade e da corrupção na sociedade brasileira, além de interesses institucionais, corporativos e profissionais contrapostos.

O presente estudo, após a exposição sumária dos argumentos existentes, procura produzir a melhor conclusão, à vista do direito constitucional posto, pautada pelo princípio do Estado de direito democrático e pela proteção dos direitos fundamentais. E apresenta, igualmente, sugestão *de lege ferenda* — isto é, a ser implementada mediante a edição de lei sobre a matéria — que permita um tratamento jurídico intermediário entre os dois extremos.

II. Os precedentes do Supremo Tribunal Federal na matéria

A matéria objeto do presente estudo já esteve em debate perante o Supremo Tribunal Federal em mais de uma ocasião. Confiram-se, abaixo, quatro decisões proferidas por Turmas da Corte, em ações individuais:

1. Habeas Corpus nº 75.769-3-MG, 1ª Turma, Rel. Min. Octávio Gallotti. DJ 28.11.97.

No julgamento do processo identificado acima, a Primeira Turma do Supremo Tribunal Federal indeferiu o pedido de *habeas corpus*, acolhendo a tese do Tribunal de Alçada do Estado de Minas Gerais no sentido de que a prática de atos de investigação pelo Promotor de Justiça, inclusive a instauração de inquérito administrativo embasador da ação penal, não o impede de oferecer denúncia. O acórdão está assim ementado:

> "Regular participação do órgão do Ministério Público em fase investigatória e falta de oportuna argüição de suposta suspeição. Pedido indeferido".

Nesse acórdão, a questão específica da condução da investigação pelo Ministério Público não foi objeto de debate aprofundado no Supremo Tribunal Federal. Mas a admissão da tese estava claramente afirmada na decisão do Tribunal Estadual e não foi objeto de censura.

2. Recurso Extraordinário nº 205.473-9-AL, 2ª Turma, Rel. Min. Carlos Mário Velloso. DJ 19.03.99.

Estes os fatos relevantes subjacentes a esta decisão. Procurador da República em Alagoas requisitou ao Delegado da Receita Federal no Estado determinadas diligências investigatórias em uma empresa, para a apuração de ilícitos fiscais. O Delegado informou que a matéria envolvia o "caso PC Farias", cujas investigações estavam centralizadas na Coordenação Geral em Brasília, instância superior, razão pela qual não poderia realizar as diligências requisitadas. Diante da recusa, o Procurador da República requisitou a instauração de inquérito contra o Delegado da Receita. Suscitada a questão de o Ministério Público dirigir-se diretamente à autoridade administrativa, sem recorrer à autoridade policial, pronunciou-se o Supremo Tribunal Federal, em acórdão do qual consta da ementa o seguinte registro:

> "Inocorrência de ofensa ao art. 129, VIII, CF, no fato de a autoridade administrativa deixar de atender requisição de membro do Ministério Público no sentido da realização de investigações tendentes à apuração de infrações penais, mesmo porque não cabe ao membro do Ministério Público realizar, diretamente, tais investigações, mas requisitá-las à autoridade policial competente para tal (CF, art. 144, §§ 1º e 4º). Ademais, a hipótese envolvia fatos que estavam sendo investigados em instância superior".

A possibilidade de investigação direta pelo Ministério Público, embora não tenha sido objeto de debate mais minucioso, foi expressamente rejeitada pela 2ª Turma nessa decisão.

3. Recurso Extraordinário nº 233.072-4-RJ, 2ª Turma, Relator para o acórdão Min. Nelson Jobim. DJ 3.05.02.

Os fatos subjacentes a esta decisão foram os seguintes. Entendendo ter havido irregularidades em procedimento licitatório de órgão do Ministério da Fazenda, o Procurador da República requisitou o respectivo processo administrativo e convocou pessoas para serem ouvidas. Com base em tais elementos, ofereceu denúncia contra os envolvidos. O Tribunal Regional Federal da 2ª Região concedeu *habeas corpus* para trancamento da ação penal, sob o fundamento de que o Ministério Público exorbitara de sua função. Os Ministros Néri da Silveira e Maurício Corrêa conheceram e deram provimento ao recurso, para que se desse prosseguimento à ação penal. Os Ministros Nelson Jobim e Marco Aurélio não conheceram do recurso, por entenderem que o Ministério Público não tinha competência para promover inquérito administrativo para apurar conduta de servidor público. Até aí, portanto, houve empate.

Na seqüência do julgamento, o Ministro Carlos Mário Velloso não conheceu do recurso por razão totalmente diversa: entendeu que havia mais de um fundamento para a decisão — o voto de um dos juízes de 2º grau entendeu não ter havido dolo — e aplicou a Súmula 283[1]: o acórdão tinha assento em mais de um fundamento e o recurso atacava apenas um deles. A ementa do acórdão, a seguir transcrita, não expressa, a rigor, o consenso que se formou, sendo síntese das posições dos Ministros Nelson Jobim e Marco Aurélio:

> "O Ministério Público (1) não tem competência para promover inquérito administrativo em relação à conduta de servidores públicos; (2) nem competência para produzir inquérito penal sob o argumento de que tem possibilidade de expedir notificações nos procedimentos administrativos; (3) pode propor ação penal sem o inquérito policial, desde que disponha de elementos suficientes. Recurso não conhecido".

---

1. Súmula 283 do STF: "É inadmissível o recurso extraordinário, quando a decisão recorrida assenta em mais de um fundamento suficiente e o recurso não abrange todos eles".

4. Recurso Ordinário em Habeas Corpus n° 81.326-7-DF, 2ª Turma, Rel. Min. Nelson Jobim. DJ 01.08.03.

Cuidava-se neste processo de requisição expedida pelo Ministério Público para que Delegado de Polícia comparecesse ao Núcleo de Investigação Criminal e Controle Externo da Atividade Policial a fim de ser ouvido em Procedimento Administrativo Investigatório Supletivo (PAIS). Contra essa requisição, o recorrente impetrou *habeas corpus* perante o Tribunal de Justiça do Distrito Federal, não obtendo êxito. Impetrou, assim, *habeas corpus* substitutivo de recurso ordinário perante o Superior Tribunal de Justiça, que o indeferiu afirmando terem-se "como válidos os atos investigatórios realizados pelo MP, que pode requisitar esclarecimentos ou diligenciar diretamente, visando à instrução de seus procedimentos administrativos, para fins de oferecimento de denúncia".

Dessa decisão foi interposto o recurso ordinário aqui comentado, no qual a 2ª Turma afirmou seu entendimento contrário à legitimidade do Ministério Público para realizar diretamente investigações e diligências em procedimento administrativo investigatório. Na ementa do acórdão, lavrou-se:

> "A Constituição Federal dotou o Ministério Público do poder de requisitar diligências investigatórias e a instauração de inquérito policial (CF, art. 129, III).
> A norma constitucional não contemplou a possibilidade do parquet realizar e presidir inquérito policial.
> Não cabe, portanto, aos seus membros inquirir diretamente pessoas suspeitas de autoria de crime.
> Mas requisitar diligência nesse sentido à autoridade policial. Precedentes.
> O recorrente é delegado de polícia e, portanto, autoridade administrativa.
> Seus atos estão sujeitos aos órgãos hierárquicos próprios da Corporação, Chefia de Polícia, Corregedoria.
> Recurso conhecido e provido".

No seu voto, o Ministro Jobim consignou, em breve exposição sobre a evolução histórica da matéria, que desde a década de 30 se discute a adoção da fórmula dos juizados de instrução, sem que ela jamais tenha prevalecido. Lembrou que na Assembléia Constituinte de 1988 voltou-se a debater a questão, tendo prevalecido o modelo tradicional do inquérito policial.

Estas as quatro decisões específicas do Supremo Tribunal Federal enfrentando o tema. Todas elas proferidas por Turmas e não pelo Plenário. Atualmente, encontra-se pendente de decisão o Inquérito 1.968-DF, Rel. Min. Marco Aurélio, no qual se discute o recebimento de denúncia oferecida contra Deputado Federal pela suposta prática de fraudes contra o Sistema Único de Saúde — SUS, levantadas a partir de investigações efetivadas no âmbito do Ministério Público Federal. O julgamento teve início, havendo votado os Ministros Marco Aurélio e Nelson Jobim. O Ministro Joaquim Barbosa solicitou vista. Do Informativo 325 do Supremo Tribunal Federal consta a seguinte notícia:

> "O Min. Marco Aurélio, relator, considerando que os elementos que serviram de base à denúncia provêm exclusivamente de dados obtidos em investigação criminal realizada pelo Ministério Público, proferiu voto no sentido de rejeitar a denúncia, por entender que o Ministério Público, embora titular da ação penal, não possui competência para realizar diretamente investigações na esfera criminal, mas apenas de requisitá-las à autoridade policial competente, no que foi acompanhado pelo Min. Nelson Jobim. Após, o julgamento foi adiado em face do pedido de vista do Min. Joaquim Barbosa".

Merece registro o fato de já haverem sido ajuizadas três ações diretas de inconstitucionalidade pelo Partido Social Liberal — ADIns n°s. 2.202, 2.613 e 2.703, tendo por objeto dispositivos da Lei Complementar n° 75, de 20.5.93, que dispõe sobre o Ministério Público da União; da Lei n° 8.625, de 12.2.93, que é a Lei Orgânica do Ministério Público, bem como de provisões de leis do Estado de Minas Gerais, que supostamente outorgariam ao Ministério Público poderes para realizar diretamente investigações criminais. Tais ações, todavia, foram extintas, pelo fato de o partido político autor haver deixado de ter representação no Congresso Nacional (DJ 29.08.03).

Nos dois capítulos que se seguem estão expostos, de forma objetiva e imparcial, os principais argumentos suscitados pelas duas correntes em defesa de seu ponto de vista.

III. O argumento contrário à investigação pelo Ministério Público

A posição daqueles que se opõem à investigação pelo Ministério Público é composta de um conjunto de argumentos que podem ser ordenados, para facilitar a apresentação, em três grupos. O primeiro grupo trata da interpretação sistemática das disposições constitucionais pertinentes e também de algumas normas infraconstitucionais. O segundo grupo se ocupa de elementos históricos de interpretação e o terceiro congrega argumentos de natureza metajurídica, ligados à compreensão prática do problema. O estudo elaborado pelo criminalista Luís Guilherme Vieira[2] sobre o assunto informa que alguns juristas já se manifestaram em favor dessa posição, dentre os quais os professores José Afonso da Silva, Miguel Reale Júnior, Eduardo Reale e José Carlos Fragoso. Seguem resumidos, portanto, os principais argumentos que sustentam a posição contrária à investigação pelo Ministério Público.

1º Grupo: interpretação de normas constitucionais e infraconstitucionais

a) O art. 144, § 1º, I e IV[3], e § 4º[4], da Constituição atribui de forma expressa às Polícias Federal e Civil a apuração de infrações penais. A Polícia, portanto, é a autoridade competente para proceder

---

2. Luís Guilherme Vieira, O *Ministério Público e a investigação criminal*, 2004, mimeografado. V. também sobre a matéria o artigo de Jacinto Nelson de Miranda Coutinho, A inconstitucionalidade de lei que atribua funções administrativas do inquérito policial ao Ministério Público, *RDAA*, 02:445, 1994.
3. CF/88: "Art. 144, § 1º. A polícia federal, instituída por lei como órgão permanente, organizado e mantido pela União e estruturado em carreira, destina-se a: I — apurar infrações penais contra a ordem política e social ou em detrimento de bens, serviços e interesses da União ou de suas entidades autárquicas e empresas públicas, assim como outras infrações cuja prática tenha repercussão interestadual ou internacional e exija repressão uniforme, segundo se dispuser em lei; IV — exercer, com exclusividade, as funções de polícia judiciária da União".
4. CF/88: "Art. 144, § 4º. Às polícias civis, dirigidas por delegados de polícia de carreira, incumbem, ressalvada a competência da União, as funções de polícia judiciária e a apuração de infrações penais, exceto as militares".

a investigações criminais, como exigido pela garantia constitucional do devido processo legal (CF, art. 5º, LIII[5]).

b) A Constituição atribui ao Ministério Público a função de exercer o controle externo da atividade policial (CF, art. 129, VII[6]) e não o de substituí-la. A Constituição de 1988 não permite a figura do promotor investigador.

c) O escopo do inciso VI do art. 129[7] da CF/88 (que atribui ao Ministério Público poderes para expedir notificações nos procedimentos *administrativos* de sua competência, requisitando informações e documentos para instruí-los) está restrito aos inquéritos civis públicos e outros *também de natureza administrativa*, como os preparatórios de ação de inconstitucionalidade ou de representação por intervenção. O inquérito criminal é disciplinado em inciso diverso (VIII[8]) e quanto a ele a atuação do *Parquet* se limita à requisição de instauração do próprio inquérito e de diligências investigatórias.

d) A competência para promover a ação penal (CF, art. 129, I[9]) não engloba a investigação criminal — esta competência não é um *minus* em relação àquela. Trata-se, na verdade, de uma competência *diversa* e que foi atribuída de forma expressa pelo constituinte a outro órgão. Não se aplica aqui, portanto, a lógica dos *poderes implícitos*, pela qual o órgão a quem compete o *mais*, compete igualmente o *menos*.

e) Em decorrência dos argumentos expostos acima, a atribuição de competência investigatória ao Ministério Público depende de pré-

---

5. CF/88: "Art. 5º, LIII. Ninguém será processado nem sentenciado senão pela autoridade competente".
6. CF/88: "Art. 129. São funções institucionais do Ministério Público: VII — exercer o controle externo da atividade policial, na forma da lei complementar mencionada no artigo anterior".
7. CF/88: "Art. 129. São funções institucionais do Ministério Público: VI — expedir notificações nos procedimentos administrativos de sua competência, requisitando informações e documentos para instruí-los, na forma da lei complementar respectiva".
8. CF/88: "Art. 129. São funções institucionais do Ministério Público: VIII — requisitar diligências investigatórias e a instauração de inquérito policial, indicados os fundamentos jurídicos de suas manifestações processuais".
9. CF/88: "Art. 129. São funções institucionais do Ministério Público: I — promover, privativamente, a ação penal pública, na forma da lei".

via emenda constitucional. De toda sorte, a legislação infraconstitucional atualmente em vigor (especialmente a Lei Complementar nº 75/93 e a Lei nº 8.625/93) em momento algum atribuiu ao *Parquet* essa competência e ela simplesmente não pode ser extraída diretamente do texto constitucional.

2º Grupo: elementos históricos

f) No Brasil, historicamente, a competência para realizar as investigações preparatórias da ação penal sempre foi da Polícia. Em várias ocasiões tentou-se modificar esse regime, mas as propostas foram rejeitadas. Isso foi o que aconteceu quando, em 1935, se procurou instituir juizados de instrução, proposta apresentada pelo então Ministro da Justiça, Vicente Ráo. O mesmo se passou, em várias ocasiões, quando se tentou conferir atribuições investigatórias ao *Parquet*; propostas nessa linha foram rejeitadas na elaboração da Constituição de 1988, nas discussões que deram origem à lei complementar relativa ao Ministério Público, em 1993, e também nos debates que envolveram as propostas de emendas constitucionais discutidas em 1995 e 1999. Especificamente nas discussões da assembléia constituinte, o texto aprovado pretendia exatamente manter as investigações criminais como atribuição exclusiva da polícia judiciária.

g) Tanto é assim que se encontra hoje no Congresso Nacional a Proposta de Emenda Constitucional nº 197, apresentada em setembro de 2003, cujo propósito é "dar nova redação ao inciso VIII do art. 129 da Constituição da República que dispõe sobre as funções institucionais do Ministério Público", o qual, então, passaria a ter a seguinte redação: [Cabe ao MP] *promover investigações,* requisitar diligências investigatórias e a instauração de inquérito policial, indicados os fundamentos jurídicos de suas manifestações processuais.

3º Grupo: outros elementos

h) Concentrar no Ministério Público atribuições investigatórias, além da competência para promover a ação penal, é de todo indesejável. Estar-se-ia conferindo excessivo poder a uma única instituição, que praticamente não sofre controle por parte de qualquer outra instância, favorecendo assim condutas abusivas.

i) A concentração de atribuições prejudica a impessoalidade e o distanciamento crítico que o membro do Ministério Público deve manter no momento de decidir pelo oferecimento ou não da denúncia. É apenas natural que quem conduz a investigação acabe por ficar comprometido com o seu resultado

j) A ausência de qualquer balizamento legal para esse tipo de atuação por parte do Ministério Público, para além de impedir a própria atuação em si, sujeita os envolvidos ao império dos voluntarismos e caprichos pessoais.

l) O Ministério Público já dispõe de instrumentos suficientes para suprir deficiências e coibir desvios da atuação policial.

IV. O argumento a favor da investigação pelo Ministério Público

Os defensores da posição favorável a que o Ministério Público proceda a investigações criminais também apresentam um conjunto de argumentos diversos para sustentar sua tese. Eles podem ser apresentados em dois grupos, na linha do que já se fez no tópico anterior: interpretação das normas constitucionais e infraconstitucionais e considerações de ordem prática. Segue um resumo de cada um deles.

1º Grupo: interpretação das normas constitucionais e infraconstitucionais

a) O Ministério Público, na condição de titular da ação penal pública (CF, art. 129, I), não é um mero espectador da investigação a cargo da autoridade policial, podendo, por isso, não só requisitar diligências, como realizá-las diretamente, quando elas se mostrem necessárias. Mesmo porque, doutrina e jurisprudência entendem que o inquérito policial é um instrumento facultativo e dispensável para o exercício do direito de ação.

b) A Constituição atribuiu ao Ministério Público o poder de expedir notificações nos procedimentos administrativos de sua competência, requisitando informações e documentos para instruí-los, na forma da lei complementar respectiva (art. 129, VI). Essa competência abrange tanto a esfera cível quanto a *criminal*.

c) A Constituição atribuiu ao Ministério Público, de forma ampla, o controle externo da atividade policial (art. 129, VII), além de dispor que cabe ao *Parquet* requisitar diligências investigatórias e a instauração de inquérito policial.

d) O sistema do art. 129 da Constituição visa a fornecer ao Ministério Público autonomia para levar a cabo a apuração dos fatos necessários ao oferecimento da denúncia, por meio inclusive da expedição de notificações para a coleta de depoimentos.

e) Não há conflito entre as normas constitucionais indicadas acima e o que dispõe o art. 144 da Carta, tanto porque tais normas têm caráter principiológico, como porque o art. 144 não conferiu exclusividade à Polícia no que diz respeito à investigação de infrações penais.

f) Outras normas constitucionais fundamentam a atribuição dessa competência ao Ministério Público: (i) o art. 127, caput[10], *que impõe ao Parquet* a defesa da ordem jurídica e dos interesses individuais indisponíveis; (ii) o art. 129, II[11], que conferiu ao Ministério Público o dever de zelar pelo efetivo respeito dos Poderes Públicos, promovendo as medidas necessárias a sua garantia; (iii) o art. 129, IX[12], que admite que o Ministério Público exerça outras funções compatíveis com sua finalidade; (iv) o art. 144, caput[13], que indica a

---

10. CF/88: "Art. 127. O Ministério Público é instituição permanente, essencial à função jurisdicional do Estado, incumbindo-lhe a defesa da ordem jurídica, do regime democrático e dos interesses sociais e individuais indisponíveis".

11. CF/88: "Art. 129. São funções institucionais do Ministério Público: II — zelar pelo efetivo respeito dos Poderes Públicos e dos serviços de relevância pública aos direitos assegurados nesta Constituição, promovendo as medidas necessárias a sua garantia".

12. CF/88: "Art. 129. São funções institucionais do Ministério Público: IX — exercer outras funções que lhe forem conferidas, desde que compatíveis com sua finalidade, sendo-lhe vedada a representação judicial e a consultoria jurídica de entidades públicas".

13. CF/88: "Art. 144. A segurança pública, dever do Estado, direito e responsa-

segurança pública como dever do Estado e direito e responsabilidade de todos; e (v) os arts. 1º[14], 3º[15] e 5º[16], que cuidam dos direitos fundamentais, da dignidade humana e da cidadania, já que a persecução penal rápida e eficiente é exigida por esses bens constitucionais.

g) Quanto à ordem infraconstitucional, a Lei Orgânica Nacional do Ministério Público (Lei nº 8.625 de 1993), em seu art. 26, I, "a" e "b"[17], prevê a expedição de notificações para colher depoimento ou esclarecimentos, bem como a requisição de informações, exames periciais e documentos de autoridades e órgãos públicos.

---

bilidade de todos, é exercida para a preservação da ordem pública e da incolumidade das pessoas e do patrimônio, através dos seguintes órgãos: (...)".
14. CF/88: "Art. 1º. A República Federativa do Brasil, formada pela união indissolúvel dos Estados e Municípios e do Distrito Federal, constitui-se em Estado Democrático de Direito e tem como fundamentos: I — a soberania; II — a cidadania; III — a dignidade da pessoa humana; IV — os valores sociais do trabalho e da livre iniciativa; V — o pluralismo político. Parágrafo único. Todo o poder emana do povo, que o exerce por meio de representantes eleitos ou diretamente, nos termos desta Constituição".
15. CF/88: "Art. 3º. Constituem objetivos fundamentais da República Federativa do Brasil: I — construir uma sociedade livre, justa e solidária; II — garantir o desenvolvimento nacional; III — erradicar a pobreza e a marginalização e reduzir as desigualdades sociais e regionais; IV — promover o bem de todos, sem preconceitos de origem, raça, sexo, cor, idade e quaisquer outras formas de discriminação".
16. CF/88: "Art. 5º. Todos são iguais perante a lei, sem distinção de qualquer natureza, garantindo-se aos brasileiros e aos estrangeiros residentes no País a inviolabilidade do direito à vida, à liberdade, à igualdade, à segurança e à propriedade, nos termos seguintes: (...)".
17. Lei nº 8.625/93: "Art. 26. No exercício de suas funções, o Ministério Público poderá:
I — instaurar inquéritos civis e outras medidas e procedimentos administrativos pertinentes e, para instruí-los:
a) expedir notificações para colher depoimento ou esclarecimentos e, em caso de não comparecimento injustificado, requisitar condução coercitiva, inclusive pela Polícia Civil ou Militar, ressalvadas as prerrogativas previstas em lei;
b) requisitar informações, exames periciais e documentos de autoridades federais, estaduais e municipais, bem como dos órgãos e entidades da administração direta, indireta ou fundacional, de qualquer dos Poderes da União, dos Estados, do Distrito Federal e dos Municípios; (...)".

2º Grupo: outros elementos

h) A investigação pelo Ministério Público tem um caráter subsidiário e será empregada apenas quando for necessário, de modo que a competência da Polícia não é subtraída. De todo modo, o sistema pelo qual se atribui com exclusividade à Polícia a investigação criminal, reservando-se ao Ministério Público a função de mero repassador de provas, é anacrônico e contraproducente. A atuação direta do Ministério Público nesse particular pode conferir maior celeridade à atividade investigatória, permitindo ademais o contato pessoal do agente do *Parquet* com a prova e facilitando a formação de seu convencimento.

i) Diversas situações recomendam a intervenção do Ministério Público por sua independência em relação aos Poderes estatais. Além disso, não é raro apurar-se o envolvimento de policiais em episódios de corrupção ou mesmo com o crime organizado.

V. Conclusões

1. Reflexão relevante

Dentre os militantes dos direitos humanos é possível identificar um sentimento difundido de que o Ministério Público tem maior compromisso com a causa do que as instituições policiais. De fato, estatisticamente, existe uma quantidade importante de violações associadas à atuação formal ou informal de autoridades policiais de diversos níveis. Muitas dessas violações chegam ao Conselho de Defesa dos Direitos da Pessoa Humana — CDDPH, junto ao qual milita, com abnegação e notável proficiência, a Procuradoria Federal dos Direitos do Cidadão, órgão do Ministério Público.

Sem a pretensão de uma elaboração sociológica mais sofisticada, e muito menos de empreender qualquer juízo moral, impõe-se aqui uma reflexão relevante. No sistema brasileiro, é a Polícia que atua na linha de fronteira entre a sociedade organizada e a criminalidade, precisamente em razão de sua função de investigar e instaurar inquéritos criminais. Por estar à frente das operações dessa natureza, são os seus agentes os mais sujeitos a protagonizarem situações de violência e a sofrerem o contágio do crime, pela cooptação ou pela corrupção.

O registro é feito aqui, porque necessário, sem incidir, todavia, no equívoco grave da generalização ou da atribuição abstrata de culpas coletivas.

Pois bem: não se deve ter a ilusão de que o desempenho, pelo Ministério Público, do papel que hoje cabe à Polícia, manteria o *Parquet* imune aos mesmos riscos de arbitrariedades, abusos, violência e contágio. A visão crítica que os militantes dos direitos humanos devem conservar em relação ao modelo atual — e, conseqüentemente, o compromisso com a sua transformação —, não nos exonera da obrigação de encarar com realismo as fórmulas alternativas, para que se façam escolhas conscientes.

2. A síntese possível e necessária

Do exame da argumentação desenvolvida pelos defensores das duas correntes que disputam precedência na matéria; da interpretação sistemática e teleológica do texto constitucional, coadjuvada pela interpretação histórica; e da ponderação dos valores em jogo, inclusive à vista das conseqüências práticas que resultarão da opção doutrinária a ser feita, é possível chegar às conclusões que se seguem.

Parece fora de dúvida que o modelo instituído pela Constituição de 1988 não reservou ao Ministério Público o papel de protagonista da investigação penal. De fato, tal competência não decorre de nenhuma norma expressa, sendo certo que a função de polícia judiciária foi atribuída às Polícias Federal e Civil, com explícita referência, quanto a esta última, da incumbência de apuração de infrações penais, exceto as militares (art. 144, IV e § 4º).

Nesse contexto, não parece adequado reconhecer como natural o desempenho dessa atribuição específica pelo Ministério Público, com fundamento em normas constitucionais que dela não tratam (como é o caso do art. 129, I, VI, VII e VIII), especialmente quando o constituinte cuidou do tema de forma expressa em outro dispositivo (o art. 144). Pela mesma razão, não parece próprio extrair tal conclusão de cláusulas gerais, como as que impõem ao *Parquet* a defesa da ordem jurídica e dos interesses sociais e individuais indisponíveis (art. 127, *caput*) ou ainda das que tratam da segurança pública como dever do Estado (art. 144, *caput*) e da dignidade humana (art. 1º, III).

Acrescente-se um argumento em favor desse ponto de vista. À luz da teoria democrática, e considerando jamais ter havido deliberação constituinte ou legislativa em favor do desempenho de competência investigatória criminal pelo Ministério Público, não se afigura legítimo inovar nessa matéria por via de uma interpretação extensiva. É que, dessa forma, estar-se-ia subtraindo da discussão política em curso e, conseqüentemente, do processo majoritário, a decisão acerca do tema.

Nada obstante o que se acaba de registrar, é igualmente verdadeiro que o sistema constitucional não instituiu o monopólio da investigação criminal por parte da Polícia. A própria Constituição contempla hipóteses de investigação por outros órgãos, como ocorre, por exemplo, com as Comissões Parlamentares de Inquérito (art. 58, § 3º[18]) e com o Congresso Nacional, auxiliado pelo Tribunal de Contas da União (art. 71[19]). A legislação infraconstitucional prevê ainda outras hipóteses que sempre foram admitidas como constitucionais[20]. Também não parece decorrer do texto constitucional uma vedação expressa ou implícita ao desempenho *eventual* da atividade investigatória por parte do Ministério Público. Com efeito, colhe-se na letra expressa do art. 129, IX, da Constituição a possibilidade de o Ministério Público desempenhar outras funções que lhe forem conferidas, desde que compatíveis com sua finalidade, sendo-lhe vedada "a representação judicial e a consultoria de entidades públicas".

Restaram assentadas, portanto, duas premissas: o sistema constitucional reservou à Polícia o papel central na investigação penal, mas

---

18. CF/88: "Art. 58. O Congresso Nacional e suas Casas terão comissões permanentes e temporárias, constituídas na forma e com as atribuições previstas no respectivo regimento ou no ato de que resultar sua criação. § 3º. As comissões parlamentares de inquérito, que terão poderes de investigação próprios das autoridades judiciais, além de outros previstos nos regimentos das respectivas Casas, serão criadas pela Câmara dos Deputados e pelo Senado Federal, em conjunto ou separadamente, mediante requerimento de um terço de seus membros, para a apuração de fato determinado e por prazo certo, sendo suas conclusões, se for o caso, encaminhadas ao Ministério Público, para que promova a responsabilidade civil ou criminal dos infratores".
19. "Art. 71. O controle externo, a cargo do Congresso Nacional, será exercido com o auxílio do Tribunal de Contas da União, ao qual compete: (...)".
20. A legislação infraconstitucional prevê hipóteses especiais de investigação por outras autoridades, como, ilustrativamente, a Lei Orgânica da Magistratura (Lei Complementar nº 35/79, art. 33, parágrafo único) e a Lei de Falências (Decreto-Lei nº 7.661/45, arts. 103 a 113).

não vedou o exercício eventual de tal atribuição pelo Ministério Público. A atuação do *Parquet* nesse particular, portanto, poderá existir, mas deverá ter caráter excepcional. Vale dizer: impõe-se a identificação de circunstâncias particulares que legitimem o exercício dessa competência atípica. Bem como a definição da maneira adequada de exercê-la. Sobre esse ponto, cabe ainda uma última consideração.

A legislação federal infraconstitucional atualmente em vigor não atribuiu de forma clara ou específica ao Ministério Público a competência de proceder a investigações criminais. Tampouco existe qualquer disciplina acerca das hipóteses em que essa competência pode ser exercida, de como o Ministério Público deve desempenhá-la ou de formas de controle a que deva estar submetida. Não é desimportante lembrar que a Polícia sujeita-se ao controle do Ministério Público. Mas se o Ministério Público desempenhar, de maneira ampla e difusa, o papel da Polícia, quem irá fiscalizá-lo? O risco potencial que a concentração de poderes representa para a imparcialidade necessária às atividades típicas do *Parquet* não apenas fundamenta a excepcionalidade que deve caracterizar o exercício da competência investigatória, mas exige igualmente uma normatização limitadora.

Desse modo, e *de lege ferenda*, é de todo conveniente disciplinar, por meio de ato legislativo próprio, as hipóteses e a forma em que será legítima essa atuação eventual e excepcional do Ministério Público[21].

---

21. Em sessão realizada em 18 de fevereiro de 2004, o CDDPH aprovou por unanimidade o presente parecer, que passou a expressar a posição oficial do Conselho, com o acréscimo da seguinte explicitação: "1. O exercício de competência investigatória pelo Ministério Público deverá ser disciplinado, como proposto no parecer, mediante ato legislativo próprio. Até a promulgação desse ato, a eventualidade e a excepcionalidade da atuação do *Parquet* serão cláusulas abertas, a serem integradas à vista do caso concreto. 2. Até a edição do ato normativo primário próprio, o órgão competente do Ministério Público deverá disciplinar o exercício de tal competência, limitando seu conteúdo e estabelecendo procedimentos adequados, mediante ato normativo interno. 3. Deverão ser considerados como situações excepcionais, legitimadoras da atuação do Ministério Público, dentre outras, as que envolvam casos: de grave violação dos direitos humanos; pendentes de apreciação junto às instâncias internacionais de proteção dos direitos humanos; nos quais haja falta de iniciativa de investigação policial ou falha na sua condução; ocorridos em localidades nas quais não haja órgão policial estabelecido".

Liberdade de expressão e limitação a direitos fundamentais. Ilegitimidade de restrições à publicidade de refrigerantes e sucos

SUMÁRIO: Introdução. Parte I. Das restrições aos direitos fundamentais: regime constitucional. I. Algumas notas sobre as restrições aos direitos fundamentais. II. Legalidade e restrição a direitos com fundamento em fins coletivos. II.1. Legalidade, separação de Poderes, isonomia e segurança jurídica. II.2. Legalidade e razoabilidade. Parte II. A restrição à publicidade de refrigerantes e sucos contendo açúcar adicionado. III. A publicidade comercial como modalidade de direito fundamental. IV. A regulamentação em vigor. Inexistência de norma que autorize as restrições solicitadas. V. Impertinência das normas infraconstitucionais invocadas. VI. Irrazoabilidade das restrições pretendidas: alguns dados sobre a obesidade, refrigerantes e sucos contendo açúcar adicionado. VII. Conclusões.

INTRODUÇÃO

Trata-se de estudo acerca da legitimidade constitucional da imposição, por via judicial, de um conjunto amplo de restrições à publicidade de refrigerantes e sucos que contenham açúcar adicionado. A discussão é suscitada em razão de ações civis públicas propostas por Ministérios Públicos estaduais visando este fim.

O fundamento invocado é o de que os refrigerantes que contêm açúcar têm contribuído para o avanço da obesidade no mundo, especialmente entre crianças e adolescentes. Diante disso, tem sido pleiteada a imposição de uma série de obrigações de fazer e de não fazer aos fabricantes de refrigerantes e sucos, relativamente à publicidade desses produtos, dentre as quais se destacam as seguintes:

> (i) não veicular, por qualquer meio, publicidade dirigida a crianças e adolescentes que associe o consumo de refrigerantes e sucos que contenham açúcar adicionado a uma vida saudável;

> (ii) não veicular publicidade de refrigerantes e sucos que contenham açúcar adicionado durante a programação infantil das emissoras de televisão ou em publicações dirigidas ao público infantil;

> (iii) informar de forma clara e ostensiva, em toda publicidade de refrigerantes ou sucos que contenham açúcar adicionado, veiculada por qualquer meio, bem como em todos os respectivos rótulos, embalagens e invólucros, que o consumo excessivo de açúcar pode prejudicar a saúde; e

> (iv) abster-se de promover qualquer modalidade de concurso, sorteio ou promoção, bem como de distribuir qualquer brinde ou prêmio, como forma de fomentar o consumo de refrigerantes ou sucos que contenham açúcar adicionado por crianças e adolescentes.

Os fundamentos jurídicos invocados têm sido de ordem constitucional e legal. Com efeito, são referidos os direitos constitucionais à saúde (CF, arts. 6º, 196 e 197[1]) e à proteção do consumidor (CF,

---

1. CF/88: "Art. 6º. São direitos sociais a educação, a saúde, o trabalho, a moradia, o lazer, a segurança, a previdência social, a proteção à maternidade e à infância, a assistência aos desamparados, na forma desta Constituição.

art. 5º, XXXII[2]), além da regra prevista no inciso II do § 3º do art. 220 da Carta[3], que atribuiu à lei federal competência para disciplinar a propaganda de produtos e serviços que possam ser nocivos à saúde e ao meio ambiente. Na esfera infraconstitucional, invoca-se a proteção à vida e à saúde de crianças e adolescentes, garantida de forma genérica na Lei nº 8.069/90 ("Estatuto da Criança e do Adolescente")[4],

---

(...)
Art. 196. A saúde é direito de todos e dever do Estado, garantido mediante políticas sociais e econômicas que visem à redução do risco de doença e de outros agravos e ao acesso universal e igualitário às ações e serviços para sua promoção, proteção e recuperação.
Art. 197. São de relevância pública as ações e serviços de saúde, cabendo ao Poder Público dispor, nos termos da lei, sobre sua regulamentação, fiscalização e controle, devendo sua execução ser feita diretamente ou através de terceiros, e, também, por pessoa física ou jurídica de direito privado".
2.   CF/88: "Art. 5º (...). XXXII — o Estado promoverá, na forma da lei, a defesa do consumidor";
3.   CF/88: "Art. 220. A manifestação do pensamento, a criação, a expressão e a informação, sob qualquer forma, processo ou veículo não sofrerão qualquer restrição, observado o disposto nesta Constituição.
(...)
§ 3º. Compete à lei federal: (...)
II — estabelecer os meios legais que garantam à pessoa e à família a possibilidade de se defenderem de programas ou programações de rádio e televisão que contrariem o disposto no art. 221, bem como da propaganda de produtos, práticas e serviços que possam ser nocivos à saúde e ao meio ambiente".
4.   Estes são os dispositivos da Lei nº 8.069/90 (ECA) indicados: "Art. 4º. É dever da família, da comunidade, da sociedade em geral e do poder público assegurar, com absoluta prioridade, a efetivação dos direitos referentes à vida, à saúde, à alimentação, à educação, ao esporte, ao lazer, à profissionalização, à cultura, à dignidade, ao respeito, à liberdade e à convivência familiar e comunitária.
(...)
Art. 7º. A criança e o adolescente têm direito a proteção à vida e à saúde, mediante a efetivação de políticas sociais públicas que permitam o nascimento e o desenvolvimento sadio e harmonioso, em condições dignas de existência.
(...)
Art. 17. O direito ao respeito consiste na inviolabilidade da integridade física, psíquica e moral da criança e do adolescente, abrangendo a preservação da imagem, da identidade, da autonomia, dos valores, idéias e crenças, dos espaços e objetos pessoais.

bem como um conjunto de dispositivos do Código de Defesa do Consumidor (Lei nº 8.078/90), a saber: arts. 6º, incisos I, II e III, 9º, 31 e 37[5].

Sustentam a tese contrária, por outro lado, uma série de dados e pareceres de profissionais da área da saúde acerca da obesidade e suas

---

(...)
Art. 71. A criança e o adolescente têm direito a informação, cultura, lazer, esportes, diversões, espetáculos e produtos e serviços que respeitem sua condição peculiar de pessoa em desenvolvimento".
5. Lei nº 8.078/90 (CDC): "Art. 6º São direitos básicos do consumidor: I — a proteção da vida, saúde e segurança contra os riscos provocados por práticas no fornecimento de produtos e serviços considerados perigosos ou nocivos; II — a educação e divulgação sobre o consumo adequado dos produtos e serviços, asseguradas a liberdade de escolha e a igualdade nas contratações; III — a informação adequada e clara sobre os diferentes produtos e serviços, com especificação correta de quantidade, características, composição, qualidade e preço, bem como sobre os riscos que apresentem; (...)
(...)
Art. 9º O fornecedor de produtos e serviços potencialmente nocivos ou perigosos à saúde ou segurança deverá informar, de maneira ostensiva e adequada, a respeito da sua nocividade ou periculosidade, sem prejuízo da adoção de outras medidas cabíveis em cada caso concreto.
(...)
Art. 31. A oferta e apresentação de produtos ou serviços devem assegurar informações corretas, claras, precisas, ostensivas e em língua portuguesa sobre suas características, qualidades, quantidade, composição, preço, garantia, prazos de validade e origem, entre outros dados, bem como sobre os riscos que apresentam à saúde e segurança dos consumidores.
(...)
Art. 37. É proibida toda publicidade enganosa ou abusiva.
§ 1º É enganosa qualquer modalidade de informação ou comunicação de caráter publicitário, inteira ou parcialmente falsa, ou, por qualquer outro modo, mesmo por omissão, capaz de induzir em erro o consumidor a respeito da natureza, características, qualidade, quantidade, propriedades, origem, preço e quaisquer outros dados sobre produtos e serviços.
§ 2º É abusiva, dentre outras, a publicidade discriminatória de qualquer natureza, a que incite à violência, explore o medo ou a superstição, se aproveite da deficiência de julgamento e experiência da criança, desrespeita valores ambientais, ou que seja capaz de induzir o consumidor a se comportar de forma prejudicial ou perigosa à sua saúde ou segurança.
§ 3º Para os efeitos deste código, a publicidade é enganosa por omissão quando deixar de informar sobre dado essencial do produto ou serviço. (...)".

causas. Todos eles afirmam, ao contrário do que vem sendo propagado pelos defensores das restrições, que o refrigerante não é responsável, nem direta nem isoladamente, pela incidência da obesidade em crianças e adolescentes, além de destacar outros aspectos técnicos importantes, que serão mencionados mais adiante.

A questão jurídica em exame envolve a discussão mais ampla acerca da possibilidade de se imporem restrições a direitos fundamentais[6] e da justificativa e formas possíveis dessas restrições. Embora o tema seja amplo e em vários pontos sujeito a controvérsias, a solução do problema específico de que se trata é bastante simples e encontra resposta direta no Texto Constitucional de 1988. Por facilidade, o estudo será conduzido em duas partes, como exposto no roteiro indicado inicialmente.

Parte I
DAS RESTRIÇÕES AOS DIREITOS FUNDAMENTAIS: REGIME CONSTITUCIONAL

I. Algumas notas sobre as restrições aos direitos fundamentais

Nas últimas décadas, o direito constitucional tem sido confrontado com o problema das restrições ao exercício de direitos positivados pelas Constituições como fundamentais[7]. Várias razões explicam

---

6. Como se verá, a publicidade ou a propaganda comercial é manifestação de um direito fundamental, que é a liberdade de expressão. Publicidade e propaganda comercial serão empregadas no estudo como expressões sinônimas.
7. Há vasto material sobre o assunto, tanto na doutrina brasileira quanto no direito comparado. A respeito da colisão de direitos fundamentais em geral, v. Wilson Antônio Steinmetz, *Colisão de direitos fundamentais e princípio da proporcionalidade*, 2001; Daniel Sarmento, *A ponderação de interesses na Constituição Federal*, 2000; Ricardo Lobo Torres, "Da ponderação de interesses ao princípio da ponderação". In: Urbano Zilles (coord.), *Miguel Reale. Estudos em homenagem a seus 90 anos*, 2000; Pedro Serna e Fernando Toller, *La interpretación constitucional de los derechos fundamentales — Una alternativa a los conflictos de derechos*, 2000; Juan Cianciardo, *El conflictivismo en los derechos fundamentales*, 2000; José Carlos Vieira de Andrade, *Os direitos fundamentais na Constituição portuguesa de 1976*, 1998; Jorge Reis Novais, *As restrições aos*

esse fenômeno, embora não caiba investigá-las aqui[8]. O que importa assinalar é o fato de que há relativo consenso no sentido de que os direitos não são absolutos[9]. Não se admite, nessa linha, o exercício ilimitado das prerrogativas que cada direito pode facultar, principalmente quando se cuide de direitos veiculados sob a forma de normas-princípios. As razões que levam a essa conclusão são bastante simples.

Afora outras sutilezas teóricas[10], uma das particularidades das normas-princípios (em oposição às normas-regras) é a abstração de seu enunciado, o que acarreta uma certa vagueza de conteúdo[11]. Essa característica acaba por admitir uma expansão quase indefinida de sentido do princípio[12], de tal modo que, ao menos do ponto de vista lingüístico, comportamentos os mais diversos podem se abrigar sob sua proteção. Armar um cavalete para pintar um quadro no meio de

---

direitos fundamentais não expressamente autorizadas pela Constituição, 2003; Robert Alexy, Colisão de direitos fundamentais e realização de direitos fundamentais no estado de direito democrático, *RDA, 217*:67, 1999; e Luís Roberto Barroso, *A nova interpretação constitucional — Ponderação, direitos fundamentais e relações privadas,* 2003.

8. Dentre outras razões, pode-se apontar a crescente complexidade das relações humanas, o pluralismo das sociedades contemporâneas, a opção das Constituições por veicularem direitos sob a forma de normas-princípios e a natureza compromissória das próprias normas constitucionais. v. Ana Paula de Barcellos, "Alguns parâmetros normativos para a ponderação constitucional". In: Luís Roberto Barroso (org.), *A nova interpretação constitucional — Ponderação, direitos fundamentais e relações privadas,* 2003, pp. 50-1.
9. STF, DJ 12.05.2000, p. 20, MS 23452-RJ, Rel. Min. Celso de Mello,: "OS DIREITOS E GARANTIAS INDIVIDUAIS NÃO TÊM CARÁTER ABSOLUTO. Não há, no sistema constitucional brasileiro, direitos ou garantias que se revistam de caráter absoluto".
10. V., dentre outros, Humberto Ávila, *Teoria dos princípios,* 2003.
11. J. J. Gomes Canotilho, *Direito constitucional e teoria da Constituição,* 1997, pp. 1034-5; e Ruy Samuel Espíndola, *Conceito de princípios constitucionais,* 1999.
12. Robert Alexy, *Teoria de los derechos fundamentales,* 1997, p. 86: "Princípios são normas que ordenam que algo seja realizado na maior medida possível, dentro das possibilidades jurídicas e reais existentes. Por isso, são mandados de otimização, caracterizados pelo fato de que podem ser cumpridos em diferentes graus e que a medida devida de seu cumprimento não só depende das possibilidades reais, mas também das jurídicas. O âmbito do juridicamente possível é determinado pelos princípios e regras opostas". (tradução livre).

uma avenida movimentada ou grafitar monumentos públicos, por exemplo, poderiam em tese ser descritos como manifestações da liberdade de expressão artística, uma vez que se tome essa expressão em um sentido amplíssimo[13].

Seria absurdo admitir, porém, que o exercício de um direito pudesse chegar ao ponto de inviabilizar a vida em sociedade ou de violar direitos de terceiros. Daí porque se reconhece — examinando a questão ainda no nível teórico — a possibilidade de restringir o exercício de direitos fundamentais, em primeiro lugar ao legislador e também ao juiz, quando este último esteja diante de conflitos normativos insuperáveis. Mas com que fundamentos se podem restringir direitos consagrados pelo texto constitucional? E qual o papel do legislador e do juiz nesse particular?

Em primeiro lugar, entende-se que os fundamentos que justificam a restrição a direitos fundamentais deverão estar associados, de alguma forma, a outras normas constitucionais[14]. A lógica dessa afirmação é simples e decorre da compreensão conjunta dos princípios da supremacia[15] e da unidade[16] da Constituição: apenas outro elemento

---

13. José Carlos Vieira de Andrade, Os *direitos fundamentais na Constituição portuguesa de 1976*, 1998, p. 215 e ss..
14. Jorge Miranda, *Manual de direito constitucional*, t. IV, 2000, p. 338: "a) Nenhuma restrição [a direitos] pode deixar de se fundar na Constituição; pode deixar de fundar-se em preceitos ou princípios constitucionais; pode deixar de se destinar à salvaguarda de direitos ou interesses constitucionalmente protegidos (...)".
15. V. Luís Roberto Barroso, "Fundamentos teóricos e filosóficos do novo direito constitucional brasileiro". In: *Temas de direito constitucional*, t. II, p. 32: "O Direito, como se sabe, é um sistema de normas harmonicamente articuladas. Uma situação não pode ser regida simultaneamente por duas disposições legais que se contraponham. Para solucionar essas hipóteses de conflito de leis, o ordenamento jurídico se serve de três critérios tradicionais: o da *hierarquia* — pelo qual a lei superior prevalece sobre a inferior —, o *cronológico* — onde a lei posterior prevalece sobre a anterior — e o da *especialização* — em que a lei específica prevalece sobre a lei geral. Estes critérios, todavia, não são adequados ou plenamente satisfatórios quando a colisão se dá entre normas constitucionais, especialmente entre princípios constitucionais, categoria na qual devem ser situados os conflitos entre direitos fundamentais".; e Edilsom Pereira de Farias, *Colisão de direitos. A honra, a intimidade, a vida privada e a imagem versus a liberdade de expressão e de informação*, p. 120: "Sucede que não há hierarquia entre os direitos fundamentais. Estes, quando se encontram em oposição entre

constitucional pode restringir um direito de estatura constitucional. Além disso, os fundamentos das restrições podem ser de duas naturezas: (i) outros direitos fundamentais ou (ii) bens coletivos, fins públicos consagrados pela Constituição como valiosos. Essa distinção é particularmente importante.

Quando um direito fundamental entra em rota de colisão com outro, o juiz a quem caiba resolver a disputa estará diante de um conflito normativo ao qual terá de dar solução. Por conta da supremacia das normas constitucionais e de sua unidade, não é possível ignorar um dos direitos. O juiz, portanto, terá de conceber uma fórmula de convivência entre os direitos em conflito mediante compressões recíprocas[17]. A lei também poderá formular restrições aos direitos envolvidos e até mesmo fixar parâmetros para a solução de colisões entre direitos. Nada obstante, seu papel nesse campo é mais limitado, pois não é possível estabelecer em abstrato e com caráter geral uma prioridade rígida entre direitos que têm a mesma hierarquia[18].

Nesse passo, toda vez que se cuide de restringir direitos com fundamento em outros direitos, o papel do juiz inevitavelmente terá maior relevo, já que as circunstâncias de cada caso concreto serão em boa parte responsáveis por indicar a solução adequada. O conflito potencial entre o direito à informação e a liberdade de imprensa, de um lado, e a intimidade de outro, por exemplo, terá solução diversa conforme a pessoa retratada em uma reportagem seja pública ou não, exerça função pública ou privada, o fato divulgado tenha ocorrido em local público ou não, dentre outros elementos.

---

si, não se resolve a colisão suprimindo um em favor do outro. Ambos os direitos protegem a dignidade da pessoa humana e merecem ser preservados o máximo possível na solução da colisão".

16. Luís Roberto Barroso, *Interpretação e aplicação da Constituição*, 2002, p. 192 e ss..

17. Trata-se da técnica da ponderação. v. sobre o tema, Daniel Sarmento, *A ponderação de interesses na Constituição Federal*, 2000; e Ana Paula de Barcellos, "Alguns parâmetros normativos para a ponderação constitucional". In: Luís Roberto Barroso (org.), *A nova interpretação constitucional — Ponderação, direitos fundamentais e relações privadas*, 2003, p. 50 e ss..

18. Wilson Antonio Steinmetz, *Colisão de direitos fundamentais e princípio da proporcionalidade*, 2001, p. 61

A questão se passa de forma diversa quando se esteja diante de restrições fundadas em normas constitucionais que tratam de bens coletivos ou fins públicos. Como é corrente, a Constituição formula opções políticas, metas a serem alcançadas e valores a serem preservados e promovidos; mas, em geral, não escolhe quais os meios que devem ser empregados para atingir esses fins; mesmo porque, freqüentemente, meios variados podem ser adotados para alcançar o mesmo objetivo[19]. A definição desses meios encontra-se no espaço próprio da deliberação política e caberá, como regra, ao Legislativo e, na esfera de sua competência, ao Executivo.

Isso não significa, é bem de ver, que as normas constitucionais que veiculam esses fins — as chamadas normas programáticas — não disponham de eficácia alguma. Ao contrário, a doutrina tem desenvolvido modalidades específicas de eficácia jurídica para essas situações, como a eficácia negativa — pela qual se consideram inválidas normas ou atos que disponham de forma contrária ao fim estabelecido pela Constituição — e a interpretativa — que impõe, dentre as interpretações possíveis de uma norma existente, a opção por aquela que melhor realize a meta constitucional[20]. Nada obstante, seria incompatível com o sistema constitucional, que tem por princípios fundamentais o pluralismo político e a ordem democrática (CF, art. 1º, V e parágrafo único[21]), subtrair do Legislativo a definição das políticas públicas específicas que irão realizar os fins constitucionais, para transferi-la ao Poder Judiciário.

---

19. Sobre as normas programáticas, v. Luís Roberto Barroso, *O direito constitucional e a efetividade de suas normas*, 2000, p. 116 e ss..
20. V. Luís Roberto Barroso, *O direito constitucional e a efetividade de suas normas*, 2000, p. 116 e ss.; e Ana Paula de Barcellos, *A eficácia jurídica das normas constitucionais e o princípio da dignidade da pessoa humana*, 2002, p. 59 e ss..
21. CF/88: "Art. 1º A República Federativa do Brasil, formada pela união indissolúvel dos Estados e Municípios e do Distrito Federal, constitui-se em Estado Democrático de Direito e tem como fundamentos:
(...)
V — o pluralismo político;
Parágrafo único. Todo o poder emana do povo, que o exerce por meio de representantes eleitos ou diretamente, nos termos desta Constituição".

Como se vê, portanto, a restrição de direitos com fundamento em fins coletivos considerados valiosos pela Constituição está a cargo do legislador, a quem compete definir as condutas restritivas necessárias à sua realização. Muito dificilmente será possível cogitar de uma hipótese em que o juiz possa legitimamente impor restrições a direito fundamental com base em fins constitucionais sem lei que as defina previamente.

O tema merece alguns comentários adicionais, já que é exatamente esse o ponto que interessa para a resolução da questão objeto deste estudo. Com efeito, as ações que vêm sendo propostas pelo Ministério Público trazem como fundamentos jurídicos dos pedidos normas constitucionais e infraconstitucionais. Como se verá adiante, estas últimas não são aplicáveis à hipótese e nem produzem as conseqüências extraídas pelo *Parquet*; por outro lado, não existem outras normas que veiculem as restrições postuladas. Restam, portanto, apenas as normas constitucionais gerais que determinam a proteção da saúde e do consumidor (CF, arts. 5º, XXXII[22], 6º, 196 e 197). E é delas que se pretende que o Judiciário extraia diversas imposições restritivas de direitos dos fornecedores de refrigerantes e sucos.

Antes de prosseguir no tema, é necessário fazer uma observação. Alguns direitos foram consagrados pelo constituinte originário já acompanhados de cláusulas autorizando a lei a disciplinar seu exercício. O art. 5º, XIII, da Constituição de 1988, por exemplo, reconhece a liberdade de exercício de qualquer trabalho, ofício ou profissão, mas a lei está autorizada a exigir qualificações profissionais. Outros direitos, no entanto, foram formulados sem prever qualquer possibilidade nesse sentido. Diante dessa diferença de tratamento constitucional, discute-se se também essa segunda categoria de direitos poderia sofrer restrições.

A conclusão da maioria absoluta da doutrina, ainda que por fundamentos e raciocínios diversos[23], é a de que a ausência de referência

---

22. Embora a previsão que trata da proteção ao consumidor conste do art. 5º da Constituição, a disposição é um exemplo de norma programática.

23. Para parte dos autores que tratam do assunto, ao regulamentar o exercício do direito o legislador poderá explicitar limites imanentes, independentemente de expressa previsão constitucional. v. Wilson Antônio Steinmetz, *Colisão de direitos fundamentais e princípio da proporcionalidade*, 2001, pp. 60-1: "Em outros termos, a restrição de direitos fundamentais operada pelo legislador

explícita à limitação de determinados direitos por via legislativa não impede de forma radical conformações de seu sentido ou restrições ao seu exercício. Naturalmente que a validade de qualquer restrição, autorizada ou não de forma explícita pelo texto constitucional, depende da observância do princípio da razoabilidade, que será estudado adiante.

O propósito dessa observação é registrar que o direito fundamental em discussão neste estudo — o direito à realização de publicidade comercial, manifestação da liberdade de expressão — encontra-se na primeira categoria de direitos identificada acima, já que o texto constitucional autoriza que a lei discipline seu exercício nos termos que especifica. O art. 220, §§ 3º, II, e 4º, da Constituição trata do assunto nos seguintes termos:

> "Art. 220. A manifestação do pensamento, a criação, a expressão e a informação, sob qualquer forma, processo ou veículo não sofrerão qualquer restrição, observado o disposto nesta Constituição.
> (...)
> § 3º Compete à lei federal:
> (...)
> II — estabelecer os meios legais que garantam à pessoa e à família a possibilidade de se defenderem de programas ou programações de rádio e televisão que contrariem o disposto no art. 221, bem como da propaganda de produ-

---

ordinário, antecipando-se a futuros conflitos (conflitos em potencial), pode ser justificada invocando-se a teoria dos limites imanentes; o legislador poderá argumentar que, embora não tenham sido prescritos nem direta nem indiretamente pelo legislador constituinte, os limites que está fixando são legítimos, porque imanentes ao sistema de direitos fundamentais e à Constituição como um todo". Outros autores desenvolvem a idéia de *conformação* do direito, de tal modo que a lei definiria o próprio conteúdo do direito. Outros consideram que se trata de fato de *restrição* ao exercício do direito, mas a admitem. Sobre o tema, v. Jorge Reis Novais, *As restrições aos direitos fundamentais não expressamente autorizadas pela Constituição*, 2003; e Pedro Serna e Fernando Toller, *La interpretación constitucional de los derechos fundamentales — Una alternativa a los conflictos de derechos*, 2000.

tos, práticas e serviços que possam ser nocivos à saúde e ao meio ambiente.

§ 4º A propaganda comercial de tabaco, bebidas alcoólicas, agrotóxicos, medicamentos e terapias estará sujeita a restrições legais, nos termos do inciso II do parágrafo anterior, e conterá, sempre que necessário, advertência sobre os malefícios decorrentes de seu uso".

Nessa mesma linha, o art. 22, XXIX, da Constituição Federal confere à União competência privativa para legislar sobre propaganda comercial. Note-se, portanto, que apenas a lei poderia impor as restrições que vêm sendo postuladas pelo Ministério Público, seja porque a própria Constituição remete à lei a conformação do exercício do direito em questão[24], seja porque o fundamento de tais restrições seriam fins públicos gerais estabelecidos pela Carta. Essa conclusão decorre não apenas do que se acaba de expor muito rapidamente sobre a teoria dos direitos fundamentais e suas restrições. A legalidade, na hipótese, é uma exigência que se extrai do sistema constitucional como um todo, por várias razões. O tema é objeto de análise mais detalhada no tópico seguinte.

---

24. Alexandre de Moraes, *Direito constitucional*, 1999, p. 614: "Apesar da vedação constitucional da censura prévia, há necessidade de compatibilizar a comunicação social com os demais preceitos constitucionais, como, por exemplo, a proteção dos direitos da criança e do adolescente (CF, arts. 226 a 230). Dessa forma, o legislador constituinte conferiu à União a competência para edição de lei federal para: (...)
- estabelecer os meios legais que garantam à pessoa e à família a possibilidade de se defenderem de programas ou programações de rádio e televisão que contrariem o disposto no art. 221, bem como da propaganda de produtos, práticas e serviços que possam ser nocivos à saúde e ao meio ambiente". No mesmo sentido, v. ainda Roberto Barcellos de Magalhães, *Comentários à Constituição Federal de 1988*, v. II, 1997, p. 343: "A propaganda comercial está inscrita entre os assuntos que caem no poder legiferante da União (inciso 29 do art. 22), por força do qual cabe-lhe determinar em lei a intervenção na divulgação de produtos, práticas e serviços considerados nocivos à saúde, seja impondo que sua exposição, venda ou colocação ao alcance do público se faça com a ressalva expressa dos seus malefícios à saúde, tal como já vem impressa nas carteiras de cigarros (...)".

II. Legalidade e restrição de direitos com fundamento em fins coletivos

II.1. Legalidade, separação de Poderes, isonomia e segurança jurídica

A *separação de Poderes*, nada obstante sua constante reformulação histórica[25], continua a ser um dos princípios fundamentais dos Estados constitucionais, e esse é o *status* que a Constituição de 1988 lhe confere (CF, arts. 2º e 60, § 4º, III). Por força da separação de Poderes, e figurando como um de seus corolários imediatos, está a função de criar normas jurídicas — aí incluídas a instituição de direitos e obrigações —, atribuída ao Legislativo, na linha do que dispõe o art. 5º, II, da Constituição[26]. Ainda que o sistema constitucional atual admita que os demais Poderes tenham alguma competência normativa, ela é sempre excepcional e decorre de previsão específica[27].

Desse modo, como regra geral, não compete ao Judiciário criar a norma que estará aplicando ou formular a obrigação específica que, no momento seguinte, ele próprio estará exigindo de uma das partes. A idéia de repartição de funções, como meio de controle do poder estatal, não é capaz de conviver com a concentração, em um mesmo órgão, dos poderes de criar o Direito e aplicá-lo aos casos concretos. Assim, quando a norma constitucional estabelece fins gerais, mas não explicita meios, nem prevê direitos e obrigações com eles relacionados (salvo a obrigação de o próprio Legislativo dispor sobre os meios para atingir esses fins), não poderá o Judiciário invadir esse espaço para criá-los, sob pena de violar o princípio da separação de Poderes,

---

25. Nuno Piçarra, *A separação dos poderes como doutrina e princípio constitucional — Um contributo para o estudo das suas origens e evolução*, 1989; e Bruce Ackerman, *The new separation of powers*, Harvard Law Review, 113:633, 2000.
26. CF/88: "Art. 5º (...) II — ninguém será obrigado a fazer ou deixar de fazer alguma coisa senão em virtude de lei;"
Sobre o princípio da legalidade, dentre muitos, v. Geraldo Ataliba, *República e Constituição*, 1985, pp. 98-99; Celso Antônio Bandeira de Mello, *Curso de direito administrativo*, 1999, p. 32 e ss.; e Maria Sylvia Zanella Di Pietro, *Direito administrativo*, 2001, p. 67 e ss..
27. Clèmerson Merlin Clève, *Atividade legislativa do Poder Executivo no Estado contemporâneo e a Constituição de 1988*, 1993.

usurpar competência legislativa e produzir uma concentração de poderes não admitida pela Constituição.

Mesmo o instrumento criado pela Constituição de 1988 na tentativa de sanar omissões do Legislativo e do Executivo — o mandado de injunção (CF, art. 5º, LXXI) — não configura uma exceção ao que se acaba de registrar. De acordo com a posição defendida pela doutrina, o mandado de injunção autoriza o Judiciário a criar a norma para o caso concreto quando isso seja necessário para permitir a um particular o exercício de *direitos e liberdades constitucionais e de prerrogativas inerentes à nacionalidade, à soberania e à cidadania.*

O mandado de injunção, portanto, está relacionado com normas definidoras de direito, cuja eficácia depende de alguma regulamentação posterior; nessa circunstância, os órgãos competentes do Judiciário estão autorizados a criar, para o caso concreto, a norma capaz de conferir eficácia plena ao direito em questão. O remédio constitucional não se ocupa das chamadas normas programáticas, que, como já referido, são as que veiculam fins e estabelecem objetivos políticos, sem definir os meios para alcançá-los ou mesmo seus contornos de forma suficientemente definida. Essa definição, assim como a escolha acerca dos meios, compete privativamente ao Legislativo e, eventualmente, ao Executivo. Aliás, como se sabe, mesmo nas hipóteses de mandado de injunção, o Supremo Tribunal Federal firmou o entendimento — com o qual não se está de acordo — de que o Judiciário não pode criar a norma jurídica, sob pena de usurpar função legislativa[28].

Em suma: não é possível ao Judiciário, a pretexto de prestar jurisdição, criar normas jurídicas, veiculando escolhas que cabem aos poderes democraticamente eleitos. O tema já tem sido examinado pela doutrina e pela jurisprudência. José dos Santos Carvalho Filho, tratando especificamente da ação civil pública, faz a seguinte observação:

> "Não pode o autor pretender que o Judiciário crie disciplina sobre o direito material. Este deve preexistir à ação, e esta há de limitar-se a estabelecer as cominações ao réu

---

28. Veja-se sobre o tema e a posição do Supremo Tribunal Federal na matéria: Luís Roberto Barroso, O *direito constitucional e a efetividade de suas normas*, 2000, p. 242 e ss..

em conformidade com os preceitos já fixados pelo direito material. Pode-se, pois, dizer que, nos termos do entendimento da mais alta Corte, também é juridicamente impossível o objeto da ação civil pública quando tenha por escopo a criação do direito, e não a sua aplicação"[29].

O Supremo Tribunal Federal já teve oportunidade de manifestar-se acerca da matéria. Confira-se trecho do voto do Min. Sydney Sanches:

> "Esse poder de criar o direito material é, em princípio, do Legislativo, segundo as competências constitucionalmente distribuídas, cabendo, em outros casos, delegações de poderes normativos complementares a órgãos administrativos, que os exercem como atribuições. É o que acontece com o Conselho Monetário Nacional e o Banco Central do Brasil, no campo ora focalizado.
> No caso, o MM. Juiz da 20ª Vara Cível, imbuído, reconheça-se, de nobres propósitos, como também os do ilustre Curador de Justiça dos Consumidores, que provocou sua decisão liminar, houve por bem fixar Normas genéricas de conduta para os Bancos suscitantes, perante seus clientes, (...)
> Nesse ponto, o nobre Magistrado não se limitou a praticar ato de seu ofício, prestando jurisdição. Ou seja, não cuidou de declarar o direito entre partes determinadas e conhecidas, ou mesmo envolvidas em interesses coletivos.
> Na verdade, o que fez foi, mediante provocação do Ministério Público, criar normas genéricas de conduta aos Bancos-réus perante seus clientes, quaisquer que eles sejam, a serem observadas no curso do processo, até final sentença Normas genéricas, que, além de não competirem ao Judiciário, no estrito exercício de sua função jurisdicional, co-

---

29. José dos Santos Carvalho Filho, *Ação civil pública*, 1999, p. 74. No mesmo sentido, tratando de forma geral do assunto, Antonio Carlos de Araújo Cintra, Ada Pellegrini Grinover, Cândido R. Dinamarco, *Teoria geral do processo*, 1995, p. 131.

lidem frontalmente com as já baixadas pelos órgãos administrativos competentes, no exercício de poder normativo legalmente conferido.

Não se trata, pois, apenas de incorreta interpretação de lei, no exercício de estrita jurisdição. Mas de exercício indevido de poder normativo delegado a órgãos administrativos, que já o exerceram"[30]. (negrito acrescentado)

O que se pode concluir, quanto a este ponto, é que a exigência de que apenas lei imponha restrições a direitos fundamentais, quando elas tenham por fundamento bens coletivos de estatura constitucional, é uma decorrência direta do princípio da separação de Poderes. Um segundo elemento constitucional conduz a essa mesma conclusão: trata-se da isonomia.

A *isonomia*, como se sabe, apresenta variadas facetas. É possível falar de isonomia perante a lei e na lei, isonomia formal e material e ainda isonomia temperada pela razoabilidade, no tratamento igual dos iguais e desigual dos desiguais. Em qualquer hipótese, uma conseqüência direta desse princípio é o dever do Estado de tratar a todos de forma impessoal (CF, art. 37, *caput*), o que significa dizer que indivíduos em situação similar deverão receber o mesmo tratamento. Considerando pessoas em condições idênticas, não se justifica que algumas sejam tratadas de um modo e outras de outro.

Assim, quando o Estado confere um tratamento particular a um grupo de indivíduos sem qualquer fundamento razoável, estará agindo de forma contrária à isonomia. O princípio, no entanto, também pode ser violado pelo que a doutrina denomina de *inconstitucionalidade por omissão parcial*[31]: ela se verifica quando o poder público atribui uma disciplina específica a apenas um grupo de pessoas, ao mesmo tempo em que outras, embora em idênticas condições, não são tratadas de acordo com o mesmo regime. Nessa hipótese, há uma omissão

---

30. STF, DJ 01.12.1989, p. 17.759, CA 35-1-RJ, Rel. Min. Sydney Sanches,.
31. Gilmar Ferreira Mendes, *Direitos fundamentais e controle de constitucionalidade*, 1998, p. 44; e Bidart Campos, "Algunas reflexiones sobre las omissiones inconstitucionales," In: Víctor Bazán (coord.), *Inconstitucionalidad por omissión*, 1997, p. 1 e ss..

parcial por parte da autoridade, que acaba igualmente por afrontar a garantia fundamental da isonomia.

Pois bem: a legalidade funciona como uma primeira garantia contra os desvios que afetam a isonomia[32]. O caráter geral e abstrato da lei deverá assegurar que *todos* os que se encontrem na situação descrita pela norma recebam a mesma disciplina. Se a lei, com fundamento na norma constitucional, cria determinada obrigação, ao menos em tese ela será aplicável a todos os iguais nesse particular. É certo que a lei pode ser inválida por outras razões; entretanto, se ela for dotada de generalidade e abstração, a isonomia, ao menos quanto a este aspecto, terá sido respeitada.

Tudo será diverso caso se autorize o Judiciário a criar obrigações com fundamento direto em normas constitucionais programáticas que consagrem bens coletivos e metas gerais. Em primeiro lugar, a decisão do juiz obriga apenas as partes. A hipótese a que se refere este estudo ilustra o ponto. Imagine-se que um magistrado impusesse a um determinado fabricante, parte em um processo judicial tendente a criar restrições à publicidade, as obrigações pretendidas pelo autor da ação. Nenhum dos demais fabricantes dos mesmos produtos estaria submetido a tais obrigações, o que provocaria, de forma evidente, uma ruptura da isonomia.

Em segundo lugar, juízes diferentes poderiam perfeitamente extrair da norma programática obrigações diversas. Como já se referiu, a escolha acerca de quais as obrigações que devem ser impostas para realizar o fim constitucional tem natureza política e, por isso mesmo, plural, não havendo uma opção única e necessária. Dependendo da concepção política e ideológica do intérprete, a solução será freqüentemente diversa[33]. Resultado: uma parte estaria sujeita a uma espécie de obrigação; outra, em demanda distinta, submeter-se-ia a obrigação

---

32. É verdade que a própria lei, como se sabe, poderá veicular normas antiisonômicas e sujeitar-se-á ao controle de constitucionalidade também quanto a este aspecto.

33. Não se desconhece que as concepções políticas do intérprete desempenham sempre um papel importante, em qualquer espécie de decisão. Nada obstante, embora a objetividade da norma possa sofrer o temperamento da subjetividade do intérprete, não há lugar para o voluntarismo desgarrado dos sentidos mínimos e máximos dos textos legais. V. Luís Roberto Barroso, *Interpretação e aplicação da Constituição*, 2002, p. 269 e ss..

diversa, e as demais pessoas, nada obstante se encontrarem na mesma situação fática, não estariam sujeitas a obrigação alguma. Mais uma vez, a isonomia é violada[34].

Em suma: apenas a lei pode veicular, de forma geral e abstrata, obrigações destinadas a atingir determinado fim estabelecido como valioso pela Constituição. A imposição casuística e pontual de obrigações com esse fundamento, por órgãos do Poder Judiciário, além de usurpar competência do Legislativo, viola o princípio da isonomia.

Em acréscimo do que já se registrou, há ainda um último elemento a ser mencionado. A legalidade não é apenas um veículo de afirmação democrática e de garantia da isonomia. A lei é também um instrumento de **segurança jurídica** dos indivíduos, pela qual é possível assegurar a previsibilidade das condutas. Diante da lei, o indivíduo poderá (e deverá) saber, de forma clara e pública, quais são seus deveres e em especial as obrigações que lhe são exigidas. Esta é uma garantia elementar do Estado de direito e não é necessário alongar a exposição. Ninguém pode ser obrigado a fazer alguma coisa sem que antes essa obrigação tenha sido imposta por um ato competente para tal.

No caso de direitos fundamentais, exige-se com especial intensidade que as normas restritivas de seu exercício sejam claras e precisas, e isso por duas razões. Em primeiro lugar, para que o eventual atingido pela norma possa identificar a restrição a seu direito — trata-se do princípio da clareza e determinação das normas restritivas de direitos[35]. *E em segundo lugar porque a vagueza da norma poderia*

---

34. No particular, da quebra da isonomia pode resultar, igualmente, lesão ao princípio da livre concorrência (CF, art. 170, IV), na medida em que dois competidores do mesmo mercado estejam sujeitos a regras e restrições diversas.
35. Gilmar Ferreira Mendes, *Direitos fundamentais e controle de constitucionalidade*, 1998, pp. 35-6: "Princípio da clareza e determinação das normas restritivas [de direitos fundamentais]. O princípio da segurança jurídica, elemento fundamental do Estado de Direito, exige que as normas restritivas sejam dotadas de clareza e precisão, permitindo que o eventual atingido possa identificar a nova situação jurídica e as conseqüências que dela decorrem. Portanto, clareza e determinação significam cognocibilidade dos propósitos do legislador".; J. J. Gomes Canotilho, *Direito constitucional e teoria da constituição*, 2002, p. 248; e Jorge Reis Novais, *As restrições aos direitos fundamentais não expressamente autorizadas pela Constituição*, 2003, p. 769 e ss.: "A determinabilidade das restrições — incluindo, como diz, entre nós, Gomes Canotilho, a exigência de

levar a autoridade que vai aplicá-la a encontrar espaço para, ao lado das restrições legítimas, impor outras, ilegítimas[36].

Ora bem. As cláusulas constitucionais que estabelecem fins públicos a serem atingidos não indicam com clareza as condutas que serão impostas aos particulares. É preciso que uma norma as estabeleça. O papel do Judiciário só se inicia quando algum dever preexistente — do qual o indivíduo teve ciência por força da existência de norma específica — foi descumprido.

A questão não é complexa. Que segurança jurídica haveria se o particular estivesse obrigado a implementar toda e qualquer conduta imaginável que, em tese, pudesse contribuir para realizar determinado fim, como, por exemplo, a proteção do meio ambiente ou do consumidor? A cada momento alguém mais criativo ou melhor informado poderia formular uma nova conduta exigível e o indivíduo, sem sequer saber a que estava obrigado, já a estaria descumprindo. Ou que previsibilidade poderia existir se o magistrado pudesse criar obriga-

---

clareza das normas legais e a exigência de densidade suficiente na regulamentação legal — é, em primeiro lugar, um factor de garantia da protecção da confiança e da segurança jurídica, uma vez que o cidadão só pode conformar autonomamente os próprios planos de vida se souber com o que pode contar, qual a margem de acção que lhe está garantida o que pode legitimamente esperar das eventuais intervenções do Estado na sua esfera pessoal".

36. De fato, a Suprema Corte norte-americana tem uma tradicional jurisprudência pela qual se consideram inválidas as normas restritivas de direitos que sejam vagas, gerais e que não definam claramente a conduta que pretendem impor ou proibir. V. Steven L. Emanuel, Constitutional Law, 2001, p. 459: "Vagueness: A statute will be held void for vagueness if the conduct forbidden by is so **unclearly defined** that persons 'of common intelligence must necessarily **guess at its meaning** and differ as to its application. Connally v. General Construction Co., 269 U.S. 385 (1926). (...) The proscription against vagueness stems from the Due Process Clauses requirement that people be given **fair notice** of what conduct is prohibited. (...) The other main function of the vagueness doctrine is to **curb the discretion** afforded to law enforcement officers or administrative officials". (negrito no original).

Sobre o mesmo tema, v. Reis Novais, *As restrições aos direitos fundamentais não expressamente autorizadas pela Constituição*, 2003, p. 771: "Com efeito, uma restrição de enunciado vago ou não precisamente determinado abre a possibilidade de intervenções restritivas que vão eventualmente para além do que é estritamente exigido pela salvaguarda de outros bens dignos de protecção".

ções das quais não se tinha conhecimento prévio, para, em seguida, no mesmo processo, considerá-las descumpridas e aplicar penalidades por isso?

Em suma, também em decorrência do princípio — ou, a rigor técnico, do valor — da segurança jurídica, um dos fins últimos do próprio Direito[37], apenas a lei pode estabelecer restrições a direitos fundamentais com base nos chamados fins coletivos, sendo que, nessa hipótese, exige-se que a lei seja específica e clara, não se admitindo previsões vagas e genéricas.

Há uma última nota importante a fazer sobre o tema da legalidade e da restrição a direitos fundamentais. Ainda que a lei possa impor restrições a direitos, como exposto acima, qualquer norma restritiva deverá sempre observar o princípio da razoabilidade ou proporcionalidade[38].

II.2. Legalidade e razoabilidade

A razoabilidade é uma noção que, na vertente norte-americana, se extrai da cláusula do "devido processo legal" (CF, art. 5º, LIV) em seu sentido substantivo ou material ou, na linha germânica, configura um desenvolvimento do princípio do Estado de direito. Em qualquer caso, a razoabilidade funciona como um mecanismo de controle da discricionariedade legislativa, administrativa e jurisdicional. Conceitualmente, como já se tornou corrente, aliás, a idéia de razoabilidade se decompõe em três elementos: (i) adequação entre meio e fim; (ii) necessidade-exigibilidade da medida; e (iii) proporcionalidade em sentido estrito[39]. Explica-se.

---

37. Luís Roberto Barroso, "A segurança jurídica na era da velocidade e do pragmatismo". In: *Temas de direito constitucional*, t. I, 2001, p. 49 e ss..

38. Não se ignora a discussão hoje travada na doutrina sobre a distinção entre esses termos, mas, para os fins deste estudo, eles serão empregados como sinônimos. Para uma consideração mais analítica acerca da questão terminológica, v. Luís Roberto Barroso e Ana Paula de Barcellos, "O começo da história. A nova interpretação constitucional e o papel dos princípios no direito brasileiro". In: Luís Roberto Barroso (org.), *A nova interpretação constitucional — Ponderação, direitos fundamentais e relações privadas*, 2003, p. 333.

39. Luís Roberto Barroso, *Interpretação e aplicação na Constituição*, 2002, p. 213 e ss..

A atividade estatal normalmente se dá à vista de certas circunstâncias (motivos) e destina-se a prover meios para realizar determinados fins. A razoabilidade expressa, em primeiro lugar, a *adequação* lógica, a racionalidade que deve haver entre estes motivos, meios e fins. Em segundo lugar, a *necessidade* ou *exigibilidade* da medida impõe a verificação da inexistência de meio menos gravoso para a realização dos fins visados. Por fim, a razoabilidade deve embutir, ainda, a idéia de *proporcionalidade em sentido estrito*, que é a ponderação entre o ônus imposto e o benefício trazido, para constatar se a medida é legítima[40].

Em um Estado de direito, não é possível conceber a função estatal sem se levar em conta o princípio da razoabilidade. Através dele, é possível verificar se determinado ato do Poder Público foi praticado em conformidade com o ordenamento jurídico, considerado de forma ampla[41]. Com efeito, à luz da razoabilidade, os atos administrativos, bem como os legislativos e os jurisdicionais, ganham plena justificação teleológica, concretizam o Direito e lhe dão vida, ao realizarem, efetivamente, a proteção e a promoção dos interesses por ele destacados e garantidos em tese.

Na seqüência estarão sendo aplicadas as noções teóricas expostas até aqui à hipótese em estudo. Para sistematizar, é possível resumir as conclusões já apuradas na forma que se segue. A restrição de direitos, com fundamento em normas constitucionais programáticas que consagram bens coletivos (de que são exemplo as que tratam genericamente da proteção à saúde e ao consumidor), depende de lei. Caberá ao legislativo escolher, dentre as inúmeras condutas possíveis

---

40. Sobre o tema da razoabilidade, há ampla produção recente na doutrina brasileira: Raquel Denize Stumm, *Princípio da proporcionalidade no direito constitucional brasileiro*, 1995; Suzana de Toledo Barros, *O princípio de proporcionalidade e o controle de constitucionalidade das leis restritivas de direitos fundamentais*, 1996; Gilmar Ferreira Mendes, *Controle de constitucionalidade*, 1990, p. 38 e ss.; Paulo Armínio Tavares Buechele, *O princípio da proporcionalidade e a interpretação da Constituição*, 1999; e Luís Roberto Barroso, "Razoabilidade e isonomia no direito brasileiro". In: *Temas de direito constitucional*, t. I, 2001, p. 153 e ss..
41. Sobre o tema, v. Maria Sylvia Zanella Di Pietro, *Direito administrativo*, 2001, p. 80 e ss., Lucia Valle Figueiredo, *Curso de direito administrativo*, 1994, p. 42, e Diogo de Figueiredo Moreira Neto, *Curso de direito administrativo*, 1997, p. 72 e ss., dentre outros.

para a realização desses fins, quais as que serão obrigatórias. A usurpação dessa competência pelo Poder Judiciário viola os princípios da separação de poderes, da isonomia e da segurança jurídica. A lei em questão deverá especificar com clareza as restrições que decida implementar e tais restrições, em qualquer caso, deverão ser razoáveis. No caso específico do direito à realização de publicidade comercial, a própria Constituição remeteu à lei a disciplina de seu exercício e de eventuais restrições a ele (CF, art. 220, §§ 3º e 4º). O sistema constitucional completa-se com a competência privativa conferida à União pelo art. 22, XXIX, para legislar sobre propaganda comercial.

Parte II
A RESTRIÇÃO À PUBLICIDADE DE REFRIGERANTE E SUCOS CONTENDO AÇÚCAR ADICIONADO

III. A publicidade comercial como modalidade de direito fundamental

Já se afirmou neste estudo que a realização de publicidade comercial é uma modalidade de direito fundamental. O tema merece algumas considerações.

Ao lado do direito à vida e à integridade física, a liberdade é considerada um dos valores essenciais para a existência humana digna[42]. Como uma reação eloqüente à prática histórica da censura política, ideológica e artística no país, o constituinte dedicou especial ênfase à liberdade de expressão — aí compreendidas a liberdade de manifestação do pensamento e de criação — e ao direito à informação, consagrando-os em diversos dispositivos, e protegendo-os, inclusive, de qualquer proposta de emenda tendente a aboli-los (art. 60, § 4º, IV, CF).

---

42. A Declaração Universal de Direitos Humanos da ONU, de 1948, prevê em seu artigo 19: "Todo homem tem direito à liberdade de opinião e expressão; este direito inclui a liberdade de, sem interferências, ter opiniões e de procurar, receber e transmitir informações e idéias por quaisquer meios e independentemente de fronteiras".

No que diz respeito à liberdade de expressão, a Constituição reservou, em seu art. 5º, dedicado aos direitos individuais e coletivos, dois enunciados particularmente enfáticos:

> "Art. 5º. (...)
> IV — é livre a manifestação do pensamento, sendo vedado o anonimato.
> (...)
> IX — é livre a expressão da atividade intelectual, artística, científica e de comunicação, independentemente de censura ou licença".

O direito à informação que, mais que uma liberdade individual, é um direito difuso da sociedade, foi referido pelo inciso XIV do mesmo artigo:

> "Art. 5º. (...)
> XIV — é assegurado a todos o acesso à informação e resguardado o sigilo da fonte, quando necessário ao exercício profissional".

É bem de ver que a liberdade de expressão e o direito à informação são prerrogativas indissociáveis e complementares na livre circulação de idéias[43]. Os dois elementos — expressão e informação — foram enunciados pela Constituição no dispositivo que abre o capítulo dedicado à comunicação social, o art. 220, já referido anteriormente:

> "Art. 220. A manifestação do pensamento, a criação, a expressão e a informação, sob qualquer forma, processo ou veículo não sofrerão qualquer restrição, observado o disposto nesta Constituição".

---

43. Sobre o direito à informação, v. Vera Maria de Oliveira Nusdeo Lopes, *O direito à informação e as concessões de rádio e televisão*, 1997, p. 186: "direito a exprimir idéias e opiniões e o direito a receber informações; o direito do emissor e também o direito do receptor, e, acima de tudo, um direito autônomo em relação ao direito de expressão ou de imprensa".

A publicidade ou propaganda (termos aqui empregados como sinônimos) são considerados pela doutrina como uma forma de exercício da liberdade de manifestação de pensamento e de criação e uma modalidade de comunicação social; em qualquer caso, foi nessa qualidade que a propaganda veio a ser expressamente referida e protegida pelo art. 220 da Carta[44]. Envolve ela, aliás, os quatro elementos contemplados no *caput* do art. 220: pensamento, criação, expressão e informação[45]. Os três primeiros exprimem direitos subjetivos individuais, enquanto a informação tem caráter transindividual, sendo um interesse titularizado por toda a sociedade.

No direito comparado, como se sabe, a proteção da propaganda comercial foi amplamente discutida na jurisprudência constitucional norte-americana. A Emenda nº 1 assegura a liberdade de expressão e de imprensa, sem qualquer menção explícita à publicidade[46]. Em 1942, ao julgar Valentine v. Chrestensen[47], a Suprema Corte entendeu que *"commercial advertising"* não era um direito constitucional e, conseqüentemente, estava sujeito à vedação pelo Estado. Esta linha de entendimento foi reformada, no entanto, a partir do julgamento de Virginia State Board of Pharmacy v. Virginia Citizens Consumer Council[48], em 1976, que assegurou não apenas proteção à propaganda

---

44. Heloísa Carpena Vieira de Mello, Prevenção de riscos no controle da publicidade abusiva, *RDCo*, 35:126, 2000: "Com efeito, o objetivo comercial não macula o discurso publicitário, não o desabilita à proteção contra a censura estatal visto que constitui, sem dúvida alguma, pura expressão do pensamento e da criatividade humana". No mesmo sentido, dentre outros, Guinther Spode, O controle da publicidade à luz do Código de Defesa do Consumidor, *RDCo*, 43:181, 2002.
45. A este propósito, escreveu Luís Gustavo Grandinetti Castanho de Carvalho, *Direito de informação e liberdade de expressão*, 1999, p. 68: "Por se tratar, também, de emissão de mensagem, intuitivo que a publicidade deve ser incluída na estrutura do direito de informação".
46. Emenda nº 1: "*Congress shall make no law (...) abridging the freedom of speech, or of the press...*" ("O Congresso não editará lei (...) cerceando a liberdade de expressão ou de imprensa...").
47. 316 U.S. 52 (1942). V. Stone, Seidman, Sunstein e Tushnet, *Constitutional law*, 1996, p. 1226.
48. 425 U.S. 748 (1976). V. The Oxford companion to the Supreme Court of the United States, 1992, p. 169. Os parâmetros da proteção da liberdade de expressão comercial encontram-se presentemente delineados pela decisão pro-

comercial como também reconheceu ao público o direito de receber informação[49].

No Brasil, sob a Constituição de 1988, a questão não se reveste de tal complexidade, seja pelo fato de que a publicidade é, claramente, uma forma de comunicação social (espécie do gênero expressão humana) e um aspecto do direito à informação, seja pela referência expressa à propaganda comercial, feita nos §§ 3º e 4º do art. 220, já transcritos.

Assim, após a Carta de 1988, é fora de dúvida que a publicidade é uma forma de expressão protegida constitucionalmente, não apenas pelo art. 220, mas também pelos dispositivos do art. 5º antes transcritos (notadamente os incisos IV e IX). Nesse passo, a liberdade é a premissa que deve pautar toda a interpretação jurídica nesse campo.

Além do que se acaba de expor, a publicidade é também um elemento indissociável do exercício das atividades econômicas. Com efeito, a publicidade é de tal forma necessária à atividade de produção e comercialização de bens e serviços no âmbito da sociedade moderna, que se torna um requisito intrínseco ao desenvolvimento de qualquer atividade de conteúdo econômico[50]. Nessas condições, além de

---

ferida em Central Hudson Gas v. Public Service Commission of New York, 1980.

49. Em 1980 foi proferida a decisão em Central Hudson Gas v. Public Service Commission of New York (447 U.S. 557), que instituiu um teste de quatro itens no exame de leis restritivas à publicidade, pelo qual deve o intérprete verificar: (i) se a atividade divulgada é lícita e se a publicidade não é enganosa; (ii) se o interesse invocado pelo Poder Público é um interesse substancial, relevante; (iii) se a restrição é apta a promover diretamente o interesse invocado pelo Poder Público; (iv) se não existem medidas menos restritivas para promover o interesse. As etapas desse teste se confundem de certo modo com os elementos do princípio da razoabilidade.

50. V. Antônio Herman de Vasconcellos e Benjamin: "A sociedade de consumo é, antes de tudo, um movimento coletivo, em que os indivíduos (fornecedores e consumidores) e os bens (produtos e serviços) são engolidos pela massificação das relações econômicas: produção em massa, comercialização em massa, crédito em massa e consumo em massa. E é inseridas nesse novo modelo econômico e social que as práticas comerciais — como fenômeno igualmente de massa — ganham enorme relevo. Afinal, sem *marketing*, um dos diversos componentes das práticas comerciais, não haveria, certamente, sociedade de consumo". (*Código de Defesa do Consumidor, comentado pelos autores do anteprojeto*, 1998, p. 201).

estar protegida pelas normas e preceitos constitucionais já referidos, a publicidade encontra amparo na garantia de liberdade de iniciativa, princípio fundamental do Estado brasileiro e setorial da atividade econômica (CF, arts. 1º, IV, e 170, IV)[51].

Em suma: de acordo com a sistemática constitucional, veicular publicidade é um direito fundamental (que integra a liberdade de expressão e de iniciativa) e também um direito difuso, titularizado pela sociedade como um todo, por integrar a estrutura do direito à informação. Isso não significa, por evidente, que a publicidade possa ser encarada como um direito absoluto, sem limites, aplicando-se aqui o que já se expôs na parte inicial deste estudo.

O que segmentos do Ministério Público têm pretendido é impor, por via judicial, uma série de restrições ao direito de realizar publicidade dos fornecedores de refrigerantes e sucos com açúcar adicionado. O fundamento para a medida seria o entendimento de que o consumo desses produtos, fomentado pela publicidade, levaria à obesidade, principalmente infantil — essa a razão de fato para os pedidos formulados. Juridicamente, o *Parquet* se socorre das normas constitucionais que tratam da proteção à saúde e ao consumidor e de disposições do Estatuto da Criança e do Adolescente — ECA e do Código de Defesa do Consumidor — CDC.

Já se viu que as normas constitucionais programáticas referidas pelo Ministério Público não podem ser empregadas pelo Judiciário isoladamente para impor aos particulares obrigações não previstas em lei. Cabe agora proceder a duas verificações. Em primeiro lugar, é preciso examinar a regulamentação existente sobre refrigerantes e sucos contendo açúcar de modo a apurar se alguma das condutas solicitadas pelo *Parquet* pode ser extraída de tais normas. Já se pode

---

51. CF/88: "Art. 1º. A República Federativa do Brasil, formada pela união indissolúvel dos Estados e Municípios e do Distrito Federal, constitui-se em Estado Democrático de Direito e tem como fundamentos: (...)
IV — os valores sociais do trabalho e da livre iniciativa;
(...)
Art. 170. A ordem econômica, fundada na valorização do trabalho humano e na livre iniciativa, tem por fim assegurar a todos existência digna, conforme os ditames da justiça social, observados os seguintes princípios:
(...)
IV — livre-concorrência;"

adiantar que a resposta é negativa: nada há na legislação em vigor que autorize tais pedidos. Na seqüência, as normas do ECA e do CDC invocadas pelo Ministério Público também serão examinadas e a conclusão, como se verá, é a mesma: tampouco elas fornecem fundamento jurídico para a restrição cogitada.

IV. A regulamentação em vigor. Inexistência de norma que autorize a restrição solicitada

Acertadas as premissas até aqui enunciadas — de que a publicidade comercial é uma modalidade de direito fundamental e apenas lei pode restringi-la para o fim de realizar bens coletivos, como a prevenção de doenças e a proteção do consumidor —, cabe então investigar se há legislação sobre o assunto e se ela de algum modo autoriza as restrições postuladas.

Da pesquisa empreendida, foi possível chegar a algumas conclusões. Em primeiro lugar, apurou-se que refrigerantes e sucos estão submetidos a extensa regulamentação no que diz respeito à sua apresentação, composição e às informações que seus rótulos devem conter[52]. De fato, a padronização, classificação, produção e fiscalização de bebidas são disciplinadas na Lei n° 8.918/94 e no Decreto n° 2.314/97, que a regulamentou. Ambos os diplomas dispõem especificamente acerca de refrigerantes e sucos, estabelecendo os caracteres de sua composição, os níveis permitidos de açúcar que podem ser adicionados a esses produtos e as informações que devem constar dos rótulos e embalagens[53].

---

52. De acordo com legislação específica, têm competência na matéria o Sistema Único de Saúde (CF, art. 200, VI; Lei n° 8.080/90), a Agência Nacional de Vigilância Sanitária (Lei n° 8.080/90 c/c Lei n° 9.782/99; Regulamento da ANVISA, aprovado pelo Decreto n° 3.029/99) e o Ministério da Agricultura (CF, art. 87, par. único, II; Decreto n° 2.314/97).
53. Confiram-se alguns dispositivos pertinentes. Lei n° 8.918/94: "Art. 5°. Suco ou sumo é bebida não fermentada, não concentrada e não diluída, obtida da fruta madura e sã, ou parte do vegetal de origem, por processamento tecnológico adequado, submetida a tratamento que assegure a sua apresentação e conservação até o momento do consumo. (...) § 4°. **Ao suco poderá ser adicionado açúcar na quantidade máxima de dez por cento em peso, devendo constar no rótulo a declaração 'suco adoçado'** (...)".

No nível infralegal, diversas resoluções, portarias e decretos expedidos pelos órgãos competentes cuidam de detalhar a matéria. Assim é que, *e.g.*, a Portaria n° 544/98, do Ministério da Agricultura, traz os regulamentos técnicos para fixação dos padrões de identidade e qualidade de refrigerantes e refrescos, dentre outros produtos correlatos, fixando ainda regras para a rotulagem de refrigerantes (item 9 da seção específica relativa aos refrigerantes[54]). A Resolução RDC

Decreto n° 2.314/97: "**Art. 19. O rótulo da bebida deve ser previamente aprovado pelo Ministério da Agricultura e do Abastecimento, e constar em cada unidade, sem prejuízo de outras disposições de lei, em caracteres visíveis e legíveis, os seguintes dizeres**: I — o nome do produtor ou fabricante, do estandardizador ou padronizador, do envasador ou engarrafador do importador; II — o endereço do estabelecimento de industrialização ou de importação; III — o número do registro do produto no Ministério da Agricultura e do Abastecimento ou o número do registro do estabelecimento importador, quando bebida importada; IV — a denominação do produto; V — a marca comercial; **VI — os ingredientes**; VII — a expressão "Indústria Brasileira", por extenso ou abreviada; **VIII — o conteúdo, expresso na unidade correspondente de acordo com normas específicas**; IX — a graduação alcoólica, por extenso ou abreviada, expressa em porcentagem de volume alcoólico; X — o grau de concentração e forma de diluição, quando se tratar de produto concentrado; **XI — a forma de diluição, quando se tratar de xarope, preparado líquido ou sólido para refresco ou refrigerante;** XII — a identificação do lote ou da partida; XIII — o prazo de validade; XIV — **frase de advertência, quando bebida alcoólica, conforme estabelecido por Lei específica**".

"Art.45. Refrigerante é a bebida gaseificada, obtida pela dissolução, em água potável, de suco ou extrato vegetal de sua origem, **adicionada de açúcares**".

54. Portaria n° 544/98: "Regulamento Técnico para Fixação dos Padrões de Identidade e Qualidade para Refrigerantes: (...) 9. Rotulagem. 9.1. O refrigerante que contiver matéria-prima natural e for adicionado de corante e aromatizante artificiais, em conjunto ou separadamente, deverá conter em seu rótulo as expressões 'colorido artificialmente' ou 'aromatizado artificialmente', de forma legível e contrastante, com caracteres gráficos em dimensão mínima correspondendo a um terço da maior letra do maior termo gráfico usado para os demais dizeres, excetuada a marca, não podendo ser inferior a dois milímetros. Quando estas expressões forem impressas na cápsula de vedação, os dizeres deverão apresentar dimensões mínimas de um milímetro. 9.2. Os refrigerantes que não contiverem a matéria-prima natural de sua origem terão sua denominação seguida da palavra 'Artificial', e da expressão 'Sabor de ...' acrescida do nome da matéria-prima substituída, declarada de forma legível e visível, da mesma cor e dimensão mínima correspondendo à metade da maior letra do maior termo gráfico usado para os demais dizeres, excetuando-se a marca. 9.3. Os refrigeran-

nº 39/2001 da ANVISA veicula a tabela de valores de referência para porções de alimentos e bebidas embalados, para fins de rotulagem nutricional, ao passo que a Resolução RDC nº 40/2002, também da ANVISA, cuida dos aspectos técnicos da rotulagem nutricional obrigatória de alimentos e bebidas. Em relação aos dois últimos atos normativos, note-se que a ANVISA editou ainda manual intitulado "Manual de Orientação aos Consumidores — Educação para o Consumo Saudável", a fim de *"colocar à disposição da população as informações necessárias para a compreensão dos rótulos de alimentos, possibilitando a adoção de padrões alimentares saudáveis"*[55].

Na "Apresentação" do referido manual, a ANVISA informa sua responsabilidade (na qualidade de entidade ligada ao Ministério da Saúde) na promoção e proteção da saúde da população e reconhece a rotulagem nutricional, tal como regulada nas Resoluções RDC nºs. 39/2001 e 40/2001, como uma das ações desenhadas pela Política Nacional de Alimentação para redução dos índices de sobrepeso, obesidade e doenças associadas aos hábitos alimentares da população.

Pois bem. Nenhuma das normas legais ou regulamentares pesquisadas prevê ou autoriza a restrição à publicidade desses produtos, nem tampouco obriga a aposição de frases de advertência — embora, nesse último caso, o faça em relação a outros tipos de bebida, que o legislador decidiu disciplinar, como as bebidas alcoólicas (Decreto nº 2.314/97, art. 19, XIV — vide nota de rodapé nº 53).

A esse propósito vale registrar, aliás, que tramitou recentemente na Câmara dos Deputados projeto de lei de autoria do Deputado Lincoln Portella (Projeto de Lei nº 4.705/01) que propunha instituir a obrigatoriedade de inclusão de advertências sobre a obesidade nas embalagens de refrigerantes. O projeto foi rejeitado tanto pela Co-

---

tes artificiais deverão mencionar nos seus rótulos sua denominação, de forma visível e legível, da mesma cor e dimensão mínima correspondendo à metade da maior letra do maior termo gráfico usado para os demais dizeres, excetuando-se a marca, sendo vedada a declaração, designação, figura ou desenho que induza a erro de interpretação ou possa provocar dúvida sobre a origem, natureza ou composição. 9.4. O refrigerante de cola que contiver cafeína abaixo de 1,5mg/100ml deverá declarar no rótulo a expressão 'descafeinado'. 9.5. Deverão ser obedecidas as Normas estabelecidas pelo Regulamento da Lei nº 8.918, de 14 de julho de 1994, aprovado pelo Decreto nº 2.314 de 04 de setembro de 1997, bem como a Lei nº 8.078, de 11 de setembro de 1990".

55. Manual disponível no *site* www.anvisa.gov.br .

missão de Defesa do Consumidor, Meio Ambiente e Minorias quanto pela Comissão de Seguridade Social e Família, por se entender que a medida não teria qualquer efeito relevante para solucionar o problema da obesidade, que é multicausal. Confiram-se trechos dos pareceres das Comissões referidas, que concluíram pela rejeição do projeto:

> "(...) As causas da obesidade são predisposições genéticas, disfunções endócrinas, aumento do sedentarismo e maus hábitos alimentares.
> O projeto de lei em questão ataca a última das causas acima apontada. Entretanto, maus hábitos alimentares têm causas remotas e culturais, que apenas a lei não é capaz de modificar. (...)
> Entendemos que lei que obrigasse a aposição de mensagem de advertência em apenas um determinado tipo de alimento ou de bebida não contribuiria de forma eficaz e geral para a diminuição do problema. Todos os outros alimentos, alguns com índices calóricos superiores aos dos refrigerantes, estariam desobrigados de alertar a população sobre quão perigosos ou contribuidores são para a obesidade."
> (Comissão de Defesa do Consumidor, Meio Ambiente e Minorias, Relator Deputado Nelson Bornier)[56]

> "(...) Há que se considerar, contudo, que a proposição comete um singelo equívoco que é o de atribuir a um único produto o ônus de um problema multicausal e de grande complexidade.
> A obesidade, conforme o conhecimento até o momento acumulado pela ciência, advém de fatores genéticos, psicológicos, relacionados ao estilo de vida, como o sedentarismo e a dieta, sendo que o consumo de refrigerantes constitui, apenas e tão-somente, uma fração pequena do problema. (...)
> Assim, para sermos coerentes, haveríamos de exigir a aposição de advertência em todos os produtos que contenham glicídios e gorduras, o que não é viável, já que o metabolismo de tais substâncias levam ao ganho de peso e ao

---

56. Parecer disponível no *site* www.camara.gov.br .

acúmulo de tecido adiposo, enfim, à obesidade". (Comissão de Seguridade Social e Família, Relatora Deputada Lídia Quinan)[57]

Em suma: embora exista regulamentação analítica acerca das informações a serem prestadas por fabricantes de refrigerantes e sucos, inexiste qualquer norma que imponha as obrigações referentes à propaganda comercial de que se trata. A ANVISA, na execução da Política Nacional de Alimentação para redução dos índices de sobrepeso, obesidade e doenças associadas aos hábitos alimentares da população, também não se ocupou de implementar providências nessa linha. Não há, portanto, norma que forneça fundamento direto às restrições pretendidas. Restam as normas do ECA e do CDC, cuja aplicação tem sido geralmente pleiteada. Elas serão objeto de análise no próximo tópico.

V. Impertinência das normas infraconstitucionais invocadas

Além das normas constitucionais, sobre as quais já se tratou, têm sido apresentados como fundamentos jurídicos da pretensão de restrição os seguintes artigos das Leis nºs 8.069/90 — ECA e 8.078/90 — CDC: arts. 4º, 7º, 17 e 71 do ECA e 6º, I, II e III, 9º, 31 e 37 do CDC[58]. Para sistematizar o estudo, é possível agrupá-los em três grupos por similaridade de conteúdo. O *primeiro* é formado por normas que indicam genericamente como fim público a proteção da saúde dos consumidores em geral e das crianças e adolescentes em particular. Nessa categoria estão todas as normas do ECA referidas e mais o art. 6º, I, do CDC.

O *segundo grupo* é composto pelos arts. 6º, II e III, 9º, 31 e 37, §§ 1º e 3º, do CDC, já que todos tratam da obrigação do fornecedor de prestar informações adequadas sobre os produtos comercializados. O *terceiro e último grupo* é formado pelo art. 37, § 2º, do CDC, que disciplina a propaganda abusiva. O que cabe examinar aqui é se alguma dessas normas impõe as referidas condutas que se pretende exigir judicialmente.

---

57. Parecer disponível no *site* www.camara.gov.br .
58. As normas encontram-se transcritas nas notas de rodapé ns. 4 e 5.

O **primeiro grupo** de normas veicula indicações genéricas de fins públicos. O art. 7º do ECA, por exemplo, dispõe que *"a criança e o adolescente têm direito à saúde e à vida, mediante a efetivação de políticas sociais públicas"*, o art. 6º, I, do CDC prevê que são direitos básicos do consumidor *"a proteção da vida, saúde e segurança contra os riscos provocados por práticas no fornecimento de produtos e serviços considerados perigosos ou nocivos"*. Tais disposições, da mesma forma que as normas constitucionais programáticas a que se fez referência inicialmente, simplesmente não indicam quais as condutas exigíveis relacionadas com os fins que estabelecem.

Na linha do art. 7º do ECA, quais as "políticas sociais públicas" que devem ser implementadas? Caberia ao Judiciário impor uma política pública para esse fim? Pelas mesmas razões expostas quando se tratou das normas constitucionais programáticas, também não é possível exigir um conjunto de prestações, tal como pretendido nas ações aqui comentadas, com fundamento exclusivo nas disposições do ECA e do CDC referidas. Essa espécie de norma restritiva de direitos incorreria de forma evidente no vício da excessiva generalidade e imprecisão (*vagueness*).

Com efeito, se tais normas autorizassem exigir qualquer conduta que, em tese, contribui para a realização do fim por elas indicado, incontáveis condutas poderiam ser consideradas obrigatórias e outras tantas seriam consideradas vedadas. Tudo em função das convicções e percepções do aplicador da norma. Essa espécie de abertura interpretativa simplesmente não pode ser admitida em um Estado de direito, sobretudo em tema de direitos fundamentais. Tais disposições, portanto, não servem de fundamento para as postulações formuladas pelo autor da ação civil pública.

O **segundo grupo** de normas cuida do direito à informação titularizado pelos consumidores. Os arts. 6º, III[59], 9º[60] e 31[61] do CDC

---

59. Lei nº 8.078/90 (CDC): "Art. 6º São direitos básicos do consumidor: (...) III — a informação adequada e clara sobre os diferentes produtos e serviços, com especificação correta de quantidade, características, composição, qualidade e preço, bem como sobre os riscos que apresentem; (...)".
60. Lei nº 8.078/90: "Art. 9º O fornecedor de produtos e serviços potencialmente nocivos ou perigosos à saúde ou segurança deverá informar, de maneira ostensiva e adequada, a respeito da sua nocividade ou periculosidade, sem prejuízo da adoção de outras medidas cabíveis em cada caso concreto".
61. Lei nº 8.078/90 (CDC): "Art. 31. A oferta e apresentação de produtos ou

criam, agora sim, uma obrigação específica. Trata-se do dever do fornecedor de apresentar informações sobre dois grupos de fatos: as características e qualidades principais do produto, como a quantidade, composição, preço, garantia, origem e prazos de validade[62], e os riscos que sua utilização apresenta para a saúde e segurança (art. 31). O *Parquet*, nas ações propostas, vem sustentando que os fabricantes estariam obrigados a prestar a informação de que "o consumo excessivo de açúcar é prejudicial à saúde". A preocupação do Ministério Público, como se vê, gira em torno do segundo grupo de informações, aquele que diz respeito aos riscos dos produtos.

A questão que se coloca aqui é simples: que espécie de informação o fornecedor de um produto está obrigado a prestar? Sobre qualquer risco, ainda que associado de forma remota ao produto? E aquele risco que surge do uso anormal do bem? A doutrina tem examinado a questão para concluir que os riscos acerca dos quais há o dever de informar são aqueles que (i) decorrem da própria natureza do produto, independentemente do uso que se dê a ele (é o caso de agrotóxicos, determinados produtos químicos, fogos de artifício, etc.)[63]

ou (ii) que surgem com o uso normal, regular do produto, de que são exemplos o cigarro e determinados medicamentos[64].

---

serviços devem assegurar informações corretas, claras, precisas, ostensivas e em língua portuguesa sobre suas características, qualidades, quantidade, composição, preço, garantia, prazos de validade e origem, entre outros dados, bem como sobre os riscos que apresentam à saúde e segurança dos consumidores".
62. Como já se viu, há ampla regulamentação tratando dessa espécie de informação no que diz respeito a refrigerantes e sucos contendo açúcar.
63. Toshio Mukai, *Comentários ao código de proteção do consumidor*, 1991, pp. 14-15: "Dado que os direitos são de natureza díspar, efetuaremos nossos comentários sobre cada um dos incisos elencados pelo art. 6º separadamente.
I — Trata-se do fornecimento de certos produtos que, embora úteis para outros fins, são considerados nocivos ou perigosos à saúde, à segurança ou à vida das pessoas.
São, por exemplo, os agrotóxicos (ou biocidas) de toda ordem, os fogos de artifício, certos produtos para pintura em madeira; quanto aos serviços, temos os de vigilância e segurança, onde há o uso de armas, os de demolição (ou implosão) de edifícios etc".; e Jônatas Milhomens e Geraldo Magela Alves, *Manual do direito do consumidor*, 1994, p. 22.
64. Arruda Alvim, Tereza Arruda Alvim, Eduardo Arruda Alvim e James J. Marins de Souza, *Código do consumidor comentado*, 1991, p. 39: "(...) para efeitos deste capítulo do Código do Consumidor, classificamos os produtos e

Essa delimitação dos riscos a serem informados é uma exigência de razoabilidade, já que, a rigor, o uso irregular de qualquer produto pode causar riscos ao consumidor. Folhas de papel podem cortar a pele, a ingestão de *clips* pode causar danos ao aparelho digestivo, assim como transportar bolsas excessivamente pesadas pode danificar a coluna vertebral. O fornecedor de cada um desses produtos estaria obrigado a alertar sobre essa espécie de risco? E além dessas, inúmeras outras possibilidades poderiam ser cogitadas, de tal modo que cada produto teria de ser acompanhado de um livro com o registro de todos esses riscos. Como se vê, seria implausível exigir dos fornecedores a informação de riscos associados de forma remota ao produto ou que decorrem do uso anormal do mesmo.

Seria a obesidade um risco inerente ao consumo dos refrigerantes e sucos contendo açúcar adicionado? No tópico seguinte se vai reproduzir mais analiticamente alguns dados acerca da relação entre o consumo desses produtos e a obesidade. O que se pode registrar desde logo é que o seu consumo normal não causa obesidade, e mesmo o consumo excessivo e anormal não causará necessariamente a obesidade, que tem origem multifatorial. Por outro lado, o açúcar contido em tais produtos é elemento indispensável à dieta de qualquer ser humano, sendo seu consumo não apenas saudável, mas também vital. Ou seja, o risco da obesidade e de outros problemas correlatos de saúde decorrentes do excesso de consumo de açúcar não está associado de forma inerente a refrigerantes e sucos e nem decorre de seu uso normal. O fornecedor, desse modo, não está obrigado a veicular informação acerca dessa espécie de risco.

Ainda na linha do direito à informação, algumas das demandas propostas afirmam que o tipo de propaganda em estudo seria enganoso, por associar freqüentemente tais produtos à imagem de pessoas saudáveis. Os §§ 1º e 3º do art. 37 do CDC[65], que tratam do assunto,

---

serviços em duas grandes categorias: a) produtos e serviços 'normalmente perigosos'; e b) produtos e serviços 'anormalmente perigosos'.

Este artigo 9º se destina somente aos produtos e serviços da primeira macro categoria, isto é, aqueles cujo risco advém de sua própria utilização ou natureza. Para estes, é imprescindível a informação ostensiva e adequada de acordo com o grau do risco que ofereça o produto ou serviço".

65. Lei nº 8.078/90 (CDC): "Art. 37. É proibida toda publicidade enganosa ou abusiva.

consideram enganosa a publicidade que, apresentando informação total ou parcialmente falsa, ou por meio de omissão, induza o consumidor em erro acerca das qualidades do produto. Aqui há duas observações a fazer. A primeira é muito simples. Como se verá com mais detalhes adiante, não há falsidade na associação de pessoas saudáveis a refrigerantes e sucos; é notório, aliás, que a maior parte dos consumidores desses produtos é, de fato, saudável, já que a obesidade não decorre de forma direta de seu consumo. O ponto mais importante não é esse, no entanto, e sim o conceito de enganosidade concebido pela lei.

A publicidade enganosa é aquela que induz o consumidor em erro ao fazê-lo crer que o produto tem qualidades que ele na verdade não tem, como assinalam Jônatas Milhomens e Geraldo Magela Alves:

> "Avulta, na publicidade enganosa, a falsidade ideológica, representada pela desconformidade entre o que se pretende vender e o que efetivamente se tem para fornecer, alterando ou ocultando ardilosamente os dados autênticos, para alcançar a finalidade fraudulenta: a indução em erro"[66]. (grifos no original)

Não se configura publicidade enganosa aquela que se limita a associar ao produto elementos considerados positivos pela sociedade: pessoas bonitas, saudáveis e alegres, casamentos felizes, famílias unidas, viagens de férias, etc. Essas técnicas, destinadas a estimular a fantasia e a receptividade do produto, fazem parte da própria essência

---

§ 1º É enganosa qualquer modalidade de informação ou comunicação de caráter publicitário, inteira ou parcialmente falsa, ou, por qualquer outro modo, mesmo por omissão, capaz de induzir em erro o consumidor a respeito da natureza, características, qualidade, quantidade, propriedades, origem, preço e quaisquer outros dados sobre produtos e serviços.
(...)
§ 3º Para os efeitos deste código, a publicidade é enganosa por omissão quando deixar de informar sobre dado essencial do produto ou serviço. (...)".
66. Jônatas Milhomens e Geraldo Magela Alves, *Manual do direito do consumidor*, 1994, p. 76.

da publicidade[67] e não caracterizam, por si só, enganosidade, como destaca Fábio Ulhoa Coelho:

> "A qualificação de uma publicidade como enganosa deve ser feita com critério. O fundamental, na questão, é a transmissão da mensagem capaz de induzir em erro os seus destinatários; A informação falsa, total ou parcialmente, quando percebida como tal pelo consumidor, não é suficiente para a caracterização do ilícito. Se a propaganda atribui ao produto ou serviço uma qualidade ou efeito que, notoriamente, ele não tem, em função de uma específica técnica publicitária destinada a motivar a fantasia do consumidor, estaremos diante da veiculação de um dado falso mas não enganoso. Perfeitamente adequado, portanto, aos delineamentos legais do sistema de proteção ao consumidor"[68].

Imagine-se que um fabricante de pão ou de macarrão só pudesse veicular peças publicitárias exibindo pessoas obesas e com taxas de triglicerídios descontroladas. Ou que o fabricante de automóveis e motocicletas tivesse o dever jurídico de exibir indivíduos acidentados. A que corresponderia o direito de realizar publicidade comercial?

Por fim, o *terceiro grupo de normas* infraconstitucionais invocado é formado pelo art. 31, § 2º, do CDC, que trata da publicidade abusiva. Essa é a dicção do dispositivo:

> "§ 2º. É abusiva, dentre outras, a publicidade discriminatória de qualquer natureza, a que incite à violência, explore o medo ou a superstição, se aproveite da deficiência de

---

67. Adalberto Pasqualotto, *Os efeitos obrigacionais da publicidade no Código de Defesa do Consumidor*, 1997, pp. 118-119: "Não há necessária correlação entre falsidade e enganosidade. Uma mensagem pode ser falsa e não ser enganosa, assim como pode ser verdadeira, porém, enganosa. A falsidade pode estar relacionada com a fantasia publicitária, sabendo-se que há um limite de tolerância para as mensagens hiperbólicas, tais como as otimistas, as exageradas e as humorísticas. (...) O critério é finalístico: a indução em erro".
68. Fábio Ulhoa Coelho, *Comentários ao código de proteção do consumidor*, 1991, p. 161

julgamento e experiência da criança, desrespeita valores ambientais, ou que seja capaz de induzir o consumidor a se comportar de forma prejudicial ou perigosa à sua saúde ou segurança".

Nas ações propostas, de um modo geral, tem se afirmado que a publicidade de refrigerantes e sucos seria abusiva por *"se aproveitar da deficiência de julgamento e experiência da criança"*. O fundamento dessa afirmação seria a circunstância de tais produtos serem consumidos, também, por crianças. Há aqui, porém, diversos problemas de fácil percepção.

A publicidade abusiva é, como se sabe, uma publicidade ilícita e só é possível verificar a abusividade diante de uma peça publicitária específica. A doutrina registra dois exemplos de propagandas que foram consideradas abusivas pelo Poder Judiciário, por se aproveitarem da deficiência de julgamento e experiência da criança. No início da década de 90, uma ação civil pública foi julgada procedente em Porto Alegre para suspender uma peça publicitária, por abusividade, que divulgava determinada sobremesa industrializada. Na propaganda, crianças ingressavam à noite em estabelecimento comercial para furtar as tais sobremesas e, despertando o vigia com o barulho, espalhavam bolas de gude pelo chão, provocando a queda do vigia e facilitando sua fuga[69]. Em um segundo caso, de 1996, o Tribunal de Justiça de São Paulo proibiu propaganda na qual uma famosa apresentadora de TV induzia crianças a destruírem tênis usados para obrigar os pais a comprarem pares novos, da marca usada pela apresentadora[70].

Como se vê, não é possível discutir em abstrato a abusividade da propaganda de determinados produtos. O raciocínio subjacente à pretensão de restrição, levado às suas últimas conseqüências, levaria à conclusão de que qualquer publicidade dirigida a crianças ou a propaganda de qualquer produto consumido por crianças é, apenas por essa razão e em tese, abusiva. Isso equivaleria a proibir os fabricantes de realizar publicidade comercial nessa hipótese, o que, evidentemente, não é do que trata a lei. O que o CDC veda é uma espécie de

---

69. Adalberto Pasqualotto, *Os efeitos obrigacionais da publicidade no Código de Defesa do Consumidor*, 1997, p. 134.
70. Luis Gustavo Grandinetti Castanho de Carvalho, A informação como bem de consumo, *RDCo*, 41:254, 2002.

publicidade ilícita, abusiva, que se contrapõe, logicamente, a uma publicidade lícita, regular e legítima. Isto é: a publicidade dirigida a crianças ou de produtos consumidos por elas não é vedada; proibida é a publicidade que se aproveite da deficiência de julgamento e inexperiência infantis.

Repita-se que a verificação da abusividade depende do exame das peças publicitárias específicas que, por conta de seu conteúdo, sejam acusadas dessa ilicitude. As normas legais invocadas não albergam a pretensão de que restrições genéricas sejam impostas à publicidade de produtos consumidos por crianças, por essa simples razão.

A conclusão a que se chega ao fim deste tópico, portanto, é que nenhuma das normas infraconstitucionais invocadas nas ações civis públicas aqui comentadas justificam a restrição pleiteada. Como já se mencionou, a possibilidade jurídica de semelhante pretensão dependeria de lei específica (cuja validade ainda teria de ser examinada) que veiculasse as obrigações que determinados segmentos do Ministério Público têm pretendido sejam impostas aos fabricantes de refrigerantes e sucos contendo açúcar adicionado.

VI. Irrazoabilidade das restrições pretendidas: alguns dados sobre a obesidade, refrigerantes e sucos contendo açúcar adicionado

A despeito do que se acaba de concluir acerca da impossibilidade jurídica dos pedidos de restrição da publicidade dos produtos referidos, convém fazer um exame, ainda que superficial, do conteúdo das restrições que o Ministério Público tem pretendido impor, para verificar sua razoabilidade. Para que esse exame seja possível, no entanto, é indispensável uma apreciação dos elementos de fato que têm sido apresentados pelo *Parquet* para justificar as restrições solicitadas.

Ao contrário de outras patologias, objetos de incontáveis pesquisas científicas de grande abrangência (como, *e.g.*, os males freqüentemente associados ao consumo de substâncias como o tabaco e o álcool), a obesidade ainda é tema de difícil compreensão no meio científico. Em que pese o crescimento de sua ocorrência hoje em todo o mundo — e o Brasil não é exceção —, a literatura científica e leiga produzida sobre o problema revela opiniões e conclusões muitas vezes contraditórias, sobretudo quanto ao detalhamento de suas causas e efeitos. Nada obstante isso, é possível extrair alguns consensos das fontes doutrinárias e estatísticas consultadas. Naturalmente que os registros que se seguem encontram-se fora de meu conhecimento específico, de modo que limito-me a divulgá-los, sem poder emprestar-lhes qualquer autoridade própria.

De maneira simplificada, a obesidade pode ser definida como o excesso de tecido adiposo (gordura) no organismo individualmente considerado, capaz de levar ao comprometimento da saúde[71]. Com efeito, a obesidade é freqüentemente associada a doenças como insuficiência cardíaca, hipertensão arterial, diabetes e problemas respiratórios na qualidade de um fator de risco.

Assim como ocorre com seus possíveis efeitos, é consenso geral que as causas da obesidade também são múltiplas. De fato, a comunidade científica é unânime em afirmar que a obesidade é um problema multifatorial, pesando em sua formação uma série de concausas, tais como: fatores genéticos, a dieta regularmente adotada, o estilo de vida sedentário e uma série de influências do meio em que se insere o indivíduo — e.g., nível sócio-econômico, hábitos alimentares da família, ambiente de aprendizado social, estrutura familiar e psicológica, dentre muitos outros elementos individuais[72].

Há registros, ainda, de outros fatores importantes menos divulgados, mas que são apontados como decisivos para desencadear o sobrepeso e a obesidade desde o período de lactação, como, por exemplo, o problema do desmame precoce e a substituição do leite materno por alimentos inadequados durante os primeiros dois anos de vida. Nesses casos, o bebê fica sujeito à hiperplasia, isto é, o aumento exagerado do número de células, especialmente as de gor-

---

71. Sobre o tema, veja-se parecer do Prof. Dr. Domingos Palma, pediatra nutrólogo pela Sociedade Brasileira de Pediatria e Doutor em Medicina pela Universidade Federal de São Paulo.
72. Nesse sentido, vale referir o parecer da Dra. Marilyn Schorin (Bacharel em Ciências em Dietética pela Universidade da Califórnia em Berkeley, Mestre em Nutrição em Saúde Pública pela Universidade de Michigan e *Ph.D.* em Bioquímica Nutricional pela Universidade de Columbia), *verbis*: "As comunidades médica e científica avaliam que a obesidade é um problema multifacetado que não pode ser facilmente atribuído a um fator isolado. Mudanças no estilo de vida e na tecnologia, predisposição genética, consumo de alimentos, fatores econômicos e culturais, todos desempenham um papel. É por demais simplista e incorreto alegar que a obesidade resulta do fato de que as populações consomem mais do que consumiam no passado".

dura[73], condenando-o a suportar forte tendência à obesidade ao longo de toda a vida[74].

Assim, como é intuitivo, os fatores efetivamente concorrentes e a medida dessa concorrência vão variar caso a caso. Isolar um dentre os vários fatores possíveis como único responsável (ou, até mesmo, como maior responsável, embora não exclusivo) pelo avanço da obesidade no mundo, mais que um equívoco, é tarefa impossível, segundo a literatura especializada. Mesmo porque — e quanto a isto também não há disputa no meio científico —, nenhum deles é capaz de causar a obesidade de forma isolada[75]. Com efeito, a obesidade ocorre quando há um desequilíbrio acentuado entre ingestão e gasto de energia, o que necessariamente envolverá elementos relativos a esses dois momentos, por exemplo: qualidade e quantidade da dieta (ingestão) + estilo de vida sedentário (gasto). Note-se, a propósito, que a energia em questão pode ser ingerida através de carboidratos, gorduras ou proteínas. O açúcar — componente dos refrigerantes e sucos apontado como principal causa da obesidade — insere-se na classe dos carboidratos.

Nessas condições, os pareceres médicos destacam que, ainda que fosse possível identificar a ingestão excessiva de energia, por qualquer de suas fontes, como fator de obesidade em um indivíduo particularmente considerado (e não como fator determinante de maneira geral, repita-se), seria impossível determinar a medida real da influência do consumo de açúcar na formação do problema ou ainda a

---

73. Sobre o tema, veja-se o comentário da Dra. Marília Regini Nutti: "A classificação de acordo com o número (hiperplasia) e tamanho (hipertrofia) dos adipócitos é de fundamental importância no prognóstico da obesidade. A obesidade na infância é basicamente hiperplástica e a do adulto hipetrófica". No mesmo sentido, o Dr. Domingos Palma assevera, em seu parecer já referido: "Na infância, alguns fatores são determinantes para o estabelecimento da obesidade: desmame precoce e introdução inadequada de alimentos de desmame, emprego de fórmulas lácteas inadequadamente preparadas, distúrbios do comportamento alimentar e inadequada relação familiar. Na adolescência, somam-se a isso todas as alterações do período de transição para a idade adulta, a baixa auto-estima, o sedentarismo e alimentação desequilibrada".
74. Relevante observar que, na fase acima considerada, é absolutamente incomum o consumo de refrigerantes e, ainda assim, é freqüente a ocorrência de obesidade em bebês e crianças pequenas.
75. Nessa linha, Prof. Dr. Domingos Palma, no parecer já mencionado.

participação de refrigerantes e sucos nesse quadro, inviabilizando o estabelecimento de uma relação de causalidade direta entre esses produtos e a obesidade[76].

Cumpre referir, ainda, um último consenso geral relevante na hipótese: segundo os especialistas, o açúcar exerce papel importante nas reações químicas que ocorrem para a transformação e produção da energia que move os seres humanos, constituindo-se em sua fonte preferencial[77]. Não se trata, portanto, de elemento dispensável em uma dieta saudável e balanceada. Vale dizer: o açúcar em si, isoladamente considerado, não é nocivo à saúde. Ao contrário do que ocorre com produtos como o tabaco e as drogas, seu consumo constante e moderado não oferece riscos à saúde. Muito ao contrário, sua ingestão, em níveis determinados e variáveis em cada indivíduo, é indispensável para uma vida saudável.

Ou seja: de acordo com a literatura especializada, é possível afirmar com segurança que um indivíduo que consome regularmente refrigerantes e sucos que contenham açúcar adicionado pode perfeitamente levar uma vida classificada como saudável, jamais vindo a se tornar obeso; da mesma forma, alguém que não é consumidor dessa espécie de produtos pode vir a tornar-se obeso, em função de uma série de outros fatores capazes de determinar o surgimento do problema.

Diante das informações que se acaba de registrar, e do que se expôs acerca da razoabilidade em tópico anterior, é possível concluir que as restrições à publicidade de refrigerantes e sucos adoçados postuladas não atendem ao princípio da razoabilidade. E isso, no mínimo, por duas razões.

---

76. A Dra. Marilyn Schorin afirma, em seu parecer referido: "As afirmações de que bebidas adoçadas com açúcar são as únicas responsáveis por qualquer efeito observável prejudicial à saúde, inclusive o aumento das taxas de obesidade no Brasil, contraria a preponderância das evidências científicas (Jones JM et al. 2003)".
77. Vejam-se os esclarecimentos de Marilia Regini Nutti, em seu parecer já referido: "A utilização de apenas proteínas ou gorduras como fontes principais de energia não é adequada, por que [sic] estes nutrientes não são completamente transformados em energia no corpo, resultando em compostos (como a uréia) que devem ser eliminados pelo organismo através da urina, já que em grande quantidade podem sobrecarregar os rins. Portanto, proteínas e gorduras possuem valor calórico, mas não devem ser utilizados como fonte principal de energia".

Em primeiro lugar, as medidas requeridas não serão capazes de produzir o resultado pretendido, a saber: controlar o avanço da "epidemia" de obesidade entre crianças e adolescentes no Brasil. Como registrado inicialmente, é consenso na literatura científica e na comunidade médica que a ingestão de açúcar não é capaz de ocasionar a obesidade de forma isolada. Seu consumo regular e moderado não é nocivo ao organismo humano; ao contrário, o açúcar é elemento nutricional que integra uma dieta saudável e balanceada.

Assim, restringir a publicidade ou advertir contra o consumo de refrigerantes e sucos adoçados — produtos que constituem apenas uma dentre milhares de outras fontes igualmente ricas em carboidratos colocadas à disposição dos consumidores —, não é meio eficaz para solucionar, ou mesmo diminuir, o problema da obesidade no Brasil. Não há, pois, adequação entre o meio escolhido e o fim almejado.

Em *segundo lugar*, afora a inadequação lógica entre o meio e o fim pretendido, uma norma que impusesse as restrições pretendidas na inicial incorreria muito provavelmente em invalidade pela restrição excessiva do direito dos fabricantes na hipótese. Isso porque há outros meios, que decorrem da própria sistemática constitucional em matéria de saúde, muito mais eficientes e adequados para alcançar o resultado pretendido, a saber: a implementação de políticas públicas de saúde, baseadas na informação e esclarecimento da população quanto à necessidade de reeducação alimentar de um modo geral e quanto à importância da adoção de um estilo de vida ativo e regrado no combate à obesidade.

Foi precisamente na esteira desse entendimento que os Ministérios da Agricultura e da Saúde — este último sobretudo através da ANVISA —, como referido, cuidaram de fixar as normas relativas à composição e rotulagem de alimentos e bebidas, lançando inclusive o já referido "Manual de Orientação aos Consumidores — Educação para o Consumo Saudável". Note-se, aliás, que políticas públicas visando à educação para uma alimentação e um estilo de vida mais saudável, além de constituir meio menos gravoso no que diz respeito ao direito dos fabricantes de realizar publicidade comercial, configura um dever imposto pela Constituição ao Poder Público[78].

---

78. Com efeito, ao comentar a referência à "educação" constante do inciso II do art. 6º, Toshio Mukai registra: "II — A educação é um dever do Poder Público,

VII. Conclusões

De tudo o que se expôs até aqui é possível compendiar as principais idéias desenvolvidas ao longo do estudo nas seguintes proposições objetivas.

1. A restrição a direitos fundamentais, com base em normas constitucionais programáticas (como as que se referem, genericamente, à proteção da saúde e do consumidor), não pode prescindir de ato normativo de caráter geral, que como regra será a lei. De fato, cabe ao Poder Legislativo determinar, dentre as inúmeras condutas aptas a realizar determinado fim constitucional, aquelas que serão obrigatórias. O exercício de tal competência pelo Judiciário não é próprio, violando princípios como os da separação de poderes, da isonomia e da segurança jurídica. A lei em questão, como natural e óbvio, além de especificar com clareza as restrições que decida implementar, deverá aplicar-se a todos os que se encontrem em igual situação e estará limitada pelo princípio da razoabilidade.

2. No caso específico do direito à realização de publicidade comercial, a própria Constituição remeteu à lei a disciplina de seu exercício e de eventuais restrições a ele (CF, art. 220, §§ 3º e 4º). O sistema constitucional completa-se com a competência privativa conferida à União pelo art. 22, XXIX, para legislar sobre propaganda comercial.

3. Existe regulamentação analítica acerca das informações a serem prestadas por fabricantes de refrigerantes e sucos, mas em ponto algum ela impõe as obrigações postuladas nas ações civis públicas que vêm sendo propostas. Os autores dessas demandas, em regra, invocam como fundamento jurídico de sua pretensão normas do Estatuto da Criança e do Adolescente — ECA (Lei nº 8.069/90) e do Código de Defesa do Consumidor — CDC (Lei nº 8.078/90) que, entretanto, não autorizam as restrições pretendidas.

4. De parte tudo o que já foi dito, é certo ainda que o conteúdo das restrições pretendidas refogem duplamente ao princípio da razoabilidade. Com efeito, as obrigações que se pretende impor judicialmente aos fabricantes desses produtos e não atendem aos testes da (i)

---

assim como a divulgação sobre o consumo adequado dos produtos e serviços". (*Comentários ao código de proteção do consumidor*, 1991, p. 15).

adequação lógica, pois não serão capazes de atingir o fim almejado, e (ii) da *necessidade-exigibilidade da medida*, já que existem outros meios, menos restritivos dos direitos das pessoas envolvidas, de obter o resultado desejado.

Recurso extraordinário. Violação indireta da Constituição. Ilegitimidade da alteração pontual e casuística da jurisprudência do Supremo Tribunal Federal

SUMÁRIO: Introdução. Parte I. Premissas teóricas. I. Segurança jurídica e prestação jurisdicional. II. Princípio da igualdade e a atuação do poder judiciário. Parte II. Aplicação da teoria ao objeto do estudo. III. Breve resumo da hipótese: as teses suscitadas no recurso extraordinário e a violação reflexa à Constituição IV. Da jurisprudência consolidada do STF sobre as teses: incompatibilidade entre a decisão examinada e a posição pacífica da Corte. Violação aos princípios da segurança jurídica e da igualdade. V. Conclusões.

INTRODUÇÃO

Trata-se de estudo acerca da vinculação do Poder Judiciário, ao prestar jurisdição, aos princípios constitucionais da segurança jurídica e da igualdade. De forma específica, questiona-se a compatibilidade com tais princípios do acórdão proferido pela 2ª Turma do Supremo Tribunal Federal no Agravo Regimental interposto no Agravo de Instrumento nº 395.662-1/RS, tendo em conta a jurisprudência consolidada do Supremo Tribunal Federal acerca dos requisitos necessários para o cabimento do recurso extraordinário.

O acórdão em questão deu provimento a agravo regimental, interposto contra decisão do Ministro Relator originário do feito, Ministro Carlos Velloso, para o fim de não apenas dar provimento ao agravo de instrumento e admitir o recurso extraordinário, como também para dar provimento ao próprio recurso extraordinário. Antes de examinar a hipótese objeto deste estudo, é necessário investigar o conteúdo dos princípios constitucionais referidos acima e seu modo de incidência sobre a atividade jurisdicional. O tema será examinado de acordo com o roteiro exposto inicialmente.

Parte I
PREMISSAS TEÓRICAS

I. Segurança jurídica e prestação jurisdicional

O conhecimento convencional, de longa data, situa a segurança — e, no seu âmbito, a *segurança jurídica* — como um dos fundamentos do Estado e do Direito, ao lado da justiça e, mais recentemente, do bem-estar social. As teorias democráticas acerca da origem e justificação do Estado, de base contratualista, assentam-se sobre uma cláusula comutativa: recebe-se em segurança aquilo que se concede em liberdade. No seu desenvolvimento doutrinário e jurisprudencial, a expressão segurança jurídica passou a designar um conjunto abrangente de idéias e conteúdos, que incluem:

1. a existência de instituições estatais dotadas de poder e garantias, assim como sujeitas ao princípio da legalidade;

2. a confiança nos atos do Poder Público, que se deverão reger pela boa-fé e pela razoabilidade;

3. a estabilidade das relações jurídicas, manifestada na durabilidade das normas, na anterioridade das leis em relação aos fatos sobre os quais incidem e na conservação de direitos em face da lei nova;

4. a previsibilidade dos comportamentos, tanto os que devem ser seguidos como os que devem ser suportados;

5. a igualdade na lei e perante a lei, inclusive com soluções isonômicas para situações idênticas ou próximas.

Consagrada no art. 2º da Declaração dos Direitos do Homem e do Cidadão, de 1789, como um *direito natural e imprescritível*, a segurança jurídica encontra-se também positivada como um direito individual na Constituição brasileira de 1988, ao lado dos direitos à vida, à liberdade, à igualdade e à propriedade, na dicção expressa do *caput* do art. 5º. Diversas outras disposições constitucionais têm-na como princípio subjacente, a exemplo da proteção ao direito adquirido, à coisa julgada e ao ato jurídico perfeito (CF, art. 5º, XXXVI) e do princípio da anterioridade da lei tributária (CF, art. 150, III), dentre outros.

Na dinâmica das relações entre o Poder Público e os particulares, o princípio da segurança jurídica se liga ao dever de boa-fé implícito no texto constitucional, no sentido de impor às autoridades estatais uma conduta coerente e lógica, em respeito às legítimas expectativas dos administrados, criadas em decorrência da observação, por estes, dos padrões de comportamento do próprio Poder Público. Cabe ao Estado zelar pela manutenção de um ambiente de previsibilidade e segurança em suas relações com os particulares, excepcionando motivadamente as situações que exijam tratamento específico diferenciado.

Com efeito, o dever das autoridades públicas de agir com boa-fé e de forma previsível decorre logicamente de um dos pressupostos essenciais do Estado democrático de direito[1]. Isso porque a relação existente entre o Poder Público e o particular não opõe propriamente duas partes privadas, cada qual defendendo seu interesse — embora também entre partes privadas haja o dever recíproco de boa-fé, como a doutrina civilista moderna tem sublinhado com especial ênfase[2]. Na verdade, o Estado deriva sua autoridade do conjunto de administrados, agindo em nome e por conta da totalidade da população e não por direito próprio, não se concebendo que ele possa ferir as expectativas legítimas que cria em seus próprios constituintes.

---

1. CF: "Art. 1º A República Federativa do Brasil, formada pela união indissolúvel dos Estados e Municípios e do Distrito Federal, constitui-se em Estado Democrático de Direito e tem como fundamentos: (...)".
2. Vejam-se, dentre outros, Teresa Negreiros, *Fundamentos para uma interpretação constitucional do princípio da boa-fé*, 1998; e Judith Martins-Costa, *A boa-fé no direito privado*, 1999.

Os atos praticados a cada dia pelo Poder Público, e entre estes os atos jurisdicionais, além dos efeitos específicos que se destinam a produzir, formam o que é percebido como o padrão de conduta das autoridades estatais. Procurando adequar-se a esse padrão, os particulares praticam atos que repercutem sobre suas esferas de direitos e obrigações, fiados na legítima expectativa de que o Estado se comportará, no presente e no futuro, de forma coerente com sua postura no passado. Note-se, portanto, que o dever de boa-fé é um limite jurídico à ação discricionária do poder estatal, que não pode simplesmente adotar qualquer comportamento, encontrando-se vinculado a agir de maneira uniforme diante de situações idênticas, não surpreendendo o particular injustificadamente, em desrespeito à segurança jurídica.

O tema é amplamente explorado pelos administrativistas, como se pode verificar dos registros doutrinários de Maria Sylvia Zanella Di Pietro, Celso Antônio Bandeira de Mello e do professor francês Michel D. Stassinopoulos, respectivamente:

> *"A segurança jurídica tem muita relação com a idéia de respeito à boa-fé.* Se a Administração adotou determinada interpretação como a correta e a aplicou a casos concretos, não pode depois vir a anular atos anteriores, sob o pretexto de que os mesmos foram praticados com base em errônea interpretação. (...) *Se a lei deve respeitar o direito adquirido, o ato jurídico perfeito e a coisa julgada, por respeito ao princípio da segurança jurídica, não é admissível que o administrado tenha seus direitos flutuando ao sabor de interpretações jurídicas variáveis no tempo"*[3]. (grifos acrescentados)

> *"Cumpre, no Estado de Direito, que os administrados estejam, de antemão, assegurados de que o proceder administrativo não lhes causará surpresas.* E não as causará tanto porque outros fins, que não os estabelecidos em lei, estão vedados ao administrador, quanto porque estes mesmos fins só podem ser alcançados pelas vias previstas na

---

3. Maria Sylvia Zanella Di Pietro, *Direito administrativo*, 2000, p. 85.

regra de direito como as adequadas ao caso"[4]. (grifos acrescentados)

"Si l'autorité administrative a exercé son pouvoir discrétionnaire non pas simultanément, mais successivement dans plusieurs cas, est-elle obligée de procéder toujours de la même façon? La notion de 'bonne administration' impose la réponse affirmative;"[5]

Em diversas ocasiões, a jurisprudência tem invalidado atos dos demais Poderes, em especial da Administração, por considerar que eles teriam violado deveres indispensáveis à segurança jurídica:

"PROCESSO — ORGANICIDADE E DINÂMICA. Defeso é voltar-se, sem autorização normativa, a fase ultrapassada. A época de liquidação de precatório não enseja rediscussão do título executivo judicial. Óptica diversa implica olvidar a organicidade e a dinâmica do Direito, alçando o Estado a posição que não o dignifica. *Paga-se um preço por viver-se em um Estado Democrático de Direito e nele encontra-se a estabilidade das relações jurídicas, a segurança jurídica*, ensejadas pela preclusão"[6]. (grifos acrescentados)

"Contemplando a lei nova a preservação do direito não só daqueles que, à época, já eram beneficiários como também o daqueles empregados admitidos na respectiva vigência, forçoso é *entender-se pela homenagem à almejada segurança jurídica, afastada a surpresa decorrente da modificação*

---

4. Celso Antônio Bandeira de Mello, *Discricionariedade e controle jurisdicional*, 1992, p. 60.
5. Michel D. Stassinopoulos, *Traité des acts administratifs*. 1954, pp. 213-4. Em tradução livre para o vernáculo: "Se a autoridade administrativa tiver exercido seu poder discricionário não simultaneamente, mas sucessivamente em diversos casos, está ela obrigada a proceder sempre do mesmo modo? A noção de 'boa administração' impõe a resposta afirmativa; (...)".
6. STF, DJ 01.12.00, p. 74, AgRg no AI 249.470-BA, Rel. Min. Marco Aurélio.

dos parâmetros da relação mantida, no que julgada procedente o pedido formulado na ação"[7]. (grifos acrescentados)

"Os parâmetros alusivos ao concurso hão de estar previstos no edital. Descabe agasalhar ato da Administração Pública que, após o esgotamento das fases inicialmente estabelecidas, com aprovação nas provas, implica criação de novas exigências. *A segurança jurídica, especialmente a ligada à relação cidadão-Estado rechaça a modificação pretendida*"[8]. (grifos acrescentados)

"Não pode o Estado, após vincular-se ao entendimento de que aceita como boa tradução do idioma sueco para a língua inglesa, elaborada por tradutor juramentado no estrangeiro, recusar versão daquele idioma para nosso vernáculo, feita por pessoa juramentada em idênticas condições"[9].

A mesma espécie de exigência relacionada à segurança e previsibilidade, por idênticas razões, aplica-se aos atos de natureza jurisdicional. Também a atividade jurisdicional — e sobretudo ela, em um Estado de direito — deve se orientar pelo princípio da segurança jurídica. Do ponto de vista prático, isso significa que as decisões do Poder Judiciário devem ser razoavelmente previsíveis, de modo que diferentes jurisdicionados em situações equivalentes recebam a mesma espécie de resposta judicial[10], em especial quando se trate do

---

7. STF, DJ 12.06.98, p. 65, RE 168.046-SP, Rel. Min. Marco Aurélio.
8. STF, DJ 10.08.95, p. 23.556, AgRg no RE 118.927-RJ, Rel. Min. Marco Aurélio.
9. STJ, DJ 09.03.98, MS 5.281-DF, Rel. Min. Demócrito Reinaldo.
10. V. Robert Alexy, *Teoria da argumentação jurídica*, 2001, pp. 186-7 e 197: "As regras que definem o discurso prático racional são de diferentes tipos. (...) A validade do primeiro grupo de regras é uma condição prévia da possibilidade de toda comunicação lingüística que dá origem a qualquer questão sobre a verdade ou a correção: (1.1) Nenhum orador pode se contradizer. (1.2) Todo orador apenas pode afirmar aquilo em que crê. (1.3) Todo orador que aplique um predicado F a um objeto tem de estar preparado para aplicar F a todo outro objeto que seja semelhante a *a* em todos os aspectos importantes. (1.4) Diferentes oradores podem não usar a mesma expressão com diferentes significados.

mesmo órgão jurisdicional e não se cuide de hipótese original, já contando o tema com farta e pacífica jurisprudência[11].

Notem-se ainda dois aspectos importantes. A segurança jurídica está relacionada com a necessidade de respostas coerentes para hipóteses semelhantes ou equivalentes. Por natural, se o órgão jurisdicional considera que o caso que lhe cabe decidir é diverso daqueles que deram origem a determinado entendimento jurisprudencial, ele estará livre para decidir como entender melhor, cabendo-lhe, no entanto, o ônus de demonstrar essa diversidade[12]. O ponto será retomado adiante.

Em segundo lugar, nenhum órgão jurisdicional está impedido de rever sua própria jurisprudência e modificá-la, uma vez que considere que o entendimento antigo deve ser substituído por outro. As exigências da segurança jurídica, evidentemente, não têm o condão de cristalizar a jurisprudência e impedir o avanço social também no âmbito

---

(...) Quem fizer uma afirmação normativa que pressuponha uma regra com certas conseqüências para a satisfação dos interesses de outras pessoas deve ser capaz de aceitar essas conseqüências, mesmo na situações hipotética em que esteja na situação dessas pessoas". (negrito acrescentado).

11. O tema já objeto de apreciação por parte do Superior Tribunal de Justiça, valendo transcrever trechos de algumas dessas decisões, *in verbis*: "O *Poder Judiciário deve ao jurisdicionado, em casos idênticos, uma resposta firme, certa e homogênea. Atinge-se, com isso, valores tutelados na ordem político-constitucional e jurídico material, com a correta prestação jurisdicional, como meio de certeza e segurança para a sociedade*" (STJ, DJ 27.03.00, p. 127, REsp 227.940-AL, Rel. Min. Jorge Scartezzini); e "*O escopo primordial do princípio da segurança jurídica é de que todos tenham certeza que o direito será aplicado uniforme e isonomicamente, ante situações semelhantes*" (STJ, DJ 02.04.01, p. 264, AI 304.282-SP, Rel. Min. Francisco Falcão).

12. Aleksander Peczenik, *The basis of legal justification*, 1983, p. 63: "Whenever one reinterprets or ranks norms which are *prima facie* colliding with each other, one should do so in a manner which one can repeatedly use when confronted with similar collisions between other norms. One requires especially strong reasons to justify a reinterpretation or a priority order applied *ad hoc*, that is, only in the case under consideration". (grifos no original). (Tradução livre: Toda e qualquer reinterpretação ou hierarquização de normas à primeira vista conflitantes deve ser feita sempre de modo que possa ser repetida no caso de choques similares entre outras normas. É preciso haver razões especialmente fortes para justificar uma reinterpretação ou uma priorização *ad hoc*, restrita à hipótese considerada.)

da prestação jurisdicional[13]. Essa modificação, porém, estabelecerá um novo paradigma a partir do qual as expectativas dos jurisdicionados serão construídas. Ou seja, o órgão jurisdicional sempre poderá modificar o seu entendimento acerca de determinada matéria, mas o princípio da segurança jurídica continua a incidir: a partir desse momento, os casos novos equivalentes deverão receber a mesma solução.

Além do princípio da segurança jurídica, a atividade jurisdicional, assim como toda a atuação do Estado, vincula-se igualmente ao princípio da igualdade ou da isonomia. O próximo tópico cuida de delinear de forma mais precisa o sentido desse segundo princípio.

II. Princípio da igualdade e a atuação do Poder Judiciário

O princípio da isonomia (ou igualdade) consta expressamente do *caput* do art. 5º da Constituição Federal, onde se registra que "todos são iguais perante a lei". Na formulação clássica do princípio da igualdade, os iguais deverão ser tratados igualmente e os desiguais, desigualmente, na medida de sua desigualdade. O que a isonomia veda, portanto, são as desequiparações que não tenham um *fundamento* racional e razoável e que não se destinem a promover um *fim* constitucionalmente legítimo. Veda-se o arbítrio, o capricho, o aleatório, o desvio. O princípio da isonomia forma uma imperativa parceria com o princípio da razoabilidade[14]. A razoabilidade é o parâmetro pelo qual se vai aferir se o fundamento da diferenciação levada a cabo por qualquer agente público é aceitável e se o fim por ela visado é legítimo[15].

---

13. V. sobre a interpretação evolutiva, Luís Roberto Barroso, *Interpretação e aplicação da Constituição*, 2003, p. 137 e ss..
14. A razoabilidade é compreendida aqui em sentido amplo, como gênero do qual a proporcionalidade é uma espécie. Para uma discussão mais profunda sobre as distinções entre os dois conceitos, v. Luís Virgílio Afonso da Silva, O proporcional e o razoável, *RT*, 798:23, 2002; Humberto Ávila, A distinção entre princípios e regras e a redefinição do dever de proporcionalidade, *RDA*, 215:151, 1999; e Humberto Ávila, *Teoria dos princípios*, 2003, p. 104 e ss..
15. Sobre o tema, vejam-se, dentre muitos outros: San Tiago Dantas, "Igualdade perante a lei e due process of law". In: *Problemas de direito público*, 1953; M. Seabra Fagundes, O princípio constitucional da igualdade perante a lei e o Poder

Não há necessidade de descrever aqui toda a variedade de testes concebidos pela doutrina nacional[16] (merecendo nota especial a monografia de Celso Antônio Bandeira de Mello[17]) e estrangeira[18] com o objetivo de verificar o respeito ao princípio da isonomia por parte dos atos do Poder Público. Para os fins deste estudo, basta reproduzir o conhecimento convencional pelo qual costuma-se afirmar que a isonomia opera em duas vertentes principais: a igualdade *na lei* — ordem dirigida ao legislador — e *perante a lei* — ordem dirigida ao aplicador da lei, seja o administrador, seja o juiz. De forma simples, a igualdade *perante a lei* significa que a norma jurídica deverá ser interpretada e aplicada aos indivíduos de forma isonômica, isto é, sem discriminações injustificáveis do ponto de vista jurídico. A noção geral de igualdade perante a lei não enseja maior debate, como se vê do registro feito pela própria jurisprudência do Supremo Tribunal:

> "Esse princípio (o da isonomia) — cuja observância vincula, incondicionalmente, todas as manifestações do Poder Público — deve ser considerado, em sua precípua função de obstar discriminações e de extinguir privilégios (RDA, 55/114), sob duplo aspecto: a) o da igualdade na lei; b) o da igualdade perante a lei. A igualdade na lei — que opera

Legislativo, *RT, 285:03*; Celso Antônio Bandeira de Mello, *Conteúdo jurídico do princípio da igualdade*, 1993; Luís Roberto Barroso, "A igualdade perante a lei". In: *Temas atuais do direito brasileiro*, 1987 e *Interpretação e aplicação da Constituição*, 1999, p. 230 e ss..

16. Vejam-se, em meio a outros, San Tiago Dantas, "Igualdade perante a lei e due process of law" In: *Problemas de Direito Positivo: Estudos e Pareceres*, 1953, p. 37 e ss.; Carlos Roberto de Siqueira Castro, *O princípio da isonomia e a igualdade da mulher no direito constitucional*, 1983; Luís Roberto Barroso, "Razoabilidade e isonomia no direito brasileiro". In: *Temas de direito constitucional*, t. I, 2001; e Mônica de Melo, O princípio da igualdade à luz das ações afirmativas: o enfoque da discriminação positiva, *RT-CDCCP, 25:90, 1988*.

17. Celso Antônio Bandeira de Mello, *Conteúdo jurídico do princípio da igualdade*, 1993.

18. A construção do sentido da cláusula constitucional *equality under the law* é um dos mais recorrentes temas do direito constitucional norte-americano. Vejam-se, por todos, Laurence Tribe, *American constitutional law*, 1988, e Nowak, Rotunda & Young, *Constitutional law*, 1986. Entre os autores portugueses, v. J. J. Gomes Canotilho, *Direito constitucional*, 1997, p. 1160 e ss..

uma fase de generalidade puramente abstrata — constitui exigência destinada ao legislador que, no processo de sua formação, nela não poderá incluir fatores de discriminação, responsáveis pela ruptura da ordem isonômica. A igualdade perante a lei, contudo, pressupondo lei já elaborada, traduz imposição destinada aos demais poderes estatais, que, na aplicação da norma legal, não poderão subordiná-la a critérios que ensejem tratamento seletivo ou discriminatório"[19].

A igualdade *perante a lei*, assim como a igualdade *na lei*, não significam, porém, igualitarismo. Observar a igualdade não impõe ao juiz o dever de aplicar mecânica e formalmente a norma, ao modo de uma máquina. Não só isso não seria possível, já que o intérprete traz consigo uma bagagem pessoal e inseparável de pré-compreensões, como não seria apropriado, tendo em conta as inúmeras particularidades dos casos concretos[20]. A rigor, as próprias normas dificilmente são unívocas. Assim como legislar é, no mais das vezes, criar distinções — exigindo-se, porém, que elas sejam justificáveis —, aplicar a norma também envolverá necessariamente a avaliação das características do caso, o que poderá justificar soluções distintas por parte do aplicador. Neste ponto, a isonomia encontra-se com a segurança jurídica.

Como se registrou acima, o princípio da segurança jurídica impõe ao agente público o dever de adotar para casos equiparáveis o mesmo tipo de decisão. O fundamento último dessa exigência, além de assegurar a previsibilidade no âmbito das relações entre indivíduos e Estado, pode ser descrito nos seguintes termos: se as pessoas são iguais e se encontram em situações equivalentes, nada justifica que recebam um tratamento diferenciado por parte do Poder Público. A aplicação desse raciocínio à atividade jurisdicional é simples: o órgão jurisdicional deve adotar a mesma solução jurídica para casos semelhantes, sobretudo quando haja jurisprudência consolidada por parte do próprio órgão.

---

19. STF, DJ 19.04.91, p. 4.580, MI 58, Rel. p/ o acórdão Min. Celso de Mello.
20. Luís Roberto Barroso, *Interpretação e aplicação da Constituição*, 2003, p. 245 e ss..

A questão fundamental consiste justamente em verificar o que torna dois casos semelhantes ou equiparáveis ou, sob ângulo diverso, que elementos do caso concreto podem ser considerados relevantes para o fim de distingui-los e, assim, justificar soluções diferenciadas. E, por evidente, não se trata aqui de qualquer diferença, mas de uma distinção relevante entre os casos, que justifique o tratamento desigual. De forma bastante específica, trata-se de saber o que o magistrado pode legitimamente considerar *diverso* ou *não equiparável* em um caso concreto para o fim de deixar de adotar, naquela hipótese, entendimento consolidado pela jurisprudência que aparentemente seria aplicável.

O tema, na verdade, envolve muitas complexidades sob a ótica da argumentação jurídica, que não cabe aprofundar aqui. Um critério, no entanto, já se pode registrar desde logo: a diferenciação entre casos concretos aparentemente idênticos deve ter por fundamento uma distinção contida no próprio ordenamento jurídico[21], e não decorrer da livre avaliação do aplicador. Se a igualdade perante a lei e a segurança jurídica pudessem ser superadas pela mera alegação do intérprete de que considera as situações de fato substancialmente diversas, pouca consistência teriam tais garantias constitucionais. Ou seja: o aplicador deverá ser capaz de justificar, com fundamento na norma jurídica a ser aplicada, e no sistema no qual ela se insere, a razão pela qual o caso por ele examinado é diverso da jurisprudência formada anteriormente[22]. Explica-se melhor com alguns exemplos.

---

21. Considerando-se, por natural, que a distinção contida na norma seja válida. A doutrina registra que um tratamento diferenciado deve ser examinado sob três enfoques sucessivos, para aferir sua legitimidade constitucional, a saber: (i) em primeiro lugar, é preciso identificar o fator de *discrimen* escolhido pela norma para saber se tal elemento corresponde a uma diferenciação real, relevante e objetivamente existente entre as pessoas, situações ou coisas; (ii) em segundo lugar, é preciso que haja um nexo racional e razoável entre a diferença das situações — demarcada pelo elemento de *discrimen* — e o tratamento diferenciado aplicado (razoabilidade interna); e (iii) em terceiro lugar, ainda que seja racional e razoável o tratamento diferenciado, ele deve estar em consonância com os princípios protegidos pela Constituição Federal (razoabilidade externa). Sobre o tema, v. a doutrina referida nas notas 15 a 17.

22. Robert Alexy, *Teoria da argumentação jurídica*, 2001, p. 212: "A questão

A situação econômica dos indivíduos é considerada relevante por um conjunto de disposições normativas. A concessão do benefício da gratuidade de justiça é uma delas: a circunstância de o requerente ser ou não pobre é relevante para a interpretação e aplicação da norma, mas não o são, *e.g.*, a cor da pele ou o sexo dos indivíduos em questão. Nada obstante, a capacidade econômica não é por si só um elemento relevante para a aplicação da norma que tipifica o estupro como crime.

Em outra linha, o fato de o Poder Público ser parte em uma demanda é relevante para a incidência de uma série de comandos, como a contagem de prazos e a possibilidade de manejar determinados mecanismos recursais (*e.g.*: a suspensão de segurança). Nada há no ordenamento, porém, que considere essa circunstância relevante — ser parte o Poder Público ou um particular — para o fim de interpretar as normas que disciplinam o cabimento de recursos especial ou extraordinário. Essas mesmas normas também não atribuem relevância ao fato de a disputa envolver valores vultosos ou não ter qualquer conseqüência patrimonial significativa.

Em suma: a igualdade perante a lei exige que o aplicador interprete e aplique a lei de modo que indivíduos em situações equivalentes recebam a mesma resposta por parte do Estado. Isso significa que o órgão jurisdicional deve aplicar de forma coerente a jurisprudência por ele já consolidada sobre determinado tema (salvo se decidir modificar seu entendimento em caráter geral). A adoção de solução diversa em caso aparentemente similar apenas se justifica se o aplicador for capaz de justificar, com base em argumentos extraídos do próprio conjunto normativo a ser aplicado, que as características do caso concreto o distinguem de forma relevante dos casos que formaram a jurisprudência em questão.

---

sobre o que distingue a argumentação jurídica da argumentação geral prática é um dos problemas centrais da teoria do discurso jurídico. Um ponto pode ser estabelecido mesmo neste estágio: a argumentação jurídica é caracterizada por seu relacionamento com a lei válida".; e Aulis Aarnio, *Reason and authority*, 1997, p. 192: "This means that one has to be able to justify every interpretation by referring to the formal *law* (statute; legal rule)".

Parte II
APLICAÇÃO DA TEORIA AO OBJETO DO ESTUDO

III. Breve resumo da hipótese: as teses suscitadas no recurso extraordinário e a violação reflexa à Constituição

Cabe agora aplicar as idéias e conceitos expostos ao objeto do estudo. O recurso extraordinário em questão foi interposto contra acórdão do Tribunal Superior do Trabalho proferido no âmbito de ação rescisória proposta por entidade da Administração indireta federal em face de um grupo de empregados públicos. O TST extinguiu o processo sem julgamento do mérito com fundamento na impossibilidade jurídica do pedido (CPC, art. 512), pois a ação rescisória teria se dirigido contra a sentença proferida em primeiro grau de jurisdição, substituída posteriormente por acórdão do TRT da 4ª Região. Contra o acórdão do TST foi interposto recurso extraordinário, suscitando, de forma resumida, que a decisão teria violado as seguintes disposições constitucionais (a União também interpôs recurso extraordinário alegando teses semelhantes):

> CF, art. 5º, II: o acórdão teria violado o princípio da legalidade ao interpretar a lei de modo a exigir algo que ela não exigiu;

> CF, art. 5º, XXXV: o acórdão teria negado prestação jurisdicional ao negar a apreciação do mérito da ação; e

> CF, art. 5º, LV: o acórdão teria violado a garantia do devido processo legal ao negar-se a examinar a matéria de mérito sob o argumento de impossibilidade jurídica;

O recorrente desenvolveu ainda uma outra tese relacionada com o mérito da decisão cuja rescisão se pretendia. O acórdão rescindendo havia concedido outras diferenças salariais relativas a períodos de 1987 e 1988. Na ação rescisória, o recorrente alegava que a jurisprudência do Supremo Tribunal Federal sobre o tema teria se consolidado posteriormente no sentido de que tais diferenças salariais não eram devidas. Embora o acórdão recorrido não tenha examinado o mérito da ação rescisória, o recurso extraordinário interposto pretendia ver analisada, ainda, uma quarta violação à Constituição:

> CF, art. 5º, XXXVI: o acórdão teria violado a cláusula do direito adquirido uma vez que não há direito adquirido aos reajustes salariais em questão, como decidido pelo STF.

O Ministro Carlos Mário Velloso, relator dos recursos, entendeu que as teses suscitadas — violação à legalidade, ao direito adquirido, ao devido processo legal e ao direito de acesso ao Judiciário — discutiam, na verdade, a correção da interpretação conferida a normas infraconstitucionais, de modo que, se alguma violação houvesse à Carta, ela seria apenas indireta ou reflexa. A jurisprudência do STF sobre o assunto, porém, é a de que não cabe recurso extraordinário para discutir inconstitucionalidade reflexa. Por essa razão, concluiu o relator que os recursos não poderiam ser admitidos.

Contra a decisão do Ministro Velloso o recorrente apresentou agravo regimental, reproduzindo os mesmos argumentos resumidos acima e destacando, de forma particular, a repercussão que o insucesso da ação rescisória original teria sobre as finanças públicas. Isso porque, a prevalecer a decisão transitada em julgado, o Estado teria de desembolsar importante quantidade de recursos para pagar as diferenças salariais a que se fez menção acima.

A 2ª Turma do STF, vencido o Ministro Carlos Velloso, acabou por dar provimento ao agravo regimental e, na mesma decisão, deu provimento também ao próprio recurso extraordinário. O voto do Ministro Gilmar Mendes, seguido pela maioria dos membros da Turma, sustentou, com fundamento na noção de força normativa da Constituição, que o recurso devia ser conhecido e provido já que "não se pode diminuir a eficácia das decisões do STF com a manutenção de decisões divergentes" (fls.17) e uma vez que, "até do ponto de vista de política judiciária é importante fazer revisão dessa orientação" (aditamento ao voto). O Ministro fazia referência, como é fácil perceber, às decisões do STF que consideraram não serem devidas as diferenças salariais, tema do pronunciamento judicial que transitou em julgado e que os recorrentes pretendiam rescindir. A Turma, por maioria, acolheu a argumentação do Ministro Gilmar Mendes e considerou que o acórdão recorrido teria incorrido em excessivo formalismo, afetando a prestação jurisdicional efetiva. Contra a decisão da Turma foram opostos embargos de declaração, ainda não decididos.

IV. Da jurisprudência consolidada do STF sobre as teses: incompatibilidade entre a decisão examinada e a posição pacífica da Corte. Violação aos princípios da segurança jurídica e da igualdade.

A questão que se coloca neste ponto, tendo em conta os princípios da segurança jurídica e da igualdade abordados inicialmente, é bastante simples: o entendimento manifestado pela 2ª Turma do STF no caso que se acaba de descrever segue a jurisprudência consolidada (e em alguns pontos até sumulada) do Supremo Tribunal Federal sobre a matéria? Ou, de outro modo, essa é a solução adotada pela Corte em hipóteses nas quais se discutem teses substancialmente idênticas às suscitadas no recurso extraordinário em questão? A resposta, já se pode adiantar, é negativa.

Note-se um aspecto importante. Não se está formulando aqui qualquer juízo sobre qual o melhor entendimento jurídico acerca do cabimento de recursos extraordinários: se o consolidado pela jurisprudência do STF, que se descreverá na seqüência, ou o adotado pela 2ª Turma da mesma Corte no caso resumido acima. Mesmo porque, como se registrou na primeira parte do estudo, o sistema jurídico brasileiro admite que o órgão jurisdicional (e em particular os órgãos de cúpula da estrutura do Poder Judiciário) modifique suas posições na medida em que entenda mais adequado. O fato relevante para este estudo é que há incompatibilidade grave entre a tradicional jurisprudência do Supremo Tribunal Federal sobre o cabimento de recursos extraordinários — que permanece inalterada — e a decisão proferida pela 2ª Turma no caso examinado, deteriorando a legítima expectativa dos jurisdicionados de receberem o mesmo tratamento dispensado pela Corte a casos equiparáveis. Feita a digressão, volta-se ao ponto.

Como se sabe, a jurisprudência do Supremo Tribunal Federal acerca do cabimento de recursos extraordinários é bastante rígida e tem se mantido uniforme ao longo dos anos. Assim é que, dentre outras exigências, o STF não admite recursos extraordinários nos quais se pretenda discutir o que denomina de *inconstitucionalidade reflexa ou indireta*. Esse conceito descreve, de forma geral, hipóteses nas quais a parte interpõe o recurso alegando que a decisão recorrida interpretou equivocadamente a legislação infraconstitucional e, ao fazê-lo, violou normas constitucionais. A Corte já editou súmula de sua jurisprudência dominante (Súmula n° 636) nesse sentido, no que diz respeito ao princípio constitucional da legalidade, que tem a seguinte dicção: *"Não cabe recurso extraordinário por contrariedade ao princípio constitucional da legalidade, quando a sua verificação pressuponha rever a interpretação dada a normas infraconstitucionais pela decisão recorrida"*.

Na verdade, é possível transcrever decisões do Supremo Tribunal Federal: (i) que negaram cabimento a recursos extraordinários porque neles se pretendia discutir genericamente a interpretação das normas infraconstitucionais que disciplinam o cabimento da ação rescisória — tema geral do acórdão recorrido. Há ainda diversas decisões da Corte que igualmente deixaram de admitir recursos nos quais foram suscitadas teses em tudo e por tudo equiparáveis às suscitadas pelos recursos de que se trata, a saber: (ii) violação ao princípio da legalidade por haver o acórdão recorrido interpretado a lei de modo diverso do pretendido pela parte (CF, art. 5°, II); (iii) violação ao devido processo legal por haver a decisão recorrida deixado de apreciar o mérito e extinguido o feito (CF, art. 5°, LV); (iv) violação ao acesso ao Judiciário, pelo fato de a decisão recorrida não haver apreciado o mérito da demanda (CF, art. 5°, XXXV); e (v) violação ao direito adquirido, pelo fato de, no mérito, a decisão recorrido haver reconhecido direito a que a parte adversa não faria jus (CF, art. 5°, XXXVI). Confira-se.

(i) Requisitos para ação rescisória

> "Acórdão recorrido extraordinariamente que se limita ao exame do cabimento de ação rescisória. Ofensa reflexa. Jurisprudência pacificada. 4. Decisão que nega acolhida à tese jurídica desenvolvida pela parte não configura negativa de prestação jurisdicional. 5. Agravo regimental a que se nega provimento"[23].

---

23. STF, DJ 30.08.02, p. 112, AgRg no AI 387.022-ES, Rel. Min. Gilmar Mendes.

"O debate em torno da aferição dos pressupostos de admissibilidade da ação rescisória não viabiliza o acesso à via recursal extraordinária, por envolver discussão pertinente a tema de caráter eminentemente infraconstitucional. Precedentes. — Situações de ofensa meramente reflexa ao texto da Constituição não viabilizam o acesso à via recursal extraordinária, cuja utilização supõe a necessária ocorrência de conflito imediato com o ordenamento constitucional. Precedentes"[24].

"O debate em torno da aferição dos pressupostos de admissibilidade da ação rescisória não viabiliza o acesso à via recursal extraordinária, por envolver discussão pertinente a tema de caráter eminentemente infraconstitucional. Precedentes. — Situações de ofensa meramente reflexa ao texto da Constituição não viabilizam o acesso à via recursal extraordinária, cuja utilização supõe a necessária ocorrência de conflito imediato com o ordenamento constitucional. Precedentes"[25].

(ii) Violação da legalidade (CF, art. 5°, II)

"ACÓRDÃO DO TRIBUNAL DE JUSTIÇA DO ESTADO DE SÃO PAULO, QUE DECIDIU CONTROVÉRSIA RELATIVA À LEGITIMIDADE PASSIVA PARA A DEMANDA COM BASE NA LEGISLAÇÃO INFRACONSTITUCIONAL. ALEGAÇÃO DE OFENSA AOS ARTS. 5°, incisos II, XXXV, LIV E LV, E 93, inciso IX, DA MAGNA CARTA. Ofensa à Carta da República, se existente, dar-se-ia de forma claramente reflexa ou indireta, o que não enseja a abertura da via extraordinária. Ademais, encontra-se o acórdão suficientemente fundamentado, tendo sido conferida à parte prestação jurisdicional adequada, embora em sentido contrário aos seus interesses. Agravo desprovido"[26].

---

24. STF, DJ 02.03.04, p. 55, AgRg no AI 468.465-PB, Rel. Min. Celso de Mello.
25. STF, DJ 07.05.04, p. 38, AgRg no AI 485.471-SP, Rel. Min. Celso de Mello.
26. STF, DJ 19.09.03, p. 18, AgRg no AI 431.357-SP, Rel. Min. Carlos Britto.

"CONSTITUCIONAL. RECURSO EXTRAORDINÁRIO: ALEGAÇÃO DE OFENSA AOS ARTS. 5°, II, XXXV, XXXVI, LIV, LV, 7°, XXIX E 93, IX. I — Alegação de ofensa à Constituição que, se ocorrente, seria indireta, reflexa, o que não autoriza a admissão do recurso extraordinário. II — Ao Judiciário cabe, no conflito de interesses, fazer valer a vontade concreta da lei, interpretando-a. Se, em tal operação, interpreta razoavelmente ou desarrazoadamente a lei, a questão fica no campo da legalidade, inocorrendo o contencioso constitucional. III — Agravo não provido"[27].

(iii) Violação do devido processo legal (CF, art. 5°, LV)

"Somente a ofensa direta à Constituição autoriza a admissão do recurso extraordinário. No caso, o acórdão limita-se a interpretar normas infraconstitucionais. II. — Decisão contrária aos interesses da parte não configura negativa de prestação jurisdicional (C.F., art. 5°, XXXV). III. — Alegação de ofensa ao devido processo legal: C.F., art. 5°, LV: se ofensa tivesse havido, seria ela indireta, reflexa, dado que a ofensa direta seria a normas processuais. E a ofensa a preceito constitucional que autoriza a admissão do recurso extraordiário é a ofensa direta, frontal"[28].

"Recurso extraordinário: descabimento: acórdão recorrido que se limitou a aplicar legislação infraconstitucional (L. 4.591/64); alegada ofensa a dispositivos constitucionais que, se ocorreram, seriam indiretas ou reflexas, que não viabilizam o RE; ausência de negativa de prestação jurisdicional ou violação dos princípios compreendidos nos artigos 5°, XXXV, LIV e LV e 93, IX da Constituição Federal"[29].

---

27. STF, DJ 08.03.02, p. 61, AgRg no RE 245.580-PR, Rel. Min. Carlos Velloso.
28. STF. DJ 27.05.04, p. 32, AgRg no AI 475.088-AL, Rel. Min. Carlos Velloso.
29. STF, DJ 27.02.04, p. 23, AgRg no AI 300.982-RS, Rel. Min. Sepúlveda Pertence.

"III. — Decisão contrária aos interesses da parte não configura negativa de prestação jurisdicional (C.F., art. 5º, XXXV). IV. — Alegação de ofensa ao devido processo legal: C.F., art. 5º, LV: se ofensa tivesse havido, seria ela indireta, reflexa, dado que a ofensa direta seria a normas processuais. E a ofensa a preceito constitucional que autoriza a admissão do recurso extraordinário é a ofensa direta, frontal. V. — A verificação, no caso concreto, da ocorrência, ou não, de violação ao direito adquirido, ao ato jurídico perfeito e à coisa julgada situa-se no campo infraconstitucional"[30].

"I. — Somente a ofensa direta à Constituição autoriza a admissão do recurso extraordinário. No caso, o acórdão limita-se a interpretar normas infraconstitucionais. II. — Decisão contrária aos interesses da parte não configura negativa de prestação jurisdicional (C.F., art. 5º, XXXV). III. — Alegação de ofensa ao devido processo legal: C.F., art. 5º, LV: se ofensa tivesse havido, seria ela indireta, reflexa, dado que a ofensa direta seria a normas processuais. E a ofensa a preceito constitucional que autoriza a admissão do recurso extraordinário é a ofensa direta, frontal. IV. — A verificação, no caso concreto, da ocorrência, ou não, de violação ao direito adquirido, ao ato jurídico perfeito e à coisa julgada situa-se no campo infraconstitucional"[31].

(iv) Violação do acesso ao Judiciário (CF, art. 5º, XXXV)

"Somente a ofensa direta à Constituição autoriza a admissão do recurso extraordinário. No caso, o acórdão limita-se a interpretar normas infraconstitucionais. II. — Decisão contrária aos interesses da parte não configura negativa de prestação jurisdicional (C.F., art. 5º, XXXV). III. — Ale-

---

30. STF, DJ 15.06.04, p. 46, AgRg no AI 449.830-SP, Rel. Min. Carlos Velloso.
31. STF, DJ 25.06.04, p. 40, AgRg no AI 409.953-DF, Rel. Min. Carlos Velloso.

gação de ofensa ao devido processo legal: C.F., art. 5º, LV: se ofensa tivesse havido, seria ela indireta, reflexa, dado que a ofensa direta seria a normas processuais. E a ofensa a preceito constitucional que autoriza a admissão do recurso extraordinário é a ofensa direta, frontal. IV. — Alegação de ofensa ao inciso IX do art. 93, C.F.: improcedência, porque o que pretende a recorrente, no ponto, é impugnar a decisão que lhe é contrária, certo que o acórdão está suficientemente fundamentado"[32].

"Agravo regimental em agravo de instrumento. 2. Ofensa reflexa. Não se admite recurso extraordinário para interpretação de lei federal (art. 102, III, "a"). 3. O fato de a decisão se revelar desfavorável à agravante não configura negativa de prestação jurisdicional. 4. Agravo regimental desprovido"[33].

"Recurso extraordinário: inadmissibilidade: questão referente ao cabimento de embargos de divergência em recurso especial, de natureza processual ordinária: alegação de ofensa a dispositivos constitucionais que, se ocorresse, seria indireta ou reflexa, que não viabiliza o RE; inocorrência de negativa de prestação jurisdicional"[34].

"Agravo regimental em agravo de instrumento. 2. Legitimidade passiva. Ofensa reflexa à CF/88. Precedentes. Recurso que não traz novos argumentos capazes de modificar o entendimento desta Corte. 3. Decisão desfavorável à agravante não configura negativa de prestação jurisdicional. 4. Agravo regimental a que se nega provimento"[35].

---

32. STF, DJ 07.05.04, p. 32, AgRg no AI 475.088-AL, Rel. Min. Carlos Velloso.
33. STF, DJ 30.08.02, p. 112, AgRg no AI 374.994-SP, Rel. Min. Gilmar Mendes.
34. STF, DJ 06.04.04, p. 18, AgRg no AI 415.103-SP, Rel. Min. Sepúlveda Pertence.
35. STF, DJ 30.04.04, p. 56, AgRg no AI 476.510-SP, Rel. Min. Gilmar Mendes.

"Agravo regimental em agravo de instrumento. 2. Legitimidade passiva. Ofensa reflexa à CF/88. Precedentes. Recurso que não traz novos argumentos capazes de modificar o entendimento desta Corte. 3. Decisão desfavorável à agravante não configura negativa de prestação jurisdicional. 4. Agravo regimental a que se nega provimento"[36].

"Agravo regimental em agravo de instrumento. 2. A exigência, ou não, do prequestionamento, no âmbito do TRT, para viabilizar o recurso de revista é questão que se situa no campo processual. 3. Matéria infraconstitucional. Ofensa reflexa à Carta Magna. 4. Art. 5º, XXXV, LIV e LV, da CF/88. Ausência de prequestionamento. Decisão que nega acolhida à tese jurídica desenvolvida pela parte não configura negativa de prestação jurisdicional. 5. Agravo regimental a que se nega provimento"[37].

(v) Violação ao direito adquirido (CF, art. 5º, XXXVI)

"Somente a ofensa direta à Constituição autoriza a admissão do recurso extraordinário. No caso, o acórdão limita-se a interpretar normas infraconstitucionais. II. — Ao Judiciário cabe, no conflito de interesses, fazer valer a vontade concreta da lei, interpretando-a. Se, em tal operação, interpreta razoavelmente ou desarrazoadamente a lei, a questão fica no campo da legalidade, inocorrendo o contencioso constitucional. III. — Alegação de ofensa ao inciso IX do art. 93, C.F.: improcedência, porque o que pretende o recorrente, no ponto, é impugnar a decisão que lhe é contrária, certo que o acórdão está suficientemente fundamentado. IV. — A verificação, no caso concreto, da ocorrência, ou não, de violação ao direito adquirido, ao ato jurídico perfeito e à coisa julgada situa-se no campo infraconstitu-

---

36. STF, DJ 30.04.04, p. 56, AgRg no AI 476.510-SP, Rel. Min. Gilmar Mendes.
37. STF, DJ 13.09.02, p. 89, AgRg no AI 383.957-SP, Rel. Min. Gilmar Mendes.

cional. V. — A interpretação de cláusulas contratuais não enseja recurso extraordinário. Súmula 454-STF. VI. — Agravo não provido"[38].

"I. — Somente a ofensa direta à Constituição autoriza a admissão do recurso extraordinário. No caso, o acórdão limita-se a interpretar normas infraconstitucionais. II. — A verificação, no caso concreto, da existência, ou não, do direito adquirido, situa-se no campo infraconstitucional"[39].

"I. — Decisão contrária ao interesse da parte não configura negativa de prestação jurisdicional (C.F., art. 5º, XXXV). II. — Ao Judiciário cabe, no conflito de interesses, fazer valer a vontade concreta da lei, interpretando-a. Se, em tal operação, interpreta razoavelmente ou desarrazoadamente a lei, a questão fica no campo da legalidade, inocorrendo o contencioso constitucional. III. — Alegação de ofensa ao devido processo legal: C.F., art. 5º, LV: se ofensa tivesse havido, seria ela indireta, reflexa, dado que a ofensa direta seria a normas processuais. E a ofensa a preceito constitucional que autoriza a admissão do recurso extraordinário é a ofensa direta, frontal. IV. — Alegação de ofensa ao inciso IX do art. 93, C.F.: improcedência, porque o que pretende a recorrente, no ponto, é impugnar a decisão que lhe é contrária, certo que o acórdão está suficientemente fundamentado. V. — O exame da ocorrência, no caso, de direito adquirido, não prescindiria do exame da legislação ordinária. VI. — Agravo não provido"[40].

"Somente a ofensa direta à Constituição autoriza a admissão do recurso extraordinário. No caso, o acórdão assenta-se em interpretação de lei local. Incidência da Súmula

---

38. STF, DJ 25.06.04, p. 43, AgRg no AI 466.975-RJ, Rel. Min. Carlos Velloso.
39. STF, DJ 27.09.02, p. 129, AgRg no AI 388.027-SP, Rel. Min. Carlos Velloso.
40. STF, DJ 21.06.02, p. 125, AgRg no AI 372.638-PA, Rel. Min. Carlos Velloso.

280-STF. II. — A verificação, no caso concreto, da ocorrência, ou não, de violação ao direito adquirido, ao ato jurídico perfeito e à coisa julgada situa-se no campo infraconstitucional. III. — Agravo não provido"[41].

Pois bem. Como se constata com facilidade, a Corte não modificou o seu entendimento acerca das exigências para o cabimento de recursos extraordinários, já que várias das decisões transcritas são posteriores ao julgamento do recurso aqui em discussão, e nem há indicações de que o fará. Por sua vez, o acórdão da 2ª Turma do STF examinado neste estudo não desenvolve qualquer argumentação a fim de distinguir a hipótese por ele decidida de todos os casos que deram origem e alimentam a fartíssima jurisprudência do Supremo Tribunal Federal sobre a matéria. Nada obstante isso, o acórdão adotou entendimento exatamente oposto ao consagrado pela jurisprudência: não há como deixar de concluir que houve aqui ofensa aos princípios da segurança jurídica e da isonomia.

IV. Conclusões

De todo o exposto, é possível extrair as seguintes conclusões:

1. A segurança jurídica impõe limitações à atuação do Poder Público em geral e do Poder Judiciário em particular. O padrão de conduta do Poder Público gera nos particulares uma expectativa legítima de que a atuação estatal não irá surpreendê-los, sendo certo que essa expectativa não deve ser frustrada pelo Estado. Situações equiparáveis devem receber do Poder Público a mesma espécie de tratamento.

2. No mesmo sentido, o princípio da isonomia impõe que o aplicador da norma adote a mesma solução para hipóteses equivalentes (igualdade *perante a lei*). Assim, o órgão jurisdicional deverá aplicar sua própria jurisprudência a casos similares a não ser (i) que decida modificar seu entendimento acerca da matéria em caráter geral ou (ii) que seja capaz de demonstrar, a partir de critérios extraí-

---

41. STF, DJ 13.08.04, p. 278, AgRg no AI 494.650-SP, Rel. Min. Carlos Velloso.

dos do sistema normativo, que a hipótese apresenta características que a distinguem de forma relevante dos casos que formaram a jurisprudência em questão.

3. O acórdão da 2ª Turma do Supremo Tribunal Federal analisado, ao divergir da jurisprudência consolidada do STF acerca do cabimento de recursos extraordinários, sem demonstrar a existência de qualquer elemento relevante capaz de o diferenciar dos precedentes da Corte, feriu os princípios da segurança jurídica e da isonomia.

Disciplina legal dos direitos do acionista minoritário e do preferencialista. Constituição e espaços de atuação legítima do Legislativo e do Judiciário

> SUMÁRIO: *A hipótese. Parte I. Legislativo e Judiciário: possibilidades e limites de sua atuação em um Estado democrático. I. A Constituição e sua centralidade na moderna interpretação constitucional. II. Constitucionalismo, democracia e princípio majoritário. III. A estrutura das normas constitucionais. Princípios, regras e seu papel no sistema jurídico. IV. Poder Legislativo e espaço de deliberação democrática. V. Poder Judiciário, legitimidade democrática e limites à criação do Direito pelo juiz. Parte II. Direitos do acionista minoritário e do preferencialista. Validade constitucional do tratamento legal diferenciado. VI. Extensão do prêmio de controle aos acionistas minoritários (o tag along): o debate democrático e a opção do legislador brasileiro. VII. Validade da opção legislativa: os princípios constitucionais da razoabilidade, da boa-fé e da função social do contrato. VIII. Conclusões.*

A HIPÓTESE

Trata-se de estudo acerca de alguns aspectos da associação entre duas grandes empresas, uma nacional e outra estrangeira. Indaga-se, especificamente, se há consistência jurídica na tese que, com fundamento em princípios constitucionais implícitos, procura atribuir aos seus controladores obrigações adicionais relativamente aos titulares de ações preferenciais da companhia, além daquelas previstas em lei.

Objetivamente, a questão posta pode ser descrita da seguinte forma. A Lei das S.A. — Lei n° 6.404, de 15.12.76, que dispõe sobre as sociedades por ações — disciplina os direitos e deveres dos acionistas de tais companhias, distinguindo, dentre outras figuras, entre titulares de ações ordinárias e de ações preferenciais. Em seu artigo 254-A[1], a lei prevê que, na hipótese de alienação de controle, o adquirente da companhia deve fazer oferta pública de aquisição das ações *com direito a voto* de propriedade dos demais acionistas da empresa[2]. A doutrina especializada descreve esse mecanismo como uma forma de extensão do prêmio de controle aos acionistas minoritários titulares de ações ordinárias e o identifica genericamente por meio da expressão *tag along*, importada do direito norte-americano[3]. O art. 17, § 1°, III[4], por sua vez, autoriza que o estatuto da companhia conceda esse

---

1. Lei 6.404/76, art. 254-A: "A alienação, direta ou indireta, do controle de companhia aberta somente poderá ser contratada sob a condição, suspensiva ou resolutiva, de que o adquirente se obrigue a fazer oferta pública de aquisição das ações com direito a voto de propriedade dos demais acionistas da companhia, de modo a lhes assegurar o preço no mínimo igual a 80% (oitenta por cento) do valor pago por ação com direito a voto, integrante do bloco de controle".
2. Não se discutirá aqui se a operação de associação entre as empresas envolvidas caracteriza ou não a alienação de controle de uma delas. Como o direito ao *tag along* está vinculado pela lei à circunstância da alienação do controle, o estudo se desenvolve adotando essa premissa como hipótese de trabalho.
3. O termo *tag along* foi cunhado nos EUA para designar contratos que confeririam aos acionistas minoritários o direito de deixar a empresa conjuntamente com os controladores (*tag along agreement*). Tais contratos, como noticia Fábio Ulhoa Coelho (*Curso de direito comercial*, 2002, p. 286 e ss.), multiplicaram-se a partir dos anos de 1998 e 1999, e referiam-se, especialmente, a companhias dedicadas ao comércio eletrônico via Internet. É que nessas empresas o sucesso do negócio dependia mais do aporte de capitais dos investidores, aplicados em *marketing* e na montagem e ampliação dos sistemas tecnológicos, que da criatividade dos jovens controladores. Essa particularidade justificava que o prêmio de controle fosse estendido também aos investidores.
4. Lei 6.404/76, art. 17, §1°: "Independentemente do direito de receber ou não o valor de reembolso do capital com prêmio ou sem ele, as ações preferen-

direito também aos titulares de ações preferenciais sem direito de voto.

Nos termos da legislação pertinente, portanto, os titulares de ações preferenciais sem direito a voto não têm direito subjetivo ao *tag along*, isto é, à oferta pública de aquisição de suas ações, salvo se o estatuto da companhia dispuser nesse sentido. A consulente informa que o seu estatuto não confere o direito em questão aos seus acionistas preferencialistas.

Diante desse cenário, a consulente pergunta se seria plausível sustentar, com fundamento nos princípios constitucionais implícitos da boa-fé e da função social do contrato, que o eventual adquirente da companhia tem o dever jurídico de estender o *tag along* também aos titulares de ações preferenciais. Em outras palavras, se ele estaria obrigado, por conta dos princípios referidos, a fazer oferta de compra das ações preferenciais nas mesmas condições em que deve fazê-lo relativamente às ações ordinárias, por disposição do art. 254-A da Lei das S.A..

A resposta à questão descrita, já se pode adiantar, é negativa. A Constituição de 1988 não gera obrigações adicionais aos possíveis novos controladores da empresa, além das previstas na legislação pertinente, relativamente aos titulares de ações preferenciais da companhia; e nem é legítimo, em um Estado democrático de direito, ignorar a opção formulada pelo Poder Legislativo, usurpando-lhe competência própria. Para discutir de maneira adequada os temas postos, o presente estudo foi dividido em duas partes. A Parte I é dedicada a expor, sumariamente, alguns conceitos básicos da teoria constitucional e da teoria democrática, que servirão como pressupostos lógicos para o equacionamento e solução da questão específica, desenvolvida na Parte II. Ao fim da exposição, que obedecerá o roteiro apresentado ao início, produz-se a conclusão em relação a matéria, que se revela bastante natural e simples.

---

ciais sem direito de voto ou com restrição ao exercício deste direito, somente serão admitidas à negociação no mercado de valores mobiliários se a elas for atribuída pelo menos uma das seguintes preferências ou vantagens: (...)

III — direito de serem incluídas na oferta pública de alienação de controle, nas condições previstas no art. 254-A, assegurado o dividendo pelo menos igual ao das ações ordinárias".

Parte I
LEGISLATIVO E JUDICIÁRIO: POSSIBILIDADES E LIMITES DE SUA ATUAÇÃO EM UM ESTADO CONSTITUCIONAL DEMOCRÁTICO

A discussão suscitada neste estudo envolve uma situação singular do ponto de vista da efetividade da Constituição: a tentativa de extrair obrigações específicas de princípios constitucionais genéricos, a despeito daquilo que o legislador dispôs sobre a matéria e, no caso, até contrariamente ao que foi previsto em lei. A questão envolve dois temas da maior importância para o direito constitucional contemporâneo: o papel da Constituição e da interpretação constitucional, de um lado, e o espaço de atuação legítima do Legislativo e do Judiciário no Estado constitucional democrático, de outro. Os itens seguintes procuram sintetizar os conceitos mais relevantes sobre esses dois pontos.

I. A Constituição e sua centralidade na moderna interpretação constitucional

O direito constitucional brasileiro vive um momento de virtuosa ascensão teórica e institucional. Do ponto de vista de sua elaboração científica e da prática jurisprudencial, duas mudanças de paradigma deram-lhe nova dimensão: a) o compromisso com a efetividade de suas normas[5]; e b) o desenvolvimento de uma dogmática da interpretação constitucional[6]. Passou a ser premissa do estudo da Constituição o reconhecimento de sua força normativa[7], do caráter vinculativo e obrigatório de suas disposições, superada a fase em que era tratada como um conjunto de aspirações políticas e uma convocação à atuação dos Poderes Públicos. De outra parte, embora se insira no âmbito

---

5. Sobre o tema, v. Luís Roberto Barroso, *O direito constitucional e a efetividade de suas normas*, 2001.
6. Para um levantamento da doutrina nacional e estrangeira acerca do tema, v. Luís Roberto Barroso, *Interpretação e aplicação da Constituição*, 2001.
7. V. Konrad Hesse, "La fuerza normativa de la Constitución". In: *Escritos de derecho constitucional*, 1983 e Eduardo García de Enterría, *La Constitución como norma y el Tribunal Constitucional*, 1985.

da interpretação jurídica, a especificidade das normas constitucionais, com seu conteúdo próprio, sua abertura e superioridade jurídica, exigiram o desenvolvimento de novos métodos hermenêuticos e de princípios específicos de interpretação constitucional.

Essas transformações redefiniram a posição da Constituição na ordem jurídica brasileira. De fato, nas últimas décadas, o Código Civil foi perdendo sua posição de preeminência, mesmo no âmbito das relações privadas, onde se formaram diversos microssistemas (consumidor, criança e adolescente, locações, direito de família). Progressivamente, foi se consumando no Brasil um fenômeno anteriormente verificado na Alemanha, após a Segunda Guerra: a passagem da Lei Fundamental para o centro do sistema. À supremacia até então meramente formal, agregou-se uma valia material e axiológica à Constituição, potencializada pela abertura do sistema jurídico e pela normatividade de seus princípios[8].

A Constituição passa a ser, assim, não apenas um sistema em si — com a sua ordem, unidade e harmonia — mas também um modo de olhar e interpretar todos os demais ramos do Direito. Este fenômeno, identificado por alguns autores como *filtragem constitucional*, consiste em que toda a ordem jurídica deve ser lida e apreendida sob a lente da Constituição, de modo a realizar os valores nela consagrados. A constitucionalização do direito infraconstitucional não identifica apenas a inclusão na Lei Maior de normas próprias de outros domínios, mas, sobretudo, a reinterpretação de seus institutos sob uma ótica constitucional[9].

---

8. V. Pietro Perlingieri, *Perfis do direito civil*, 1997, p. 6: "O Código Civil certamente perdeu a centralidade de outrora. O papel unificador do sistema, tanto nos seus aspectos mais tradicionalmente civilísticos quanto naqueles de relevância publicista, é desempenhado de maneira cada vez mais incisiva pelo Texto Constitucional". Vejam-se, também: Maria Celina B. M. Tepedino, A caminho de um direito civil constitucional, *RDC*, 65:21, 1993; Gustavo Tepedino, "O Código Civil, os chamados microssistemas e a Constituição: premissas para uma reforma legislativa". In: Gustavo Tepedino (org.), *Problemas de direito civil-constitucional*, 2001.

9. J. J. Gomes Canotilho e Vital Moreira, *Fundamentos da Constituição*, 1991, p. 45: "A principal manifestação da preeminência normativa da Constituição consiste em que toda a ordem jurídica deve ser *lida à luz dela* e passada pelo seu crivo". V. também, Paulo Ricardo Schier, *Filtragem constitucional*, 1999.

À luz de tais premissas, toda interpretação jurídica é também interpretação constitucional. Qualquer operação de realização do Direito envolve a aplicação direta ou indireta da Constituição. Direta, quando uma pretensão se fundar em uma norma constitucional; e indireta quando se fundar em uma norma infraconstitucional, por duas razões: a) antes de aplicar a norma, o intérprete deverá verificar se ela é compatível com a Constituição, porque, se não for, não poderá fazê-la incidir; e b) ao aplicar a norma, deverá orientar seu sentido e alcance à realização dos fins constitucionais.

Em suma: a Constituição figura hoje no centro do sistema jurídico, de onde irradia sua força normativa, dotada de supremacia formal e material. Funciona, assim, não apenas como parâmetro de validade para a ordem infraconstitucional, mas também como vetor de interpretação de todas as normas do sistema.

II. Constituição, democracia e princípio majoritário

Visto o papel da Constituição, cumpre agora harmonizá-lo com outros elementos relevantes para a legitimação do poder político. A idéia de Estado democrático de direito, consagrada no art. 1º da Constituição brasileira, é a síntese histórica de dois conceitos que são próximos, mas não se confundem: os de constitucionalismo e de democracia. *Constitucionalismo* significa, em essência, limitação do poder e supremacia da lei (Estado de direito, *rule of law*, *Rechtsstaat*). *Democracia*, por sua vez, em aproximação sumária, traduz-se em soberania popular e governo da maioria. Entre constitucionalismo e democracia podem surgir, eventualmente, pontos de tensão: a vontade da maioria pode ter de estancar diante de determinados conteúdos materiais, orgânicos ou processuais da Constituição.

Observe-se, todavia, que esta não é a regra, mas a exceção. De longa data tem-se assente que os atos emanados do Poder Público — sejam legislativos ou administrativos — nascem com presunção de validade. Na Europa, até meados do século XX, como se sabe, vigia o princípio da supremacia do Parlamento, inexistindo a possibilidade de controle de constitucionalidade dos atos dele emanados. Nessa fase, que se estende até a criação dos tribunais constitucionais no segundo pós-guerra, as potencialidades da Constituição como documento jurídico eram limitadas. Prevalecia o ato parlamentar, a *lei*, concebida como produto racional dos representantes do povo, insuscetível de controles externos[10].

Nos Estados Unidos, é certo, reconheceu-se a possibilidade de controle de constitucionalidade dos atos legislativos e administrativos a partir de 1803, quando do julgamento do célebre caso *Marbury v. Madison*. Passou a viger naquele país, a partir de então, a supremacia da Constituição — e não mais do Parlamento, como no modelo inglês. Mas mesmo nesse contexto, não foi superado o princípio da presunção de constitucionalidade dos atos emanados dos órgãos políticos. Pelo contrário, a Suprema Corte sempre conservou uma posição de deferência em relação a eles, somente declarando inconstitucional a sua atuação em hipóteses excepcionais, quando não houvesse dúvida razoável nem outra possibilidade de resolver o litígio[11].

Das origens até os dias de hoje, é recorrente na doutrina o debate acerca do fundamento democrático da jurisdição constitucional[12].

---

10. Eduardo García de Enterría, *La Constitución como norma y el Tribunal Constitucional*, 1985; e Clèmerson Merlin Clève, "A teoria constitucional e o direito alternativo". In: *Uma vida dedicada ao direito — Homenagem a Carlos Henrique de Carvalho, o editor dos juristas*, 1995, pp. 34-35: "Os revolucionários burgueses acreditavam na força da razão. Por isso que, não passando a lei, para eles, de norma descoberta pela atividade racional, não poderia ela atentar contra a justiça e a liberdade. (...) Imaginavam os revolucionários que o Parlamento produziria a lei pelo trabalho dos representantes da nação orientados pela razão; e porque a lei era, a um tempo, regra criada pela nação por meio de seus representantes (questão de forma) e orientada pela razão (questão de fundo), ela não poderia atentar contra a justiça e contra a liberdade.".

11. Depois de *Marbury*, a Suprema Corte levou mais de cinqüenta anos até que voltasse a declarar inconstitucional uma lei emanada do Congresso, o que se passou no polêmico caso *Dred Scott v. Sandford*, julgado em 1857. Houve, todavia, um precedente de declaração de inconstitucionalidade de lei estadual, em *Fletcher v. Peck* (6 Cranch 87, 1810), embora a doutrina do controle de constitucionalidade das decisões estaduais só houvesse sido desenvolvida em *Martin vs. Hunter's Lessee* (1 Wheat 304, 1816). Sobre o dever de auto-contenção na matéria, v. Nowak, Rotunda e Young, *Constitutional law*, 1986, pp. 86-7; e, em português, Luís Roberto Barroso, *Interpretação e aplicação da Constituição*, 2003, pp. 177-8.

12. O tema é objeto de volumosa literatura nos Estados Unidos. Vejam-se, exemplificativamente: John Hart Ely, *Democracy and distrust*, 1980; Alexander M. Bickel, *The least dangerous branch*, 1986; Charles Black Jr., *The people and the court*, 1960; Herbert Wechsler, Towards neutral principles of constitutional

A subsistência da polêmica e a busca constante de legitimação nas relações entre o constituinte e o legislador revelam um imperativo dos tempos modernos: o de harmonizar a existência de uma Constituição — e dos limites que ela impõe aos poderes ordinários[13] — com a liberdade necessária às deliberações majoritárias, próprias do regime democrático. As perguntas que desafiam a doutrina e a jurisprudência podem ser postas nos termos seguintes: por que um texto elaborado décadas ou séculos atrás (a Constituição) deveria limitar as maiorias atuais? E, na mesma linha, por que se deveria transferir ao Judiciário a competência para examinar a validade de decisões dos representantes do povo?

As respostas a estas indagações já se encontram amadurecidas nas teorias constitucional e democrática contemporâneas[14] e podem

---

law, *Harvard Law Review*, 73:1, 1959; Robert Bork, Neutral principles and some first amendment problems, *Indiana Law Journal*, 47:1, 1971; Bruce Ackerman, Beyond Carolene Products, *Harvard Law Review*, 98, 1985; Ronald Dworkin, *Taking rights seriously*, 1997; Edwin Meese III, The law of the Constitution, *Tulane Law Review*, 61:979, 1987; Rebecca I. Brown, Accountability, liberty, and the Constitution, *Columbia Law Review*, 98:531, 1998. Na doutrina européia, vejam-se: Robert Alexy, *Teoría de la argumentación jurídica*, 1997; Jürgen Habermas, *Direito e democracia: entre faticidade e validade*, 2 vs., 1997; Peter Häberle, *Hermenêutica constitucional: a sociedade aberta dos intérpretes da Constituição*, 1997; Eduardo García de Enterría, *La Constitución como norma y el tribunal constitucional*, 1991. No Brasil, vejam-se: Willis Santiago Guerra Filho, Derechos fundamentales, proceso y principio de la proprocionalidad, Separata de Ciência Tomista, Salamanca, t. 124, n. 404, 1997; Oscar Vilhena Vieira, *A constituição e sua reserva de justiça*, 1999; Cláudio Pereira de Souza Neto, *Jurisdição constitucional, democracia e racionalidade prática*, 2002; José Adércio Leite Sampaio, *A Constituição reinventada pela jurisdição constitucional*, 2002, p. 60 e s. ("Discurso de legitimidade da jurisdição constitucional e as mudanças legais do regime de constitucionalidade no Brasil"); Gustavo Binenbojm, *A nova jurisdição constitucional brasileira*, 2001.
13. Norberto Bobbio, Nicola Matteucci e Gianfranco Pasquino, *Dicionário de Política*, v. 1, 1999, p. 257. Sobre outros aspectos da relação entre constitucionalismo e democracia, como a noção de liberdade e os conceitos de povo, soberania e Estado, veja-se o mesmo livro, p. 256 e ss..
14. Sobre o assunto, veja-se: John H. Ely, *Democracy and distrust. A theory of judicial review*, 1980; Eduardo García de Enterría, *La Constitución como norma y el Tribunal Constitucional*, 1985, p. 209 e ss.; Alexander M. Bickel, *The least dangerous branch*, 1986; J. C. Vieira de Andrade, "Legitimidade da justiça

ser resumidas como se faz a seguir. A Constituição de um Estado democrático tem duas funções principais. Em **primeiro lugar**, compete a ela veicular consensos mínimos, tão essenciais para a dignidade das pessoas e para o funcionamento do regime democrático que não podem ser afetados por maiorias políticas ocasionais (ou exigem para isso um procedimento especialmente complexo)[15]. Esses consensos elementares, embora possam variar em função das circunstâncias políticas, sociais e históricas de cada país[16], envolvem a garantia de direitos fundamentais, a separação e a organização dos poderes constituídos[17] e a fixação de determinados fins de natureza política ou valorativa.

Em **segundo lugar**, cabe à Constituição garantir o espaço próprio do pluralismo político, assegurando o funcionamento adequado dos mecanismos democráticos. A participação popular, os meios de comunicação social, a opinião pública, as demandas dos grupos de pressão e dos movimentos sociais imprimem à política e à legislação

---

constitucional e princípio da maioria". In: *Legitimidade e legitimação da justiça constitucional — Colóquio no 10º aniversário do Tribunal Constitucional*, 1995, p. 80 e ss.; e Francisco Lucas Pires, "Legitimidade da justiça constitucional e princípio da maioria". In: *Legitimidade e legitimação da justiça constitucional — Colóquio no 10º aniversário do Tribunal Constitucional*, 1995, p. 167 e ss..

15. Landelino Lavilla, "Constitucionalidad y legalidad. Jurisdiccion constitucional y poder legislativo". In: Antonio Lopes Pina (org.), *Division de poderes e interpretacion — Hacia una teoria de la praxis constitucional*, 1997, pp. 58-72; Tomás de la Quadra, Antonio La Pergola, Antonio Hernández Gil, Jorge Rodríguez-Zapata, Gustavo Zagrebelsky, Francisco P. Bonifacio, Erhardo Denninger e Conrado Hesse, "Metodos y criterios de interpretacion de la constitución". In: Antonio Lopes Pina (org.), *Division de poderes e interpretacion — Hacia una teoria de la praxis constitucional*, 1997, p. 134; e Francisco Fernández Segado, La teoría jurídica de los derechos fundamentales en la Constitución Española de 1978 y en su interpretación por el Tribunal Constitucional, *RILSF, 121*:77, 1994: "(...) los derechos son, simultáneamente, la conditio sine qua non del Estado constitucional democrático".
16. V. J. J. Gomes Canotilho, Rever ou romper com a Constituição dirigente? Defesa de um constitucionalismo moralmente reflexivo, *RT-CDCCP*, 15:7, 1996.
17. Declaração dos Direitos do Homem e do Cidadão de 1789, art. 16: "Qualquer sociedade na qual a garantia dos direitos não está em segurança, nem a separação dos poderes determinada, não tem Constituição".

uma dinâmica própria e exigem representatividade e legitimidade corrente do poder. Há um conjunto de decisões que não podem ser subtraídas dos órgãos eleitos pelo povo a cada momento histórico. A Constituição não pode, não deve, nem tem a pretensão de suprimir a deliberação legislativa majoritária.

As noções expostas até aqui correspondem não apenas ao conhecimento convencional na matéria, sob a ótica da teoria constitucional e da teoria democrática, como foram igualmente abrigadas no direito constitucional positivo brasileiro. De fato, na Constituição de 1988, determinadas decisões políticas fundamentais do constituinte originário são intangíveis (art. 60, § 4º) e nela se estabeleceu um procedimento legislativo especial para a aprovação de emendas constitucionais (art. 60). De outra parte, o texto faz expressa opção pelo princípio democrático e majoritário (art. 1º, *caput* e parágrafo único), define como princípio fundamental o pluralismo político (art. 1º, V) e distribui competências pelos órgãos do Poder (Título IV, art. 44 e segs.). Há um claro equilíbrio entre constitucionalismo e democracia, que não pode nem deve ser rompido pelo intérprete constitucional.

Longe de serem conceitos antagônicos, portanto, Constituição e democracia são fenômenos que se complementam e se apoiam mutuamente no Estado contemporâneo. Ambas se destinam, em última análise, a prover justiça e segurança jurídica. Por meio do equilíbrio entre Constituição e deliberação majoritária, as sociedades podem obter, ao mesmo tempo, estabilidade quanto às garantias e valores essenciais, que ficam preservados no texto constitucional, e agilidade para a solução das demandas do dia-a-dia, a cargo dos poderes políticos eleitos pelo povo.

III. A estrutura das normas constitucionais. Princípios, regras e seu papel no sistema jurídico

A dupla função da Constituição indicada acima — proteger consensos básicos contra a ação das maiorias e garantir o adequado funcionamento da democracia e do pluralismo político — tem reflexos na estrutura das normas utilizadas pelo texto constitucional.

Como é corrente, as normas jurídicas podem ser classificadas, quanto à sua estrutura, em regras ou princípios, e as Constituições em geral empregam as duas modalidades. Afora outras sutilezas teóricas[18], uma das principais particularidades das normas-princípios está em que elas indicam um fim político a ser alcançado ou um valor a ser preservado, como é o caso da dignidade da pessoa humana, da livre iniciativa e da função social do contrato, por exemplo. As regras, por sua vez, limitam-se a traçar uma conduta; a questão relativa a valores ou a fins públicos já foi objeto de deliberação pelo legislador e não vem explicitada na norma. Daí ser possível afirmar que regras são descritivas de conduta, ao passo que princípios são valorativos ou finalísticos[19].

Essa característica dos princípios pode acarretar duas conseqüências. Por vezes, a abstração do fim ou estado ideal indicado pela norma dá ensejo a uma certa elasticidade ou indefinição do seu sentido. É o que acontece, *e.g.*, com a dignidade da pessoa humana, cuja definição varia, muitas vezes, em função das concepções políticas, filosóficas, ideológicas e religiosas do intérprete[20]. Em segundo lugar, ao empregar princípios para formular opções políticas, metas a serem alcançadas e valores a serem preservados e promovidos, a Constituição não escolhe os meios que devem ser empregados para preservar ou alcançar estes bens jurídicos. Mesmo porque, e esse é um ponto importante, freqüentemente, meios variados podem ser adotados para alcançar o mesmo objetivo[21]. As regras, uma vez que descrevem condutas específicas desde logo, não ensejam essas particularidades.

Ora, a decisão do constituinte de empregar princípios ou regras em cada caso não é aleatória ou meramente caprichosa. Ela está associada, na verdade, às diferentes funções que essas duas espécies normativas podem desempenhar no texto constitucional, tendo em conta a intensidade de limitação que se deseja impor aos Poderes constituídos. Ao utilizar a estrutura das regras, o constituinte cria condutas específicas, obrigatórias, e, conseqüentemente, limites claros à atua-

---

18. V., dentre outros, Humberto Ávila, *Teoria dos princípios*, 2003.
19. Sobre o assunto, v. Ronald Dworkin, *Taking rights seriously*, 1997; Robert Alexy, *Teoría de los derechos fundamentales*, 1997; J. J. Gomes Canotilho, *Direito constitucional e teoria da Constituição*, 1998; e Paulo Bonavides, *Curso de direito constitucional*, 2000.
20. Ana Paula de Barcellos, *A eficácia jurídica dos princípios constitucionais — O princípio da dignidade da pessoa humana*, 2002, p. 103 e ss..
21. Sobre o tema, v. Luís Roberto Barroso, *O direito constitucional e a efetividade de suas normas*, 2000, p. 116 e ss..

ção dos poderes políticos. Os princípios, diversamente, indicam um sentido geral e demarcam um espaço dentro do qual as maiorias políticas poderão legitimamente fazer suas escolhas.

Um exemplo ajuda a compreensão. A Constituição estabelece como fim a redução das desigualdades regionais (arts. 3º, III, e 170, VII) e é possível conceber meios variados de tentar realizá-lo. Cada grupo político, por certo, terá a sua proposta nesse particular, e todas serão igualmente legítimas do ponto de vista constitucional. Nada obstante, se uma política pública agravar, comprovadamente, a desigualdade das regiões do país, sem qualquer proveito para outros fins constitucionais, ela poderá ser impugnada por violar o fim estabelecido pelo princípio. Ou seja: o princípio constitucional demarca esse campo dentro do qual as maiorias podem formular suas opções; esse espaço é de fato amplo, mas não ilimitado.

Essa função diferenciada de princípios e regras repercute, por evidente, na interpretação das normas constitucionais. Não se pode, por meio da interpretação constitucional, subtrair do Legislativo a definição das políticas públicas específicas que irão realizar os fins constitucionais e aniquilar o espaço de deliberação democrática. Não é válido ao intérprete, a pretexto de interpretar um princípio constitucional, impor como juridicamente necessária a política pública que lhe parece mais conveniente, sobretudo quando contravenha regra legal. O intérprete não tem legitimidade para impor suas convicções pessoais sobre a sociedade. Se há uma variedade de políticas possíveis e legítimas que realizam o princípio, sua definição depende de uma decisão majoritária, e não de uma decisão supostamente jurídica.

IV — Poder Legislativo e espaço de deliberação democrática

A partir dos elementos teóricos fixados nos itens anteriores, é possível visualizar com maior clareza o papel do Legislativo e o espaço próprio da deliberação majoritária nos Estados constitucionais democráticos. Assim como os demais poderes no âmbito do Estado, também o Legislativo deve obediência à Constituição. Como já referido, porém, a Constituição não ocupa, nem pode pretender ocupar todos os espaços jurídicos dentro do Estado, sob pena de asfixiar o exercício democrático dos povos em cada momento histórico. Respeitadas as regras constitucionais e dentro do espaço de sentido possível dos princípios constitucionais, o Legislativo está livre para fazer as escolhas que lhe pareçam melhores e mais consistentes com os anseios da população que o elegeu. Trata-se do que parte da doutrina denomina de autonomia da função legislativa[22] ou liberdade de conformação do legislador[23].

A disputa política entre diferentes visões alternativas e plausíveis acerca de como dar desenvolvimento concreto a um princípio constitucional é própria do pluralismo democrático. A absorção institucional dos conflitos pelas diversas instâncias de mediação, com a conseqüente superação da força bruta, dá o toque de civilidade ao modelo. Mas não é possível pretender derrotar a vontade majoritária, em espaço no qual ela deva prevalecer, pela via oblíqua de uma interpretação jurídica sem lastro constitucional. Ao agir assim, o intérprete estaria usurpando tanto o papel do constituinte quanto do legislador.

No caso da Constituição de 1988, ela própria distribui entre os entes federativos competências legislativas para a disciplina dos temas mais diversos, cabendo à União, como se sabe, legislar privativamente sobre direito comercial (CF, art. 22, I). Se é verdade, repita-se, que o legislador não está absolutamente livre para dispor de forma irrazoável, arbitrária ou idiossincrática sobre qualquer tema, também é verdade que, em uma sociedade plural, ele é livre para escolher qualquer das opções plausíveis existentes no mercado de idéias.

V — Poder Judiciário, legitimidade democrática e limites à criação do Direito pelo juiz

Esta exposição teórica não estaria completa sem algumas observações finais sobre o papel do Judiciário no Estado democrático de direito. Tradicionalmente, a função jurisdicional corresponde à aplicação contenciosa do direito, para solucionar uma lide, e dentro de um processo[24]. A percepção convencional imaginava que a jurisdição

---

22. José Carlos Vieira de Andrade, *Os direitos fundamentais na Constituição portuguesa de 1976*, 1998, p. 307 e ss..
23. J. J. Gomes Canotilho, *Direito constitucional*, 1991, p. 740.
24. Miguel Seabra Fagundes, *O controle dos atos administrativos pelo Poder Judiciário*, 1979.

seria uma função técnica, de natureza meramente cognitiva, pela qual o juiz revelava o sentido já existente na norma. Não cabia ao magistrado formular valorações ou escolhas; elas já teriam sido feitas pelo legislador.

Há muitas décadas que já se sabe que a descrição acima acerca da função jurisdicional não corresponde à realidade. Em primeiro lugar, ainda que fosse possível ao intérprete atuar de forma neutra e objetiva — o que não é verdade —, ainda assim a própria abertura do sistema, que nem sempre fornece uma solução pré-concebida para determinados casos, e a pluralidade de sentidos que a maior parte das normas admite, já desmitificariam a atividade puramente técnica do juiz. Na verdade, porém, há mais que isso.

O juiz está envolvido em escolhas no momento em que seleciona os fatos relevantes, elege as normas que considera pertinentes no caso (e afasta outras, conscientemente ou não) e apura, dentre outras que seriam possíveis, uma determinada conseqüência jurídica a partir dessas normas. Na medida em que os ordenamentos modernos empregam cada vez mais normas contendo conceitos jurídicos indeterminados e expressões de forte conteúdo valorativo, esse espaço de escolha e decisão do intérprete cresce ainda mais, já que lhe cabe preencher de sentido tais expressões. Em suma: a atividade do juiz apresenta, por vezes, muito mais de criação do que de revelação ou mera cognição; portanto, o juiz é também, em certa medida, um criador do Direito[25].

Isso não significa, por evidente, que o Judiciário possa ou deva transformar-se no principal criador do Direito no Estado contemporâneo ou que lhe caiba inovar livremente na ordem jurídica. A definição do espaço próprio do Judiciário é dada pelo exame sistemático do texto constitucional, e há ao menos três elementos constitucionais relevantes a considerar: a separação de poderes, a isonomia e a segurança jurídica.

A *separação de poderes,* nada obstante sua constante reformulação histórica[26], continua a ser um dos princípios fundamentais dos

---

25. Karl Larenz, *Metodologia da ciência do direito*, 1969. V. Luís Roberto Barroso, *Interpretação e aplicação da Constituição*, 2003, p. 277 e ss..
26. Nuno Piçarra, *A separação dos poderes como doutrina e princípio constitucional — Um contributo para o estudo das suas origens e evolução*, 1989; e Bruce

Estados constitucionais e esse é o *status* que a Constituição de 1988 lhe confere (CF, arts. 2º e 60, § 4º, III). Por força da separação de poderes, e esse é sem dúvida um de seus corolários imediatos, a função de criar normas jurídicas, isto é, de instituir direitos e obrigações foi atribuída ao Legislativo, na linha do que dispõe o art. 5º, II, da Constituição[27]. Ainda que o atual sistema constitucional admita que os demais Poderes tenham alguma competência normativa, ela é sempre excepcional e decorre de previsão específica[28].

Desse modo, como regra geral, não compete ao Judiciário criar a norma abstrata a aplicar ou formular a obrigação específica que ele próprio, no momento seguinte, exigirá de uma das partes. A idéia de repartição de funções, como meio de controle do poder estatal, não é capaz de conviver com a concentração, em um mesmo órgão, dos poderes de criar o Direito e aplicá-lo aos casos concretos[29]. Assim, quando a norma constitucional estabelece fins gerais mas não explicita meios, nem prevê direitos e obrigações com eles relacionados, não pode o Judiciário pretender sobrepor-se à atuação do legislador, a menos que ele tenha incorrido em inconstitucionalidade. Do contrário, estaria violando a cláusula da separação dos Poderes e produzindo uma concentração de competência não admitida pela Constituição. Em suma: não é possível ao Judiciário, a pretexto de prestar jurisdição, criar normas jurídicas, veiculando escolhas que cabem aos poderes democraticamente eleitos[30].

Ackerman, The new separation of powers, *Harvard Law Review*, 113:633, 2000.

27. CF/88, art. 5º, II: "ninguém será obrigado a fazer ou deixar de fazer alguma coisa senão em virtude de lei";

Sobre o princípio da legalidade, dentre muitos, v. Geraldo Ataliba, *República e Constituição*, 1985, pp. 98-9; Celso Antônio Bandeira de Mello, *Curso de direito administrativo*, 1999, p. 32 e ss.; e Maria Sylvia Zanella Di Pietro, *Direito administrativo*, 2001, p. 67 e ss..

28. Clèmerson Merlin Clève, *Atividade legislativa do Poder Executivo no estado contemporâneo e a Constituição de 1988*, 1993.

29. No sistema do *common law*, o papel do juiz, como se sabe, é o de identificar o direito costumeiro ou o precedente aplicável, e não o de criação livre da norma a ser aplicada. V. Hanks, Herz e Nemerson, *Elements of law*, 1994, p. 5 e ss..

30. Nesse sentido, STF, DJ 01.12.89, p. 17.759, CA 35-1-RJ, Rel. Min. Sydney Sanches: "Esse poder de criar o direito material é, em princípio, do Legislativo, segundo as competências constitucionalmente distribuídas, cabendo, em

Um segundo elemento constitucional relevante nesse particular é o princípio geral, e em certos ambientes a regra, da ***isonomia***. A isonomia, como se sabe, apresenta variadas facetas. É possível falar de isonomia perante a lei e na lei, isonomia formal e material, e, ainda, isonomia temperada pela razoabilidade, no tratamento igual dos iguais e desigual dos desiguais. Em qualquer hipótese, uma conseqüência direta desse princípio é o dever do Estado de tratar a todos de forma impessoal (CF, art. 37, *caput*), o que significa dizer que indivíduos em situação similar deverão receber o mesmo tratamento. Considerando pessoas em condições idênticas, não se justifica que algumas sejam tratadas de um modo e outras de outro.

Toda vez que o Estado confere um tratamento particular a um grupo de indivíduos, sem que para isso haja um fundamento razoável, age de forma contrária à isonomia. O princípio, no entanto, também pode ser violado pelo que a doutrina denomina de inconstitucionalidade por omissão parcial[31]: ela se verifica quando o poder público

---

outros casos, delegações de poderes normativos complementares a órgãos administrativos, que os exercem como atribuições. É o que acontece com o Conselho Monetário Nacional e o Banco Central do Brasil, no campo ora focalizado.

No caso, o MM. Juiz da 20ª Vara Cível, imbuído, reconheça-se, de nobres propósitos, como também os do ilustre Curador de Justiça dos Consumidores, que provocou sua decisão liminar, houve por bem fixar normas genéricas de conduta para os Bancos suscitantes, perante seus clientes, (...).

Nesse ponto, o nobre Magistrado não se limitou a praticar ato de seu ofício, prestando jurisdição. Ou seja, não cuidou de declarar o direito entre partes determinadas e conhecidas, ou mesmo envolvidas em interesses coletivos.

Na verdade, o que fez foi, mediante provocação do Ministério Público, criar normas genéricas de conduta aos Bancos-réus perante seus clientes, quaisquer que eles sejam, a serem observadas no curso do processo, até final sentença

Normas genéricas, que, além de não competirem ao Judiciário, no estrito exercício de sua função jurisdicional, colidem frontalmente com as já baixadas pelos órgãos administrativos competentes, no exercício de poder normativo legalmente conferido.

Não se trata, pois, apenas de incorreta interpretação de lei, no exercício de estrita jurisdição. Mas de exercício indevido de poder normativo delegado a órgãos administrativos, que já o exerceram".

31. Gilmar Ferreira Mendes, *Direitos fundamentais e controle de constitucionalidade*, 1998, p. 44; Bidart Campos, "Algunas reflexiones sobre las omisiones inconstitucionales". In: Víctor Bazán (coord.) *Inconstitucionalidad por omisión*, 1997, p. 1 e ss.; Luís Roberto Barroso, O *controle de constitucionalidade no direito brasileiro*, 2004.

atribui uma disciplina específica a apenas um grupo de pessoas, ao passo que outras, embora em idênticas condições, não são tratadas de acordo com o mesmo regime. Nessa hipótese, há uma omissão parcial por parte da autoridade, que acaba igualmente por afrontar a garantia fundamental da isonomia.

Pois bem: a legalidade funciona como uma primeira garantia contra os desvios que afetam a isonomia[32]. O caráter geral e abstrato da lei deverá assegurar que todos os que se encontrem na situação descrita pela norma recebam a mesma disciplina. Se a lei, com fundamento na norma constitucional, cria determinada obrigação, ao menos em tese ela será aplicável a todos os iguais nesse particular. É certo que a lei pode ser inválida por outras razões; entretanto, se ela for dotada de generalidade e abstração, a isonomia, ao menos quanto a este aspecto, terá sido respeitada.

Tudo será diverso caso se autorize o Judiciário a criar, em processos individuais, obrigações específicas com fundamento direto em princípios constitucionais que veiculam fins ou metas gerais. Em primeiro lugar, a decisão do juiz obriga apenas as partes. Além disso, juízes diferentes podem perfeitamente extrair do princípio obrigações diversas. Como já se referiu, a escolha acerca de quais obrigações devem ser impostas para realizar o fim constitucional tem natureza política e, por isso mesmo, plural, não havendo uma opção única e necessária. Dependendo da concepção política e ideológica do intérprete, a solução será freqüentemente diversa[33]. Resultado: uma parte estaria sujeita a uma espécie de obrigação; outra, em demanda distinta, submeter-se-ia a obrigação diversa, e as demais pessoas, nada obstante se encontrarem na mesma situação fática, não estariam sujeitas a obrigação alguma. Mais uma vez, a isonomia é violada[34].

---

32. É verdade que a própria lei, como se sabe, poderá veicular normas anti-isonômicas e sujeitar-se-á ao controle de constitucionalidade também quanto a este aspecto.
33. Não se desconhece que as concepções políticas do intérprete desempenham sempre um papel importante, em qualquer espécie de decisão. Nada obstante, embora a objetividade da norma possa sofrer o temperamento da subjetividade do intérprete, não há lugar para o voluntarismo desgarrado dos sentidos mínimos e máximos dos textos legais. V. Luís Roberto Barroso, *Interpretação e aplicação da Constituição*, 2003, p. 277 e ss..
34. No particular, da quebra da isonomia pode resultar, igualmente, lesão ao

Além do que já se registrou, há ainda um último elemento a ser mencionado. A legalidade não é apenas um veículo de afirmação democrática e de garantia da isonomia. A lei é também um instrumento de *segurança jurídica* dos indivíduos, pela qual é possível assegurar a previsibilidade das condutas. Diante da lei, o indivíduo poderá (e deverá) saber, de forma clara e pública, quais são seus deveres e, em especial, as obrigações que lhe são exigidas. Esta é uma garantia elementar do Estado de direito e não é necessário alongar a exposição. Ninguém pode ser obrigado a fazer alguma coisa sem que antes essa obrigação tenha sido imposta por um ato competente para tal (CF, art. 5º, II).

Ora bem. As cláusulas constitucionais que estabelecem fins públicos a serem atingidos não impõem condutas específicas aos particulares. Poderão, eventualmente, invalidar comportamentos que contravenham o princípio ou cláusula geral nelas abrigados, mas não criar uma vinculação positiva. Esta função é do legislador. O papel do Judiciário só se inicia quando algum dever preexistente — do qual o indivíduo teve ciência por força de norma específica — foi descumprido.

A questão não é complexa. Que segurança jurídica haveria se o particular estivesse obrigado a implementar toda e qualquer conduta imaginável que, em tese, pode contribuir para realizar determinado fim, como, por exemplo, a proteção do meio ambiente ou do consumidor? A cada momento alguém mais criativo ou melhor informado poderia formular uma nova conduta exigível e o indivíduo, sem sequer saber a que estava obrigado, já a estaria descumprindo. Ou que previsibilidade poderia existir se o magistrado pudesse criar obrigações das quais não se tinha conhecimento prévio, para, em seguida, no mesmo processo, considerá-las descumpridas e aplicar penalidades por isso?[35]

Em suma: não é legítimo retirar do Legislativo e transferir para o Judiciário a definição de quais meios serão empregados para alcançar os fins constitucionais. Além de afrontar o sistema democrático, essa

---

princípio da livre concorrência (CF, art. 170, IV), na medida em que dois competidores do mesmo mercado estejam sujeitos a regras e restrições diversas.
35. Luís Roberto Barroso, "A segurança jurídica na era da velocidade e do pragmatismo". In: *Temas de direito constitucional*, I, 2001, p. 49 e ss..

usurpação de competências viola os princípios da separação de poderes, da isonomia e da segurança jurídica. Cabe agora aplicar à hipótese tudo o que se acaba de expor.

Parte II
DIREITOS DO ACIONISTA MINORITÁRIO E DO PREFERENCIALISTA. VALIDADE CONSTITUCIONAL DO TRATAMENTO LEGAL DIFERENCIADO

VI. A extensão do prêmio de controle aos acionistas minoritários (o *tag along*): o debate democrático e a opção do legislador brasileiro

A questão da extensão do prêmio de controle das companhias abertas aos acionistas minoritários, também conhecida como *tag along*, tem sido objeto de debate desde antes da edição da Lei nº 6.404, em 1976. Na verdade, é perfeitamente possível afirmar que as regras hoje em vigor são fruto de ampla discussão acadêmica e parlamentar e de opções conscientemente tomadas pelo Congresso Nacional, no exercício da competência legislativa que a Constituição lhe outorga (CF, art. 21, I). Vale conferir um breve histórico de como a questão evoluiu nos últimos trinta anos na experiência brasileira.

O projeto original da Lei de Sociedades Anônimas, encaminhado pelo Ministério da Fazenda ao Congresso Nacional, sequer previa a figura do que hoje se denomina *tag along*. A concepção que justificava o projeto era a de que o prêmio de controle deveria pertencer exclusivamente ao acionista controlador, na medida em que este assumia maiores encargos na condução da companhia[36].

No Senado Federal, a partir de uma sugestão da Bolsa de Valores de São Paulo, cogitou-se de introduzir mecanismo pelo qual se atribuía à Comissão de Valores Mobiliários — CVM, quando da alienação do controle das companhias, o dever de zelar pelo tratamento eqüitativo dos acionistas minoritários mediante oferta pública de aquisição

---

36. Para uma perspectiva histórica do tema, v. Rubens Requião, *Curso de direito comercial*, 1995, p. 225 e ss..

de suas ações. A idéia constou do substitutivo do Senador Otto Lehmann e resultou na redação original do artigo 254 da Lei das S.A., que tinha a seguinte dicção:

> "Art. 254. A alienação do controle da companhia aberta dependerá de prévia autorização da Comissão de Valores Mobiliários.
> § 1º A Comissão de Valores Mobiliários deve zelar para que seja assegurado tratamento igualitário aos acionistas minoritários, mediante simultânea oferta pública para aquisição de ações.
> (...)
> § 3º Compete ao Conselho Monetário Nacional estabelecer normas a serem observadas na oferta pública relativa à alienação do controle de companhia aberta".

Logo após a promulgação, surgiu o questionamento acerca do alcance da expressão "acionistas minoritários", que constava do § 1º do dispositivo: a norma pretendia ou não alcançar aqueles titulares de ações sem direito a voto? Alguns autores, como Nelson Cândido Mota, defendiam que a expressão "acionistas minoritários" deveria ser compreendida de modo a incluir todos os acionistas que não fizessem parte do bloco de controle[37], isto é: preferencialistas ou ordinaristas.

A doutrina majoritária alinhou-se em sentido contrário, entendendo que a oferta pública obrigatória restringia-se à aquisição das demais ações com direito a voto, pois apenas estas representariam a minoria em relação àquelas que detêm o controle[38]. As expressões

---

37. Nelson Cândido Mota, Alienação de controle de instituições financeiras, acionistas minoritários, notas para uma interpretação sistemática da Lei de S/A, *RDMIEF*, 46:33, 1982: "(...) temos sustentado — a partir de uma interpretação sistemática, lógica, filológica e teleológica da Lei 6.404/76 — que acionista majoritário é o acionista controlador, o acionista que participa do poder de controle; acionista minoritário é o acionista não controlador, qualquer que seja a espécie de ação, ordinária ou preferencial, votante ou não votante, de que ele seja titular".
38. Neste sentido é a posição de Alfredo Lamy Filho: "A lei deixa, pois, enfaticamente claro — e repetido — que o controle significa direito de voto majoritá-

maioria e *minoria* são freqüentemente utilizadas no direito societário com alcances variados, sendo certo que sua delimitação dependeria de uma interpretação sistemática e lógica do todo em que estão inseridas. Alfredo Lamy Filho lista diversas hipóteses nas quais o texto original da Lei nº 6.404/76 empregava o termo *acionista minoritário* conferindo-lhe sentido variado:

> "a) no art. 117, § 1º, alíneas a e c, ao enunciar hipótese de exercício abusivo de poder pelo acionista controlador, a expressão 'acionista minoritário' terá de ser entendida como sendo 'todos os acionistas que não os controladores', abrangendo titulares de ações ordinárias, preferenciais e/ou de fruição.
> b) já no art. 161, § 4º, a, ao assegurar o direito do acionista minoritário de eleger um membro do Conselho Fiscal, a lei refere-se, apenas, aos titulares de ações votantes, ordinárias, pois as preferenciais elegem seu conselheiro em separado";[39]

O artigo 254, portanto, não poderia ser interpretado senão em função do universo no qual inserido. Isto é, *minoria* é expressão cujo sentido deveria ser definido em função da *maioria* a que se reporta. Se o controle existe em função da maioria com direito a voto, era preciso concluir que o artigo 254 se referia à minoria de acionistas titulares de ações com direito a voto, cujos papéis, somados aos titularizados pela maioria, formam a totalidade das ações que influenciam na formação do controle. As ações preferenciais sem direito a voto, por sua vez, não podem ser descritas como minoria em relação àquelas que formam o controle.

Esse foi o entendimento adotado pelo Conselho Monetário Nacional que, já em 22.12.1976, usando das atribuições que lhe conferiu o § 3º do art. 254 da Lei, editou a Resolução nº 401, cujo inciso I dispunha:

---

rio, de modo permanente, o que afasta da oferta, irremissivelmente, as ações preferenciais sem direito de voto". (*A Lei das S.A.*, 1992, p. 720).
39. Alfredo Lamy Filho e José Luiz Bulhões Pedreira, *A Lei das S.A.*, 1992, p. 719.

"I — A alienação do controle de companhia aberta somente poderá ser contratada sob a condição, suspensiva ou resolutiva, de que o adquirente se obrigue a fazer, nos termos desta Resolução, oferta pública de aquisição das **ações com direito a voto** de propriedade dos demais acionistas da companhia, de modo a lhes assegurar tratamento igualitário ao do acionista controlador." (negrito acrescentado)

Apesar de regulada a questão pelo órgão competente, alguns autores continuaram a sustentar a tese de que a oferta pública deveria abranger todos os demais acionistas da sociedade, alegando que a resolução do CMN seria nula por inovar na ordem jurídica e violar o princípio da legalidade. No entendimento destes doutrinadores, o artigo 254 cuidava de todos os acionistas, independentemente das ações que titularizavam.

A questão chegou ao extinto Tribunal Federal de Recursos, que ratificou o entendimento segundo o qual o direito ao *tag along* não se estende às ações preferenciais. Confira-se a ementa da AC 73.910, relatada pelo Min. Carlos Madeira:

"Sociedade Anônima. Oferta pública de compra de ações ordinárias. Minoria. Ações preferenciais.
1- O conceito de maioria e minoria, na nova lei das sociedades anônimas, se funda na maior ou menor participação no capital votante, tendo em vista o controle da companhia, não se incluem na minoria as ações preferenciais, que, por suas características, não participam do poder de controle, limitando-se ao interesse de auferir dividendos.
2- Na aquisição do controle acionário da companhia, a oferta pública tem por objeto ações com direito a voto permanente, que assegure aquele controle. Direito transitório a voto, adquirido por ações preferenciais em virtude de falta de distribuição de dividendos por três anos, no regime do Decreto-Lei n. 2.627, de 1940, não as inclui no controle da companhia, tal como previsto atualmente, por isso que não assegura de modo permanente, a maioria de votos nas deliberações da Assembléia Geral, como quer a letra "a" do art. 116 da lei n. 6.404, de 1976".[40]

---

40. TFR, DJ 26.11.1981, AC 73.910, Rel. Min. Carlos Madeira.

No mesmo sentido decidiu o Superior Tribunal de Justiça, ao apreciar o REsp 2276/RJ:

> "SOCIEDADE ANÔNIMA — ALIENAÇÃO DE CONTROLE DE COMPANHIA ABERTA — OFERTA PÚBLICA PARA AQUISIÇÃO DE AÇÕES.
> A autorização para a transferência do controle de companhia aberta, através de oferta pública para a aquisição de suas ações, referendada pelo Banco Central e pela Comissão de Valores Mobiliários, não envolve as ações preferenciais, quando determina que seja assegurado tratamento eqüitativo aos acionistas minoritários mediante simultânea oferta pública. Somente os acionistas minoritários portadores de ações ordinárias estão protegidos pela lei societária".[41]

---

41. STJ, DJ 23.03.1992, p. 1.966, REsp 2.276-RJ, Rel. Min. Geraldo Sobral.
Em posteriores embargos de divergência, suscitados a partir do confronto com o acórdão transcrito (DJ 20.03.1995, EREsp 34834/PR, Rel. para o acórdão Min. Antônio Torreão Braz), a Corte Especial do STJ decidiu pela extensão da oferta pública às ações preferenciais, por entender que a hipótese era particular e que se aplicavam os revogados §§1º e 2º do artigo 255 da Lei de S.A.. Os dispositivos legais determinavam que em caso de alienação de controle e incorporação de companhia cujo funcionamento dependesse de autorização governamental — que não é o caso da empresa de que se trata, que independe de autorização para funcionar —, as operações deveriam ser acompanhadas de oferta pública para aquisição das ações dos minoritários, ou do rateio dos intangíveis da companhia por *todos* os acionistas. Confira-se o art. 255 em sua redação original, acompanhado dos parágrafos revogados: "A alienação do controle de companhia aberta que dependa de autorização do governo para funcionar e cujas ações ordinárias sejam por força de lei, nominativas ou endossáveis, está sujeita à prévia autorização do órgão competente para aprovar a alteração do seu estatuto. § 1º. A autoridade competente para autorizar a alienação deve zelar para que seja assegurado tratamento eqüitativo aos acionistas minoritários, mediante simultânea oferta pública para a aquisição das suas ações, ou o rateio, por todos os acionistas, dos intangíveis da companhia, inclusive autorização para funcionar. § 2º. Se a compradora pretender incorporar a companhia, ou com ela se fundir, o tratamento eqüitativo referido no § 1º será apreciado no conjunto das operações".

Quando a doutrina e a jurisprudência já haviam pacificado o tema, foi promulgada a Lei nº 9.457, em 05.05.1997, que revogou o artigo 254 da Lei nº 6.404/76 e excluiu a regulamentação do *tag along* do direito brasileiro. A fundamentação apresentada na justificativa do projeto que deu origem à lei (Projeto de Lei nº 1.564/96), de autoria do Deputado Antonio Kandir, apontava o fracasso do mecanismo, tendo em conta que a alienação de controle das companhias ocorria, em geral, quando elas se encontravam em dificuldades e necessitando de injeção de capital. Nesse contexto, a obrigação de realizar a oferta pública gerava mais gastos para o adquirente e prejudicava o saneamento da empresa, com a conseqüente redução do valor das ações dos próprios minoritários. Confira-se trecho da justificativa:

> "III — ALIENAÇÃO DE CONTROLE E OFERTA PÚBLICA
> A obrigatoriedade da oferta pública quando da alienação de controle de companhia aberta foi introduzida na lei societária com a intenção de proteger os minoritários através desse dispositivo, porém, produziu efeitos opostos aos pretendidos pelos legisladores. A razão é simples.
> A oferta pública impõe a quem queira adquirir o controle acionário uma obrigação adicional. Ao desembolso referente à aquisição do controle soma-se uma segunda necessidade de dispêndio, nesse caso em favor dos minoritários. Ora, em geral, a alienação de controle se faz necessária ao caso de empresas em dificuldade, necessitadas de aporte de capitais. É evidente que a necessidade de injeção de capital na empresa adquirida conflita frontalmente com a obrigação de fazer oferta pública aos acionistas minoritários, da qual resultará dispêndio de recursos não revertidos em favor da capitalização da empresa adquirida.
> Dessa maneira, a obrigatoriedade da oferta pública produz o pior dos mundos. Ao mesmo tempo inibe e dificulta processos de alienação de controle necessários ao saneamento de empresas e produz situação desfavorável aos minoritários, uma vez que o não saneamento de uma empresa resulta em queda do valor de suas ações, no que se prejudicam, mais do que todos, os acionistas minoritários.
> (...) A experiência demonstra assim que, na alienação do

controle, os ativos devem ser livremente transferidos e, resguardados os direitos de indenização aos prejudicados, no caso de eventual abuso de controlador, o que a lei societária já assegura.
Propõe-se, portanto, a revogação do artigo 254 e dos parágrafos 1º e 2º da lei societária".[42]

Nada obstante o conteúdo da transcrição acima, é voz corrente que a revogação referida foi levada para facilitar o processo de alienação do controle das empresas estatais, no curso do processo de desestatização/privatização que marcou a segunda metade da década de 90. Como esclarece José Edwaldo Tavares Borba:

> "O objetivo maior dessa revogação foi aplainar o caminho para as privatizações, com isso afastando os custos concernentes tanto à aquisição das ações dos minoritários, quanto ao próprio processo da oferta pública, e, ao mesmo tempo, alavancando o valor do bloco de controle".[43]

Passadas as privatizações, o *tag along* foi reintroduzido no ordenamento pela Lei nº 10.303, de 31.10.2001, que acrescentou o artigo 254-A à Lei nº 6.404/76, cujos *caput* e § 4º, que importam mais diretamente para a questão em debate, têm a seguinte redação:

> "Art. 254-A. A alienação, direta ou indireta, do controle de companhia aberta somente poderá ser contratada sob a condição, suspensiva ou resolutiva, de que o adquirente se obrigue a fazer oferta pública de aquisição das **ações com direito a voto** de propriedade dos demais acionistas da companhia, de modo a lhes assegurar o preço no mínimo igual a 80% (oitenta por cento) do valor pago por ação com direito a voto, integrante do bloco de controle.
> (...)

---

42. Diário da Câmara dos Deputados, 23.03.1996, p. 07662.
43. José Edwaldo Tavares Borba, *Direito societário*, 2001, p. 480.

§ 4º O adquirente do controle acionário de companhia aberta poderá oferecer aos acionistas minoritários a opção de permanecer na companhia, mediante o pagamento de um prêmio equivalente à diferença entre o valor de mercado das ações e o valor pago por ação integrante do bloco de controle". (negrito acrescentado)

O novo dispositivo tornou expresso o entendimento majoritário da doutrina e da jurisprudência, prevendo que a oferta pública só tem como destinatários os acionistas titulares de ações com direito a voto. Os acionistas preferenciais sem direito a voto somente serão incluídos na oferta pública de alienação de controle se forem titulares de ações que, por conta das normas estatutárias, gozem do privilégio previsto no artigo 17, §1º, inciso III[44].

A nova lei também acolheu as críticas da doutrina acerca da necessidade de reconhecer o valor específico das ações que compõem o bloco de controle. O legislador autorizou então que a oferta aos minoritários se limite a 80% do preço pago por tais ações. Essa a justificativa que acompanhou a Emenda Aditiva nº 30, apresentada ao Projeto de lei nº 3.115-A, e que deu origem à Lei nº 10.303/01:

"O direito dos acionistas titulares de ações com direito de voto alienarem suas ações ao preço praticado no negócio jurídico de alienação de controle deve sofrer certo temperismo. Embora se reconheça que o direito em questão deve ser outorgado aos referidos acionistas, deve-se, por outro lado, permitir que o acionista controlador receba um prêmio em decorrência do ônus por ele suportado na condução dos negócios da companhia. Com efeito, o êxito do empreendimento, e a correspondente valorização da companhia, deve-se à boa administração da companhia, o que, em certa medida, depende da contribui-

---

44. Lei 6.404/76, art. 17, §1º: "Independentemente do direito de receber ou não o valor de reembolso do capital com prêmio ou sem ele, as ações preferenciais sem direito de voto ou com restrição ao exercício deste direito, somente serão admitidas à negociação no mercado de valores mobiliários se a elas for atribuída pelo menos uma das seguintes preferências ou vantagens: (...) III — direito de serem incluídas na oferta pública de alienação de controle, nas condições previstas no art. 254-A, assegurado o dividendo pelo menos igual ao das ações ordinárias".

ção pessoal do acionista controlador. Justifica-se, assim, que o compartilhamento do prêmio de controle seja fixado em 80% do que for pago ao acionista controlador."[45]

Como é fácil perceber, o tema da extensão do prêmio de controle aos acionistas minoritários, e sobretudo aos preferencialistas sem direito a voto, foi amplamente debatido e, ao fim, o legislador optou democraticamente por restringir o *tag along* aos acionistas que gozem de direito de voto[46].

Cabe aqui uma última questão. Como exposto inicialmente, o legislador está livre para formular as opções que lhe pareçam melhores dentro dos limites estabelecidos pelos princípios constitucionais. Os princípios definem um amplo espaço de livre determinação, mas esse espaço não é ilimitado, de modo que o legislador não está autorizado a veicular normas arbitrárias, irrazoáveis ou violadoras dos sentidos mínimos contidos nos princípios constitucionais, a pretexto de exercer sua liberdade de conformação.

A pergunta que cabe fazer então pode ser formulada nos seguintes termos: a opção do legislador acerca da extensão do *tag along*, descrita acima, teria ultrapassado as fronteiras do território demarcado pelos princípios constitucionais? Teria a disposição legal violado de forma inequívoca algum princípio relevante, maculando-se pela inconstitucionalidade? A resposta, já se pode adiantar, é negativa, e as razões que conduzem a essa conclusão são expostas no próximo tópico. A opção do legislador será examinada considerando três princípios constitucionais: razoabilidade, boa-fé e função social do contrato.

---

45. Diário da Câmara dos Deputados, 29.03.2001, p. 08479.
46. Cumpre registrar que subsiste discussão doutrinária quanto ao cabimento de *tag along* para os titulares de ações preferenciais que estejam gozando do direito a voto no caso previsto no artigo 111, §1º da Lei nº 6.404/76, ou seja, em razão da ausência de distribuição de dividendos fixos ou mínimos por três exercícios consecutivos. Fábio Ulhoa Coelho em seu *Curso de direito comercial*, v. II, 2002, pp. 287-8, entende que tais acionistas, porque gozam de direito de voto, devem ser incluídos na oferta pública de alienação do controle. Já Alfredo Lamy Filho, *A Lei das S.A.*, 1992, p. 721 e ss., defende entendimento contrário, considerando que o direito de voto, nesse caso, não transmuta as ações em ordinárias e tem caráter apenas transitório, não se legitimando, portanto, o *tag along* a tais acionistas preferenciais. O tema, todavia, está fora dos limites da consulta.

VII. A validade da opção legislativa: os princípios constitucionais da razoabilidade, da boa-fé e da função social do contrato.

Legislar consiste, naturalmente, em discriminar situações e classificar pessoas, à luz dos mais diversificados critérios. É, portanto, equivocada a proposição sumária de que a lei não possa criar desequiparações. Isto é da sua essência. É certo que há fatores de diferenciação que se podem reputar *suspeitos*, como são a origem, raça, sexo, cor e idade (CF, art. 3º, IV). Mesmo estes, todavia, podem ser utilizados sob certas circunstâncias imperiosas. O que o princípio da isonomia veda são as desequiparações que não tenham um *fundamento* racional e razoável e que não se destinem a promover um *fim* constitucionalmente legítimo. Veda-se o arbítrio, o capricho, o aleatório, o desvio. O tema tem amplo curso na doutrina nacional[47] e estrangeira,[48] merecendo nota especial a monografia de Celso Antônio Bandeira de Mello sobre o tema.[49]

Consoante sistematização que se afigura adequada, um tratamento diferenciado deve ser examinado sob três enfoques sucessivos, para aferir sua legitimidade constitucional, a saber: (i) em primeiro lugar, é preciso identificar o fator de *discrimen* escolhido pela norma ou pelo administrador para saber se tal elemento corresponde a uma diferenciação real, relevante e objetivamente existente entre as pessoas, situações ou coisas[50]; (ii) em segundo lugar, é preciso que haja

---

47. Vejam-se, em meio a outros, San Tiago Dantas, "Igualdade perante a lei e *due process of law*". In: *Problemas de direito positivo: estudos e pareceres*, 1953, p. 37 e ss.; Carlos Roberto de Siqueira Castro, O *princípio da isonomia e a igualdade da mulher no direito constitucional*, 1983; Luís Roberto Barroso, "A igualdade perante a lei. Algumas reflexões". In: *Temas atuais do Direito, UERJ*, 1987; Mônica de Melo, O princípio da igualdade à luz das ações afirmativas: o enfoque da discriminação positiva, *RT-CDCCP*, 25:79, 1998.
48. A construção do sentido da cláusula constitucional *equality under the law* é um dos mais recorrentes temas do direito constitucional norte-americano. Vejam-se, por todos, Laurence Tribe, *American constitutitional law*, 1988, e Nowak, Rotunda & Young, *Constitutional law*, 1986. Entre os autores portugueses, v. J. J. Gomes Canotilho, *Direito constitucional*, 1997, p. 1160 e ss..
49. Celso Antônio Bandeira de Mello, *Conteúdo jurídico do princípio da igualdade*, 1993.
50. J. J. Gomes Canotilho, *Direito constitucional*, 2000, p. 1162: o autor sugere uma seqüência de perguntas para aferir a legitimidade do tratamento diferencia-

um nexo racional e razoável entre a diferença das situações[51] — demarcada pelo elemento de *discrimen* — e o tratamento diferenciado aplicado; e (iii) em terceiro lugar, ainda que seja racional e razoável o tratamento diferenciado, ele deve estar em consonância com os princípios protegidos pela Constituição Federal.

Aplicando esses testes à hipótese, pode-se chegar a conclusões bastante simples. A doutrina especializada destaca uma substancial diferença entre o perfil do acionista titular de ação preferencial sem direito a voto e do titular de ações ordinárias, bem como a racionalidade da desequiparação. Confira-se a propósito lúcida percepção de Alfredo Lamy Filho acerca da matéria:

"O acionista preferencial é aquele que aceitou, previamente, ser privado do direito de participar do controle em troca de privilégios e vantagens de ordem econômica ou política. É fato reconhecido pelos estudiosos, aceito e regulado em todas as legislações, a existência de dois tipos de acionistas, os meros aplicadores de capital (que alguns subdividem em investidores e especuladores) interessados nos resultados econômicos da ação, em seus dividendos, nas cotações de bolsa, etc., e os acionistas-empresários, interessados na gestão da empresa, em seu controle, nas vantagens decorrentes do fato, e que, correlatamente, assumem os ônus e obrigações que lhe são impostos, como controladores, pelo artigo 116 da Lei. Os primeiros são os detentores das ações preferenciais, sem direito de voto, criadas pelos segundos, como titulares das ações ordinárias, por isso chamadas de controle".[52]

Por fim, considerando o terceiro teste da razoabilidade, não é possível vislumbrar qualquer princípio constitucional que esteja sendo violado com a disciplina introduzida pelo Legislativo no que diz respeito ao *tag along*. Mesmo porque se trata, como já demonstrado, de aspecto tradicionalmente relegado à deliberação do legislador infraconstitucional e, a rigor, de natureza secundária na disciplina do mercado de capitais. De toda sorte, a opção do legislador será con-

---

do. A primeira delas é: "Existe uma desigualdade de situações de facto relevante sob o ponto de vista jurídico-constitucional"?
51. Toda distinção de pessoas, situações ou coisas sempre redundará em uma discriminação, legítima ou não, de pessoas.
52. Alfredo Lamy Filho, *A Lei das S.A.*, 1992, p. 721.

frontada na seqüência com dois princípios constitucionais implícitos — os princípios da boa-fé e da função social do contrato.

A Constituição de 1988 não fez referência expressa, em ponto algum, ao princípio da boa-fé, mas é possível associá-lo a vários elementos constitucionais. A idéia de boa-fé decorre de forma direta do princípio da segurança jurídica, já que a segurança exige a previsibilidade das ações e reações legitimamente esperadas e a boa-fé consiste exatamente em portar-se de acordo com essas expectativas. Também é possível reconduzir a boa-fé, em última análise, ao princípio da dignidade humana, já que se trata de respeitar o outro e não induzir quem quer que seja a erro[53]. Na legislação infraconstitucional, a boa-fé foi prevista pelo Código de Defesa do Consumidor[54] e pelo novo Código Civil, que introduziu o princípio como dever entre os contratantes. Esse é o teor do art. 422 do NCC:

---

53. Teresa Negreiros, *Fundamento para uma interpretação constitucional do princípio da boa-fé*, 2002, p. 252: "A fundamentação constitucional da boa-fé objetiva centra-se na idéia da dignidade da pessoa humana como princípio reorientador das relações patrimoniais. Nossa hipótese é a de que o quadro principiológico previsto constitucionalmente inverte, na medida em que elege a pessoa humana como ápice valorativo do sistema jurídico, a relação de subordinação entre o **direito** à autonomia privada e o **dever** de solidariedade contratual, passando o contrato a expressar uma ordem de cooperação em que os deveres se sobrepõem aos direitos; a pessoa **solidária** ao indivíduo **solitário**". (negrito no original).

54. CDC: "Art. 4º. A Política Nacional das Relações de Consumo tem por objetivo o atendimento das necessidades dos consumidores, o respeito à sua dignidade, saúde e segurança, a proteção de seus interesses econômicos, a melhoria da sua qualidade de vida, bem como a transparência e harmonia das relações de consumo, atendidos os seguintes princípios: (...) III — harmonização dos interesses dos participantes das relações de consumo e compatibilização da proteção do consumidor com a necessidade de desenvolvimento econômico e tecnológico, de modo a viabilizar os princípios nos quais se funda a ordem econômica (Art. 170, da Constituição Federal), sempre com base na boa-fé e equilíbrio nas relações entre consumidores e fornecedores;
(...)
Art. 51: São nulas de pleno direito, entre outras, as cláusulas contratuais relativas ao fornecimento de produtos e serviços que: (...) IV — estabeleçam obrigações consideradas iníquas, abusivas, que coloquem o consumidor em desvantagem exagerada, ou sejam incompatíveis com a boa-fé ou a eqüidade";

"Art. 422. Os contratantes são obrigados a guardar, assim na conclusão do contrato como em sua execução, os princípios de probidade e boa-fé".

Ao lado da concepção tradicional, que descreve a boa-fé como um estado subjetivo, psicológico, equiparado à ausência de má-fé[55], a doutrina privatista em particular tem desenvolvido uma segunda concepção, que é a da boa-fé objetiva. A chamada boa-fé subjetiva, conceito que permanece útil em muitos ambientes, enfrenta diversas limitações e a dificuldade de comprovação do estado subjetivo dos indivíduos é apenas uma delas. Na verdade, a boa-fé subjetiva está associada a uma percepção individualista, que pressupõe a igualdade dos indivíduos. Percebida a evidência de que essa igualdade muitas vezes é apenas formal, e que em muitas relações uma das partes não dispõe da mesma capacidade cognitiva, técnica e/ou econômica, constatou-se que nem sempre a boa-fé subjetiva era suficiente para assegurar uma relação leal e equilibrada[56]. A boa-fé objetiva está relacionada então com deveres de conduta que se impõem às partes independentemente de seus estados mentais.

Esses deveres de conduta podem ser ordenados, para fins de sistematização, em dois grupos. O primeiro deles se relaciona com a proibição de as partes exercerem de forma abusiva suas posições contratuais[57]. Veda-se, por exemplo, o *venire contra factum proprium*, pelo qual não é lícito a uma das partes criar expectativas, em razão de conduta seguramente indicativa de determinado comportamento, e praticar ato contrário ao previsto, em prejuízo da outra parte. Exige-se que as partes atuem com coerência, respeitando a palavra dada[58].

---

55. Bruno Lewicki, "Panorama da boa-fé objetiva". In: Gustavo Tepedino (coord.) *Problemas de direito civil constitucional*, 2000, p. 55.
56. Cibele Pinheiro Marçal Cruz e Tucci, Teoria geral da boa-fé objetiva, *RA*, 68:101, 2002.
57. Eduardo de Oliveira Gouvêa, Boa-fé objetiva e responsabilidade civil contratual — Principais inovações, *RF*, *369*:85, 2003.
58. Régis Fichtner Pereira, *A responsabilidade civil pré-contratual*, 2001, p. 84: "Se uma das partes agiu de determinada forma durante qualquer das fases do contrato, não é admissível que em momento posterior aja em total contradição

A doutrina aponta ainda outras incidências do princípio nesse particular, como o *supressio*, que consiste em que o direito não exercido durante um determinado lapso temporal não mais poderá ser exigido; o *surrectio*, que autoriza o nascimento de um direito contratual como conseqüência da prática continuada de certos atos; e, por fim, o *tu quoque*, cujo sentido está em impedir aquele que descumpriu norma contratual ou legal de exigir do outro o cumprimento do preceito que ele próprio já descumprira.

Além de proibir o exercício abusivo de posições contratuais, a boa-fé objetiva cria também deveres conexos ou acessórios à prestação principal[59], como os deveres de informação e lealdade[60]. A existência desses deveres também está ligada à preservação das legítimas expectativas geradas em cada uma das partes[61], e visa a garantir que elas não sejam criadas quando não possam ser cumpridas[62].

---

com a sua própria conduta anterior. Sob o aspecto negativo, trata-se de proibir atitudes contraditórias da parte integrante de determinada relação jurídica. Sob o aspecto positivo, trata-se da exigência de atuação com coerência, uma vertente do imperativo de observar a palavra dada, contida na cláusula geral da boa-fé".

59. V. Gustavo Tepedino e Anderson Schreiber, Os efeitos da Constituição em relação à cláusula da boa-fé no Código de Defesa do Consumidor e no Código Civil, *REMERJ, 23:144, 2004*; Teresa Negreiros, *Fundamento para uma interpretação constitucional do princípio da boa-fé*, 2002, p. 261; Heloísa Carpena Vieira de Mello, "A boa-fé como parâmetro da abusividade no direito contratual". In: Gustano Tepedino (coord.) *Problemas de direito civil constitucional*, 2000, p. 313; e Judith Martins Costa, *A boa-fé no direito privado*, 1999. p. 427 e ss.. V. também, Antonio Manuel da Rocha e Menezes Cordeiro, *Da boa-fé no direito civil*, 1997, p. 605 e ss..

60. Eduardo de Oliveira Gouvêa, Boa-fé objetiva e responsabilidade civil contratual — principais inovações, *RF, 369:84, 2003*: "São deveres que excedem o dever de prestação. Assim são os de esclarecimento (informações sobre o uso do bem alienado, capacitações e limites), de proteção (evitar situação de perigo), de conservação (coisa recebida para experiência), de lealdade (não exigir o cumprimento de contrato com insuportável perda de equivalência entre as prestações), de cooperação (prática dos atos necessários à realização dos fins plenos visados pela outra parte), dentre outros".

61. Marcelo Menaged, A aplicação da boa-fé objetiva nos contratos, *REMERJ, 22:245, 2003*: "Nesse sentido, se manifesta a boa-fé objetiva durante todo o curso do contrato, gerando deveres anteriores até mesmo ao seu início, tais como as expectativas que derivam naturalmente da possibilidade de sua realiza-

Aplicando o que se acaba de expor à hipótese da consulta, cabe perguntar: o adquirente do controle — ou, antes, a lei — estaria violando o princípio da boa-fé ao não estender aos titulares de ações preferenciais a oferta pública de aquisição de ações, como expressamente lhe autoriza a Lei das S.A.? Seria a lei inconstitucional nesse particular? A resposta é claramente negativa.

Em primeiro lugar, como já registrado, a não aplicação aos preferencialistas do direito ao *tag along* consta de forma expressa da lei: caberia imputar má-fé à opção legislativa? Evidentemente que não. Ademais, a boa-fé, em qualquer de suas manifestações, está sempre relacionada com a idéia de previsibilidade de condutas em função de expectativas legítimas. Ora, que expectativa legítima estaria sendo frustrada no caso?

Não é possível falar em qualquer expectativa, muito menos legítima, por parte dos preferencialistas quando a lei expressamente lhes nega o direito ao *tag along* e o estatuto da companhia tampouco lhes atribui o benefício. Nenhum preferencialista pode legitimamente afirmar que adquiriu as ações na confiança de ser beneficiário de um direito negado por lei e, com autorização legal, também pelo estatuto social. O que se pode concluir, a rigor, é que a expectativa — na verdade a certeza — tanto dos titulares de ações preferenciais, como dos controladores e dos candidatos a adquirentes da companhia era uma só: a de que os preferencialistas não seriam incluídos na oferta pública de que trata o art. 254-A da Lei das S.A. Cabe agora examinar o princípio da função social do contrato.

ção, e se estende para após a conclusão, para fazer com que possa gerar tudo o que dele se pode esperar razoavelmente".

62. Interessante aplicação do princípio da boa-fé pelos tribunais superiores é noticiada por Edilson Pereira Nobre Júnior, O princípio da boa-fé e o novo código civil, *RF*, 367:79, 2003: "Sem embargo da pequena experiência na aplicação do princípio, o STJ, nos autos do REsp nº 264.562/SE, fornece-nos um bom exemplo. Confirmando julgado do Tribunal de Justiça do Sergipe, entendeu que, havendo as partes firmado contrato de seguro-saúde, cujo formulário de adesão é encimado pela expressão 'Plano de Assistência Médico Hospitalar (Cobertura Total)', não poderia ser tolerada, em cláusula contratual redigida com caracteres de pouca visibilidade, a estipulação de exceções, pena de afronta à boa-fé que, atuando na exegese do negócio jurídico, não permite que as aludidas expressões sejam compreendidas fora do seu significado comum, o qual servira de base para a aceitação dos aderentes".

A Constituição também não faz referência explícita a tal princípio, mas entende-se que o princípio da ordem econômica que cuida da função social da propriedade pode ser compreendido de forma ampla para incluir também a função social do contrato. O Novo Código Civil o previu de forma específica no seu artigo 421:

> "Art. 421. A liberdade de contratar será exercida em razão e nos limites da função social do contrato".

Em relação aos contratos, o princípio ainda se encontra em construção, mas é possível delineá-lo a partir do que já se consolidou acerca da função social da propriedade. Como se sabe, superando uma concepção puramente individualista da propriedade[63], o texto constitucional estabeleceu que, na ordem econômica por ele disciplinada, a propriedade deverá ter uma função social. O conceito, embora relativamente difuso, está relacionado com o emprego do bem para o seu fim produtivo racional, de modo a gerar proveito não apenas para seu titular, mas também para a comunidade, por conta da circulação da riqueza. Trata-se de um mecanismo para coibir condutas que abusem dos poderes atribuídos ao titular da propriedade, e de uma forma de limitar a autonomia individual. Não se admite que dentre as diversas formas de auferir proveito com o bem, o proprietário opte justamente por aquela que apenas beneficia a si próprio, excluindo toda a vantagem que a sociedade teria, naturalmente, com o uso regular do bem.

Por isso mesmo, a Constituição impõe como função social das propriedades rurais o seu adequado aproveitamento agropecuário (arts. 184 e ss.) e, em relação às propriedades urbanas, o parcelamento ou a edificação (arts. 182 e ss.), afora a utilização adequada dos recursos naturais e a preservação do meio ambiente[64]. A frustração de

---

63. Giselda Hironaka, A função social do contrato, *RDCIAE*, 45:141, 1988: "A doutrina da função social emerge, assim, como uma dessas matrizes, importando em limitar institutos de conformação nitidamente individualistas, de modo a atender os ditames do interesse coletivo, acima daqueles do interesse particular, e, importando, ainda, em igualar os sujeitos de direito, de modo que a liberdade que a cada um deles cabe seja igual para todos".

64. Miguel Reale Jr., *Casos de direito constitucional*, 1992, p. 14: "A propriedade exerce uma função social, se realiza um fim economicamente útil, produ-

tais mandamentos constitucionais dá ensejo a sanções previstas na própria Carta[65].

Note-se, portanto, que o proprietário de uma área rural não está impedido de auferir lucro com sua exploração; muito ao contrário. Mas esse lucro não poderá decorrer da ociosidade da terra: o bem existe logicamente para gerar riqueza, alimentos, empregos e para esse fim deve ser empregado. A legislação infraconstitucional aplica lógica semelhante ao tratar da licença compulsória de inventos industriais que não sejam comercializados por seus inventores[66]. A função social de uma invenção é ser divulgada e beneficiar a sociedade, cabendo ao inventor, por evidente, o lucro próprio pelo seu trabalho. Quando isso não acontece, o Estado poderá intervir para impor que esse bem cumpra sua função social.

O mesmo raciocínio exposto acima pode ser estendido facilmente às relações contratuais. Embora o princípio da autonomia da vontade admita em tese qualquer tipo de pactuação, também os contratos existem em função de determinados propósitos das partes e repercutem naturalmente sobre a sociedade como um todo. Os interesses da coletividade, portanto, não podem ser ignorados ou fraudados pelas partes, tal qual se passa com a função social da propriedade, como destaca Teresa Negreiros:

> "Partimos da premissa de que a função social do contrato, quando concebida como um princípio, antes de qualquer outro sentido e alcance que se lhe possa atribuir, significa muito simplesmente que o contrato não deve ser concebido como uma relação jurídica que só interessa às partes

---

tivo e em benefício do proprietário e de terceiros, mormente os que com o trabalho intervêm no processo de utilização de meios econômicos".

65. CF, arts. 182, § 4º, e 184.
66. Lei nº 9.279, de 14.05.96, art. 68, §1º: "Ensejam, igualmente, licença compulsória:

I — a não exploração do objeto da patente no território brasileiro por falta de fabricação ou fabricação incompleta do produto, ou, ainda, a falta de uso integral do processo patenteado, ressalvados os casos de inviabilidade econômica, quando será admitida a importação; ou

II — a comercialização que não satisfizer às necessidades do mercado".

contratantes, impermeável às condicionantes sociais que o cercam e que são por ele próprio afetadas."[67]

A aplicação da teoria exposta à hipótese descrita exige alguma criatividade, já que não há uma relação direta entre o princípio da função social do contrato e o tema da extensão do *tag along* aos titulares de ações preferenciais. De todo modo, é possível fazer as seguintes observações sobre a hipótese.

A emissão de ações preferenciais é uma das formas pelas quais as companhias abertas podem obter recursos para sanear suas contas e investir na expansão de seus negócios, gerando, afinal, empregos, tributos, crescimento econômico e riqueza social. Haverá desvio da função social, por exemplo, se essa captação de recursos se processar de forma abusiva, induzindo o investidor a erro acerca das reais condições da companhia, ou, ainda, se os recursos obtidos não forem investidos nos negócios sociais.

De outra parte, considerando genericamente a própria operação de associação objeto deste estudo, a função social desse negócio está obviamente relacionada com a expansão dos negócios das companhias. Como já se referiu, a expansão sadia da atividade econômica desencadeia um conjunto de benefícios para a comunidade, além de favorecer a melhoria dos resultados sociais da companhia, que serão por fim distribuídos entre os sócios, e especialmente entre os preferencialistas. Também aqui, portanto, a não extensão do *tag along* aos titulares de ações preferenciais em ponto algum afeta ou prejudica a realização da função social dessas relações jurídicas.

VIII. Conclusões

É possível compendiar as principais idéias desenvolvidas no presente estudo nas proposições objetivas que se seguem:

1. O Estado democrático de direito é a síntese histórica de dois conceitos que são próximos, mas não se confundem: *constitucionalismo*, que significa limitação do poder e proteção de valores e direitos fundamentais; e *democracia*, que se traduz em soberania popular e governo da maioria. Existem, assim, domínios reservados à Constituição e outros sujeitos à deliberação majoritária dos órgãos eletivos.

---

67. Teresa Negreiros, *Teoria do contrato: novos paradigmas*, 2002, pp. 206-7.

2. Nas matérias em relação às quais não haja reserva constitucional, vigora a supremacia da lei, isto é, a disciplina dada à questão por ato próprio do Congresso Nacional. A decisão política do legislador em tema de sua competência somente deixará de prevalecer se for contrária à Constituição Federal.

3. Ao Judiciário cabe o papel de interpretar o direito posto, inclusive integrando os comandos normativos mediante valorações concretas e escolhas fundamentadas. Não pode, todavia, na aplicação de princípios constitucionais ou de cláusulas gerais, criar direito diverso daquele que foi objeto de deliberação democrática por parte do legislador, salvo a já mencionada hipótese de inconstitucionalidade.

4. O tema da extensão do prêmio de controle aos acionistas minoritários nas companhias abertas (*tag along*) tem sido objeto de discussão no Brasil desde a década de 70 e, ao longo desses mais de trinta anos, sua disciplina passou por várias fases. Em 2001, com a Lei n° 10.303, editada após amplo debate na esfera acadêmica e parlamentar, o legislador brasileiro optou por assegurar o direito ao *tag along* apenas aos acionistas minoritários titulares de ações com direito a voto.

5. A opção da Lei n° 10.303/01 quanto ao regime do *tag along* encontra-se no âmbito da liberdade de conformação atribuída pela Constituição ao legislador e é perfeitamente compatível com os princípios constitucionais da razoabilidade, da boa-fé e da função social do contrato. De fato:

> (i) Quanto à razoabilidade, o tratamento distinto conferido aos acionistas titulares de ações preferenciais e aos titulares de ações ordinárias é facilmente justificável pela efetiva diferença existente entre essas duas situações jurídicas;
>
> (ii) Na mesma linha, não se pode imputar má-fé à lei e nem é possível visualizar, por parte dos preferencialistas, qualquer expectativa legítima de se beneficiarem do *tag along*, tendo em conta que a lei, de forma expressa, não lhes confere o direito em questão;
>
> (iii) Por fim, o regime legal não frustra a função social de qualquer dos negócios jurídicos envolvidos na operação de associação de que se trata.

Transferência de controle acionário de empresa de telecomunicações. Restrições legais e administrativas

SUMÁRIO: Introdução. I. A ordem econômica e o serviço de telecomunicações na Constituição de 1988. II. A ordem infraconstitucional, poder de controle e defesa da concorrência. II.1. Normas societárias. II.2. Normas concorrenciais II.3. Normas próprias do setor de telecomunicações. III. Conclusões.

INTRODUÇÃO

Trata-se de estudo sobre a viabilidade jurídica da aquisição do controle acionário de empresa concessionária de serviços de telecomunicações por empresa submetida a controle externo exercido pelas demais concorrentes atuantes no mercado ou por alguma delas. Para a adequada compreensão do tema em estudo, faz-se necessário situar a disciplina do setor das telecomunicações no contexto do regramento constitucional da ordem econômica e investigar os diferentes conceitos de controle empresarial, com ênfase para o que prevalece no direito concorrencial e, mais especificamente, no direito das telecomunicações. O ponto de encontro dessas duas linhas de investigação consistirá na análise dos mecanismos jurídicos destinados a evitar a concentração econômica que frustre os princípios-fins da ordem econômica.

De acordo com a legislação concorrencial em vigor (Lei nº 8.884/94, art. 54) e com as normas que disciplinam o setor de telecomunicações (Lei nº 9.472/97, art. 97), a transferência do controle de empresa titular de concessão de serviço de telecomunicações deve ser submetida à aprovação do Conselho Administrativo de Defesa Econômica — CADE e da Agência Nacional de Telecomunicações — ANATEL. Cabe a tais agências, a primeira em relação à ordem econômica como um todo, e a segunda no setor de telecomunicações, impedir a concentração econômica e seus efeitos anticoncorrenciais. A legislação dispõe que as operações de transferência de controle prejudiciais à competição não devem ser aprovadas pelo CADE e pela ANATEL.

Feitas essas considerações, passa-se ao desenvolvimento do tema.

I. A ordem econômica e o serviço de telecomunicações na Constituição de 1988

A Constituição de 1988 disciplinou a ordem econômica de forma geral[1] e tratou especificamente dos serviços de telecomunicações, qualificados pela Carta como serviços públicos de titularidade da União, nos termos de seu art. 21, XI.

Do ponto de vista geral, a ordem econômica brasileira se funda na livre iniciativa (art. 170, caput[2]). *Essa liberdade, todavia, poderá*

---

1. A Constituição reservou o Título VII para tratar da ordem econômica e financeira.
2. CF/88, art. 170: "Art. 170. A ordem econômica, fundada na valorização do trabalho humano e na livre iniciativa, tem por fim assegurar a todos existência digna, conforme os ditames da justiça social, observados os seguintes princípios:
    I — soberania nacional;
    II — propriedade privada;
    III — função social da propriedade;
    IV — livre concorrência;
    V — defesa do consumidor;
    VI — defesa do meio ambiente, inclusive mediante tratamento diferenciado conforme o impacto ambiental dos produtos e serviços e de seus processos de elaboração e prestação;
    VII — redução das desigualdades regionais e sociais;

*sofrer restrições em decorrência dos princípios contidos no artigo 170 da Constituição, dentre os quais destacam-se, para os fins deste estudo, a livre concorrência (inciso IV) e a defesa do consumidor (inciso V)*³. O tema é aprofundado pelos arts. 173, § 4º e 174, caput da Constituição. O primeiro dispositivo determina que "*a lei reprimirá o abuso do poder econômico que vise à dominação dos mercados, à eliminação da concorrência e ao aumento arbitrário dos lucros*". O art. 174, caput⁴, por sua vez, atribui ao Estado, dentre outras, as funções de regular e fiscalizar as atividades econômicas em geral. O desempenho dessas funções deverá assegurar a realização dos princípios listados no art. 170, dentre os quais, repita-se, o da livre concorrência.

Ainda no plano da disciplina constitucional da ordem econômica, a Carta admite que o Estado desempenhe também o papel de empresário, ao lado dos agentes privados, em duas circunstâncias diversas. Nos termos do art. 173, *caput*⁵, toda vez que a lei autorize o Estado a explorar diretamente atividade econômica propriamente dita, tendo em conta algum relevante interesse coletivo ou imperativo de segurança nacional. Em segundo lugar, quando o próprio consti-

---

VIII — busca do pleno emprego;
IX — tratamento favorecido para as empresas de pequeno porte constituídas sob as leis brasileiras e que tenham sua sede e administração no País.
Parágrafo único. É assegurado a todos o livre exercício de qualquer atividade econômica, independentemente de autorização de órgãos públicos, salvo nos casos previstos em lei".
3. É possível classificar os princípios listados pelo art. 170 em duas categorias: (i) princípios de funcionamento, compreendendo os incisos I a VI, e princípios-fins, congregando os incisos VII a IX. Sobre as diferenças entre eles, v. Luís Roberto Barroso, "A ordem econômica constitucional e os limites à atuação estatal no controle de preços". In: *Temas de direito constitucional*, t. II, 2003, pp. 56-62.
4. CF/88, art. 174, caput: "Como agente normativo e regulador da atividade econômica, o Estado exercerá, na forma da lei, as funções de fiscalização, incentivo e planejamento, sendo este determinante para o setor público e indicativo para o setor privado".
5. CF/88, art. 173, caput: "Ressalvados os casos previstos nesta Constituição, a exploração direta de atividade econômica pelo Estado só será permitida quando necessária aos imperativos da segurança nacional ou a relevante interesse coletivo, conforme definidos em lei".

tuinte tenha qualificado determinada atividade como serviço público[6], atribuindo ao Estado a titularidade de sua exploração. Essa segunda hipótese é a que se verifica no caso dos serviços de telecomunicação.

O art. 21, XI, da Constituição, em sua redação original, não apenas qualificava a atividade de telecomunicações como serviço público federal, mas também atribuía à União o dever de prestá-lo diretamente ou por meio de empresas estatais[7]. A Emenda Constitucional nº 8/95 deu nova redação ao dispositivo para autorizar que essa exploração pudesse ser feita indiretamente, por agentes privados, mediante concessão, permissão ou autorização. A mesma emenda transferiu à lei a incumbência de disciplinar a organização dos serviços de telecomunicações, regular aspectos institucionais do setor e criar um órgão regulador[8]. Boa parte desses temas foi objeto da Lei nº 9.472/97, a chamada Lei Geral de Telecomunicações — LGT, sobre a qual se tratará adiante.

Uma breve conclusão sobre este tópico pode ser formulada nos seguintes termos. A Constituição brasileira atribui ao Estado o poder de intervir na ordem econômica para assegurar condições de livre concorrência e a proteção do consumidor. Esses poderes estatais podem ser reforçados relativamente ao setor de telecomunicações por duas razões. Em primeiro lugar, porque tais atividades são, juridicamente, serviços públicos, cuja execução é delegada pela União aos

---

6. Admite-se, dentro de certos limites, que também a lei possa atribuir essa qualidade a atividades econômicas. Sobre o tema, v. Luís Roberto Barroso, "Regime constitucional do serviço postal. Legitimidade da atuação da iniciativa privada". In: *Temas de direito constitucional*, t. II, 2003, p. 145-88.
7. Redação original da CF/88, art. 21, XI: "Compete à União: (...) XI — explorar, diretamente ou mediante concessão a empresas sob controle acionário estatal, os serviços telefônicos, telegráficos, de transmissão de dados e demais serviços públicos de telecomunicações, assegurada a prestação de serviços de informações por entidades de direito privado através da rede pública de telecomunicações explorada pela União".
8. Redação do art. 21, XI, dada pela Emenda Constitucional nº 8, de 15.08.95: "Compete à União: (...) XI — explorar, diretamente ou mediante autorização, concessão ou permissão, os serviços de telecomunicações, nos termos da lei, que disporá sobre a organização dos serviços, a criação de um órgão regulador e outros aspectos institucionais;". A competência legislativa na matéria é federal (artigos 22, IV e 48, XII).

particulares nos termos e limites previstos nos contratos ou atos de concessão, permissão e autorização. Isto é: não se cuida aqui de uma atividade puramente privada. Por fim, a própria Constituição abriu espaço para a criação de um estatuto legal (LGT) e de um órgão regulador para o setor, que veio a ser a Agência Nacional de Telecomunicações — ANATEL, criada pela LGT.

II. A ordem infraconstitucional, poder de controle e defesa da concorrência

O tema do poder de controle empresarial é amplamente versado na legislação e na doutrina brasileiras e não apresenta maiores dificuldades. Há duas informações que merecem registro desde logo. A primeira delas envolve as diferentes formas como o poder de controle pode se manifestar. Nessa linha, a doutrina distingue duas modalidades: (i) o chamado *controle interno* e (ii) o *controle externo*. É possível ainda *subdividir o controle interno em ordinário e não ordinário*.

O poder de controle interno ordinário é aquele exercido em função da propriedade acionária. Como registra Fábio Konder Comparato em estudo clássico sobre o assunto, datado de 1983: "*À primeira vista, o controle interno, isto é, aquele cujo titular atua no interior da própria sociedade, parece fundar-se unicamente na propriedade acionária. Sua legitimidade e intensidade dependeriam, em última análise, do número de ações ou votos de que se é titular, proporcionalmente à totalidade dos sufrágios possíveis*"[9]. O controle interno não ordinário se verifica quando o poder de comando empresarial já não deriva da propriedade acionária, fundando-se, de forma diversa, em acordos de acionistas, contratos ou outros expedientes legais[10].

O chamado controle externo, por sua vez, é o poder de controle exercido *de fato* sobre a sociedade, independentemente de suas es-

---

9. Fábio Konder Comparato, *O poder de controle na sociedade anônima*, 1983, p. 36.
10. Fábio Konder Comparato, *O poder de controle na sociedade anônima*, 1983, p. 37 e ss.. V. também Fábio Ulhôa Coelho, *Curso de direito comercial*, v. II, 1999, pp. 467-73.

truturas sociais. Nos termos consagrados pela jurisprudência norte-americana, trata-se de *uma influência dominante que pode ser exercida por meios diversos do voto.* Sobre o controle externo, Fábio Konder Comparato registra que *"o controlador, no caso, não é necessariamente nem membro de qualquer órgão social, mas exerce o seu poder de dominação* ab extra"[11]. O controle externo pode resultar, por exemplo, de uma situação de endividamento da sociedade, passando o credor a comandar o negócio da devedora[12]. A doutrina identifica diversas outros exemplos de mecanismos que ilustram o controle externo. O ponto será retomado mais adiante.

A segunda observação doutrinária relevante envolve os diferentes conceitos jurídicos de poder de controle utilizados pela legislação. A doutrina sublinha que diferentes ramos do direito empregam conceitos diversos de poder de controle tendo em conta seus objetivos próprios. Assim, a legislação societária, no mais das vezes, compreende poder de controle como aquele descrito acima na categoria do controle interno (ordinário e não ordinário). A legislação concorrencial, diversamente, adotará uma noção mais ampla, englobando todas as formas de manifestação do poder de controle, inclusive e especialmente o chamado controle externo[13]. Em qualquer caso, a doutrina

---

11. Fábio Konder Comparato, *O poder de controle na sociedade anônima*, 1983, p. 68.
12. Fábio Konder Comparato, *O poder de controle na sociedade anônima*, 1983, p. 69.
13. V. *Fábio Ulhôa Coelho, Curso de direito comercial*, v. II, 1999, pp. 470-3: "A definição legal de controlador, feita pelo direito societário (LSA, art. 116), é exportada para outras áreas da disciplina jurídica. Assim, encontra-se referência ao controlador na legislação fiscal, desde 1977, na relativa ao custeio da seguridade social, desde 1983, e na disciplinar do exercício da atividade bancária, desde 1987. Por fim, a Lei Geral de Telecomunicações (LGT), em 1997, vale-se da noção originária do direito societário, da regulação do processo de desestatização e do novo sistema de exploração da atividade, vedando, em determinadas hipóteses, a aquisição de controle (art. 201) e sua transferência (art. 202). As preocupações desses outros ramos jurídicos com a figura do acionista controlador e o fenômeno do controle têm sentido bem diverso das que motivaram o direito societário. A legislação fiscal não cuida de eventuais lesões aos interesses de minoritários, mas sim da atribuição de responsabilidade, pelo inadimplemento dos tributos e contribuições devidos pela sociedade anônima, com o intuito de garantir a arrecadação. Também foge, por completo, à atenção do legislador

sublinha que o conceito formal de controle como sinônimo de titularidade da maioria das ações ordinárias não é suficiente, em muitas ocasiões, para lidar com os movimentos empresariais modernos[14].

Na legislação aplicável à hipótese, três conjuntos de normas tratam do poder de controle: (i) a legislação societária; (ii) as normas de direito concorrencial; e (iii) as disposições próprias do setor de telecomunicação. Seguem breves registros sobre cada um deles.

II.1. Normas societárias

A doutrina especializada destaca que a definição de poder de controle empresarial contida na legislação societária tem como obje-

---

bancário a tutela dos direitos da minoria nas relações internas da instituição financeira; preocupa-o a reposição, ao patrimônio da companhia bancária, dos prejuízos causados por má gestão, tendo em conta, em última instância, atender aos consumidores dos serviços de banco e preservar a credibilidade do sistema financeiro nacional. (...) Ora, sendo diferentes os objetivos de cada ramo jurídico ao se referir ao controle da sociedade empresária, é natural que os critérios adotados para certa disciplina revelem-se insuficientes para outra. Se, para o direito societário, a participação no capital votante (a titularidade de direitos de sócio) basta, em geral, para a identificação do titular do controle e a tutela da minoria acionária, para o direito da concorrência esse elemento conceitual não é satisfatório. Em outros termos, para disciplinar as relações entre os acionistas de uma sociedade anônima, com o objetivo de impedir que o abuso no poder de controle lesione interesses legítimos dos minoritários, a lei formula o conceito de controlador, fundando-o *na titularidade de direitos de sócio*. A adoção desse núcleo conceitual, a titularidade de direitos de sócio, no entanto, estreita o âmbito de incidência da lei, e deixa escapar a hipótese de controle *externo*, titularizado, por exemplo, por bancos, que condicionam a concessão de crédito à interferência na gestão da companhia (Carvalhosa, 1977, 2:434/435; Comparato, 1977:63/77)".

14. Fábio Konder Comparato, *O poder de controle na sociedade anônima*, 1983, p. 89: "o controle pode corresponder a uma participação totalitária, majoritária ou minoritária no capital social, e pode mesmo não corresponder a participação acionária nenhuma, como no caso do controle externo"; e Fábio Ulhôa Coelho, *Curso de direito comercial*, v. 2, 1999, p. 277: "A identificação do controlador, num caso específico, é questão de fato, que deve levar em conta os pressupostos do conceito legal". No mesmo sentido, Eduardo Secchi Munhoz, *Empresa contemporânea e direito societário*, 2002, especialmente p. 198; e Alexandre Santos de Aragão, Serviços públicos e concorrência, *RDPE, 02*:73, 2003.

tivo principal a proteção dos sócios ou acionistas minoritários. Nessa linha, a Lei das Sociedades Anônimas (Lei nº 6.404/76) adota como critério básico para a definição a idéia formal da titularidade das ações. É bem de ver que a essa noçãoé associado um elemento de fato: o uso efetivo desse poder para dirigir as atividades sociais. Isso é o que dispõe o art. 116 da Lei das S.A.:

> "Art. 116. Entende-se por acionista controlador a pessoa, natural ou jurídica, ou o grupo de pessoas vinculadas por acordo de voto, ou sob controle comum, que:
>
> a) é titular de direitos de sócio que lhe assegurem, de modo permanente, a maioria dos votos nas deliberações da assembléia geral e o poder de eleger a maioria dos administradores da companhia; e
>
> b) usa efetivamente seu poder para dirigir as atividades sociais e orientar o funcionamento dos órgãos da companhia".

O dispositivo contempla também algumas hipóteses de controle interno não ordinário, como aquele exercido por força de acordos entre acionistas. Note-se, por fim, que embora a Lei das S.A. se satisfaça, em geral, com o conceito de poder de controle interno, ela não foi indiferente aos fenômenos que envolvem o que se denomina aqui de controle externo. O ponto foi sublinhado por Fábio Konder Comparato:

> "Tal não significa, porém, que a nova lei de companhias seja totalmente alheia ao fenômeno do controle não-acionário. Ao contrário, cremos discernir uma clara previsão do fato em pelo menos um dos seus dispositivos. No art. 249, parágrafo único[15], ao conferir à Comissão de Valores

---

15. Lei das S.A., art. 249: "A companhia aberta que tiver mais de trinta por cento do valor do seu patrimônio líquido representado por investimentos em sociedades controladas deverá elaborar e divulgar, juntamente com suas demonstrações financeiras, demonstrações consolidadas nos termos do art. 250.

Mobiliários o poder de designar as sociedades a serem abrangidas pela regra da consolidação das demonstrações financeiras, o legislador de 1976 determinou 'a inclusão de sociedades que, embora não controladas (entenda-se, 'não controladas acionariamente', segundo a norma do art. 243, § 2º), sejam financeira ou administrativamente dependentes da companhia'. Essa 'dependência financeira' pode, obviamente, ser interpretada como controle externo, tal como o definiremos no capítulo seguinte".[16]

II.2. Normas concorrenciais

O objetivo do direito concorrencial, diversamente do que se passa com as normas societárias, é assegurar o funcionamento das estruturas do livre mercado, prevenindo e punindo o abuso de poder econômico. O que importa aqui em matéria de controle é apurar quem realmente tem o poder de direcionar os negócios da sociedade, já que essa verificação é o meio pelo qual será possível identificar movimentos de concentração econômica e seus efeitos anticoncorrenciais.

Com esse propósito, a Lei nº 8.884/94 não define poder de controle a partir de critérios formais. Ao contrário, o que ela determina é que todo e qualquer ato ou contrato que possa prejudicar a livre concorrência, ou resultar na dominação de mercados relevantes de bens ou serviços, deverá ser submetido à apreciação do CADE (art. 54, *caput*), independentemente de sua natureza. O parágrafo terceiro do mesmo art. 54 inclui expressamente entre os atos sujeitos ao

---

Parágrafo único. A Comissão de Valores Mobiliários poderá expedir normas sobre as sociedades cujas demonstrações devam ser abrangidas na consolidação, e:

a) determinar a inclusão de sociedades que, embora não controladas, sejam financeira ou administrativamente dependentes da companhia;

b) autorizar, em casos especiais, a exclusão de uma ou mais sociedades controladas".

16. Fábio Konder Comparato, *O poder de controle na sociedade anônima*, 1983, p. 63.

controle do CADE aqueles que visem à concentração econômica, seja qual for a sua forma[17]. Essa é a dicção do dispositivo:

"Art. 54. Os atos, sob qualquer forma manifestados, que possam limitar ou de qualquer forma prejudicar a livre concorrência, ou resultar na dominação de mercados relevantes de bens ou serviços, deverão ser submetidos à apreciação do CADE.

> (...)
> § 3º Incluem-se nos atos de que trata o "caput" aqueles que visem a qualquer forma de concentração econômica, seja através de fusão ou incorporação de empresas, constituição de sociedade para exercer o controle de empresas ou qualquer forma de agrupamento societário, que implique participação de empresa ou grupo de empresas resultante em vinte por cento de um mercado relevante, ou em que qualquer dos participantes tenha registrado faturamento bruto anual no último balanço equivalente a R$ 400.000.000,00 (quatrocentos milhões de reais)".

Ou seja, do ponto de vista concorrencial, não é relevante a forma jurídica pela qual a concentração econômica é alcançada, mas apenas o fato econômico da concentração. Por essa mesma lógica, a Resolução nº 15/98, expedida pelo CADE para disciplinar o art. 54 da Lei nº 8.884/94, define o poder de controle de modo a abranger todas as formas de sua manifestação, seja ele interno ou externo. Esse é o conceito empregado pela Resolução:

> Resolução nº 15, de 19.08.98, do CADE, Anexo V (definições), item 1.3: "CONTROLE — Poder de dirigir, de forma direta ou indireta, interna ou externa, de fato ou de direito, individualmente ou por acordo, as atividades sociais e/ou o funcionamento da empresa".

---

17. A doutrina registra que os exemplos listados na parte final do parágrafo terceiro constituem presunções de concentração econômica. V., por todos, Fábio Ulhôa Coelho, *Direito antitruste brasileiro — Comentários à Lei nº 8.884/94*, 1995, pp. 59-60.

Na verdade, a adoção de um conceito mais flexível de poder de controle é uma necessidade lógica do direito concorrencial. Parece evidente que os agentes envolvidos em concentrações econômicas ilícitas estarão empenhados em dissimular esse fato por meio de instrumentos não convencionais de controle, em geral modalidades de controle externo. Fábio Ulhôa Coelho comentou esse aspecto da questão:

> "No campo da disciplina jurídica da concorrência, o objetivo perseguido pelo direito é o de assegurar o funcionamento das estruturas do livre mercado (Cap. 7). Para tanto, as normas jurídicas de disciplina da competição empresarial não podem considerar o controle de sociedades anônimas pelo prisma restrito da legislação societária. Diferentes objetivos reclamam diferentes padrões normativos. Se ficarem adstritas ao conceito de controlador do direito das sociedades, as normas disciplinares da concorrência certamente deixarão de punir algumas práticas anticoncorrenciais. De fato, o acionista com ações preferenciais sem direito a voto não integra o poder de controle para fins societários, na medida em que não é titular de direitos de sócio que lhe asseguram a maioria das deliberações sociais. Aliás, como está simplesmente afastado, como regra, dessas deliberações, ele nem sequer pode ser visto como integrante de bloco de controle".[18]

Em seguida, intuindo a evidência, adverte:

> "Mas, se este acionista for um grande investidor institucional, com expressiva participação societária não votante, em duas sociedades anônimas concorrentes, seus interesses, voltados à obtenção do maior rendimento possível em ambos os investimentos, podem forçar uma atuação concertada entre empresas competidoras (Salomão Filho, 1998:252/253). Outras situações poderiam ser lembradas, em que uma sociedade interfere na administração da outra,

---

18. Fábio Ulhôa Coelho, *Curso de direito comercial*, v. II, 1999, pp. 470-3.

sem especificamente titularizar direitos de sócio que lhe assegurem, de modo permanente, a maioria nas deliberações sociais destas últimas (o direito de veto sobre certas matérias, o compartilhamento de recursos tecnológicos ou humanos a atuação conjunta em certos mercados nacionais etc.). Nesses casos de controle externo, a adoção do conceito criado pela lei do anonimato, com o objetivo de reger relações intra-societárias, mostra-se insuficiente à identificação de quem realmente tem poder de direcionar os negócios da sociedade".[19]

Em função do que se acaba de expor, a doutrina nacional e estrangeira têm descrito o fenômeno do *controle* no âmbito do direito concorrencial por meio da noção de *influência dominante*, originária do direito alemão e amplamente adotada pelos órgãos de controle de concorrência no mundo. Isso porque, o poder de influir sobre o planejamento empresarial de um agente econômico, com fundamento fático ou jurídico, constitui a essência do *controle* para esses fins, como destaca Calixto Salomão Filho, em obra específica sobre o assunto:

> "A expressão 'influência dominante' é de utilização muito freqüente no direito societário. Como ressalta F. K. Comparato, essa expressão foi utilizada pela primeira vez em sede legislativa na lei acionária alemã de 1937 e repetida na lei de 1965. Em ambas as ocasiões, o que se pretendeu foi incluir na previsão legal hipóteses em que o controle não decorre da existência de uma posição majoritária interna. A expressão engloba, portanto, de um lado, as hipóteses de controle minoritário interno, e até mesmo de controle gerencial e, de outro, aquelas de controle externo. Nesse último caso, a noção de influência dominante engloba tanto os casos de controle de direito quanto de fato. É exatamente essa sua excessiva amplitude que gera as maiores críticas doutrinárias. Afirma-se que o conceito societá-

---

19. Fábio Ulhôa Coelho, *Curso de direito comercial*, v. II, 1999, pp. 470-3.

rio de 'influência dominante' é excessivamente abrangente para ter qualquer utilidade aplicativa.

No direito concorrencial, no entanto, essa maior abrangência, antes que um defeito, é um mérito. Com efeito, no direito concorrencial, muito mais que no direito societário, é necessário ter em consideração a realidade econômica, enão as formas jurídicas. A vantagem de se utilizar o conceito de 'influência dominante' é exatamente atribuir-lhe conotação concorrencial e econômica, diferenciando-o do conceito societário de controle (interno e externo) (...) a expressão 'influência dominante', quando utilizada pelo direito concorrencial, é identificada ao poder de influir sobre o planejamento empresarial do outro agente econômico. Essa noção é, ao mesmo tempo, mais ampla e mais restrita que a noção societária".[20]

Em decisão envolvendo ato de concentração, o Conselheiro do CADE Mércio Felsky manifestou-se nessa mesma linha:

"Para caracterizar a existência de influência sobre a estratégia concorrencial de uma empresa não é necessário que haja controle acionário, e com isso domínio sobre todas as decisões sociais, basta que haja controle ou poder de deliberação sobre produção e atuação no mercado da empresa. Tal controle pode ser tanto efetivo como potencial e a primeira questão que se coloca é quando houve a unificação efetiva ou potencial dos centros decisórios e, portanto, foi eliminado o fator concorrência".[21]

A doutrina tem identificado mecanismos de controle externo que já se tornaram comuns na prática empresarial (alguns deles cita-

---

20. Calixto Salomão Filho, *Direito concorrencial: as estruturas*, 1998, pp. 243-5.
21. Voto no Ato de Concentração nº 08012.002611/98-51, de 28.04.99, Requerentes: Herbitécnica Indústria de Defensivos S.A. e Defensa S.A., apud José Inácio Gonzaga Franceschini, *Direito da concorrência: case law*, 2000, p. 1007.

dos por Fábio Ulhôa Coelho na transcrição acima), a saber: (i) o acionista titular de ações preferenciais sem direito de voto que, no entanto, é um grande investidor institucional da companhia e, por conta disso, determina a condução dos negócios sociais; (ii) o acionista que, embora não tenha direito a voto, tem o direito de veto sobre determinadas matérias; e (iii) a empresa que, embora sequer seja acionista da companhia, é a prestadora de serviços tecnológicos essenciais e de alta complexidade e custo, de tal forma que, por essa circunstância, acaba por controlar os negócios de sua cliente[22].

Em suma: do ponto de vista do direito concorrencial, haverá poder de controle quando o agente econômico tenha o poder de dirigir, direta ou indiretamente, interna ou externamente, de fato ou de direito, individualmente ou por acordo, as atividades sociais e/ou o funcionamento da empresa.

II.3. Normas próprias do setor de telecomunicações

Afora as normas concorrenciais gerais, resumidas acima, a disciplina específica do setor de telecomunicações também trata do assunto aqui em exame. E, se assegurar a livre iniciativa é um objetivo do constituinte e do legislador relativamente a toda a ordem econômica, essa preocupação assumiu uma feição especial quando da abertura do setor de telecomunicações em 1997.

Duas razões levaram a Lei Geral de Telecomunicações — LGT a criar mecanismos próprios para evitar a concentração econômica e assegurar condições de livre concorrência. Em primeiro lugar, o setor de telecomunicações tinha sido, durante décadas, monopolizado pelas empresas estatais que prestavam o serviço, gerando um efeito de inércia na relação com os consumidores. A meta da abertura determinada pela EC nº 8/95 e da privatização das companhias estatais era estimular a concorrência e não substituir o monopólio estatal pelo privado. Além disso, os serviços de telecomunicações comportam as

---

22. Fábio Konder Comparato, *O poder de controle na sociedade anônima*, 1983, p. 69 e ss., lista uma série de outros exemplos de controle externo, como o exercido por credores, por debenturistas, pelo sócio oculto na sociedade em conta de participação, pelo concedente do uso da marca ou do sinal de propaganda no *franchising*, dentre outros.

peculiaridades dos chamados monopólios naturais, o que dificulta a entrada de novos concorrentes[23].

Por essas razões, como registra Tércio Sampaio Ferraz Jr., *"a regulação previa a divisão de mercados em áreas, a obrigatoriedade do acesso a redes, a formação de duopólios, a especial regulamentação com os mercados adjacentes etc."*[24]. O fomento à competição no setor, relativamente a todos os serviços de telecomunicações, sejam eles concedidos, permitidos ou autorizados, é um objetivo legal claramente estampado no art. 71 da LGT:

> "Art. 71. Visando a propiciar competição efetiva e a impedir a concentração econômica no mercado, a Agência poderá estabelecer restrições, limites ou condições a empresas ou grupos empresariais quanto à obtenção e transferência de concessões, permissões e autorizações."

Do ponto de vista dos movimentos de concentração econômica, e da própria definição de controle, a LGT adotou um sistema similar ao da Lei nº 8.884/94, referido acima. Em primeiro lugar, além dos controles exercidos pelo CADE, que continuam aplicáveis[25], a LGT

---

23. Tércio Sampaio Ferraz Jr., Lei geral de telecomunicações e regulação dos mercados, *RAPRJ*, XI:257, 2002: "O mercado de telefonia comporta as peculiaridades dos chamados monopólios naturais (cf. Calixto Salomão Filho: *Direito Concorrencial — as estruturas*, 1998, p. 191 ss.) (...) Neles a entrada de novos competidores ou é proibitiva ou tem de ser regulada por mecanismos próprios".
24. Tércio Sampaio Ferraz Jr., Lei geral de telecomunicações e regulação dos mercados, *RAPRJ*, XI:258, 2002.
25. LGT (Lei nº 9.472/97), Art. 7º: "As normas gerais de proteção à ordem econômica são aplicáveis ao setor de telecomunicações, quando não conflitarem com o disposto nesta Lei.
§ 1º Os atos envolvendo prestadora de serviço de telecomunicações, no regime público ou privado, que visem a qualquer forma de concentração econômica, inclusive mediante fusão ou incorporação de empresas, constituição de sociedade para exercer o controle de empresas ou qualquer forma de agrupamento societário, ficam submetidos aos controles, procedimentos e condicionamentos previstos nas normas gerais de proteção à ordem econômica.
§ 2º Os atos de que trata o parágrafo anterior serão submetidos à apreciação do Conselho Administrativo de Defesa Econômica — CADE, por meio do órgão regulador.

submete igualmente à aprovação da ANATEL as alterações societárias e transferências de controle verificadas nas companhias titulares de contratos de concessão, bem como as transferências do próprio contrato de concessão. Em todos esses casos, o ato ou contrato só será aprovado se não for prejudicial à competição no setor, como dispõem os arts. 97 e 98 da LGT:

> "Art. 97. Dependerão de prévia aprovação da Agência a cisão, a fusão, a transformação, a incorporação, a redução do capital da empresa ou a transferência de seu controle societário.
>
> Parágrafo único. A aprovação será concedida se a medida não for prejudicial à competição e não colocar em risco a execução do contrato, observado o disposto no art. 7º desta Lei.
> Art. 98. O contrato de concessão poderá ser transferido após a aprovação da Agência desde que, cumulativamente:
> (...)
> III — a medida não prejudique a competição e não coloque em risco a execução do contrato, observado o disposto no art. 7º desta Lei".

No exercício das competências que lhe foram atribuídas pela lei[26], a ANATEL expediu a Resolução nº 101/99, que regula a apura-

---

§ 3º Praticará infração da ordem econômica a prestadora de serviço de telecomunicações que, na celebração de contratos de fornecimento de bens e serviços, adotar práticas que possam limitar, falsear ou, de qualquer forma, prejudicar a livre concorrência ou a livre iniciativa".

26. Além do art. 71, transcrito no texto, o art. 19 confere à ANATEL o papel de controlar e prevenir infrações à ordem econômica no setor de telecomunicações. LGT (Lei nº 9.742/97), Art. 19: "À Agência compete adotar as medidas necessárias para o atendimento do interesse público e para o desenvolvimento das telecomunicações brasileiras, atuando com independência, imparcialidade, legalidade, impessoalidade e publicidade, e especialmente:
(...)
XIX — exercer, relativamente às telecomunicações, as competências legais em matéria de controle, prevenção e repressão das infrações da ordem econômica, ressalvadas as pertencentes ao Conselho Administrativo de Defesa Econômica — CADE;".

ção "*de controle e de transferência de controle em empresas prestadoras de serviços de telecomunicações*". Na mesma linha do que dispõe a legislação sobre concorrência, o poder de controle é definido aqui como aquele exercido interna ou externamente, por qualquer forma que assegure ao agente econômico o poder de dirigir as atividades sociais. Além da definição, a Resolução indica em caráter exemplificativo algumas condutas que caracterizam poder de controle, como a atribuição de direito de veto a acionista que não tem direito a voto e a prestação de garantias financeiras à companhia. Será útil reproduzir alguns dispositivos da Resolução nº 101/99:

> "Art. 1º No exercício das funções de órgão regulador e de órgão competente para controle, prevenção e repressão das infrações da ordem econômica, no setor de telecomunicações, a Anatel, com vistas à apuração de controle e de transferência de controle que sejam objeto de vedação, restrição, limites ou condicionamentos, adotará os seguintes conceitos:
> I — Controladora: pessoa natural ou jurídica ou ainda o grupo de pessoas que detiver, isolada ou conjuntamente, o poder de controle sobre pessoa jurídica;
> II — *Controle: poder de dirigir, de forma direta ou indireta, interna ou externa, de fato ou de direito, individualmente ou por acordo, as atividades sociais ou o funcionamento da empresa.*
> § 1º *Sem prejuízo de outras situações fáticas ou jurídicas que se enquadrem no conceito de Controladora, para fins de evitar fraude às vedações legais e regulamentares à propriedade cruzada e à concentração econômica e de resguardar a livre concorrência e o direito dos consumidores de serviços de telecomunicações, é equiparada a Controladora a pessoa que, direta ou indiretamente:*
> I — participe ou indique pessoa para membro de Conselho de Administração, da Diretoria ou órgão com atribuição equivalente, de outra empresa ou de sua controladora;
> II — *tiver direito de veto estatutário ou contratual em qualquer matéria ou deliberação da outra;*
> III — *possua poderes suficientes para, por qualquer me*ca-

nismo formal ou informal, impedir a verificação de quorum qualificado de instalação ou deliberação exigido, por força de disposição estatutária ou contratual, em relação às deliberações da outra, ressalvadas as hipóteses previstas em lei;
(...)
§ 2º Para efeito deste Regulamento, o funcionamento da empresa compreende, entre outros aspectos, o planejamento empresarial e a definição de políticas econômico-financeiras, tecnológicas, de engenharia, de mercado e de preços ou de descontos e reduções tarifárias.
(...)

Art. 4º A Anatel, de ofício ou por provocação, poderá instaurar procedimento administrativo destinado a apurar a existência de Controle vedado por disposição legal, regulamentar, editalícia ou contratual.
Parágrafo único. *Considera-se indício de existência de Controle vedado por disposição legal, regulamentar, editalícia ou contratual, entre outras, qualquer das seguintes situações entre prestadoras de serviços de telecomunicações:*
I — existência de operações significativas, passivas ou ativas, de financiamento, sob qualquer forma;
II — prestação de garantia real, pessoal ou de qualquer espécie;
(...)" (grifos acrescentados)

Como se vê, do mesmo modo como se passa com a disciplina geral da concorrência, o poder de controle em matéria de telecomunicações não é definido apenas nos termos da legislação societária. Ao contrário, tendo em vista os objetivos da regulação, o conceito é compreendido de forma muito mais ampla e conectada com a realidade econômica. Dentre muitos outros autores, Floriano Azevedo Marques Neto e Fábio Ulhôa Coelho, respectivamente, sublinham esse ponto:

"[E]m muitos setores não se mostram aplicáveis conceitos ou regras extraídos de outros ramos jurídicos. Bom exemplo disso é o conceito de poder de controle (originalmente cunhado no Direito Societário) e que passa a ser remodelado no âmbito do Direito Econômico e mesmo do Direito das Telecomunicações. Como bem aponta Fábio Ulhôa Coelho, quando se tem em vista impedir a concentração econômica ou incentivar a competição em um dado setor, o conceito de controle interno (baseado no controle exercido pelo acionista majoritário em face dos minoritários) é absolutamente imprestável. No campo regulatório econômico o que se busca é perquirir não o controle de um sócio sobre o outro, mas o controle de um grupo de agentes econômicos (que pode envolver acionistas majoritários e minoritários de uma companhia) em face de toda a sociedade. Daí por que estes subsistemas jurídicos têm de recorrer a outra concepção de controle (que contemple inclusive o controle externo, contratual etc.), produzindo normas próprias e específicas, dotadas de maleabilidade suficiente para enfrentar desafios concretos".[27]

"Quando a legislação disciplinar das telecomunicações se importa com o conceito de controlador, seu objetivo não é o de garantir o atendimento aos direitos dos acionistas minoritários, diante de abuso do poder de controle. Interessa-lhe, na verdade, identificar quem manda na prestadora do serviço de telecomunicações, com vistas não só a impedir especulações no processo de desestatização, como, principalmente, para consolidar a competição, no segmento. Em outros termos, a referência ao controle, na LGT, reporta-se ao contexto mais amplo da disciplina jurídica da concorrência. (...). Em vista das necessidades próprias do direito da concorrência, as agências e organismos governamentais brasileiros, com competência relacionada ao controle da competição econômica, em geral (CADE) ou em determinados segmentos (ANATEL, ANAEEL), podem adotar, em suas regulamentações e decisões, conceito próprio de controle, não fundado exclusivamente na titu-

---

27. *Floriano Azevedo Marques Neto, "A nova regulação estatal e as agências independentes".* In: Carlos Ari Sundfeld (Coord.), *Direito administrativo econômico*, 2002, pp. 83-4.

laridade de direitos de sócio. A mesma possibilidade existe relativamente às ligações societárias. No contexto da disciplina da concorrência, noções de sociedade controladora, coligada, subsidiária, grupo e demais figuras societárias podem ser redefinidas, alargando-se ou reduzindo-se os parâmetros fixados na lei das sociedades por ações, sempre que necessário à fiscalização ou estímulo da competição econômica".[28]

"A Resolução 101 da ANATEL está atenta a esta e outras possibilidades de atuação concertada, de controle não fundado na titularidade de ações com direito a voto".[29]

Em suma: é possível afirmar que haverá poder de controle no setor de telecomunicações não apenas quando estejam presentes os elementos formais previstos no art. 116 da Lei das S.A., mas também quando, por qualquer meio, o agente for capaz de dirigir as atividades sociais ou o funcionamento da empresa. Exemplos dessa espécie de controle externo indicados pelas normas regulamentares e pela doutrina são: (i) o direito de veto atribuído a acionista não titular do direito de voto; (ii) o poder de, por qualquer meio, impedir deliberações sociais; e (iii) o poder de direção real concentrado em acionistas titulares de ações preferenciais sem direito a voto que, no entanto, são os grandes investidores da companhia.

Assim, é com base nessa noção de poder de controle, informada pela consideração da realidade econômica subjacente, que o CADE e a ANATEL deverão analisar as operações de transferência de controle, para aferir se são prejudiciais à livre-concorrência.

III. Conclusões

De tudo o que se expôs até aqui é possível compendiar as principais idéias desenvolvidas ao longo do estudo nas seguintes proposições objetivas.

---

28. Fábio Ulhôa Coelho, *Curso de direito comercial*, v. II, 1999, pp. 470-3.
29. Fábio Ulhôa Coelho, "Reforma do Estado e direito concorrencial". *In:* Carlos Ari Sundfeld (Coord.), *Direito administrativo econômico*, 2002, pp. 198-9.

1. A ordem econômica brasileira se funda na livre iniciativa (art. 170, *caput*), que poderá, contudo, sofrer restrições em decorrência dos demais princípios contidos no artigo 170 da Constituição, dentre os quais se destacam, para os fins deste estudo, a livre concorrência (inciso IV) e a defesa do consumidor (inciso V). O sistema é complementado pelos arts. 173, § 4º e 174, *caput* da Constituição, os quais atribuem ao Estado, respectivamente, as funções de reprimir o abuso econômico tendente à dominação de mercados e a de regular e fiscalizar as atividades econômicas em geral.

2. Excepcionalmente, a Constituição admite que o Estado desempenhe também o papel de empresário, ao lado dos agentes privados, em duas circunstâncias diversas: i) para atender a algum relevante interesse coletivo ou imperativo de segurança nacional; e ii) quando o constituinte ou a lei tenham qualificado determinada atividade como serviço público, atribuindo ao Estado a titularidade de sua exploração. Essa segunda hipótese é a que se verifica no caso dos serviços de telecomunicação, em relação aos quais o poder de regulação estatal é reforçado na medida em que a própria Constituição previu a criação de um estatuto legal (LGT) e de um órgão regulador para o setor, que veio a ser a Agência Nacional de Telecomunicações — ANATEL.

3. O poder de controle pode ser conceituado como a aptidão efetivamente exercida de determinar as decisões e o funcionamento de uma empresa e se divide em: a) controle interno e b) controle externo. O controle interno é o exercido de dentro da sociedade e se subdivide em i) ordinário — quando decorrente da detenção da maioria acionária — e não ordinário — quando deriva de mecanismos diversos, como acordos de acionistas, contratos ou expedientes legais. O controle externo, por sua vez, é conceituado como um poder de fato exercido sobre a sociedade. Essa modalidade de controle pode decorrer de inúmeros fatores, tais como um endividamento que coloque a empresa sob o domínio fático do credor.

4. A noção de controle interno, na qual se baseia, prioritariamente, a legislação societária, se mostra insuficiente para fundamentar a regulação dos movimentos econômicos modernos em todos os seus aspectos. Assim, a regulação da concorrência se vale de uma conceituação mais ampla, consistente na identificação de uma *influência dominante*, independentemente da sua forma de manifestação. A opção se justifica na medida em que o objetivo é evitar a dominação

efetiva dos mercados, resultado de concentrações econômicas ilícitas, que podem ser dissimuladas por meio de instrumentos não convencionais de controle, em geral modalidades de controle externo, de que são exemplos típicos: (i) o acionista titular de ações preferenciais sem direito de voto que, no entanto, é um grande investidor institucional da companhia e, por conta disso, determina a condução dos negócios sociais; (ii) o acionista que, embora não tenha direito a voto, tem o direito de veto sobre determinadas matérias; e (iii) a empresa que, embora sequer seja acionista da companhia, é a prestadora de serviços tecnológicos essenciais e de alta complexidade e custo, de tal forma que, por essa circunstância, acaba por controlar os negócios de sua cliente

5. O poder de controle em matéria de telecomunicações é definido com base na realidade econômica, na linha do que foi exposto acerca da regulação geral da concorrência. É isso que se extrai da legislação e das normas regulamentares específicas do setor, nas quais subjaz a preocupação com a reversão dos efeitos da inércia provocada pelo longo monopólio estatal e com os riscos relacionados à formação de um *monopólio natural*, privado, em seu lugar, potencializados pelo imenso investimento requerido para o ingresso de um novo concorrente no setor. Essa regulação se concretiza com a submissão das operações de alteração societária e transferência de controle das concessionárias do serviço à aprovação da ANATEL, ao lado do controle exercido pelo CADE sobre a concorrência em geral.

Sistema Financeiro Nacional. Alienação de instituição submetida ao RAET. Discricionariedade técnica do Banco Central. Limites legítimos do controle jurisdicional

SUMÁRIO: Introdução. Parte I. Aspectos fáticos. I. Alguns dados conjunturais. A situação específica do Grupo Nacional. Parte II. Elementos teóricos. II. Regime constitucional e legal de disciplina do sistema financeiro. III. O controle de atos administrativos discricionários por parte do Judiciário: possibilidades e limites. Parte III. A solução do caso concreto. IV. Legalidade e legitimidade da atuação do Banco Central na transferência de ativos do Grupo Nacional. V. Legalidade e legitimidade do critério utilizado na fixação do preço de transferência dos ativos do Grupo Nacional. VI. Limite do controle judicial da discricionariedade técnica da Administração. Princípios constitucionais aplicáveis. A indiscutível razoabilidade da atuação do Banco Central. VII. Conclusões.

INTRODUÇÃO

Trata-se de consulta formulada pelo Unibanco — União de Bancos Brasileiros S.A., sobre algumas questões jurídicas relacionadas com o objeto da ação nº 2003.5101008116-0, em curso perante a 17ª Vara Federal da Seção Judiciária do Rio de Janeiro. A referida demanda foi ajuizada em 25 de março de 2003, pela Empresa Brasileira de Participações Cebepê Ltda. e outros (que vêm a ser os ex-controladores do Grupo Nacional), em face do Banco Central do Brasil, do Unibanco — União de Bancos Brasileiros S.A. e do Unibanco Holdings S/A.

A disputa envolve o processo de intervenção deflagrado pelo Banco Central, em 1995, no Banco Nacional e empresas coligadas, e pretende discutir, em particular, o preço fixado na ocasião para a transferência de ativos e passivos do Banco Nacional ao Unibanco[1], que se alega ter sido baixo. Os autores pedem, em suma, que o Juízo arbitre o valor *justo* da transferência e condene os réus a indenizar a diferença entre esse valor e o que foi efetivamente pago, além de uma indenização por danos morais.

De forma simples, o consulente pede que sejam examinados dois pontos específicos, a saber: (i) a validade constitucional e legal dos atos do Banco Central que levaram à já mencionada transferência de ativos e passivos, inclusive quanto ao preço fixado para essa operação; e (ii) a possibilidade jurídica de o Judiciário rever essa espécie de ato da Administração, em particular, e novamente, no que diz respeito ao preço apurado.

O estudo será ordenado em três partes, como descrito no roteiro inicial. Na primeira delas, será apresentado um breve resumo dos fatos que envolveram a intervenção do Banco Central nas empresas do Grupo Nacional. Na segunda, far-se-á uma exposição sucinta dos princípios e regras constitucionais e infraconstitucionais necessários à compreensão do tema. Por fim, a última parte do parecer ocupa-se de aplicar os elementos normativos e doutrinários apresentados ao caso concreto.

---

1. A transferência assumiu a forma de um Contrato de Compra e Venda, de Assunção de Direitos e Obrigações e de Prestação de Serviços e Outras Avenças, firmado em 18.11.95 e re-ratificado em 08.12.95.

Parte I
ASPECTOS FÁTICOS

I. Alguns dados conjunturais. A situação específica do Grupo Nacional

As circunstâncias que envolveram a intervenção do Banco Central no Banco Nacional e empresas coligadas, no ano de 1995, ganharam grande repercussão na imprensa, a tal ponto que, quase nove anos depois, permanecem notórias. Na verdade, o que se passou no caso pode ser melhor compreendido no contexto geral da economia brasileira da época, embora, como se veio a apurar, problemas específicos do próprio Grupo (fraudes contábeis, problemas na concessão de créditos, etc.) tenham conferido uma dimensão muito mais grave à crise do Nacional.

Com a implantação do chamado "Plano Real", em 1994, produziu-se no país a estabilização monetária, com a redução substancial das taxas de inflação. Essa circunstância produziu transformações importantes na economia como um todo e em particular no sistema financeiro. Àquela altura, como era e é público, uma grande parcela das operações financeiras estava relacionada à inflação e aos ganhos que as instituições conseguiam auferir com ela. A redução expressiva dos índices de inflação interrompeu essa dinâmica e deflagrou uma crise de liquidez no sistema financeiro. Além disso, o mercado financeiro internacional enfrentou alguns *choques* — o mais importante deles, no período, foi a chamada "Crise Mexicana" — que repercutiram igualmente sobre o mercado brasileiro. Esses elementos externos acabaram por trazer à tona problemas internos de várias instituições financeiras, dentre as quais o Nacional: estruturas ineficientes, créditos concedidos sem critérios técnicos, garantias inadequadas dos contratos e, em alguns casos, operações fraudulentas.

No segundo semestre de 1995, o Banco Central decretou intervenção no Banco Econômico e, na seqüência, espalharam-se rumores ainda mais intensos de que outras instituições de médio e grande porte estavam prestes a quebrar. Há consenso de que, àquela altura, o risco de uma crise geral do sistema financeiro, de grandes proporções, era grave e iminente. Quanto ao Banco Nacional e suas empresas associadas, além de dificuldades de caixa e de crédito, pendiam sobre eles suspeitas de fraudes em seus registros contábeis.

Aparentemente, a situação tornou-se de tal modo insustentável que os próprios controladores do Banco Nacional solicitaram ao Banco Central, em 18.11.95, que fosse decretado Regime de Administração Especial Temporária — RAET (figura prevista no Decreto-Lei nº 2.321, de 25.02.87), relativamente ao Banco Nacional e outras empresas do grupo[2]. Adiante serão examinadas com mais detalhes as principais características do RAET. É importante registrar desde logo que, por força do RAET, os administradores da instituição financeira são automaticamente afastados, assumindo a administração da companhia um Conselho Diretor indicado pelo Banco Central.

A solicitação dos ex-controladores foi atendida e o RAET determinado por meio do ATO PRESI nº 405, de 18.11.95. Além de decretar o RAET, o Banco Central enquadrou a situação do Nacional no Programa de Estímulo à Reestruturação e ao Fortalecimento do Sistema Financeiro — PROER e, por isso, autorizou um conjunto de empréstimos e operações de crédito em favor do Banco Nacional, na tentativa de saneá-las. No mesmo dia em que decretado o RAET, o Conselho Diretor, expressamente autorizado pelo Banco Central, decidiu transferir os ativos e passivos do Nacional para uma instituição saudável e, com esse propósito, foi firmado com o Unibanco[3], em 18.11.95, Contrato de Compra e Venda, de Assunção de Direitos e Obrigações e de Prestação de Serviços e Outras Avenças, re-ratificado em 08.12.95.

Ao longo do RAET, foram apuradas condutas indigitadas como fraudulentas, que deram origem, inclusive, a vários processos criminais; em alguns deles já foi proferida sentença, com a condenação de ex-controladores a penas privativas de liberdade superiores a 20 anos[4]. De toda sorte, findo o prazo máximo do RAET (12 meses),

---

2. Banco Nacional Investimentos S/A, Sinal Sociedade Corretora de Valores S/A, Nacional Distribuidora de Títulos e Valores Mobiliários Ltda., e Nacional Leasing Arrendamento Mercantil S/A.

3. Antes da solicitação do RAET pelos controladores do Nacional, estes já vinham negociando a venda da instituição para o Unibanco.

4. Tais decisões foram impugnadas mediante recurso e não se supõem, aqui, definitivas. A condenação criminal, naturalmente, faz parte do cenário em que se emoldura a controvérsia, mas não é premissa nem questão prejudicial de qualquer dos argumentos desenvolvidos.

sem que se tivesse podido reverter a situação patrimonial e financeira do Nacional, o Banco Central decretou sua liquidação extrajudicial (ATO PRESI nº 584, de 13.11.96).

Na demanda que propõem agora, quase nove anos depois, os autores alegam que o preço da transferência dos ativos e passivos do Grupo Nacional ao Unibanco teria sido muito baixo. É bom notar que não se questiona na ação a validade da decretação do RAET ou mesmo da transferência dos ativos e passivos em si[5]. Os principais argumentos dos autores são os seguintes: **(i)** o Banco Central teria usado, como critério de avaliação das instituições, o valor patrimonial líquido contábil que, segundo sustentam, não seria o mais indicado na hipótese; e **(ii)** o ágio aplicado pelo Banco Central sobre o valor apurado teria sido muito pequeno, de tal modo que não foi considerado adequadamente o valor imaterial das empresas (fundo de comércio, "goodwill" etc.). Como já se referiu, o pedido formulado é o de que o Juízo arbitre o valor "justo", pagando-se aos autores ou à massa liquidanda do Nacional essa diferença no preço e, ainda, uma indenização por danos morais.

Esses são os registros fáticos de maior relevância para a hipótese. Cabe agora examinar, do ponto de vista jurídico, as questões propostas pelo consulente.

Parte II
ELEMENTOS TEÓRICOS

II. Regime constitucional e legal de disciplina do sistema financeiro

A intervenção estatal na ordem econômica pode assumir formas variadas e a doutrina propõe diversas classificações na tentativa de sistematizar o assunto. Há autores que se referem à intervenção (*a*)

---

5. Essa conclusão foi extraída do exame dos seguintes documentos, encaminhados pelo consulente: petição inicial, contestações e réplica.

regulatória, (b) concorrencial, (c) monopolista e (d) sancionatória[6]. Outros classificam-na em (a) poder de polícia, (b) incentivos à iniciativa privada e (c) atuação empresarial[7]. Nessa linha, é possível identificar três mecanismos de intervenção estatal no domínio econômico: o fomento, a atuação direta e a regulação. Confira-se a demonstração do argumento.

O Estado interfere no domínio econômico por via do *fomento* quando apóia a iniciativa privada e estimula determinados comportamentos. Assim, por exemplo, através de incentivos fiscais, o Poder Público promove a instalação de indústrias ou outros ramos de atividade em determinada região. Do mesmo modo, a elevação ou redução da alíquota de impostos — notadamente os que têm regime excepcional no tocante aos princípios da legalidade e anterioridade (CF, arts. 150, § 1º e 153, § 1º), como IPI, imposto sobre a importação, IOF — é decisiva na expansão ou retração de determinados segmentos da economia. Igualmente relevante, no fomento da atividade econômica, é a oferta de financiamento público a empresas ou setores do mercado, mediante, por exemplo, linha de crédito junto ao BNDES.

Em segundo lugar, o Estado ocupa espaço na ordem econômica[8] quando *atua diretamente* como empresário, embora essa atuação deva ser excepcional por força do princípio da subsidiariedade, expresso no art. 173, *caput* da Constituição[9]. A lógica aqui é simples: uma vez que o campo das atividades econômicas é, por excelência, o domínio das liberdades privadas, o Poder Público só pode agir nesta seara quando explicitamente autorizado em sede constitucional. Pela Constituição de 1988, há três vias de acesso direto do Estado à atividade econômica (aqui entendida em sentido amplo): para explorar

---

6. Diogo de Figueiredo Moreira Neto, *Curso de direito administrativo*, 1996, p. 365.
7. Celso Antônio Bandeira de Mello, *Curso de direito administrativo*, 1996, pp. 434-5.
8. Para uma análise ampla da atuação do Estado na ordem econômica, v. Eros Roberto Grau, *A ordem econômica na Constituição*, 1990; e Luís Roberto Barroso, "Regime constitucional do serviço postal. Legitimidade da atuação da iniciativa privada". In: *Temas de Direito Constitucional*, t. II, 2003, p. 145 e ss..
9. CF/88: "Art. 173. Ressalvados os casos previstos nesta Constituição, a exploração direta de atividade econômica pelo Estado só será permitida quando necessária aos imperativos da segurança nacional ou a relevante interesse coletivo, conforme definidos em lei".

atividade monopolizada, expressamente prevista pela Constituição (art. 177); para explorar atividade imperativa à segurança nacional ou de relevante interesse coletivo, assim reputada pela lei (art. 173); e, por fim, para prestar serviço público, quando a Constituição, ou a lei com fundamento constitucional, considerar a atividade como tal (art. 175).

O que interessa mais diretamente a este estudo, no entanto, é a atividade *regulatória* do Estado que, a rigor, vem a ser a mais freqüente e disseminada (art. 174[10]). De forma geral, a regulação envolve dois tipos de atividade, coordenadas entre si: uma atividade **normativa**, pela qual se produz a disciplina à qual os agentes econômicos estão submetidos, e uma atividade **administrativa**, que procura, por meio de um variado conjunto de ações e providências, dar corpo e realidade àquilo que consta das normas.

A **atividade normativa** concentra-se, como natural, no Poder Legislativo, embora essa competência não lhe tenha sido atribuída com exclusividade. A própria Constituição autoriza outros Poderes (em especial o Executivo) a expedirem normas de caráter geral. Além dessas hipóteses, é cada vez mais freqüente que instâncias administrativas recebam do legislador delegações em matéria normativa, especialmente quando o tema a ser regulado é de natureza técnica ou exige adaptações constantes da disciplina aplicável[11]. Vale observar

---

10. CF/88: "Art. 174. Como agente normativo e regulador da atividade econômica, o Estado exercerá, na forma da lei, as funções de fiscalização, incentivo e planejamento, sendo este determinante para o setor público e indicativo para o setor privado".

11. V., sobre o tema, Carlos Mário da Silva Velloso, Delegação legislativa — A legislação por associações, *RDP*, 90:180, 1990: "No Direito Constitucional clássico, anotam os autores, a regra é a indelegabilidade, como corolário, aliás, da doutrina da separação de poderes teorizada por Montesquieu. Locke, no *Segundo Tratado de Governo Civil*, deixa expresso que nenhum poder pode delegar atribuições, porque o poder é exercido por delegação do soberano, e quem age por delegação não pode delegar o que não lhe pertence, o que se enuncia na máxima latina: *delegata potestas delegari non potest*". A despeito do registro doutrinário, o STF já admitiu indiretamente a delegação legislativa, desde que, porém, com a fixação de *standards*, nos seguintes termos: "O legislador local, como se vê, instituiu e nomeou uma vantagem remuneratória, delegando, porém, ao Executivo — livre de quaisquer parâmetros legais —, a definição de todos os demais aspectos de sua disciplina — a qual, acrescente-se, se revelou

que o fenômeno da delegação legislativa e do exercício de competências normativas por parte de órgãos e entidades da Administração, conquanto não seja propriamente novo, vem sofrendo importante expansão na última década e, por isso mesmo, tem sido objeto de estudos específicos[12].

Independentemente dessa discussão, o fato é que o Estado, por seus agentes competentes, edita normas decisivas para o desempenho da atividade econômica, algumas com matriz constitucional, como, por exemplo, o Código de Defesa do Consumidor (art. 5º, XXXII), a lei de remessa de lucros (art. 172), a lei de repressão ao abuso do poder econômico (art. 173, § 4º), entre outras. Temas da maior relevância, como política de crédito e de câmbio, são disciplinados por normas editadas pelo Legislativo e também pela Administração (*e.g.*: decretos regulamentares, resoluções, deliberações e portarias).

A *atividade administrativa*, por sua vez, concentra-se nos órgãos e entidades da Administração Pública e, embora esteja sempre vinculada à lei[13], seu conteúdo poderá estar mais ou menos detalhado na norma. Com efeito, os atos administrativos são classificados por diferentes critérios, sendo um deles o que opõe atos vinculados e

---

extremamente complexa —, incluídos aspectos essenciais como o valor de cada ponto, as pontuações mínima e máxima e a quantidade de pontos atribuíveis a cada atividade e função. Essa delegação sem parâmetro, contudo, penso eu, é incompatível com o princípio da reserva de lei formal a que está submetida a concessão de aumentos aos servidores públicos (CF, art. 61, § 1º, II, *a*)". (STF, DJ 14.12.01, p. 87, RE 264289-CE, Rel. Min. Sepúlveda Pertence).

12. Diogo de Figueiredo Moreira Neto, *Direito da regulação*, 2002. V. também Alexandre Santos de Aragão, *Agências reguladoras e a evolução do direito administrativo econômico*, 2002; e Marcos Juruena Villela Souto, *Direito administrativo regulatório*, 2002.

13. Luís Roberto Barroso, "Apontamentos sobre o princípio da legalidade (delegações legislativas, poder regulamentar e repartição constitucional das competências legislativas)". In: *Temas de direito constitucional*, t. I, 2001, pp. 166-7. O administrador estará sempre vinculado, naturalmente, ao Direito. Mas o dogma da vinculação positiva à lei, concebido em uma época em que a Constituição não se aplicava diretamente às situações que contemplava, começa a sofrer vigorosa contestação. Sobre o tema, v. o projeto de doutorado de Gustavo Binenbojm, ora em fase de desenvolvimento, intitulado *Direitos fundamentais, democracia e administração pública: novos paradigmas do direito administrativo*, 2003.

discricionários[14]. A distinção essencial entre ambos traduz-se em que, nos atos vinculados, os cinco elementos que a doutrina administrativa tradicional identifica nos atos administrativos — competência, forma, finalidade, motivo e objeto[15] — são rigidamente definidos pela norma legal ou regulamentar. Ademais, diante de um ato vinculado, há direito subjetivo para o administrado, a saber: presentes todos os elementos previstos pela norma, o particular tem direito à prática do ato[16].

A particularidade dos atos discricionários consiste em que, embora competência, forma e finalidade continuem sendo elementos vinculados[17], a lei confere liberdade de decisão ao administrador quanto à motivação e ao objeto. A justificação do poder discricionário da Administração decorre da incapacidade de se prever, com alguma objetividade e em tese, a solução mais adequada, justa ou correta para determinadas situações particularmente complexas ou dinâmicas[18]. Diversas soluções poderão ser adotadas, todas plausíveis para equacionar o problema e capazes de realizar o fim público: caberá ao

---

14. Celso Antônio Bandeira de Mello, *Curso de direito administrativo*, 1997, p. 260 e ss.. O autor classifica os atos administrativos quanto à natureza da atividade, quanto à estrutura do ato, quanto aos destinatários do ato, quanto à função da vontade administrativa, quanto aos efeitos, quantos aos resultados sobre a esfera jurídica dos administrados, quanto à situação de terceiros, quanto à composição da vontade produtora do ato, quanto à formação do ato, quanto à natureza das situações-jurídicas que criam, quanto à posição jurídica da Administração e quanto ao grau de liberdade da Administração em sua prática, pelo qual se classificam os atos administrativos em discricionários e vinculados.
15. V., por todos, Hely Lopes Meirelles, *Direito administrativo brasileiro*, 1993, p. 134 e ss..
16. Esse é o entendimento pacífico da doutrina. Veja-se, por todos, Maria Sylvia Zanella Di Pietro, *Direito administrativo*, 2000, p. 196; e Celso Antônio Bandeira de Mello, *Curso de direito administrativo*, 1997, p. 267.
17. Diogo de Figueiredo Moreira Neto, *Legitimidade e discricionariedade*, 1998, p. 34: "Em outros termos: *a discricionariedade não pode ser exercida nem contra a finalidade nem mesmo sem ela, mas, apenas, em favor dela*". (grifo no original).
18. Confiram-se também: Diogo de Figueiredo Moreira Neto, *Legitimidade e discricionariedade*, 1989; Lúcia Valle Figueiredo, *Curso de direito administrativo*, 1994, p. 113 e ss.; Maria Sylvia Zanella Di Pietro, *Discricionariedade administrativa na Constituição de 1988*, 1991; Eros Roberto Grau, Poder discricionário, *RDP*, 93:41, 1990, e Carlos Ari Sundfeld, Discricionariedade e revogação do ato administrativo, *RDP*, 79:132, 1986.

administrador — e é isso que justifica o poder discricionário — avaliar as circunstâncias e escolher, dentre as soluções possíveis e plausíveis, a mais adequada tendo em conta a finalidade da norma[19].

Naturalmente, quanto mais complexo for o tema a ser regulado, o maior número de variáveis a serem consideradas e a agilidade decisória necessária, maior será a dificuldade de a lei minudenciar as condutas que devem ser adotadas pela Administração para implementar os fins que o legislador deseja ver alcançados. Conseqüentemente, maior será o espaço de discricionariedade atribuído ao administrador. Nesse ponto, como se vê, as atividades normativa e administrativa se interpenetram, já que esta última acabará por complementar a primeira em cada caso. Feitos esses registros iniciais acerca da regulação estatal da ordem econômica e seus principais instrumentos, cumpre concentrar o estudo na regulação do sistema financeiro, tanto em seu aspecto normativo como administrativo.

O sistema financeiro é, sem dúvida, um dos setores de importância estratégica para a economia de qualquer país e, juntamente com a educação, a saúde e a previdência privadas (CF, arts. 197, 199 e 209), foi uma das poucas atividades econômicas objeto de referência específica pelo próprio constituinte de 1988. Na verdade, a Constituição de 1988 reservou um capítulo autônomo (composto pelo art. 192) para tratar das atividades financeiras, dentre outras menções ao tema ao longo de seu texto[20].

Nada obstante o caráter privado da atividade bancária, o bom andamento, a estabilidade e a confiabilidade do sistema financeiro — sobretudo em tempos globalizados — envolvem interesse público da maior relevância. As atividades financeiras integram-se à economia do

---

19. Celso Antônio Bandeira de Mello, *Curso de direito administrativo*, 1997, p. 271. Sobre o tema da discricionariedade, v. também Fábio Corrêa de Souza de Oliveira, *Por uma teoria dos princípios: o princípio constitucional da razoabilidade*, 2003, p. 121 e ss..
20. Celso Antônio Bandeira de Mello, *Curso de direito administrativo*, 2003, pp. 636 —7: "A própria Constituição entendeu de atribuir um regime especial para determinadas e específicas atividades econômicas, que, destarte, foram isoladas do regime pertinente à generalidade delas, porque a Lei Magna considerou-as merecedoras de tratamento peculiar, excepcional. É o que foi especificamente feito para as atividades financeira, de seguro e capitalização, como resulta do art. 192, I e II".

País de forma estrutural, sofrendo sua influência e, sobretudo, influenciando-a amplamente. Por isso, ainda que o interesse público de que se revestem não tenha sido suficiente para caracterizá-los como serviços públicos[21], em certos aspectos os serviços bancários também devem se submeter ao regime jurídico-administrativo. Na realidade, o referido interesse público não se dirige diretamente ao desempenho da atividade bancária, mas sim à garantia da economia nacional e da poupança popular, conforme a previsão do artigo 22, XIX da Constituição Federal[22]. Trata-se, portanto, como ocorre também em outras áreas, de atividade econômica que demanda um tratamento específico pelo Estado. Haroldo Malheiros Duclerc Verçosa bem anotou o ponto, ressaltando os instrumentos que se colocam à disposição do Estado para operacionalizar essa disciplina diferenciada, *in verbis*:

> "Observam alguns autores, assumirem certas atividades tal relevância na ordem econômica interna, que o legislador moderno não pode deixar seu exercício ao livre sabor dos agentes, sob pena de acentuado perigo de grave dano para o mercado como um todo e para os credores em particular. Em decorrência desta constatação, o Estado tem assumido posição marcadamente intervencionista nos mercados financeiro e de capitais, começando pela exigência de prévia autorização para funcionamento, passando pela fiscalização permanente do exercício das empresas da área, chegando

---

21. Os serviços bancários, como uma série de outras atividades que demandam tratamento específico do Estado, podem ser identificados na doutrina do direito público pelas seguintes denominações: serviços públicos impróprios ou virtuais, atividades privadas de interesse público, atividades econômicas de interesse geral — como adotado pela União Européia —, ou, ainda, serviços de utilidade pública, como do gosto de notáveis administrativistas brasileiros. Utilizando explicitamente esta última nomenclatura, Caio Tácito, "Serviço de utilidade pública. Autorização. Gás Liquefeito de Petróleo". In: *Temas de direito público*, v. II, 1997 p. 1232 e ss.; e Odete Medauar, *Direito administrativo moderno*, 1998, pp. 330-1.
22. CF/88: "Art. 22. Compete privativamente à União legislar sobre:
    XIX — sistemas de poupança, captação e garantia da poupança popular";
    V. Luiz Tzirulnik, *Intervenção e liquidação extrajudicial de instituições financeiras*, 2000, p. 40: "A grande justificativa da intervenção do Estado na ordem econômica é a proteção da poupança popular".

a atuar diretamente na busca da reorganização desta pela intervenção e pelo recentemente criado regime de administração especial temporária, até alcançar as providências destinadas a encerrar definitivamente sua atuação, através do instituto da liqüidação extrajudicial"[23].

Com esse propósito, a Constituição dedicou um conjunto de dispositivos ao tema. Em primeiro lugar, o constituinte vinculou o funcionamento do sistema financeiro a determinados fins, como prevê o art. 192, *caput* (redação original):

> "Art. 192. O sistema financeiro nacional, estruturado de forma a promover o desenvolvimento equilibrado do País e a servir aos interesses da coletividade, será regulado em lei complementar, que disporá, inclusive, sobre:"[24]

Para atingir esses fins, a Carta conferiu à União um conjunto de competências legislativas, descritas em vários incisos do art. 22, além do próprio art. 192 já transcrito, *verbis*:

> "Art. 22. Compete privativamente à União legislar sobre:
> VI — sistema monetário e de medidas, títulos e garantias dos metais;
> VII — política de crédito, câmbio, seguros e transferência de valores;
> XIX — sistemas de poupança, captação e garantia da poupança popular;"

Ainda no plano constitucional, e agora já cuidando da atividade administrativa, atribuiu-se à União a competência geral de fiscalizar e regular o sistema financeiro, como instrumento necessário para a

---

23. Haroldo Malheiros Duclerc Verçosa, *Responsabilidade civil especial*, 1993, p. 19.
24. A Emenda Constitucional nº 40, de 29.05.03, que alterou o art. 192, não modificou os fins do sistema financeiro contidos no *caput*. Embora a superveniência da EC nº 40/03 não altere em ponto algum o raciocínio desenvolvido neste estudo, será dada preferência à redação original do art. 192 da Carta, já que era a que se encontrava em vigor quando dos fatos aqui em discussão.

implementação de políticas públicas mais gerais, como, *e.g.*, monetárias, de crédito e de câmbio[25]. O agente da União nesse mister é o Banco Central do Brasil — BACEN[26], como se observa dos art. 21, VII e 164, § 2º[27]:

---

25. Geraldo Ataliba, Delegação normativa — Limites às competências do C.M.N. e do BACEN, *RILSF, 113*:278, 1992: "À vista da necessidade de assegurar a tranqüilidade e a transparência do mercado financeiro, idoneidade de seus agentes e proteger a poupança popular, deve a União legislar sobre essas matérias — pondo sadias pautas de comportamento — e fiscalizar (por organismos legalmente estabelecidos) a observância de suas leis". (grifo no original); e Ives Gandra Martins, *Comentários à Constituição do Brasil,* v. III. 3, 1992, p. 139: "As reservas de um país são aquelas que lhe dão folga para exercer, de forma coerente, política de comércio exterior ou de investimentos internacionais, em tríplice forma (capital de risco, transferência de tecnologia e financiamentos), razão pela qual houve por bem o constituinte conformar neste nível a exigência. Certamente a dimensão da dívida externa brasileira levou o contribuinte a esta preocupação específica. O ato de administrar é amplo, devendo-se entender que abrange, inclusive, o de fiscalizar, que é espécie do gênero. Por esta razão, no concernente às operações de natureza financeira, como as de crédito, câmbio, capitalização, seguros e previdência privada, a União, constitucionalmente, tem a obrigação de fiscalizar, mesmo que realizada por outras entidades da Federação ou por segmentos privados".
26. V. Ricardo Lobo Torres, *Curso de direito financeiro e tributário,* 2002, p. 202: "Nesse contexto é que aparece o Banco Central como órgão estatal controlador e disciplinador da atividade financeira privada. Exerce a competência atribuída à União para fiscalizar as operações de natureza financeira, especialmente as de crédito, câmbio e capitalização (art. 21, VIII). Sendo a sua missão precípua a de emitir a moeda nacional, não poderia faltar ao Banco Central a incumbência de controlar a velocidade de circulação do dinheiro, o que fará através da fiscalização permanente dos bancos e demais instituições financeiras, zelando pelo bom funcionamento do sistema".; e Celso Ribeiro Bastos e Ives Gandra da Silva Martins, *Comentários à Constituição do Brasil,* v. VII, 1990, pp. 396 e 404: "Do ponto de vista econômico-financeiro, o Banco Central cumpre uma importante função consistente no exercício da força disciplinadora do Estado sobre uma atividade que, pela sua própria natureza, requer este tipo de fiscalização. É que os bancos dependem de um elemento psicológico que, em dados momentos de crise, pode faltar, qual seja a confiança dos depositantes. Sim, o banco, por mais saudável que seja, deve para um sem-número de pessoas, as quais não teria condições de satisfazer se todas pretendessem, simultaneamente, haver os seus créditos. (...) O Banco Central exerce nessa área importante mister responsável pela confiabilidade ampla do sistema". E, na jurisprudência, v. STF, DJ 22.11.96, p. 45.683, ADIn 449-DF, Rel. Min. Carlos Velloso:

"Art. 21. Compete à União

VII — administrar as reservas cambiais do País e fiscalizar as operações de natureza financeira, especialmente as de crédito, câmbio e capitalização, bem como as de seguro e de previdência privada.

(...)

Art. 164. A competência da União para emitir moeda será exercida exclusivamente pelo Banco Central.

(...)

§ 2º O Banco Central poderá comprar e vender títulos de

"constitucional. administrativo. servidor público. banco central do brasil: autarquia: regime jurídico do seu pessoal. lei 8.112, de 1990, art. 251: inconstitucionalidade. I. — O Banco Central do Brasil é uma autarquia de direito público, que exerce serviço público, desempenhando parcela do poder de polícia da União, no setor financeiro. (...)".

27. O Banco Central é mencionado pelo texto constitucional em várias outras ocasiões: arts. 192, IV e V: "O sistema financeiro nacional, estruturado de forma a promover o desenvolvimento equilibrado do País e a servir aos interesses da coletividade, será regulado em lei complementar, que disporá, inclusive, sobre: (...) IV — a organização, o funcionamento e as atribuições do Banco Central e demais instituições financeiras públicas e privadas; V — os requisitos para a designação de membros da diretora do Banco Central e demais instituições financeiras, bem como seus impedimentos após o exercício do cargo"; (note-se que EC nº 40/03 suprimiu os incisos transcritos); art. 52, III, d: "Compete privativamente ao Senado Federal: (...) III — aprovar previamente, por voto secreto, após argüição pública, a escolha de: (...) d) Presidente e diretores do Banco Central";, art. 84, XIV: "Compete privativamente ao Presidente da República: (...) XIV — nomear, após aprovação pelo Senado Federal, os Ministros do Supremo Tribunal Federal e dos Tribunais Superiores, os Governadores de Territórios, o Procurador-Geral da República, o presidente e os diretores do Banco Central e outros servidores, quando determinado em lei"; e art. 164: "A competência da União para emitir moeda será exercida exclusivamente pelo Banco Central. § 1º — É vedado ao Banco Central conceder, direta ou indiretamente, empréstimos ao Tesouro Nacional e a qualquer órgão ou entidade que não seja instituição financeira. § 2º — O Banco Central poderá comprar e vender títulos de emissão do Tesouro Nacional, com o objetivo de regular a oferta de moeda ou a taxa de juros. § 3º — As disponibilidades de caixa da União serão depositadas no Banco Central; as dos Estados, do Distrito Federal, dos Municípios e dos órgãos ou entidades do Poder Público e das empresas por ele controladas, em instituições financeiras oficiais, ressalvados os casos previstos em lei".

emissão do Tesouro Nacional, com o objetivo de regular a oferta de moeda ou a taxa de juros".

No exercício de sua competência legislativa (já existente nas Cartas anteriores), a União editou um conjunto de normas sobre o sistema financeiro para, em última análise, assegurar que os fins constitucionais sejam cumpridos. As mais importantes, e que merecem registro desde logo, são as seguintes: Lei nº 4.595/64 ("dispõe sobre a política e as instituições monetárias, bancárias e creditícias"), Lei nº 6.024/74 ("dispõe sobre a intervenção e a liqüidação extrajudicial de instituições financeiras"), Decreto-Lei nº 2.321/87 ("institui, em defesa das finanças públicas, regime de administração especial temporária, nas instituições financeiras privadas e públicas não federais"), e a Medida Provisória nº 1.182/95, posteriormente convertida na Lei nº 9.447/97 ("aperfeiçoa as regras do Regime de Administração Especial Temporária — RAET, da intervenção e da liquidação extrajudicial de instituições financeiras"). A legislação referida consagra o Banco Central como principal agente executor de suas políticas e, na linha do exposto inicialmente, atribui-lhe competências vinculadas e discricionárias, além de espaços nos quais caberá ao Conselho Monetário Nacional e ao BACEN expedir a disciplina pertinente.

Seria impossível analisar o conteúdo da legislação mencionada como um todo no âmbito deste estudo e, de todo modo, este não é o propósito do parecer. Basta registrar que a regulação do sistema financeiro tem início já com a necessidade de obter-se autorização para funcionar como instituição financeira no país[28]. Além dessa autorização inicial, as normas referidas criam um complexo sistema de controles permanentes, que permite ao Banco Central monitorar o andamento das operações e do mercado de maneira geral.

Para os fins deste estudo, convém examinar mais detidamente três instrumentos de intervenção que a lei colocou à disposição do

---

28. Lei nº 4.595/64: "Art. 10. Compete privativamente ao Banco Central do Brasil: (...) X — conceder autorização às instituições financeiras, a fim de que possam: a) funcionar no País; (...) Art. 18. As instituições financeiras somente poderão funcionar no País mediante prévia autorização do Banco Central do Brasil ou decreto do Poder Executivo, quando forem estrangeiras". A referida autorização, antes da Emenda Constitucional nº 40, de 29.05.03, também vinha expressamente prevista nos incs. I e II do art. 192.

Banco Central: o Regime de Administração Especial Temporária — RAET[29], a intervenção propriamente dita[30] e a liquidação extrajudicial de instituições financeiras[31]. Antes de distingui-los, é de proveito registrar seus traços comuns. As três figuras, em níveis diferentes, funcionam como mecanismos típicos do poder de polícia estatal, pelos quais o Banco Central interfere na condução normal de uma instituição financeira, caso verifique irregularidades que possam pôr em risco a solidez da própria instituição e/ou o equilíbrio do sistema como um todo.

A aplicação de qualquer das três modalidades de intervenção orienta-se por duas idéias: a da prevenção[32], isto é, a intervenção deve ocorrer o mais cedo possível, de modo a evitar uma crise sistêmica; e a da preservação do interesse público, consistente, em última análise, na manutenção do equilíbrio do sistema financeiro. Estes são pontos importantes. A falência de uma sociedade comercial, que seria a figura mais próxima, tem, via de regra, impacto apenas setorial na economia. A insolvência de uma instituição financeira, porém, em função do alto nível de integração em que opera o sistema financeiro, resulta em prejuízos não apenas para seus credores, mas para o mercado financeiro[33] e, conseqüentemente, para a economia como um todo, podendo repercutir em restrições de crédito, aumento de juros, corrida aos bancos e insolvência generalizada[34].

---

29. Decreto-Lei nº 2.321, de 25.02.87.
30. Lei nº 6.024, de 13.03.74.
31. Lei nº 6.024, de 13.03.74.
32. V. Luiz Tzirulnik, *Intervenção e liquidação extrajudicial de instituições financeiras*, 2000, p. 32: "a função supervisora e controladora do Banco Central, no sentido de manter saudável o mercado financeiro, não há de se restringir ao afastamento das instituições financeiras por dificuldades manifestas em suas operações. É também, e sobretudo, responsabilidade do governo atuar preventivamente, evitando sequer que o mal se expresse".
33. Eros Roberto Grau, Liquidação e intervenção em instituição financeira — Anulação de ato administrativo complexo — Discricionariedade e revisão judicial, *RDA, 203*:400, 1996.
34. V. Ivo Waisberg, *Responsabilidade civil dos administradores de bancos comerciais*, 2002, p. 45: "Um mercado financeiro instável e em crise causa o descompasso monetário e, por conseqüência, o processo inflacionário, atingindo a sociedade como um todo. (...) Uma crise bancária afeta, de forma inexorável, o processo alocativo, causando a paralisação da economia. Assim, é primordial

Em função dessas particularidades, a doutrina sublinha a necessidade de o RAET[35], a intervenção e a liquidação, quando cabíveis, se processarem sob a forma de um procedimento célere, a cargo do órgão oficial fiscalizador, evitando-se maiores desgastes para a poupança popular e para a própria economia nacional[36]. Luiz Alfredo Paulin e Francisco José de Siqueira fazem os seguintes registros sobre a questão:

> "O Estado deve dispor de um instrumental que lhe permita dar respostas prontas e rápidas a certas situações enfrentadas por instituições financeiras, de sorte a, senhor absoluto da situação, evitar riscos sistêmicos. É neste sentido que se estabelece um regime diferenciado, o qual, sublinhe-se, não visa dar privilégios às instituições financeiras ou a seus controladores, mas, sim, instrumentaliza a autoridade pública, no caso, o Banco Central do Brasil, a atuar no mercado financeiro, de sorte a evitar conseqüências danosas, na hipótese de dificuldade ou insolvência de uma instituição financeira"[37]

> "Apenas a conveniência de ordem prática resultante do poder tutelar do Estado sobre o mercado financeiro, em razão da extrema sensibilidade do mercado a qualquer sin-

---

para a sociedade que o fluxo de capital permaneça normalizado, o que depende de um bom funcionamento do mercado financeiro. Os bancos, também, fazem parte do sistema de pagamentos do país, sendo certo que, em caso de problemas bancários, o sistema, essencial para a atividade econômica e social, seria paralisado. Por fim, o controle do mercado financeiro é um meio eficaz de condução da política econômica. É por meio dele que o Governo implementa boa parte da sua política pública".

35. Sobre o RAET e os poderes discricionários deferidos pela legislação de regência ao seu Conselho Diretor, v., por todos, Nelson Abraão, *Direito bancário*, 1999, p. 207 e ss..

36. George Marcondes Coelho Souza, *A intervenção e a liqüidação extrajudicial de instituições financeiras*, p. 14. A apostila de transcrição da palestra encontra-se na biblioteca do Banco Central sob o nº BC 3621.

37. Luiz Alfredo Paulin, "Conceito de intervenção e liqüidação extrajudicial". In: Jairo Saddi (org) *Intervenção e liquidação extrajudicial no sistema financeiro*, 1999, p. 125.

toma de anormalidade verificado no ambiente operacional, justifica a adoção do instituto da liquidação extrajudicial em paralelo ao da falência, com o propósito de assegurar maior controle e agilidade por parte da autoridade monetária para sanar, prontamente, eventuais focos de intranqüilidade sistêmica"[38].

Pois bem. A *liquidação extrajudicial* é o instrumento mais drástico de que dispõe o Banco Central. Ele deve ser empregado quando caracterizada alguma das hipóteses do artigo 15, I, da Lei 6.024/74[39], que descreve situações de comprometimento financeiro irremediável da instituição ou de violação de norma que vise a garantir a segurança dos investidores e do mercado financeiro em geral. A liquidação extrajudicial busca o mesmo objetivo final da falência, ou seja, a alienação do ativo para satisfação do passivo, com o conseqüente fim da atividade comercial. A própria Lei 6.024/74 determina, em seu art. 34, a aplicação subsidiária da legislação falimentar ao procedimento da liquidação extrajudicial. Nada obstante, embora as formas se aproximem, a liquidação de instituição financeira preocupa-se ba-

---

[38]. Francisco José de Siqueira, "O papel do Banco Central no processo de intervenção e liqüidação extrajudicial". In: Jairo Saddi (org.), *Intervenção e liquidação extrajudicial no sistema financeiro*, 1999, p. 109.
[39]. Lei nº 6.024/74: "Art. 15. Decretar-se-á a liqüidação extrajudicial da instituição financeira:

I — ex officio:

a) em razão de ocorrências que comprometam sua situação econômica ou financeira especialmente quando deixar de satisfazer, com pontualidade, seus compromissos ou quando se caracterizar qualquer dos motivos que autorizem a decretação de falência;

b) quando a administração violar gravemente normas legais e estatutárias que disciplinam a atividade da instituição, bem como as determinações do Conselho Monetário Nacional ou do Banco Central do Brasil, no uso de suas atribuições legais;

c) quando a instituição sofrer prejuízo que sujeite a risco anormal seus credores quirografários;

d) quando, cessada a autorização para funcionar, a instituição não iniciar, no 90 (noventa) dias seguintes, sua liqüidação ordinária, ou quando, iniciada esta, verificar o Banco Central do Brasil que a morosidade de sua administração pode acarretar prejuízo para os credores".

sicamente com o interesse público envolvido no caso, tendo em vista a peculiaridade do mercado financeiro e sua importância estrutural para a economia.

A *intervenção*, por sua vez, tem por objetivo tentar preservar a instituição financeira e a estabilidade do mercado, corrigindo as anomalias existentes. A intervenção cessará, dentre outros motivos, se decretada a falência ou a liquidação extrajudicial da entidade, cabendo ao Banco Central, neste caso, praticar os atos necessários à liquidação da instituição, por meio de um liquidante.

Por fim, o RAET (regulado pelo Decreto-Lei n° 2.321/87) consiste em um regime excepcional alternativo ao da intervenção, que deve ser decretado pelo Banco Central quando se verifiquem, *e.g.*, prática reiterada de operações contrárias às diretrizes de política econômica traçadas em lei federal, existência de passivo a descoberto, gestão temerária ou fraudulenta por parte dos administradores (art. 1°[40]), a fim de normalizar a situação da instituição financeira. Assim como a intervenção e a liquidação extrajudicial, o RAET também consubstancia manifestação típica do poder de polícia na ordem econômico-financeira[41]. O que realmente o diferencia é a possibilidade, conquanto já se tenha decretado o regime excepcional, de continua-

---

40. Decreto-Lei n° 2.321/87: "Art. 1° O Banco Central do Brasil poderá decretar regime de administração especial temporária, na forma regulada por este decreto-lei, nas instituições financeiras privadas e públicas não federais, autorizadas a funcionar nos termos da Lei n° 4.595, de 31 de dezembro de 1964, quando nelas verificar:

    a) prática reiterada de operações contrárias às diretrizes de política econômica ou financeira traçadas em lei federal;

    b) existência de passivo a descoberto;

    c) descumprimento das normas referentes à conta de Reservas Bancárias mantida no Banco Central do Brasil;

    d) gestão temerária ou fraudulenta de seus administradores;

    e) ocorrência de qualquer das situações descritas no artigo 2° da Lei n° 6.024, de 13 de março de 1974.

    Parágrafo único. A duração da administração especial fixada no ato que a decretar, podendo ser prorrogada, se absolutamente necessário, por período não superior ao primeiro".

41. Diogo de Figueiredo Moreira Neto, *Curso de direito administrativo*, 2002, p. 457.

ção regular dos negócios da instituição financeira (art. 2º[42]), de modo a afastar o risco de crise sistêmica do mercado.

Nos termos do art. 2º do Decreto-lei nº 2.321/87, a decretação do RAET implica, de imediato, a perda do mandato dos administradores e membros do Conselho Fiscal da instituição, substituídos por um Conselho Diretor nomeado pelo Banco Central. Esse Conselho, conforme dispõe o art. 3º do referido diploma legal[43], tem plenos poderes de gestão, sendo que, para dispor ou onerar o patrimônio da instituição financeira sob RAET, isto é, para praticar quaisquer atos que desbordem de mera administração, dependerá de prévia e expressa autorização do Banco Central (art. 3º, §3º[44]).

A Medida Provisória nº 1.182, de 18.11.95, posteriormente convertida na Lei nº 9.447, de 14.03.97, procurou explicitar os poderes conferidos ao órgão interventor (não só do RAET, mas também da liquidação e da intervenção), contidos nas cláusulas gerais "plenos poderes de gestão" e "atos que, não caracterizados como de gestão ordinária, impliquem disposição ou oneração do patrimônio da sociedade", constantes do Decreto-Lei nº 2.321/87. De acordo com o texto da medida provisória, o Conselho Diretor, autorizado pelo Banco Central, poderá alienar ou ceder bens e direitos a terceiros. Essa é a dicção do art. 6º da medida provisória que trata do assunto:

> "Art. 6º. **No resguardo da economia pública e dos interesses dos depositantes e investidores, o interventor, o liquidante ou o conselho diretor da instituição submetida aos regimes de intervenção, liquidação extrajudicial ou**

---

42. Decreto-Lei nº 2.321/87: "Art. 2º. A decretação da administração especial temporária não afetará o curso regular dos negócios da entidade nem seu normal funcionamento e produzirá, de imediato, a perda do mandato dos administradores e membros do Conselho Fiscal da instituição".
43. Decreto-Lei nº 2.321/87: "Art. 3º. A administração especial temporária será executada por um conselho diretor, nomeado pelo Banco Central do Brasil, com plenos poderes de gestão, constituído de tantos membros quantos julgados necessários para a condução dos negócios sociais".
44. Decreto-Lei nº 2.321/87: "Art. 3º, § 3º. Dependerão de prévia e expressa autorização do Banco Central do Brasil os atos que, não caracterizados como de gestão ordinária, impliquem disposição ou oneração do patrimônio da sociedade".

administração especial temporária, quando prévia e expressamente autorizado pelo Banco Central do Brasil, poderá:

I — transferir para outra ou outras sociedades, isoladamente ou em conjunto, bens, direitos e obrigações da empresa ou de seus estabelecimentos;

II — **alienar ou ceder bens e direitos a terceiros e acordar a assunção de obrigações por outra sociedade;**

III — proceder à constituição ou reorganização de sociedade ou sociedades para as quais sejam transferidos, no todo ou em parte, bens, direitos e obrigações da instituição sob intervenção, liquidação extrajudicial ou administração especial temporária, objetivando a continuação geral ou parcial de seu negócio ou atividade". (grifo acrescentado)

Essa possibilidade de intervenção administrativa encontra paralelo em outras atividades econômicas, como o setor de seguros e o de operação de planos privados de saúde. Também em relação a essas atividades a legislação admite que a entidade reguladora — no primeiro caso, a SUSEP; no segundo, a ANS — determine a transferência de carteiras de uma operadora de plano de saúde, ou seguradora em risco de insolvência, para outra, quando isso for necessário para a proteção dos consumidores desses produtos em particular e do mercado de forma geral[45].

---

45. A Agência Nacional de Saúde Suplementar, a ANS, tem competência, *e.g.*, para "determinar ou promover a alienação da carteira de planos privados de assistência à saúde das operadoras" (art. 4º, XXXV, da Lei nº 9.961, de 28.01.00, com a redação dada pela Medida Provisória nº 2.177-44, de 24.08.01; art. 3º, XXXVI, do Decreto nº 3.327, de 05.01.00), sempre que detectar caso grave de "insuficiência das garantias do equilíbrio financeiro, anormalidades econômico-financeiras ou administrativas graves que coloquem em risco a continuidade ou a qualidade do atendimento à saúde" (art. 24, *caput*, da Lei nº 9.656, de 03.06.98, com a redação dada pela Medida Provisória nº 2.177-44, de 24.08.01). Nos regimes especiais de intervenção sobre sociedades seguradoras, de capitalização e entidades de previdência privada aberta, a Superintendência de Seguros Privados — SUSEP goza das mesmas prerrogativas, aplicando-se subsidiariamente a legislação de regência do Banco Central, nos termos da Lei nº 10.190, de 14.02.01, art. 3º, *caput* e parágrafo único.

Note-se, por fim, não haver controvérsia na doutrina e na jurisprudência[46] acerca da validade constitucional, sob a vigência da Carta de 1988, das figuras do RAET, da intervenção e da liquidação extrajudicial. No caso do sistema financeiro, o fundamento constitucional que autoriza essa espécie de intervenção é, como já se assinalou, o poder de polícia financeira que a Constituição atribuiu à União Federal, exercido, no caso, por meio do Banco Central.

Na verdade, há ainda mais. O poder-dever que tem a autoridade pública de intervir nas instituições financeiras, fundado na necessidade de proteger a economia popular e o equilíbrio do sistema, complementa-se com a prerrogativa estatal de exigir o cumprimento de deveres negativos e positivos inerentes à específica função social[47] da

---

46. Doutrina e jurisprudência têm entendido, sem maiores disputas, que a legislação referida, e editada antes de 05.10.1988, foi recepcionada pela Carta de 1988. Não se fará neste estudo um exame específico de cada disposição de tais normas; sob uma perspectiva geral, no entanto, essa é também nossa posição. Na doutrina, v. Marcos Juruena Villela Souto, Parecer n° 28/95, *RPGERJ*, 49:181, 1996: "Ocorre que a disciplina da atividade financeira, também por força do disposto no art. 192 da Constituição da República, submete-se a uma disciplina definida em lei complementar, de caráter nacional, tendo como objetivo promover o desenvolvimento equilibrado do país e a defesa dos interesses da coletividade onde se almeja, em especial, a proteção da poupança popular. Daí surge o poder de polícia do sistema financeiro, a cargo do Banco Central, que pode ensejar atos de fiscalização, de normas preventivas, até a instituição de atos de administração especial temporária e, por fim, a liquidação da instituição financeira".; e Francisco José de Siqueira, *Instituições financeiras: regimes especiais no direito brasileiro*, pp. 64-5, trabalho divulgado no 8° Encontro de Juristas Bancários, Brasília-DF, 28 e 29.11.00, e publicado no *site* do Banco Central do Brasil na *Internet* (http://www.bcb.gov.br). Na jurisprudência, v. STF, DJ 10.12.93, p. 27.117, PetMC 455-DF, Rel. Min. Célio Borja; STJ, DJ 31.05.93, p. 8.643, REsp 33.250-RN, Rel. Min. Garcia Vieira; e STJ, DJ 19.09.94, p. 24.655,REsp 39.599-RN, Rel. Min. Humberto Gomes de Barros.
47. V. Hely Lopes Meirelles, *Direito administrativo brasileiro*, 1993, p. 117: "A cada restrição de direito individual — expressa ou implícita em norma legal — corresponde equivalente *poder de polícia administrativa* à Administração Pública, para torná-la efetiva e fazê-la obedecida. Isto porque esse poder se embasa (...) no interesse superior da coletividade em relação ao direito do indivíduo que a compõe. O regime de *liberdades públicas* em que vivemos assegura o *uso normal* dos direitos individuais, mas não autoriza o *abuso*, nem permite o *exercício anti-social* desses direitos. As liberdades admitem limitações e os direitos pedem condicionamento ao bem-estar social. Essas restrições ficam a cargo da

propriedade titularizada pelas instituições financeiras. Essa função social pode ser resumida na expressão contida no art. 192 do texto constitucional: "promover o desenvolvimento equilibrado do País e servir aos interesses da coletividade" (CF, art. 192)[48]. José Afonso da Silva e Arnoldo Wald destacam esse aspecto nos seguintes termos:

> "são importantes o sentido e os objetivos que a Constituição imputou ao sistema financeiro nacional, ao estabelecer que ele será estruturado de forma a promover o desenvolvimento equilibrado do País e a servir aos interesses da coletividade, de sorte que as instituições financeiras privadas ficam assim também e de modo muito preciso vinculadas ao cumprimento de função social bem caracterizada"[49].

> "As finalidades do Sistema Financeiro Nacional não se limitam ao atendimento dos interesses da iniciativa privada, abrangendo tanto o lucro dos banqueiros como o adequado atendimento dos consumidores, mas abrangem também outras finalidades que são definidas, pela Constituição, como abrangendo o desenvolvimento equilibrado do País e atendendo aos interesses regionais e sociais"[50].

Expostos os principais elementos normativos incidentes sobre a hipótese, cabe agora examinar os marcos que delimitam a revisão do Poder Judiciário quanto aos atos administrativos discricionários.

---

polícia administrativa". (grifos no original).
48. Sobre o tema da função social da propriedade, confira-se Gustavo Tepedino, "Contornos constitucionais da propriedade privada". In: *Temas de direito civil*, 1999, pp. 280-1: "A função social modificar-se-á de estatuto para estatuto, sempre em conformidade com os preceitos constitucionais e com a concreta regulamentação dos interesses em jogo".
49. José Afonso da Silva, *Curso de direito constitucional positivo*, 2001, p. 802. V. também Celso Bastos, A função social como limite constitucional ao direito de propriedade, *RT —CDCCP, 06*:105, 1988.
50. Arnoldo Wald, Sistema Financeiro Nacional na Constituição de 1988, *RDP*, 94:287, 1990.

III. O controle de atos administrativos discricionários por parte do Judiciário: possibilidades e limites

A Constituição, art. 5º, XXXVI, consagra, como se sabe, o princípio da inafastabilidade do controle judicial quando se esteja diante de uma lesão ou ameaça de lesão a direito[51]. A expressão *direito* é a chave para a compreensão da norma: ao Judiciário cabe a tutela da ordem jurídica e, por isso, uma vez que esta haja atribuído um direito a alguém, caberá ao Judiciário, quando solicitado, assegurar seu cumprimento. Por essa linha de raciocínio, o entendimento convencional acerca do controle judicial dos atos discricionários é o de que cabe ao Judiciário rever somente os aspectos de sua legalidade. A questão merece aprofundamento.

Como já se referiu acima, o poder discricionário é conferido pela lei ao administrador, mas nem todos os elementos do ato a ser praticado dependem de sua avaliação. Em geral, permanecem vinculados a forma, a competência e a finalidade, de modo que esses elementos podem, em qualquer caso, ser controlados pelo Judiciário. É de notar, portanto, que sendo a finalidade um elemento vinculado, sempre se entendeu possível a repressão judicial dos desvios de finalidade[52]. Quanto ao espaço reservado à escolha do administrador — *i.e.*, o motivo e o objeto —, a doutrina tradicional considerava legal qualquer solução porventura adotada, pois a própria lei transferiu à autoridade administrativa a competência para decidir. Desse modo, não caberia ao Judiciário questionar a opção feita pela Administração, uma vez que não existiria parâmetro jurídico para esse controle.

---

51. CF/88: "Art. 5º, XXXV — a lei não excluirá da apreciação do Poder Judiciário lesão ou ameaça a direito".
52. V. Caio Tácito, "Controle judicial da administração pública no direito brasileiro". In: *Temas de Direito Público*, v. I, 1997, p. 997: "O uso da competência para a prática do ato que não visa a alcançar a finalidade legal, mas sob a aparência de fazê-lo, pretende realmente servir a outro fim, caracteriza uma espécie de vício do ato administrativo. Como, nessa hipótese, a manifestação de vontade do agente competente segue direção diversa daquela que o legislador concebeu, e portanto, *se desvia* do alvo legal, a jurisprudência do Conselho de Estado da França — através da qual se construiu essa modalidade específica de recurso por excesso de poder — batizou-a com o nome, pelo qual se tornou conhecida, de *détournement de pouvoir*, ou, em vernáculo, *desvio de poder*, ou, ainda, *desvio de finalidade*".

Esse entendimento encontrava suporte adicional (e a rigor continua a encontrar, embora não com tamanha rigidez) no princípio da separação de poderes. O raciocínio é bastante simples. Se o legislador transferiu ao administrador a competência de decidir, não cabe ao Judiciário questionar essa opção e substituir, por suas próprias convicções, os juízos de conveniência e oportunidade do legislador e do administrador. Não haveria aqui norma jurídica a legitimar a decisão do julgador sobre a matéria.

Embora o que se acaba de registrar continue a ser o ponto de partida para o entendimento da questão[53], mais modernamente se tem admitido algum tipo de escrutínio judicial em relação às opções do Executivo no exercício de competências discricionárias, o chamado "mérito administrativo". Essa atuação está relacionada com o controle de ações abusivas, de modo a evitar-se que a discricionariedade seja transformada pelo administrador em arbitrariedade. Os parâmetros jurídicos empregados pelo Judiciário para esse controle são em especial os princípios constitucionais que vinculam a Administração, a saber: legalidade, impessoalidade, moralidade, publicidade, eficiência e razoabilidade[54].

---

53. Na matéria, v. o clássico de M. Seabra Fagundes, *O controle dos atos administrativos pelo Poder Judiciário*, 1979. Na literatura jurídica mais recente, v. Carlos Ari Sundfeld, Controle judicial dos atos administrativos: as questões técnicas e os limites da tutela de urgência. *IP*, 16:25, 2002: "Diante de tais atos [discricionários], a abrangência do controle judicial há de ser delimitada. A competência para julgar a obediência à lei, decerto, permanece inalterada; porém, não se pode imputar ao órgão judicial a função de proferir, havendo mais de uma opção válida, qual a decisão mais conveniente ou adequada. Trata-se do chamado *mérito* do ato administrativo, campo de responsabilidade típico da função administrativa, perante o qual o administrador exerce juízo de conveniência e oportunidade (discricionário) a respeito do exercício de uma dada competência. A opção tomada nesta margem de competência não decorre de uma pura e simples superposição da norma abstrata da lei ao caso concreto objeto da ação estatal, mas sim de um juízo de conveniência administrativa, alheio, por esta razão, ao confronto oriundo do exame de legalidade (critério jurídico)".

54. Os princípios referidos constam do *caput* do art. 37 da Constituição, com exceção da razoabilidade. A razoabilidade é visualizada por parte da doutrina como um princípio constitucional implícito, por outros como uma modalidade

De todo modo, continua válida a afirmação de que não compete ao Judiciário substituir a decisão discricionária do administrador, apenas porque outra solução lhe pareça melhor ou mais conveniente[55]. A atuação do Judiciário fica limitada ao controle das ações desviantes, abusivas[56], sob pena de violar-se a separação de poderes. O ponto foi sublinhado por Odete Medauar:

> "A discricionariedade significa uma condição de liberdade, mas não liberdade ilimitada; trata-se de liberdade onerosa, sujeita a vínculo de natureza peculiar. É uma liberdade-vínculo. Só vai exercer-se com base na atribuição legal, explícita ou implícita, desse poder específico a determinados órgãos ou autoridades. Por outro lado, o poder discricionário sujeita-se não só às normas específicas para cada situação, mas a uma rede de princípios que asseguram a congruência da decisão ao fim de interesse geral e impedem seu uso abusivo.

---

da cláusula do devido processo legal (art. 5º, LIV) e por outros ainda como um corolário do Estado de Direito (art. 1º). Sobre o tema, v. Luís Roberto Barroso, *Interpretação e aplicação da Constituição*, 2003, p. 218 e ss; e Fábio Corrêa Souza de Oliveira, *Por uma teoria dos princípios. O princípio constitucional da razoabilidade*, 2003.

55. V. Odete Medauar, *Direito administrativo moderno*, 2003, p. 122: "O *mérito administrativo* expressa o juízo de conveniência e oportunidade da escolha, no atendimento do interesse público, juízo esse efetuado pela autoridade à qual se conferiu o poder discricionário".

56. STF, DJ 17.11.95, p. 39.209, RE 131.661-ES, Rel. Min. Marco Aurélio: "Na dicção sempre oportuna de Celso Antônio Bandeira de Mello, mesmo nos atos discricionários não há margem para que a administração atue com excesso ou desvios ao decidir, competindo ao Judiciário a glosa cabível"; STJ, DJ 13.10.99, p. 62, MS 6.166-DF, Rel. Min. Humberto Gomes de Barros: "Em nosso atual estágio, os atos administrativos devem ser motivados e vinculam-se aos fins para os quais foram praticados (...) Não existem, nesta circunstância, atos discricionários, absolutamente imunes ao controle jurisdicional"; STJ, DJ 21.09.98, p. 70, REsp 169.876-SP, Rel. Min. José Delgado: "O controle dos atos administrativos pelo Poder Judiciário está vinculado a perseguir a atuação do agente público em campo de obediência aos princípios da legalidade, da moralidade, da eficiência, da impessoalidade, da finalidade e, em algumas situações, o controle do mérito".

Permanece, no entanto, certa margem livre de apreciação da conveniência e oportunidade de soluções legalmente possíveis"[57]. (negrito acrescentado)

Nessa linha, igualmente, é a jurisprudência do Supremo Tribunal Federal e dos demais tribunais brasileiros em geral, como se vê das transcrições a seguir:

> "Embora uma conquista da evolução do direito público, a idéia de ampliação do controle jurisdicional do ato administrativo, sob cuja égide se costuma apregoar sempre o dever de anular-se o praticado de forma ilegal ou atentatório à moralidade administrativa, não pode alçar-se ao ponto de justificar e estimular, aos eflúvios de multifários argumentos e critérios empíricos, não raro impregnados de subjetivismos e preconceitos, a intromissão do Poder jurisdicional na atuação dos demais Poderes. O Judiciário precisa conservar-se no seu papel institucional de guardião do direito, segurança única da preservação do Estado de direito, como Marshall já alardeava, donde competir-lhe, tão-somente, o exame dos aspectos jurídicos do ato administrativo ou legislativo, nunca o seu mérito"[58].

> "No que concerne ao mérito do ato impugnado, é fora de dúvida que se trata de matéria submetida a critérios de conveniência e oportunidade, insuscetíveis, por isso, de controle pelo Poder Judiciário"[59].

> "É defeso ao Poder Judiciário apreciar o mérito do ato administrativo cabendo-lhe unicamente examiná-lo sob o aspecto de sua legalidade, isto é, se foi praticado conforme ou contrariamente a lei. Esta solução se funda no princípio da separação dos poderes, de sorte que a verificação das

---

57. Odete Medauar, *Direito administrativo moderno*, 2003, p. 122.
58. STF, DJ 01.07.02, Pet 1.508-RJ, Rel. Min. Marco Aurélio.
59. STF, DJ 13.10.00, p. 21, RMS 23.543-DF, Rel. Min. Ilmar Galvão.

razões de conveniencia ou de oportunidade dos atos administrativos escapa ao controle jurisdicional do Estado"[60].

"Não seria correto dizer que o ato administrativo está imune à apreciação pelo Poder Judiciário pois só este poderá dizer da legalidade e coibir abusos da administração. O que se veda ao Judiciário é a aferição dos critérios administrativos de conveniência, oportunidade e justiça, sob pena de desrespeito ao princípio da separação dos poderes;"[61]

"Incumbe ao Poder Judiciário, tão somente, proceder ao controle de legalidade do ato administrativo discricionário, sem adentrar no espaço reservado, pela lei, ao juízo de oportunidade e conveniência do administrador na consecução dos fins sociais. Não compete ao Judiciário substituir a vontade do Executivo, sob pena de violação do princípio constitucional de separação e harmonia entre os 'Poderes' do Estado"[62].

Há ainda uma última observação a fazer. Quando se estiver diante de hipóteses em que o exercício do poder discricionário esteja vinculado a relações de sujeição especial entre Administração e administrados e/ou a temas de alta tecnicidade, o Poder Judiciário terá um espaço mais restrito de revisão do mérito de atos discricionários.

As relações especiais de sujeição ou de supremacia especial originam-se de vínculos específicos que unem o Poder Público e determinados administrados. Distinguem-se das situações em que incide a supremacia geral do Estado (polícia administrativa geral)[63], dentre outros elementos, pelo fato de o administrado submeter-se, normalmente de forma expressa e voluntária, a esse regime jurídico especial,

---

60. STJ, DJ 02.05.94, p. 9.964, ROMS 1.288-SP, Rel. Min. César Asfor Rocha.
61. TRF 2ª Região, DJ 30.04.03, p. 215, AC 212.033-RJ, Rel. Juiz Poul Erik Dyrlung.
62. TJRJ, AC 2003.001.01691, Rel. Des. Roberto de Abreu e Silva, j. 17.06.03.
63. Sobre o tema, embora afastando a categoria das relações de sujeição especial do poder de polícia, v. Celso Antônio Bandeira de Mello, *Curso de direito administrativo*, 2003, p. 711 e ss..

ciente dos poderes e deveres nele implicados. São exemplos dessa espécie de sujeição especial as relações existentes entre o Estado e os servidores públicos, os concessionários públicos e os agentes econômicos que dependem de autorização do Poder Público para funcionar (incluindo-se aí as instituições financeiras). Naturalmente, isso não significa que a Administração esteja livre de qualquer controle nessa espécie de relação. O espaço de revisão judicial, no entanto, gravitará em torno da idéia de abuso evidente[64].

Quanto às decisões discricionárias envolvendo conteúdo técnico, tomadas pelo órgão ou entidade especializado, gozam elas de uma presunção reforçada de legitimidade, cabendo ao Judiciário revê-las apenas diante de erro grosseiro. Não fosse assim, estar-se-ia autorizando que a opinião do perito judicial substituísse a deliberação dos peritos da Administração, em clara violação da separação de poderes. O ponto é examinado com precisão por Eros Roberto Grau e Marcos Juruena Villela Souto, respectivamente:

> "Há decisões administrativas que supõem tal grau de especialização técnica que somente aquele que as toma, a partir da consideração de elementos altamente técnicos, as pode valorar; assim, o Poder Judiciário deve acatá-las, exercendo controle unicamente em relação aos **erros manifestos** que nelas se exteriorizem, daí porque a administração, nesses casos, goza de liberdade (técnica) de decisão, liberdade que, no entanto, não é absoluta, visto que coarctada quando o seu exercício resultar viciado por erro manifesto"[65]. (grifo no original)

> "Quando a ordem jurídica se remete a questões técnicas complexas de difícil compreensão ou de impossível reprodução probatória (por sua característica intrínseca), o juiz deve se contentar com o 'juízo do tolerável', ou seja, uma

---

64. Alexandre Santos de Aragão, *Agências reguladoras e a evolução do direito administrativo econômico*, 2002, p. 141: "A lei e a anuência do particular se somam para conferir amplos poderes regulatórios ao Estado, que, de qualquer forma, não se isenta da necessária observância do Princípio da Proporcionalidade".
65. Eros Roberto Grau, Poder discricionário, *RDP, 93*:44, 1990.

decisão motivada da Administração (já que o estado da arte ainda não permitiu a certeza absoluta). O juiz não pode dirimir dúvidas sobre as quais a ciência ou a técnica ainda não firmaram uma verdade universal (salvo se a técnica não foi bem utilizada — insuficiência, erro de fato, incongruência). Deve, no entanto, analisar se há transparência e coerência lógica na motivação científica, técnica ou de experiência. O controle das questões complexas deve ir até onde sejam possíveis os aspectos objetiváveis; no mais, deve-se aceitar o juízo do razoável"[66].

O Superior Tribunal de Justiça já se manifestou acerca dos limites do controle judicial sobre o exercício de competências administrativas discricionárias em bases técnico-especializadas:

"O controle jurisdicional do ato administrativo, para não violar a separação dos poderes, distancia-se do critério político (mérito), cingindo-se à verificação das prescrições legais determinadas (competência e manifestação da vontade do agente, objeto, conteúdo, finalidade e forma). O critério político e razões técnicas, desde que lícitos, são estranhos à prestação jurisdicional"[67].

"Em tema de concurso público de provas, é cediço que o Poder Judiciário, aprisionado à verificação da legalidade, não deve substituir os examinadores quanto aos objetivos, fontes e bases de avaliação das questões. As comissões examinadoras organizam e avaliam as provas com discricionariedade técnica"[68].

Em suma: em situações de normalidade, poderá o Judiciário rever o ato administrativo discricionário quanto aos seus aspectos vinculados, a saber: forma, competência e finalidade, cabendo, quan-

---

66. Marcos Juruena Villela Souto, *Direito administrativo regulatório*, 2002, p. 360.
67. STJ, DJ 14.03.94, p. 4.454, MS 3.071-DF, Rel. Min. Milton Luiz Pereira.
68. STJ, DJ 26.09.94, p. 25.599, REsp 11.211-PE, Rel. Min. Milton Luiz Pereira.

to a este último aspecto, a discussão do desvio de finalidade. Excepcionalmente, admite-se que o Judiciário ingresse no mérito administrativo para aferir se houve atuação abusiva e se algum princípio constitucional pertinente foi violado. Apenas em situações ainda mais excepcionais, quando se esteja diante de erro grosseiro, admitir-se-á que o Judiciário reveja decisão tomada pelo administrador no âmbito de uma relação de sujeição especial, ou decisão de natureza técnico-especializada.

Parte III
A SOLUÇÃO DO CASO CONCRETO

IV. Legalidade e legitimidade da atuação do Banco Central na transferência de ativos do Grupo Nacional

Registrados os marcos relevantes da teoria constitucional, cabe agora promover sua aplicação ao caso. Antes de seguir adiante, no entanto, é preciso recolocar, sob a perspectiva jurídica correta, a questão discutida na demanda que envolve o consulente.

Os autores da ação alegam não ter sido justo, ou comutativo, o preço pelo qual foram transferidos os ativos e passivos das empresas do Grupo Nacional; por isso, pedem uma reavaliação geral desses bens por métodos que lhes parecem mais adequados para chegar ao melhor preço possível. A perspectiva que move os autores é a de que estariam diante de um contrato de compra e venda em bases privadas, no qual comprador e vendedor procuram obter o máximo de vantagens possíveis. Nesse ambiente, não há dúvida, o papel do vendedor é tentar valorizar o bem, na medida em que isso seja legítimo, para conseguir o melhor preço. Tanto é esse o arcabouço jurídico que norteia a causa de pedir e o pedido dos autores que eles chegam a questionar a não realização, por parte do Banco Central, de algum tipo de *due diligence*, associada a um oferecimento público, prévios à transferência dos ativos e passivos do Nacional.

Ocorre, porém, que não é juridicamente correto isolar o ato pelo qual ativos e passivos do Nacional foram transferidos ao Unibanco, para dar-lhe o tratamento de um negócio jurídico privado ordinário.

O contrato em questão foi elo de uma cadeia complexa de atos praticados pela Administração, não sendo possível examiná-lo a partir das categorias que orientam as relações privadas. Está-se, aqui no domínio da intervenção estatal e da legalidade, e não exclusivamente no da livre iniciativa e da autonomia da vontade.

Lembre-se que o Conselho Diretor do RAET atua como *longa manus* do Banco Central do Brasil[69], entidade reguladora do sistema financeiro, e o ajuste firmado entre o Nacional sob RAET e o Unibanco representava, naquelas circunstâncias, um imperativo do interesse público especificado na Constituição[70] e na legislação que disciplina a

---

69. Em doutrina, v. Caio Tácito, "Intervenção administrativa. Controle judicial". In: *Temas de Direito Público*, v. II, 1997, p. 1960: "A intervenção administrativa em instituições bancárias, a se extremar na liquidação extrajudicial quando invencíveis as causas de insolvência, são ambas procedimentos administrativos, ainda que os agentes executivos possam não exibir a qualidade formal ou permanente de servidores públicos". E, na jurisprudência, v. STF, *RTJ*, *101*:527, 1992, AgRg 103.696-RJ, Rel. Min. Rafael Mayer: "No caso, como se vê, a pretensão e a ação não se dirigem contra a instituição financeira, em si, mas contra o interventor e liqüidante, nomeado pelo Banco Central, que nada mais é do que um delegado e executor deste, o qual não comparece como pessoa física, mas como órgão da autarquia federal, a cuja esfera jurídica se reportam os atos por ele praticados".

O raciocínio se aplica perfeitamente ao RAET, que, conquanto seja um instrumento alternativo reservado para situações especiais, também constitui modalidade de intervenção administrativa e, nos termos da legislação vigente, pode ser decretado nas mesmas circunstâncias que a intervenção da Lei nº 6.024/74.

70. Luís Fernando Schuartz, Banco Central: questões jurídico-políticas na Constituição de 1988, *RT-CDTFP*, *06*:252, 1994: [a norma inscrita no *caput* art. 192 da Constituição] "implica um direcionamento do sistema, enquanto realidade complexa, a uma finalidade precisa, qual seja, promover o desenvolvimento equilibrado do País e servir aos interesses da coletividade. Destinatários diretos deste mandamento são, em primeiro lugar e imediatamente, as instituições políticas encarregadas de votar, aprovar e sancionar a lei complementar a que se refere o art. 192. São estas que deverão estruturar, normativamente, os elementos do sistema financeiro nacional; de maneira mediata, é destinatário potencial qualquer integrante do sistema capaz de produzir normas estruturais, posto que o sistema é uma totalidade viva, que se auto-estrutura dinamicamente. Desse modo, **cada novo ato jurídico produzido ou fato jurídico ocorrido no interior do sistema que diga respeito à sua estrutura deverá obedecer ao prescrito na norma do art. 192,** *caput*". (negrito acrescentado).

atividade financeira[71]. Assim, embora o instrumento empregado para a intervenção estatal tenha sido um contrato de estrutura privada (Contrato de Compra e Venda, de Assunção de Direitos e Obrigações e de Prestação de Serviços e Outras Avenças)[72], sua natureza é evidentemente a de um ato da Administração e, de forma ainda mais clara, seu foco era a proteção do interesse público em risco pelo estado de insolvência das empresas do Grupo Nacional. É sob essa perspectiva, portanto, que ele deve ser examinado.

V. Legalidade e legitimidade do critério utilizado na fixação do preço de transferência dos ativos do Grupo Nacional.

Conforme se deixou assentado no capítulo anterior, o conhecimento convencional reserva ao Judiciário o controle da legalidade, mas não do mérito, do ato administrativo. Nos últimos tempos, todavia, ganhou consistência o pensamento doutrinário que prega a atenuação do modelo tradicional, para admitir o contraste entre a discricionariedade e determinados princípios constitucionais materiais, como a legalidade, impessoalidade, eficiência e razoabilidade.

---

71. Até por causa da premência na contratação, necessária para trazer tranqüilidade ao mercado financeiro e resguardar a economia pública, sem dúvida era impossível realizar qualquer modalidade de procedimento licitatório. O contratado inevitavelmente foi o Unibanco, que já conhecia em alguma medida a situação econômico-financeira do Nacional, à época, porque chegou a iniciar tratativas de fusão com a instituição financeira, segundo consta dos autos do processo que originou o presente estudo (fls. 12 da contestação do Unibanco).

72. Não é incomum que o Poder Público, para atingir finalidades públicas, se utilize de contratos privados. Sobre o tema, v. Diogo de Figueiredo Moreira Neto, *Curso de direito administrativo*, 2002, p. 158: "Esta voluntária subordinação da Administração Pública à vontade ficta que emerge do contrato suscita o problema dos limites, que lhe são adscritos pela ordem jurídica, para submeter-se a uma outra fonte de manifestação de vontade que não a lei, isso por se tratar de uma relação que envolve o interesse público. Entende-se, não obstante, que, mesmo ao contratar, submetendo-se à vontade do contrato, a Administração Pública não declina, como não poderia, de seu dever funcional de realizar o interesse público. Ao contrário, ela o cumpre, tanto na forma genérica como na especificamente admitida pela própria lei, sem negociar com o interesse público, enquanto finalidade indisponível, mas apenas com os meios e modos de satisfazê-lo o melhor possível, enquanto objetos disponíveis".

Da leitura das peças processuais encaminhadas pelo consulente (petição inicial, contestações e réplica), pode-se extrair que os autores da demanda admitem a legalidade e a legitimidade da transferência dos ativos e passivos do Grupo Nacional para o Unibanco. O seu inconformismo é quanto ao mérito do ato praticado. De fato, eles questionam, especificamente, o preço fixado, criticando o método utilizado para sua determinação e o valor do ágio aplicado. Pretendem, assim, que o Judiciário reveja integralmente a decisão do Banco Central, substituindo a opção técnica da Administração pela que será exercida pelo Juízo, com o auxílio de um perito.

A pretensão não se afigura possível. Como já visto, o Judiciário pode, em certos casos, rever decisões discricionárias de outro Poder, presentes determinados pressupostos. Mas inexiste qualquer doutrina de qualidade em favor da tese de que a autoridade judicial possa sobrepor a sua própria discricionariedade àquela que foi legitimamente exercida pelo administrador, formulando juízos de conveniência e oportunidade. Nem tampouco se haverá de admitir que a impugnação se faça pela via indireta da demanda em face do terceiro (no caso, o Unibanco) que, de boa fé, participou do ato negocial no qual se materializou a ação administrativa reconhecida como legal e legítima. Algumas características específicas da hipótese reforçam a anomalia de o juiz substituir-se ao administrador.

Em *primeiro lugar*, a natureza do sistema financeiro impõe a prevalência dos juízos técnicos e o exercício de fina percepção política, à vista da complexidade das questões envolvidas e das reações imprevisíveis e emocionais do mercado. Por essa razão, tanto a Constituição como a legislação em vigor reservam um espaço importante de atuação discricionária ao Banco Central. O sistema não funcionaria se uma instituição financeira que *apostou*, suponha-se, na alta do dólar, pudesse pretender invalidar uma decisão da autoridade monetária em matéria de política cambial. A necessidade de discricionariedade técnica do Banco Central é destacada pela doutrina, como se colhe, ilustrativamente, em Ivo Waisberg e Odete Medauar:

> "A história das crises bancárias mostrou ser imprescindível evitá-las, seja a que custo for. Assim, a legislação evoluiu no sentido de dar ao órgão supervisor mais instrumentos para agir preventivamente e maior discricionariedade para

realizar as interferências da forma menos traumática possível para os poupadores, evitando a crise"[73].

"Embora seja impossível arrolar todas as matérias em que o legislador confere margem de escolha à autoridade administrativa, algumas atividades ensejam o exercício mais freqüente do poder discricionário.
(...)
Utiliza-se a expressão discricionariedade tática para designar a margem de liberdade na adoção rápida de medidas eficazes ante situações de fato que assim exijam, como nos casos de catástrofes, calamidades, epidemias, caos financeiro"[74].

Em segundo lugar, a decretação do RAET no Banco Nacional não foi uma decisão de ofício do Banco Central. Poderia ter sido, haja vista que a relação existente entre uma instituição financeira e a autoridade monetária é de sujeição administrativa especial, na forma da lei. Portanto, no exercício de seu poder de polícia, poderia o Banco Central decretar o RAET e adotar as providências previstas na legislação, inclusive a transferência de ativos e passivos. Pois bem: o fato de os ex-administradores do Banco Nacional solicitarem o regime especial ao BACEN não muda, naturalmente, o direito aplicável, mas torna evidente a gravidade desesperadora da situação de fato.

Com efeito, cientes de que seriam imediatamente afastados, bem como de que a venda da instituição era providência possível e provável, esta foi a opção dos controladores. Vale dizer: incapaz de se auto-administrar e caminhando para o amargo fim, o administrado pede o salvamento. Realizada com êxito a operação de resgate, evitando a quebra e o caos do sistema, o mesmo administrado, a quem se poupou a ruína do desfecho trágico, reaparece para questionar as decisões tomadas e para pedir reparações. Não parece ter o direito ao seu lado[75].

---

73. Ivo Waisberg, *Responsabilidade civil dos administradores de bancos comerciais*, 2002, p. 78.
74. Odete Medauar, *Direito administrativo moderno*, 2003, p. 124.
75. Vale o registro de que, à época, os ex-administradores do Nacional quedaram-se inertes, deixando inclusive de valer-se da faculdade de recorrer adminis-

Acrescente-se, por importante: as decisões discricionárias tomadas pelo Banco Central somente podem ser valoradas na conjuntura em que levadas a efeito, à vista das ameaças, riscos, pré-disposições e crises globais então vigentes. Não é possível, quase uma década depois, comentar o *vídeo-tape*, rever os lances em câmara lenta, beneficiar-se do conhecimento de toda a história superveniente e propugnar soluções alternativas.

Em *terceiro lugar*, as decisões que envolveram a fixação do preço dos ativos e passivos a serem transferidos têm natureza obviamente técnica. Não se trata de uma operação simples de avaliação de um imóvel, mas de lidar com um acervo de problemas complexos envolvendo instituição financeira com graves problemas de administração e liquidez, com passivos a descoberto, com suspeitas de fraude e em crise perante o mercado. Afigura-se claramente impróprio, inclusive do ponto de vista do princípio da separação de Poderes, que o Judiciário venha a refazer todas as avaliações feitas. Ademais, do ponto de vista lógico, por qual razão se haveria de supor que o perito do Juízo, quase nove anos depois, teria melhores condições que o Banco Central de saber qual critério seria o mais indicado no contexto da época?

VI. Limite do controle judicial da discricionariedade técnica da Administração. Princípios constitucionais aplicáveis. A indiscutível razoabilidade da atuação do Banco Central.

Diante do quadro descrito acima, a possibilidade de revisão judicial dos critérios de fixação do preço em questão só existiria se fosse possível apontar um erro grosseiro quanto à decisão técnica ou uma deliberação evidentemente abusiva, tendo em conta os princípios constitucionais diretores da atuação administrativa. Pois bem: após o exame — feito a seguir — de cada um desses princípios, conclui-se não terem sido eles violados em qualquer medida; logo, não há fundamento legítimo para que o Judiciário interfira na decisão tomada pela Administração Pública. Confira-se.

---

trativamente, prevista no art. 6º do Decreto-lei nº 2.321, de 25.02.87, *in verbis*: "Art. 6º. Das decisões do conselho diretor caberá recurso, sem efeito suspensivo, dentro de 10 (dez) dias da respectiva ciência, para o Banco Central do Brasil, em única instância".

Legalidade. No tópico anterior, já se tratou do tema da legalidade ao examinar os aspectos vinculados do ato em questão. Como se viu, não é possível visualizar qualquer ofensa à legalidade, aqui incluindo-se o atendimento à finalidade que a lei atribui ao ato, como reconhecido, aliás, pelos próprios autores.

Impessoalidade. Quanto à impessoalidade, o único ponto a observar seria o que envolve a necessidade ou não de realização de procedimento licitatório para a transferência dos ativos e passivos do Nacional. Nesse ponto não há necessidade de conhecimentos técnicos para perceber que seria impossível realizar uma licitação na hipótese. O tempo necessário e a divulgação pública de informações sobre a situação do Nacional levariam à quebra da própria instituição e desencadeariam uma corrida aos bancos, com a conseqüente crise sistêmica. Tanto é assim que a legislação referida sequer se refere à necessidade de licitação, ressaltando, ao contrário, que o procedimento como um todo deve primar pela celeridade[76]. Note-se ainda que a inércia do BACEN em evitar a crise poderia caracterizar um desvio de poder por omissão[77].

---

76. Nesse sentido, os arts: 1º, parágrafo único, 4º, e 9º, parágrafo único, do Decreto-Lei 2.321/87:

Art. 1º, parágrafo único: "A duração da administração especial será fixada no ato que a decretar, podendo ser prorrogada, **se absolutamente necessário**, por período não superior ao primeiro." (negrito nosso).

Art. 4º: "Os membros do conselho diretor assumirão, **de imediato**, as respectivas funções, independentemente da publicação do ato de nomeação, mediante termo lavrado no livro de atas da Diretoria, com a transcrição do ato que houver decretado o regime de administração especial temporária e do que os tenha nomeado." (negrito acrescentado)

Art. 9º: "Uma vez decretado o regime de que trata este decreto-lei, fica o Banco Central do Brasil autorizado a utilizar recursos da Reserva Monetária visando ao saneamento econômico-financeiro da instituição. Parágrafo único. Não havendo recursos suficientes na conta da Reserva Monetária, o Banco Central do Brasil os adiantará, devendo o valor de tais adiantamentos constar obrigatoriamente da proposta da lei orçamentária do exercício subseqüente".

77. Celso Antônio Bandeira de Mello, *Discricionariedade e controle jurisdicional*, 1992, p. 75: "Não é logicamente repugnante a hipótese de desvio de poder por omissão. Com efeito, bem o disse Afonso Rodrigues Queiroz: 'não agir é também agir (não autorizar é decidir não autorizar.)'. Ou pelo menos assim o será em inúmeros casos. Tem-se, pois, que o agente administrativo pode decidir abster-se de praticar um ato que deveria expedir para correto atendimento do

Por fim, a escolha do Unibanco, na hipótese, não pode ser considerada arbitrária ou destituída de fundamento; o Unibanco, antes do RAET, vinha mantendo negociações com o Nacional para a aquisição de suas atividades operacionais, e esse fato era notório àquela altura. Note-se, igualmente, que não houve questionamento por parte de nenhuma outra instituição financeira e nem dos próprios ex-controladores do Nacional, que apenas se insurgem contra aspectos do negócio agora, quase nove anos depois de sua conclusão.

Publicidade. Mais do que os atos formais de aprovação e divulgação da operação, a transparência da conduta de efetivação do RAET no Grupo Nacional foi reforçada pela circunstância de ter sido ele objeto de intenso escrutínio da imprensa e da opinião pública, por meses a fio.

Moralidade. Como já se referiu acima, ao se tratar da finalidade pública, o contrato pelo qual foram transferidos os ativos e passivos do Nacional para o Unibanco visava claramente a realizar um fim público, e de fato o realizou. Com efeito, tanto a preservação dos depósitos e direitos dos clientes do próprio Nacional, bem como a manutenção do equilíbrio do sistema financeiro, foram objetivos alcançados com a providência. Observe-se que o propósito do instrumento não era, necessariamente, obter o melhor preço possível pelos ativos e passivos do Grupo Nacional, a fim de enriquecer os ex-controladores do Grupo Nacional, e sim proteger a poupança popular, o sistema financeiro e a economia como um todo[78]. Por outro lado, o eventual proveito econômico que o adquirente desses ativos e passivos tenha tido a médio e longo prazo faz parte da lógica capitalista e não merece censura: ao correr maiores riscos — e o risco de o Unibanco ser "contaminado" pela crise do Nacional era uma possibilidade real —, é natural que se tenha a possibilidade de obter maiores lucros.

Eficiência. A eficiência relaciona-se às noções de custo/benefício e economicidade administrativa, aliadas ao sucesso na realização da finalidade pública. Há algumas observações a fazer aqui. Em pri-

---

interesse público, animado por intuitos de perseguição, favoritismo ou, de todo modo, objetivando finalidade alheia à da regra de competência que o habilitava".

78. Note-se que não se está aqui defendendo uma supremacia abstrata do interesse público sobre o privado. Trata-se, no caso, de uma preferência apurada em concreto, mediante a ponderação dos elementos apresentados ao longo do estudo.

meiro lugar, a atuação estatal eficiente é aquela que, para realizar a *finalidade pública* com êxito, pondera adequadamente todos os elementos envolvidos[79], com o menor sacrifício possível para aqueles não diretamente relacionados com o fim público perseguido pela Administração. Em segundo lugar, não é possível imaginar um sentido absoluto e único para a eficiência, a qual será aferida tendo em conta as circunstâncias em que as decisões foram tomadas e as informações disponíveis àqueles que decidiram[80]. Esse último aspecto é importante porque, muitas vezes, não será simples enxergar o passado com os olhos do presente. Esse ponto foi sublinhado por Humberto Ávila, para quem a eficiência é a "promoção minimamente intensa e certa do fim".[81] Esta a fundamentação do autor:

> "Em primeiro lugar, nem sempre é possível — ou mesmo plausível — saber qual, dentre todos os meios igualmente adequados, é o mais intenso, melhor e mais seguro na realização do fim. Isso depende de informações e circunstâncias muitas vezes não disponíveis para a administração. A administração pública ficaria inviabilizada, e a promoção satisfatória de seus fins também, se tivesse que, para tomar cada decisão, por mais insignificante que fosse, avaliar todos os meios possíveis e imagináveis para atingir um fim. Em segundo lugar, o princípio da separação de poderes exige respeito à vontade objetiva do Poder Legislativo e do Poder Executivo. A liberdade da administração seria previamente reduzida, se, posteriormente à adoção da medida, o aplicador pudesse dizer que o meio escolhido não era o mais adequado. Um mínimo de liberdade de escolha é inerente ao sistema de divisão de funções. Cada Poder deve

---

79. Na legislação ordinária, confira-se o art. 6º, §1º, da Lei nº 8.987, de 13.02.95, que define o conceito de serviço público adequado: "Art. 6º, § 1º. Serviço adequado é o que satisfaz as condições de regularidade, continuidade, eficiência, segurança, atualidade, generalidade, cortesia na sua prestação e modicidade das tarifas".
80. Diogo de Figueiredo Moreira Neto, *Legitimidade e discricionariedade*, 1989, p. 56.
81. Humberto Ávila, Moralidade, razoabilidade e eficiência na atividade administrativa, *RBDP, 01*:132, 2003.

conservar uma prerrogativa de avaliação (Einschatzungsprärogative).

Em terceiro lugar, a própria exigência de racionalidade na interpretação e aplicação das normas impõe que sejam examinadas todas as circunstâncias do caso concreto"[82]. (negrito acrescentado)

Ora, no caso, os fins públicos foram indiscutivelmente realizados. Nenhum cliente foi prejudicado, nem houve abalo do sistema. Os direitos patrimoniais dos acionistas do Grupo Nacional foram igualmente preservados: caso o BACEN se houvesse omitido, o Grupo Nacional teria inexoravelmente um destino — aí sim — desastroso. As contestações informam também que a forma de pagamento ajustada no contrato, por meio de ações do próprio Unibanco, acabou por gerar um lucro importante para o Grupo Nacional.

Razoabilidade. O princípio da razoabilidade ou da proporcionalidade[83], termos aqui empregados de modo fungível[84], tem seu funda-

---

82. Humberto Ávila, Moralidade, razoabilidade e eficiência na atividade administrativa, *RBDP, 01*:131, 2003.
83. Sobre o tema, vejam-se alguns trabalhos monográficos produzidos nos últimos anos: Raquel Denize Stumm, *Princípio da proporcionalidade no direito constitucional brasileiro*, 1995; Suzana Toledo de Barros, *O princípio da proporcionalidade e o controle de constitucionalidade das leis restritivas de direitos fundamentais*, 1996; Paulo Armínio Tavares Buechele, *O princípio da proporcionalidade e a interpretação da Constituição*, 1999. Também em língua portuguesa, com tradução de Ingo Wolfgang Sarlet, Heinrich Scholler, O princípio da proporcionalidade no direito constitucional e administrativo da Alemanha, *IP, 02*:93, 2002.
84. A idéia de razoabilidade remonta ao sistema jurídico anglo-saxão, tendo especial destaque no direito norte-americano, como desdobramento do conceito de devido processo legal substantivo. O princípio foi desenvolvido, como próprio do sistema do *common law*, através de precedentes sucessivos, sem maior preocupação com uma formulação doutrinária sistemática. Já a noção de proporcionalidade vem associada ao sistema jurídico alemão, cujas raízes romano-germânicas conduziram a um desenvolvimento dogmático mais analítico e ordenado. De parte isto, deve-se registrar que o princípio, nos Estados Unidos, foi antes de tudo um instrumento de direito constitucional, funcionando como um critério de aferição da constitucionalidade de determinadas leis. Já na Alemanha, o conceito evoluiu a partir do direito administrativo, como mecanismo de controle dos atos do Executivo. Sem embargo da origem e do desenvolvimen-

mento nas idéias de devido processo legal substantivo e de Estado de Direito, e é aplicado como um importante instrumento de controle da discricionariedade dos atos do Poder Público, tanto administrativos como legislativos. Do ponto de vista operacional, a razoabilidade pode ser visualizada como um teste a que se submetem as ações estatais e que se divide, por facilidade, em três fases: adequação entre motivos, meios e fins; necessidade-exigibilidade da medida; e proporcionalidade em sentido estrito[85].

A atividade estatal normalmente se dá à vista de certas circunstâncias (motivos) e destina-se a prover meios para realizar determinados fins. Assim, em primeiro lugar, para ser razoável, os motivos que justificam a ação estatal devem existir e os meios empregados devem guardar uma relação de pertinência lógica com os fins visados. Em segundo lugar, a idéia da *necessidade* ou *exigibilidade* da medida impõe a verificação da inexistência de meio menos gravoso para a realização dos fins visados, aqui aplicando-se as observações feitas acima sobre o princípio da eficiência. Por fim, a razoabilidade deve embutir, ainda, a idéia de *proporcionalidade em sentido estrito*: a ponderação entre o ônus imposto pela medida e o benefício obtido com ela. A jurisprudência em geral tem-se valido do princípio para

---

to diversos, um e outro abrigam os mesmos valores subjacentes: racionalidade, justiça, medida adequada, senso comum, rejeição aos atos arbitrários ou caprichosos. Por essa razão, razoabilidade e proporcionalidade são conceitos próximos o suficiente para serem intercambiáveis. Este é o ponto de vista que tenho sustentado desde a 1ª. edição de meu *Interpretação e aplicação da Constituição*, de 1995. No sentido do texto, v., por todos, Fábio Corrêa Souza de Oliveira, *Por uma teoria dos princípios. O princípio constitucional da razoabilidade*, 2003, p. 81 e ss..

É certo, no entanto, que a linguagem é uma convenção. E se nada impede que se atribuam significados diversos à mesma palavra, com muito mais razão será possível fazê-lo em relação a vocábulos distintos. Basta, para tanto, qualificar previamente a acepção com que se está empregando um determinado termo. É o que faz, por exemplo, Humberto Ávilla (*Teoria dos princípios*, 2003), que explicita conceitos diversos para proporcionalidade e razoabilidade. Ainda na mesma temática, Luís Virgílio Afonso da Silva (O proporcional e o razoável, *RT*, 798:23, 2002) investe grande energia procurando demonstrar que os termos não são sinônimos e critica severamente a jurisprudência do STF na matéria.

85. Luís Roberto Barroso, *Interpretação e aplicação na Constituição*, 1999, p. 209 e ss..

invalidar discriminações infundadas, exigências absurdas e mesmo vantagens indevidas[86].

Pois bem. No caso examinado, não paira dúvida sobre a razoabilidade da decretação do RAET ou da decisão de transferir os ativos e passivos do Grupo Nacional. Nem mesmo os autores da demanda questionam esse aspecto. Como já se anunciou, a objeção levantada pelos autores envolve o critério adotado para a fixação do preço. Resta saber, portanto, se a ele se pode imputar a pecha de grosseiro ou inadequado, para fins de considerá-lo irrazoável, de modo a justificar a intervenção judicial. A resposta, já se adianta, é negativa, como se percebe do exame de cada uma das etapas de verificação da razoabilidade, enunciadas acima.

O BACEN empregou, como critério para a determinação do preço, o valor patrimonial líquido contábil, o que corresponde, feitos certos ajustes, ao valor dos ativos registrados em seu balanço. Diga-se de passagem, por relevante, que este balanço foi levantado pelo próprio Banco Nacional, anteriormente à decretação do RAET, por ocasião das negociações como o Unibanco. Adicionou-se a essa quantia um ágio, fruto da estimativa dos bens imateriais envolvidos no negócio e do benefício que eles poderiam produzir para o adquirente. Portanto, na primeira etapa do teste de razoabilidade, é possível afirmar a *adequação* do meio utilizado, por ser um dos critérios possíveis e legítimos de definição do preço de uma empresa.

É importante observar que, de acordo com as normas do BACEN, os registros contábeis das instituições financeiras devem expressar "com fidedignidade e clareza, a real situação econômico-fi-

---

86. V., *e. g.*, STJ, DJ 03.11.03, p. 249, REsp 443.310-PE, Rel. Min. Luiz Fux: "A atuação da Administração Pública deve seguir os parâmetros da razoabilidade e da proporcionalidade, que censuram o ato administrativo que não guarde uma proporção adequada entre os meios que emprega e o fim que a lei almeja alcançar. A razoabilidade encontra ressonância na ajustabilidade da providência administrativa consoante o consenso social acerca do que é usual e sensato. Razoável é conceito que se infere a *contrario sensu*; vale dizer, escapa à razoabilidade "aquilo que não pode ser". A proporcionalidade, como uma das facetas da razoabilidade revela que nem todos os meios justificam os fins. Os meios conducentes à consecução das finalidades, quando exorbitantes, superam a proporcionalidade, porquanto medidas imoderadas em confronto com o resultado almejado".

nanceira da instituição e conglomerados financeiros"[87]. Se os ex-controladores das empresas do Grupo Nacional não obedeciam às regras contábeis expedidas pelo BACEN, praticavam um ilícito e não podem alegar em proveito próprio a violação da lei.

Ora, a descrição do método do valor patrimonial líquido dá conta de que ele se destina exatamente a apurar quanto vale a empresa; além disso, agregou-se um ágio como remuneração do elemento imaterial (fundo de comércio etc.), cuja existência, na hipótese, era altamente discutível. Basta imaginar um cenário, que estava longe de ser improvável, no qual os antigos clientes do Nacional acorressem às agências do Unibanco para retirar seus depósitos. A rigor, foi a operação executada pelo Banco Central que permitiu a continuação da existência desses ativos imateriais. É até possível cogitar de outros métodos pelos quais se pode apurar o valor de uma instituição financeira, mas a adequação do método adotado pelo BACEN é inquestionável.

Passando à segunda fase de exame, a pergunta que se deve fazer pode ser formulada nos seguintes termos: haveria, nas circunstâncias, outro método de fixação do preço cuja utilização se pudesse exigir? Os autores, na petição inicial, sugerem que o método do fluxo de caixa descontado seria mais adequado. A afirmação não corresponde à realidade, e não apenas pela questão da premência. É que a idéia do fluxo de caixa descontado pressupõe a projeção da rentabilidade futura da empresa, e tem como premissa fundamental a continuidade das atividades da instituição. Ora, no caso, o fluxo de caixa tendia a zero ou negativo, daí a necessidade do RAET, e não havia perspectiva de continuidade das atividades normais da instituição. Ou seja: o método adotado pelo Banco Central realizou a melhor relação custo-benefício possível no caso.

---

87. Circular Bacen n° 1.273, de 29 de dezembro de 1987, que instituiu o Plano Contábil das Instituições do Sistema Financeiro Nacional — COSIF, Capítulo I — item 1.1.1.1: "As normas consubstanciadas neste Plano Contábil têm por objetivo uniformizar os registros contábeis dos atos e fatos administrativos praticados, racionalizar a utilização de contas, estabelecer regras, critérios e procedimentos necessários à obtenção e divulgação de dados, possibilitar o acompanhamento do sistema financeiro, bem como a análise, a avaliação do desempenho e o controle, de modo que as demonstrações financeiras elaboradas expressem, com fidedignidade e clareza, a real situação econômico-financeira da instituição e conglomerados financeiros".

Quanto à proporcionalidade em sentido estrito, é indiscutível que o benefício obtido pelo critério adotado — preservação da economia popular e da integridade do sistema — é superior à (implausível) pretensão de ganho por parte dos autores. Não se trata aqui sequer de um típica ponderação entre interesse público e privado, que vem sendo objeto da literatura jurídica mais recente. De fato, a escolha feita pelo Banco Central envolvia, de um lado, a proteção de correntistas e depositantes inocentes e da economia do País, e de outro, a ambição dos responsáveis pelos atos gravíssimos que geraram a ameaça que se conseguiu contornar.

Em suma, uma vez que o critério técnico efetivamente escolhido, do valor patrimonial líquido contábil, não só respeitava os limites do ordenamento jurídico como veio a se amoldar razoavelmente bem às peculiaridades do caso concreto, a conclusão é de que descabe a revisão judicial[88], seja pela impugnação direta da decisão do Banco Central, seja pela tentativa de responsabilizar o terceiro que participou da ação administrativa, a pretexto de um direito subjetivo a outra forma de fixação do preço. O Contrato de Compra e Venda, de Assunção de Direitos e Obrigações e de Prestação de Serviços e Outras Avenças, firmado em 18.11.95 e re-ratificado em 08.12.95, revelou-se, como um todo, medida adequada, necessária e estritamente proporcional, além da mais eficiente, nas circunstâncias, à defesa dos valores constitucionais envolvidos no caso.

VII. Conclusões

Em face de tudo o que foi exposto, é possível compendiar as idéias centrais desenvolvidas no presente trabalho nas proposições abaixo.

1. O contrato de compra e venda de ativos e passivos (e outras avenças), celebrado entre o Grupo Nacional, sob regime de adminis-

---

88. V. Vladimir da Rocha França, Notas sobre a eficiência administrativa na Constituição Federal, *RTDP*, 30:83, 2000: "A busca pela efetividade na ação administrativa está dentro da esfera da discricionariedade administrativa. A opção por um critério técnico específico, se este estiver conciliado com os cânones do regime administrativo, torna-se isenta de invalidação judicial por ineficiência. Não compete ao Poder Judiciário definir a melhor técnica aplicável, mas sim se esta respeita os limites do ordenamento jurídico".

tração especial temporária — RAET, e o Unibanco, não pode ser isolado do conjunto da ação administrativa emergencial do Banco Central, para receber tratamento de um negócio jurídico privado ordinário. Trata-se, ao revés, de um elo da complexa e delicada cadeia de providências que precisaram ser tomadas, tendo em conta a conjuntura do país e os riscos criados pelas condições dramáticas da instituição financeira alienada. O papel constitucional e legal do Banco Central era o de tutelar o interesse público ameaçado, protegendo a economia popular, a boa-fé dos clientes da instituição e o equilíbrio do sistema financeiro nacional. O regime jurídico aplicável à matéria aqui debatida é o da intervenção estatal e da legalidade, e não exclusivamente o da livre iniciativa e da autonomia da vontade.

2. À vista de tais circunstâncias, os parâmetros para aferição dos atos praticados, inclusive os de transferência de ativos e passivos, não são os que vigoram no âmbito do direito privado e, mais especificamente, na teoria contratual. A atuação do Banco Central se pautou por normas constitucionais e administrativas específicas, devendo ser valorada sob a ótica dos princípios constitucionais aplicáveis à Administração Pública, notadamente os da legalidade, impessoalidade, moralidade, publicidade, eficiência e razoabilidade.

3. Do exame a que se procedeu no presente estudo, resultou demonstrado que todos os princípios foram regularmente observados. A decretação do RAET — que, relembre-se, foi solicitada pelos próprios ex-controladores do Grupo Nacional —, a decisão de transferência dos ativos e passivos e a definição do critério de fixação do preço a ser pago foram ações administrativas adequadas, necessárias e proporcionais, que ponderaram adequadamente os interesses em jogo.

4. Não cabe ao Judiciário intervir no mérito de um ato administrativo, fora das hipóteses especiais tuteladas pelos princípios constitucionais já apontados, sob pena de substituir a discricionariedade técnica legítima do administrador pela imprópria extensão da discricionariedade judicial, a ser exercida com o auxílio de um perito. Naturalmente, não se poderá pretender o mesmo resultado pela via indireta da demanda em face de terceiro de boa-fé, que participou do ato negocial no qual se materializou a ação administrativa tida como legal e razoável. Nem a mais flexível compreensão do princípio da separação de Poderes validaria esse tipo de atuação, que na hipótese estudada caracterizaria inequívoca invasão de competência.

Contrato de concessão para geração de energia. Ilegitimidade de sua alteração unilateral. Legitimidade da previsão de correção monetária e impossibilidade de sua supressão retroativa

SUMÁRIO: Introdução. I. Breve histórico dos aspectos jurídicos e fáticos pertinentes. A hipótese. Parte I. Invalidade do item "v" da Resolução n° 288/02 da ANEEL: impossibilidade de se submeter concessionária geradora de energia preexistente ao MAE ao risco financeiro decorrente do regime de preço diferenciado por submercados. II. Ausência de fundamento legal. III. Violação do devido processo legal e da Lei n° 9.784/99. IV. Vício de motivo. V. Violação do equilíbrio econômico-financeiro do contrato de concessão. VI. Violação dos princípios da segurança jurídica e da boa-fé administrativa. Parte II. operações de compra e venda liquidadas pelo MAE com atraso. Validade da aplicação de correção monetária. Impossibilidade de retroação de ato administrativo que revoga ato anterior. VII. Breve nota sobre a natureza e a disciplina da correção monetária. VIII. Do enriquecimento sem causa de parte dos agentes e da responsabilidade subsidiária do MAE. IX. Da impossibilidade de retroação de ato administrativo revogador. X. Conclusões.

Trata-se de estudo acerca da validade e da eficácia de dois atos praticados pela Agência Nacional de Energia Elétrica – ANEEL, a saber: (i) o item "V" do Despacho n° 288, de 16.05.2002 e (ii) o inciso III do art. 1° da Resolução n° 763, de 20.12.2002. Os dois dispositivos estão relacionados com a regulamentação do Mercado Atacadista de Energia – MAE, levada a cabo pela ANEEL, mas sua compreensão exige uma breve apresentação de dados jurídicos e fáticos indispensáveis para que a hipótese faça sentido. Em seguida, o estudo será desenvolvido nos termos do roteiro apresentado inicialmente.

INTRODUÇÃO

I. Breve histórico dos aspectos jurídicos e fáticos pertinentes. A hipótese.

O regime jurídico do setor elétrico no Brasil pode ser organizado, para fins didáticos, em *três grandes fases*, demarcadas, em linhas gerais, da seguinte forma: **(i)** até a instituição da ANEEL, **(ii)** da instituição da ANEEL (Lei n° 9.427/96) até a criação do Mercado Atacadista de Energia Elétrica – MAE em bases obrigatórias (MP n° 29, de 07.02.2002, convertida na Lei n° 10.433, de 24.04.2002) e **(iii)** a partir da criação do MAE.

De acordo com a Constituição de 1988 (art. 21, XII, b^1), compete à União explorar, diretamente ou mediante autorização, concessão ou permissão, os serviços e instalações de energia elétrica. Até os últimos anos da década de 90, porém, a Administração Pública, por suas entidades e órgãos, era praticamente a única responsável pela

---

1. CF/88: "Art. 21. Compete à União:
  (...)
  XII – explorar, diretamente ou mediante autorização, concessão ou permissão:
  (...)
  b) os serviços e instalações de energia elétrica e o aproveitamento energético dos cursos de água, em articulação com os Estados onde se situam os potenciais hidroenergéticos".

exploração de todas as atividades relacionadas com a geração, transmissão e distribuição de energia elétrica – essa a característica mais marcante da *primeira fase da regulamentação do setor elétrico*, referida acima. Nessa linha, a participação de agentes privados no setor era admitida apenas em hipóteses específicas, como a prevista no Decreto nº 915, de 06.09.1993, que importa especialmente para a hipótese.

O Decreto nº 915/93 autorizava a formação de consórcios por empresas interessadas na geração de energia elétrica na qualidade de auto-produtores (art. 1^{o2}), isto é, um consórcio privado, mediante concessão ou autorização, poderia produzir energia a ser consumida por seus consorciados (proporcionalmente à participação de cada um na realização do empreendimento: art. 4^{o3}). O decreto autorizava também a formação de consórcios entre os concessionários de serviço público e os auto-produtores para a exploração de aproveitamentos hidrelétricos (art. 6^{o4}).

Com fundamento no decreto referido, a Centrais Elétricas do Sul do Brasil S.A. – ELETROSUL lançou, em 1994, edital de licitação cujo propósito era a "seleção de empresas visando a formação de consórcio para implantação e exploração da Usina hidroelétrica de ITÁ". A consulente e outras empresas formaram um consórcio, disputaram a licitação e foram declaradas vencedoras. O contrato de concessão foi firmado em 28.12.1995 e seu prazo vencerá em 2030[5]. Por expressa autorização do contrato de concessão[6], as empresas consorciadas formaram uma empresa com personalidade jurídica própria

---

2. Decreto nº 915/93: "Art. 1º Fica autorizada a formação de consórcios por empresas interessadas na geração de energia elétrica a ser utilizada nas respectivas unidades consumidoras".
3. Decreto nº 915/93: "Art. 4º A energia elétrica produzida pelo consórcio será consumida pelos consorciados, proporcionalmente à participação de cada um, na realização do empreendimento".
4. Decreto nº 915/93: "Art. 6º É admitida a formação de consórcios entre os concessionários de serviço público, e entre esses e os autoprodutores de energia elétrica para exploração de aproveitamentos hidrelétricos".
5. O Decreto nº 1.712, de 22.11.1995, prorrogou a concessão da Eletrosul para 2030.
6. Segunda sub-cláusula da Cláusula quarta do contrato.

(doravante denominada simplesmente "empresa A"), que passou a ser a titular da concessão.

De forma simplificada, a relação jurídica estabelecida no contrato de concessão referido entre o Poder Público e as empresas privadas pode ser descrita nos seguintes termos: os agentes privados deveriam investir os recursos necessários para viabilizar a construção da usina de Itá. Em contrapartida, receberiam, até o fim do ajuste, a fração da energia produzida pela usina, proporcional à sua participação no negócio, por um preço cuja fórmula de cálculo foi pré-fixada no contrato. Assim, à empresa que veio a ser formada pelos consorciados, como referido, cabe transferir a cada um de seus acionistas a quantidade de energia que lhes corresponde.

Os anos que se seguiram testemunharam uma grande reformulação do setor elétrico do país, dando início à *segunda fase* identificada acima; suas marcas foram a abertura do setor para a iniciativa privada, a redução da presença do Estado na qualidade de empresário e seu aparelhamento para a atividade regulatória. Nesse contexto, a Lei nº 9.074, de 07.07.1995, regulamentou de forma específica a concessão, permissão e autorização de serviços e instalações de energia elétrica e aproveitamento energético dos cursos de água. A Lei nº 9.427, de 27.12.1996, instituiu uma agência reguladora destinada exclusivamente à regulamentação dessas atividades econômicas: a ANEEL. A Lei nº 9.648, de 27.05.1998, autorizou a reestruturação do chamado "sistema Eletrobrás" – até então público – para o fim de privatizar as empresas que o formavam; como é notório, várias delas já foram privatizadas. A crise energética, que coincidiu em parte com essa fase, reforçou ainda mais a abertura do setor à iniciativa privada: foi criada a Comercializadora Brasileira de Energia Emergencial (CBEE[7]) e ampliou-se a atuação dos Produtores Independentes de Energia (PIEs[8]).

Ainda nessa segunda fase, a mesma Lei nº 9.648/98, referida acima, previu a existência de um Mercado Atacadista de Energia, que deveria ser organizado consensualmente, mediante acordo a ser fir-

---

7. Decreto nº 3.900, de 29.08.2001.
8. O Decreto nº 2.003, de 10.09.1996, já regulamentava a figura do Produtor Independente de Energia – PIE.

mado entre os interessados (art. 12[9]). Alguns anos depois, todavia, o Governo Federal acabou por concluir que essa estrutura não era adequada e substituiu-a por outra[10]. A reorganização do MAE em novas bases deu origem a uma nova etapa na regulamentação do mercado atacadista de energia elétrica – *a terceira fase*.

A Medida Provisória nº 29, de 07.02.2002, convertida na Lei nº 10.433, de 24.04.2002, autorizou a criação do Mercado Atacadista de Energia Elétrica – MAE como uma pessoa jurídica de direito privado, sem fins lucrativos, submetida à autorização, regulamentação e fiscalização da ANEEL. O MAE passou a ser integrado pelos titulares de concessão, permissão ou autorização vinculadas aos serviços e instalações de energia elétrica e seu objetivo é viabilizar as transações de compra e venda de energia elétrica nos sistemas interligados (art. 1º[11]). A Resolução nº 102, de 1º.03.2002, da ANEEL, instituiu a Convenção do MAE.

Do conjunto de normas expedidos pela ANEEL destinadas a regulamentar a atuação do MAE, três merecem destaque em função dos questionamentos que integram o objeto deste estudo. A *primeira delas* é a que torna membros obrigatórios do MAE os titulares de

---

9. Lei nº 9.648/98: "Art. 12. Observado o disposto no art. 10, as transações de compra e venda de energia elétrica nos sistemas elétricos interligados, serão realizadas no âmbito do Mercado Atacadista de Energia Elétrica – MAE, instituído mediante Acordo de Mercado a ser firmado entre os interessados".

10. A avaliação do Poder Público sobre a questão fica clara nos *consideranda* que acompanham a Resolução nº 73, de 08.02.2002, que tem esta epígrafe: "Estabelece as normas para a Transição no Mercado Atacadista de Energia Elétrica do período de auto-regulado para o Mercado regulado.". Nos *consideranda* pode-se ler o seguinte trecho: "(...) considerando que o MAE, da forma como estava constituído, apresentava conflitos de interesses, resultando em paralisia do mercado e falta de credibilidade, e não estava desempenhando as atribuições esperadas".

11. Lei nº 10.433, de 24.04.2002: "Art. 1º. Fica autorizada a criação do Mercado Atacadista de Energia Elétrica – MAE, pessoa jurídica de direito privado, sem fins lucrativos, submetido a autorização, regulamentação e fiscalização pela Agência Nacional de Energia Elétrica – ANEEL, a ser integrado por titulares de concessão, permissão ou autorização e outros agentes, na forma da regulamentação, vinculados aos serviços e às instalações de energia elétrica, com a finalidade de viabilizar as transações de compra e venda de energia elétrica nos sistemas interligados".

concessão ou autorização para exploração de serviços de geração, de comercialização e de importação ou exportação de energia elétrica (art. 13 da Resolução nº 102/2002[12]), de modo que toda compra e venda de energia da qual participem esses agentes deverá ser realizada no âmbito do MAE. Por força dessa norma, a empresa A e suas acionistas passaram a fazer parte do MAE.

A *segunda norma* importante diz respeito à estrutura de funcionamento do MAE. A regulamentação da ANEEL impôs que todas as operações de compra e venda de energia no sistema interligado se realizem no âmbito do MAE – à feição de uma bolsa de valores ou figura assemelhada –, porém, esses negócios são apenas escriturais, sem identificação particular de compradores e vendedores em cada relação específica[13]. Ou seja: o MAE mantém o registro da quantida-

---

12. Resolução nº 102, de 01.03.2002, da ANEEL: "Art. 13. São membros obrigatórios do MAE:

I – titulares de concessão ou autorização para exploração de serviços de geração que possuam central geradora com capacidade instalada igual ou superior a 50 MW;

II – titulares de concessão, permissão ou autorização para exercício de atividades de comercialização de energia elétrica cujo montante seja igual ou superior a 300 GWh/ano; e

III – titulares de autorização para importação ou exportação de energia elétrica detentor de direitos de capacidade de transporte igual ou superior a 50 MW".

13. Resolução nº 102/02: "Art. 4º. A compra e venda de energia elétrica no MAE será feita exclusivamente entre agentes participantes do MAE, considerando: (...)

§ 1º Os agentes da Categoria Produção alocarão toda sua energia elétrica ao MAE e os agentes da Categoria Consumo atenderão a todas as suas necessidades de energia elétrica no âmbito do MAE.

§ 2º Os agentes de comercialização poderão adquirir energia, de geradores não participantes do MAE.

§ 3º Os contratos de compra e venda de energia resultantes do disposto no parágrafo anterior deverão ser registrados no MAE, para fins de verificação do atendimento ao disposto no art. 5º.

§ 4º O Encargo dos Serviços do Sistema - ESS — incide sobre todo o volume da compra de energia elétrica pelos agentes da categoria consumo, quer adquirido pela via contratual ou no mercado de curto prazo, em cada período de apuração, e é rateado de acordo com o estabelecido nas Regras do Mercado.

§ 5º Os contratos, no âmbito do MAE, não implicam necessariamente na entrega física de energia por parte do agente da categoria consumo, podendo a

de de energia disponível para venda e das compras solicitadas, sem, no entanto, vincular um comprador a um vendedor. A liquidação financeira dessas operações – isto é: o efetivo pagamento, pelos compradores, da energia adquirida ao conjunto de vendedores – deveria ser feita periodicamente pelo MAE, nos termos de uma regulamentação que até o momento não foi editada pela ANEEL[14]. Algumas das normas provisórias editadas para a liquidação que ocorreu em 31.12.2002 serão referidas mais adiante.

O *terceiro conjunto de normas* envolve o preço da energia a ser comercializada no âmbito do MAE. Com o objetivo declarado de administrar a produção e o consumo de energia nas diferentes partes do Brasil, a ANEEL dividiu o país em submercados de modo que, para cada um deles, e em função de suas particularidades geográficas e de consumo, o MAE pudesse estabelecer um preço diferenciado para a energia[15].

Como é fácil perceber, essa fórmula tem algumas conseqüências da maior importância. Em primeiro lugar, os vendedores receberão o preço da energia de acordo com a área onde estão localizados e os compradores deverão pagar em função, igualmente, do preço do submercado onde se encontram. Assim, se os compradores estiverem preponderantemente localizados nas áreas em que o preço fixado para a energia é maior – e é esta a hipótese em estudo –, haverá excedente de recursos, pois o preço que venha a ser pago por estes

---

energia ser entregue por outro agente da categoria produção, seja em função da operação otimizada do sistema, do despacho de geração ou importação por ordem de mérito de preço, ou por agentes da categoria consumo detentores de sobras relativamente a seus contratos bilaterais".
14. Resolução nº 102/02: "Art. 1º. Para os fins e efeitos do disposto nesta Convenção são adotados os seguintes termos, expressões, conceitos e definições:
(...)
Liquidação – Processo de pagamento e recebimento de obrigações e direitos apurados no MAE, referentes à compra e venda de energia elétrica no Mercado de Curto Prazo".
15. Resolução nº 102/02: "Art. 1º. (...) Submercados — Subdivisões do mercado, correspondentes a áreas do sistema interligado, para as quais serão estabelecidos preços específicos e cujas fronteiras são definidas em função da presença e duração de restrições relevantes de transmissão". Sobre a divisão do país em submercados, v. também a Resolução nº 290/00.

não será integralmente repassado aos vendedores, que operam com um preço menor. Ou seja: o MAE terá um excesso de recursos[16].

A segunda conseqüência dessa estrutura de preços diferenciados por sub-mercados envolve os agentes que integram obrigatoriamente o MAE, mas que já eram partes em relações de compra e venda de energia antes da instituição desse mercado, como é o caso da empresa A. Por força do contrato de concessão firmado por cada uma das consorciadas, (todas sucedidas pela empresa A), a energia (produzida na região Sul) deveria ser transmitida e consumida nas instalações da consulente (localizadas na região Sudeste) por um determinado preço, calculado de acordo com determinadas variáveis. A aplicação do regime de preços por submercados – estabelecido para atender outras finalidades não relacionadas diretamente com o custo de produção da energia –, a essas relações, alteraria de forma dramática o pactuado entre as partes e o equilíbrio financeiro desses ajustes.

Diante dessa evidência, a ANEEL previu um mecanismo denominado de "alívio financeiro", pelo qual os recursos excedentes gerados no âmbito do MAE – na forma descrita acima – serão destinados a neutralizar, relativamente a esses agentes, os efeitos do regime de preços por submercado[17]. Isto é: para todos os efeitos, o sistema de preços do MAE deve ser neutro em relação a tais agentes, de modo

---

16. O excedente é inclusive previsto na estrutura do MAE, como se vê da Resolução nº 102/02: "Art. 1º. (...) Excedente Financeiro — Diferença positiva entre o total de pagamentos e o total de recebimentos no MAE, que surge devido às transações de energia entre submercados e à diferença de preços".
17. Resolução nº 290/2000: "Art. 10. O Capítulo 8 das Regras do MAE, relativo à alocação do excedente financeiro, fica homologado incorporando as alterações decorrentes das seguintes diretrizes:

I — A alocação do excedente financeiro e das exposições positivas dos agentes deverá ser destinada para o alívio de eventuais perdas financeiras dos agentes causadas por diferenças de preços entre submercados nas seguintes transações: a) realocações de energias asseguradas no MRE; b) contratos iniciais entre submercados; c) contratos de Itaipu; d) parcela dos contratos de compra e venda de energia importada, assinados até 12 de agosto de 1998, considerada nos contratos iniciais; e e) os direitos de autoprodutores e concessionários de serviço público de geração em consórcios estabelecidos com base no Decreto nº 915, de 6 de setembro de 1993, ou em concessões outorgadas até 12 de agosto de 1998, com base na Lei nº 8.987, de 13 de fevereiro de 1995, ou prorrogadas com base no art. 20 da Lei nº 9.074, de 7 de julho de 1995".

que a diferença de preço por acaso existente entre as áreas onde estão localizados comprador e vendedor não produza qualquer conseqüência sobre estes.

Encerrada essa exposição preliminar, cabe agora apresentar o conteúdo dos dois atos da ANEEL cuja validade e eficácia serão analisadas a seguir. O primeiro deles – o item "V" do Despacho n° 288, de 16.05.2002 – impôs à empresa A e às suas acionistas, bem como aos demais agentes em situação equiparada, uma limitação do alívio financeiro em 80% ou 75% da energia transferida. O índice e o suposto fundamento da medida foram extraídos das normas expedidas pela Câmara de Gestão da Crise de Energia Elétrica, que racionaram o consumo de energia em 80% ou 75% dependendo da classe do consumidor. Esta a dicção do item "V" do Despacho n° 288/02:

> "V – Quanto aos geradores com direitos especiais: devem ser assegurados os direitos previstos na alínea "e" do inciso I do art. 10 da Resolução ANEEL n° 290/00[18], porém levando em conta, como volume máximo de alívio de exposição, o limite de consumo definido nos incisos IV e V do art. 3° da Resolução GCE n° 16, de 21.06.2001, e desde que a transferência de energia seja feita para sócios ou sucessores, preservado o direito ao volume de energia vinculado ao local de consumo e nos termos da disponibilidade técnica das concessionárias".

---

18. Resolução n° 290/2000, da ANEEL: "Art. 10. O Capítulo 8 das Regras do MAE, relativo à alocação do excedente financeiro, fica homologado incorporando as alterações decorrentes das seguintes diretrizes:

I – A alocação do excedente financeiro e das exposições positivas dos agentes deverão ser destinadas para o alívio de eventuais perdas financeiras dos agentes causadas por diferenças de preços entre submercados nas seguintes transações:
  (...)
  e) os direitos dos autoprodutores e concessionários de serviço público de geração em consórcios estabelecidos com base no Decreto n° 915, de 6 de setembro de 1993, ou em concessões outorgadas até 12 de agosto de 1998, com base na Lei n° 8.987, de 13 de fevereiro de 1995, ou prorrogadas com base no art. 20 da Lei n° 9.074, de 7 de julho de 1995".

O segundo ato da ANEEL – o inciso III do art. 1º da Resolução nº 763, de 20.12.2002 – envolve a aplicação de correção monetária na liquidação financeira das operações realizadas no âmbito do MAE. Embora a liquidação devesse ser realizada periodicamente, como sublinhado, uma série de atrasos fez com que apenas em 31.12.2002 fossem parcialmente liquidadas as operações realizadas desde 1º.09.2000. Pois bem. Após a edição de uma Resolução (art. 11, III, da Resolução nº 552, de 14.10.2002) declarando que os valores a serem liquidados seriam atualizados monetariamente e fixando o IGP-M como índice aplicável, e de uma segunda Resolução revogando essa primeira (art. 2º da Resolução nº 610, de 06.11.2002), a ANEEL editou a Resolução nº 763, art. 1º, III, afastando a incidência de qualquer atualização monetária sobre os valores a serem liquidados, nos seguintes termos:

> "Art. 1º Autorizar que, para as transações de compra e venda de energia elétrica de que dispõe o art. 11 da Resolução ANEEL nº 552, de 14 de outubro de 2002[19], a liquidação financeira seja efetuada sob a forma de liquidação condicionada à auditoria prevista na Convenção do Mercado, instituída na Resolução ANEEL nº 102, de 1º de março de 2002, nos seguintes termos:
> (...)
> *III – não incidência de atualização monetária nem de encargos financeiros quando do pagamento das duas parcelas acima nas datas dos respectivos pagamentos*";

A validade e a eficácia das duas disposições transcritas serão analisadas separadamente, por simplicidade, por não estarem diretamente relacionadas entre si.

---

19. Resolução nº 552/2002, da ANEEL: "Art. 11. Excepcionalmente, para a liquidação das operações de compra e venda de energia elétrica, realizadas no âmbito do MAE até 31 de dezembro de 2002, serão adotados os seguintes procedimentos: (...)".

Parte I
INVALIDADE DO ITEM "V" DA RESOLUÇÃO Nº 288/02 DA ANEEL: IMPOSSIBILIDADE DE SE SUBMETER CONCESSIONÁRIA PRÉ-EXISTENTE AO MAE E AUTO-PRODUTORA AO RISCO FINANCEIRO DECORRENTE DO REGIME DE PREÇOS DIFERENCIADO POR SUBMERCADOS

Conforme descrito acima, o sistema de "alívio financeiro" concebido pela ANEEL consiste em que o MAE, ao contabilizar os valores devidos pelos agentes, neutralize as perdas causadas pela diferença de preços entre os submercados e sofridas, dentre outros, por autoprodutores e concessionários de serviço público de geração em consórcios estabelecidos com base no Decreto nº 915/93. Esta é a situação da consulente e, como sua sucessora e dos demais consorciados, da empresa A. O art. 10, I, da Resolução nº 290, de 03.08.2000, da ANEEL, sistematizou o mecanismo da seguinte forma:

> "Art. 10. O Capítulo 8 das Regras do MAE, relativo à alocação do excedente financeiro, fica homologado incorporando as alterações decorrentes das seguintes diretrizes:
> I – A alocação do excedente financeiro e das exposições positivas dos agentes deverá ser destinada para o alívio de eventuais perdas financeiras dos agentes causadas por diferenças de preços entre submercados nas seguintes transações:
> a) realocações de energias asseguradas no MRE;
> b) contratos iniciais entre submercados;
> c) contratos de Itaipu;
> d) parcela dos contratos de compra e venda de energia importada, assinados até 12 de agosto de 1998, considerada nos contratos iniciais; e
> e) os direitos de autoprodutores e concessionários de serviço público de geração em consórcios estabelecidos com base no Decreto nº 915, de 6 de setembro de 1993, ou em concessões outorgadas até 12 de agosto de 1998, com base na Lei nº 8.987, de 13 de fevereiro de 1995, ou prorrogadas com base no art. 20 da Lei nº 9.074, de 7 de julho de 1995".

No caso específico da empresa A e de seus acionistas, seu direito foi ainda confirmado especificamente pela ANEEL que, em resposta a consulta formulada, editou a Resolução nº 211, de 13.06.2001, com o seguinte teor:

> "Art. 1º. Reconhecer o direito da concessionária [empresa A] de transferir, através do sistema interligado e durante o prazo da concessão, para seus sócios, originariamente autoprodutores e seus sucessores integrantes do Consórcio Itá, os montantes de energia elétrica que lhes correspondem no empreendimento, para efeito de utilização e/ou comercialização nos termos da legislação e do contrato de concessão, sem sujeição a eventuais diferenças de preços entre submercados, ou quaisquer outras restrições decorrentes de regras do Mercado Atacadista de Energia Elétrica – MAE".

A aplicação concreta do direito ao alívio financeiro significa muito simplesmente que o preço pelo qual a empresa A vende a energia para seus acionistas, operação que obrigatoriamente passa pelo sistema MAE, deve ser o mesmo pelo qual estes a compram, sem a interferência da variação de preços dos sub-mercados. O que o item "V" do Despacho nº 288/02 fez, no entanto, foi impor à empresa e a seus sócios 20% dos efeitos do sistema de preços variados do MAE. Explica-se melhor.

O Despacho nº 288/02 da ANEEL foi expedido em resposta a um pedido de esclarecimento do MAE[20] e, como transcrito acima, em um de seus itens (o "V") afirma que o volume máximo do alívio financeiro em questão deve ser igual ao limite de consumo definido

---

20. É o que se lê de seu cabeçalho: "O DIRETOR-GERAL DA AGÊNCIA NACIONAL DE ENERGIA ELÉTRICA – ANEEL, no uso de suas atribuições, de acordo com a deliberação da Diretoria, tendo em vista o disposto no art. 18, Anexo I, do Decreto nº 2.335, de 6 de outubro de 1997, o que dispõe o inciso IV do § 5º do art. 4º da Lei nº 10.438, de 26 de abril de 2002, o que dispõe o art. 1º da Lei nº 10.433, de 24 de abril de 2002, o que consta do Processo nº 48500.001207/02-41, e considerando o pedido de esclarecimentos oriundo do Mercado Atacadista de Energia Elétrica – MAE, descritos na correspondência CTA 016/02, de 7 de março de 2002, resolve:"

nos incisos IV e V do art. 3º da Resolução nº 16, de 21 de junho de 2001, da Câmara de Gestão da Crise de Energia Elétrica — GCE. Os dois incisos se referem a um conjunto de segmentos da Classe de consumidores industriais para impor-lhes os limites de consumo de energia, respectivamente, de 80% e 75%, considerada a média de consumo dos meses de maio, junho e julho de 2000[21]. É importante notar que desde a Resolução GCE nº 8, de 25 de maio de 2001, já haviam sido estabelecidos limites de consumo para esses consumidores, apenas que em índices ligeiramente diversos.

O despacho não explica que relação o racionamento de energia guarda com o alívio financeiro, nem por que essa relação teria iniciado apenas nesse momento, considerando que o racionamento já existia quando foi expedida a Resolução ANEEL nº 211/01, referida acima, que confirmou o direito da empresa e de seus sócios ao alívio financeiro. O ponto será retomado adiante. De toda sorte, o impacto econômico do item "V" do Despacho nº 288/02 sobre a referida empresa e a consulente pode ser facilmente visualizado com um exemplo.

Imagine-se que de acordo com o regime de preço diferenciado por submercados, o preço da energia na Região Sul, onde está localizada a empresa e a Usina de Itá, seja de R$ 1,00 por unidade, e que no submercado que inclui a Região Sudeste, onde está localizada a

---

21. Resolução GCE nº 16, de 21.06.2001: "Art. 3º. A Resolução da GCE nº 8, de 25 de maio de 2001, passa a vigorar com as seguintes alterações:
'Art. 1º (...)
IV – oitenta por cento da medida do consumo mensal verificado nos meses de maio, junho e julho de 2000 para os consumidores da Classe Industrial que exerçam atividades de petroquímica e outros químicos, mineração e pelotização, siderurgia integrada e, ainda, as de produção de celulose de mercado e de madeira e móveis;
V – setenta e cinco por cento da média do consumo mensal verificado nos meses de maio, junho e julho de 2000 para os consumidores da Classe Industrial que exerçam atividades de metalurgia e de siderurgia não integrada, e, ainda, as de produção de alumínio, gás industrial, soda, cloro, papel, ferro-liga e cimento".
O *caput* do art. 1º da Resolução GCE nº 8, não alterado, tem a seguinte redação: "Art. 1º. A meta mensal de consumo de energia elétrica para os consumidores industriais e comerciais, serviços e outras atividades, de que trata o art. 7º da Resolução GCE nº 4, de 22 de maio de 2001, a ser cumprida a partir do mês de junho de 2001, inclusive, deve corresponder a: (...)".

consulente, a energia custe R$ 4,00 por unidade[22]. Pelo sistema MAE, a diferença produzida em uma compra e venda ordinária de energia entre as Regiões Sul e Sudeste seria de R$ 3,00 em prejuízo do comprador – o MAE receberia como excedente R$ 3,00. A empresa e suas acionistas não estão submetidas a esse regime, como já se viu. No entanto, a aplicação do item "V" do Despacho nº 288/02 às suas relações importará que a consulente pague pela energia vinda da Itasa, além de R$ 1,00, 20% da diferença de preços entre os submercados (no exemplo, R$ 0,60), já que o alívio financeiro só cobriria 80% do volume das transações. Ou seja: a energia oriunda da empresa para a consulente passaria a custar R$ 1,60 por unidade.

Como já é possível intuir da simples descrição de seu sentido e efeitos, o item "V" do Despacho nº 288/02 da ANEEL viola um conjunto expressivo de normas constitucionais e legais, a saber: (i) o ato administrativo foi editado sem qualquer fundamento legal, (ii) não foi precedido do devido processo legal que seria exigível, (iii) o motivo apresentado para sua prática é completamente impertinente, (iv) seu conteúdo viola o equilíbrio econômico-financeiro do contrato administrativo de que a empresa é parte como sucessora de suas acionistas e, por fim, (v) o ato viola de forma flagrante os princípios da segurança jurídica e da boa-fé. Confira-se.

II. Ausência de fundamento legal

Como se sabe, o princípio da legalidade significa, para a Administração Pública – da qual a ANEEL faz parte, naturalmente –, que toda sua atuação deve pautar-se nos estritos termos permitidos por lei. Embora o princípio venha sofrendo, ao longo do tempo, alguma flexibilização e adaptações, ele continua a significar que apenas a lei pode criar direitos e obrigações, inovando na ordem jurídica. Assim, qualquer ação administrativa só será válida se encontrar fundamento específico na legislação em vigor. Na síntese precisa de Hely Lopes Meirelles:

---

22. A relação de preços é hipotética, mas a consulente informa que os preços da energia no Sudeste são via de regra superiores aos da Região Sul.

"A *legalidade*, como princípio de administração (CF, art. 37, caput), significa que o administrador público está, em toda a sua atividade funcional, sujeito aos mandamentos da lei e às exigências do bem comum, e deles não se pode afastar ou desviar, sob pena de praticar ato inválido e expor-se a responsabilidade disciplinar, civil e criminal, conforme o caso. (...)
Na Administração Pública não há liberdade nem vontade pessoal. Enquanto na administração particular é lícito fazer tudo que a lei não proíbe, na Administração Pública só é permitido fazer o que a lei autoriza. A lei para o particular significa 'pode fazer assim'; para o administrador público significa 'deve fazer assim'"[23]. (negrito no original)

O ponto é pacífico e não justifica maiores especulações teóricas[24]. Para os fins do presente estudo, porém, é de proveito investigar, ainda que com brevidade, a relação entre a lei e o ato administrativo,

---

23. Hely Lopes Meirelles, *Direito administrativo brasileiro*, 1996, pp. 82-3.
24. Luís Roberto Barroso, "Apontamentos sobre o princípio da legalidade (delegações legislativas, poder regulamentar e repartição constitucional das competências legislativas)". In: *Temas de direito constitucional*, t. I, 2001, pp. 166-7: "Também por tributo às suas origens liberais, o princípio da legalidade flui por vertentes distintas em sua aplicação ao Poder Público e aos particulares. De fato, para os indivíduos e pessoas privadas, o princípio da legalidade constitui-se em garantia do direito de liberdade, e materializa-se na proposição tradicional do direito brasileiro, gravada no inciso II, do art. 5º, da Constituição da República: 'Ninguém será obrigado a fazer ou deixar de fazer alguma coisa senão em virtude de lei'. Reverencia-se, assim, a autonomia da vontade individual, cuja atuação somente deverá ceder ante os limites impostos pela lei. De tal formulação se extrai a ilação óbvia de que tudo aquilo que não está proibido por lei é juridicamente permitido.
Para o Poder Público, todavia, o princípio da legalidade, referido sem maior explicitação no *caput* do art. 37 da Constituição, assume feição diversa. Ao contrário dos particulares, que se movem por vontade própria, aos agentes públicos somente é facultado agir por imposição ou autorização legal. Inexistindo lei, não haverá atuação administrativa legítima. A simetria é patente. Os indivíduos e pessoas privadas podem fazer tudo o que a lei não veda; os Poderes Públicos somente podem praticar os atos determinados pela lei. Como decorrência, tudo aquilo que não resulta de prescrição legal é vedado ao administrador".

particularmente no que diz respeito ao problema da delegação à Administração, mediante lei, de competências e poderes não tipicamente administrativos ou, sob outra modalidade, a concessão de poderes extremamente amplos aos agentes administrativos, por meio dos quais teriam eles condições de inovar na ordem jurídica.

É consenso na doutrina que, por força da separação de Poderes, a delegação de funções estatais e, em particular, a delegação legislativa, quando admitida, é providência de caráter excepcional. Com efeito, a Carta de 1988, seguindo o modelo tradicional dos *freios e contrapesos*, instituiu algumas hipóteses de interferências entre os Poderes, que, por excepcionais, somente se darão onde expressamente previstos. Fora desses casos, não é legítimo a um Poder exercer funções de outro. Vale dizer: as competências constitucionais não podem ser renunciadas nem transferidas. Confira-se, a propósito, o seguinte excerto de trabalho doutrinário do Ministro Carlos Mário da Silva Velloso:

> "No Direito Constitucional clássico, anotam os autores, a regra é a indelegabilidade, como corolário, aliás, da doutrina da separação de Poderes teorizada por Montesquieu. Locke, no Segundo Tratado de Governo Civil, deixa expresso que nenhum poder pode delegar atribuições, porque o poder é exercido por delegação do soberano e quem age por delegação não pode delegar o que não lhe pertence, o que se enuncia na máxima latina: *delegata potestas delegari non potest*"[25].

Sobre este ponto não divergem os autores. Diogo de Figueiredo Moreira Neto e José Afonso da Silva, respectivamente, fizeram os seguintes registros sobre o assunto:

> "Delegação de funções de Poder a Poder: é a hipótese que se denomina, em doutrina, de delegação de poderes. Está implicitamente vedada pela adoção do princípio da separação dos Poderes (art. 60, § 4º, III)"[26].

---

25. Carlos Mário da Silva Velloso, Delegação legislativa —- A legislação por associações, *RDP*, 90:179, 1989.

"As Constituições anteriores estabeleciam o princípio da divisão de poderes, especificando que era vedado a qualquer dos poderes delegar atribuições, e quem fosse investido na função de um deles não poderia exercer a de outro, salvas as exceções nelas previstas. Essas especificações realmente são desnecessárias, até porque a Constituição, agora como antes, estabelece incompatibilidades relativamente ao exercício de funções dos poderes (art. 54), e porque os limites e exceções ao princípio decorrem de normas que comporta pesquisar no texto constitucional"[27].

É de se registrar que o Ato das Disposições Constitucionais Transitórias, promulgado juntamente com a Constituição de 1988, cuidou de determinar a revogação de todas as normas delegadoras de competência normativa, como se extrai da dicção expressa de seu art. 25:

"Art. 25. Ficam revogados, a partir de cento e oitenta dias da promulgação da Constituição, sujeito este prazo a prorrogação por lei, todos os dispositivos legais que atribuam ou deleguem a órgão do Poder Executivo competência assinalada pela Constituição ao Congresso Nacional, especialmente no que tange a:
I. ação normativa;
II. alocação ou transferência de recursos de qualquer espécie".

O Supremo Tribunal Federal, ao longo do tempo, tem se pronunciado no sentido de que, ainda quando se possa admitir algum grau de delegação em determinadas matérias, a lei deverá, obrigatoriamente, prover parâmetros claros, capazes de orientar a atuação administrativa. De modo que a denominada delegação em branco,

---

26. Diogo de Figueiredo Moreira neto, *Curso de direito administrativo*, 1988, p. 27.
27. José Afonso da Silva, *Curso de direito constitucional positivo*, 2001, p. 115. V. também Nagib Slaibi Filho, *Anotações à Constituição de 1988*, p. 158.

sem parâmetros específicos, será sempre inválida. Tal entendimento foi reiterado mais uma vez, em decisões recentes[28].

Aplicando a teoria ao caso, o fato é que o Despacho ANEEL nº 288/02, e em particular seu item "V", necessita estar fundado em lei ou ato normativo a ela equivalente, sendo certo que inexiste qualquer norma primária que autorize a ANEEL a adotar a medida em questão, nem mesmo de forma remota. É verdade que o item "V" do despacho faz referência a atos expedidos pela Câmara de Gestão da Crise de Energia Elétrica – atos de natureza administrativa e não leis – e no cabeçalho do despacho são invocados alguns dispositivos legais: o art. 1º da Lei nº 10.433/02 e o inciso IV do § 5º do art. 4º da Lei nº 10.438/02[29]. Nenhum deles, porém, sequer vagamente autoriza a

---

28. STF, DJ 14.12.01, p. 87, RE 264.289-CE, Rel. Min. Sepúlveda Pertence: "O legislador local, como se vê, instituiu e nomeou uma vantagem remuneratória, delegando, porém, ao Executivo – livre de quaisquer parâmetros legais –, a definição de todos os demais aspectos de sua disciplina – a qual, acrescente-se, se revelou extremamente complexa –, incluídos aspectos essenciais como o valor de cada ponto, as pontuações mínima e máxima e a quantidade de pontos atribuíveis a cada atividade e função. Essa delegação sem parâmetro, contudo, penso eu, é incompatível com o princípio da reserva de lei formal a que está submetida à concessão de aumentos aos servidores públicos (CF, art. 61, § 1º, II, a)".; e STF, DJ 16.04.04, p. 52, ADIn 1668-DF, Rel. Min. Marco Aurélio. Em suma, o STF, ao apreciar pedido de liminar, deu ao art. 22, II, da Lei nº 9.472/97, que conferia ao Conselho Diretor da Agência Nacional de Telecomunicações competência para aprovar normas próprias de contratação e licitação, interpretação conforme a Constituição, de modo a restar claro que a competência do referido Conselho se encontrava submetida às normas gerais e específicas sobre a matéria, não se podendo admitir uma delegação sem parâmetros.

29. É citado também o art. 18, Anexo I, do Decreto nº 2.335/97, que igualmente nada tem a ver com o tema. Esta sua dicção: "Art. 18. A atuação da ANEEL para a finalidade prevista no inciso V do art. 3º da Lei nº 9.427, de 1996, será exercida direta ou indiretamente, de forma a:

I — dirimir as divergências entre concessionários, permissionários, autorizados, produtores independentes e autoprodutores, bem como entre esses agentes e os consumidores, inclusive ouvindo diretamente as partes envolvidas;

II — resolver os conflitos decorrentes da ação reguladora e fiscalizadora no âmbito dos serviços de energia elétrica, nos termos da legislação em vigor;

III — prevenir a ocorrência de divergências;

IV — proferir a decisão final, com força determinativa, em caso de não entendimento entre as partes envolvidas;

V — utilizar os casos mediados como subsídios para regulamentação".

limitação do alívio financeiro devido à empresa e às suas acionistas, muito ao revés. Esta a dicção dos dois dispositivos legais referidos:

Lei nº 10.433/02
"Art. 1º. Fica autorizada a criação do Mercado Atacadista de Energia Elétrica – MAE, pessoa jurídica de direito privado, sem fins lucrativos, submetido a autorização, regulamentação e fiscalização pela Agência Nacional de Energia Elétrica – ANEEL, a ser integrado por titulares de concessão, permissão ou autorização e outros agentes, na forma da regulamentação, vinculados aos serviços e às instalações de energia elétrica, com a finalidade de viabilizar as transações de compra e venda de energia elétrica nos sistemas interligados".

Lei nº 10.438/02
"Art. 4º. A Aneel procederá à recomposição tarifária extraordinária prevista no art. 28 da Medida Provisória no 2.198-5, de 24 de agosto de 2001, sem prejuízo do reajuste tarifário anual previsto nos contratos de concessão de serviços públicos de distribuição de energia elétrica.
(...)
§ 5º A recomposição tarifária extraordinária estará sujeita a homologação pela Aneel e observará as seguintes regras:
(...)
IV — a homologação da recomposição tarifária extraordinária será condicionada a pedido do interessado e à certeza, correção e consistência das informações a serem prestadas à Aneel e por ela elencadas e verificadas, inclusive as relativas a eventuais reduções de custos durante o racionamento ou decorrentes de interpretação, explicitação e revisão de estipulações contratuais, que serão objeto de declarações, compromissos, termos aditivos e transações entre as partes, em especial no que concerne à parcela das despesas de que cuida o art. 2º não alcançada por repasse aos consumidores e aos excedentes dos contratos iniciais e equivalentes, nos termos de resolução da Aneel, observadas as diretrizes previstas no § 9º".

Como se vê, a primeira norma apenas autoriza a criação do MAE e confere à ANEEL a competência geral de exercer os poderes de regulação e fiscalização sobre o novo mercado. Isso não significa, no entanto, que a ANEEL possa praticar quaisquer atos que considere convenientes para atingir esses fins gerais. Não é difícil perceber que praticamente qualquer medida poderia ser justificada como necessária para "regular" o MAE e assim se estaria transferindo à ANEEL competência privativa da União para legislar sobre energia (Constituição Federal, art. 22, IV). Ora, se a ANEEL pretendesse interpretar o dispositivo dessa maneira e nessa extensão, não há dúvida de que ele seria inconstitucional, por ensejar uma inaceitável delegação em branco, sem quaisquer parâmetros[30]. A segunda norma, por sua vez, cuida de recomposição tarifária, tema que não guarda pertinência com a questão do alívio financeiro dos geradores com direitos especiais.

Mais adiante se estará examinando a absoluta falta de conexão lógica entre o item "V" do Despacho ANEEL nº 288/02 e as Resoluções da GCE que ele invoca como seu fundamento; o tema não será analisado aqui pois os atos da GCE não são normas legais que de qualquer forma pudessem dar fundamento ao ato da ANEEL. Entretanto, é interessante notar que a Medida Provisória nº 2.147, de 15 de maio de 2001, que criou a Câmara de Gestão da Crise de Energia Elétrica – GCE e autorizou a instituição do racionamento, determinou, como uma das ações de curto prazo do Plano Emergencial de Redução do Consumo de Energia Elétrica, o estímulo à autoprodução de energia (art. 5º, VII[31]). O ato da ANEEL, em sentido contrário ao fixado pela norma, desestimula os autoprodutores já existentes. Por outro lado, há um conjunto de normas legais que disciplinam os contratos administrativos e em particular as concessões administrativas e que impediriam a ANEEL de alterar o equilíbrio econômico-financei-

---

30. O mesmo raciocínio aplica-se às normas da Lei nº 9.427/96, que instituiu a ANEEL e lhe conferiu competências gerais de fiscalização.
31. MP 2147/2001: "Art. 5º. O Programa Emergencial de Redução do Consumo de Energia Elétrica tem por objetivo compatibilizar a demanda de energia com a oferta, de forma a evitar interrupções intempestivas ou imprevistas do suprimento de energia, compreendendo ações de curto prazo para:
(...)
VII — estimular a autoprodução de energia".

ro desses ajustes: adiante se estará abrindo um tópico específico sobre elas.

Ora, não basta, por natural, que o ato administrativo faça referência a alguma lei; apenas esse expediente não produz o resultado de conferir-lhe fundamento de validade. É preciso que haja de fato uma relação entre a lei e o ato administrativo, relação essa que consiste em o ato administrativo dar execução a um comando legal, mesmo quando se admita delegação, sempre acompanhada de parâmetros. No caso, no entanto, o item "V" do Despacho nº 288/02 da ANEEL simplesmente inovou originariamente na ordem jurídica, restringindo direitos de particulares, sem estar minimamente vinculado a qualquer lei de que se possa cogitar, sendo, por essa razão, inválido.

III. Violação do devido processo legal e da Lei nº 9.784/99

Ainda que a ANEEL fosse autorizada por lei a impor aos titulares de contratos anteriores à existência do MAE o regime de preços diferenciados por submercados – o que não ocorre –, a restrição de direitos anteriormente reconhecidos pela própria Administração dependeria de um devido processo legal, no qual o particular pudesse influenciar na formação da decisão que afetasse seus direitos ou interesses, apresentando suas razões antes que ela fosse produzida. Tal garantia decorre diretamente da cláusula constitucional do devido processo legal.

A Constituição de 1988 assegura que ninguém será privado da liberdade ou de seus bens sem o devido processo legal (Constituição, art. 5º, LIV). Ora, na esfera legislativa, o devido processo consiste no processo legislativo regular: assim, a lei, respeitados os limites constitucionais de sua atuação, poderá restringir direitos dos particulares. Na esfera judicial, além da existência de lei válida que autorize a restrição, será necessário um processo específico para que seja possível impor ao particular uma limitação a seus direitos. Na esfera administrativa, do mesmo modo, e como não poderia deixar de ser, a adoção de medida que prive o particular de direitos que já lhe foram reconhecidos exige, além de autorização legal, um procedimento que permita ao interessado defender-se e apresentar suas razões, como registra Celso Antônio Bandeira de Mello:

"Os referidos princípios, da mais extrema importância, consistem, de um lado, como estabelece o art. 5º, LIV, da Constituição Federal, em que 'ninguém será privado da liberdade ou de seus bens sem o devido processo legal' e, de outro, na conformidade do mesmo artigo, inciso LV, em que: 'aos litigantes, em processo judicial ou administrativo, e aos acusados em geral são assegurados o contraditório e a ampla defesa, com os meios e recursos a ela inerentes'. Estão aí consagrados, pois, a exigência de um processo formal regular para que sejam atingidos a liberdade e a propriedade de quem quer seja e a necessidade de que a Administração Pública, antes de tomar decisões gravosas a um dado sujeito, ofereça-lhe oportunidade de contraditório e de defesa ampla, no que se inclui o direito a recorrer das decisões tomadas. Ou seja: a Administração Pública não poderá proceder contra alguém passando diretamente à decisão que repute cabível, pois terá, desde logo, o dever jurídico de atender ao contido nos mencionados versículos constitucionais.

Note-se que 'privar' da liberdade ou da propriedade não é apenas simplesmente elidi-las, mas também o é suspender ou sacrificar quaisquer atributos legítimos inerentes a uma ou outra; vale dizer: a privação não precisa ser completa para caracterizar-se como tal. Assim, para desencadear conseqüência desta ordem, a Administração terá que obedecer a um processo regular (o devido processo legal), o qual, evidentemente, como resulta do inciso LV do art. 5º, demanda contraditório e ampla defesa"[32].

Essas exigências, que podem ser extraídas diretamente do texto constitucional, foram explicitamente registradas pela Lei nº 9.784/99, que regulou o processo administrativo federal. Além de consagrar genericamente a ampla defesa, o contraditório e a segurança jurídica como princípios que a Administração deverá necessaria-

---

32. Celso Antônio Bandeira de Mello, *Curso de direito administrativo*, 1997, pp. 71-2.

mente observar (art. 2º[33]), a Lei nº 9.784/99 confere ao particular o direito de formular alegações e apresentar documentos antes de proferida a decisão, argumentos esses que deverão ser levados em conta pela autoridade pública (art. 3º, II[34]). Além disso, a lei considera interessados, para o fim do que se acaba de indicar, todo aquele que tem direitos ou interesses que possam ser afetados pela decisão a ser adotada pela Administração (art. 9º[35]).

Aliás, ainda na vigência da Constituição anterior, José Frederico Marques já registrava que seria um contra-senso autorizar que a Administração lesionasse direitos individuais sem qualquer devido processo legal para, apenas depois, o interessado poder apresentar suas razões perante o Judiciário:

> "Farta foi a Constituição vigente (tal como acontecera com as anteriores) em explicitar a garantia do devido processo legal no tocante ao processo propriamente dito, isto é, em relação ao processo judicial. (...)
> Daí não se segue, porém, que fora do processo judicial, possam os outros ramos do poder público exercer, sem

---

33. Lei 9784/99: "Art. 2º. A Administração Pública obedecerá, dentre outros, aos princípios da legalidade, finalidade, motivação, razoabilidade, proporcionalidade, moralidade, ampla defesa, contraditório, segurança jurídica, interesse público e eficiência.
(...)
X — garantia dos direitos à comunicação, à apresentação de alegações finais, à produção de provas e à interposição de recursos, nos processos de que possam resultar sanções e nas situações de litígio";
34. Lei 9784/99: "Art. 3º O administrado tem os seguintes direitos perante a Administração, sem prejuízo de outros que lhe sejam assegurados:
(...)
II — ter ciência da tramitação dos processos administrativos em que tenha a condição de interessado, ter vista dos autos, obter cópias de documentos neles contidos e conhecer as decisões proferidas;"
35. Lei 9784/99: "Art. 9º. São legitimados como interessados no processo administrativo:
I — pessoas físicas ou jurídicas que o iniciem como titulares de direitos ou interesses individuais ou no exercício do direito de representação;
II — aqueles que, sem terem iniciado o processo, têm direitos ou interesses que possam ser afetados pela decisão a ser adotada";

contraste, o seu 'imperium', aguardando intervenção posterior do Judiciário para corrigir ou anular os atos que atinjam ou causem lesão a direito individual. Se ninguém pode sofrer gravame em sua fazenda, seu patrimônio ou bens (como corolário da garantia do direito de propriedade) sem o devido processo legal (...) seria incivil, injusto e em antagonismo com a Constituição que a atividade administrativa ficasse com inteira liberdade de atuar, quando, em sua função externa, entra em contato com os administrados, à espera de intervenção 'a posteriori' da magistratura, para cortar-lhe os excessos e as arbitrariedades"[36].

Agustín A. Gordillo sistematiza a questão em termos gerais, afirmando que a pessoa deve ser ouvida antes de qualquer decisão que venha a afetar seus direitos ou interesses, *verbis*:

"Toda decisión que sea susceptible de afectar los derechos o intereses de una persona debe ser dictada habiendo oído *previamente* a la persona alcanzada por el acto. Es ésta una forma o procedimiento de llegar a la resolución, y por ello la regla no debe variar, cualquiera sea el tipo de decisión a adoptarse"[37].

Não é por outra razão que o Supremo Tribunal Federal, o Superior Tribunal de Justiça e até mesmo o antigo Tribunal Federal de Recursos têm julgados nos quais consideram que determinados atos administrativos, pela restrição que provocam aos direitos individuais, só podem ser praticados após prévio processo administrativo. As três decisões seguintes foram proferidas, respectivamente, pelo STF, STJ e TFR:

"Não é lícito ao fisco interditar estabelecimentos comerciais com o propósito de os compelir ao pagamento de

---

36. José Frederico Marques, *A garantia do "due process of law" no direito tributário*, 1968, p. 28. Essa também era a opinião de Nelson Hungria, Ilícito administrativo e ilícito penal, *RDA* – Seleção Histórica (1945-1995).
37. Augustin A. Gordillo, La garantía de defensa como principio de eficacia en el procedimiento administrativo, *RDP*, *10*:22, 1969.

impostos ou multas. Os contribuintes têm o direito de impugnar a legitimidade dos débitos fiscais, quando convocados, pelos meios regulares, a satisfazê-los"[38].

"Como condição para o licenciamento, é ilegal a exigência de pagamento de multa imposta sem prévia notificação do infrator para defender-se em processo administrativo"[39].

"SUSPENSÃO DO PAGAMENTO DE APOSENTADORIA PREVIDENCIÁRIA. FRAUDE PRESUMIDA. EXIGÊNCIA DE INQUÉRITO ADMINISTRATIVO, COM GARANTIA DE AMPLA DEFESA. (...) A adoção dessa atitude, que envolve a própria subsistência do aposentado, exige que o fato fique provado em prévio inquérito administrativo, com a garantia da ampla defesa do prejudicado"[40].

Na hipótese em estudo, o Despacho nº 288/02 da ANEEL não foi precedido de qualquer procedimento no qual os interessados pudessem demonstrar suas razões. Como já referido, aliás, o despacho limita-se a responder a um pedido de esclarecimento do próprio MAE. Note-se também que não se poderia sustentar tratar-se o Despacho nº 288/02 da ANEEL, especialmente seu item "V", de mera aplicação ou reprodução de dispositivo de lei. Muito ao revés, já se verificou no tópico anterior que sequer há lei fundamentando o ato da ANEEL.

Por outro lado, a existência da Resolução nº 211, de 13.06.2001, que expressamente reafirmou o direito da empresa e de suas acionistas ao alívio financeiro integral, reforça a necessidade de um procedimento para a desconstituição, mesmo que parcial, desse direito; ainda mais considerando-se que a Resolução nº 211/01 foi expedida quan-

---

38. STF, DJ 29.11.62, p. 791, RMS 9.698, Rel. Min. Henrique D'Avila.
39. STJ, DJ 29.03.99, p. 95, REsp 184.554-SC, Rel. Min. Milton Luiz Pereira. Esta é uma das muitas decisões que deram origem à Súmula nº 127 –, que tem a seguinte dicção: "É ilegal condicionar a renovação da licença de veículo ao pagamento de multa, da qual o infrator não foi notificado".
40. TFR, DJ 31.10.1988, ApMS 0117.326, Rel. Min. Bueno de Souza, .

do já se encontravam em vigor no país as normas que impuseram o racionamento no consumo de energia, e que vieram a funcionar como suposto fundamento do item "V" do Despacho n° 288/02. Não se quer aqui sustentar que a Administração não possa modificar seu entendimento acerca de determinada matéria. Porém, se essa mudança afetar direitos dos particulares, com maior razão é necessário um devido processo legal antes de se adotar um entendimento novo e diverso.

Em suma: afora a questão da legalidade, já examinada, o Despacho ANEEL n° 288/02, a despeito de afetar gravemente direitos dos particulares e alterar o entendimento já manifestado pela própria Agência, não foi precedido ou acompanhado de qualquer procedimento no qual os interessados pudessem se manifestar, apresentar suas razões e influenciar a decisão administrativa. De modo que, também por esse motivo, o Despacho em questão é inválido.

IV. Vício de motivo

Independentemente dos vícios já suscitados – ilegalidade e ausência de devido processo legal –, o item "V" do Despacho n° 288/02 da ANEEL é inválido também por vício grave no motivo apresentado para sua prática. A questão é bastante simples. Como é corrente na doutrina administrativista tradicional[41], no ato administrativo há 5 (cinco) elementos a considerar: competência, forma, finalidade, motivo e objeto. Para os fins do presente estudo, importa de forma específica o elemento *motivo* do ato administrativo.

Por *motivo* entende-se, na verdade, um todo complexo, originário da conjugação de dois elementos: os motivos de direito e de fato (da mesma forma como se passa com as decisões judiciais[42]) que

---

41. Vejam-se, por todos, M. Seabra Fagundes, O *controle dos atos administrativos pelo Poder Judiciário*, 1979 e Hely Lopes Meirelles, *Direito administrativo brasileiro*, 1996, p. 134 e ss..

42. Humberto Theodoro Júnior, *Curso de direito processual civil*, 1997, p. 509: "Antes de declarar a vontade concreta da lei frente ao caso dos autos cumpre ao juiz motivar sua decisão. Daí a necessidade de expor os fundamentos de fato e de direito que geraram sua convicção".

Ainda sobre a motivação das decisões judiciais, veja-se a posição do Supre-

autorizam a prática do ato administrativo. Assim, em primeiro lugar, o motivo diz respeito à(s) norma(s) jurídica(s) que permite(m) ou exige(m) a prática do ato em questão. Além disso, o motivo que sustenta o ato administrativo apenas estará completo se o pressuposto fático, descrito pela norma que autoriza ou impõe sua prática, se verificar no caso concreto – os motivos de fato. O ponto é pacífico na doutrina e foi sintetizado com precisão por Diogo de Figueiredo Moreira Neto:

> "O Estado ao decidir concretamente, deve basear-se na lei e nos fatos. Os motivos são, assim, os pressupostos jurídicos e os factuais que fundamentam a concreção casuística de um comando vinculador, tanto quando o Estado deva decidir ex officio como quando o faça por provocação"[43].
> (Grifos no original)

Ao praticar um ato, o administrador o faz – ou ao menos assim deve ser – porque identificou na realidade uma circunstância descrita pela norma e, estando a ela vinculado em todo tempo, aplicou seus termos ao caso concreto. Assim, um ato administrativo somente pode subsistir diante de um motivo pertinente, de fato e de direito. Isto é: o motivo precisa ser verdadeiro e real, quanto aos fatos, e, do ponto de vista jurídico, o motivo deve ser pertinente, ou seja, a norma alegada como fundamento da conduta administrativa deve corresponder de fato a uma autorização de agir para o Poder Público.

---

mo Tribunal Federal: "A ofensa ao dever constitucional de fundamentar as decisões judiciais gera a nulidade do julgamento efetuado por qualquer órgão do Poder Judiciário. Os magistrados e Tribunais estão vinculados, no desempenho da função jurisdicional, a essa imposição fixada pela Lei Fundamental da República. A exigência de motivação dos atos decisórios constitui fator de limitação do arbítrio do Estado e de tutela dos direitos das partes que integram a relação processual. A decisão ora impugnada apresenta-se suficientemente motivada. A análise de sua estrutura formal evidencia, de modo destacado, a exposição dos motivos de fato e de direito que conduziram a prolação desse ato decisório". (STF, DJ 12.06.92, p. 28, HC 68.571-DF, Rel. Min. Celso de Mello).
43. Diogo de Figueiredo Moreira Neto, *Curso de direito administrativo*, 1997, p. 67.

Por evidente, não basta à autoridade administrativa alegar qualquer motivo, lançar mão de qualquer norma aleatoriamente, como se fosse suficiente a indicação de um dispositivo legal para autorizar qualquer espécie de ação: deve haver uma adequação lógica de pertinência entre a norma e o ato administrativo praticado. Aliás, o vício de motivo é previsto de forma específica pela Lei nº 4.717/65, que regula a ação popular, como uma das hipóteses de nulidade dos atos administrativos:

"Art.2 — São nulos os atos lesivos ao patrimônio das entidades mencionadas no artigo anterior, nos casos de:
(...)
d) inexistência dos motivos;
(...)
Parágrafo único. Para a conceituação dos casos de nulidade observar-se-ão as seguintes normas:
(...)
d) a inexistência dos motivos se verifica quando a matéria de fato ou de direito, em que se fundamenta o ato, é materialmente inexistente ou juridicamente inadequada ao resultado obtido;"

Embora o vício de motivo mais comum seja realmente a inexistência dos fatos ou da norma, a doutrina destaca que também a incongruência entre os motivos invocados e a decisão da autoridade acarretará a invalidade do ato. É o que registram, respectivamente, Celso Antônio Bandeira de Mello, Odete Medauar (comentando a Lei da Ação Popular transcrita acima), Caio Tácito e José dos Santos Carvalho Filho:

> "Causa: 'É uma relação de adequação entre os pressupostos do ato e seu objeto', diz André Gonçalves Pereira, ou seja, é o vínculo de pertinência entre o motivo e o conteúdo do ato. Pode-se defini-la como 'a correlação lógica entre o pressuposto (motivo) e o conteúdo do ato em função da finalidade tipológica do ato'. Com efeito: tal correlação só é reconhecível e só faz sentido em vista da finalidade legal correspondente ao ato.
> (...)
> Então, a falta de 'causa', na acepção adotada, invalida o ato administrativo, isto é, se o agente se baseia em motivos que não mantêm congruência, pertinência, com o ato que

praticou, este estará viciado. A ausência de adequação lógica entre o pressuposto em que o agente se fundou e o ato que praticou compromete irremissivelmente sua conduta"[44].

"O legislador contemplou aí três modalidades de defeitos de motivos: a) inexistência atual da norma jurídica embasadora do ato;(...) b) inexistência do fato que levaria à edição do ato; (...) c) inadequação entre os fatos e o direito, sobretudo quando os fatos não se enquadram na hipótese normativa"[45].

"A teoria da inexistência de motivos abrange tanto a sua ausência material, como a legal. Não somente podem inexistir os fatos argüidos pela administração, como serem, por sua natureza, indiferentes ao direito. Em qualquer dessas hipóteses, não se poderá o administrador valer deles como justificativa para o ato praticado.
Daí a necessidade de conduzir o controle de legalidade à verificação da matéria de fato. A lei não é um artifício automático, mas um processo de graduação de valores materiais em função de critérios abstratos e gerais. A existência jurídica do ato não se resume na propriedade da norma invocada, mas em seu pleno ajustamento à hipótese concreta"[46].

"Sendo um elemento calcado em situação anterior à prática do ato, o motivo deve sempre ser ajustado ao resultado do ato, ou seja, aos fins a que se destina. Impõe-se, desse modo, uma **relação de congruência** entre o motivo, de um lado, e o objeto e a finalidade, de outro. Nas corretas palavras de MARCELO CAETANO, **'os motivos devem aparecer como premissas donde se extraia logicamente a conclusão, que é a decisão'**.

---

44. Celso Antônio Bandeira de Mello, *Curso de direito administrativo*, 1997, pp. 249-50.
45. Odete Medauar, *Direito administrativo moderno*, 2002, p. 186.
46. Caio Tácito, *Direito administrativo*, 1975, p. 08.

Encontra-se a exigência dessa compatibilidade na própria lei. A Lei nº 4.717/65, que regula a ação popular, depois de considerar nulos os atos que tenham o vício da inexistência de motivos (art. 2º, 'd'), procura definir o que significa tal distorção: **'a inexistência dos motivos se verifica quando a matéria de fato ou de direito, em que se fundamenta o ato, é materialmente inexistente ou juridicamente inadequada ao resultado obtido' (art. 2º, parágrafo único, 'd')**"[47]. (negrito no original)

Pois bem. Como já referido e transcrito, o Despacho ANEEL nº 288/02 apresenta, como motivo para a medida que adota em seu item "V", o limite de consumo imposto pelo racionamento, nos termos das Resoluções expedidas por órgão da Administração – a Câmara de Gestão da Crise de Energia Elétrica – GCE. Na visão da ANEEL, portanto, o racionamento do consumo de energia em determinados percentuais (80% e 75%) teriam como efeito colateral reduzir o alívio financeiro devido à empresa A (e aos demais agentes em situação equivalente) no mesmo percentual, de modo que ela sofra parte do impacto derivado da diferença de preços entre os submercados.

Como é fácil perceber, no entanto, não há qualquer relação lógica entre as duas idéias – racionamento e redução do alívio financeiro – que possa levar alguém a supor que a primeira seria causa da segunda. As normas que impuseram o racionamento visavam à economia de energia disponível pela limitação do nível de consumo geral de todos os consumidores, aí incluídos a empresa A e suas acionistas. A redução do alívio financeiro promovido pelo item "V" do Despacho nº 288/02, por sua vez, não está relacionado com a redução do consumo de energia. Basta observar que, independentemente da quantidade de energia que a empresa A e suas acionistas viessem a consumir, elas continuariam a sofrer os efeitos da variação de preços dos submercados. Em outras palavras, o fato de os agentes respeitarem seus limites de consumo – como todos os demais consumidores – não afastará a incidência da regra do Despacho nº 288/02 e em nada alterará a situação do agente no que diz respeito ao alívio financeiro.

---

47. José dos Santos Carvalho Filho, *Manual de direito administrativo*, 2001, p. 92.

Por outro lado, o fundamental para o racionamento era a redução do consumo global de cada consumidor. Ocorre que a consulente, *e. g.*, não consome apenas a energia produzida pela empresa A, mas adquire energia também de outras fontes para atender suas necessidades, de modo que qualquer restrição à energia originária da empresa A não teria qualquer repercussão sobre as demais fontes, não impactando necessariamente o consumo global, como pretendia o racionamento. Nesse contexto, o consumo, como se vê, é um dado irrelevante[48].

Desse modo, além da falta de fundamento legal e de devido processo legal, a verdade é que o item "V" do Despacho nº 288/02 da ANEEL é inválido também porque o motivo apresentado como fundamento para sua prática é totalmente impertinente. Os atos da GCE simplesmente não forneciam qualquer autorização específica ou orientação para que a ANEEL editasse o item "V" do Despacho nº 288/02: tanto assim que, como já se registrou, a existência, já àquela altura, de normas sobre racionamento não impediu a ANEEL de confirmar o direito da empresa A e de suas acionistas ao alívio financeiro integral na Resolução nº 211/01.

V. Violação do equilíbrio econômico-financeiro do contrato de concessão

Há ainda uma quarta razão pela qual a aplicação do item "V" do Despacho ANEEL nº 288/02 é ilegítima relativamente à empresa A e às suas acionistas. Ainda que o ato em questão fosse intrinsecamente válido, ele não lhes poderia ser eficazmente aplicado por importar em violação do equilíbrio econômico-financeiro do contrato de concessão existente entre a empresa A (como sucessora do consórcio formado por suas acionistas) e o Poder Público. O ponto não apresenta maior dificuldade.

As partes, por evidente, firmam contratos – inclusive contratos administrativos – em função da relação existente entre vantagens e

---

48. Assente-se, todavia, apenas por efeito moral, que a consulente informa haver mantido o seu consumo global dentro dos limites determinados pela normatização do racionamento.

obrigações[49] e este ponto de equilíbrio recebe, no direito administrativo, a denominação de equilíbrio econômico-financeiro do contrato administrativo. A preservação dessa equação do contrato administrativo é um direito do particular que contrata com a Administração Pública, como se percebe de um conjunto de dispositivos da Lei n° 8.666/93, que disciplina de forma geral as licitações e contratos administrativos, *verbis*:

> "Art. 57 – (...)
> § 1° Os prazos de início de etapas de execução, de conclusão e de entrega admitem prorrogação, mantidas as demais cláusulas do contrato e assegurada a manutenção de seu equilíbrio econômico-financeiro, desde que ocorra algum dos seguintes motivos, devidamente autuados em processo:
>
> Art. 58 – (...)
> § 1° As cláusulas econômico-financeiras e monetárias dos contratos administrativos não poderão ser alteradas sem prévia concordância do contratado.
> § 2° Na hipótese do inciso I deste artigo, as cláusulas econômico-financeiras do contrato deverão ser revistas para que se mantenha o equilíbrio contratual.

---

49. Celso Antônio Bandeira de Mello, Contrato administrativo: fundamentos da preservação do equilíbrio econômico-financeiro, *RDA, 211*:21, 1998: "De conseguinte, tem-se por claro que toda situação dessarte composta – e é o caso dos contratos em geral – substancia-se em vínculo assentado nas premissas de lealdade e boa fé, vez que as partes não estariam obrigadas a se relacionar; se o fazem é precisamente expectantes de que seus objetivos podem ser satisfeitos pela ação da parte contraposta e de que sê-lo-ão, dada a normal conduta do co-obrigado, ou seja, dado o correto proceder de ambos. Assim, é da índole de tais liames jurídicos o respeito à boa-fé e, por isso mesmo, interpretam-se tais vínculos levando em conta esta natural presunção das partes, pois supõe-se que ao se atrelarem devem estar não apenas dispostas a cumprir ritualisticamente os compromissos empenhados, mas a assumirem o dever de respeito aos recíprocos interesses concertados".

Art. 65 – (...)
b) quando necessária a modificação do valor contratual em decorrência de acréscimo ou diminuição quantitativa de seu objeto, nos limites permitidos por esta Lei;
d) para restabelecer a relação que as partes pactuaram inicialmente entre os encargos do contratado e a retribuição da Administração para a justa remuneração da obra, serviço ou fornecimento, objetivando a manutenção do equilíbrio econômico-financeiro inicial do contrato, na hipótese de sobrevirem fatos imprevisíveis, ou previsíveis porém de conseqüências incalculáveis, retardadores ou impeditivos da execução do ajustado, ou ainda, em caso de força maior, caso fortuito ou fato do príncipe, configurando álea econômica extraordinária e extracontratual.
(...)
§ 6º Em havendo alteração unilateral do contrato que aumente os encargos do contratado, a Administração deverá restabelecer, por aditamento, o equilíbrio econômico-financeiro inicial".

A Lei nº 8.987, de 13.02.1995, que cuida especificamente da concessão de serviços públicos, e a Lei nº 9.074, de 07.07.1995, que disciplina as concessões de serviços e instalações de energia elétrica e aproveitamento energético dos cursos de água, igualmente ocupam-se de assegurar aos concessionários o direito de ver preservado o equilíbrio econômico-financeiro nas bases estabelecidas no contrato. Confiram-se:

Lei nº 8.987/95
"Art. 9º. A tarifa do serviço público concedido será fixada pelo preço da proposta vencedora da licitação e preservada pelas regras de revisão previstas nesta Lei, no edital e no contrato.
(...)
§ 2º Os contratos poderão prever mecanismos de revisão das tarifas, a fim de manter-se o equilíbrio econômico-financeiro.
(...)

§ 4º Em havendo alteração unilateral do contrato que afete o seu inicial equilíbrio econômico-financeiro, o poder concedente deverá restabelecê-lo, concomitantemente à alteração".

Lei nº 9.074/95
"Art. 4º. As concessões, permissões e autorizações de exploração de serviços e instalações de energia elétrica e de aproveitamento energético dos cursos de água serão contratadas, prorrogadas ou outorgadas nos termos desta e da Lei no 8.987, e das demais.
(...)
§ 2º As concessões de geração de energia elétrica, contratadas a partir desta Lei, terão o prazo necessário à amortização dos investimentos, limitado a trinta e cinco anos, contado da data de assinatura do imprescindível contrato, podendo ser prorrogado no máximo por igual período, a critério do poder concedente, nas condições estabelecidas no contrato.
(...)
Art. 35. A estipulação de novos benefícios tarifários pelo poder concedente, fica condicionada à previsão, em lei, da origem dos recursos ou da simultânea revisão da estrutura tarifária do concessionário ou permissionário, de forma a preservar o equilíbrio econômico-financeiro do contrato.
Parágrafo único. A concessão de qualquer benefício tarifário somente poderá ser atribuída a uma classe ou coletividade de usuários dos serviços, vedado, sob qualquer pretexto, o benefício singular".

A Lei nº 9.427, de 27.12.1996, que criou a ANEEL, no mesmo sentido, ao tratar do regime econômico financeiro das concessões, remete ao disposto na Lei nº 9.897/95[50].

---

50. "Art. 15. Entende-se por serviço pelo preço o regime econômico-financeiro mediante o qual as tarifas máximas do serviço público de energia elétrica são fixadas:
I — no contrato de concessão ou permissão resultante de licitação pública, nos termos da Lei no 8.987, de 13 de fevereiro de 1995";

No caso em exame, o equilíbrio econômico-financeiro do contrato de concessão é composto pelos recursos investidos pelos particulares para a construção da Usina de Itá e pelas condições em que foi fixado o preço que os particulares deverão pagar pela energia a ser fornecida em contrapartida por esses investimentos até o fim do contrato. Desse modo, os particulares que contrataram com a Administração nessas bases têm direito a que elas se mantenham. O ponto é pacífico, como se vê das manifestações de José dos Santos Carvalho Filho, Celso Antônio Bandeira de Mello e Arnoldo Wald, respectivamente:

> "Equação econômico-financeira do contrato é a relação de adequação entre o objeto e o preço, que deve estar presente ao momento em que se firma o ajuste. Quando é celebrado qualquer contrato, inclusive o administrativo, as partes se colocam diante de uma linha de equilíbrio que liga a atividade contratada ao encargo financeiro correspondente. Mesmo podendo haver certa variação nessa linha, o certo é que no contrato é necessária a referida relação de adequação. Sem ela, pode dizer-se, sequer haveria o interesse dos contratantes no que se refere ao objeto do ajuste"[51].

> "Para tanto, o que importa, obviamente, não é a aparência de um respeito ao valor contido na equação econômico-financeira, mas o real acatamento dele. De nada vale homenagear a forma quando se agrava o conteúdo. O que as partes colimam em um ajuste não é satisfação de formas ou fantasias, mas um resultado real, uma realidade efetiva que se determina pelo espírito da avença; vale dizer, pelo conteúdo verdadeiro do convencionado"[52].

---

51. José dos Santos Carvalho Filho, *Manual de direito administrativo*, 2001, p. 160.
52. Celso Antônio Bandeira de Mello, *Atos administrativos e direitos dos administrados*, 1981, pp. 16-7.

> "(...) o mencionado equilíbrio consiste em entender o contrato administrativo como um todo no qual os interesses das partes se condicionam; quando, em certas condições, ocorre uma ruptura do equilíbrio inicial em favor do contraente particular, este tem direito ao restabelecimento desse equilíbrio mediante o pagamento, pela administração, de uma compensação pecuniária, ou seja, de um complemento ou reajuste de preço"[53].

É importante registrar também que, nada obstante as cláusulas extravagantes dos contratos de concessão, que podem ser manejadas pelo poder concedente quando for o caso, o equilíbrio econômico-financeiro do ajuste deverá em qualquer caso permanecer íntegro. Ao longo da execução do contrato, se alguma modificação alterar esse equilíbrio, o Poder Público estará obrigado a indenizar o concessionário de modo a reequilibrar a relação nos termos estabelecidos inicialmente, como a jurisprudência tem reconhecido tranqüilamente. Confiram-se, sobre esse aspecto particular, as transcrições que se seguem, a primeira extraída de acórdão do Supremo Tribunal Federal e as duas seguintes de acórdãos do Superior Tribunal de Justiça:

> "O sistema minerário vigente no Brasil atribui, à concessão de lavra — que constitui verdadeira res in commercium —, caráter negocial e conteúdo de natureza econômico-financeira. O impedimento causado pelo Poder Público na exploração empresarial das jazidas legitimamente concedidas gera o dever estatal de indenizar o minerador que detém, por efeito de regular delegação presidencial, o direito de industrializar e de aproveitar o produto resultante da extração mineral. Objeto de indenização há de ser o título de concessão de lavra, enquanto bem jurídico suscetível de apreciação econômica, e não a jazida em si mesma considerada, pois esta, enquanto tal, acha-se incorporada ao domínio patrimonial da União Federal. A concessão de

---

53. Arnoldo Wald, *Estudos e pareceres de direito comercial*, 1972, p. 91.

lavra, que viabiliza a exploração empresarial das potencialidades das jazidas minerais, investe o concessionário em posição jurídica favorável, eis que, além de conferir-lhe a titularidade de determinadas prerrogativas legais, acha-se essencialmente impregnada, quanto ao título que a legitima, de valor patrimonial e de conteúdo econômico. Essa situação subjetiva de vantagem atribui, ao concessionário da lavra, direito, ação e pretensão à indenização, toda vez que, por ato do Poder Público, vier o particular a ser obstado na legítima fruição de todos os benefícios resultantes do processo de extração mineral"[54].

"Recurso especial. Contrato de empreitada. Plano Cruzado. Congelamento. Correção monetária. Preservação do equilíbrio econômico-financeiro do contrato. A prerrogativa de fixar e alterar unilateralmente as cláusulas regulamentares é inerente à Administração. A despeito disso, há cláusulas imutáveis, que são aquelas referentes ao aspecto econômico-financeiro do contrato. Às prerrogativas da Administração, advindas das cláusulas exorbitantes do Direito Privado, contrapõe-se a proteção econômica do contratado, que garante a manutenção do equilíbrio contratual. É escusado dizer que ninguém se submeteria ao regime do contrato administrativo se lhe fosse tolhida a possibilidade de auferir justa remuneração pelos encargos que assume ou pagar justo preço pelo serviço que utiliza. Os termos iniciais da avença hão de ser respeitados e, ao longo de toda a execução do contrato, a contraprestação pelos encargos suportados pelo contratado deve se ajustar à sua expectativa quanto às despesas e aos lucros normais do empreendimento"[55].

"Administrativo — contrato de estágio em programa multidisciplinar de saúde pública — remuneração vinculada à

---

54. STF, DJ 06.06.97, p. 24.876, RE 140.254-SP, Rel. Min. Celso de Mello.
55. STJ, DJ 10.09.01, p. 370, REsp 216.018-DF, Rel. Min. Franciulli Netto.

dos residentes médicos — boa-fé — equilíbrio econômico — congelamento. Se o Estado, em contrato firmado com estagiários, lhes promete remuneração igual a que paga aos médicos residentes, não pode, no curso do contrato romper esta igualdade, em detrimento aos estagiários. Os contratos administrativos não estão imunes aos princípios da boa-fé e do equilíbrio econômico"[56].

Ora, como já se demonstrou na parte inicial deste capítulo, ao impor à empresa A e às suas acionistas, ainda que em parte, o regime de preços diferenciados por submercados, o item "V" do Despacho n° 288/02 da ANEEL aumentou o custo da energia a ser recebido pelas referidas acionistas, alterando substancialmente o equilíbrio econômico ajustado no contrato de concessão em prejuízo do concessionário[57]. Não fossem as razões já expostas, apenas por produzir esse efeito o item "V" do Despacho n° 288/02 já seria inválido.

---

56. STJ, DJ 25.04.94, p. 9196, ROMS 1694-RS, Rel. Min. Humberto Gomes de Barros.
57. A alegação de que o racionamento seria um evento de força maior, que dispensaria o Poder Público de respeitar os termos dos contratos firmados, não é minimamente consistente. Em primeiro lugar porque atos jurídicos perfeitos – como são os contratos – não podem ser violados nem mesmo por lei (Constituição, art. 5°, XXXVI). Sobre esse ponto, aliás, o Supremo Tribunal Federal já consolidou o entendimento de que não existem leis capazes de superar o dispositivo constitucional em questão, como já se defendeu em relação às chamadas "leis de ordem pública" (STF, *RTJ, 143*:724, 1993, ADIn 493-DF, Rel. Min. Moreira Alves: "Aliás, no Brasil, sendo o princípio do respeito ao direito adquirido, ao ato jurídico perfeito e à coisa julgada de natureza constitucional, sem qualquer exceção a qualquer espécie de legislação ordinária, não tem sentido a afirmação de muitos – apegados ao direito de países em que o preceito é de origem meramente legal – de que as leis de ordem pública se aplicam de imediato alcançando os efeitos futuros do ato jurídico perfeito ou da coisa julgada, e isso porque, se se alteram os efeitos, é óbvio que se está introduzindo modificação na causa, o que é vedado constitucionalmente"). Além disso, no caso, o próprio contrato de constituição de consórcio previa a disciplina para a hipótese de racionamento: se a *produção* da usina tivesse de ser reduzida, os consorciados receberiam uma quantidade menor de energia, na mesma proporção (art. 15).

VI. Violação dos princípios da segurança jurídica e da boa-fé administrativa

O conhecimento convencional, de longa data, situa a segurança – e, no seu âmbito, a *segurança jurídica* – como um dos fundamentos do Estado e do Direito, ao lado da justiça e, mais recentemente, do bem-estar social. As teorias democráticas acerca da origem e justificação do Estado, de base contratualista, assentam-se sobre uma cláusula comutativa: recebe-se em segurança aquilo que se concede em liberdade. No seu desenvolvimento doutrinário e jurisprudencial, a expressão segurança jurídica passou a designar um conjunto abrangente de idéias e conteúdos, que incluem:

1. a existência de instituições estatais dotadas de poder e garantias, assim como sujeitas ao princípio da legalidade;
2. a confiança nos atos do Poder Público, que se deverão reger pela boa-fé e pela razoabilidade;
3. a estabilidade das relações jurídicas, manifestada na durabilidade das normas, na anterioridade das leis em relação aos fatos sobre os quais incidem e na conservação de direitos em face da lei nova;
4. a previsibilidade dos comportamentos, tanto os que devem ser seguidos como os que devem ser suportados;
5. a igualdade na lei e perante a lei, inclusive com soluções isonômicas para situações idênticas ou próximas.

A segurança jurídica encontra-se positivada expressamente como um direito individual na Constituição, ao lado dos direitos à vida, à liberdade, à igualdade e à propriedade, na dicção expressa do *caput* do art. 5º. Diversas outras disposições constitucionais têm-na como princípio subjacente, a exemplo da proteção ao direito adquirido, à coisa julgada e ao ato jurídico perfeito (CF, art. 5º, XXXVI) e do princípio da anterioridade da lei tributária (CF, art. 150, III), dentre outros.

Por outro lado, a Constituição de 1988[58] e a ordem infraconstitucional[59] impõem à Administração Pública a observância obrigatória

---

58. O *caput* do art. 37 da Constituição lista um conjunto de princípios que vinculam a atuação administrativa.
59. Lei nº 9.784/99 (Regula o processo administrativo no âmbito da Administração Pública Federal): "Art. 2º. A Administração Pública obedecerá dentre

de um conjunto de deveres em suas relações com os particulares, dentre os quais os deveres de agir com boa-fé e lealdade, expressões que se aproximam e que, para os fins deste estudo, serão utilizadas como sinônimas. Embora o princípio da boa-fé/lealdade não conste de forma explícita do texto constitucional, a doutrina sempre o considerou implícito[60] ou o extraiu do princípio da moralidade[61].

Com efeito, o dever da Administração de agir com boa-fé decorre logicamente de um dos pressupostos essenciais do Estado de direito democrático[62]. Isso porque a relação existente entre a Administração Pública e o particular não opõe propriamente duas partes privadas, cada qual defendendo seu interesse, embora também entre partes privadas haja o dever recíproco de boa-fé, como a doutrina civilista moderna tem sublinhado com especial ênfase[63]. Na verdade, a Administração deriva sua autoridade do conjunto de administrados, agindo em nome e por conta da totalidade da população e não por direito próprio, não se concebendo que ela possa agir deslealmente em relação a seus próprios constituintes.

---

outros aos princípios da legalidade, finalidade, motivação, razoabilidade, proporcionalidade, moralidade, ampla defesa, contraditório, segurança jurídica, interesse público e eficiência.

Parágrafo único. Nos processos administrativos serão observados, entre outros, os critérios de:
(...)
IV – atuação segundo padrões éticos de probidade, decoro e boa-fé".
60. Celso Antônio Bandeira de Mello, *Direito administrativo na Constituição de 1988*, 1991, obra coletiva, p. 37.
61. Marcelo Figueiredo, *O controle da moralidade na Constituição*, 1999, p. 104. Veja-se também José Augusto Delgado, O princípio da moralidade administrativa e a Constituição Federal de 1988, *RT, 680*:34, 1992: "A obediência ao princípio da moralidade administrativa impõe ao agente público que revista todos os seus atos das características de boa-fé, veracidade, dignidade, sinceridade, respeito, ausência de emulação, de fraude e de dolo".
62. CF: "Art. 1º A República Federativa do Brasil, formada pela união indissolúvel dos Estados e Municípios e do Distrito Federal, constitui-se em Estado Democrático de Direito e tem como fundamentos: (...)".
63. Vejam-se, dentre outros, Teresa Negreiros, *Fundamentos para uma interpretação constitucional do princípio da boa-fé*, 1998 e Judith Martins-Costa, *A boa-fé no direito privado*, 1999.

Na dinâmica das relações entre Administração Pública e administrados, o princípio da segurança jurídica se liga ao dever de boa-fé, no sentido de impor à Administração o dever de agir com coerência e lógica, respeitando as legítimas expectativas dos administrados criadas em decorrência da observação dos padrões de comportamento da própria Administração. Cabe à Administração zelar por manter um ambiente de previsibilidade e segurança em suas relações com os particulares, excepcionando motivadamente as situações que exijam tratamento específico diferenciado.

Com efeito, a Lei nº 9.784, de 29.01.99, já referida, cuidou de explicitar tanto o princípio da segurança como o da boa-fé, bem como a regra, deles derivada, que veda a aplicação retroativa de nova interpretação conferida à norma jurídica pela Administração. Este o teor de seu artigo 2º, *verbis*:

> "Art. 2º. A Administração Pública obedecerá dentre outros aos princípios da legalidade, finalidade, motivação, razoabilidade, proporcionalidade, moralidade, ampla defesa, contraditório, segurança jurídica, interesse público e eficiência.
> Parágrafo único. Nos processos administrativos serão observados, entre outros, os critérios de:
> ....
> IV – atuação segundo padrões éticos de probidade, decoro e boa-fé;
> ....
> XIII – interpretação da norma administrativa da forma que melhor garanta o atendimento do fim público a que se dirige, vedada aplicação retroativa de nova interpretação".

A Administração, é certo, pode mudar de orientação relativamente a matérias de sua competência. Muitas vezes deverá fazê-lo. Todavia, salvo os casos de invalidade jurídica insanável de determinada conduta, não pode o administrador alterar de modo arbitrário e radical sua linha de atuação, notadamente quando os administrados, com base nela, tomaram decisões importantes, fizeram investimentos, planejaram suas vidas.

Em suma, tanto o princípio da segurança jurídica quanto o dever de boa-fé são limites jurídicos à ação discricionária da Administração Pública, que não pode ignorá-los e adotar aleatoriamente qualquer comportamento. A Administração encontra-se vinculada a agir de forma constante, não surpreendendo o administrado injustificadamente, seja por desaviso ou intencionalmente. O tema é objeto de comentários relevantes de Celso Antônio Bandeira de Mello e de Maria Sylvia Zanella Di Pietro, a seguir transcritos:

> "Cumpre, no Estado de Direito, que os administrados estejam, de antemão, assegurados de que o proceder administrativo não lhes causará surpresas. E não as causará tanto porque outros fins, que não os estabelecidos em lei, estão vedados ao administrador, quanto porque estes mesmos fins só podem ser alcançados pelas vias previstas na regra de direito como as adequadas ao caso"[64].

> "O princípio da segurança jurídica, que não tem sido incluído nos livros de direito administrativo entre os princípios da Administração Pública, foi inserido entre os mesmos pelo art. 2º, caput, da Lei nº 9.784/99.
> (...) A segurança jurídica tem muita relação com a idéia de respeito à boa-fé. Se a Administração adotou determinada interpretação como a correta e a aplicou a casos concretos, não pode depois vir a anular atos anteriores, sob o pretexto de que os mesmos foram praticados com base em errônea interpretação. (...) Se a lei deve respeitar o direito adquirido, o ato jurídico perfeito e a coisa julgada, por respeito ao princípio da segurança jurídica, não é admissível que o administrado tenha seus direitos flutuando ao sabor de interpretações jurídicas variáveis no tempo"[65].

---

64. Celso Antônio Bandeira de Mello, *Discricionariedade e controle jurisdicional*, 1992, p. 60.
65. Maria Sylvia Zanella Di Pietro, *Direito administrativo*, 2000, p. 85.

Pois bem. No caso sob análise, foram atos da própria ANEEL que reconheceram o direito da empresa A ao alívio financeiro, como forma de preservar as relações jurídicas existentes antes da existência do MAE (Resolução nº 290/00) e o confirmaram especificamente (Resolução nº 211/01). Não custa repetir que este último ato foi praticado quando já em vigor a norma acerca do racionamento, qual, posteriormente, veio a ser considerada fundamento para a restrição do direito da empresa A e, por extensão, de suas acionistas. Ora, é claro que a alteração arbitrária do entendimento da Administração, afetando direitos reconhecidos por ela própria, com base em motivo inexistente e, como já se viu, sem qualquer procedimento próprio no qual os interessados se pudessem defender, viola tanto o princípio da segurança jurídica quanto o dever de boa-fé, sendo ainda por essa razão inválido.

Observe-se: *segurança jurídica* traduz-se, como visto, em estabilidade das relações, continuidade das normas e previsibilidade de condutas – tudo o que não ocorreu na hipótese. Por outro lado, a *boa-fé* traduz-se em confiabilidade, na crença de que uma das partes envolvidas em uma dada situação jurídica não frustrará, arbitrariamente, as legítimas expectativas que se criaram – tampouco foi o que se passou. A rigor, ainda que o novo entendimento da Administração na matéria fosse válido – o que já se viu não ser o caso – ele só poderia atingir as operações realizadas após a sua edição, não se admitindo efeitos retroativos, como determina o art. 2º, XIII, da Lei nº 9.784/99 transcrito acima.

Assim, em conclusão parcial desta parte do estudo, é possível concluir que o item "V" do Despacho nº 288/02 da ANEEL é inválido, por lhe faltar fundamento legal, por não ter sido precedido do devido processo legal, por ser irrelevante e, portanto, viciado o seu motivo, por violar o equilíbrio econômico-financeiro do contrato de concessão de que a consulente era originariamente parte e por violar os princípios da segurança jurídica e da boa-fé que a Administração Pública está obrigada a respeitar. Cabe agora examinar o segundo ato indicado na descrição da hipótese, que envolve o problema da correção monetária incidente sobre os débitos a serem liquidados pelo MAE.

Parte II
OPERAÇÕES DE COMPRA E VENDA LIQUIDADAS PELO MAE COM ATRASO. VALIDADE DA APLICAÇÃO DE CORREÇÃO MONETÁRIA. IMPOSSIBILIDADE DE RETROAÇÃO DE ATO ADMINISTRATIVO QUE REVOGA ATO ANTERIOR

VII. Breve nota sobre a natureza e a disciplina da correção monetária. A hipótese.

Em função da experiência brasileira com longos períodos de altos índices de inflação, desenvolveu-se na teoria jurídica e na jurisprudência toda uma disciplina acerca da figura da correção monetária, pela qual se procura neutralizar o efeito corrosivo da inflação sobre o valor real, ou, como é mais comumente identificado, sobre o poder de compra do dinheiro.

Com efeito, o entendimento consolidado pelos tribunais é o de que a correção monetária não configura um elemento que se agrega ao valor de uma prestação, mas apenas um mecanismo pelo qual se evita que esse valor decresça, reduzindo o conteúdo econômico da propriedade. Mesmo porque, vale lembrar, que por *propriedade* se deve entender todo e qualquer direito patrimonial, e não apenas o domínio sobre bens corpóreos que a expressão evoca de forma imediata[66]. Além disso, o direito à propriedade compreende não apenas a titularidade dos bens, mas também o aproveitamento de seu conteúdo econômico[67]. Confiram-se, nessa linha, as decisões adiante transcritas, a primeira do Supremo Tribunal Federal e as demais do Superior Tribunal de Justiça:

---

66. José de Oliveira Ascensão, A violação da garantia constitucional da propriedade privada por disposição retroativa, *RCGERS, 18*:73,1997.
67. Rui Medeiros, *Ensaio sobre a responsabilidade civil do Estado por actos legislativos*, 1992, p. 269: "Em resumo, o direito fundamental de propriedade compreende o direito à titularidade e ao aproveitamento dos bens. Sendo assim, o legislador não pode esvaziar livremente o conteúdo dos diferentes direitos patrimoniais e a responsabilidade do Estado por actos legislativos lícitos não pressupõe a privação da titularidade do direito patrimonial". Veja-se, também, sobre o tema, Maurício Jorge Mota, *Responsabilidade civil do Estado legislador*, 1999, p. 209.

"DESAPROPRIAÇÃO – JUSTA INDENIZAÇÃO – CORREÇÃO MONETÁRIA – TERMO INICIAL
O titulo executivo judicial referente à demanda de cobrança, em face da chamada desapropriação indireta, assenta-se em provimento que assegura a justa indenização. (...) A passagem dos anos sem que a decisão se tornasse definitiva acabaria por esvaziar o conteúdo econômico do que sentenciado, conduzindo a verdadeiro enriquecimento sem causa da entidade desapropriante"[68].

"Quem paga com correção não paga mais do que deve, mantendo o valor liberatório da moeda. Quem recebe sem correção não recebeu aquilo que por Lei ou contrato lhe era devido; recebeu, quiçá, quantia meramente simbólica, de valor aviltado pela inflação. (...) A correção monetária não é um plus que se acrescenta ao crédito, mas um minus que se evita"[69].

"Se é remansoso nesta Corte Superior que a correção monetária nada acrescenta, tão-somente preserva o valor da moeda aviltada pelo processo inflacionário, não constituindo um plus, mas sim um minus, tem-se por essencial a correta apuração do mesmo"[70].

Ainda em sede jurisprudencial, já se firmou o entendimento de que nem mesmo o Estado pode, no exercício de seu poder de império, furtar-se à incidência de correção monetária, em nome do interesse do erário ou do interesse público. Tal se passou, *e.g.*, em relação à devolução das quantias recolhidas a título de empréstimo compulsório, quando se decidiu:

---

68. STF, DJ 13.9.91, p. 12.490, RE 111.787-GO, Rel. ac. Min. Marco Aurélio.
69. *RSTJ, 21*:83, 1991, e *33*:458, 1992, REsp 7236-RS, Rel. Min. Athos Carneiro. No mesmo sentido: DJ 02.05.00, REsp 214.114-CE, Rel. Min. Edson Vidigal; DJ 10.04.00, REsp 207.381-RS, Rel. Min. Fernando Gonçalves.
70. DJ 21.03.00, REsp 235.443-SP, Rel. Min. Jorge Scartezzini.

"Negar correção monetária a valores arrecadados a título de empréstimo compulsório é utilizar a lei tributária como instrumento de confisco, em desafio à vedação constitucional. (...) Em homenagem à vedação de confisco velado (CF, art. 150, IV), tais valores antes de se inscreverem na rubrica 'crédito', devem ser corrigidos monetariamente. Não é lícito ao Estado colocar os créditos do contribuinte ao largo do tempo e da inflação, como se um e outra não existissem"[71].

Por outro lado, a incidência descontrolada de correção monetária sobre as obrigações é vista por especialistas como um dos elementos que alimentam a própria inflação. Por este motivo, a legislação que deu forma ao chamado "Plano Real" limitou a aplicação de atualização monetária a períodos de 1 (um) ano[72]. Essa, portanto, tem sido a praxe do mercado – atualização monetária anual –, refletiva inclusive em várias disposições do novo Código Civil[73].

---

71. STJ, DJ 29.11.99, REsp 194.952-SC, Rel. Min. Humberto Gomes de Barros. O STF decidiu no mesmo sentido: DJ 04.09.92, p. 14.088, ACO 419-5-SP, Rel. Min. Moreira Alves, e DJ 30.04.93, p. 7563, ACO 404-7-SP, Rel. Min. Carlos Velloso: "'Empréstimo compulsório, ainda que compulsório, continua empréstimo' (Victor Nunes Leal): utilizando-se, para definir o instituto de Direito Público, do termo empréstimo, posto que compulsório – obrigação 'ex lege' e não contratual —, a Constituição vinculou o legislador à essencialidade da restituição na mesma espécie, seja por força do princípio explícito do art. 110 Código Tributário Nacional, seja porque a identidade do objeto das prestações recíprocas e indissociável da significação jurídica e vulgar do vocábulo empregado. Portanto, não é empréstimo compulsório, mas tributo, a imposição de prestação pecuniária para receber, no futuro, quotas do Fundo Nacional do Desenvolvimento: conclusão unânime a respeito. (...) Do exposto, julgo procedente a ação, condenada a Ré a restituir ao autor a importância (...) mais correção monetária (...)".
72. Lei 10192/2001: "Art. 2º. É admitida estipulação de correção monetária ou de reajuste por índices de preços gerais, setoriais ou que reflitam a variação dos custos de produção ou dos insumos utilizados nos contratos de prazo de duração igual ou superior a um ano".
73. Exemplificativamente, citem-se os seguintes artigos da Lei 10406/2002: "Art. 389. Não cumprida a obrigação, responde o devedor por perdas e danos, mais juros e atualização monetária segundo índices oficiais regularmente estabelecidos, e honorários de advogado.

Pois bem. Feita a nota doutrinária, cabe agora examinar sua aplicação à situação em análise. Conforme descrito inicialmente, os contratos firmados no âmbito do MAE, de setembro de 2000 a dezembro de 2002, à vista, apenas foram liquidados em 31.12.2002, sem a aplicação de qualquer forma de atualização monetária. É verdade que a ANEEL havia expedido Resolução (a Resolução nº 552/02, art. 11, III[74]) esclarecendo que os débitos seriam liquidados por seus valores atualizados e determinado que o índice aplicável seria o IGP-M. Pouco tempo depois, nova Resolução foi editada – a de número 610 – revogando o art. 11, III, da Resolução nº 552/02[75]. Por fim, restando apenas 11 dias para a liquidação, a ANEEL expediu a Resolução nº 763, de 20.12.2002, cujo art. 1º, III, determinou que a liquidação fosse feita sem a incidência de quaisquer encargos financeiros ou correção monetária[76].

(...)
Art. 404. As perdas e danos, nas obrigações de pagamento em dinheiro, serão pagas com atualização monetária segundo índices oficiais regularmente estabelecidos, abrangendo juros, custas e honorários de advogado, sem prejuízo da pena convencional.
(...)
Art. 772. A mora do segurador em pagar o sinistro obriga à atualização monetária da indenização devida segundo índices oficiais regularmente estabelecidos, sem prejuízo dos juros moratórios".
74. Resolução 552/2002: "Art. 11. Excepcionalmente, para a liquidação das operações de compra e venda de energia elétrica, realizadas no âmbito do MAE até 31 de dezembro de 2002, serão adotados os seguintes procedimentos:
(...)
III – os valores relativos às operações realizadas de 1o de setembro de 2000 até 31 de dezembro de 2002 deverão ser atualizados monetariamente com base no IGP-M, divulgado pela Fundação Getúlio Vargas, a partir do primeiro dia do segundo mês subseqüente ao mês de referência, até o dia da efetiva liquidação, calculado pro rata die;".
75. Resolução 610/2002: "Art. 2º. Fica revogado o inciso III do artigo 11 da Resolução nº 552, de 2002".
76. Resolução 763/2002: "Art. 1º. Autorizar que, para as transações de compra e venda de energia elétrica de que dispõe o art. 11 da Resolução ANEEL nº. 552, de 14 de outubro de 2002, a liquidação financeira seja efetuada sob a forma de liquidação condicionada à auditoria prevista na Convenção do Mercado, instituída na Resolução ANEEL nº 102, de 1º de março de 2002, nos seguintes termos:
(...)

O que se deseja saber, em primeiro lugar, é se a incidência de alguma forma de atualização monetária sobre os débitos liquidados pelo MAE é legítima e, em segundo, que efeitos o art. 1º, III, da Resolução nº 763/02 pode produzir, supondo-se que ele seja válido.

VIII. Do enriquecimento sem causa de parte dos agentes e da responsabilidade subsidiária do MAE

Conforme já se descreveu inicialmente, o MAE opera como uma câmara de compensação de todas as operações de compra e venda de energia no sistema interligado; o faz, porém, de forma meramente escritural. Assim, cabe ao MAE, periodicamente, organizar liquidações para que os devedores efetivamente paguem pela energia adquirida e os credores recebam os recursos que lhes cabem. Nos contratos à vista, portanto, a realidade que corresponde a esses registros escriturais é a seguinte: o produtor gerou e forneceu a energia, que foi consumida por algum outro agente do sistema; este, por sua vez, embora tenha recebido a energia desde logo, apenas pagará por ela quando o MAE proceder à liquidação pertinente.

É importante registrar que a regulamentação da liquidação levada a cabo pela ANEEL e pelo MAE é bastante insatisfatória. Não existe uma previsão explícita acerca da periodicidade em que a liquidação deve ocorrer, embora do sistema se extraia que ela deveria ser, no mínimo, anual[77]. Na verdade, até o momento não foi editado pela

---

III - não incidência de atualização monetária nem de encargos financeiros quando do pagamento das duas parcelas acima nas datas dos respectivos vencimentos;".

77. Resolução 73/2002: "Art. 21 O Conselho de Administração do Mercado Atacadista de Energia Elétrica é órgão colegiado constituído por 5 (cinco) executivos profissionais eleitos pela Assembléia Geral, conforme disposto no art. 18, admitida a reeleição, sendo um conselheiro indicado pelo MME, competindo- lhe:
(...)
XII — Submeter à Assembléia Geral Ordinária os relatórios do auditor do Sistema de Contabilização e Liquidação, bem como as demonstrações econômico-financeiras anuais devidamente auditadas;
XIII — Elaborar o cronograma de Contabilização e Liquidação das transações efetuadas no MAE, contabilizando-o com os prazos de encerramento dos ciclos contábeis dos agentes, de forma a garantir a inclusão das transações no

respectivo mês de sua ocorrência.
(...)
Art. 29. Uma contabilização já encerrada poderá, se necessário, ser ajustada, observados os procedimentos do Processo de Contabilização e Liquidação.
(...)
§ 2º O prazo para requerimento de ajustes de contabilização será de um ano após a data da contabilização original".

Resolução 102/2002: "Art 21 Para efeito de determinação de votos na Assembléia Geral serão consideradas duas categorias de agentes participantes do MAE.
(...)
§ 4º Os quarenta e cinco mil (45.000) votos restantes de cada categoria serão também rateados entre os agentes da categoria, da seguinte forma:

i) Na categoria produção, o rateio desses votos será proporcional ao total da energia vendida pelo agente no âmbito do MAE, nos últimos 12 meses, incluindo os Contratos Iniciais, Contratos Bilaterais e o Mercado de Curto Prazo, excluída a energia realocada por meio do MRE.

ii) Na categoria consumo, o rateio desses votos será proporcional ao total da energia comprada pelo agente no MAE, nos últimos 12 meses, quer a energia seja adquirida pela via de Contratos Bilaterais, Contratos Iniciais, quer no Mercado de Curto Prazo, adicionada da Quota de Itaipu, na forma da Lei 5.899, de 5 de julho de 1973.

iii) Os agentes que atuam em mais de uma categoria deverão escolher, a cada ano, em que categoria exercerá seus direitos de voto na Assembléia Geral.

§ 5º A determinação da distribuição dos votos na Assembléia Geral deverá ser revista a cada convocação, com base no disposto no § 4º deste artigo, considerando os últimos 12 (doze) meses, consolidados pelo Processo de Contabilização e Liquidação.

§ 6º Os novos agentes detentores de concessão ou autorização para geração de energia elétrica terão direito a voto com um ano de antecedência da data prevista de entrada em operação de suas instalações.

§ 7º Os novos agentes de comercialização, detentores da autorização específica, terão direitos a voto assim que registrarem seus Contratos Bilaterais de compra de energia no Processo de Contabilização e Liquidação,
(...)
Art. 25 (...)
XI – submeter à Assembléia Geral Ordinária os relatórios do auditor do Processo de Contabilização e Liquidação, bem como as demonstrações econômico-financeiras anuais devidamente auditadas.
(...)
Art. 29. São de competência exclusiva da Superintendência do MAE as seguintes atribuições:

ANEEL o Regulamento Geral de Liquidação, tendo a matéria sido disciplinada de forma provisória para a liquidação que ocorreu no dia 31.12.2002[78]. Por fim, o enorme atraso na realização da liquidação é reconhecido pela própria ANEEL[79].

Ora, o atraso na liquidação produz dois efeitos diversos. Em primeiro lugar, ele cria um enriquecimento sem causa para os com-

---

(...)
VIII — divulgar mensalmente, para o público geral, as informações sobre as operações realizadas no MAE.
(...)
Art 34. Uma contabilização já encerrada poderá, se necessário, ser ajustada, observados os procedimentos do Processo de Contabilização e Liquidação.
(...)
§ 2º O prazo para requerimento de ajustes de contabilização será de seis meses".

78. O Regulamento geral não existe até o momento, como dá conta a Resolução 23/2003: "O DIRETOR-GERAL DA AGÊNCIA NACIONAL DE ENERGIA ELÉTRICA — ANEEL, no uso de suas atribuições regimentais, de acordo com deliberação da Diretoria; considerando o que determinam os incisos I e VIII do art. 3º. da Lei nº 9.427, de 26 de dezembro de 1996; em conformidade com o que consta no Processo nº 48500.003843/02-52; no art. 1º. da Lei nº 10.433, de 23 de abril de 2002 e no art. 3º. da Convenção do Mercado Atacadista de Energia Elétrica - MAE, aprovada pela resolução ANEEL nº 102, de 1º. de março de 2002; e considerando que: nos termos da sua Convenção o Mercado Atacadista de Energia Elétrica tem a atribuição de proceder à liquidação das operações realizadas no âmbito do aludido mercado; o § 1º. do art. 7º da aludida convenção estabelece a obrigatoriedade da constituição de garantias, e atribui à ANEEL a fixação das mesmas, bem como das penalidades vinculadas à sistemática de liquidação e garantias financeiras do MAE; a inexistência do Regulamento da Liquidação Financeira previsto no art. 17 da Resolução nº 552, de 14 de outubro de 2002, exige a necessidade de regulamentação, de forma transitória (...):"

79. Resolução 635/02 da Aneel: "O DIRETOR-GERAL DA AGÊNCIA NACIONAL DE ENERGIA ELÉTRICA - ANEEL, no uso de suas atribuições regimentais, de acordo com deliberação da Diretoria, tendo em vista o disposto nos incisos I e V, art. 3º, Anexo I, do Decreto nº. 2.355, de 6 de outubro de 1997, no art. 1º da Lei no 10.433, de 24 de abril de 2002, no art 3º da Convenção do Mercado Atacadista de Energia Elétrica, aprovada pela Resolução nº 102, de 1 de março de 2002, nº Decreto nº 4.475, de 20 de novembro de 2002, o que consta do Processo nº 48500.003843/02-52, e considerando que: a liquidação das transações em atraso, no âmbito do Mercado Atacadista de Energia Elétrica — MAE, é fator fundamental para o funcionamento do Mercado;"

pradores, que receberam a energia e desembolsaram os recursos correspondentes apenas muito tempo depois, em condições totalmente anômalas se comparadas aos padrões de mercado. Com efeito, o enriquecimento sem causa desses agentes é facilmente visualizado: o proveito econômico obtido com a disponibilidade dos recursos durante o período não tem uma justa causa; tais recursos deveriam estar sendo usufruídos pelo vendedor, e não pelo comprador. Por essa razão, bastante simples, deverá incidir correção monetária sobre tais valores, sob pena de se violar o princípio constitucional implícito que veda o enriquecimento sem causa.

Em segundo lugar, as normas editadas pela ANEEL prevêem que, caso o atraso seja imputável ao MAE, ele deverá indenizar os danos causados[80]. A própria ANEEL reconhece, portanto, que o atraso gera danos, sendo um deles, dentre outros, a redução sem justa causa do crédito devido aos vendedores da energia. Desse modo, ainda que o MAE pudesse liberar os compradores da energia do pagamento dos valores corrigidos – o que não é o caso –, nada sustentaria imputar-se aos vendedores o prejuízo: caberia ao MAE assumir o ônus de recompor o valor devido aos vendedores. Aliás, é curioso observar, como registrado acima, que não se admite que o Poder Público, a pretexto de defender o interesse público, expurgue dos particulares o pagamento da atualização monetária, sob pena de incorrer em confisco: porque seria válido proceder a esse expurgo em benefício de outros particulares?!

Como se sabe, a vedação do enriquecimento sem causa é um princípio geral do Direito[81], aplicável tanto ao direito público como

---

80. Resolução 102/2002: "Art 12. O não cumprimento pelo MAE das etapas do cronograma de contabilização e liquidação financeira das transações efetuadas no âmbito do Mercado, motivado por ação ou por omissão do agente, implicará a aplicação, ao agente infrator, das penalidades previstas impostas em regulamentação específica da ANEEL.

Parágrafo único. Caso o atraso das etapas do cronograma de contabilização e liquidação financeira das transações efetuadas no MAE seja de responsabilidade exclusiva do MAE, este estará sujeito à aplicação das penalidades impostas pela ANEEL".

81. Caio Mário da Silva Pereira, *Instituições de direito civil*, v. II, 1997, p. 206: "O que nos faltava, conseguintemente, era a construção do enriquecimento sem causa como instituto dotado de autonomia e disciplina legal própria. No seu

ao direito privado, e, em geral, considerado implícito na Constituição[82]. Ou seja: ninguém pode incrementar seu patrimônio em detrimento do de outro sem uma causa legítima: e isso por certo aconteceria se o devedor pagasse sua dívida com atraso, porém sem a incidência de correção monetária. Mais que isso, no caso de contratos administrativos, esse enriquecimento pode assumir a forma de desequilíbrio econômico-financeiro, sobre o qual já se falou anteriormente. Esses pontos são destacados por Caio Tácito, Hely Lopes Meirelles e Celso Antônio Bandeira de Mello, respectivamente:

"A doutrina e a jurisprudência extraíram dos textos constitucionais o roteiro adequado à permanência do valor intrínseco da proprie-

---

desenvolvimento, necessário será erigi-lo sobre requisitos específicos, os quais, *ad instar* da doutrina alemã, deverão compreender: 1.º) a diminuição patrimonial do lesado, seja com o deslocamento, para o patrimônio alheio, de coisa já incorporada ao seu, seja com a obstação a que nele tenha entrada o objeto cuja aquisição era seguramente prevista; 2.º) o enriquecimento do beneficiado sem a existência de uma causa jurídica para a aquisição ou a retenção; e 3.º) a relação de imediatidade, isto é, o enriquecimento de um provir diretamente do empobrecimento do outro, de tal maneira que aquele que cumpre a prestação de auto-empobrecimento possa dirigir-se contra o que se enriqueceu em virtude de uma causa jurídica suposta não existente ou desaparecida, ou para dizê-lo mais sucintamente: o enriquecimento de um dos sujeitos e o empobrecimento do outro hão de decorrer de uma mesma circunstância". (grifo no original).
82. Celso Antônio Bandeira de Mello, O princípio do enriquecimento sem causa em direito administrativo, *RDA, 210*:28, 1997: "Enriquecimento sem causa é o incremento do patrimônio de alguém em detrimento do patrimônio de outrem, sem que, para supeditar tal evento, exista uma causa juridicamente idônea. É perfeitamente assente que sua proscrição constitui-se em um *princípio geral do direito*. Uma vez que o enriquecimento sem causa é um princípio geral do direito – e não apenas princípio alocado em um de seus braços: público ou privado – evidentemente também se aplica ao direito administrativo". (grifo no original).
Tanto assim que em reiteradas decisões o Supremo Tribunal Federal têm considerado o princípio que veda o enriquecimento sem causa como um princípio constitucional implícito, inclusive para levar ao conhecimento de recursos extraordinários. É o que se vê, dentre outras, das seguintes decisões: DJ 08.03.02, RE 222.368, Rel. Min. Celso de Mello; *Inf. STF, 181*, RE 231.655, Rel. Min. Moreira Alves, j. 14.03.2000; *Inf. STF, 286*, RE 282.120, Rel. Min. Maurício Corrêa, j. 15.10.2002; e *Inf. STF, 31*, RE 141.298, Rel. Min. Marco Aurélio, j. 13.5.1996.

dade e a sua proteção contra a desvalorização da moeda, a importar em forma oblíqua de confisco"[83].

> "Como se vê a correção monetária, que hoje é um imperativo ético-jurídico, aplica-se em todos os casos de pagamento em atraso, pois o seu escopo é a manutenção do valor da dívida consoante o poder aquisitivo da moeda desvalorizada, para tanto aumentando a sua quantidade, afim de operar uma restituição 'in integrum' no patrimônio do credor.
> Essa recomposição patrimonial independe de lei ou de cláusula contratual, pois a correção monetária é um consectário do atraso no resgate da dívida para manter o seu valor originário em termos de poder aquisitivo da moeda"[84].

> "Com efeito, o dinheiro tem um custo, um valor de mercado. Contrato que não recebe em dia tem de lançar mão de recursos próprios ou colhidos no mercado para fazer face aos próprios compromissos e inclusive aos compromissos que advêm do próprio contrato. É de solar evidência que não recebendo na época devida, irá perder substância econômica, pois ver-se-á forçado a pagar por este dinheiro que capta e que não teria de captar se fora tempestivamente pago pelo devedor. Deveras, neste caso, terá de desembolsar recursos seus, que não desembolsaria, a fim de enfrentar suas despesas, bloqueando, dessarte, investimentos rentáveis. Ainda que a mora do pagamento não o exponha à contingência de procurar dinheiro no mercado, mesmo assim perderá, pois deixará de ganhar aquilo que lhe renderia o dinheiro cujo pagamento foi sonegado na época asada.

---

83. Caio Tácito "Correção monetária no direito administrativo brasileiro". In: Caio Tácito, *Temas de direito público*, 1997, p. 291.
84. Hely Lopes Meirelles, *Estudos e pareceres de direito público*, v. IV, 1982, p. 134.

Este é um dano, um prejuízo inequívoco, um inquestionável gravame ao equilíbrio econômico-financeiro do contrato.

(...)

Demais disto, em fase da erosão da moeda, corroída pela inflação, quem paga com retardamento, paga menos. Vale dizer, paga importância inferior ao que fora pactuado conquanto esteja versando o mesmo quantitativo nominal suposto. Tal assertiva é de incontendível imposição lógica e jurídica, pois, entre nós, é o próprio Poder Público – o Estado brasileiro – quem proclama, oficialmente, através do instituto da correção monetária e dos índices publicados, a corrosão da moeda; (...)

É certo, pois, que pagamento retardado não acoberta os valores reais correspondentes ao que se estabeleceu no ajuste. Não atende ao que havia sido imutavelmente acertado pelas partes em guisa de expressão da igualdade econômico-financeira do contrato. Quem recebe com atraso, recebe menos. Recebe valores inferiores aos que tinha direito. Simplesmente não recebe a real satisfação do que lhe competia por força do contrato, do que nele se convencionara, pois lhe é sonegada parte do que deveria perceber a título de remuneração por suas prestações. Com isso, salvo adotando mecanismos corretivos, é bem de ver que ocorrerá injurídica alteração unilateral de cláusula imutável do contrato administrativo (...)"[85].

Desse modo, não há dúvida de que a incidência de correção monetária sobre os débitos a serem liquidados pelo MAE é legítima. Mais que isso, trata-se de uma imposição da ordem jurídica, sob pena de se consagrar o enriquecimento sem causa de agentes privados em detrimento, em última análise, do próprio Estado, na pessoa do MAE, que é quem teria que indenizar os credores do sistema elétrico.

---

85. Celso Antônio Bandeira de Mello, Contrato administrativo, *RT,* 734:112, 1996

IX. Da impossibilidade de retroação de ato administrativo revogador

A despeito de tudo o que se discutiu no tópico anterior, a consulente solicita que se examinem os atos expedidos pela ANEEL acerca da correção monetária, especialmente no que diz respeito aos efeitos do art. 1º, III, da Resolução nº 763, de 10.12.02, art. 1º, III, que tem a seguinte redação:

> "Art. 1º. Autorizar que, para as transações de compra e venda de energia elétrica de que dispõe o art. 11 da Resolução ANEEL nº 552, de 14 de outubro de 2002, a liquidação financeira seja efetuada sob a forma de liquidação condicionada à auditoria prevista na Convenção do Mercado, instituída na Resolução ANEEL nº 102, de 1º de março de 2002, nos seguintes termos:
> I - pagamento de 50% (cinqüenta por cento) dos valores contabilizados no MAE, quando da liquidação condicionada em dezembro de 2002;
> II - pagamento do valor remanescente a ser efetuado após finalização da auditoria a que se refere o "caput", a qual abrangerá 100% (cem por cento) dos valores contabilizados, conforme cronograma a ser divulgado pelo MAE;
> III - *não incidência de atualização monetária nem de encargos financeiros quando do pagamento das duas parcelas acima nas datas dos respectivos vencimentos*; e
> IV - incidência de encargos financeiros e atualização monetária se ausente o adimplemento na data de vencimento da primeira e segunda parcelas acima, a partir dessas datas nos termos do art. 12 da Resolução ANEEL nº 552, de 14 de outubro de 2002, observadas as alterações constantes da Resolução ANEEL nº 610, de 6 de novembro de 2002".

Antes de examinar o dispositivo, porém, é preciso retroceder um pouco na atuação normativa da ANEEL. Como já referido, em 14 de outubro de 2002, a ANEEL editou a Resolução nº 552 prevendo que a correção monetária incidente sobre os valores que seriam liquidados em 31.12.2002 seria calculada com base no IGP-M e incidiria a partir do primeiro dia do segundo mês subseqüente ao mês de referência, até o dia da efetiva liquidação, calculado *pro rata die* (art.

11, III[86]). No dia 6 de novembro, no entanto, nova Resolução – a Resolução n° 610 – revogou o art. 11, III, da Resolução n° 552 expressamente (art. 2°[87]). Apenas em 20 de dezembro de 2002 foi editada a Resolução n° 763, contendo a norma transcrita acima. Aparentemente, a ANEEL estava ciente de que a mera revogação produzida pela Resolução n° 610 não impediria a incidência da correção monetária, e decidiu tentar afastá-la expressamente.

Pois bem. Independentemente da discussão acerca da validade dessa providência e da responsabilidade que o MAE assume ao editá-la – temas já examinados no tópico anterior –, o fato é que o ato da ANEEL que determinou a não incidência da correção monetária na hipótese não pode retroagir, aplicando-se apenas *ex nunc*. Esta é a posição absolutamente pacífica da doutrina e jurisprudência. Desse modo, a nova resolução, ainda que válida, não poderia afetar os créditos existentes até a data de sua edição, pois em relação a eles já se teria adquirido o direito à correção. Apenas os novos créditos poderiam ser atingidos pela nova regra. Confiram-se, por todos[88], os registros de Hely Lopes Meirelles e Celso Antônio Bandeira de Mello:

> "A revogação – ensina Seabra Fagundes – opera da data em diante (ex nunc). Os efeitos que a precederam, esses permanecem de pé. O ato revogado, havendo revestido todos os requisitos legais, nada justificaria negar-lhe efeitos operados ao tempo de sua vigência"[89].

---

86. Resolução 552/2002: "Art. 11. Excepcionalmente, para a liquidação das operações de compra e venda de energia elétrica, realizadas no âmbito do MAE até 31 de dezembro de 2002, serão adotados os seguintes procedimentos:
(...)
III – os valores relativos às operações realizadas de 1° de setembro de 2000 até 31 de dezembro de 2002 deverão ser atualizados monetariamente com base no IGP-M, divulgado pela Fundação Getúlio Vargas, a partir do primeiro dia do segundo mês subseqüente ao mês de referência, até o dia da efetiva liquidação, calculado pro rata die;".

87. Resolução 610/2002: "Art. 2°. Fica revogado o inciso III do artigo 11 da Resolução n° 552, de 2002".

88. Maria Sylvia Zanella Di Pietro, *Direito administrativo*, 2002, p. 237 e ss. e Diogo de Figueiredo Moreira Neto, *Curso de direito administrativo*, 2002, p. 200.

89. Hely Lopes Meirelles, *Direito administrativo brasileiro*, 1993, pp. 185-6.

"Pode-se conceituá-la do seguinte modo: revogação é a extinção de um ato administrativo ou de seus efeitos por outro ato administrativo, efetuada por razões de conveniência e oportunidade, respeitando-se os efeitos precedentes.
(...)
A revogação suprime um ato ou seus efeitos, mas respeita os efeitos que já transcorreram; portanto, o ato revogador tem eficácia ex nunc, ou seja, desde agora (...) A revogação não desconstitui efeitos passados"[90].

Sobre o tema, o Supremo Tribunal Federal já expediu a Súmula de sua jurisprudência dominante n° 473, que tem o seguinte texto: "*A Administração pode anular seus próprios atos, quando eivados de vícios que os tornam ilegais, porque deles não se originam direitos; ou revogá-los, por motivo de conveniência ou oportunidade, respeitados os direitos adquiridos, e ressalvada, em todos os casos, a apreciação judicial*".

Ora, de acordo com o conhecimento corrente, havendo o fato necessário à aquisição de um direito ocorrido integralmente sob a vigência de uma determinada norma, mesmo que seus efeitos somente se devam produzir em um momento futuro, ter-se-á o direito adquirido e seus efeitos terão de ser respeitados na hipótese de sobrevir uma nova norma[91]

No caso, o fato necessário à constituição do crédito é a operação de compra e venda da energia, de modo que os débitos existentes quando da edição da Resolução n° 763/02 não dependiam de qualquer outro fato para se constituírem. Desse modo, não há dúvida de que eles adquiriram o direito à correção monetária nos termos das Resoluções anteriores. Em suma: qualquer efeito válido da resolução referida só poderia atingir os créditos originados posteriormente.

---

90. Celso Antônio Bandeira de Mello, *Curso de direito administrativo*, 1997, pp. 281-6.
91. Reynaldo Porchat, *Da retroactividade das leis civis*, 1909, p. 32: "Direitos adquiridos são consequencias de factos juridicos passados, mas consequencias ainda não realisadas, que ainda não se tornaram de todo effectivas. Direito adquirido é, pois, todo o direito fundado sobre um facto juridico que já succedeu, mas que ainda não foi feito valer". (transcrição *ipsis litteris*).

X. Conclusões

Ao fim de todo o exposto, é possível compendiar as principais conclusões do estudo nas seguintes proposições objetivas:

1. O item "V" do Despacho nº 288/02 da ANEEL é inválido por lhe faltar fundamento legal, por não ter sido precedido do devido processo legal exigível, por seu motivo ser irrelevante e, portanto, viciado, por violar o equilíbrio econômico-financeiro do contrato de concessão de que a consulente era originariamente parte e por violar os princípios da segurança jurídica e da boa-fé que a Administração Pública está obrigada a respeitar.

2. A incidência de correção monetária sobre os valores liquidados com atraso pelo MAE não só é legítima como necessária para evitar o enriquecimento sem causa de alguns agentes do mercado em detrimento de outros. Seja como for, tendo sido instituída por ato normativo, somente poderia ser revogada com efeitos *ex nunc* e jamais com caráter retroativo.

Pluralidade de empresas notoriamente especializadas e capacitadas para a prestação de serviços técnicos dotados de singularidade. Inexigibilidade de licitação

SUMÁRIO: I. A hipótese. II. Da inexigibilidade de licitação nos contratos inspecionados. III. Da posição dissidente e isolada adotada pelo relatório da inspeção do TCU. IV. Conclusões.

I – A hipótese

Trata-se de estudo objetivo acerca de uma hipótese de inexigibilidade de licitação para a contratação de serviços de consultoria por sociedade de economia mista. As operações foram objeto de inspeção e posterior impugnação pelo Tribunal de Contas da União, sob o fundamento de que a existência de uma pluralidade de empresas em condições de prestar os serviços tornava exigível a realização de procedimento licitatório, nada obstante se reconheça a singularidade da prestação envolvida e a notória especialização da empresa que veio a ser diretamente contratada.

Toda a controvérsia, portanto, reside em saber se, de acordo com a legislação aplicável, isto é, nos termos do item 2.3.b, do Regulamento do Procedimento Licitatório Simplificado da sociedade de economia mista em questão, aprovado por meio de decreto em 1998, e até mesmo do art. 25, II, da Lei nº 8.666/93 (os dispositivos serão transcritos mais adiante), era ou não possível a contratação direta dos ajustes inspecionados, por inexigibilidade de licitação.

As posições contrapostas são as seguintes. A sociedade de economia mista entende que a licitação para a contratação de consultoria técnica é inexigível estando presentes dois requisitos: (i) *a singularidade do serviço desejado; e* (ii) *a notória especialização de empresas para sua prestação. Em decorrência dos elementos subjetivos que caracterizam essa espécie de serviço, o administrador encontra-se autorizado pela lei a escolher, no âmbito de seu poder discricionário, uma das empresas que disponham de notória especialização.* O TCU, por sua vez, considera que a licitação só será inexigível quando, *além da singularidade do serviço,* houver apenas uma empresa com notória especialização *capaz de prestá-lo.*

É precisamente por essa razão que se questiona a decisão dos administradores da sociedade de economia mista. Embora reconheça a presença daqueles dois pressupostos (a singularidade dos objetos dos contratos administrativos e a notória especialização da empresa contratada na matéria), o relatório da inspeção entende que a existência de outras empresas com notória especialização na atividade de consultoria impõem a necessidade de licitação. *Data maxima venia, não é esse o entendimento que decorre da interpretação sistemática da norma e nem é essa a posição da doutrina e da jurisprudência, inclusive desse próprio Eg. TCU. Tanto assim que* em parecer elaborado especialmente para o caso, o Professor Marçal Justen Filho corrobora o entendimento adotado no âmbito da sociedade de economia mista, e não o acolhido pelo relatório da presente inspeção.

Nas razões de justificativa a seguir deduzidas se estará demonstrando a correção jurídica do comportamento da sociedade de economia mista em todos os contratos examinados, bem como os argumentos que infirmam a posição adotada pelo relatório da inspeção realizada pelo TCU. É o que se passa a demonstrar.

II – Da inexigibilidade de licitação nos contratos inspecionados

Cumpre de início fazer uma nota acerca da legislação aplicável à hipótese aqui discutida. O entendimento vigente na sociedade de economia mista é o de que a norma que disciplina suas licitações é o seu Regulamento do Procedimento Licitatório Simplificado, aprovado por meio de decreto em 1998 e, especificamente no caso concreto, acerca da inexigibilidade de licitação, o seu item 2.3.b. Aparentemente, porém, a matéria não é pacífica no âmbito desse Eg. TCU, como registrado pelo relatório da inspeção, que sustenta ser aplicável aos contratos examinados o art. 25, II, da Lei n° 8.666/93. A discussão é irrelevante no caso, pois as duas disposições têm dicção praticamente idêntica, como se verá.

Ainda assim, faz-se a ressalva para sublinhar que a paraestatal em questão, sociedade de economia mista que desenvolve atividade econômica, está submetida a regime diferenciado no âmbito da Administração Pública, nos termos do art. 173 da Constituição Federal, diferenciação que veio ainda a ser ampliada com as alterações promovidas pela Emenda Constitucional n° 19/98[1]. Como é corrente, a Constituição procurou dotar as paraestatais de uma estrutura mais ágil e competitiva, diversa daquela que caracteriza tipicamente a Administração direta, inclusive no que diz respeito ao regime de suas licitações e contratações. A razão para essa distinção é bastante simples: garantir a tais empresas condições para que possam atingir os objetivos que lhes foram cometidos por lei.

Dessa maneira, a interpretação das normas pertinentes às paraestatais, e especialmente às sociedades de economia mista que exploram atividade econômica, se orienta, em harmonia com o que dispõe a Constituição, por uma perspectiva diversa da Administração Pública direta. Flexibilidade, agilidade, competitividade e eficiência

---

1. "Art. 173. Ressalvados os casos previstos nesta Constituição, a exploração direta de atividade econômica pelo Estado só será permitida quando necessária aos imperativos da segurança nacional ou a relevante interesse coletivo, conforme definidos em lei.

§ 1°. A lei estabelecerá o estatuto jurídico da empresa pública, da sociedade de economia mista e de suas subsidiárias que explorem atividade econômica de produção ou comercialização de bens ou de prestação de serviços, dispondo sobre:

....

II – a sujeição ao regime jurídico próprio das empresas privadas, inclusive quanto aos direitos e obrigações civis, comerciais, trabalhistas e tributárias;

III – licitação e contratação de obras, serviços, compras e alienações, observados os princípios da administração pública".

não são para tais empresas apenas qualidades desejáveis, mas requisitos vitais para que possam cumprir o seu papel.

Feita a digressão, e retornando ao ponto, as duas normas referidas – o item 2.3, *b*, do mencionado decreto e o art. 25, II, da Lei nº 8.666/93 – cuidam de uma das hipóteses legais em que a licitação é inexigível, sendo autorizada a contratação direta. Confira-se o teor dos dispositivos, *in verbis*:

> "2.3. É inexigível a licitação, quando houver **inviabilidade fática ou jurídica de competição**, em especial: (...)
> b) para a contratação de serviços técnicos a seguir enumerados exemplificadamente, **de natureza singular**, com profissionais ou empresas de **notória especialização**:
> — **estudos técnicos, planejamento e projetos básicos ou executivos;**
> — pareceres, perícias e avaliações em geral;
> — **assessorias ou consultorias técnicas** e auditorias financeiras;
> — fiscalização, supervisão ou gerenciamento de obras ou serviços;
> — patrocínio ou defesa de causas judiciais ou administrativas, em especial os negócios jurídicos atinentes a oportunidades de negócio, financiamentos, patrocínio, e aos demais cujo conteúdo seja regido, predominantemente, por regras de direito privado face as peculiaridades de mercado;
> — treinamento e aperfeiçoamento de pessoal;" (negrito acrescentado)

> "Art. 25. É inexigível a licitação quando houver inviabilidade de competição, em especial: (...)
> II – para a contratação de **serviços técnicos enumerados no art. 13 desta Lei, de natureza singular,** com profissionais ou empresas de **notória especialização**, vedada a inexigibilidade para serviços de publicidade e divulgação;"[2] (negrito acrescentado)

---

2. O artigo 13 referido no dispositivo em comento, por sua vez, estabelece:

Da leitura dos dispositivos, verifica-se que ambos exigem três requisitos cumulativos para que a licitação seja considerada inexigível: **(i)** que se trate de serviço técnico especializado; **(ii)** que o serviço contratado seja de natureza singular; e **(iii)** que a contratação se faça com profissional ou empresa de notória especialização. Todos os três elementos podem ser verificados facilmente nos contratos de que se trata.

Caracterizar como *serviços técnicos especializados* os serviços contratados não oferece qualquer dificuldade. As próprias normas transcritas relacionam diversas "categorias" de serviços que devem ser assim considerados[3], dentre as quais constam os serviços de estudos técnicos, planejamento, consultoria técnica, treinamento de pessoal etc. Ora, todos os contratos firmados entre a sociedade de economia mista e a empresa de consultoria tiveram como objeto precisamente a prestação de *consultoria técnica* nas áreas ambiental e mercadológica, incluindo *estudos, planejamento e projetos executivos*, bem como *treinamento de pessoal*, como se vê da própria narrativa do relatório da inspeção do TCU. Não há dúvida de que se cuida de serviços técnicos especializados. Em verdade, o ponto não é objeto de disputa na presente inspeção, não se justificando maior elaboração a respeito.

"Art.13. Para os fins desta Lei, consideram-se serviços técnicos profissionais especializados os trabalhos relativos a:
  I — estudos técnicos, planejamentos e projetos básicos ou executivos;
  II — pareceres, perícias e avaliações em geral;
  III — assessorias ou consultorias técnicas e auditorias financeiras ou tributárias;
  IV — fiscalização, supervisão ou gerenciamento de obras ou serviços;
  V — patrocínio ou defesa de causas judiciais ou administrativas;
  VI — treinamento e aperfeiçoamento de pessoal;
  VII — restauração de obras de arte e bens de valor histórico.
  VIII – (VETADO)".
3. Note-se que, embora praticamente idênticos, o elenco do item 2.3, *b*, do regulamento que define o procedimento das licitações realizadas pela sociedade de economia mista é meramente exemplificativo, enquanto a relação do art. 13 da Lei nº 8.666/93 é, segundo doutrina majoritária, taxativa. De toda sorte, é bem de ver que ambos trazem descrições genéricas e flexíveis, permitindo o enquadramento de inúmeros serviços em suas disciplinas legais.

Além de se tratar de um serviço técnico especializado, é preciso que o serviço apresente a característica da *singularidade*. Serviço singular, ou melhor, necessidade ou interesse público singular, é aquele que demanda um serviço personalizado, não padronizado e que está fora das possibilidades da própria Administração em determinada situação. A *singularidade* será uma característica do serviço toda vez que o interesse público demandar uma prestação particular, elaborada em função de necessidades especiais e não corriqueiras. O Professor Marçal Justen Filho, em parecer elaborado especialmente para o caso, define a singularidade do objeto nos seguintes termos:

> "O interesse público, a ser satisfeito através da contratação, será *"singular"* na medida em que escapar ao padrão de normalidade das atividades e dos recursos disponíveis no âmbito da Administração. Mais ainda quando a necessidade administrativa apresentar tamanha complexidade e heterodoxia que não haja disponibilidade para sua satisfação através quer dos recursos materiais e humanos da própria Administração, quer por parte de um sujeito ou empresa de capacitação comum, média, regular.
> (...)
> A singularidade do objeto consiste na existência de peculiaridade no interesse público que exige solução não padronizada, específica para o caso concreto. (...) A singularidade se relaciona com a necessidade de solução original, que contenha resposta às exigências incomuns que o interesse público apresenta".

Também aqui não há dúvida de que a sociedade de economia mista, ao contratar a referida empresa nos casos examinados, necessitava de serviços complexos, específicos e incomuns, demandando atendimento personalizado e adequado às particularidades de uma empresa de grande porte, como registra ainda uma vez Marçal Justen Filho ao examinar este aspecto do caso concreto: *"Afigura-se evidente ao signatário que a definição das políticas essenciais da Consulente caracteriza objeto singular (...)"*. Vale dizer, os serviços contratados apresentavam *natureza singular*. Este ponto também não é controvertido. O próprio relatório da presente inspeção reconhece a natureza singular dos objetos dos contratos em questão, como se vê textualmente às fls. 39, *verbis*:

> "Repensar uma empresa com o porte e características da [sociedade de economia mista em questão] é tarefa complexa e demorada. Seria temerário que os próprios executivos da estatal desempenhassem esse papel. Os dirigentes atuavam em mercado monopolizado, não sofrendo pressões externas. Assim, é fácil supor que as ações de tais executivos, ao longo desses anos, tenham se voltado, principalmente, para dentro da corporação. Recomendável, portanto, a contratação de consultores externos à agregar à empresa todos os benefícios dos processos de *brainstorming*".

Por fim, a *notória especialização* vem definida tanto no item 2.3.1 do regulamento específico aplicável às licitações da sociedade de economia mista, quanto no § 1º do art. 25 da Lei nº 8.666/93, que dispõem em sentido idêntico. Esta a dicção do referido item 2.3.1 do referido regulamento:

> "2.3.1. Considera-se de notória especialização o profissional ou empresa cujo conceito no campo de sua especialidade, decorrente de desempenho anterior, estudos, experiências, publicações, organização, aparelhamento, equipe técnica, ou de outros requisitos relacionados com suas atividades, permita inferir que seu trabalho é o mais adequado à plena satisfação do objeto do contrato"[4].

---

4. A diferença entre a dicção do dispositivo acima transcrito e a do dispositivo correspondente da Lei nº 8.666/98 resume-se ao acréscimo, neste último, da locução "essencial e indiscutivelmente", em nada prejudicando a adequação do argumento ora desenvolvido. Esta a redação da Lei nº 8.666/93: "§ 1º. Considera-se de notória especialização o profissional ou empresa cujo conceito no campo de sua especialidade, decorrente de desempenho anterior, estudos, experiências, publicações, organização, aparelhamento, equipe técnica, ou de outros requisitos relacionados com suas atividades, permita inferir que o seu trabalho é *essencial e indiscutivelmente* o mais adequado à plena satisfação do objeto do contrato".

A notória especialização da empresa de consultoria contratada para a prestação dos serviços desejados pela sociedade de economia mista também não foi questionada pela inspeção. O relatório concorda que a empresa detém notória especialização relativamente aos serviços para os quais foi contratada, conclusão que, a rigor, não poderia ser diversa, já que há nos autos fartíssimo material dando conta da competência mundial da referida empresa na área de consultoria especializada. De fato, tem ela ampla experiência e excelentes resultados em serviços prestados a estruturas organizacionais semelhantes à da sociedade de economia mista de que se trata, bem como a órgãos e entidades públicas brasileiras, como a Presidência da República, o Banco do Brasil, a Caixa Econômica Federal, o BNDES, dentre outros.

Diante da presença dos três requisitos legais (serviço técnico especializado, singularidade e notória especialização), a licitação é inexigível, nos termos da lei. Esse o entendimento corrente da doutrina, como será amplamente demonstrado a seguir. Nada obstante, é neste ponto que a posição da sociedade de economia mista e do órgão técnico do TCU divergem. Embora reconhecendo que os contratos inspecionados versam sobre serviços técnicos especializados de natureza singular e que a empresa contratada detém notória especialização para prestá-los, o relatório entende que a licitação só seria inexigível se houvesse, no caso, apenas *uma* empresa dotada de notória especialização capaz de prestar o serviço. Isso é o que se lê às fls. 50 e 52 do relatório, *verbis*:

> "7.4.9. A princípio e a título de reforço, impende registrar que discordamos do entendimento de que basta a configuração da singularidade e da notória especialização para justificar a contratação direta, mesmo que haja outros agentes capazes de executar o objeto como idêntico nível de satisfação.
> (...)
> 7.4.16.6. Diante disso, pode-se inferir a viabilidade da competição para a prestação de serviços de apoio ao processo de atualização do Plano Estratégico da estatal. Parece-nos, ainda, que as outras empresas de consultoria – Ernst & Young, KPMG e Andersen Consulting – mediante

consulta aos respectivos sites, tinham condições de prestar serviços semelhantes".

O entendimento adotado pelo relatório da inspeção, *data venia*, é dissonante do conhecimento convencional dominante, e isso por um conjunto de razões, que se passa a expor.

III — Da posição dissidente e isolada adotada pelo relatório da inspeção do TCU

Como já mencionado, o entendimento defendido pelo relatório da presente inspeção é o de que a licitação será necessária sempre que mais de uma empresa disponha de notória especialização na área do serviço desejado, ainda que se trate de um serviço técnico especializado e singular. Essa posição não se afigura acertada, por três razões distintas que se passa a expor.

Em primeiro lugar, contrasta ela com o próprio sistema que disciplina a inexigibilidade de licitação. Com efeito, tanto o item 2.3 do Regulamento do Procedimento Licitatório Simplificado da paraestatal, como o art. 25 da Lei nº 8.666/93 prevêem, ao lado da disposição que regula os serviços técnicos de natureza singular, a hipótese de inexigibilidade de licitação quando houver apenas um fornecedor (fornecedor exclusivo) para o bem desejado pela Administração (item 2.3.*a* e art. 25, I[5]).

Analogamente, se a licitação para a contratação de serviço de natureza singular somente fosse inexigível na hipótese de apenas uma empresa dispor de condições de prestá-lo – como pretende o relatório da inspeção –, tratar-se-ia, na verdade, de hipótese correspondente à de fornecedor único e não haveria qualquer necessidade de disciplinar

---

5. "Art. 25. É inexigível a licitação quando houver inviabilidade de competição, em especial:

I – para aquisição de materiais, equipamentos, ou gêneros que só possam ser fornecidos por produtor, empresa ou representante comercial exclusivo, vedada a preferência de marca, devendo a comprovação de exclusividade ser feita através de atestado fornecido pelo órgão de registro do comércio do local em que se realizaria a licitação ou a obra ou o serviço, pelo Sindicato, Federação ou Confederação Patronal, ou, ainda, pelas entidades equivalentes".

a situação à parte e de forma específica. Tal interpretação conduziria à conclusão de que o sistema normativo foi concebido de forma incongruente, o que, certamente, não constitui boa técnica hermenêutica. Ao contrário do que o relatório supõe, a norma cuida de forma particular dos serviços técnicos de natureza singular por uma razão especial que se passa a apresentar. *Esse é o segundo fundamento que demonstra a improcedência do relatório da inspeção.*

A particularidade dos serviços técnicos singulares, listados pelo referido regulamento e também pela Lei n° 8.666/93, consiste em que há neles elementos de inafastável caráter subjetivo, impedindo um julgamento por meio de critérios exclusivamente objetivos. A complexidade do serviço e sua alta especialização, assim como a atividade intelectual e mesmo autoral que ele demanda, impedem o estabelecimento de critérios objetivos pelos quais se possa escolher a melhor proposta em uma competição. Daí por que não é possível comparar essa espécie de serviço com a aquisição de um produto ou serviço padronizado, cujas características são bem conhecidas e podem ser identificadas com objetividade e precisão.

Diante dessa imposição dos fatos, a legislação formulou uma opção sábia: caso se esteja diante de um serviço técnico de natureza singular e haja mais de uma empresa com notória especialização no setor, caberá ao administrador escolher uma delas tendo em conta o melhor interesse público, no âmbito do seu poder discricionário. Isto é: a licitação será inexigível porque a competição é inviável em bases objetivas. O administrador é quem melhor poderá avaliar as peculiaridades do caso concreto para decidir, sempre dentre as empresas dotadas de notória especialização, repita-se, qual a melhor opção para o interesse público. Note-se que esse poder discricionário só foi retirado do administrador nos casos de contratação dos serviços de publicidade e divulgação, por força da parte final do inciso II do art. 25 da Lei n° 8.666/93. A *contrario sensu*, nas demais hipóteses, aplica-se a regra veiculada pelo dispositivo, isto é: a licitação será inexigível, cabendo a decisão acerca da contratação direta ao administrador.

Desse modo, a pluralidade de empresas dotadas de notória especialização não acarreta a viabilidade de competição entre elas, no que toca à prestação de serviço técnico singular. Presentes a singularidade e a especialização notória, exigidas pelo item 2.3, *b*, do regulamento específico da paraestatal (e também pelo inciso II do art. 25 da Lei n° 8.666/93), já se encontra autorizada pela lei a contratação direta com uma das empresas que apresentar notória especialização. Se assim não fosse, como já visto, o dispositivo legal seria inútil e sem qualquer sentido: todas as situações caracterizadoras da inexigibilidade de licitação se resolveriam na hipótese do "fornecedor exclusivo".

Em verdade, o inciso II do art. 25 da Lei nº 8.666/93, e da mesma forma o item 2.3.*b* do decreto referido, *pressupõe* a existência de mais de uma empresa ou de mais de um profissional, prestando-se justamente para disciplinar as situações em que, embora diante de vários prestadores de serviço, não será possível a competição objetivamente aferível entre elas. Essa é a posição pacífica da doutrina, como se vê, respectivamente, dos comentários de Lucia Valle Figueiredo e Celso Antônio Bandeira de Mello, *in verbis*:

> "Se há dois, ou mais, altamente capacitados, mas com qualidades peculiares, lícito é, à Administração, exercer seu critério discricionário para realizar a escolha mais compatível com seus desideratos".[6]

> "Em suma: a singularidade é relevante e um serviço deve ser havido como singular quando nele tem de interferir, como requisito de satisfatório atendimento da necessidade administrativa, um componente criativo de seu autor, envolvendo o estilo, o traço, a engenhosidade, a especial habilidade, a contribuição intelectual, artística ou a argúcia de quem o executa, atributos, estes, que são precisamente os que a Administração reputa convenientes e necessita para a satisfação do interesse público em causa.
> Embora outros, talvez até muitos, pudessem desempenhar a mesma atividade científica, técnica ou artística, cada qual o faria à sua moda, de acordo com os próprios critérios, sensibilidade, juízos, interpretações e conclusões, parciais ou finais, e tais fatores individualizadores repercutirão necessariamente quanto à maior ou menor satisfação do interesse público. Bem por isto não é indiferente que sejam prestados pelo sujeito "A" ou pelos sujeitos "B" ou "C", ainda que todos estes fossem pessoas de excelente reputação.

---

6. Lucia Valle Figueiredo, *Direito dos licitantes*, 1994, p. 32.

É natural, pois, que em situações deste gênero, a eleição do eventual contratado – a ser obrigatoriamente escolhido entre os sujeitos de reconhecida competência na matéria – recaia em profissional ou empresas cujos desempenhos despertem no contratante a convicção de que, para o caso, serão presumivelmente mais indicados do que os de outros, despertando-lhe a confiança de que produzirá a atividade mais adequada para o caso.
Há, pois, nisto, também um componente subjetivo inelimínável por parte de quem contrata"[7].

A essa mesma conclusão chegou o Professor Marçal Justen Filho em seu parecer já referido, ao examinar especificamente o caso concreto, *verbis*:

"19.1. O conceito de inviabilidade de competição abrange também as situações em que a escolha não se faz sob um critério objetivo. Ou seja, não é viável a competição quando o julgamento fundar-se em avaliações subjetivas, incompatíveis com o princípio da objetividade que impregna as licitações.
19.2. Então, ao invés de mascarar-se a natureza subjetiva do julgamento, reconhece-se a não aplicação do procedimento licitatório formal. Sob esse enfoque, é inviável a competição quando for impossível decidir segundo critério objetivo. (...)
35. A ausência de critério objetivo predeterminado para

---

7. Celso Antonio Bandeira de Melo, *Curso de direito administrativo*, 1997, pp. 340-50. Nesse mesmo sentido, vale citar ainda a lição de Eros Roberto Grau: "Ser singular o serviço, isso não significa seja ele necessariamente o único. Outros podem realizá-lo, embora não o possam realizar do mesmo modo e com o mesmo estilo de um determinado profissional ou de uma determinada empresa. A escolha desse profissional ou dessa empresa, o qual ou a qual será contratada sem licitação – pois o caso é de inexigibilidade de licitação – incumbe à Administração". (Inexigibilidade de licitação – Serviços técnico-profissionais especializados – Notória especialização, *RDP*, 99:72, 1991).

seleção de melhor proposta não é incompatível com o sistema jurídico. De modo geral, a situação é similar àquela que se passa quando a Administração exerce competência discricionária.

(...) a Administração Pública disporá da discricionariedade de escolha de um dentre os profissionais que, objetivamente, disponham de requisitos de especialização.

44. Pode supor-se, então, a disponibilidade no mundo real de diferentes profissionais especializados, em situação equivalente. Pode cogitar-se que determinada atividade, de cunho singular, possa ser desempenhada por sujeitos distintos. Imagine-se que todos eles sejam titulares de notória especialização, com desempenho anterior significativo e evidenciador da titularidade dos requisitos para contratação pela Administração Pública.

44.1. É evidente que a solução não será realizar licitação entre eles. Adotar esse entendimento corresponderia a infringir diretamente o art. 25, inc. II, da Lei n° 8.666, gerando uma disputa que não será decidida segundo critérios objetivos".

De forma bastante objetiva, é possível resumir toda a questão com o quesito encaminhado ao Professor Marçal versando especificamente o ponto, que tem a seguinte dicção e foi assim respondido:

"c) A pluralidade de prestadores de serviços de consultoria e assessoramento empresarial, todos dotados de notória especialização, acarreta a obrigatoriedade de licitação?
Resposta: Se o objeto (ou melhor, o interesse) for singular, a existência de inúmeros prestadores de serviço, todos dotados de notória especialização, não caracteriza viabilidade de competição".

A decisão dos administradores da sociedade de economia mista de contratar diretamente uma empresa de consultoria para a execução dos contratos sob análise foi tomada, como se vê, dentro dos limites da competência discricionária que a lei lhes confere, e orientada para atender da melhor forma possível as necessidades da companhia, de modo que ela possa atingir mais eficientemente seus fins. Tanto assim que se contratou uma das empresas mais conceituadas no mercado, que já dispunha de ampla experiência no setor específico de empresas estatais do mesmo ramo de atividade da sociedade de economia mista em questão, bem como junto a órgãos e entidades da esfera pública brasileira.

Note-se, por fim, que a matéria em discussão já foi submetida, por diversas vezes, à apreciação desse Eg. Tribunal. Como bem observou Marçal Justen Filho, no parecer já referido, as decisões variaram em vista da natureza das circunstâncias e das características de cada caso. Merece atenção especial, todavia, pelas semelhanças com o caso ora em tela, decisão proferida em inspeção que questionava contratação direta de serviços de consultoria, efetuada pelo Banco do Brasil S.A, também uma sociedade de economia mista, com base no art. 25, inc. II, da Lei nº 8.666/93. A decisão, da lavra do ilustre Ministro Carlos Átila, reconheceu que a norma referida atribui competência discricionária ao gestor administrativo, exatamente nos termos aqui expostos. Confiram-se alguns trechos importantes da referida decisão:

> "Nessa ação de fiscalização e de controle, penso que o Tribunal deve buscar essencialmente verificar se, diante dos elementos de informação que se possa coligir, a decisão adotada pelo administrador atendeu de forma razoável às exigências da lei. De posse dos dados e informações sobre o caso concreto, ao fazer essa avaliação, considero essencial, igualmente, que a Corte de Contas esteja criteriosamente atenta à margem de poder discricionário que a lei expressamente confere ao administrador, par decidir em tais situações. A não ser diante de casos em que, como adiantei acima, fique flagrante e desenganadamente caracterizada interpretação abusiva do art. 25 da Lei das Licitações, entendo que o Tribunal deve respeitar a opção adotada pelo administrador no momento de aplicá-lo.
> (...)
> Se concordo inteiramente com a instrução nesse particular, dela divirjo entretanto, data venia, quando afirma que somente pode haver uma única – e não mais de uma – em-

presa com notória especialização em determinado setor de atividade. Não é isso o que dispõe a Lei nº 8.666/93(...). "Note-se que o adjetivo 'singular' não significa necessariamente 'único'(...). Se 'singular' significasse 'único', seria o mesmo que 'exclusivo', e portanto o dispositivo seria inútil, pois estaria redundando o inciso I imediatamente anterior. (...)
Ressalvadas sempre as hipóteses de interpretações flagrantemente abusivas, defendo assim a tese de que se deve preservar margens flexíveis para que o gestor exerça esse poder discricionário que a lei lhe outorga"[8].

Há ainda *uma terceira razão que justificaria a inexigibilidade de licitação na hipótese*, abordada no parecer do Professor Marçal Justen Filho e também já reconhecida por esse Eg. TCU. Trata-se do sigilo empresarial. É evidente que o simples lançamento de um edital de licitação para a contratação de serviços relacionados com a programação estratégica da paraestatal acabaria por revelar ao público e às companhias concorrentes informações que devem ser mantidas sob sigilo para o bom desempenho da missão da empresa. Isso porque, embora a sociedade de economia mista integre a Administração Pública, não se aplica a ela, de forma irrestrita, o princípio da publicidade. Lembre-se, mais uma vez, que sua atividade-fim é a exploração de atividade econômica em um mercado competitivo, o que não seria possível se a disciplina privada do sigilo empresarial não a beneficiasse. Assim, há, na verdade, uma incompatibilidade entre serviços dessa natureza, que envolvam necessariamente informações sigilosas da empresa, e o procedimento licitatório, como registrou a mesma decisão acima transcrita desse Eg. Tribunal de Contas, *verbis*:

> "A manutenção do sigilo é obviamente incompatível com a realização de uma concorrência, ficando assim evidenciada mais ainda a inviabilidade de competição"[9].

---

8. TC-010.578/95-1, *BLC*, 03:131, 1996.
9. TC-010.578/95-1, *BLC*, 03:131, 1996.

IV — Conclusões

Em face de tudo o que foi exposto, é possível compendiar as idéias centrais desenvolvidas no presente trabalho nas proposições abaixo.

1. Apenas em caráter excepcional permite-se ao Estado que explore diretamente atividade econômica, nos casos em que isso seja necessário para a manutenção da segurança nacional ou promoção de relevante interesse público. Essa atividade é exercida por meio de empresas públicas ou sociedades de economia mista, nos termos do art. 173 da Constituição Federal, cujo § 1º determina a sujeição de tais entidades, como regra, ao regime próprio das empresas privadas. Trata-se de uma forma de garantir maior agilidade a esses entes, permitindo sua inserção em um mercado concorrencial, ao mesmo tempo em que se procura evitar o risco de que privilégios sejam concedidos às paraestatais, inviabilizando a participação de atores privados no mesmo ramo de atividade. Nesse contexto, foi editado decreto, em 1998, instituindo regime simplificado para as licitações da paraestatal de que se trata.

2. Tanto a Lei 8.666, quanto o referido regulamento exigem três requisitos cumulativos para que a licitação seja considerada inexigível: **(i)** que se trate de serviço técnico especializado; **(ii)** que o serviço contratado seja de natureza singular; e **(iii) que a contratação se faça com profissional ou empresa de notória especialização.**

3. O enquadramento do objeto dos contratos sob análise na categoria de serviços técnicos especializados não foi sequer contestado. Atividades de consultoria – concernentes ao planejamento empresarial de uma empresa de grande porte – são inequivocamente consideradas prestações dessa natureza. Tais serviços são assim considerados na medida em que visam atender a uma necessidade ou interesse público singular, entendido como sendo aquele que demanda um serviço personalizado, não padronizado ou corriqueiro e que está fora das possibilidades da própria Administração em determinada situação. Tampouco foi questionada a notória especialização da empresa contratada, que goza de invejável reputação no seu setor de atividade, consolidada mundialmente.

4. A presença dos três requisitos torna inexigível a realização de licitação, ainda que mais de um profissional ou empresa apresente condições, em tese, para a prestação do serviço. O que se verifica, em

tal hipótese, é a impossibilidade de competição em termos objetivos, ou seja, a ausência de critérios objetivos que condicionem a decisão. Por tal motivo, remete-se a escolha à discricionariedade do administrador, que deverá fazê-lo à luz das especificidades do caso concreto e de sua avaliação da opção que atenderá da melhor forma ao interesse público.

5. A inexigibilidade de licitação pelo fato de existir apenas uma empresa apta a prestar determinado serviço encontra-se disciplinada em dispositivo próprio, demonstrando que as hipóteses não se confundem. Exegese diversa importaria o esvaziamento das normas que tratam da inexigibilidade nos casos de serviço técnico dotado de singularidade, caracterizados pela inviabilidade de fixação de critérios objetivos que permitam escolher uma dentre as empresas que apresentam notória especialização.

Parte III

ESCRITOS

Racismo e papel da universidade[1]

Nos Estados Unidos, onde sempre esteve no centro do debate político e constitucional, a questão racial atravessou três fases distintas. Na primeira, vigorou o regime de escravidão, admitido expressamente pela Constituição de 1787. Após uma guerra civil e mais de 500 mil mortos, teve início a segunda fase, denominada de "iguais mas separados": havia escolas, vagões de trem e banheiros exclusivos para brancos. A terceira fase começou com uma célebre decisão da Suprema Corte, em 1954, contra a segregação racial nas escolas e desaguou no amplo movimento pelos direitos *civis* dos negros, na década de 60. Confrontada com suas culpas, a sociedade americana adotou, em diversas áreas, a denominada "ação afirmativa": políticas de quotas e de vantagens competitivas para negros. Embora controvertida até hoje, a idéia foi bem sucedida e ajudou a consolidar uma classe média "afro-americana".

No Brasil, um dos últimos países a abolir a escravidão, os negros iniciaram sua vida em liberdade sob o peso dramático da miséria e da falta de acesso à educação formal. É certo que, para bem e para mal, os mecanismos da segregação racial aqui foram mais sutis e dissimulados, e, eventualmente, até atenuados por força da ampla miscigenação racial. Mas a discriminação e o preconceito desempenharam um papel inequívoco na exclusão social de grandes parcelas da comunida-

---

[1] Publicado em O *Globo*, 28.02.2003.

de negra. Não se deve fechar os olhos a este fato evidente: a sociedade brasileira tem uma dívida histórica com os afro-descendentes.

Posta a questão racial, veja-se agora o problema da universidade. O ensino superior tem por função principal a produção e transmissão de conhecimento, formando profissionais que possam atender, com qualidade, às demandas da sociedade em áreas diversas: tecnológica, humanidades, ciências médicas. Para desempenhar adequadamente a sua missão, a universidade procura recrutar os melhores talentos, aferidos, na medida do possível, por critérios objetivos e impessoais. O populismo nessa matéria leva à mediocridade e ao colapso da educação de nível superior.

A Universidade do Estado do Rio de Janeiro (UERJ) tornou-se, na área de Direito, uma referência nacional. Obteve os três *"As"* do *provão* do MEC por seis anos consecutivos e seu programa de pós-graduação tem a nota máxima da CAPES. De parte estas aferições formais, os alunos do curso de graduação são, de longa data, os melhores classificados em concursos públicos e os mais requisitados pelos escritórios privados. A produção acadêmica (teses e dissertações) de seus mestres e doutores é disputada pelas principais editoras e festejada pela comunidade jurídica em todo o país. Com pouco dinheiro, uma dose de idealismo, concursos sérios e sem concessão a tropicalismos equívocos, produziu-se ensino público e gratuito de alta qualidade.

A questão é em si complexa, antes mesmo de se adicionar o complicador da definição de quem, afinal, deve ser considerado negro ou pardo. Existem dois valores socialmente relevantes em contraposição: a) a necessidade de reparação histórica à comunidade negra; e b) a necessidade de preservar ensino de qualidade e sistema de mérito na universidade. Quando esse tipo de conflito ocorre, o moderno direito constitucional determina a utilização de uma técnica denominada de ponderação de valores: o intérprete deve fazer concessões recíprocas entre eles, preservando o núcleo mínimo de cada um, com base no princípio da razoabilidade. Razoabilidade significa que a medida deve ser adequada ao fim ao qual se destina, não pode restringir excessivamente o direito de outrem e tem de trazer um benefício superior ao dano que acarreta.

É possível defender, como ponderação razoável, uma cota em torno de 10%, apta a permitir a ascensão social do segmento desfavorecido, sem frustrar os objetivos do ensino universitário. Quotas de 40 e de 50 % são injustas e irrazoáveis porque: a) não são adequadas a promover o fim visado, uma vez que sua conseqüência é a queda geral do nível de ensino; b) violam em grau excessivo (e, por isso, ilegítimo) o princípio da igualdade; c) acarretam um mal superior ao benefício que possam eventualmente trazer.

Houve clara precipitação na matéria e é preciso dar um passo atrás, para em seguida avançar.

Os limites do poder das Agências Reguladoras[1]

Apropriado desde o descobrimento por uma elite de visão estreita e patrimonialista, o Estado brasileiro completou 500 anos marcado pelo desprestígio da ineficiência, do *deficit* fiscal, com bolsões endêmicos de corrupção e sem conseguir vencer a luta contra a pobreza. Um Estado do atraso social, da concentração de poder, de terras e de renda. Não deixa de ser paradoxal, nesse contexto, que a classe dominante brasileira, após uma história devotada à ocupação privada do espaço público, tivesse modificado o seu discurso e dedicado a última década à desconstrução desse Estado. O mesmo do qual se serviu pela vida afora.

Deixando de lado perplexidades e sutilezas políticas, o fato real é que as reformas econômicas levadas a efeito ao longo da década de 90 tiveram como carro-chefe a desestatização, coadjuvada pela extinção de determinadas restrições ao capital estrangeiro (em áreas como mineração, cabotagem) e pela flexibilização de monopólios públicos (gás canalizado, telecomunicações, petróleo). Transportada para o centro do debate político e popularmente batizada de privatização, consistiu ela, sobretudo, na (a) alienação do controle de empresas estatais, tanto as que prestavam serviços públicos (telecomunicações, eletricidade) como as que exploravam atividades econômicas (side-

---

[1] Publicado no *Valor Econômico*, 28.03.04.

rurgia, mineração) e na (b) concessão de serviços públicos e de certas atividades econômicas a empresas privadas.

Porém, o fato de determinados serviços públicos passarem a ser executados por concessionárias particulares não modifica a sua natureza pública: o Estado conserva responsabilidades e deveres em relação à sua prestação adequada. Daí a privatização haver trazido drástica transformação do papel do Estado: em lugar de protagonista na execução dos serviços, suas funções passam a ser as de planejamento, regulação e fiscalização. É nesse contexto histórico que surgem as agências reguladoras. O papel por elas desempenhado na verdade não é novo e sempre coube ao Poder Púbico, que o exercia sem transparência e de modo ineficiente. Ninguém fiscaliza bem a si próprio. À vista disso, sendo institucionalmente saudável preservar as agências, o melhor a fazer é compreender a sua exata missão e enquadrá-las na moldura da Constituição e das leis.

As agências reguladoras são autarquias especiais, que desempenham funções administrativas, normativas e decisórias, dentro de um espaço de competências que lhes é atribuído por lei. No exercício de suas atribuições, cabem às agências encargos de grande relevância, como zelar pelo cumprimento dos contratos de concessão, fomentar a competitividade no setor, induzir à universalização dos serviços, definir tarifas e arbitrar conflitos entre o poder concedente, os concessionários e os usuários. O desempenho de tarefas dessa natureza e alcance exige que as agência sejam dotadas de autonomia político-administrativa — seus dirigentes são nomeados pelo Presidente da República, com aprovação do Senado Federal, por um mandato de prazo certo — e de autonomia econômico-financeira, materializada na arrecadação de recursos próprios suficientes, sem dependência do orçamento geral.

Chega-se aqui à questão central que vinha sendo negligenciada: o surgimento de centros de poder como o das agências reguladoras — cujas características são a não-eletividade de seus dirigentes, a natureza técnica das funções desempenhadas e sua autonomia em relação aos Poderes tradicionais — exige uma discussão acerca da legitimidade política com que desempenham aquelas competências. Curiosamente, esse *deficit* democrático das agências, conquanto lembrado por muitos autores, teve pouco destaque no debate que envolveu a sua introdução no direito brasileiro, encoberto pelo entusiasmo do pensamento único que se impôs na matéria. A queixa do Presidente da República acerca do que considerou excesso de poder das agências traz de volta a discussão que ficara inconclusa. A questão é séria, porém simples.

As agências não podem e não devem exercer atribuições fora ou acima dos Poderes constitucionais da República. De fato, ao Poder Legislativo cabe elaborar a lei que as institui, definir as competências que irão desempenhar e aprovar os servidores que vão exercer os cargos de direção. Ao poder Executivo, através do presidente da República, que está investido de mandato popular e é chefe da Administração Pública, cabe a formulação, juntamente com seus ministros, das políticas públicas a serem implementas por intermédio das agências. E, por fim, cabe ao Judiciário submeter as decisões das agências aos testes de constitucionalidade e legalidade, notadamente para verificar a observância de princípios fundamentais, como os da moralidade, razoabilidade, isonomia e dignidade da pessoa humana.

Se alguma lei retirar qualquer das competências constitucionais dos Poderes do Estado, será inválida e não deverá ser aplicada. Em suma: as agências podem menos do que supõem elas próprias ou do que se supõe sobre elas. Nessa matéria, como em tantas outras, a solução que liberta é o cumprimento da Constituição.

O controle externo é favorável ao Judiciário[1]

Uma das instigantes novidades do Brasil dos últimos anos foi a virtuosa ascensão institucional do Poder Judiciário. Sob a Constituição de 1988, recuperadas as liberdades democráticas e as garantias da magistratura, juízes e tribunais deixaram de ser um departamento técnico especializado e passaram a desempenhar um papel político, dividindo espaço com o Legislativo e o Executivo. Embora seus métodos e argumentos sejam jurídicos, é fora de dúvida que a competência para declarar inconstitucional a cobrança de um tributo ou para impor limites à atuação de uma CPI é um exercício de poder.

Sem embargo de desempenhar um poder político, o Judiciário tem características bem diversas dos outros Poderes. É que seus membros não são investidos por critérios eletivos nem por processos majoritários. E é bom que seja assim. A maior parte dos países do mundo reserva uma parcela de poder para que seja desempenhado por agentes públicos selecionados com base no mérito e no conhecimento específico. Idealmente preservado das paixões políticas, ao juiz cabe decidir com imparcialidade, baseado na Constituição e nas leis.

É certo, contudo, que o poder de juízes e tribunais, como todo poder em um Estado democrático, é representativo. Vale dizer: é

---

[1] Publicado na *Folha de São Paulo*, 15.02.04.

exercido em nome do povo e deve contas à sociedade. O Judiciário demorou a perceber isso. Em nome da isenção e da auto-preservação, conservou-se pela vida afora como uma instituição distante e pretensamente asséptica. A intenção pode ter sido a da reserva e a da virtude, mas a conseqüência foi a incompreensão: com seu código de relação próprio, do vestuário à linguagem, o mundo jurídico tornou-se misterioso, temido e desamado.

Em algum momento ao longo da década de 90, que por justiça pode ser identificado como o da gestão do Ministro Sepúlveda Pertence na presidência do Supremo Tribunal Federal, esse quadro começou a mudar. O Judiciário passou a dialogar com a sociedade, a exibir suas estruturas e carências, mostrando-se de maneira transparente e dando satisfações de sua atuação. É impossível exagerar a importância dessa mudança na atitude das instituições judiciais, sendo certo que as associações de classe deixaram de ser pólos corporativistas e passaram a ser instâncias de aproximação com a comunidade.

O processo de aceitação social e de conquista de admiração e estima pelo Poder Judiciário não é singelo. Não se chega à glória, em uma democracia, com argumento de autoridade: é preciso expor-se, aprimorar-se, correr os riscos necessários. "A maior solidão é a do homem encerrado em si mesmo, no absoluto de si mesmo", escreveu inspiradamente Vinícius de Moraes. Ao aceitar e apreciar o papel de ser um poder político, o Judiciário precisa sujeitar-se às regras do jogo: suportar a crítica, justa e injusta, construtiva e destrutiva, e preparar-se para a incidência do sol radiante da opinião pública.

Mas há aqui uma fina sutileza. Embora deva ser transparente e prestar contas à sociedade, o Judiciário não pode ser escravo da opinião pública. A ribalta, a fogueira de vaidades ateada pela mídia, as paixões que a exposição pública desperta são freqüentemente incompatíveis com a discrição e recato que devem pautar a conduta de quem julga. Aos juízes pode caber, eventualmente, dar o pão, nunca o circo. Muitas vezes, a decisão correta e justa não é a mais popular. Juízes e tribunais não podem ser populistas nem ter seu mérito aferido em pesquisa de opinião. Devem ser íntegros, seguir a sua consciência e motivar racionalmente as suas decisões.

Por todas estas razões, a relação do Judiciário com a sociedade deve passar por um órgão de controle externo, na verdade misto, apto a promover a comunicação adequada entre as duas instâncias. Uma via de mão dupla, capaz de transmitir as expectativas dos cidadãos e de compreender as circunstâncias das instituições judiciais. Dentre outras funções, ao Conselho Nacional de Justiça caberia, sem interferir na atividade jurisdicional, planejar estrategicamente a instituição, reivindicar verbas e compromissos, apresentar relatórios estatísticos, zelar pela universalização do acesso à justiça e, quando for o caso, punir desvios de conduta.

Nos últimos quinze anos, percorremos um longo caminho. Ao lado da sociedade civil e de outras instituições, juízes e tribunais foram protagonistas de uma história de sucesso, que foi a consolidação democrática e a conquista de estabilidade institucional para o país. Não foi pouco; mas ainda estamos atrasados e com pressa. O controle externo que se quer instituir, preservado do contágio político mas sintonizado com o sentimento social, é uma medida *a favor* e não contra o Judiciário.

A verdadeira reforma do Judiciário[1]

O Judiciário ingressou na paisagem institucional brasileira. Já não passa despercebido nem é visto com indiferença. É certo que vive uma crise de identidade, na verdade uma crise de crescimento: a Constituição de 1988 criou uma demanda por justiça que, por razões diversas, não pode ser integralmente atendida por juízes e tribunais. Como justiça é gênero de primeira necessidade, tal circunstância gera insatisfação e percepção crítica por parte da sociedade. Ao lado desse e de outros fatores, há também uma razoável dose de incompreensão e desinformação sobre os limites e possibilidades da atuação judicial.

Quando o novo governo tomou posse, já havia uma proposta de emenda constitucional de Reforma do Judiciário tramitando por mais de uma década no Congresso. O Ministro da Justiça, Márcio Thomaz Bastos, constituiu uma comissão para desempenhar duas tarefas: a) examinar o texto que estava em fase de votação no Senado, destacando os pontos que mereciam apoio; b) apresentar um conjunto de idéias aptas a democratizar e aprimorar as instituições judiciais. Quem se dispuser a ler de ponta a ponta a proposta em discussão chegará a duas conclusões importantes, uma boa e a outra ruim. A ruim: sem embargo de algumas inovações positivas, sua aprovação afetará muito limitadamente o funcionamento da justiça. A boa: pou-

---

[1] Publicado em O Globo, 22.03.04, sob o título O Judiciário que não funciona.

quíssimas modificações verdadeiramente relevantes dependem de emenda à Constituição.

É possível sistematizar as grandes questões do Judiciário em três planos distintos: o ideológico-estrutural, o humano e o normativo (que importa em modificação das normas constitucionais e legais em vigor). O plano ideológico-estrutural envolve, em primeiro lugar, dar justiça a quem não tem acesso a ela, o que significa a criação e o aparelhamento de defensorias públicas e de juizados especiais, destinados ao julgamento de pequenas causas. E, em segundo lugar, a melhoria da justiça prestada a quem já tem acesso, tornando-a mais ágil e confiável. Ampliar acesso e melhorar a qualidade exige políticas públicas bem definidas e constantes, bem como investimentos adequados em pessoal capacitado, estruturas físicas, informatização. Sem surpresa, constata-se que o primeiro conjunto de problemas não exige nenhuma reforma constitucional ou legislativa.

O plano humano compreende diversos aspectos, que serão meramente referidos, sem ser possível aprofundá-los. Em primeiro lugar, o recrutamento de juízes deve ser precedido de um exame nacional de magistratura e o ingresso deverá ser para cursar a Escola da Magistratura, e não diretamente no cargo. Em segundo lugar, é preciso mudar a mentalidade de partes, advogados e juízes em relação à solução do litígio: em países como Inglaterra e Estados Unidos, bem mais da metade dos processos terminam mediante acordo entre os litigantes, com intenso envolvimento do juiz na busca de uma composição. Isso ocorre tanto no cível (*amicable settlement*) como no crime (*plea bargain*). No Brasil, salvo na Justiça do Trabalho, juízes investem mínima energia nessa atividade conciliatória, que abreviaria imensamente o processo. E, por fim, o Poder Público de todos os níveis precisa mudar sua conduta processual de se defender agredindo o direito e os fatos, de recorrer mesmo quando já se pacificou o entendimento contrário e de se empenhar em empurrar a condenação para o próximo governo.

Chega-se, afinal, ao plano normativo, que envolve, aí sim, a Constituição e as leis. Algumas alterações constitucionais são indispensáveis, como a introdução do controle social do Judiciário ou a redução de competências do Supremo Tribunal Federal, que está à beira da paralisia, soterrado pela média anual de mais de cem mil processos. No plano legislativo, é imperativa a mudança do sistema de recursos processuais, para dar-lhe mais racionalidade e celeridade.

Hoje em dia, a melhor coisa que uma pessoa mal-intencionada pode pretender é ser demandada na Justiça. Tudo se arrasta interminavelmente, mesmo que se trate de um juiz ou de um tribunal extremamente operoso. É o sistema que está feito para não funcionar.

Em suma: a verdadeira Reforma do Judiciário não se concentra nem se exaure na proposta em votação no Senado. No verso inspirado do poeta espanhol Antonio Machado, "Caminante, no hay camino, se hace camino al andar". A evolução e o amadurecimento dos povos e das instituições se inserem — sem trocadilho — em um processo lento, a ser percorrido com idealismo e sem amargura. A superação de etapas e de obstáculos envolve não apenas recursos financeiros e humanos, como também, e principalmente, mudança de mentalidade e atuação esclarecida.

Passageiros do futuro[1]

Ao julgar improcedente a ação de inconstitucionalidade contra a Reforma da Previdência, o Supremo Tribunal Federal assentou duas teses: a) não há direito adquirido à não tributação; b) o sistema previdenciário é regido pelo princípio da solidariedade. Embora a maior parte dos votos tenha se fundado na teoria constitucional convencional, pelo menos dois Ministros suscitaram a necessidade de rediscussão das denominadas *cláusulas pétreas*. O debate é oportuno e reaviva algumas das grandes questões presentes no espaço de deliberação política e jurídica da atualidade.

A Constituição, obra do poder constituinte originário, cria ou reconstrói o Estado. Embora tenham vocação de permanência, as Constituições costumam prever o modo como poderão ser modificadas. Muitas delas definem, também, matérias que não estão sujeitas a alteração, nem mesmo por emendas constitucionais. São as denominadas limitações materiais ao poder de reforma ou cláusulas pétreas. No caso da Constituição brasileira de 1988 elas estão previstas no art. 60, § 4º, que veda a deliberação acerca de proposta de emenda tendente a abolir a federação, o voto direto, a separação de Poderes e os direitos e garantias individuais.

É possível ver tal previsão como uma pretensão do constituinte originário de prolongar indefinidamente a sua vontade no tempo, sob

---

[1] Publicado no Jornal do Brasil, 28.08.04, sob o título *Progresso social*.

a invocação de um poder que emanaria diretamente do povo. Por essa ótica, ao estabelecer como imodificáveis certas regras que instituiu em 1988, estaria impondo restrições à atuação das gerações futuras e às maiorias políticas que por elas venham a ser constituídas. Não é de surpreender que se coloque, de maneira recorrente, a discussão acerca da legitimidade de limitações dessa natureza.

O constitucionalismo moderno, fruto das revoluções liberais do século XVIII, tem como idéia central a limitação do poder, mediante sua repartição por órgãos diversos (Legislativo, Executivo e Judiciário) e o reconhecimento de direitos individuais oponíveis ao próprio Estado. As Constituições liberais, portanto, surgiram para estancar o absolutismo e para impedir o abuso do poder político, inclusive contra sua malversação pelas maiorias parlamentares eventuais.

Já a idéia de democracia se assenta sobre o conceito de soberania popular, participação majoritária do povo na formação da vontade nacional. Embora as idéias de constitucionalismo e de democracia se aproximem e freqüentemente se superponham, a exposição até aqui feita revela a clara possibilidade de tensão entre ambas. É que a Constituição desempenha, muitas vezes, uma função *contramajoritária*, vale dizer: impede que as maiorias parlamentares se voltem contra determinados valores permanentes ou contra os direitos individuais das minorias. Esse é o papel desempenhado pelo Supremo Tribunal Federal quando, em nome da Constituição — isto é, do povo — declara inconstitucionais atos votados pelo parlamento, inclusive e sobretudo aqueles que violam cláusulas pétreas.

Não há nada de errado nesse arranjo entre constitucionalismo e democracia, entre limitação do poder e soberania popular. Tampouco existe qualquer anomalia com as cláusulas pétreas do direito constitucional brasileiro. Elas devem, no entanto, ser encaradas como núcleo de valores e de direitos, e não como foco de estagnação e de privilégios. A Constituição deve deter a prepotência da maioria, mas não o progresso social. Por ser ela um documento aberto, o sentido e alcance das cláusulas pétreas há de ser determinado a cada tempo, com razoabilidade e sensibilidade. Alterações na realidade não precisam necessariamente levar à mudança da Constituição, podendo ser absorvidas por uma interpretação construtiva e evolutiva de seu texto. Devemos ser passageiros do futuro e não prisioneiros do passado.

O novo direito constitucional e a constitucionalização do direito[1]

Sumário: Introdução. Parte I. Transformações do direito constitucional contemporâneo. I. Marco histórico. II. Marco teórico. III. Marco filosófico. Parte II. O novo constitucionalismo. I. Passagem da Constituição para o centro do sistema jurídico. II. A constitucionalização do direito infraconstitucional. II.1. Direito civil. II.2. Direito administrativo. II.3. Direito penal. III. A nova interpretação constitucional. Conclusão. A ideologia que nos restou.

INTRODUÇÃO

1. Agradecimento. Agradeço o honroso convite do professor Jorge Miranda, que é uma grande referência intelectual para o direito constitucional brasileiro, além de ser uma pessoa verdadeiramente adorável.

2. Categorias universais, perspectiva brasileira. Vou lidar com categorias de certo modo universais, mas sob perspectiva brasileira. Este é o meu ponto de observação. Esta é a minha pré-compreensão.

---

1. Roteiro de conferência proferida na Universidade Católica de Lisboa, em 8 de novembro de 2004. O texto contém os tópicos que foram desenvolvidos oralmente e guarda a informalidade da linguagem falada, inclusive quanto aos comentários amenos.

3. Há *vantagens*:

a) um certo *distanciamento crítico* em relação aos Estados Unidos e à Europa. As vantagens de não ser o Tejo, mas o rio da minha aldeia;

b) a de trazer um certo *idealismo romântico* de quem tem um país por construir.

3. Mas há *desvantagens*:

a) o **isolamento** geográfico e político da América Latina, que ainda não decolou na história;

b) a **pobreza** e suas múltiplas conseqüências:
(i) o abismo de desigualdade entre pobres e ricos, gerando uma sociedade heterogênea, com dificuldade de compartilhar valores comuns;
(ii) o **populismo**, a eterna tentação das soluções imediatas e efêmeras;
(iii) **a língua que compartilhamos**, a linda língua que nos foi transmitida por nossos colonizadores portugueses.[2] Mas falar português, infelizmente, é uma forma de isolamento. Não é justo, mas é verdade. Falar português, escreveu o poeta curitibano Paulo Leminski, é calar-se para o mundo.

Parte I
TRANSFORMAÇÕES DO DIREITO CONSTITUCIONAL CONTEMPORÂNEO

Gostaria de destacar nesta exposição três grandes referências, três grandes marcos: um marco histórico, um marco teórico e um marco filosófico.

---

2. No período em que vivi fora do Brasil, durante minha pós-graduação em Yale e atuação profissional em Washington, sentia falta de pessoas e de lugares. Mas uma saudade era onipresente: a de falar português. Identificava-me no verso do grande poeta, ao declamar que "minha pátria é minha língua".

I. Marco histórico

1. **A Constituição de 1988.** No caso brasileiro, a trajetória do novo direito constitucional tem como marco a Constituição de 1988, que fez a travessia bem sucedida de um Estado autoritário, intolerante e por vezes violento para um Estado de direito democrático. Apesar de todas as vicissitudes do texto constitucional – prolixo, casuístico, corporativo – ele proporcionou o mais longo período de estabilidade institucional do país.

2. **Superação da indiferença.** Nós superamos os diversos ciclos do atraso e da indiferença em relação à Constituição. E para quem sabe é a indiferença, não o ódio, o contrário do amor.

II. Marco teórico

3. **Duas grandes mudanças de paradigma** alteraram a percepção e a prática do direito constitucional nas últimas décadas:

> a) o reconhecimento de *força normativa à Constituição*, que passa a ser tratada como um documento jurídico, e não mais como um documento político como era a tradição européia até a 2ª. Guerra Mundial;
>
> b) o desenvolvimento de uma *dogmática própria para a interpretação constitucional*, levando em conta as suas múltiplas especificidades.

III. Marco filosófico

4. **Superação do jusnaturalismo e do positivismo.** Nós vivemos em um momento efervescente na construção do direito constitucional, uma fase que tem sido identificada como pós-positivismo ou principialismo, superadora do jusnaturalismo e do pós-positivismo.

5. **O jusnaturalismo,** nas suas diferentes formulações, foi a filosofia do direito até o final do século XIX, operando sobre a premissa

da existência de direitos e pretensões legítimas para as pessoas, em razão da sua só condição humana e independentemente de uma norma jurídica, do reconhecimento estatal, da positivação.

6. **O positivismo jurídico** tornou-se a filosofia do direito na virada do século XIX para o século XX, impulsionado pelo positivismo científico, por uma crença ilimitada no poder da razão e da ciência. O positivismo, em verdade, apartou o Direito da filosofia, da teoria da justiça e da teoria política, equiparando-o à norma, em busca de objetividade.

7. **O pós-positivismo** designa um conjunto difuso e nem sempre sistemático de idéias que se desenvolveram ao longo da segunda metade do século XX. Após os fenômenos do fascismo na Itália e do nazismo na Alemanha, da "banalização do mal" (Hannah Arendt), o mundo descobriu, tardiamente, que a lei nem sempre será um instrumento do bem, da justiça, da razão. Era possível promover a barbárie em nome da lei. Todos os acusados de Nuremberg invocaram em sua defesa o cumprimento de ordem legal emanada da autoridade competente.

8. **O pós-positivismo, sem desprezo à lei, reconhece que o direito não se esgota nos textos legislados**. Há valores compartilhados pela comunidade como um todo e pela comunidade jurídica em particular, que integram a ordem jurídica, e devem ser assegurados pelos tribunais, mesmo quando não estejam materializados em uma norma posta. Promove-se, assim:

a) uma reaproximação entre o Direito e a filosofia, entre o Direito e a ética;

b) o reconhecimento de normatividade aos princípios, que são a via pela qual os valores ingressam na ordem jurídica;

c) a centralidade dos direitos fundamentais e as múltiplas implicações daí resultantes.

Parte II
O NOVO CONSTITUCIONALISMO[3]

I. A ascensão científica e institucional da Constituição e do direito constitucional

1. **Passagem da Constituição para o centro do sistema jurídico.** Nas últimas décadas, em países de redemocratização mais tardia, como Portugal, Espanha, Brasil operou-se um fenômeno que na Alemanha e em certa medida na Itália ocorreu após a 2ª. Guerra Mundial: a passagem da Constituição para o centro do sistema jurídico, onde passou a desfrutar não apenas da sumpremacia formal que sempre teve, mas também de uma supremacia material, axiológica.

2. **Perda da centralidade do Código Civil e atenuação da dualidade público e privado.** Simultaneamente, verificou-se a perda da centralidade do direito civil, do Código Civil e, no caso de países como o Brasil, dos múltiplos microssistemas que se formaram em torno dele. A própria dualidade extrema entre público e privado, entre direito público e direito privado, foi atenuada, deixou se ser qualitativa e passou a ser quantitativa: a Constituição, o direito público passou a permear as relações jurídicas em geral, em maior ou menor intensidade.

3. **Filtragem constitucional.** A partir da passagem da Constituição para o centro, passou ela a funcionar como a lente, o filtro através do qual se deve olhar para o Direito de uma maneira geral. Este fenômeno é referido por alguns autores como filtragem constitucio-

---

3. *Novo* é sempre uma palavra ambígua, pois depende de um referencial. Lembro-me de certa vez haver pedido ao diretor da Faculdade de Direito da UERJ que colocasse um aviso no corredor, próximo à porta onde eu dava aula, para alertar os alunos que saíam para o intervalo a não fazerem barulho, pois ali a aula continuava. O diretor, meu velho amigo, beneficiando-se do fato de ser quatro dias mais novo que eu, disse-me com ar grave: "Luís Roberto, você está ficando velho!". Aquilo me deixou muito abalado e ao entrar na sala para a classe seguinte eu narrei o episódio aos alunos. Lá do fundo da sala, levanta-se um braço e uma voz se dirige a mim: "Professor: com todo o respeito, o senhor deve estar ficando mesmo. Já é a segunda vez que conta a mesma história!".

nal: a Constituição condiciona a interpretação de todas as normas do sistema jurídico.

4. **Toda interpretação é interpretação constitucional.** Neste universo, toda interpretação jurídica é interpretação constitucional. Interpreta-se e aplica-se a Constituição em qualquer operação de realização do Direito, de maneira direta ou indireta. Aplica-se a Constituição:

> a) diretamente, quando alguma pretensão se funda em dispositivo do próprio texto constitucional;
>
> b) indiretamente, quando alguma pretensão se funda em dispositivo do direito infraconstitucional, por duas razões: (i) na aplicação do direito infraconstitucional sempre haverá embutida uma operação de controle incidental de constitucionalidade;
> (ii) o sentido e alcance da norma infraconstitucional deverá ser atribuído para realizar os valores e fins constitucionais.

5. **Triunfo do direito constitucional.** Vivemos um momento de triunfo pleno e absoluto do direito constitucional. Em menos de uma geração, o direito constitucional passou da desimportância ao apogeu. Uma vitória a ser celebrada com humildade. Na vida a gente deve ser janela e não espelho. O direito constitucional deve ser a janela pela qual se olha para o mundo.

6. **Modo de desejar o mundo.** Mais que isso, o direito constitucional passou a ser não apenas um modo de olhar e pensar o Direito, mas também um modo de desejar o mundo: fundado na dignidade da pessoa humana, na centralidade dos direitos fundamentais, na busca por justiça material e na tolerância, no respeito ao próximo, assim o igual como o diferente.[4]

---

4. A ascensão científica e institucional do direito constitucional é ilustrada em uma história espirituosa contada pela professora Carmen Lúcia Antunes Rocha, da PUC de Minas Gerais. Narra ela que na saída da Faculdade colocou sua Constituição no banco do carona de seu carro. Ao parar em um sinal, estando a janela entreaberta, um meliante furtou-lhe a Carta da República. Em lugar de zangar-se, conta ela, teve uma sensação gratificante: "Já se roubam constituições no Brasil. Anos atrás, a gente deixava uma constituição em cima de algum lugar

II. A constitucionalização do direito infraconstitucional

II.1. Direito Civil

1. Fases da relação entre o direito constitucional e o direito civil. As relações entre o direito constitucional e o direito civil atravessaram três fases bem distintas:

> a) 1ª. fase: *Mundos apartados*. Revolução Francesa é um marco tanto para o direito constitucional quanto para o direito civil. Deu a cada um o seu objeto: a Constituição escrita, ao direito constitucional, e o Código Napoleônico ao direito civil. Mas ambos integravam mundos apartados, que não se comunicavam:
> (i) a Constituição era a Carta *política*, que servia de referência para as relações entre o Estado e o cidadão; e
> (ii) o Código Civil era o documento *jurídico* que regia as relações entre particulares, ou como se costumava dizer, era a Constituição do direito privado.

Nessa fase, o papel da Constituição era limitado. Ela era vista como uma convocação à atuação dos poderes públicos e sua concretização dependia de intermediação do legislador. A ela não se reconhecia ainda, amplamente, força normativa, isto é, aplicabilidade direta e imediata sobre as situações nela previstas.

Já o direito civil era herdeiro da tradição milenar do direito romano. O Código Civil napoleônico realizava adequadamente o ideal burguês de proteção da propriedade e da liberdade de contratar, dando segurança jurídica aos protagonistas do novo regime, do regime liberal: o proprietário e o contratante.

Este modelo inicial de incomunicabilidade foi sendo progressivamente superado.

---

e apareciam diversas, todo mundo aproveitava para se livrar da sua. Hoje em dia já há procura. Só me ocorreu gritar: 'Pelo menos vê se lê'".

b) 2ª. fase: *Publicização do direito privado*. Ao longo do século XX, com o advento do Estado social e a percepção crítica da desigualdade, o direito privado começa a deixar de ser o reino absoluto da *autonomia da vontade*. O Estado começa a interferir nas relações entre particulares, introduzindo normas de ordem pública, destinadas sobretudo a proteger o lado mais fraco : o consumidor, o locatário, o empregado. É a fase do *dirigismo contratual*, que consolida a publicização do direito privado.

c) 3ª. fase: *Constitucionalização do direito civil*. "Ontem os códigos; hoje as Constituições. A revanche da Grécia contra Roma" (Paulo Bonavides; Eros Grau). Esta fase é marcada pela já referida passagem da Constituição para o centro do sistema jurídico, de onde passou a atuar como filtro axiológico pelo qual se lê o direito civil[5]. Normas jurídicas que conservaram, muitas vezes, o mesmo relato passam a ser interpretadas à luz de princípios e regras como: o fim da supremacia do marido no casamento, a plena igualdade entre os filhos, a função social da propriedade e do contrato, dentre outros. **Dois desenvolvimentos doutrinários merecem destaque nessa fase em curso:**

(i) a centralidade da dignidade da pessoa humana, que operou uma repersonalização e uma despatrimonialização do direito civil, por sua ênfase: em valores existenciais e do espírito, nas condições materiais mínimas de sobrevivência (mínimo existencial), nos direitos da personalidade, tanto na dimensão da integridade física quanto psíquica; **(ii) a aplicação dos direitos fundamentais às relações pri-**

---

5.   Nesta 3ª. fase, o direito civil se atira apaixonadamente nos braços do direito constitucional, e é correspondido. Na vida, melhor que um grande amor, só um grande amor correspondido. Será para sempre? Impossível responder. Mas ninguém deve deixar de se apaixonar, pelo risco de o amor não ser eterno. Vinícius de Moraes, no seu *Soneto da Felicidade*, escreveu: "E mais tarde, quando me procure/quem sabe a morte, a angústia de quem vive/quem sabe a solidão o fim de quem ama/Eu possa dizer do amor que tive: que não seja imortal, posto que é chama/mas que seja infinito enquanto dure".

vadas. Aqui desenvolveram-se duas grandes teorias: a da aplicação indireta e mediata, por intermédio do legilador e das cláusulas abertas; e a aplicação direta e imediata, por via de uma ponderação caso a caso entre o princípio da autonomia da vontade e o direito fundamental em jogo.

II.2. Direito administrativo

2. **Mudanças de paradigma do direito administrativo**[6]: A constitucionalização do direito administrativo colocou gravemente em questão três grandes paradigmas do direito administrativo, conduzindo à:

> a) **superação do denominado princípio da supremacia do interesse público sobre o particular**, substituído pelo da ponderação de direitos fundamentais.
>
> Aqui fez-se em primeiro lugar a distinção entre *interesse público primário* – justiça, segurança jurídica e bem-estar social – e *interesse público secundário* – que é o interesse da Fazenda Pública, do erário, de arrecadação de recursos.
>
> Em segundo lugar, passou-se a considerar que o interesse público, notadamente o secundário, relevante como é – pois a realização do interesse público primário depende da obtenção de meios para satisfazê-los – não é, todavia, abstratamente superior ao interesse privado, sobretudo quando exista um direito fundamental em questão.
>
> Alguns autores se referem à perda de prerrogativas pela Administração Pública como caracterizando uma **privati-**

---

6. Sobre este tema específico, v. os projetos de doutoramento de Gustavo Binenbojm, *Direitos fundamentais, democracia e Administração Pública*, 2003, e de Arícia Corrêa Fernandes, *Por uma releitura do princípio da legalidade administrativa e da reserva de Administração*, 2003, ambos apresentados ao programa de pós-graduação em direito público da Universidade do Estado do Rio de Janeiro, sob minha orientação.

zação do direito público, que passa a estar submetido a algumas das categorias do direito obrigacional. No fundo, no entanto, não se está diante nem de uma publicização do direito privado nem de privatização do direito público, mas de constitucionalização do direito em geral.

b) **superação da idéia de princípio da legalidade como vinculação positiva do administrador à lei**, substituída por sua vinculação à Constituição, que passa a ser direta e imediatamente aplicável independentemente da interposição do legislador. A própria velha questão acerca dos regulamentos de execução e dos regulamentos autônomos ganha nova dimensão.

c) **superação do paradigma da insindicabilidade do mérito administrativo,** com a admissão do controle de discricionariedade em nome de princípios constitucionais como razoabilidade, moralidade, eficiência.

II.3. Direito penal

3. **A discussão da interrupção da gravidez dos fetos anencefálicos pelo STF.** Foi posta perante o Supremo Tribunal Federal a questão da interrupção da gestação na hipótese de fetos anencefálicos, que são aqueles que se formam sem os hemisférios cerebrais e o córtex, não tendo qualquer viabilidade de vida extra-uterina. O que se discute nessa ação é se à luz dos preceitos constitucionais da dignidade da pessoa humana, da autonomia da vontade e do direito à saúde, deve a gestante ser autorizada a interromper a gestação quando diagnosticada a anencefalia.

> A ação proposta foi uma argüição de descumprimento de preceito fundamental, cujo perfil não está inteiramente delineado pela lei e ainda depende do tratamento que lhe venha a dar a jurisprudência. O pedido formulado foi no sentido de que se interpretasse conforme a Constituição os dispositivos do Código Penal referentes ao crime de

aborto, para declarar que eles não incidem na hipótese de interrupção da gestação de feto anencefálico.

III. A nova interpretação constitucional

4. **A interpretação jurídica tradicional** desenvolveu-se sobre duas grandes premissas:

> a) **Papel da norma:** oferecer, no seu relato abstrato, a solução para os problemas jurídicos;

> b) **Papel do juiz:** identificar a norma aplicável ao problema que lhe cabe resolver, revelando a solução nela contida; sua função é uma função de conhecimento técnico, de formulação de juízos de fato.

As normas, no modelo tradicional, eram percebidas sob a forma de *regras*, normas descritivas de condutas a serem seguidas, aplicáveis mediante *subsunção*. Identificada a norma aplicável, procedia-se ao enquadramento do fato no relato na norma, pronunciando-se a conclusão. Um raciocínio, portanto, silogístico, no qual a norma é a premissa maior, o fato relevante a premissa menor e a conclusão é a sentença.

Esse modo de pensar e praticar o Direito é apto para resolver uma quantidade razoável de problemas jurídicos, talvez a maioria deles. Mas é insuficiente para solucionar muitas das questões que surgem, notadamente as que envolvem a interpretação e aplicação da Constituição.

5. **Mudança de paradigma.** Com o tempo, as premissas ideológicas sobre as quais se erigiu o sistema de interpretação tradicional deixaram de ser integralmente satisfatórias, quer quanto ao papel da norma, quer quanto ao papel do intérprete. De fato, quanto ao:

> a) **Papel da norma:** a solução dos problemas jurídicos nem sempre se encontra no relato abstrato da norma. Muitas

vezes só é possível produzir a resposta constitucionalmente adequada à luz do problema, dos fatos relevantes, analisados topicamente;

b) **Papel do juiz:** já não será apenas um papel de conhecimento técnico, voltado para revelar o sentido contido na norma. O juiz torna-se co-participante do processo de criação do Direito, ao lado do legislador, fazendo valorações próprias, atribuindo sentido a cláusulas abertas e realizando escolhas.

6. **A nova interpretação e suas categorias** A nova interpretação constitucional lida com um conjunto de novas categorias dentre as quais é possível destacar:

a) o emprego da técnica legislativa das *cláusulas abertas* ou conceitos jurídicos indeterminados, como ordem pública, interesse social, boa-fé.

b) a normatividade dos *princípios*, normas que não são descritivas de condutas específicas, mas que consagram determinados valores ou indicam fins públicos a serem realizados por diferentes meios, como dignidade da pessoa humana, justiça, solidariedade, eficiência.

c) o reconhecimento da existências de *colisões de normas constitucionais, de princípios ou de direitos fundamentais* como fenômenos inerentes e inevitáveis dentro de um Estado democrático de direito, baseado no pluralismo político;

d) necessidade do emprego de técnicas como a *ponderação de normas, bens ou valores* para lidar com problemas jurídicos que não podem ser solucionados mediante o método tradicional da subsunção; Ex. Liberdade de expressão X direito de privacidade. Caroline de Mônaco. TCF alemão X Corte Européia de Direitos Humanos.

e) legitimação das decisões de acordo com os fundamentos da *teoria da argumentação*, voltada a demonstração racional, para um auditório bem intencionado e esclarecido, de que a solução produzida foi a mais adequada do ponto de vista constitucional.

Conclusão
A IDEOLOGIA QUE NOS RESTOU

1. Nós vivemos a era da insegurança:

a) insegurança no plano internacional, decorrente de uma ordem econômica que perpetua a desigualdade e da falta de interlocução decorrente da intolerância;

b) insegurança na ordem doméstica no Brasil, decorrente do abismo de desigualdade e da exclusão social amplíssima, decorrente de 500 anos de apropriação privada do Estado;

c) insegurança no Direito, decorrente das mudanças de paradigma que reduziram a previsibilidade e objetividade na interpretação jurídica e ampliaram a discricionariedade judicial.

2. Vivemos uma época *pós-tudo*. Pós Marx, pós Freud, pós Kelsen[7]. Alguns de nossos melhores sonhos de juventude não se realizaram. Não vivemos em um mundo sem países, sem miséria. Não soubemos criar ainda um tempo da fraternidade e da delicadeza. Não há sequer uma boa utopia à disposição.

3. Neste cenário se coloca o direito constitucional e a conseqüente constitucionalização do direito. A Constituição como um modo de olhar e de desejar o mundo, em busca das promessas de dignidade humana, poder limitado, direitos fundamentais, tolerância e, quem sabe, até felicidade.

---

7. Pós-Viox, também, miraculoso medicamento anti-inflamatório e analgésico, recém-retirado do mercado.

4. Nessa quadra da história da humanidade, o constitucionalismo é a última ideologia que nos restou. Uma fé racional que nos ajuda a acreditar no bem e na justiça, mesmo quando não estejam ao alcance dos olhos.

Direitos fundamentais, colisão e ponderação de valores[1]

Sumário: I. Introdução. II. Passagem da Constituição para o centro do sistema jurídico. Pós-Positivismo. III. Os direitos fundamentais no constitucionalismo contemporâneo. IV. A interpretação jurídica tradicional e a nova interpretação constitucional. V. Colisão de direitos fundamentais. VI. Ponderação de normas, princípios, valores e direitos fundamentais. VII. Aplicação da técnica da ponderação aos dois exemplos dados. VIII. Aplicação da técnica da ponderação a duas situações relevantes para o debate jurídico contemporâneo. 1. Aplicação dos direitos fundamentais às relações privadas; 2. Colisão entre liberdade de expressão e direitos da personalidade. IX. Conclusão

INTRODUÇÃO

1. **Agradecimento:** Tenho muito prazer e muita honra de estar aqui, de revisitar Portugal e de reencontrar amigos queridos e colegas que admiro.

---

1. Roteiro de conferência proferida na Faculdade de Direito de Lisboa, em 9 de novembro de 2004. O texto contém os tópicos que foram desenvolvidos oralmente e guarda a informalidade da linguagem falada, inclusive quanto aos comentários amenos.

I. Passagem da Constituição para o centro do sistema jurídico. Pós-positivismo

1. **Transformações do Direito.** Dois fenômenos claramente perceptíveis e contemporâneos marcaram o desenvolvimento do Direito em geral e do direito constitucional em particular ao longo das últimas décadas.

2. **Pós-positivismo.** O primeiro deles, designado como pós-positivismo ou principialismo, identifica a reaproximação entre o Direito e a Ética, o resgate dos valores para o Direito, a superação da idéia de legalidade estrita e escrita, a normatividade dos princípios e a centralidade dos direitos fundamentais.

3. **Ascensão do direito constitucional.** O segundo foi a ascensão científica e institucional do direito constitucional, com sua passagem para o centro do sistema jurídico. A Constituição passou a ser não apenas um sistema em si, mas também um modo de ler e interpretar todos os ramos do Direito.

4. **Centralidade da Constituição e dos direitos fundamentais.** Vivemos, portanto, uma era de centralidade da Constituição e, dentro dela, de primazia dos direitos fundamentais.

II. Os direitos fundamentais no constitucionalismo contemporâneo

1. **Limitação do tema.** O propósito desta exposição não é o de teorizar acerca dos direitos fundamentais, investigando as múltiplas sutilezas que a moderna dogmática constitucional tem explorado. A finalidade desse tópico é apenas identificar as categorias de direitos fundamentais e apontar algumas evoluções doutrinárias importantes no seu tratamento jurídico.

2. **Categorias de direitos fundamentais.** É clássica a categorização dos direitos fundamentais por meio de gerações ou de dimensões, identificando-se na:

1ª. **geração:** os direitos individuais (ou de defesa), que traçam a esfera de proteção das pessoas contra o poder do Estado, e os direitos políticos, que expressam os direitos da nacionalidade e a possibilidade de votar e ser votado;

2ª. **geração:** os direitos sociais, econômicos e culturais – direitos sociais, tanto os de índole trabalhista como os denominados direitos prestacionais, traduzidos na exigibilidade de determinadas prestações positivas por parte do Estado, em áreas como educação, saúde, seguridade social, habitação, saneamento;

3ª. geração: os direitos coletivos ou difusos, que se relacionam à proteção ambiental, ao patrimônio histórico, artístico, cultural, aos direitos do consumidor. Têm por característica, do ponto de vista subjetivo, o fato de serem titularizados por uma pluralidade muitas vezes indeterminada de indivíduos; e do ponto de vista objetivo, pela indivisibilidade do seu objeto. Ex: ninguém tem direito à sua cota parte de Tejo não poluído.

4ª. geração: fala-se já em uma 4ª. geração de direitos fundamentais, um dos frutos bons da globalização, ligado à universalização de certos direitos, como o direito à democracia, ao desenvolvimento, ao progresso social. Direitos associados a uma idéia de constitucionalismo global, a uma cidadania mundial.

3. **Debates doutrinários em torno dos direitos fundamentais.** Algumas discussões teóricas e práticas marcam o contexto atual dos direitos fundamentais. Dentre elas:

> a) a questão da jusfundamentalidade dos direitos sociais e de sua sindicabilidade judicial. Aqui se multiplicam as posições teóricas e jurisprudenciais relativamente a idéias como o mínimo existencial, reserva do possível, o princípio majoritário na concretização de programas constitucionais, a vedação do retrocesso, dentre outros;
>
> b) a questão da restrição aos direitos fundamentais, envolvendo:
> (i) a própria possibilidade lógica da restrição, como também:
> (ii) a doutrina dos limites imanentes;
> (iii) as hipóteses de restrições expressamente estatuídas pela Constituição ou implicitamente autorizadas;
> (iv) as restrições decorrentes das relações especiais de sujeição, como presos, militares, servidores públicos.
>
> c) a questão da eficácia privada dos direitos fundamentais, isto é, o limite de sua vinculação nas relações entre particulares;

d) a questão da colisão de direitos fundamentais.

IV. A interpretação jurídica tradicional e a nova interpretação constitucional

IV.1. A interpretação jurídica tradicional

1. **A interpretação constitucional como modalidade de interpretação jurídica.** Desde quando a Constituição conquistou o *status* de norma jurídica, pelo reconhecimento de sua força normativa, a interpretação constitucional passou a ser uma modalidade de interpretação jurídica.
2. **Elementos clássicos da interpretação jurídica.** A interpretação jurídica tradicional socorre-se de quatro elementos, sistematizados de longa data: o gramatical, o histórico, o sistemático e o teleológico.
3. **Critérios de solução de conflitos de normas.** Ainda na linha do conhecimento convencional, o Direito não tolera antinomias. Um sistema pressupõe unidade e harmonia. Logo, não se admite a possibilidade de uma mesma situação estar sob a incidência simultânea de duas normas divergentes. Para solucionar eventuais conflitos de normas, a dogmática jurídica sistematizou três critérios: o hierárquico, o temporal e o da especialização.
4. **Premissas tradicionais.** A interpretação jurídica tradicional, ademais, desenvolveu-se sobre duas grandes premissas:

> c) **Papel da norma:** oferecer, no seu relato abstrato, a solução para os problemas jurídicos;

> d) **Papel do juiz:** identificar a norma aplicável ao problema que lhe cabe resolver, revelando a solução nela contida; sua função é uma função de conhecimento técnico, de formulação de juízos de fato.

5. **Regras e subsunção.** As normas, no modelo tradicional, eram percebidas sob a forma de *regras*, normas descritivas de condutas a serem seguidas, aplicáveis mediante *subsunção*. Identificada a norma aplicável, procedia-se ao enquadramento do fato no relato na norma,

pronunciando-se a conclusão. Um raciocínio, portanto, silogístico, no qual a norma é a premissa maior, o fato relevante a premissa menor e a conclusão é a sentença.

6. **Insuficiência do modelo tradicional.** Esse modo de pensar e praticar o Direito é apto para resolver uma quantidade razoável de problemas jurídicos, talvez a maioria deles. Mas é insuficiente para solucionar muitas das questões que surgem, notadamente as que envolvem a interpretação e aplicação da Constituição.

IV.2. A nova interpretação constitucional

7. **Peculiaridades das normas constitucionais.** Embora as normas constitucionais sejam normas jurídicas, elas apresentam um conjunto de peculiaridades que as singularizam dentro do sistema, dentre as quais:

    a) a superioridade jurídica;
    b) a natureza da linguagem ("sistema aberto de princípios e regras");
    c) o conteúdo específico (normas de organização, normas definidoras de direitos e normas programáticas);
    d) a natureza política (disciplina a inter-relação entre Poderes e entre estes e os cidadãos).

8. **Princípios específicos de interpretação constitucional.** Tal circunstância levou, inicialmente, ao desenvolvimento de um conjunto de princípios específicos de interpretação constitucional, princípios instrumentais, que operam como premissas conceituais, metodológicas ou finalísticas da interpretação, dentre os quais os princípios da:

    a) supremacia da Constituição;
    b) presunção de constitucionalidade;
    c) interpretação conforme a Constituição;
    d) unidade;
    e) razoabilidade-proporcionalidade;
    f) efetividade.

9. **Mudança das premissas.** Com o tempo, todavia, as próprias premissas ideológicas sobre as quais se construiu o sistema, relativas ao papel da norma e ao papel do intérprete, deixaram de ser integralmente satisfatórias:

> a) **Papel da norma:** a solução dos problemas jurídicos nem sempre se encontra no relato abstrato da norma. Muitas vezes só é possível produzir a resposta constitucionalmente adequada à luz do problema, dos fatos relevantes, analisados topicamente;
>
> b) **Papel do juiz:** já não será apenas um papel de conhecimento técnico, voltado para revelar o sentido já contido na norma. O juiz torna-se co-participante do processo de criação do Direito, ao lado do legislador, fazendo valorações próprias, atribuindo sentido a cláusulas abertas e realizando escolhas.

10. **Novas categorias.** A nova interpretação constitucional lida com um conjunto de novas categorias dentre as quais é possível destacar:

> a) o emprego da técnica legislativa das *cláusulas abertas* ou conceitos jurídicos indeterminados, como ordem pública, interesse social, boa-fé;
>
> b) a normatividade dos *princípios*, normas que não são descritivas de condutas específicas, mas que consagram determinados valores ou indicam fins públicos a serem realizados por diferentes meios, como dignidade da pessoa humana, justiça, solidariedade, eficiência;
>
> c) o reconhecimento da existência de *colisões de normas constitucionais, de princípios ou de direitos fundamentais* como fenômenos inerentes e inevitáveis dentro de um Estado democrático de direito, baseado no pluralismo político;
>
> d) necessidade do emprego de técnicas como a *ponderação de normas, bens ou valores* para lidar com problemas jurí-

dicos que não podem ser solucionados mediante o método tradicional da subsunção;

j) legitimação das decisões de acordo com os fundamentos da *teoria da argumentação*, voltada a demonstração racional, para um auditório bem intencionado e esclarecido, de que a solução produzida foi a mais adequada do ponto de vista constitucional.

11. A estas novas categorias, notadamente a colisão, a ponderação e a argumentação, é que são dedicados os capítulos seguintes.

V. Colisão de direitos fundamentais

1. **Colisão de normas constitucionais.** A Constituição é um documento dialético, que consagra valores e interesses contrapostos, próprios de uma sociedade plural e de um sistema pluripartidário. Como conseqüência, não é incomum a colisão de normas constitucionais, a existência de tensão entre princípios contrapostos, como por exemplo:

   a) Livre iniciativa X Proteção do consumidor;
   b) Propriedade privada X Função social da propriedade;
   c) Liberdade de contratar X Dirigismo contratual;
   d) Desenvolvimento econômico X Proteção ambiental.

2. **Colisão de direitos fundamentais.** Pelas mesmas razões, conseqüência das mesmas causas, não é incomum que direitos fundamentais entrem em conflito. Os exemplos fazem parte do dia-a-dia dos tribunais.
Ex. 1. Direito à honra X direito à intimidade. O caso da cantora mexicana Glória Trevi.
Glória Trevi teve sua extradição requerida pelo governo mexicano e foi presa na Polícia Federal em Brasília. Apareceu grávida e acusou os policiais de serviço de haverem-na estuprado. Às vésperas do nascimento, os policiais requereram que fosse feito exame de DNA na criança, visando a excluir a paternidade e conseqüentemente, desmoralizarem a acusação de estupro. Invocando jurisprudência

do próprio STF, a cantora recusou-se a fornecer material para exame, em nome do direito à sua intimidade.

Ex. 2. Liberdade de religião X direito de repouso. O caso da Rua Inhangá.

Todos os domingos, às 7 horas da manhã, um pregador religioso ligava sua aparelhagem de som em uma pequena praça de Copacabana, um bairro populoso e simpático do Rio de Janeiro. Em altos brados, anunciava os caminhos a serem percorridos para ingressar no reino dos céus. Um jovem de vinte e poucos anos, que às 7 horas da manha de domingo mal havia esquentado a cama, pensava daquele pregador coisas que lhe fechariam para todo o sempre as portas do reino dos céus. O conflito entre a liberdade de religião de um e o direito de repouso de outro era manifesto.

Ex. 3. Liberdade de expressão X direito à própria honra e imagem

> *a)* Uma jovem faz *topless* na Praia Mole, em Florianópolis, Santa Catarina. Jornal de grande circulação publica uma foto da jovem. Tem ela direito a indenização por uso indevido de sua imagem?
> *b)* A Princesa Caroline de Mônaco ingressa em juízo na Alemanha, visando a proibir os órgãos de imprensa de publicar fotos suas, mesmo que em público, quando estivesse em atividades de sua vida privada.
> *c)* Caso Doca Street. Protagonista de um crime passional que marcou época no Rio de Janeiro, condenado a 15 anos de prisão. Quando uma grande emissora de televisão decidiu realizar um programa romanceando o episódio, após o réu haver cumprido a pena e já estando ressocializado, ele procurou impedir a exibição. Situação análoga à do célebre caso dos soldados de *Lebach*, do TCF alemão.

3. Características comuns aos exemplos. Quais as características comuns a todos estes exemplos?

1ª. **Insuficiência dos critérios tradicionais de solução de conflitos normativos.** A colisão de direitos fundamentais, como a colisão de normas constitucionais em geral, não pode ser resolvida pelos critérios tradicionais: hierárquico, temporal e especialização. Não quando se trate de normas integrantes da Constituição originária;

2ª. **Inadequação do método da subsunção.** A colisão de direitos fundamentais, como a colisão de normas constitucionais em geral, não pode ser resolvida mediante subsunção. Não é possível o mero enquadramento do fato à norma, porque mais de uma norma postula aplicação.

4. **Necessidade e crítica da ponderação.** Daí a necessidade do recurso à ponderação. Esta foi a técnica que se disseminou pelo mundo, tanto na Europa como nos Estados Unidos. Faz-se apenas o registro de que a despeito da popularidade de que desfruta na doutrina e na jurisprudência, a ponderação enfrenta resistências doutrinárias que podem ser agrupadas, por simplificação, em duas categorias[2]:

> a) os que negam – total ou parcialmente – a realidade dos conflitos normativos que solicitam o emprego da ponderação: teorias dos limites imanentes e o conceptualismo;
>
> b) os que reconhecem a realidade dos conflitos e procuram oferecer uma alternativa: a hierarquização dos elementos normativos em conflito.

5. Sem embargo das críticas, a ponderação é uma das marcas da interpretação do direito na atualidade.

VI. Ponderação de normas, princípios, valores, direitos fundamentais

1. **Hard cases.** A ponderação é uma técnica de decisão própria para os chamados *hard cases*, casos difíceis, que são aqueles que não comportam solução mediante *subsunção*, aqueles em que o ordenamento jurídico oferece mais de uma solução possível e razoável. A decisão, nesses casos, envolve escolhas valorativas ou opções políticas.

2. **Aplicação da ponderação.** A ponderação é aplicada nas hipóteses de colisão de normas que não podem ser solucionadas pelos critérios tradicionais. Embora seja normalmente associada à aplicação

---

2. V. a propósito, a tese de doutorado de Ana Paula de Barcellos, *Ponderação, metodologia e racionalidade*, 2004.

de princípios, a ponderação é técnica de decisão para lidar com as colisões normativas em geral, notadamente a que se verifica entre direitos fundamentais.

3. **Ponderação de regras.** É possível cogitar, também, embora em caráter mais excepcional, da ponderação de regras. A estrutura das regras, diferentemente dos princípios, não é própria à ponderação – regras se aplicam, normalmente, na modalidade *tudo ou nada*, na célebre expressão de Dworkin –, mas há situações-limite em que isso poderá ocorrer.

4. **Fases da ponderação.** O raciocínio na ponderação se desenvolve em três fases:

> a) identificação das normas em conflito;
> b) identificação dos fatos relevantes;
> c) verificação da repercussão sobre a realidade das diferentes soluções possíveis e atribuição de pesos aos elementos em disputa.

5. **Alguns vetores gerais.** Para que as decisões produzidas mediante ponderação tenham legitimidade e racionalidade, deve o intérprete[3]:

> a) reconduzi-la sempre ao sistema jurídico, a uma norma constitucional ou legal que lhe sirva de fundamento: a legitimidade das decisões judiciais decorre sempre de sua vinculação a uma decisão majoritária, seja do constituinte seja do legislador;
>
> b) utilizar-se de um parâmetro que possa ser generalizado aos casos equiparáveis, que tenha pretensão de universalidade: decisões judiciais não devem ser casuísticas nem voluntaristas;
>
> c) produzir, na intensidade possível, a concordância prática dos enunciados em disputa, preservando o núcleo essencial

---

3. V. Ana Paula de Barcellos, *Ponderação, metodologia e racionalidade*, 2004.

dos direitos (seja lá o que for isso; mas essa já é outra história).

6. **Parâmetros gerais.** Alguns autores têm procurado desenvolver alguns parâmetros gerais de ponderação, sustentando, por exemplo: a) que as regras devem prevalecer sobre os princípios; b) que as normas que realizam direitos fundamentais devem prevalecer sobre as normas de organização ou aquelas que apenas indiretamente os realiza. O tema não será aprofundado aqui[4].

7. **Possibilidades na ponderação.** Da ponderação poderão resultar:

a) **concessões recíprocas** entre as normas ou valores em disputa, de modo a preservar o máximo possível de cada um deles;

b) **escolhas** feitas pelo intérprete acerca de qual princípio ou direito irá prevalecer, quando seja impossível compatibilizá-los.

8. **Razoabilidade.** O conceito-chave aqui é o da *razoabilidade* ou *proporcionalidade*. Eu não vou aqui aprofundar a discussão terminológica nem a discussão conceitual acerca desse tema, que se enredou em sutilezas teóricas pouco práticas. Razoabilidade, a meu ver, é um princípio instrumental de interpretação constitucional, dirigido ao intérprete: é uma sobre-norma, uma premissa metodológica de aplicação das outras normas.

9. **Conteúdo material e instrumental da razoabilidade.** Seu conteúdo envolve uma dimensão material, relacionada à idéia de justiça, de racionalidade, de interdição do arbítrio e do capricho; e uma dimensão instrumental, como medida de validade e de aplicação de outras normas, através do teste tríplice da *adequação, necessidade (vedação do excesso) e proporcionalidade em sentido estrito.*

---

4. V. Ana Paula de Barcellos., *Ponderação, metodologia e racionalidade*, 2004.

VII. Aplicação da técnica da ponderação a dois dos exemplos acima

1. **Caso da Rua Inhangá** (religião X repouso)
Solução mediante *concessões recíprocas*: pregação deve começar às 9:00 da manhã. Ambos os direitos são preservados, com pequena restrição.
2. **Caso Glória Trevi** (honra X privacidade)
Solução mediante *escolha*: o STF determinou a realização do exame de DNA (atenuando sua própria jurisprudência), fazendo prevalecer o direito dos policiais sobre o da cantora (com a circunstância facilitadora de que o exame poderia ser feito na placenta, e não na mãe ou no feto, diretamente).

VIII. Aplicação da técnica da ponderação a duas situações relevantes para o atual debate jurídico

VIII.1. Aplicação dos direitos fundamentais às relações privadas

1. **Alguns exemplos.** Um dos grandes temas da atualidade do Direito, debatido pelo menos desde a decisão do *caso Lüth*, pelo TCF alemão, em 1958, diz respeito à aplicação da Constituição e dos direitos fundamentais às relações privadas. Situações como estas (?):

> a) pode um clube de futebol impedir o ingresso em seu estádio de jornalistas de um determinado veículo de comunicação que tenha feito críticas ao time; (liberdade de trabalho e de imprensa)
>
> b) pode uma escola judaica impedir o ingresso de crianças não judias (discriminação em razão da religião);
>
> c) pode o empregador prever no contrato de trabalho da empregada a demissão por justa causa em caso de gravidez;
>
> d) pode o locador recusar-se a firmar o contrato de locação porque o pretendente locatário é umbandista;

e) pode um jornalista ser demitido por ter emitido opinião contrária ao do dono do jornal.

2. Extensão da vinculação dos particulares. A aplicabilidade dos direitos fundamentais às relações privadas é objeto de razoável consenso no meio acadêmico, embora ainda enfrente alguma resistência nos Estados Unidos. O que se discute atualmente é a intensidade com que se deve dar esta aplicação, estando a doutrina e a jurisprudência dividida em duas grandes correntes principais:

> a) Eficácia indireta e mediata dos direitos fundamentais, mediante atuação do legislador infraconstitucional e atribuição de sentido às cláusulas abertas;

> b) Eficácia direta e imediata dos direitos fundamentais, mediante um critério de ponderação entre os princípios constitucionais da livre iniciativa e da autonomia da vontade, de um lado, e o direito fundamental em jogo, do outro lado.

3. Elementos a considerar. Nessa ponderação, como de regra na ponderação em geral, deverão ser levados em conta os elementos do caso concreto, dentre os quais[5]:

> a) a igualdade ou desigualdade material entre as partes (ex: se uma multinacional abre mão de um direito é situação diferente da de um trabalhador);

> b) a manifesta injustiça ou falta de razoabilidade do critério (ex: escola que não admite filhos de pais divorciados);

> c) preferência para os valores existenciais sobre os patrimoniais;

> d) risco para a dignidade da pessoa humana (ex: ninguém pode se sujeitar a sanções corporais).

---

5. V. Daniel Sarmento, *Direitos fundamentais e relações privadas*, 2004.

VIII.2. Colisão entre liberdade de expressão e direitos da personalidade (honra, imagem, intimidade e vida privada)

1. **Caso Caroline de Mônaco:** o Tribunal Constitucional Federal alemão rejeitou o pedido da princesa, relativamente a impedir que determinados periódicos publicassem fotos suas em atividades privadas, quando se encontrasse em lugar público não segregado. A Corte Européia de Direitos Humanos, todavia, decidiu em sentido diverso, assegurando, na hipótese, a prevalência do direito de privacidade sobre a liberdade de expressão.
2. **Caso *topless* na praia:** O juiz de primeiro grau julgou improcedente o pedido. Em apelação, câmara do Tribunal de Justiça de Santa Catarina reformou a decisão e reconheceu o direito a indenização por uso indevido de imagem. Em embargos infringentes, turma do mesmo tribunal reformou a decisão, que veio a ser mantida pelo Superior Tribunal de Justiça.
3. **Caso Doca Street:** após concessão de liminar impedindo a veiculação de programa, câmara do Tribunal e Justiça do Rio de Janeiro veio a revogá-la, assegurando o direito de exibição do programa, que de fato foi apresentado.

> • **Insegurança jurídica.** As idas e vindas da jurisprudência, como se constata singelamente, bem demonstram as dificuldades de se produzirem soluções consensuais nas hipóteses de colisão de direitos fundamentais. A inexistência de uma solução prévia e abstrata fornecida pelo ordenamento jurídico transfere para o intérprete o ônus de formular a regra do caso concreto, com base em parâmetros que não têm objetividade suficiente. Como conseqüência natural e inevitável, a previsibilidade das condutas fica afetada, daí advindo menor segurança jurídica.
>
> • **Teoria da argumentação.** Ao lidar com a colisão e a ponderação, aumenta em importância o dever do intérprete de fundamentar a sua decisão. Nessas hipóteses, cabe a ele demonstrar, argumentativamente, que a solução que produziu é a que mais adequadamente realiza a vontade

contida no sistema constitucional como um todo. A legitimidade de sua decisão, portanto, se transfere da clássica teoria da separação de poderes para a racionalidade e controlabilidade de seus fundamentos, e de sua capacidade de convencer um auditório esclarecido e bem intencionado acerca do acerto de suas opções.

4. **Caso Ministro de Estado:** Este é um caso fictício e algo caricato, mas que por sua ambigüidade bem serve para exemplificar a tese aqui desenvolvida. Suponha-se que um Ministro de Estado, casado, tenha sido fotografado saindo de um motel, acompanhado de uma senhora, que não é sua esposa. A foto foi tirada por um repórter que estava na rua e ilustrará matéria a ser publicada em uma revista semanal, dedicada ao tema "A infidelidade e o poder".

- **Os argumentos contrapostos.** Tomando conhecimento da matéria que está sendo produzida, o Ministro ingressa em juízo com pedido de antecipação de tutela, visando impedir a publicação de sua foto e de referências a ele. Argumenta que estava fora do horário do expediente, em seu veículo particular e que o fato se insere na sua vida privada. Alertado, o veículo de comunicação também peticiona, invocando a sua liberdade de expressão e o direito de informação do público.

- **Uma solução argumentativa.** Levando em conta que o fato é verdadeiro, que o conhecimento do fato foi obtido por meio lícito e que há interesse púbico presumido na divulgação de informações verdadeiras envolvendo agentes públicos, o juiz não acolhe o pedido. Esta solução está longe se ser pacífica, mas a fundamentação sumariamente exposta tem racionalidade, pode legitimamente disputar a adesão do auditório.

Conclusão[6]

1. Redução da segurança jurídica. Os desenvolvimentos aqui expostos afetam, em ampla medida e inexoravelmente, a segurança jurídica, por reduzirem a objetividade e a previsibilidade na interpretação constitucional. Tal circunstância, todavia, não decorre de uma opção ideológica, filosófica ou metodológica. Trata-se de uma inevitabilidade dos tempos modernos, da complexidade dos problemas a resolver e do refinamento da dogmática jurídica.

2. Segurança jurídica não é um valor absoluto. A segurança jurídica, ao lado da justiça e do bem estar social, é uma das finalidades do Direito. Mas não é, naturalmente, um valor absoluto, inclusive e sobretudo pela possibilidade de estar em tensão com os outros dois. A segurança jurídica, como produto da segurança social, não é um fenômeno estritamente dependente da técnica legislativa e da hermenêutica jurídica. Ela precisa ser materialmente construída (Teresa Negreiros). Sem maniqueísmos, será preciso indagar, aqui e ali: segurança de quem?

3. Funções do Direito. Consoante conhecimento convencional, o Direito deve desempenhar duas grandes funções. A primeira é uma função estabilizadora, de conservação de direitos subjetivos e de promoção da segurança jurídica. Há, todavia, uma segunda função que

---

6. Se é certo que nem toda tradição precisa ser mantida perenemente, não é menos certo que nem todas as novidades devem ser assimiladas acriticamente. Às vezes, as fórmulas tradicionais podem ser valiosas e libertadoras. Lembro-me da história de Tristão e Isolda, uma história medieval, que narra o desencontro de um casal jovem e apaixonado que o destino separa. Isolda termina por casar-se com o rei, mas conserva sua imensa paixão por Tristão. E um dia volta a encontrá-lo e retomam furtivamente o seu amor. Isolda é denunciada por traição e levada a julgamento perante um tribunal eclesiástico, onde a mentira poderia custar-lhe a vida. Na véspera do julgamento, Isolda pede a Tristão que espere por ela na entrada do local onde se realizaria a sessão, vestido como um mendigo. No dia seguinte, lá chegando, Isolda vira-se para Tristão e determina que a carregue como um escravo até o local do julgamento, para não sujar suas roupas na poeira do local. Tristão obedece. Quando o interrogatório de Isolda se inicia e dela se indaga se havia traído seu marido, o rei, ela responde: "Juro solenemente que jamais estive nos braços de outro homem que não os de meu marido e os deste mendigo que me trouxe até aqui". Apesar de todas as modernidades, por vezes são os valores tradicionais que libertam, como a interpretação literal e o amor apaixonado.

lhe cabe: uma função transformadora, promocional (Norberto Bobbio), ligada à promoção de justiça material, inclusive contra o *status quo*, que se protege sob o manto da segurança[7]. Por vezes, é a exacerbação da função conservadora do Direito, quando ele deveria ser instrumento da mudança, que gera insegurança.

4. No caso brasileiro, a verdade é que jamais voltaremos à paz alienada de uma classe dominante que acreditou por cinco séculos que poderia criar um país só para si, só para os seus filhos, de geração para geração. E que subitamente acordou assombrada com a enxurrada de violência à sua porta.

5. A violência tirou-nos da indiferença. É pena, é tarde, mas não tarde demais. O processo civilizatório só começa verdadeiramente a partir da percepção do outro, do próximo, não só o igual mas também o diferente. E, sob este aspecto, vivemos um momento venturoso, libertador. Superamos os ciclos do atraso. Porque, para quem sabe, é a indiferença, não o ódio, o contrário do amor.

---

7. Quem vive no Brasil sabe que a classe dominante nacional, quando ameaçada em seus privilégios, se organiza e faz discurso de esquerda. Vestida de Zegna, Gucci e Louis Vuitton, proclama que "o povo unido jamais será vencido".

A concretização judicial das normas constitucionais[1]

Conheci Anabelle Macedo Silva como ouvinte do meu curso de direito constitucional na Universidade do Estado do Rio de Janeiro — UERJ, no início da década de 90. Uma longa greve na universidade para a qual fora admitida levou-a à iniciativa extrema. A partir desse episódio, pude testemunhar duas facetas de sua personalidade singular: o gosto pelo estudo e a obstinação com que se entrega aos seus objetivos. Anabelle é uma dessas pessoas que fazem a vida acontecer, buscando caminhos, viabilizando projetos, ousando nas soluções propostas.

O trabalho que desenvolveu, e que tenho aqui a honra de apresentar, não constitui uma pesquisa previsível, que satisfaz com mero apuro formal o requisito acadêmico para obtenção do grau de mestre. Certamente não. Anabelle percorreu trilhas inovadoras, combinou autores aparentemente distantes entre si e produziu um conjunto denso e vistoso de idéias destinadas à realização efetiva da Constituição. A autora filiou-se à dogmática constitucional transformadora ou emancipatória, que acredita nas potencialidades do Direito como instrumento de saudável subversão do *status quo* e da realização dos direitos fundamentais. Faz parte da geração dos juristas que não acei-

---

1. Prefácio ao livro *A concretização judicial das normas constitucionais*, de Anabelle Macedo Silva, Rio de Janeiro, Ed. Lumen Juris, 2005.

ta passivamente a inefetividade da Constituição nem a denominada constitucionalização simbólica[2], *desvios que retardaram a evolução institucional, política e social do Brasil*.

A obra que o leitor terá o prazer de ler é dividida em duas grandes partes, mutuamente implicadas. A primeira se dedica ao estudo da relação que se estabelece entre direito constitucional e realidade, marcada pela tensão constante decorrente do necessário e inevitável condicionamento recíproco[3]. Nesse ponto, traça um valioso panorama histórico das diferentes configurações desse delicado equilíbrio, do Estado Liberal aos dias atuais, paralelas à maior ou menor amplitude das funções atribuídas ao Estado e à Constituição em cada período.

A tônica dessa primeira análise recai no chamado Estado Social, marcado pela assunção de uma série de obrigações positivas, voltadas à promoção do bem-estar e do desenvolvimento econômico e social, para além das tradicionais funções de garantidor da ordem e dos direitos de liberdade. Sem embargo da constatação desmistificadora de que também a manutenção dos direitos de liberdade gera custos[4], é inegável que a possibilidade de se exigirem judicialmente do Estado prestações materiais ainda envolve acesa controvérsia. Permeiam este debate argumentos tão poderosos como a separação de poderes e a reserva de lei orçamentária, de um lado, e a dignidade da pessoa humana e os direitos fundamentais, de outro. A despeito do esvaziamento ideológico e funcional do Estado nos últimos tempos, a questão não perdeu o interesse, sobretudo no que se refere às prestações destinadas a garantir o chamado mínimo existencial.

A supremacia da Constituição e o reconhecimento de sua força normativa impõem que se atribua a cada uma de suas normas a possibilidade de produzir efeitos de alguma ordem no mundo real, sempre em direção ao objetivo de plena conformação da realidade ao comando normativo[5]. O que pode variar é a amplitude desses efeitos, que

---

2. Sobre o tema, v. Marcelo Neves, *A constitucionalização simbólica*, 1994.
3. Sobre o tema, v. Konrad Hesse, "La fuerza normativa de la Constitución". In: *Escritos de derecho constitucional*, 1983.
4. V. Stephen Holmes e Cass Sustein, *The cost of rights*, 1999.
5. V. Luís Roberto Barroso, *O direito constitucional e a efetividade de suas normas*, 2003.

alcançam sua modalidade mais contida nas chamadas normas programáticas[6]. Reverente a essas premissas, o estudo é conduzido sob o signo da busca pela máxima efetividade da Constituição e a superação da chamada constitucionalização simbólica, que, nas palavras da autora, acaba por postergar, com ares de legitimidade, a implementação do estado ideal pretendido pela Constituição:

> "Também pode a legislação simbólica servir para adiar a solução de conflitos através de compromissos dilatórios. A constitucionalização de cláusulas assecuratórias de interesses contraditórios, por exemplo, como ocorre nas Constituições compromissórias contemporâneas, serve para postergar a integral solução de conflitos entre grupos sociais opostos, na medida em que a Constituição, através das normas-princípio, de textura aberta, consegue acolher os interesses de ambos os grupos.
>
> A contínua concretização de tais normas compromissórias pode, de fato, servir como progressiva construção do consenso social acerca do conteúdo das disposições contrapostas, sendo a concretização jurisdicional um dos legítimos veículos institucionais para o embate entre os interesses dos grupos sociais opostos. Ao revés, a frustração simplista da efetividade de tais disposições, através de fórmulas superficiais e reducionistas tais como o caráter exclusivamente programático de certas disposições constitucionais, au-

---

6. Essas normas, inclusive por sua natureza de normas-princípio, garantem a permeabilidade do texto constitucional às orientações políticas dominantes a cada tempo, dependendo, por isso mesmo, de integração legislativa para adquirirem plena efetividade. A esse fenômeno de integração da Constituição pelos Poderes constituídos, Canotilho dá o nome de abertura vertical da Constituição. A abertura horizontal é igualmente assegurada pela textura aberta dos princípios e se identifica com a expansão da força normativa da Constituição por toda a realidade do Estado, a despeito da impossibilidade de que todas as suas dimensões e circunstâncias sejam diretamente abordadas pelo texto constitucional. Sobre o tema, v. J. J. Gomes Canotilho, *Constituição dirigente e vinculação do legislador: contributo para a compreensão das normas constitucionais programáticas*, 1994, p. 193.

sência de normatividade de normas-princípio, ilegitimidade do Judiciário decorrente da separação de poderes, dentre várias máximas do rosário da teoria constitucional da inefetividade, induz o fenômeno da constitucionalização simbólica".

Conformar a realidade, que impõe limites ao seu poder de conformação. Eis o aparente paradoxo do Direito, sobretudo do direito constitucional, a ser superado por aqueles que fazem dele uma instância democrática de ordenação e transformação social, mais do que meramente um sistema lógico-formal ou um meio de ganhar a vida. Não por outro motivo, a segunda parte deste livro trata do instrumental de concretização das normas constitucionais, com ênfase para a metodologia estruturante de Friedrich Müller, cunhada justamente no auge do chamado Estado Social.

As teorias concretistas têm o mérito de deixar claro o papel criativo desempenhado pelo intérprete na chamada nova interpretação constitucional[7], na medida em que parte da distinção entre texto e norma, passando esta última a ser compreendida, não mais como ponto de partida, mas sim como ponto de chegada do processo hermenêutico. O aporte de Müller, por sua vez, densifica essa construção teórica, equacionando o já referido condicionamento recíproco entre norma e realidade. A norma passa a ser percebida como o produto da fusão entre o programa normativo — resultado da interpretação dos textos legislados pertinentes, já sob o influxo dos princípios aplicáveis — e o campo normativo — identificado com a porção da realidade social que tanto condiciona a capacidade de produzir efeitos da norma, como é o alvo de sua pretensão de efetividade. Enfraquecem-se, portanto, as distinções entre norma e realidade e entre interpretação e criação. Na correta colocação da autora:

> "Na vertente concretista da metodologia estruturante do direito, os conceitos de integração e interpretação guardam tênue distinção, configurando, na verdade, matizes gradativas do processo de concretização, tendo em vista a pre-

---

7. Sobre o tema, v. Luís Roberto Barroso (org.), *A nova interpretação constitucional: ponderação, direitos fundamentais e relações privadas*, 2003.

missa de que a norma jurídica é produto da fusão do texto da norma e das circunstâncias do caso concreto, operada no curso do processo de concretização. Por conseguinte, a atividade de concretização inclui a interpretação do texto da norma bem como a produção da norma-decisão, não se resumindo, entretanto, a uma mera subsunção. O nível de integração normativa da norma-decisão proferida ao cabo do processo de concretização depende da maior ou menor densidade da norma constitucional em exame".

Não se trata de negar a repartição de competências no âmbito do Estado, decorrência do princípio da separação dos Poderes, o qual, como bem observa a autora, desprendeu-se do contexto de sua criação e incorporou-se ao conceito de democracia, como mecanismo de limitação do poder. Na verdade, o que ocorre é, ao mesmo tempo, (i) a redefinição da fórmula clássica de separação, em função do impulso dirigente, inclusive da atividade legislativa, que a Constituição assume, e (ii) a desmistificação da neutralidade do Direito e da concepção de que o intérprete seria mero revelador do seu conteúdo, prévia e externamente definido. Ambos os fenômenos são decorrência direta do reconhecimento de força normativa aos princípios, marco central da quadra pós-positivista. Os princípios respondem pela textura aberta da Constituição, potencializando a atividade criativa da jurisprudência.

Essa virada epistemológica costuma suscitar impugnações quanto à legitimidade democrática da interpretação judicial criativa, alicerçadas no fundamento de que operaria a quebra do monopólio da produção do Direito e da definição das políticas públicas pelos órgãos de representação popular. A resposta a essas objeções, além de afirmar o papel atribuído ao Judiciário pela própria Constituição, passa também pela crítica da democracia representativa, sobretudo por seu *deficit* de legitimidade nos países em desenvolvimento, onde a exclusão social — exclusão até dos pressupostos de dignidade que a Constituição consagra como mínimos — impossibilita uma participação verdadeira no processo político tradicional. Tomadas em consideração essas premissas, o espaço de concretização oferecido pelo Poder Judiciário pode até se revelar mais democrático, na vertente da democracia participativa, do que as instâncias políticas tradicionais. Nas palavras de Anabelle:

"Na ordem política, ao contrário, a participação direta do cidadão não é pressuposto da atuação legislativa, sendo certo, ainda, que não se impõe a igualdade de oportunidades entre partes interessadas, prevalecendo sempre o maior quilate político, a vinculação à vontade majoritária. O Judiciário, efetivamente, pode, e deve, permitir o acesso igualitário ao judicial process dando, assim, proteção a grupos que não estariam em condições de obter acesso ao political process, sendo, portanto, o acesso ao processo judicial garantido horizontalmente, diferentemente do acesso ao processo político.

As garantias processuais caracterizadoras das virtudes passivas procedimentais da função jurisdicional constituem um dos pilares da legitimidade democrática, a qual se sustenta ainda na participação direta e igualitária da comunidade na qualidade de partes no processo judicial, sendo, portanto, a criatividade jurisdicional ao mesmo tempo inevitável e legítima, residindo sua fragilidade na medida de tal criatividade e na sua controlabilidade".

Na linha dessa advertência final, a autora introduz o necessário contraponto ao papel criativo que a nova hermenêutica reconhece ao intérprete. Há que haver limites e controles, sob pena de agigantamento do Judiciário e conseqüente esvaziamento dos outros Poderes. Não é possível nem desejável a judicialização integral da política. O equilíbrio certamente passa por uma auto-contenção do Judiciário, intuitivamente menor quando se tratar de concretizar os direitos integrantes do mínimo existencial, contra os quais a oposição da liberdade de conformação do legislador e da discricionariedade administrativa perdem terreno, sobretudo nos casos em que se apresentarem como suposta liberdade de inação, o que equivaleria a subordinar permanentemente a vontade constitucional aos poderes constituídos. Afora essas considerações, a intervenção judicial concretizadora legitima-se também pelo dever de motivação que caracteriza a atividade jurisdicional, que deve permitir a reconstrução do itinerário percorrido pelo intérprete, como anota a autora:

> "Não se trata de decisionismo arbitrário, eis que o jurista se submete aos limites impostos pelo texto da norma, bem como encontra-se vinculado à utilização de métodos racionais que permitam a ampla discussão e revisão da norma-decisão elaborada. A teoria estruturante procura, exatamente, a depuração e o vigor metodológicos como meio de garantir a objetividade máxima e fiscalização da norma-decisão, superando, de tal forma, as ilusões tradicionais e as deformações conceituais dela decorrentes".

Assim, o dever de motivação racional ganha especial relevância na nova interpretação constitucional, na qual se reconhece papel criativo ao intérprete e se desconstrói o mito de sua neutralidade. A fundamentação sincera ou, na terminologia de Müller, a "honestidade dos métodos" possibilita um questionamento mais eficiente das premissas fáticas e jurídicas da decisão, bem como um maior controle da influência desempenhada pela pré-compreensão no processo decisório. Além disso, tal como já mencionado, embora a norma não se identifique com o texto legislado, dele não pode prescindir, pois as possibilidades semânticas que oferece funcionam como ponto de partida necessário da interpretação e limite da sua dimensão criativa. Na correta apreensão de Anabelle:

> "O efeito indicativo do texto tem um sentido positivo, pois aponta para os possíveis pontos de sustentação da argumentação, enquanto que o efeito delimitador ostenta um sentido negativo, na medida em que serve de parâmetro para inabilitar as interpretações desconectadas do texto da norma. Uma decisão judicial contraria a função delimitadora do texto quando a norma decisão e a norma jurídica não podem ser metodologicamente imputadas a um texto de norma em vigor. O texto constitui o limite do espaço de concretização regular, sendo tal linha de fronteira traçada pelos princípios da democracia e do Estado de direito".

É boa hora de se concluir esta divagação, que já se faz extremamente longa, motivada pela leitura da instigante dissertação ora apresentada. Em nome do programa de Pós-graduação em direito público da UERJ, tenho o prazer de apresentar Anabelle Macedo Silva à comunidade jurídica. Seu primeiro trabalho é o fruto maduro de uma vida acadêmica dedicada ao estudo e à pesquisa, movida por um idealismo sincero e criativo. Autora e obra terão o sucesso que merecem.

Previdência e assistência social — Legitimação e fundamentação constitucional brasileira[8]

Os diversos programas de pós-graduação de alto nível no país têm produzido uma quantidade importante de trabalhos de grande qualidade. No direito constitucional, este fenômeno tem-se manifestado sob a forma de uma venturosa ascensão política e científica. De fato, nos últimos anos, desenvolveu-se no Brasil uma verdadeira teoria constitucional democrática, comprometida com o constitucionalismo normativo, com a efetividade dos direitos fundamentais e dotada de uma indispensável perspectiva crítica. Tem sido ela, dentro das possibilidades e limites do Direito, um valioso instrumento para a superação dos ciclos do atraso e da desigualdade, que nos têm retido na periferia da história.

A dissertação de mestrado de Marcelo Leonardo Tavares, aprovada com distinção, e que aqui tenho a honra de apresentar, poderia ser enquadrada, sem qualquer favor, no círculo virtuoso descrito acima. A verdade, porém — a grata verdade —, é que ela é mais do que um exemplo ilustrativo de uma safra de qualidade. O trabalho que se segue é admirável por muitos títulos, dentre os quais se destacam a

---

8. Prefácio ao livro *Previdência e assistência social — Legitimação e fundamentação constitucional brasileira*, de Marcelo Leonardo Tavares, Rio de Janeiro, Ed. Lumen Juris, 2003.

atualidade e originalidade do tema, o uso fluente da melhor dogmática jurídica, a exposição didática, a coragem no diagnóstico dos problemas e a criatividade na proposição de soluções alternativas. Não é difícil demonstrar esses atributos.

A atualidade da discussão resulta de uma feliz intuição do autor. A publicação do trabalho coincide com a apresentação, pelo Governo Federal, de uma ambiciosa proposta de reforma da previdência social. Enfrentando, sobretudo, as distorções geradas pelo sistema de concessão de benefícios no setor público, a proposta de emenda constitucional em debate no Congresso Nacional aprofunda a dimensão contributiva do modelo, estabelecendo benefícios em função da remuneração base sobre a qual se deram os recolhimentos previdenciários, limites máximos para os proventos e redução do valor das pensões, dentre outras medidas. O leitor verificará que todas estas questões já se encontram discutidas e bem elaboradas na presente dissertação. Sou testemunha da precedência com que Marcelo as detectou e enfrentou: seu exame de qualificação, no qual apresentou o esboço das idéias aqui desenvolvidas, deu-se em data anterior às próprias eleições de 2002.

O trabalho tem, igualmente, a marca da originalidade. Na vida acadêmica há temas glamorosos, sofisticados, sedutores. E há temas inóspitos, difíceis, mas nem por isso menos necessários. Sem surpresa, os autores costumam preferir os primeiros. Marcelo, no entanto, assumiu o ônus de percorrer um caminho que os juristas costumam deixar de lado, espantados por assombrações diversas, inclusive a de lidar com a interdisciplinariedade exigida para o tratamento de determinadas matérias. Graças ao presente estudo, no entanto, a legitimação e a fundamentação constitucional da previdência e da assistência social deixaram de constituir um tema à espera de um autor.

O trabalho espelha, igualmente, excelente familiaridade com a dogmática jurídica contemporânea e suas grandes questões. Nele se percorrem, com propriedade, as categorias aplicáveis do pós-positivismo jurídico, entendida nessa locução a superação da legalidade estrita, o reconhecimento de normatividade aos princípios e a centralidade dos direitos fundamentais. Com sensibilidade e apuro técnico, o autor desenvolve dois deles: a *dignidade da pessoa humana*, valor moral prévio à organização social e justificação dos direitos humanos, na qual se contêm as condições materiais básicas para a vida civilizada e para o desfrute da liberdade; e a *solidariedade*, que traduz o dever do Estado e da sociedade de promoverem a adequada repartição de riquezas entre todos, com base nos valores da justiça material e distributivista.

Em seguida, jurista sintonizado com o seu tempo, Marcelo Leonardo vai em busca da efetividade dos direitos à assistência e à previdência. Identifica, assim, as prestações mínimas a serem compulsoriamente entregues, como resultado da projeção da noção de direitos humanos no plano dos direitos sociais. Nessa linha, em nome da garantia da dignidade, da liberdade, da igualdade de chances e da superação da miséria e da marginalização, identifica como direitos sociais prestacionais mínimos — e conseqüentemente, exigíveis de forma direta e imediata, com base na Constituição — a educação fundamental de primeiro grau, a saúde básica, a assistência social e a previdência social básica. Para estas duas últimas volta ele a sua capacidade conceitual e analítica.

O sistema previdenciário no Brasil, como aponta didaticamente o autor, pode ser público ou privado. O sistema privado, de natureza contratual e facultativo, é previsto no art. 202 da Constituição e regido pelas Leis Complementares n.ºs 108 e 109, ambas de 2001. O estudo, no entanto, concentra-se no sistema público, que é administrado pelo Estado, tem natureza institucional, é de filiação compulsória e custeado por contribuições sociais e pela participação estatal. No âmbito do sistema público convivem dois modelos, como bem explica Marcelo: um destinado aos servidores públicos e mantido por cada uma das entidades federativas; e outro destinado aos trabalhadores da iniciativa privada e de pessoas que desejem voluntariamente filiar-se, administrado pelo Instituto Nacional do Seguro Social — INSS, uma autarquia federal. A disparidade entre estes dois modelos, com claro desequilíbrio em favor dos benefícios dos servidores públicos, está no centro das disfunções do sistema e é a principal causa de sua insolvência.

No ponto alto de seu trabalho, Marcelo Leonardo Tavares identifica a crua injustiça existente entre os dois modelos, demonstrando que se criou um sistema de privilégio de alguns, custeado por todos. Em suas palavras:

> "O modelo previdenciário dos regimes próprios (isto é, dos servidores públicos) não se limita à preocupação com a garantia da liberdade e da igualdade de chances. Vai além.

> Cria uma condição privilegiada, através do Estado, para um classe determinada em detrimento do restante da população, uma vez que permite que aposentadorias e pensões sejam pagas sem um limite máximo definido, calculadas com base na última remuneração e vinculadas, a partir daí, às modificações das rendas dos funcionários em atividade".

Em seguida, após constatar que o regime sequer era contributivo até pouco tempo atrás — e portanto, a rigor, sequer poderia ser qualificado como previdência, constituindo um favor do Estado —, o autor demonstra a inviabilidade da fórmula em vigor:

> "O critério de vincular o valor do provento ao da última remuneração da atividade também dificulta tremendamente a manutenção do equilíbrio atuarial, sacrificando toda a sociedade no pagamento dos tributos, pois, diante da natural variação de renda percebida durante o período laboral, as contribuições vertidas nem de longe serão suficientes para arcar com parte substancial das obrigações prestacionais".

Não surpreende, assim, a estatística assombrosa revelada pelo estudo: no ano de 2000, o setor público gastou R$ 48,3 bilhões para a manutenção de 4,7 milhões de servidores públicos. Em contraste, na previdência social dos trabalhadores privados (denominada de regime geral) e na assistência social mantida pelo INSS (com renda mensal vitalícia), o gasto foi de R$ 5,21 bilhões para a cobertura de 20,3 milhões de pessoas. Embora haja sutilezas e distorções nos juízos fundados em dados puramente estatísticos, a conclusão severa e corajosa do trabalho é óbvia demais para ser confrontada:

> "Conclui-se, assim, que os regimes próprios de previdência social não configuram direito social fundamental, pois estabelecem sistemas de privilégios de categoria profissional extremamente onerosos para a sociedade, estão desvinculados da garantia da dignidade da pessoa humana e provocam uma solidariedade inversa, de locupletamento dos mais ricos a partir da renda de todos".

Daí a boa inspiração do modelo que ao final do seu trabalho propõe o autor, interpretando o senso comum, este grande ausente de certos debates públicos no Brasil:

> "Teríamos, assim, um regime de repartição básico: 1) público; 2) universal — abrangendo trabalhadores, servidores, militares e segurados facultativos; 3) de garantia da dignidade humana, apoiada no valor da solidariedade; 4) financiado com respaldo na clássica fórmula tríplice de custeio — Estado, trabalhadores e empresas; 5) protetor dos principais e mais graves riscos sociais; 6) com limites mínimo e máximo de cobertura; 7) no qual se mantenha o equilíbrio atuarial; e 8) em que o cálculo do valor dos proventos reflita a média de renda percebida pelos segurados durante a vida laboral.
> Além desse sistema, é oportuna a manutenção do oferecimento de planos privados facultativos, em regime de capitalização".

O Brasil descobriu, tardiamente, que o equilíbrio fiscal não é uma opção ideológica, mas um fundamento da economia. O endividamento progressivo paralisa a capacidade de investimento em políticas públicas e sociais relevantes e a inflação é perversa sobretudo com os mais pobres, que não se protegem nas contas remuneradas, no *overnight* e nos diversos indexadores. As culpas pelo déficit do sistema previdenciário são, na sua maior porção, invisíveis e diluídas ao longo do tempo. Não é fácil distribuí-las adequadamente, nem haveria grande proveito em fazê-lo. É certo que os servidores públicos, chamados a pagar a maior parcela da conta que não fechou, não são os responsáveis. São vítimas. O Estado, portanto, não deve ser indiferente nem arrogante em relação às suas legítimas expectativas. É preciso fazer uma transição civilizada, ainda que dura.

Mas há uma dificuldade adicional, no Brasil, em qualquer debate que afete o *status quo*, vale dizer, as distribuições de poder e de riqueza na sociedade. Uma certa retórica vazia, demagógica, torna-se aliada da inércia, e tudo permanece como sempre foi, mantendo-se a apropriação privada do espaço público. A criação de um país decente, fundado em pressupostos igualitários, tem de enfrentar as seduções do populismo, escudo sob o qual se protege, pelos séculos afora, a classe dominante brasileira e seus aliados no estamento burocrático. Diante de qualquer ameaça aos seus privilégios, organizam-se bravamente e fazem discurso de esquerda. Assim é porque sempre foi.

Em nome do programa de pós-graduação em direito público da Universidade do Estado do Rio de Janeiro, tenho a honra de apresentar à comunidade jurídica o precioso trabalho de Marcelo Leonardo Tavares. Escrito com competência técnica, clareza de forma e coragem cívica, constitui motivo de orgulho para os que puderam compartilhar com ele informações, idéias e um projeto generoso e inclusivo de país.

Jurisdição constitucional[1]
Constitucionalismo e democracia em embalagem para presente

Nos últimos anos, o direito constitucional brasileiro tem vivido uma revolução profunda e silenciosa. Começou pelo reconhecimento de força normativa e de *efetividade à Constituição*. Em seguida, já sob a vigência da Carta de 1988, desenvolveu-se pouco a pouco um *sentimento constitucional*, que superou as vicissitudes de um texto imperfeito e instável. Também aqui, ainda que com atraso, o *constitucionalismo* se firmou como uma ideologia vitoriosa, traduzindo-se em limitação do poder e afirmação dos direitos fundamentais. No fluxo dessas transformações, deu-se a progressiva afirmação institucional do Poder Judiciário e, no seu âmbito, da *jurisdição constitucional*.

Nesse contexto, o Supremo Tribunal Federal passou a fazer parte da agenda política do país. Nos dias em que escrevo estas linhas — segundo semestre de 2004 —, já estiveram ou estão postas perante a Corte Constitucional brasileira diversas questões relevantes para a cidadania e para o funcionamento das instituições democráticas, como por exemplo: a legitimidade ou não da interrupção da gravidez na hipótese de inviabilidade de vida extra-uterina do feto; os limites constitucionais da atuação do Ministério Público na investigação cri-

---

1. Prefácio ao livro *Jurisdição constitucional*, de Bianca Stamato Fernandes, Rio de Janeiro, Ed. Lumen Juris, 2004.

minal; a constitucionalidade da Reforma da Previdência, dentre muitas outras. Em menos de uma geração, superamos os diversos ciclos do atraso institucional e desenvolvemos uma prática constitucional significativa. Mais recentemente, despertou-se a preocupação de elaboração de uma teoria constitucional mais refinada, sintonizada com as idéias que correm pelo mundo, mas ajustadas às circunstâncias brasileiras. E na vida, para quem sabe, nada é mais prático do que uma boa teoria[2].

O valioso livro de Bianca Stamato Fernandes insere-se no esforço mais recente, empreendido no Brasil, de se desenvolver uma teoria constitucional de qualidade, que seja capaz de fazer a travessia bem sucedida entre a filosofia constitucional e a dogmática jurídica. Sua pesquisa visa a suprir a demanda, que subitamente se criou no país, pela justificação e legitimação da jurisdição constitucional. Com densidade teórica e clareza de linguagem, o estudo percorre, com agudo senso crítico, os paradoxos do direito constitucional moderno e as tensões que se formam entre o ideal *liberal* de poder limitado e de promoção de direitos — próprios do constitucionalismo, desde os seus primórdios — e o ideal *democrático* de supremacia da vontade popular, de prevalência do princípio majoritário.

De fato, a idéia de Estado democrático de direito, consagrada no art. 1º da Constituição brasileira, é a síntese histórica de dois conceitos que são próximos, mas não se confundem: os de constitucionalismo e de democracia. *Constitucionalismo* significa, em essência, limitação do poder e supremacia da lei (Estado de direito, *rule of law*, *Rechtsstaat*). *Democracia*, por sua vez, em aproximação sumária, traduz-se em soberania popular e governo da maioria. Entre constitucionalismo e democracia podem surgir, eventualmente, pontos de tensão: a vontade da maioria pode ter de estancar diante de determinados conteúdos materiais, orgânicos ou processuais da Constituição. Como bem assinalou Bianca:

> "A corrente noção de democracia constitucional envolve a relação de dois ideais que estão, ao menos a uma primeira

---

2. A frase é de domínio público. Ouvi-a, no entanto, pela primeira vez, de José Carlos Barbosa Moreira, um mestre inexcedível, bom exemplo do que nela se contém.

vista, fadados a um relacionamento conflituoso: a idéia de governo limitado, fundada no princípio da supremacia da Constituição, e a idéia de governo do povo, ancorada no princípio da maioria. (...) A promessa nas democracias constitucionais é a conquista de um fino equilíbrio entre o princípio da democracia e os direitos fundamentais. Mas tal promessa situa-se em um plano ideal, pois nem no plano normativo a acomodação entre as noções apresenta-se como questão de fácil solução".

A dissertação de Bianca Stamato Fernandes explora as complexidades e sutilezas dessa confluência de conceitos, exatamente no ponto em que ela se torna mais problemática: no *controle de constitucionalidade*, na possibilidade de o Judiciário pronunciar a invalidade e paralisar a eficácia de atos normativos em geral, especialmente os emanados do Poder Legislativo, órgão de representação da vontade majoritária. Com precisão, assim se delimita o objeto da investigação:

"A questão da legitimidade democrática da jurisdição constitucional é pertinente apenas no que diz respeito ao poder conferido ao Judiciário de afastar ou suspender a eficácia de leis emanadas de órgãos dotados de representatividade democrática através do procedimento previsto para tal (...). A dificuldade contramajoritária não é vislumbrada quando o Judiciário dirime questões relativas a competências definidas diretamente pela Constituição, mas tão somente quando ingressa na esfera de atribuições do Poder Legislativo, afastando a norma emanada dos corpos democraticamente eleitos ou mesmo fixando interpretação para normas constitucionais de conteúdo principiológico".

Dificuldade contramajoritária: nesta expressão, lavrada por Alexander Bickel[3], reside um universo de potencialidades e contradi-

---

3. Alexander Bickel, *The last dangerous branch*, 1986, p. 16 e s. V. também Stone, Seidman, Sunstein e Tushnet, *Constitutional law*, 1996, p. 45 e s., e

ções, decorrentes do fato de que órgãos que não trazem o batismo da legitimação popular têm o poder de afastar ou conformar normas e políticas públicas produzidas por representantes eleitos. Esta é a linha condutora do trabalho ora apresentado, que se inicia com uma valiosa reconstrução histórica do contexto de criação do *judicial review* nos Estados Unidos, com destaque para o embate inicial entre federalistas e antifederalistas e os reflexos daí decorrentes para as correntes de pensamento que posteriormente se formaram. O itinerário prossegue com o surgimento da matriz austríaca de controle e chega às modernas tentativas de conciliar o controle de constitucionalidade com o princípio democrático.

Nesse ponto, vale um registro. O indisputável sucesso institucional do controle de constitucionalidade mundo afora não afasta o interesse na elaboração de uma fundamentação teórica sólida, que dê conta de justificá-lo e de precisar seus limites. Isso é verdade mesmo em países como o Brasil, onde desde a inauguração da República se fez a opção normativa pela fiscalização constitucional das leis — a princípio incidental e difusa e, com o tempo, também por ação direta e concentrada. Dentro do espectro do pós-positivismo, da redescoberta da filosofia e da reaproximação entre o Direito e a Ética, a justificação das escolhas políticas e a elaboração metodológica consciente e sincera passaram a integrar o campo de preocupação dos operadores jurídicos. A exploração legítima do potencial moral e transformador do Direito impõe ao jurista a explicitação dos valores e fins que o movem. Ao declinar sua motivação em analisar as teorias de justificação da jurisdição constitucional, assentou Bianca:

"Entende-se por justificação a prova de que um determinado instituto ou norma é válido porque se conforma com

Laurence Tribe, *American constitutional law*, 2000, p. 302 e s. Bruce Ackerman questiona a referência a *countermajoritarian difficulty*, sob o fundamento de que ela é falsa. Segundo ele, ao invocar a Constituição, a Corte está tratando de dispositivos que foram aprovados por diversas maiorias, representadas pelos corpos legislativos que propuseram e ratificaram a Constituição original e suas emendas. E conclui o professor de Yale: "Em lugar de uma dificuldade contramajoritária, o mais natural e óbvio é identificar uma dificuldade intertemporal" (Discovering the Constitution, *Yale Law Journal*, 93:1013, 1984, p. 1023 e 1049).

determinados princípios ou valores. Não se pretende uma justificação no plano meramente positivista, calcada em norma plasmada no documento constitucional. Procura-se uma justificação profunda e geral para a jurisdição constitucional, capaz de validar sua adoção, ainda que revestida de quaisquer métodos".

A mudança substancial de algumas premissas sobre as quais se assentava a dogmática jurídica tem realçado os aspectos controvertidos da dificuldade contramajoritária. Desconstruíram-se, ao longo dos anos, os mitos da objetividade da interpretação e da neutralidade do intérprete, com a conseqüente descoberta de um juiz que faz valorações e escolhas, co-participando do processo de criação do Direito. Se o Judiciário deixa de ser "a boca que pronuncia as palavras da lei", sua atuação, como intuitivo, já não pode ser integralmente justificada pela teoria da separação dos Poderes. Nessa conjuntura, a interpretação passa a ser um poderoso mecanismo de desenvolvimento do Direito, fazendo nascer uma outra perplexidade: é que a Constituição estabelece limites formais e materiais para a sua alteração pelo constituinte reformador, mas deixa aberta a via da reforma informal e silenciosa que pode e costuma ser empreendida pelo Judiciário, sobretudo pela Corte Constitucional. Nas palavras da autora:

> "O paradoxo das democracias constitucionais reside no fato de que as constituições rígidas impõem um processo dificultoso para os processos formais de reforma pelo Legislador/Poder Constituinte Derivado, enquanto não impedem a chamada mutação constitucional. Esta última consiste em fenômeno decorrente da interpretação evolutiva em que há alteração do contexto da norma sem alteração da norma. Assim as constituições rígidas bloqueiam ou dificultam o procedimento de reforma formal que incumbe ao Poder Legislativo sendo ineficazes ou silentes quanto ao procedimento de reforma informal que geralmente é da alçada do Judiciário, visto que a atividade do Judiciário não se limita ao dogma do 'Legislador negativo'".

Nessa perspectiva, Bianca analisa três formulações teóricas que têm em comum o reconhecimento desse aparente paradoxo e a pretensão de desconstruí-lo, realizando a conciliação entre constitucionalismo e democracia. Analisar, ainda que brevemente, cada uma delas ultrapassaria o objetivo de um prefácio e colocaria parágrafos desnecessários entre o leitor e a obra. Quem percorrer com atenção as páginas bem pesquisadas, bem refletidas e bem escritas por Bianca Stamato Fernandes terá condições de formar um substancioso juízo acerca do procedimentalismo de John Hart Ely, da leitura moral de Ronald Dworkin e do esforço conciliatório de Carlos Santiago Nino, ao justificar a jurisdição constitucional como árbitro do jogo democrático e garantidora dos direitos individuais. De comum entre todos eles o reconhecimento de que certos limites à vontade das maiorias são internos à democracia, em cuja base está o princípio da igualdade. E aqui já começaria uma outra história.

Em síntese: a Constituição de um Estado democrático tem duas funções principais. A primeira é veicular consensos mínimos, essenciais para a dignidade das pessoas e para o funcionamento do regime democrático, que não devem ser preteridos por maiorias políticas ocasionais. A segunda é assegurar o espaço próprio do pluralismo político, representado pelo abrangente conjunto de decisões que não podem ser subtraídas dos órgãos eleitos pelo povo a cada momento histórico. A Constituição não pode abdicar da salvaguarda de valores essenciais e da promoção de direitos fundamentais, mas não deve ter, por outro lado, a pretensão de suprimir a deliberação legislativa majoritária e juridicizar além da conta o espaço próprio da política. O juiz constitucional não deve ser prisioneiro do passado, mas passageiro do futuro.

Bianca Stamato Fernandes tem sua formação ligada à Pontifícia Universidade Católica do Rio de Janeiro, onde teve a oportunidade de conviver com mestres notáveis, como José Ribas Vieira e Ana Lúcia Lyra Tavares. Não tive, assim, o prazer de tê-la como minha aluna na UERJ, nem de participar mais diretamente do desenvolvimento pessoal e intelectual que conduziram ao presente trabalho. O convite para escrever este prefácio é, por certo, uma carinhosa homenagem a um já antigo (mas não velho!) combatente do direito constitucional. Mas decorre ele, sobretudo, de uma das magias da vida acadêmica: pessoas que sequer se conheciam, que habitavam espaços físicos diversos, tornam-se de repente próximas e amigas. Livros, teses, dissertações, idéias em geral, proporcionam uma interlocução silenciosa, que desenvolve afinidades, empatias e nos torna, mesmo que à distância, parceiros de um projeto comum de país e de sociedade.

A leitura do texto de Bianca trouxe-me imenso prazer e proveito intelectual, e tenho orgulho de apresentá-lo à comunidade jurídica nacional. A pesquisa nele contida eleva o patamar da discussão acerca da justificação e legitimação da jurisdição constitucional no Brasil, com uma virtude extra: a forma límpida, instigante e atraente colocam o conteúdo valioso em embalagem para presente.

Petição Inicial da Argüição de Descumprimento de Preceito Fundamental n. 54

EXCELENTÍSSIMO SENHOR MINISTRO PRESIDENTE DO SUPREMO TRIBUNAL FEDERAL

CONFEDERAÇÃO NACIONAL DOS TRABALHADORES NA SAÚDE — CNTS, entidade sindical de terceiro grau do sistema confederativo, inscrita no CNPJ sob o nº 67.139.485/0001-70 e registrada no Ministério do Trabalho sob o nº 24000.000490/92, com sede e foro na SCS — Qd. 01 — Bl. G — Edifício Bacarat, sala 1605, Brasília, DF, com fundamento no art. 102, § 1º, da Constituição Federal e no art. 1º e segs. da Lei nº 9.882, de 3.12.99, por seu advogado ao final assinado (doc. nº 01), que receberá intimações na Av. Rio Branco, nº 125, 21º andar, Centro, Rio de Janeiro, vem oferecer **ARGÜIÇÃO DE DESCUMPRIMENTO DE PRECEITO FUNDAMENTAL**, indicando como preceitos vulnerados o art. 1º, IV (a dignidade da pessoa humana), o art. 5º, II (princípio da legalidade, liberdade e autonomia da vontade) e os arts. 6º, *caput*, e 196 (direito à saúde), todos da Constituição da República, e como ato do Poder Público causador da lesão o conjunto normativo representado pelos arts. 124, 126, *caput*, e 128, I e II, do Código Penal (Decreto-lei nº 2.848, de 7.12.40).

A violação dos preceitos fundamentais invocados decorre de uma específica aplicação que tem sido dada aos dispositivos do Código Penal referidos, por diversos juízes e tribunais: a que deles extrai a proibição de efetuar-se a antecipação terapêutica do parto nas hipóteses de fetos anencefálicos, patologia que torna absolutamente inviável a vida extrauterina. O pedido, que ao final será especificado de maneira analítica, é para que este Tribunal proceda à interpretação conforme a Constituição de tais normas, pronunciando a inconstitucionalidade da incidência das disposições do Código Penal na hipótese aqui descrita, reconhecendo-se à gestante portadora de feto anencefálico o direito subjetivo de submeter-se ao procedimento médico adequado.

A demonstração da satisfação dos requisitos processuais, bem como da procedência do pedido, de sua relevância jurídica e do perigo da demora será feita no relato a seguir, que obedecerá ao roteiro apresentado acima.

I. Nota Prévia
ANTECIPAÇÃO TERAPÊUTICA DO PARTO NÃO É ABORTO

1. A presente ação é proposta com o apoio técnico e institucional da ANIS — Instituto de Bioética, Direitos Humanos e Gênero, associação civil com sede em Brasília, voltada para a defesa e promoção da bioética, dos direitos humanos e dos grupos vulneráveis, dentre outros fins institucionais[1]. A ANIS apenas não figura formalmente como co-autora da ação à vista da jurisprudência dessa Corte em relação ao direito de propositura. Requer, no entanto, desde logo, sua admissão como *amicus curiae*, por aplicação analógica do art. 7º, § 2º, da Lei nº 9.868, de 10.11.99.

2. No Brasil, como em outras partes do mundo, é recorrente o debate acerca da questão do aborto e de sua criminalização, com a

---

1. A ANIS tem, nos termos do art. 3º de seu Estatuto, como objetivos institucionais: defender e promover a bioética, a paz, os direitos humanos, a democracia e outros valores considerados universais; defender e promover a cidadania e a liberdade por meio da difusão de princípios bioéticos pautados nos direitos humanos; colaborar no combate de todas as formas de opressão social e discriminação, especialmente de gênero, que impeçam o exercício da liberdade; e difundir a bioética como um instrumento eficaz na proteção dos direitos humanos, especialmente de grupos vulneráveis, no Brasil ou em qualquer parte do mundo (doc. nº 05).

torrente de opiniões polarizadas que costuma acompanhá-lo. O Código Penal de 1940, como se sabe, tipificou o aborto na categoria dos crimes contra a vida. Esta visão, nos dias atuais, está longe de ser pacífica. A diversidade de concepções acerca do momento em que tem início a vida tem alçado este tema à deliberação de parlamentos e cortes constitucionais de diversos países, como Estados Unidos[2], Canadá[3], Portugal[4], Espanha[5], França[6] e Alemanha[7], dentre outros.

---

2. *Roe v. Wade*, 410 U.S. 113 (1973) e, mais recentemente, *Planned Parenthood of Southwestern Pennsylvania v. Casey* 505 U.S. 833 (1992). Nos Estados Unidos, reconhece-se à mulher o direito constitucional amplo para realizar aborto no primeiro trimestre de gravidez. Em relação ao segundo e ao terceiro trimestres, as restrições instituídas por leis estaduais podem ser progressivamente mais severas.
3. *Morgentaler Smoling and Scott v. The Queen* (1988). No julgamento desse caso, a Suprema Corte canadense reconheceu às mulheres o direito fundamental à prática do aborto. Esta nota e as quatro subseqüentes beneficiam-se de pesquisa desenvolvida pelo Doutor e Procurador da República Daniel Sarmento, gentilmente cedida ao signatário da presente.
4. O Tribunal Constitucional português reconheceu a constitucionalidade de lei que permitia o aborto em circunstâncias específicas, dentre elas o risco à saúde física ou psíquica da gestante, feto com doença grave e incurável, gravidez resultante de estupro e outras situações de estado de necessidade da gestante (Acórdão 25/84).
5. A Corte Constitucional espanhola considerou inconstitucional lei que autorizava o aborto em casos de estupro, anomalias do feto e riscos à saúde física e mental da mãe porque a lei não exigia prévio diagnóstico médico nos casos de má-formação fetal e risco à saúde da gestante.
6. Em 1975, foi editada lei francesa permitindo o aborto, a pedido da mulher, até a 10ª semana de gestação, quando a gestante afirmasse que a gravidez lhe causa angústia grave, ou a qualquer momento, por motivos terapêuticos. A norma foi submetida ao controle de constitucionalidade (antes de editada) e ao controle de convencionalidade (após sua edição), tendo sido considerada compatível tanto com a Constituição francesa quanto com a Convenção Européia dos Direitos Humanos. Hoje, outra norma cuida da matéria, mantendo a possibilidade relativamente ampla de aborto na França.
7. Na Alemanha, após uma posição inicial restritiva, materializada na decisão conhecida como "Aborto I" (1975), a Corte Constitucional, em decisão referida como "Aborto II" (1993), entendeu que uma lei que proibisse em regra o aborto, sem criminalizar a conduta da gestante, seria válida, desde que adotasse outras medidas para proteção do feto. Registrou, contudo, que o direito do feto à vida, embora tenha valor elevado, não se estende a ponto de eliminar todos os

Na presente ação, todavia, passa-se ao largo dessa relevante discussão, com todas as suas implicações filosóficas, religiosas e sociais. A argumentação desenvolvida, portanto, não questiona o tratamento dado ao aborto pelo direito positivo brasileiro em vigor, posição que não deve ser compreendida como concordância ou tomada de posição na matéria.

3. O processo objetivo que aqui se instaura cuida, na verdade, de hipótese muito mais simples. A antecipação terapêutica do parto de fetos anencefálicos situa-se no domínio da medicina e do senso comum, sem suscitar quaisquer das escolhas morais envolvidas na interrupção voluntária da gravidez viável[8]. Nada obstante, o pronunciamento do Supremo Tribunal Federal tornou-se indispensável na matéria, que tem profundo alcance humanitário, para libertá-la de visões idiossincráticas causadoras de dramático sofrimento às gestantes e de ameaças e obstáculos à atuação dos profissionais de saúde.

II. A hipótese
ANENCEFALIA, INVIABILIDADE DO FETO E ANTECIPAÇÃO TERAPÊUTICA DO PARTO

4. A *anencefalia* é definida na literatura médica como a má-formação fetal congênita por defeito do fechamento do tubo neural durante a gestação, de modo que o feto não apresenta os hemisférios cerebrais e o córtex, havendo apenas resíduo do tronco encefálico[9]. Conhecida vulgarmente como "ausência de cérebro", a anomalia importa na inexistência de todas as funções superiores do sistema nervoso central — responsável pela consciência, cognição, vida relacional, comunicação, afetividade e emotividade. Restam apenas algumas funções inferiores que controlam parcialmente a respiração, as funções

---

direitos fundamentais da gestante, havendo casos em que deve ser permitida a realização do aborto.

8. Inexiste qualquer proximidade entre a pretensão aqui veiculada e o denominado aborto *eugênico*, cujo fundamento é eventual deficiência grave de que seja o feto portador. Nessa última hipótese, pressupõe-se a viabilidade da vida extra-uterina do ser nascido, o que não é o caso em relação à anencefalia.

9. Richard E. Behrman, Robert M. Kliegman e Hal B. Jenson, *Nelson/Tratado de Pediatria*, Ed. Guanabara Koogan, 2002, p. 1777.

vasomotoras e a medula espinhal[10]. Como é intuitivo, a anencefalia é incompatível com a vida extra-uterina, sendo fatal em 100% dos casos. Não há controvérsia sobre o tema na literatura científica ou na experiência médica.

5.Embora haja relatos esparsos sobre fetos anencefálicos que sobreviveram alguns dias fora do útero materno, o prognóstico nessas hipóteses é de sobrevida de no máximo algumas horas após o parto. Não há qualquer possibilidade de tratamento ou reversão do quadro, o que torna a morte inevitável e certa[11]. Aproximadamente 65% (sessenta e cinco por cento) dos fetos anencefálicos morrem ainda no período intra-uterino[12].

6.O exame pré-natal mais comumente utilizado para detectar anomalias resultantes de má-formação fetal é a ecografia[13]. A partir do segundo trimestre de gestação, o procedimento é realizado através de uma sonda externa que permite um estudo morfológico preciso, incluindo-se a visualização, *e.g.*, da caixa craniana do feto. No estado da técnica atual, o índice de falibilidade dessa espécie de exame é praticamente nulo, de modo que seu resultado é capaz de gerar confortável certeza médica.

7.Uma vez diagnosticada a anencefalia, não há nada que a ciência médica possa fazer quanto ao feto inviável. O mesmo, todavia, não ocorre com relação ao quadro clínico da gestante. A permanência do feto anômalo no útero da mãe é potencialmente perigosa, podendo gerar danos à saúde da gestante e até perigo de vida, em razão do alto índice de óbitos intra-útero desses fetos. De fato, a má-formação fetal em exame empresta à gravidez um caráter de risco, notadamen-

---

10. Debora Diniz e Diaulas Costa Ribeiro, *Aborto por anomalia fetal*, 2003, p. 101.
11. Debora Diniz e Diaulas Costa Ribeiro, *Aborto por anomalia fetal*, 2003, p. 44.
12. Debora Diniz e Diaulas Costa Ribeiro, *Aborto por anomalia fetal*, 2003, p. 102.
13. V. definição constante do *Dicionário enciclopédico de medicina* (A. Céu Coutinho), p. 748: "Método auxiliar de diagnóstico baseado no registro gráfico de ecos de ultra-sons que são emitidos e captados por um aparelho especial que emite as ondas e capta os seus reflexos, fazendo também o seu registro gráfico (ecograma)".

te maior do que o inerente a uma gravidez normal[14]. Assim, *a antecipação do parto* nessa hipótese constitui indicação terapêutica médica: a única possível e eficaz para o tratamento da paciente (a gestante), já que para reverter a inviabilidade do feto não há solução.

8.Como se percebe do relato feito acima, a antecipação do parto em casos de gravidez de feto anencefálico não caracteriza aborto, tal como tipificado no Código Penal. O aborto é descrito pela doutrina especializada como "a interrupção da gravidez com a conseqüente morte do feto (produto da concepção)"[15]. Vale dizer: a morte deve ser resultado direto dos meios abortivos, sendo imprescindível tanto a comprovação da relação causal como a potencialidade de vida extra-uterina do feto. Não é o que ocorre na antecipação do parto de um feto anencefálico. Com efeito, a morte do feto nesses casos decorre da má-formação congênita, sendo certa e inevitável ainda que decorridos os 9 meses normais de gestação. Falta à hipótese o suporte fático exigido pelo tipo penal. Ao ponto se retornará adiante.

9.Note-se, a propósito, que a hipótese em exame só não foi expressamente abrigada no art. 128 do Código Penal como excludente de punibilidade (ao lado das hipóteses de gestação que ofereça risco de vida à gestante ou resultante de estupro) porque em 1940, quando editada a Parte Especial daquele diploma, a tecnologia existente não possibilitava o diagnóstico preciso de anomalias fetais in-

---

14. Em parecer sobre o assunto, a FEBRASGO — Federação Brasileira das Associações de Ginecologia e Obstetrícia atesta: "As complicações maternas são claras e evidentes. Deste modo, a prática obstetrícia nos tem mostrado que: A) A manutenção da gestação de feto anencefálico tende a se prolongar além de 40 semanas. B) Sua associação com polihidrâminio (aumento do volume no líquido amniótico) é muito freqüente. C) Associação com doença hipertensiva específica da gestação (DHEG). D) Associação com vasculopatia periférica de estase. E) Alterações do comportamento e psicológicas de grande monta para a gestante. F) Dificuldades obstétricas e complicações no desfecho do parto de anencéfalos de termo. G) Necessidade de apoio psicoterápico no pós-parto e no puerpério. H) Necessidade de registro de nascimento e sepultamento desses recém-nascidos, tendo o cônjuge que se dirigir a uma delegacia de polícia para registrar o óbito. I) Necessidade de bloqueio de lactação (suspender a amamentação). J) Puerpério com maior incidência de hemorragias maternas por falta de contratilidade uterina. K) Maior incidência de infecções pós-cirúrgicas devido às manobras obstetrícias do parto de termo". (doc. n° 06)
15. Damásio E. de Jesus, *Código Penal anotado*, 2002, p. 424.

compatíveis com a vida. Não se pode permitir, todavia, que o anacronismo da legislação penal impeça o resguardo de direitos fundamentais consagrados pela Constituição, privilegiando-se o positivismo exacerbado em detrimento da interpretação evolutiva e dos fins visados pela norma.

III. Do Direito
QUESTÕES PROCESSUAIS RELEVANTES E FUNDAMENTOS DO PEDIDO

III.1. Preliminarmente

a) Legitimação ativa e pertinência temática

10. Nos termos do art. 2º, I, da Lei nº 9.882/99, a legitimação ativa para a ADPF recai sobre os que têm direito de propor ação direta de inconstitucionalidade, constantes do elenco do art. 103 da Constituição Federal[16]. Tal é o caso da Confederação Nacional dos Trabalhadores na Saúde — CNTS, que é uma confederação sindical (CF, art. 103, IX), de acordo com o art. 535 da CLT, com registro no Ministério do Trabalho (doc. nº 03) e tem âmbito nacional (Estatuto Social, art. 1º — doc. nº 02). Há expresso reconhecimento, nesse sentido, por parte do Supremo Tribunal Federal, manifestado no julgamento das ADIns nº 1.458 (Rel. Min. Celso de Mello)[17] e 1.497 (Rel. Min. Marco Aurélio)[18].

11. A pertinência temática é igualmente inequívoca. A CNTS tem, dentre suas finalidades, a de substituir e/ou representar, perante

---

16. CF, art. 103: "Pode propor a ação direta de inconstitucionalidade: I — o Presidente da República; II — a Mesa do Senado Federal; III — a Mesa da Câmara dos Deputados; IV — a Mesa de Assembléia Legislativa; V — o Governador de Estado; VI — o Procurador-Geral da República; VII — o Conselho Federal da Ordem dos Advogados do Brasil; VIII — partido político com representação no Congresso Nacional; IX — confederação sindical ou entidade de classe de âmbito nacional".
17. STF, ADInMC 1.458-DF, Rel. Min. Celso de Mello, DJ 20.09.96.
18. STF, ADInMC 1.497-DF, Rel. Min. Marco Aurélio, DJ 13.12.02.

as autoridades judiciárias e administrativas, os interesses individuais e coletivos da categoria profissional dos trabalhadores na saúde (Estatuto, art. 3º, *h*). Ora bem: os trabalhadores na saúde, aí incluídos médicos, enfermeiros e outras categorias que atuem no procedimento de antecipação terapêutica do parto, sujeitam-se a ação penal pública por violação dos dispositivos do Código Penal já mencionados, caso venham a ser indevidamente interpretados e aplicados por juízes e tribunais. Como se percebe intuitivamente, a questão ora submetida à apreciação dessa Corte afeta não apenas o direito das gestantes, mas também a liberdade pessoal e profissional dos trabalhadores na saúde.

12. Caracterizadas a legitimação ativa e a pertinência temática, cabe agora examinar a presença dos requisitos de cabimento da ADPF.

b) Cabimento da ADPF

13. A Lei nº 9.882, de 3.12.99, que dispôs sobre o processo e julgamento da argüição de descumprimento de preceito fundamental[19], contemplou duas modalidades possíveis para o instrumento: a argüição autônoma e a incidental. A argüição aqui proposta é de natureza *autônoma*, cuja matriz se encontra no *caput* do art. 1º da lei específica, *in verbis*:

> "Art. 1º. A argüição prevista no § 1º do art. 102 da Constituição Federal será proposta perante o Supremo Tribunal Federal, e terá por objeto evitar ou reparar lesão a preceito fundamental, resultante de ato do Poder Público"[20].

---

19. Anteriormente à promulgação desse diploma legal, a posição do Supremo Tribunal Federal era pela não-autoaplicabilidade da medida. V. DJ, 31.05.96, AgRg. na Pet. 1.140, Rel. Min. Sydney Sanches.

20. A argüição incidental decorre do mesmo art. 1º, parágrafo único, I: "Caberá também argüição de descumprimento de preceito fundamental quando for relevante o fundamento da controvérsia constitucional sobre a lei ou ato normativo federal, estadual ou municipal, incluídos os anteriores à Constituição", combinado com o art. 6º, § 1º da mesma lei: "Se entender necessário, poderá o relator ouvir as partes nos processos que ensejaram a argüição, requisitar informações adicionais, designar perito ou comissão de peritos para que emita parecer sobre a questão, ou, ainda, fixar data para declarações, em audiência pública, de pessoas com experiência e autoridade na matéria".

14. A ADPF autônoma constitui uma ação, análoga às ações diretas já instituídas na Constituição, por via da qual se suscita a jurisdição constitucional abstrata e concentrada do Supremo Tribunal Federal. Tem por singularidade, todavia, o parâmetro de controle mais restrito — não é qualquer norma constitucional, mas apenas preceito fundamental — e o objeto do controle mais amplo, compreendendo os atos do Poder Público em geral, e não apenas os de cunho normativo.

15. São três os pressupostos de cabimento da argüição autônoma: (i) a ameaça ou violação a preceito fundamental; (ii) um ato do Poder Público capaz de provocar a lesão; (iii) a inexistência de qualquer outro meio eficaz de sanar a lesividade. Confira-se, a seguir, a demonstração da satisfação de cada um deles na hipótese aqui examinada.

(i) Ameaça ou violação a preceito fundamental

16. Nem a Constituição nem a lei cuidaram de precisar o sentido e o alcance da locução "preceito fundamental". Nada obstante, há substancial consenso na doutrina de que nessa categoria hão de figurar os fundamentos e objetivos da República, assim como as decisões políticas fundamentais, objeto do Título I da Constituição (arts. 1º a 4º). Também os direitos fundamentais se incluem nessa tipificação, compreendendo, genericamente, os individuais, coletivos, políticos e sociais (art. 5º e ss.). Devem-se acrescentar, ainda, as normas que se abrigam nas cláusulas pétreas (art. 60, § 4º) ou delas decorrem diretamente. E, por fim, os princípios constitucionais ditos *sensíveis* (art. 34, VII), que são aqueles que, por sua relevância, dão ensejo à intervenção federal[21].

17. Conforme será aprofundado pouco mais à frente, na questão aqui posta os preceitos fundamentais vulnerados são: o princípio da dignidade da pessoa humana (art. 1º, IV), um dos fundamentos da República brasileira; a cláusula geral da liberdade, extraída do princípio da legalidade (art. 5º, II), direito fundamental previsto no Capítulo dedicado aos direitos individuais e coletivos; e o direito à saúde

---

21. Sobre o tema, v. Luís Roberto Barroso, *O controle de constitucionalidade no direito brasileiro*, 2004.

(arts. 6º e 196), contemplado no Capítulo dos direitos sociais e reiterado no Título reservado à ordem social.

(ii) Ato do Poder Público

18. Como decorre do relato explícito do art. 1º da Lei nº 9.882/99, os atos que podem ser objeto de ADPF autônoma são os emanados do Poder Público, aí incluídos os de natureza normativa, administrativa e judicial. Na presente hipótese, o ato estatal do qual resulta a lesão que se pretende reparar consiste no conjunto normativo extraído dos arts. 124, 126, *caput*, e 128, I e II, do Código Penal, ou mais propriamente, na interpretação inadequada que a tais dispositivos se tem dado em múltiplas decisões (docs. n°s 7 a 9). Os dispositivos têm a seguinte dicção:

> **"Aborto provocado pela gestante ou com seu consentimento**
> Art. 124. Provocar aborto em si mesma ou consentir que outrem lho provoque:
> Pena — detenção, de 1 (um) a 3 (três) anos."
>
> **"Aborto provocado por terceiro**
> Art. 126. Provocar aborto com o consentimento da gestante:
> Pena — reclusão, de 1 (um) a 4 (quatro) anos."
>
> "Art. 128. Não se pune o aborto praticado por médico:
> **Aborto necessário**
> I — se não há outro meio de salvar a vida da gestante;
> Aborto no caso de gravidez resultante de estupro
> II — se a gravidez resulta de estupro e o aborto é precedido de consentimento da gestante ou, quando incapaz, de seu representante legal."

19. O que se visa, em última análise, é a interpretação conforme a Constituição da disciplina legal dada ao aborto pela legislação penal infraconstitucional, para explicitar que ela não se aplica aos casos de antecipação terapêutica do parto na hipótese de fetos portadores de anencefalia, devidamente certificada por médico habilitado.

(iii) Inexistência de outro meio eficaz de sanar a lesividade (subsidiariedade da ADPF)

20. A exigência de "inexistir outro meio capaz de sanar a lesividade" não decorre da matriz constitucional do instituto. Inspirada por dispositivos análogos, relativamente ao recurso constitucional alemão[22] e ao recurso de amparo espanhol[23], a subsidiariedade da ADPF acabou por constar do art. 4º, § 1º, da Lei nº 9.882/99:

> "§ 1º. Não será admitida argüição de descumprimento de preceito fundamental quando houver qualquer outro meio eficaz de sanar a lesividade".

21. A doutrina e a jurisprudência do Supremo Tribunal Federal têm construído o entendimento de que a verificação da subsidiariedade em cada caso depende da *eficácia* do "outro meio" referido na lei, isto é, da espécie de solução que as outras medidas possíveis na hipótese sejam capazes de produzir[24]. O *outro meio* deve proporcionar

---

22. A Lei sobre o Tribunal Constitucional Federal exige, em seu § 90, alínea 2, que antes da interposição de um recurso constitucional seja esgotada regularmente a via judicial.
23. Lei Orgânica 2, de 3.10.79, do Tribunal Constitucional, art. 44, 1, *a*.
24. Embora na ADPF nº 17 (DJ 28.09.01), o relator, Min. Celso de Mello, não tenha conhecido da argüição, por aplicação da regra da subsidiariedade, esse ponto não lhe passou despercebido, como se vê da transcrição da seguinte passagem de seu voto: "É claro que a **mera possibilidade** de utilização de outros meios processuais **não basta**, só por si, para justificar a invocação do princípio da subsidiariedade, **pois**, para que esse postulado possa **legitimamente** incidir, **revelar-se-á** essencial que os instrumentos disponíveis **mostrem-se** aptos a sanar, **de modo eficaz**, a situação da lesividade.

Isso significa, portanto, que o princípio da subsidiariedade **não pode** — e não deve — ser invocado para **impedir** o exercício da ação constitucional de argüição de descumprimento de preceito fundamental, **eis que** esse instrumento **está vocacionado** a viabilizar, numa dimensão **estritamente** objetiva, a **realização jurisdicional** de direitos básicos, de valores essenciais e de preceitos fundamentais contemplados no texto da Constituição da República.

Se assim não se entendesse, a **indevida** aplicação do princípio da subsidiariedade **poderia** afetar a utilização dessa relevantíssima ação de índole constitucional, **o que representaria**, em última análise, a **inaceitável** frustração do sistema de proteção, instituído na Carta Política, de valores essenciais, de preceitos

resultados semelhantes aos que podem ser obtidos com a ADPF. Ora, a decisão na ADPF é dotada de caráter vinculante e contra todos, e dificilmente uma ação individual ou coletiva de natureza subjetiva poderá atingir tais efeitos[25]. Ademais, caso, a pretexto da subsidiariedade, se pretendesse vedar o emprego da ADPF sempre que cabível alguma espécie de recurso ou ação de natureza subjetiva, o papel da nova ação seria totalmente marginal e seu propósito não seria cumprido. É por esse fundamento, tendo em vista a natureza objetiva da ADPF autônoma, que o exame de sua subsidiariedade deve levar em consideração os demais processos objetivos já consolidados no sistema constitucional.

22.Assim, não sendo cabível qualquer espécie de processo objetivo — como a ação direta de inconstitucionalidade ou a ação declaratória de constitucionalidade —, caberá a ADPF. Esse é o entendimento que tem prevalecido nesse Eg. STF[26].

---

fundamentais e de direitos básicos, com **grave** comprometimento da própria **efetividade** da Constituição.

Daí a **prudência** com que o Supremo Tribunal Federal **deve** interpretar a regra inscrita no **art. 4º, § 1º,** da Lei nº 9.882/99, em ordem a **permitir** que a utilização da **nova** ação constitucional possa **efetivamente** prevenir ou reparar lesão a preceito fundamental, causada por ato do Poder Público" (negrito no original).

25. A exceção pode ocorrer em certas hipóteses de ação popular ou de ação civil pública.
26. DJ 2.12.02, p. 70, ADPF 33-5, Rel. Min. Gilmar Mendes: "De uma perspectiva estritamente subjetiva, a ação somente poderia ser proposta se já se tivesse verificado a exaustão de todos os meios eficazes de afastar a lesão no âmbito judicial. Uma leitura mais cuidadosa há de revelar, porém, que na análise sobre a eficácia da proteção de preceito fundamental nesse processo deve predominar um enfoque objetivo ou de proteção da ordem constitucional objetiva.

(...) Assim, tendo em vista o caráter acentuadamente objetivo da argüição de descumprimento, o juízo de subsidiariedade há de ter em vista, especialmente, os demais processos objetivos já consolidados no sistema constitucional. Nesse caso, cabível a ação direta de inconstitucionalidade ou de constitucionalidade, não será admissível a argüição de descumprimento. Em sentido contrário, não sendo admitida a utilização de ações diretas de constitucionalidade — isto é, não se verificando a existência de meio apto para solver a controvérsia constitucional relevante de forma ampla, geral e imediata —, há de se entender possível a utilização da argüição de descumprimento de preceito fundamental.

É o que ocorre, fundamentalmente, nos casos relativos ao controle de legitimidade do direito pré-constitucional, do direito municipal em face da Consti-

23. No caso presente, as disposições questionadas encontram-se no Código Penal, materializado no Decreto-lei n° 2.848, de 7.12.40. Trata-se, como se percebe singelamente, de diploma legal pré-constitucional, não sendo seus dispositivos originais suscetíveis de controle mediante ação direta de inconstitucionalidade, consoante pacífica jurisprudência do Supremo Tribunal Federal[27]. Não seria hipótese de ação declaratória de constitucionalidade nem de qualquer outro processo objetivo.

24. Pelas razões expostas, afigura-se fora de dúvida o cabimento da argüição de descumprimento de preceito fundamental na hipótese.

III.2. No mérito: preceitos fundamentais violados

25. No início desta peça, mencionou-se que a hipótese aqui em exame não envolve os elementos discutidos quando o tema é aborto. De fato, a discussão jurídica acerca da interrupção da gravidez de um feto viável envolve a ponderação de bens supostamente em tensão: de um lado, a potencialidade de vida do nascituro e, de outro, a liberda-

---

tuição Federal e nas controvérsias sobre direito pós-constitucional já revogados ou cujos efeitos já se exauriram. Nesses casos, em face do não-cabimento da ação direta de inconstitucionalidade, não há como deixar de reconhecer a admissibilidade da argüição de descumprimento.
(...) Não se pode admitir que a existência de processos ordinários e recursos extraordinários deva excluir, *a priori*, a utilização da argüição de descumprimento de preceito fundamental. Até porque o instituto assume, entre nós, feição marcadamente objetiva. Nessas hipóteses, ante a inexistência de processo de índole objetiva apto a solver, de uma vez por todas, a controvérsia constitucional, afigura-se integralmente aplicável a argüição de descumprimento de preceito fundamental.
(...) Assim, o Tribunal poderá conhecer da argüição de descumprimento toda vez que o princípio da segurança jurídica restar seriamente ameaçado, especialmente em razão de conflitos de interpretação ou de incongruências hermenêuticas causadas pelo modelo pluralista de jurisdição constitucional".
27. STF, DJ 21.11.97, p. 60.585, ADIn 2, Rel. Min. Paulo Brossard. Sobre este tópico específico e as sutilezas que pode envolver, v. itens 45 e segs. da presente petição, nos quais se veicula o pedido alternativo.

de e autonomia individuais da gestante[28]. Como já referido, no caso de feto anencefálico, há certeza científica de que o feto não tem potencialidade de vida extra-uterina.

26. Diante disso, o foco da atenção há de voltar-se para o estado da gestante. O reconhecimento de seus direitos fundamentais, a seguir analisados, não é a causa da lesão a bem ou direito de outrem — por fatalidade, não há viabilidade de uma outra vida, sequer um nascituro[29], cujo interesse se possa eficazmente proteger. É até possível colocar a questão em termos de ponderação de bens ou valores, mas a rigor técnico não há esta necessidade. A hipótese é de não-subsunção da situação fática relevante aos dispositivos do Código Penal. A gestante portadora de feto anencefálico que opte pela antecipação terapêutica do parto está protegida por direitos constitucionais que imunizam a sua conduta da incidência da legislação ordinária repressiva.

a) Dignidade da pessoa humana. Analogia à tortura

27. A dignidade da pessoa humana foi alçada ao centro dos sistemas jurídicos contemporâneos. A banalização do mal[30] ao longo da primeira metade do século XX e a constatação, sobretudo após as experiências do fascismo e do nazismo, de que a legalidade formal poderia encobrir a barbárie levaram à superação do positivismo estrito

---

28. Sobre a ponderação de bens como técnica de decisão, v. na doutrina brasileira o trabalho pioneiro de Daniel Sarmento, *A ponderação de interesses na Constituição Federal*, 2000.
29. Aurélio Buarque de Holanda, *Novo dicionário da língua portuguesa*, 2ª ed., 36ª, imp.: "**Nascituro.** (...) 3. *Jur.* O ser humano já concebido, cujo nascimento se espera como fato futuro certo". No caso, só a morte é certa, anterior ou imediatamente após o parto. Veja-se, por relevante, que a Lei nº 9.437/97 estabelece como momento da morte humana o da morte encefálica, para fins de autorização de transplante. Confira-se sua dicção expressa: "Art. 3º. A retirada post mortem de tecidos, órgãos ou partes do corpo humano destinados a transplante ou tratamento deverá ser precedida de diagnóstico de morte encefálica, constatada por dois médicos não participantes das equipes de remoção e transplante, mediante a utilização de critérios clínicos e tecnológicos definidos por resolução do Conselho Federal de Medicina".
30. A expressão foi empregada por Hannah Arendt em *Eichmann em Jerusalém — um relato sobre a banalidade do mal*, trad. José Rubens Siqueira, Companhia das Letras, 1999.

e ao desenvolvimento de uma dogmática principialista, também identificada como pós-positivismo[31]. Nesse novo paradigma, dá-se a reaproximação entre o Direito e a Ética, resgatam-se os valores civilizatórios, reconhece-se normatividade aos princípios e cultivam-se os direitos fundamentais. Sob este pano de fundo, a Constituição de 1988 consagrou a dignidade da pessoa humana como fundamento do Estado democrático de direito (art. 1º, III)[32].

28. O princípio da dignidade da pessoa humana identifica um espaço de integridade moral a ser assegurado a todas as pessoas por sua só existência no mundo. Relaciona-se tanto com a liberdade e valores do espírito quanto com as condições materiais de subsistência. Aliás, o reconhecimento dos direitos da personalidade como direitos autônomos[33], de que todo indivíduo é titular[34], generalizou-se também após a Segunda Guerra Mundial e a doutrina descreve-os hoje como emanações da própria dignidade, funcionando como "atributos inerentes e indispensáveis ao ser humano"[35]. Tais direitos, reconheci-

---

31. V. Paulo Bonavides, *Curso de direito constitucional*, 1999, p. 237. Sobre o tema, na doutrina nacional, v. tb. Luís Roberto Barroso, "Fundamentos teóricos e filosóficos do novo direito constitucional brasileiro (Pós-modernidade, teoria crítica e pós-positivismo)". In: *A nova interpretação constitucional: ponderação, direitos fundamentais e relações privadas*, 2003.

32. Alguns trabalhos monográficos recentes sobre o tema: José Afonso da Silva, Dignidade da pessoa humana como valor supremo da democracia, *RDA*, 212:89,1998; Cármen Lúcia Antunes Rocha, *O princípio da dignidade da pessoa humana e a exclusão social*, Anais da XVII Conferência Nacional da Ordem dos Advogados do Brasil, 1999; Ingo Wolfgang Sarlet, *Dignidade da pessoa humana e direitos fundamentais na Constituição brasileira de 1988*, 2001; Cleber Francisco Alves, *O princípio constitucional da dignidade da pessoa humana*, 2001; Ana Paula de Barcellos, *A eficácia jurídica dos princípios constitucionais — O princípio da dignidade da pessoa humana*, 2001.

33. Sobre a discussão acerca da existência autônoma dos direitos da personalidade, v. Pietro Perlingieri, *Perfis do direito civil*, 1997, p. 155.

34. Pietro Perlingieri, *La personalità umana nell'ordenamento giuridico*, apud Gustavo Tepedino, "A tutela da personalidade no ordenamento civil-constitucional brasileiro". In: *Temas de direito civil*, 2001, p. 42: "O direito da personalidade nasce imediatamente e contextualmente com a pessoa (direitos inatos). Está-se diante do princípio da igualdade: todos nascem com a mesma titularidade e com as mesmas situações jurídicas subjetivas (...) A personalidade comporta imediata titularidade de relações personalíssimas".

35. Gustavo Tepedino, "A tutela da personalidade no ordenamento civil-constitucional brasileiro". In: *Temas de direito civil*, 2001, p. 33.

dos a todo ser humano[36] e consagrados pelos textos constitucionais modernos em geral, são oponíveis a toda a coletividade e também ao Estado[37].

29. Uma classificação que se tornou corrente na doutrina é a que separa os direitos da personalidade, inerentes à dignidade humana, em dois grupos: (i) direitos à integridade física, englobando o direito à vida, o direito ao próprio corpo e o direito ao cadáver; e (ii) direitos à integridade moral, rubrica na qual se inserem os direitos à honra, à liberdade, à vida privada, à intimidade, à imagem, ao nome e o direito moral do autor, dentre outros.

30. A relevância desses direitos para a hipótese aqui em discussão é simples de ser demonstrada. Impor à mulher o dever de carregar por nove meses um feto que sabe, com plenitude de certeza, não sobreviverá, causando-lhe dor, angústia e frustração, importa violação de ambas as vertentes de sua dignidade humana. A potencial ameaça à integridade física e os danos à integridade moral e psicológica na hipótese são evidentes. A convivência diuturna com a triste realidade e a lembrança ininterrupta do feto dentro de seu corpo, que nunca poderá se tornar um ser vivo, podem ser comparadas à tortura psicológica. A Constituição Federal, como se sabe, veda toda forma de tortura (art. 5º, III) e a legislação infra-constitucional define a tortura como situação de intenso sofrimento físico ou mental[38].

---

36. Mônica Neves Aguiar da Silva Castro, *Honra, imagem, vida privada e intimidade, em colisão com outros direitos*, 2002, p. 67: "Identificados como inatos, no sentido de que não é necessária a prática de ato de aquisição, posto que inerentes ao homem, bastando o nascimento com vida para que passem a existir, os direito da personalidade vêm sendo reconhecidos igualmente aos nascituros".
37. Miguel Ángel Alegre Martínez, *El derecho a la propia imagen*, 1997, p. 140: "Es de notar, además, que los destinatarios de esse deber genérico son *todas las personas*. El respeto a los derechos fundamentales, traducción del respeto a la dignidad de la persona, corresponde a *todos*, precisamente porque los *derechos* que deben ser respetados son patrimonio de *todos*, y el no respeto a los mismos por parte de cualquiera privará al otro del disfrute de sus derechos, exigido por su dignidad".
38. Lei nº 9.455, de 07 de abril de 1997: "Art 1º Constitui crime de tortura: I — constranger alguém com emprego de violência ou grave ameaça, causando-lhe sofrimento físico ou mental: a) com o fim de obter informação, declaração ou confissão da vítima ou de terceira pessoa; b) para provocar ação ou omissão de

b) Legalidade, liberdade e autonomia da vontade

31. O princípio da legalidade[39], positivado no inciso II do art. 5º da Constituição, na dicção de que *"ninguém será obrigado a fazer ou deixar de fazer alguma coisa senão em virtude de lei"*, flui por vertentes distintas em sua aplicação ao Poder Público e aos particulares. Para o Poder Público, somente é facultado agir por imposição ou autorização legal[40]. Em relação aos particulares, esta é a cláusula constitucional genérica da liberdade no direito brasileiro: se a lei não proíbe determinado comportamento ou se a lei não o impõe, têm as pessoas a auto-determinação de adotá-lo ou não.

32. A liberdade consiste em ninguém ter de submeter-se a qualquer vontade que não a da lei, e, mesmo assim, desde que seja ela formal e materialmente constitucional. Reverencia-se, dessa forma, a autonomia da vontade individual, cuja atuação somente deverá ceder ante os limites impostos pela legalidade. De tal formulação se extrai a ilação óbvia de que tudo aquilo que não está proibido por lei é juridicamente permitido.

33. Pois bem. A antecipação terapêutica do parto em hipóteses de gravidez de feto anencefálico não está vedada no ordenamento jurídico. O fundamento das decisões judiciais que têm proibido sua realização, *data venia* de seus ilustres prolatores, não é a ordem jurídica vigente no Brasil, mas sim outro tipo de consideração. A restrição à liberdade de escolha e à autonomia da vontade da gestante, nesse

---

natureza criminosa; c) em razão de discriminação racial ou religiosa; II — submeter alguém, sob sua guarda, poder ou autoridade, com emprego de violência ou grave ameaça, a intenso sofrimento físico ou mental, como forma de aplicar castigo pessoal ou medida de caráter preventivo." (acrescente-se: causada intencionalmente ou que possa ser evitada).

39. Sobre o princípio da legalidade, dentre muitos, v. Geraldo Ataliba, *República e Constituição*, 1985, p. 98/99; Celso Antônio Bandeira de Mello, *Curso de direito administrativo*, 1999, p. 32 e ss.; e Maria Sylvia Zanella Di Pietro, *Direito administrativo*, 2001, p. 67 e ss..

40. Não é este o local apropriado para a discussão acadêmica acerca do desenvolvimento de novos paradigmas relativamente à vinculação positiva da Administração Pública à lei. Sobre o tema, v. Gustavo Binenbojm, *Direitos fundamentais, democracia e Administração Pública*, 2003, mimeografado (projeto de tese de doutorado apresentado ao programa de pós-graduação em direito público da Universidade do Estado do Rio de Janeio — UERJ).

caso, não se justifica, quer sob o aspecto do direito positivo, quer sob o prisma da ponderação de valores: como já referido, não há bem jurídico em conflito com os direitos aqui descritos[41].

c) Direito à saúde

34. Os fundamentos básicos do direito à saúde no Brasil estão dispostos no art. 6º, *caput,* e nos arts. 196 a 200 da Constituição Federal. O art. 196 é especialmente importante na hipótese:

> "Art. 196. A saúde é direito de todos e dever do Estado, garantido mediante políticas sociais e econômicas que visem à redução do risco de doença e de outros agravos e ao acesso universal e igualitário às ações e serviços para sua promoção, proteção e recuperação".

35. A previsão expressa do direito à saúde na Carta de 1988 é reflexo da elevação deste direito, no âmbito mundial, à categoria de direito humano fundamental. Ressalte-se, neste ponto, que *saúde*, na concepção da própria Organização Mundial da Saúde, é o *completo bem estar físico, mental e social*, e não apenas a ausência de doença. A antecipação do parto em hipótese de gravidez de feto anencefálico é o único procedimento médico cabível para obviar o risco e a dor da gestante. Impedir a sua realização importa em indevida e injustificável restrição ao direito à saúde. Desnecessário enfatizar que se trata, naturalmente, de uma faculdade da gestante e não de um procedimento a que deva obrigatoriamente submeter-se.

---

41. Como assinalado, nada impede que se opte por colocar a questão em termos de ponderação de bens ou valores contrapostos: de um lado os direitos fundamentais da mãe e, de outro, a convicção religiosa ou filosófica que defenda a obrigatoriedade de levar a termo a gravidez, mesmo em se tratando de feto inviável. A ponderação, no entanto, é técnica de decisão que se utiliza quando há colisão de princípios ou de direitos fundamentais, funcionando como uma alternativa à técnica tradicional da subsunção. Não se vislumbra colisão no caso aqui estudado, mas sim uma situação de não subsunção ao Código Penal, vale dizer, de atipicidade da conduta.

IV. Do pedido
INTERPRETAÇÃO CONFORME A CONSTITUIÇÃO

36. A técnica da interpretação conforme a Constituição, desenvolvida pela doutrina moderna[42] e amplamente acolhida por essa Corte[43], consiste na escolha de uma linha de interpretação para determinada norma legal, em meio a outras que o texto comportaria. Por essa via, dá-se a expressa exclusão de um dos sentidos possíveis da norma, por produzir um resultado que contravém a Constituição, e a afirmação de outro sentido, compatível com a Lei Maior, dentro dos limites e possibilidades oferecidos pelo texto[44].

37. Pois bem. O legislador penal brasileiro tipificou o aborto na categoria dos crimes contra a vida. Assim é que são tutelados, nos artigos 124 a 128 do Código Penal, o feto e, ainda, a vida e a integri-

---

42. O princípio da interpretação conforme a Constituição tem sua trajetória e especialmente o seu desenvolvimento recente ligados à jurisprudência do Tribunal Constitucional Federal alemão, onde sua importância é crescente. V. Honrad Hesse, *La interpretación constitucional*. In: Escritos de derecho constitucional, 1983, p. 53. V. tb., dentre muitos outros, Jorge Miranda, *Manual de direito constitucional*, 1983, t. 2., p. 232 e ss.; Gilmar Ferreira Mendes, *Controle de constitucionalidade*, 1990, p. 284 e ss.; Eduardo García de Enterría, *La Constituición como norma y el Tribunal Constitucional*, 1991, p. 95; J.J. Gomes Canotilho, *Direito constitucional*, 1991, p. 236.

43. V. sobre o tema, ilustrativamente, STF, Rep. 1.417-7, Rel. Min. Moreira Alves, *RT-CDCCP, 1*:314, 1992. No mesmo sentido: *RTJ 139*:624, 1992; *RTJ 144*:146, 1993.

44. Luís Roberto Barroso, *Interpretação e aplicação da Constituição*, 2003, p. 189: "À vista das dimensões diversas que sua formulação comporta, é possível e conveniente decompor didaticamente o processo de interpretação conforme a Constituição nos elementos seguintes: 1) Trata-se da escolha de uma interpretação da norma legal que a mantenha em harmonia com a Constituição, em meio a outra ou outras possibilidades interpretativas que o preceito admitia. 2) Tal interpretação busca encontrar um sentido possível para a norma, que não é o que mais evidentemente resulta da leitura do texto. 3) Além da eleição de uma linha de interpretação, procede-se à exclusão expressa de outra ou outras interpretações possíveis, que conduziriam a resultado contrastante com a Constituição. 4) Por via de conseqüência, a interpretação conforme a Constituição não é mero preceito hermenêutico, mas, também, um mecanismo de controle de constitucionalidade pelo qual se declara ilegítima uma determinada leitura da norma legal".

dade física da gestante (vide CP, art. 125 — aborto provocado por terceiro, sem o consentimento da mãe). A antecipação consentida do parto em hipóteses de gravidez de feto anencefálico não afeta qualquer desses bens constitucionais. Muito ao contrário.

38. Como já exposto, na gestação de feto anencefálico não há vida humana viável em formação. Vale dizer: não há potencial de vida a ser protegido, de modo que falta à hipótese o suporte fático exigido pela norma. Com efeito, apenas o feto com capacidade potencial de ser pessoa pode ser sujeito passivo de aborto. Assim, não há como se imprimir à antecipação do parto nesses casos qualquer repercussão jurídico-penal, de vez que somente a conduta que frustra o surgimento de uma pessoa ou que causa danos à integridade física ou à vida da gestante tipifica o crime de aborto[45]. Sobre o ponto, vale reproduzir a lição clássica de Nelson Hungria que, embora escrita décadas antes de ser possível o diagnóstico de anencefalia, aplica-se perfeitamente ao caso:

> "Não está em jogo a vida de outro ser, não podendo o produto da concepção atingir normalmente vida própria, de modo que as conseqüências dos atos praticados se resolvem unicamente contra a mulher. O feto expulso (para que se caracterize o abôrto) deve ser um produto fisiológico, e não patológico. Se a gravidez se apresenta como um processo verdadeiramente mórbido, de modo a não permitir sequer uma intervenção cirúrgica que pudesse salvar a vida do feto, não há falar-se em abôrto, para cuja existência é necessária a presumida possibilidade de continuação da vida do feto." (grafia original)[46]

39. O Judiciário já tem examinado essa questão em várias ocasiões. Na realidade, nos últimos anos, decisões judiciais em todo o país têm reconhecido às gestantes o direito de submeterem-se à ante-

---

45. E, no que toca à gestante, já se registrou que a gravidez de feto anencefálico é potencialmente perigosa, trazendo inúmeros riscos de complicações, além de profunda angústia e sofrimento psicológico não só à mãe como a toda a família. Assim, a antecipação do parto nesses casos somente traz benefícios à saúde da gestante, tanto de ordem física quanto psíquica.

46. Nelson Hungria, *Comentários ao Código Penal*, v. V, 1958, p. 297-298.

cipação terapêutica do parto em casos como o da anencefalia, concedendo-lhes alvarás para realização do procedimento[47]. Recentemente, porém, algumas decisões em sentido inverso desequilibraram a jurisprudência que se havia formado. Uma delas, inclusive, chegou à apreciação desse Eg. Supremo Tribunal no início de 2004.

40. Trata-se do HC 84.025-6/RJ, no qual se versava hipótese, precisamente, de pedido de antecipação do parto de feto anencefálico. Seria a primeira vez que o STF teria oportunidade de apreciar a questão. Lamentavelmente, porém, antes que o julgamento pudesse acontecer, a gravidez chegou a termo e o feto anencefálico, sete minutos após o parto, morreu. O eminente Ministro Joaquim Barbosa, relator designado para o caso, divulgou seu preciso voto, exatamente no sentido do que aqui se sustenta. Vale transcrever trecho de seu pronunciamento, que resume toda a questão em análise:

> "Em se tratando de feto com vida extra-uterina inviável, a questão que se coloca é: não há possibilidade alguma de que esse feto venha a sobreviver fora do útero materno, pois, qualquer que seja o momento do parto ou a qualquer momento que se interrompa a gestação, o resultado será invariavelmente o mesmo: a morte do feto ou do bebê. A antecipação desse evento morte em nome da saúde física e psíquica da mulher contrapõe-se ao princípio da dignidade da pessoa humana, em sua perspectiva da liberdade, intimidade e autonomia privada? Nesse caso, a eventual opção da gestante pela interrupção da gravidez poderia ser considerada crime? Entendo que não, Sr. Presidente. Isso porque, ao proceder à ponderação entre os valores jurídicos tutelados pelo direito, a vida extra-uterina inviável e a li-

---

47. Nesse sentido, vejam-se exemplificativamente: em **SP**: TJ-SP — JTJ 232:391; TJ-SP, 1ª Câm. Crim., MS 309.340-3, Rel. David Haddad, j. 22.05.2000; TJ-SP, 3ª Câm. Crim., MS 375.201-3, Rel. Tristão Ribeiro, j. 21.03.2002; em **MG**: TA-MG, 3ª Câm. Cív, Apel. Cív. 264.255-3, Rel. Juiz Duarte de Paula, j. 23.09.1998; TA-MG, 1ª Câm. Cív., Apel. Cív. 219.008-9, Rel. Juiz Alvim Soares — RJTAMG 63:272; TA-MG, 6ª Câm. Cív., Apel. Cív. 0240338-5, Rel. Juiz Baia Borges, DJ 10.09.1997; no **RS**: TJ-RS, 2ª Câm. Crim., MS 70005577424, Rel. José Antônio Cidade Pitrez, j. 20.02.2003; TJ-RS, 3ª Câm. Crim., Apel. Crim. 70005037072, Rel. José Antônio Hirt Preiss, j. 12.09.2002; dentre outros.

berdade e autonomia privada da mulher, entendo que, no caso em tela, deve prevalecer a dignidade da mulher, deve prevalecer o direito de liberdade desta de escolher aquilo que melhor representa seus interesses pessoais, suas convicções morais e religiosas, seu sentimento pessoal"[48].

IV.1. Pedido cautelar

41. No curso da argumentação desenvolvida demonstrou-se, de maneira que se afigura inequívoca, a presença do *fumus boni iuris*. A violação dos preceitos fundamentais representados pela dignidade da pessoa humana, legalidade, liberdade, autonomia da vontade e direito à saúde é ostensiva, caso se interpretem as normas penais como impeditivas da antecipação terapêutica do parto na hipótese de feto anencefálico.

42. Quanto ao *periculum in mora*, note-se que tramitam perante tribunais de todo o país diversas ações judiciais em que gestantes — notadamente as de baixa renda, que dependem da rede pública de saúde — buscam autorização judicial para poderem submeter-se à antecipação terapêutica do parto, por serem portadoras de feto anencefálico. Note-se que o procedimento médico somente é realizado na rede do SUS — e mesmo na maioria dos hospitais privados — mediante a apresentação de tal autorização. Desnecessário dizer (e o caso do HC 84.025-6/RJ, acima citado, é prova disso) que a demora

---

48. Íntegra do voto acessível no site "Consultor Jurídico", no endereço http://conjur.uol.com.br/textos/25241/. No mesmo sentido decidiu a Suprema Corte da Argentina, ao examinar, precisamente, hipótese de antecipação de parto encefálico. O Tribunal confirmou decisão de tribunal inferior no sentido de que "en el caso aqui analizado, y particularmente para una de las hipótesis posibles: la inducción o adelantamiento del parto no se verifican los extremos de la vigencia del tipo objetivo del aborto — artículo 86 del Código Penal". E acrescentou: "Frente a lo irremediable del fatal desenlace debido a la patología mencionada y a la impotencia de la ciencia para solucionarla, cobran toda su vitalidad los derechos de la madre a la protección de su salud, psicológica y física, y, en fin, a todos aquellos reconocidos por los tratados que revisten jerarquía constitucional, a los que se ha hecho referencia supra". Referência: T.421.XXXVI. T., S. c/Gobierno de la Ciudad de Buenos Aires s/ amparo (doc. nº 10).

inerente aos trâmites processuais muitas vezes torna inócua eventual decisão judicial favorável à gestante.

43. Configurados o *fumus boni iuris* e o grave *periculum in mora*, a CNTS requer, com fulcro no art. 5º, *caput* e § 3º da Lei n.º 9.882/99, seja concedida medida liminar para suspender o andamento de processos ou os efeitos de decisões judiciais que pretendam aplicar ou tenham aplicado os dispositivos do Código Penal aqui indigitados, nos casos de antecipação terapêutica do parto de fetos anencefálicos. E que se reconheça, como conseqüência, o direito constitucional da gestante de se submeter ao procedimento aqui referido, e do profissional de saúde de realizá-lo, desde que atestada, por médico habilitado, a ocorrência da anomalia descrita na presente ação.

IV.2. Pedido principal

44. Por todo o exposto, a CNTS requer seja julgado procedente o presente pedido para o fim de que essa Eg. Corte, procedendo à interpretação conforme a Constituição dos arts. 124, 126 e 128, I e II, do Código Penal (Decreto-lei nº 2.848/40), declare inconstitucional, com eficácia *erga omnes* e efeito vinculante, a interpretação de tais dispositivos como impeditivos da antecipação terapêutica do parto em casos de gravidez de feto anencefálico, diagnosticados por médico habilitado, reconhecendo-se o direito subjetivo da gestante de se submeter a tal procedimento sem a necessidade de apresentação prévia de autorização judicial ou qualquer outra forma de permissão específica do Estado.

IV.3. Pedido alternativo

45. Por fim, alternativamente e por eventualidade, a CNTS requer que, caso V. Exa. entenda pelo descabimento da ADPF na hipótese, seja a presente recebida como ação direta de inconstitucionalidade, uma vez que o que se pretende é a interpretação conforme a Constituição dos artigos 124, 126 e 128 do Código Penal, sem redução de texto, hipótese, portanto, em que não incidiria a jurisprudência consagrada dessa Corte relativamente à inadmissibilidade desse tipo de ação em relação a direito pré-constitucional.

46. De fato, a lógica dominante na Corte, reiterada na ADIn nº 2, é a de que lei anterior à Constituição e com ela incompatível estaria revogada. Conseqüentemente, não se deve admitir a ação direta de inconstitucionalidade cujo propósito é, em última análise, retirar a norma do sistema. Se a norma já não está em vigor, não haveria sentido em declarar sua inconstitucionalidade. Esse tipo de raciocínio, todavia, não é válido quando o pedido na ação direta é o de interpretação conforme a Constituição. É que, nesse caso, não se postula a retirada da norma do sistema jurídico nem se afirma que ela seja inconstitucional no seu relato abstrato. A norma permanece em vigor, com a interpretação que lhe venha a dar a Corte.

Por fim, nos termos do art. 6º, § 1º, da Lei nº 9.882/99, a CNTS se coloca à disposição de V. Exa. para providenciar a emissão de pareceres técnicos e/ou a tomada de declarações de pessoas com experiência e autoridade na matéria, caso se entenda necessário.

Nestes termos, pede deferimento.
Do Rio de Janeiro para Brasília, 16 de junho de 2004.
Luís Roberto Barroso
Adv. Insc. OAB/RJ 37.769

Memorial sobre questão de ordem: Legitimidade do exercício de jurisdição constitucional na hipótese, propriedade da interpretação conforme a Constituição e cabimento da ADPF

MEMORIAL DA AUTORA
CONFEDERAÇÃO NACIONAL DE TRABALHADORES NA SAÚDE (CNTS)

Sumário: A hipótese. Nota Prévia. Fundamento e legitimidade da atuação do Supremo Tribunal Federal na matéria. Parte I. Possibilidade jurídica do pedido: propriedade da utilização da técnica da interpretação conforme a Constituição. Parte II. Atendimento dos requisitos constitucionais e legais de cabimento da ADPF. Conclusão

Rio de Janeiro, 15 de outubro de 2004

Excelentíssimo Senhor Ministro:

Em vista da Questão de Ordem designada para o próximo dia 20 de outubro, tendo por objeto o cabimento da ADPF proposta, pede vênia a Confederação Nacional dos Trabalhadores na Saúde, por seu advogado, para submeter a V. Exa. o presente memorial.

Nas páginas que se seguem são enfrentadas as impugnações suscitadas, tanto a de caráter institucional – a de ser o Legislativo e não o Judiciário a instância própria de deliberação da matéria – quanto as de natureza dogmática, relativas à utilização da técnica de interpretação conforme a Constituição e ao cabimento da argüição de descumprimento de preceito fundamental.

O memorial seguirá o roteiro apresentado ao início.

A hipótese

1. Postula-se, na ADPF nº 54, a interpretação conforme a Constituição dos art. 124, 126, *caput* e 128, I e II do Código Penal, para o fim de se reconhecer que eles não incidem no caso de interrupção da gestação de fetos anencefálicos. A anencefalia é a má-formação congênita pela qual o feto, por defeito de fechamento do tubo neural durante a gestação, não apresenta os hemisférios cerebrais e o córtex. Como conseqüência, o feto não terá qualquer viabilidade de vida extra-uterina.

2. Pelo menos desde o início da década de 90, centenas de juízes por todo o país concederam alvarás autorizando a antecipação do parto nessa hipótese[1]. No Brasil, na linha do padrão internacional, adota-se a morte encefálica ou cerebral como critério científico para declarar um indivíduo morto. Isso é o que dispõe a Lei nº 9.434, de 4.01.97, que regula o transplante de órgãos no país[2]. Ou seja: uma vez que se constate, de acordo com os critérios médicos próprios, a morte cerebral, o indivíduo será considerado morto, ainda que alguns de seus órgãos permaneçam funcionando por meio de aparelhos.

3. A "vida" intra-uterina do feto anencefálico corresponde, a rigor, apenas ao funcionamento de seus órgãos, mantido pelo corpo da gestante ao qual está ligado, da mesma forma que os órgãos de um indivíduo cuja morte cerebral tenha sido constatada podem ser mantidos em funcionamento por aparelhos a ele conectados. Ora bem: se não há, na

---

1. Esse entendimento amplamente majoritário pode vir a sofrer o impacto de recente decisão proferida na matéria pelo Superior Tribunal de Justiça (DJ 22.03.04, HC 32.159, Rel. Min. Laurita Vaz).

2. Lei nº 9.434/97, art. 3º: "A retirada *post mortem* de tecidos ou partes do corpo humano destinados a transplante ou tratamento deverá ser precedida de morte encefálica, constatada e registrada por dois médicos não participantes das equipes de remoção e transplante, mediante a utilização de critérios clínicos e tecnológicos definidos por resolução do Conselho Federal de Medicina".

hipótese, vida a ser protegida, nada justifica a restrição aos direitos fundamentais da gestante (dignidade, liberdade e saúde) que a obrigação de levar a cabo a gravidez acarreta. A incidência da norma penal no caso, portanto, será inteiramente desproporcional e inconstitucional[3].

4. Exposta a hipótese, com o fim de permitir que o intérprete visualize o problema como um todo, passa-se a enfrentar o tema específico da questão de ordem.

Nota Prévia
FUNDAMENTO E LEGITIMIDADE DA ATUAÇÃO DO SUPREMO TRIBUNAL FEDERAL NA MATÉRIA

I. Legitimidade da jurisdição constitucional[4]

5. Em sentido amplo, a jurisdição constitucional envolve a interpretação e aplicação da Constituição, tendo como uma de suas princi-

---

3. É possível chegar-se ao mesmo resultado mediante um critério de ponderação de valores: a permanência de um feto sem viabilidade de vida extra-uterina no útero da gestante não legitima o imenso sofrimento a que esta estará sujeita, por meses a fio, submetendo-se inutilmente às transformações físicas e psicológicas trazidas pela gravidez.
4. Esta não é a sede própria para aprofundar o debate doutrinário que tem mobilizado, de longa data, os principais constitucionalistas do mundo, e que mais recentemente vem se desenvolvendo no Brasil. Sobre o tema, vejam-se: Hamilton, Madison e Jay, *The federalist papers*, 1981 (a publicação original foi entre 1787 e 1788), especialmente o Federalista n. 78; John Marshall, voto em *Marbury v. Madison* [5 U.S. (1 Cranch)], 1803; Hans Kelsen, *Quién debe ser el defensor de la Constitución*, 1931; Carl Schmitt, *La defensa de la Constitución*, 1931; John Hart Ely, *Democracy and distrust*, 1980; Alexander Bickel, *The least dangerous branch*, 1986; Ronald Dworkin, *A matter of principle*, 1985; John Rawls, *A theory of justice*, 1999; Jürgen Habermas, *Direito e democracia: entre facticidade e validade*, 1989; Bruce Ackerman, *We the people: foundations*, 1993; Carlos Santiago Nino, *La Constitución de la democracia deliberativa*, 1997. Na literatura nacional mais recente, vejam-se: Gustavo Binenbojm, *A nova jurisdição constitucional brasileira*, 2004; Cláudio de Souza Pereira Neto, *Jurisdição constitucional, democracia e racionalidade prática*, 2002; José Adércio Leite Sampaio, *A Constituição reinventada pela jurisdição constitucional*, 2002; Bianca Stamato Fernandes, *Jurisdição constitucional*, 2004.

pais expressões o controle de constitucionalidade das leis e atos normativos. No Brasil, esta possibilidade vem desde a primeira Constituição republicana (controle incidental e difuso), tendo sido ampliada após a Emenda Constitucional nº 16/65 (controle principal e concentrado). A existência de fundamento normativo expresso, aliada a outras circunstâncias, adiou o debate no país acerca da legitimidade do desempenho pela corte constitucional de um papel normalmente referido como *contra-majoritário*[5]: *órgãos e agentes públicos não eleitos têm o poder de afastar ou conformar normas e políticas públicas elaboradas por representantes escolhidos pela vontade popular.*

6. Ao longo dos últimos dois séculos, impuseram-se doutrinariamente duas grandes linhas de justificação desse papel das supremas cortes/tribunais constitucionais. A primeira, mais tradicional, assenta raízes na soberania popular e na separação de Poderes: a Constituição, expressão maior da vontade do povo, deve prevalecer sobre as leis, manifestação das maiorias parlamentares. Cabe assim ao Judiciário, no desempenho de sua função de aplicar o Direito, afirmar tal supremacia, negando validade à lei inconstitucional. A segunda, que lida com a realidade mais complexa da nova interpretação jurídica[6], procura legitimar o desempenho do controle de constitucionalidade em outro fundamento: a preservação das condições essenciais de funcionamento do Estado democrático. Ao juiz constitucional cabe assegurar determinados valores substantivos e a observância dos procedimentos adequados de participação e deliberação[7].

---

5. A expressão "dificuldade contra-majoritária" (the counter-majoritarian difficulty) foi cunhada por Alexander Bickel, *The least dangerous branch*, 1986, p. 16, cuja 1ª. edição é de 1962.

6. No atual estágio da dogmática jurídica reconhece-se que, em múltiplas situações, o juiz não é apenas "a boca que pronuncia as palavras da lei", na expressão de Montesquieu. Hipóteses há em que o intérprete é co-participante do processo de criação do Direito, integrando o conteúdo da norma com valorações próprias e escolhas fundamentadas, notadamente quando se trate da aplicação de cláusulas gerais e princípios. Sobre o tema, v. Luís Roberto Barroso e Ana Paula de Barcellos, O começo da história. A nova interpretação constitucional e o papel dos princípios no direito brasileiro, *RF, 371*:175, 2004.

7. A jurisdição constitucional legitimou-se, historicamente, pelo inestimável serviço prestado às duas idéias centrais que se fundiram para criar o moderno Estado democrático de direito: constitucionalismo (i.e., poder limitado e respeito aos direitos fundamentais) e democracia (soberania popular e governo da maioria). O papel da corte constitucional é assegurar que todos estes elementos

7. A propósito do tema versado na ADPF objeto do presente memorial, e confirmando a tese desenvolvida nos parágrafos e notas anteriores, é bem de ver que as principais cortes constitucionais do mundo – Estados Unidos, Alemanha, Canadá, França, Portugal etc. – já lidaram com questões afetas à interrupção da gravidez em hipóteses muito mais abrangentes do que aquela aqui versada. E a Suprema Corte da Argentina, em decisão histórica juntada à petição inicial, pronunciou-se especificamente sobre a legitimidade da antecipação do parto de fetos anencefálicos.

II. Inexistência de dificuldade contramajoritária

8. O papel de preeminência exercido pelo supremo tribunal/corte constitucional na sustentação e equilíbrio do Estado constitucional moderno neutralizou, em intensidade relevante, a crítica relativa à denominada dificuldade contramajoritária. O ideal democrático não se reduz ao princípio majoritário, cabendo ao órgão maior da jurisdição constitucional a função de árbitro do jogo e garantidor dos direitos fundamentais. Instigante que seja este debate, a verdade é que na questão discutida nesta ADPF nº 54 não se coloca qualquer dificuldade dessa natureza. A pretensão veiculada pela autora – tanto no pedido principal como no alternativo – não consiste na declaração de inconstitucionalidade de qualquer norma em vigor, a ser retirada do sistema. Vale dizer: não há qualquer grau de superposição entre Poderes. Pede-se tão-somente que o Supremo Tribunal Federal determine o sentido e alcance de normas constitucionais e infraconstitucionais, pronunciando uma interpretação harmonizadora, singelamente dedutível do sistema como um todo.

III. A hipótese não é de atuação como legislador positivo

9. O tipo de preocupação subjacente à terminologia *legislador positivo*, que remonta ao debate entre Kelsen e Carl Schmitt a propósito de quem deveria ser o guardião da Constituição, tem sido ampla-

---

convivam em harmonia, cabendo-lhe, ademais, a atribuição delicada de estancar a vontade da maioria quando atropele o procedimento democrático ou vulnere direitos fundamentais da minoria.

mente revisitado pela moderna teoria constitucional[8]. Não é o caso, todavia, de se fazer aqui o desvio da discussão, à vista de sua inaplicabilidade à hipótese. Não se pede nem se espera que o Supremo Tribunal Federal atue como legislador positivo no processo objetivo aqui examinado, criando uma norma até então inexistente. A pretensão formulada pela autora da ação pode ser enquadrada em uma de duas categorias: (i) a da aplicação direta e imediata do texto constitucional; ou (ii) a da aplicação do direito infraconstitucional em harmonia com a Constituição. Em nenhuma das duas situações pretende-se que o STF inove originariamente na ordem jurídica, mas apenas que extraia do sistema a disciplina imposta à matéria.

IV. Força normativa da Constituição e aplicabilidade direta e imediata de suas normas[9]

10. Uma das grandes mudanças de paradigma ocorridas na ciência jurídica ao longo do século XX foi o reconhecimento de força normativa às normas constitucionais[10]. Entre nós, este processo só se consumou após a vigência da Constituição de 1988, com o impulso dado pela doutrina brasileira da efetividade[11]. Investidas do atributo

---

8. V. a propósito, Bianca Stamato Fernandes, *Jurisdição constitucional*, 2004, p. 97.
9. Konrad Hesse, *A força normativa da Constituição*, trad. Gilmar Ferreira Mendes, 1991; Eduardo García de Enterría, *La Constitución como norma y el Tribunal Constitucional*, 1991.
10. Superou-se, assim, o modelo no qual a Constituição era vista como um documento essencialmente político, um convite à atuação dos Poderes Públicos. A concretização de suas propostas ficava invariavelmente condicionada à liberdade de conformação do legislador ou à discricionariedade do administrador. Ao Judiciário não se reconhecia qualquer papel relevante na realização do conteúdo da Constituição. O fenômeno da normatividade da Constituição consolida-se, em países como Alemanha e Itália, no curso da década de 50, ao passo que em outros, como a Espanha, somente após a redemocratização trazida pela Constituição de 1978. Sobre o caso espanhol, v. Eduardo García de Enterría, *La Constitución Española de 1978 como pacto social y como norma jurídica*, 2003.
11. Sobre eficácia das normas constitucionais, v. Vezio Crisafulli, *La Costituzione e le sue disposizioni di principio*, 1952; J. H. Meirelles Teixeira, *Curso de direito constitucional*, 1991, texto revisto e atualizado por Maria Garcia; José Afonso da Silva, *Aplicabilidade das normas constitucionais*, 1998; Celso Anto-

próprio das normas jurídicas – a imperatividade –, as normas constitucionais passam a tutelar, direta e imediatamente, as situações que contemplam, podendo ser invocadas tanto pelos cidadãos quanto pelos Poderes Públicos. O constituinte houve por bem explicitar este entendimento, na dicção expressa do art. 5º, § 1º: "As normas definidoras dos direitos e garantias fundamentais têm aplicação imediata".

11. Como conseqüência, as normas constitucionais que consagram os preceitos fundamentais da dignidade da pessoa humana, da legalidade, da liberdade e da autonomia da vontade, bem como do direito à saúde, protegem de maneira direta e imediata as situações abrangidas por elas. Eventual ausência de intermediação do legislador ordinário – ainda que fosse esta necessária, o que não é o caso – não teria o condão de barrar sua aplicação pelo Judiciário na concretização daqueles valores e bens jurídicos.

V. Centralidade da Constituição e constitucionalização do direito infraconstitucional[12]

12. Nestes últimos dezesseis anos, a normatividade e a efetividade acima apreciadas, aliadas ao desenvolvimento de uma nova dogmá-

---

nio Bandeira de Mello, Eficácia das normas constitucionais sobre justiça social, *RDP, 57-58*:233, 1981; *Celso Ribeiro Bastos e Carlos Ayres de Britto, Interpretação e aplicabilidade das normas constitucionais*, 1982; Eros Roberto Grau, *A constituinte e a constituição que teremos*, 1985. Mais especificamente sobre a questão da *efetividade*, v. Luís Roberto Barroso, O *direito constitucional e a efetividade de suas normas*, 2003, e a *Doutrina brasileira da efetividade*, artigo em homenagem ao Professor Paulo Bonavides, ainda não publicado: "Para realizar este objetivo, o movimento pela efetividade promoveu, com sucesso, três mudanças de paradigma na teoria e na prática do direito constitucional no país. No plano *jurídico*, atribuiu normatividade plena à Constituição, que passou a ter aplicabilidade direta e imediata, tornando-se fonte de direitos e obrigações. Do ponto de vista *científico* ou dogmático, reconheceu ao direito constitucional um objeto próprio e autônomo, estremando-o do discurso puramente político ou sociológico. E, por fim, sob o aspecto *institucional*, contribuiu para a ascensão do Poder Judiciário no Brasil, dando-lhe um papel mais destacado na concretização dos valores e dos direitos constitucionais".
12. Luís Roberto Barroso, *Interpretação e aplicação da Constituição*, 2003; Ana Paula de Barcellos, *A eficácia jurídica dos princípios — O princípio da dignidade da pessoa humana*, 2002; Daniel Sarmento, *Direitos fundamentais e relações privadas*, 2004.

tica da interpretação constitucional, redefiniram o papel da Constituição na ordem jurídica brasileira. Neste novo cenário, o Código Civil (e os microssistemas que se formaram em torno dele, em áreas como direito do consumidor, criança e adolescente, locações, alimentos, divórcio, dentre outras) perdeu pouco a pouco sua posição de preeminência. Progressivamente, foi se consumando no Brasil um fenômeno anteriormente verificado na Alemanha, após a Segunda Guerra: a passagem da Lei Fundamental para o centro do sistema. À supremacia até então meramente formal, agregou-se uma valia material e axiológica à Constituição, potencializada pela abertura do sistema jurídico e pela normatividade de seus princípios[13].

13. A Constituição passa a ser, assim, não apenas um sistema em si – com a sua ordem, unidade e harmonia – mas também um modo de olhar e interpretar todos os demais ramos do Direito. Este fenômeno de *constitucionalização do direito infraconstitucional*, também apelidado de *filtragem constitucional*, consiste em que toda a ordem jurídica deve ser lida e apreendida sob a lente da Constituição, de modo a realizar os valores nela consagrados. A constitucionalização do direito em geral – civil, penal, processual, administrativo – não identifica apenas a inclusão na Lei Maior de normas próprias de outros domínios, mas, sobretudo, a reinterpretação de seus institutos sob uma ótica constitucional[14].

---

13. V. Pietro Perlingieri, *Perfis do direito civil*, 1997, p. 6: "O Código Civil certamente perdeu a centralidade de outrora. O papel unificador do sistema, tanto nos seus aspectos mais tradicionalmente civilísticos quanto naqueles de relevância publicista, é desempenhado de maneira cada vez mais incisiva pelo Texto Constitucional". Vejam-se também: Maria Celina B. M. Tepedino, A caminho de um direito civil constitucional, *RDC*, 65:21; Luiz Edson Fachin, *Teoria crítica do direito civil*, 2000; Gustavo Tepedino, "O Código Civil, os chamados microssistemas e a Constituição: premissas para uma reforma legislativa". In: Gustavo Tepedino (org.), *Problemas de direito civil-constitucional*, 2001; e Judith Martins-Costa (org.), *A reconstrução do direito privado*, 2002.
14. J. J. Gomes Canotilho e Vital Moreira, *Fundamentos da Constituição*, 1991, p. 45: "A principal manifestação da preeminência normativa da Constituição consiste em que toda a ordem jurídica deve ser *lida à luz dela* e passada pelo seu crivo". V. também, Paulo Ricardo Schier, *Filtragem constitucional*, 1999; Riccardo Guastini, "La 'constitucionalización' del ordenamiento jurídico: el caso italiano". In: Miguel Carbonell (org.), *Neoconstitucionalismo*, 2003, p. 49: "Un ordenamiento jurídico constitucionalizado se caracteriza por una Constitu-

14. À luz de tais premissas, toda interpretação jurídica é também interpretação constitucional. Qualquer operação de realização do Direito envolve a aplicação direta ou indireta da Constituição. Direta, quando uma pretensão se fundar em uma norma constitucional; e indireta quando se fundar em uma norma infraconstitucional, por duas razões: a) antes de aplicar a norma, o intérprete deverá verificar se ela é compatível com a Constituição, porque, se não for, não poderá fazê-la incidir; e b) ao aplicar a norma, deverá orientar seu sentido e alcance à realização dos fins constitucionais.

15. É disso que se trata na presente ADPF. Requer-se ao Supremo Tribunal Federal que proceda à leitura do Código Penal à luz da Constituição, interpretando-o de modo a realizar os preceitos fundamentais nela inscritos, impedindo uma desajustada interpretação retrospectiva[15]. O intérprete constitucional deve ser passageiro do futuro e não prisioneiro do passado[16].

---

ción extremadamente invasora, entrometida (pervasiva, invadente), capaz de condicionar tanto la legislación como la jurisprudência y el estilo doctrinal, la acción de los actores políticos, así como las relaciones sociales".

15. A interpretação retrospectiva é uma das patologias crônicas da hermenêutica constitucional brasileira, pela qual se procura interpretar o texto novo de maneira a que ele não inove nada, mas, ao revés, fique tão parecido quanto possível com o antigo. Com argúcia e espírito, José Carlos Barbosa Moreira estigmatiza a equivocidade dessa postura: "Põe-se ênfase nas semelhanças, corre-se um véu sobre as diferenças e conclui-se que, à luz daquelas, e a despeito destas, a disciplina da matéria, afinal de contas, mudou pouco, se é que na verdade mudou. É um tipo de interpretação (...) em que o olhar do intérprete dirige-se antes ao passado que ao presente, e a imagem que ele capta é menos a representação da realidade que uma sombra fantasmagórica" (O Poder Judiciário e a efetividade da nova Constituição, *RF, 304*:151, 1988, p. 152).

16. Veja-se, a propósito, o pertinente comentário de Peter Häberle, *Hermenêutica constitucional: a sociedade aberta dos intérpretes da Constituição: contribuição para a interpretação pluralista e 'procedimental' da Constituição*, 1997 (trad. Gilmar Ferreira Mendes): "Diferentemente das leis pós-constitucionais, as leis pré-constitucionais não devem ser consideradas como interpretação constitucional do legislador. Assim, elas reclamam não só um tratamento processual diferenciado, como também exigem um exame mais rigoroso quanto ao seu conteúdo".

VI. Democracia deliberativa e razão pública[17]

16. Por fim, e apenas para ampliar a justificação do argumento, cabe fazer breve referência a dois conceitos presentes no debate atual da teoria democrática e da filosofia constitucional. Na configuração moderna do Estado e da sociedade, a idéia de democracia já não se reduz à prerrogativa popular de eleger representantes, nem tampouco às manifestações das instâncias formais do processo majoritário. Na *democracia deliberativa*, o debate público amplo, realizado em contexto de livre circulação de idéias e de informações, e observado o respeito aos direitos fundamentais, desempenha uma função racionalizadora e legitimadora de determinadas decisões políticas.

17. Nesse ambiente, o tribunal constitucional deve ser o intérprete da *razão pública*, dela se valendo para justificar suas decisões. O uso da razão pública importa em afastar dogmas religiosos ou ideológicos – cuja validade é aceita apenas pelo grupo dos seus seguidores – e utilizar argumentos que sejam reconhecidos como legítimos por todos os grupos sociais dispostos a um debate franco[18], ainda que não concordem quanto ao resultado obtido em concreto. O contrário seria privilegiar as opções de determinados segmentos sociais em detrimento das de outros, desconsiderando que o pluralismo é não apenas um fato social inegável, mas também um dos fundamentos expressos da República Federativa do Brasil, consagrado no art. 1º, inciso IV, da Constituição.

---

17. John Rawls, *A theory of justice*, 1999; Jürgen Habermas, *Direito e democracia: entre facticidade e validade*, 1989; Carlos Santiago Nino, *La Constitución de la democracia deliberativa*, 1997; Gisele Citadino, *Pluralismo, direito e justiça distributiva*, 1999; e Cláudio de Souza Pereira Neto, *Teoria constitucional e democracia deliberativa*, 2004, tese de doutoramento, no prelo.
18. Nesse ponto deve-se destacar que a tese defendida na ADPF nº 54 tem o apoio amplo e consistente da opinião pública e de órgão e entidades públicos e da sociedade civil, dentre os quais: o Conselho de Defesa dos Direitos da Pessoa Humana, do Ministério da Justiça (CDDPH-MJ), a Secretaria Especial de Políticas para as Mulheres, subordinada diretamente à Presidência da República; a Ordem dos Advogados do Brasil – Conselho Federal (OAB), o Conselho Federal de Medicina (CFM) e a FEBRASGO (Federação Brasileira de Ginecologia e Obstetrícia). A visão contrária é defendida, em espectro muito reduzido, por pessoas e entidades – respeitáveis e representativas – que se baseiam em concepções religiosas e dogmáticas.

Parte I
POSSIBILIDADE JURÍDICA DO PEDIDO: PROPRIEDADE DA UTILIZAÇÃO DA TÉCNICA DA INTERPRETAÇÃO CONFORME A CONSTITUIÇÃO[19]

I. Declarar inconstitucional uma incidência normativa (*declaração de inconstitucionalidade parcial sem redução do texto*) não é legislar positivamente

18. O pedido formulado na ADPF nº 54 é o de que o Supremo Tribunal Federal, procedendo à interpretação conforme a Constituição do conjunto normativo formado pelos arts. 124, 126, *caput*, e 128, I e II, do Código Penal, declare que ele não se aplica – sob pena de inconstitucionalidade – à seguinte hipótese: antecipação do parto de feto anencefálico por decisão da gestante. Em outros termos: pede-se que o STF declare a inconstitucionalidade de uma determinada incidência dos dispositivos referidos, produzindo como resultado uma declaração de inconstitucionalidade parcial sem redução do texto[20].

19. O que cumpre examinar nesta questão de ordem é se o pedido que se acaba de descrever é juridicamente possível. Isto é: se ele pode ser atendido pelo STF, se ele está dentro das possibilidades da técnica da interpretação conforme a Constituição ou se ele transformaria o STF, indevidamente, em legislador positivo. Trata-se de investigar, portanto, se, para atender ao pedido formulado, o STF estaria elaborando norma nova e invadindo a competência do Legislativo. O ponto, na verdade, não envolve maiores complexidades.

---

19. Konrad Hesse, "La interpretación constitucional". In: *Escritos de derecho constitucional*, 1983, p. 53 e ss.; Eduardo García de Enterría, *La Constitución como norma y el tribunal constitucional*, 1985, p. 95 e ss.; Gilmar Ferreira Mendes, *Jurisdição constitucional*, 1999, p. 229 e ss.; Clèmerson Merlin Clève, *A fiscalização abstrata da constitucionalidade no direito brasileiro*, 2000, p. 263 e ss.; Lênio Luiz Streck, *Jurisdição constitucional e hermenêutica*, 2002, p. 443 e ss.; Luís Roberto Barroso, *Interpretação e aplicação da Constituição*, 2004, p. 188 e ss..
20. Gilmar Ferreira Mendes, *Jurisdição constitucional*, 1999, pp. 204-5.

20. O controle de constitucionalidade, como consignado anteriormente, é uma modalidade de interpretação e aplicação da Constituição. Independentemente de outras especulações, há consenso de que cabe ao Judiciário pronunciar a invalidade dos enunciados normativos incompatíveis com o texto constitucional, paralisando-lhes a eficácia. De outra parte, na linha do conhecimento convencional, a ele não caberia inovar na ordem jurídica, criando comando até então inexistente. Em outras palavras: o Judiciário estaria autorizado a invalidar um ato do Legislativo, mas não a substituí-lo por um ato de vontade própria[21].

21. Pois bem. As modernas técnicas de interpretação constitucional – como é o caso da interpretação conforme a Constituição – continuam vinculadas a esse pressuposto, ao qual agregam um elemento adicional inexorável. A interpretação jurídica dificilmente é unívoca, seja porque um mesmo enunciado, ao incidir sobre diferentes circunstâncias de fato, pode produzir normas diversas[22], seja por-

---

21. Nesse sentido, v. STF, Rp 1.417-DF, DJ 15.04.88, Rel. Min. Moreira Alves: "Ao declarar a inconstitucionalidade de uma lei em tese, o STF – em sua função de Corte Constitucional – atua como legislador negativo, mas não tem o poder de agir como legislador positivo, para criar norma jurídica diversa da instituída pelo Poder Legislativo". Não é relevante para a hipótese aqui versada o aprofundamento da reflexão sobre este tema.
22. A doutrina mais moderna tem traçado uma distinção entre enunciado normativo e norma, baseada na premissa de que não há interpretação em abstrato. *Enunciado normativo* é o texto, o relato contido no dispositivo constitucional ou legal. *Norma*, por sua vez, é o produto da aplicação do enunciado a uma determinada situação, isto é, a concretização do enunciado. De um mesmo enunciado é possível extrair diversas normas. Por exemplo: do enunciado do art. 5º, LXIII da Constituição – o *preso* tem direito de permanecer calado – extraem-se normas diversas, inclusive as que asseguram o direito à não auto-incriminação ao *interrogado* em geral (STF, DJ 14.12.01, HC 80.949, Rel. Min. Sepúlveda Pertence) e até ao *depoente em CPI* (STF, DJ 16.02.01, HC 79.812, Rel. Min. Celso de Mello). Sobre o tema, v. Karl Larenz, *Metodologia da ciência do direito*, 1969, p. 270 e ss.; Friedrich Müller, *Métodos de trabalho do direito constitucional*, RFDUFRS, Edição especial comemorativa dos 50 anos da Lei Fundamental da República Federal da Alemanha, 1999, p. 45 e ss.; Riccardo Guastini, *Distinguendo. Studi di teoria e metateoria del diritto*, 1996, pp. 82-3; e Humberto Ávila, *Teoria dos princípios*, 2003, p. 13.

que, mesmo em tese, um enunciado pode admitir várias interpretações. Inicie-se por essa segunda possibilidade.

22. Não é incomum que um enunciado abstrato admita várias interpretações, algumas inconstitucionais e outras válidas. Ao invés de declarar a invalidade do enunciado como um todo, a Corte Constitucional pode declarar inconstitucionais apenas uma ou algumas das interpretações possíveis, salvando assim o dispositivo. Trata-se, como já se tornou corrente, de um esforço de conciliação entre a presunção de constitucionalidade das leis e a supremacia da Constituição. Note-se que ao fixar uma interpretação *conforme* a Constituição, e excluir as demais, a Corte Constitucional procede a um *minus* em relação ao que está autorizada a fazer, já que poderia declarar a invalidade total do dispositivo. Essa, portanto, é uma primeira aplicação da interpretação *conforme a Constituição*: fixar, relativamente a um enunciado, uma interpretação possível e que o torne compatível com a Carta, excluindo as demais possibilidades interpretativas.

23. A técnica da interpretação conforme a Constituição pode produzir, no entanto, um segundo tipo de resultado: trata-se da declaração de inconstitucionalidade parcial sem redução do texto. A hipótese é ainda mais simples que a anterior. Como se sabe, um mesmo dispositivo, ao incidir sobre circunstâncias diferentes, pode produzir normas diversas; e é perfeitamente possível que uma ou alguma delas se mostrem inconstitucionais por conta de suas características particulares. Ora, por meio da *interpretação conforme*, no lugar de declarar inconstitucional o dispositivo como um todo, bastará reduzir sua aparente abrangência para o fim de excluir aquela hipótese de sua incidência.

24. É bem de ver que nem a técnica nem os resultados da interpretação conforme a Constituição são novidade para a experiência do Supremo Tribunal Federal. Em várias ocasiões, a Corte já se utilizou dessa ferramenta hermenêutica, valendo referir como exemplo o julgamento da ADIn nº 1946/DF, na qual foi apreciada, dentre outros pontos, a constitucionalidade do teto criado pela EC nº 20/98 para os benefícios pagos pela Previdência Social. Naquela oportunidade, o STF entendeu que, embora a imposição do teto fosse válida para a generalidade dos casos, ela seria inconstitucional caso aplicada a um benefício específico: a licença maternidade. Nessa linha, o Plenário conferiu interpretação conforme a Constituição ao dispositivo para

declarar que a inovação da EC n° 20/98 era constitucional uma vez que não incidisse sobre a licença maternidade[23].

25. A aplicação do que se acaba de expor à ADPF n° 54 é intuitiva. Não se pretende aqui que o STF edite qualquer norma nova, mas apenas que declare a inconstitucionalidade de uma determinada incidência dos enunciados referidos no Código Penal[24]. Sobre esse tema, há ainda um aspecto importante a observar.

II. A existência de projeto de lei pretendendo modificar dispositivo impugnado perante o STF não impede a Corte de declarar sua inconstitucionalidade total ou parcial

26. Retome-se por um instante o exemplo da ADIn n° 1946/DF mencionada acima. Imagine-se que, antes de examinado o seu mérito pelo STF, estivesse em tramitação no Congresso Nacional proposta de emenda constitucional cujo objeto fosse esclarecer que o teto imposto aos benefícios previdenciários não se deveria aplicar à licença maternidade. Essa circunstância impediria o STF de considerar a referida incidência da EC n° 20/98 inconstitucional? Naturalmente que não.

27. Na verdade, a existência ou não de projeto de lei pretendendo revogar ou alterar dispositivos impugnados perante o STF não tem o condão de impedir que a Corte pronuncie a sua inconstitucionalidade e nem transforma o STF, por isso, em *legislador positivo* nessas hipóteses. Se fosse assim, bastaria a apresentação de um projeto de lei, por um único parlamentar, para obstruir a competência constitu-

---

23. STF, DJ 16.05.03, ADIn 1946-DF, Rel. Min. Sydney Sanches: "Reiteradas as considerações feitas nos votos, então proferidos, e nessa manifestação do Ministério Público Federal, a Ação Direta de Inconstitucionalidade é julgada procedente, em parte, para se dar, ao art. 14 da Emenda Constitucional n° 20, de 15.12.1998, interpretação conforme à Constituição, excluindo-se sua aplicação ao salário da licença gestante, a que se refere o art. 7°, inciso XVIII, da Constituição Federal".

24. Com efeito, não se pretende criar uma nova exceção a ser acrescida ao elenco do art. 128 (aborto em caso de estupro ou de risco de vida da gestante), mas simplesmente que se reconheça que os enunciados dos arts. 124 e 126 (que criminalizam a gestante e o terceiro na hipótese de aborto consentido) não se aplicam à antecipação de parto do feto anencefálico.

cional do Supremo Tribunal Federal. O argumento evidentemente não se sustenta.

28. Na realidade, o fato de a constitucionalidade de uma lei – ou mesmo de uma incidência específica dela, como é o caso aqui – estar em discussão perante o STF não impede que as Casas Legislativas debatam alterações nesse mesmo diploma ou mesmo sua revogação. Por outro lado, até que se ultimem, os trabalhos do Legislativo não interferem na competência do STF para declarar a invalidade, total ou parcial, de enunciados vigentes.

29. Aplicando-se tais premissas à ADPF nº 54: o fato de existir projeto de lei pretendendo explicitar a não aplicação das disposições do Código Penal sobre aborto às hipóteses de antecipação do parto de fato anencefálico não interfere com a competência e legitimidade do STF para decidir se essa incidência normativa é constitucional ou não. Ou seja: nem o pedido formulado na ADPF pretende que o Supremo Tribunal Federal crie qualquer norma nova, nem o fato de a questão ter sido ou estar sendo discutida no Congresso Nacional retira da Corte a possibilidade de pronunciar-se a respeito.

Parte II
ATENDIMENTO DOS REQUISITOS CONSTITUCIONAIS E LEGAIS DE CABIMENTO DA ADPF[25]

30. O objeto da ADPF, nos termos do art. 102, § 1º, da Constituição[26] e do art. 1º da Lei nº 9.882/99[27], é evitar ou reparar lesão a

---

25. André Ramos Tavares e Walter Claudius Rothenburg (org.), *Argüição de descumprimento de preceito fundamental: análises à luz da Lei nº 9.882/99*, 2001; Gilmar Ferreira Mendes, "Argüição de descumprimento de preceito fundamental" e "Argüição de descumprimento de preceito fundamental: demonstração de inexistência de outro meio eficaz". In: www.jusnavigandi.com.br; Carlos Mário da Silva Velloso, A argüição de descumprimento de preceito fundamental, *FA, 24*:1849, 2003; Luís Roberto Barroso, *O controle de constitucionalidade no direito brasileiro*, 2004.

26. CF/88, art. 102, § 1º: "A argüição de descumprimento de preceito fundamental, decorrente desta Constituição, será apreciada pelo Supremo Tribunal Federal, na forma da lei".

27. Lei nº 9.882/99, art. 1º: "A argüição prevista no § 1º do art. 102 da Constituição Federal será proposta perante o Supremo Tribunal Federal, e terá por

preceito fundamental resultante de ato do Poder Público. Os dois requisitos principais estão claramente presentes na hipótese:

(i) há preceitos constitucionais fundamentais sendo lesionados – a dignidade, a liberdade e a saúde da gestante; e

(ii) a lesão em tela resulta de ato do Poder Público, que pode ser descrito como o conjunto normativo extraído dos arts. 124, 126, *caput*, e 128, I e II, do Código Penal, ou mais propriamente, na interpretação inadequada que múltiplas decisões têm dado a tais dispositivos.

31. Nos termos do art. 11 da Lei nº 9.882/99[28], a decisão a ser proferida em ADPF poderá envolver a declaração de inconstitucionalidade de lei ou ato normativo. Como referido, o pedido envolve menos do que isso, já que apenas se requer a declaração de inconstitucionalidade *parcial*, sem redução do texto, dos dispositivos do Código Penal já referidos.

32. A Lei nº 9.882/99 adicionou aos dois requisitos acima um terceiro: a inexistência de outro meio eficaz de sanar a lesividade (art. 4º, § 1º)[29]. Outro meio eficaz, como já tem entendido essa Eg. Corte, corresponde a outro processo objetivo no qual se possa decidir a questão em caráter *erga omnes* e vinculante. Ocorre que, na linha da jurisprudência do STF acerca da legislação editada antes da edição da Carta de 1988, não caberia ação direta de inconstitucionalidade para

---

objeto evitar ou reparar lesão a preceito fundamental, resultante de ato do Poder Público".

28. Lei nº 9.882/99, art. 11: "Ao declarar a inconstitucionalidade de lei ou ato normativo, no processo de argüição de descumprimento de preceito fundamental, e tendo em vista razões de segurança jurídica ou de excepcional interesse social, poderá o Supremo Tribunal Federal, por maioria de dois terços de seus membros, restringir os efeitos daquela declaração ou decidir que ela só tenha eficácia a partir de seu trânsito em julgado ou de outro momento que venha a ser fixado".

29. Lei nº 9.882/99, art. 4º, § 1º: "Não será admitida argüição de descumprimento de preceito fundamental quando houver qualquer outro meio eficaz de sanar a lesividade".

examinar a validade de incidência de dispositivos do Código Penal[30]. Tampouco seria hipótese de ação declaratória de constitucionalidade ou de qualquer outro processo objetivo.

33. E há ainda uma questão adicional da maior relevância. Além de não haver outro meio objetivo de sanar a lesão, muito dificilmente o tema discutido nesta ADPF chegará ao STF por via de um processo subjetivo, ainda que para produzir efeito apenas entre as partes. Como a prática já demonstrou, a demora inerente aos trâmites processuais normalmente privará a Corte da oportunidade de examinar o assunto antes do desfecho trágico da gestação, com todo o sofrimento que ele trará, inclusive o ônus de submeter-se a gestante à operação de cesariana, de registrar o natimorto, comunicar oficialmente seu óbito e enterrá-lo[31].

34. Note-se, em desfecho, que a autora requereu, alternativamente e por eventualidade, que na hipótese de se entender pelo descabimento da ADPF, fosse o pedido recebido como de ação direta de inconstitucionalidade (ADIn), no qual se procederia à interpretação conforme a Constituição dos dispositivos do Código Penal impugnados. A jurisprudência tradicional do STF, relativamente ao não cabimento de ADIn em face do direito pré-constitucional, não seria de se aplicar[32]. É que a lógica que move essa linha de entendimento é a de que a lei anterior incompatível com a Constituição terá sido por ela revogada, sendo descabida a ação direta de inconstitucionalidade, que se destina a retirá-la do sistema. Esse raciocínio, naturalmente, não se aplica ao pedido de interpretação conforme, em que a norma permanece em vigor, apenas com a exclusão de uma ou mais incidências.

---

30. STF, DJ 21.11.97, Rel. Min. Paulo Brossard. É bem de ver que esse entendimento não foi concebido tendo em conta a técnica da interpretação conforme a Constituição, como se observará mais adiante.
31. Foi o que ocorreu recentemente no HC 84.025-6-RJ, de que era relator o Ministro Joaquim Barbosa. Discutia-se no caso, precisamente, pedido de antecipação do parto de feto anencefálico. Seria a primeira vez que o STF teria oportunidade de apreciar a questão. Lamentavelmente, porém, antes que o julgamento pudesse acontecer, a gravidez chegou a termo e o feto anencefálico morreu sete minutos após o parto.
32. V. nota 30, supra.

CONCLUSÃO

35. A matéria debatida na ADPF nº 54 é tipicamente da competência de uma corte constitucional, que tem legitimidade democrática para decidi-la. A questão posta perante o Supremo Tribunal Federal sequer envolve qualquer dificuldade contra-majoritária ou pedido de atuação como legislador positivo. Trata-se tão-somente da aplicação direta e imediata do texto constitucional e/ou da interpretação do direito infraconstitucional de modo a realizar os preceitos fundamentais da Constituição. Numa democracia deliberativa, o tribunal constitucional deve ser intérprete e veículo da razão pública.

36. A viabilidade jurídica do pedido formulado é confirmada por inúmeros precedentes do STF, nos quais procedeu à interpretação conforme a Constituição. Esta técnica de interpretação no âmbito do exercício da jurisdição constitucional pode produzir dois resultados, ambos menos abrangentes que a declaração de inconstitucionalidade de dispositivo legal, a saber: (i) a fixação, como legítima, de uma interpretação possível do enunciado normativo, com exclusão das demais; e (ii) a declaração de inconstitucionalidade de determinadas incidências do enunciado, sem redução ou alteração de seu texto. A hipótese dos autos subsume-se perfeitamente nesta segunda possibilidade. Tudo o que se pede é que o STF declare que as normas penais sobre aborto não incidem sobre a hipótese de antecipação de parto de feto anencefálico – quando tal condição seja atestada por laudo médico[33] e o procedimento seja autorizado pela gestante –, sob pena de inconstitucionalidade.

37. Por fim, também os três requisitos legais para o cabimento da argüição de descumprimento de preceito fundamental estão inequivocamente presentes: (i) há preceitos fundamentais sendo vulnerados (dignidade, liberdade e saúde da gestante); (ii) a lesão resulta de ato do Poder Público (imposição, sobre a hipótese, de uma incidência inconstitucional de normas do Código Penal); e (ii) não há outro meio eficaz de sanar a lesividade, quer objetivo quer subjetivo.

---

33. Assinale-se que o aventado temor de fraude no diagnóstico de anencefalia não se justifica. Tal possibilidade, a rigor, já estaria presente – e mais intensamente – na hipótese de interrupção da gravidez por risco de vida para a gestante (CP, art. 128, I). O dispositivo está em vigor há mais de sessenta anos e não há notícia relevante acerca de abusos.

38. Assim, pelas razões expostas analiticamente, e que foram acima compendiadas, a CNTS requer que a ADPF nº 54 seja conhecida, de modo que a questão de mérito nela discutida possa ser apreciada pelo Plenário do Supremo Tribunal Federal.

Luís Roberto Barroso
Adv. Insc. OAB/RJ 37.769

RR Donnelley

IMPRESSÃO E ACABAMENTO
Av Tucunaré 299 - Tamboré
Cep. 06460.020 - Barueri - SP - Brasil
Tel.: (55-11) 2148 3500 (55-21) 2286 8644
Fax: (55-11) 2148 3701 (55-21) 2286 8844

IMPRESSO EM SISTEMA CTP